북한의 사회

북 한 학 총 서
북한의 새인식 5

북한의 사회

북한연구학회 편

景仁文化社

iv

통일연구원 선임연구위원

북한연구학회가 출범한 지도 벌써 10년이 지났다. 세월은 유수같이 빠르고, 10년이면 강산도 변한다는 데, 10여 년 전에는 40대 초반의 중년의 나이로 학계를 누볐던 학자들이 이제는 머리가 희끗희끗하고 중후한 50대 초반의 학자들로 변모하였다. 그래도 연구활동을 묵묵하게 하고 있는 모습을 보면, 여전한 연구열에 감탄하곤 한다.

10여 년의 세월이 흐르면서 북한학계는 눈부시게 발전하였다. 남북관계의 변화만큼 북한학계 또한 변화했고, 양적인 면이나 질적인 면에서 비교할 수 없을 만큼 장족의 발전을 이룩하였다. 우선 북한연구학회 회원만 해도 400여 명 가까이 증대하였고, 새로운 시각으로 쓰여진 학위논문과 학술논문, 단행본 등이 수백 편에 이르고 있다. 특히 사회문화, 여성, 무용, 가족, 과학, 체육 분야 등에서도 연구성과물이 나오면서 북한학 연구의 다양성이 확보되었다. 북한을 정치군사, 경제적 측면에서만 주로 분석·전망하는 한계를 벗어나 다양한 관점에서 분석·전망할 수 있는 터전이 마련된 셈이다. 앞으로도 더욱 다양한 분야에서 연구 성과물들이 쏟아져 나올 것으로 기대된다. 아울러 우수한 신진학자들이 많이 배출되어 북한학 연구의 저변이 확보됨으로써 북한학의 명맥을 유지할 수 있게 되었고, 통일에 대비한 인적 집단이 충분히 확보됨으로써 통일 이전이나 이후의 문제점, 특히 통일후유증을 최소화할 수 있게 되었다.

사실 1989년 을유문화사가 12권의 북한학 총서를 간행한 이후 이렇다할 북한연구 총서가 나오지 않아 일반인이나 전문가들의 아쉬움이 컸었다. 이러한 기대가 오늘날 『북한의 새인식』(전 10권)이라는 총서가 나오게 된 배경이 되었다. 솔직히 처음 시작할 때는 제대로 책이 나올까 하는 두려움도 없지 않았지만 훌륭한 동료, 후배들의 격려에 힘입어 끝까지 출판을 마무리할 수 있었다. 책이 나오게 된 지금에 와서 돌아보니, 『북한의 새인식』 총서 10권의 출판이 북한학의 역사에도 크게 기여하게 되리라는 자부심이 일을 끝까지 마무리할 수 있었던 큰 힘이 아니었나 생각된다.

이 자리를 빌어 모든 난관을 참고 견뎌준 편집책임자 정영철 박사를 비롯해 전영선·이무철·신효숙·고재홍 박사님들께 감사를 드린다. 그리고 출판계의 어려움에도 불구하고 별 이익도 없는 사업에 흔쾌히 출판을 맡아준 경인문화사 한정희 사장님께 감사드린다. 특히 출판의 타당성을 놓고 망설이고 있을 때 자신감을 불어 넣어준 유영구·정창현 선생에게 무한한 감사를 드린다. 아울러 많은 실무자들이 일을 할 수 있도록 물심양면으로 도와준 최준택 차장님, 정세현·박영규·라종억 박사님들께도 사의를 표한다. 아울러 총서 출간을 위해 지원을 마다하지 않은 미래에셋 최현만 사장님께도 감사드린다. 마지막으로 집필자 선정을 위해 시간을 아끼지 않으신 북한연구학회의 정규섭·고유환·김근식·이기동 박사님들께 감사드린다.

아쉬운 것은 수 천편의 책과 글 중에서 110여 편의 글과 110여 명의 필자들만이 선정되어 좋은 글과 필자들이 많이 빠졌다는 점이다. 여러 가지 이유로 여기에 실리지 못한 연구자들에 대해서는 죄송한 마음을 금할 길이 없다. 지면관계상 또는 필자별·분야별로 안배를 하다보니 많은 우수한 논문들과 필자들이 빠지게 되었다. 다음에 이러한 기회가 있을 때는 보다 정교한 선정작업이 이루어져 모든 글들이 실리기를 바란다. 다시 한번 총서가 나오기까지 물심양면으로 도와주신 수많은 선배·동료·후배님들에게 감사의 마음을 전하고, 이 총서가 수많은 초학자는 물론 기존 연구자들에게도 북한 연구의 좋은 길잡이가 되기를 바라면서 발간사를 가름한다.

2006년 11월

북한연구학회장 **전 현 준**

■ 추천사

동국대학교 교수

북한연구학회가 창립 10주년을 맞아 북한학 총서 『북한의 새인식』(전 10권)을 출간하는 것은 대단히 뜻 깊은 일이다. 학회 창립의 산파역을 맡아 동분서주하던 일이 엊그제 같은 데, 벌써 10년의 세월이 흘렀다. 그 동안 학회는 장족의 발전 속에 북한, 남북관계 등의 영역에서 많은 연구 성과를 거뒀다. 총서 10권을 출간함으로써 이제 학회는 단단한 반석 위에 섰다 하겠다.

사실 북한학 총서는 지난 1989년 을유문화사에서 『북한의 인식』(전 12권)으로 출간된 적이 있었다. 당시의 북한학 총서는 북한 연구의 척박한 현실을 반영하듯, 북한에 대한 각 분야의 소개에 그친 점이 없지 않다. 그럼에도 당시의 『북한의 인식』은 연구자들에게 많은 영향을 미쳤고, 상당한 성과를 거두었다. 그로부터 약 17년의 시간이 흐른 뒤, 남북한은 물론 남북관계에도 많은 변화가 있었다. 가장 큰 변화는 2000년 정상회담과 '6·15 공동선언'의 발표라고 할 수 있다. 이로부터 약 6년의 시간동안 남북한은 과거의 대립과 갈등을 지양하고, 평화와 공존, 번영을 위한 여러 분야에서의 협력을 진척시켜왔다. 그 결과 이제 남북한간에는 무역액 10억 달러 이상, 연간 교류 인원 10만 명을 웃도는 관계 진전을 이루었다. 북한 연구도 이러한 시대적 조류에 맞게 많은 발전을 이룩하였다. 과거 정치와 경제, 군사부문에 한정되던 연구 주제들이 사회, 여성, 가족, 교육, 문화, 과학기술, 외교 등으로 확장되었고, 연구의 질도 심화되었다. 이러한 조건에서 북한학 총서의 발간은 북한학의 새로운 단계로의 발전을 위한 시의 적절한 기획이고, 앞으로의 발전을 위한 단단한 초석이라고 할 수 있겠다.

총 114편의 논문으로 구성된 이번의 총서는 북한의 정치·경제·사회·문화 등 모든 영역을 망라한 국내외 최초의 대규모 기획이다.

  1권 '북한의 정치 1'에서 10권 '북한의 통일외교'에 이르기까지 북한 연구의 중요한 주제들을 모두 포괄하고 있다. 필진 역시 원로 학자에서부터 소장 학자에 이르기까지 국내 북한학 연구 인재들을 총망라하였다. 각각의 논문을 그 분야 전문 연구자가 집필함으로써 총서의 무게감을 더한 것도 큰 성과라 할 수 있다. 이러한 성과는 그동안 북한학 연구자들의 저변이 확대된 현실과 그 연구의 질적 심화의 과정을 그대로 보여주고 있는 고무적인 현상이다.

  연구사적 차원에서도 총서 발간으로 이제 국내 북한 연구는 한 획을 그었다고 할 수 있다. 탈냉전 이후 북한 연구를 집대성한 최초이자 최대의 성과이기 때문이다. 이 성과를 바탕으로 학회 창립 20주년이 되는 2016년에는 북한학과 통일학을 망라한 총서 20권의 출간을 기대한다. 북한 연구의 지평을 넓힌 북한학 총서는 북한학 연구에 관심 있는 모든 연구자와 학생들에게 길잡이로서 손색이 없다. 관심 있는 모든 이들에게 일독을 권하는 바이다.

  끝으로 총서 발간을 기획하고 출간을 가능케 한 전현준 회장과 출판을 위해 수고한 연구자들에게 감사를 표하는 바이다.

2006년 11월
북한연구학회 고문을 대표하여
강 성 윤

■ 추천사

통일부 장관

북한연구는 우리 사회의 북한에 대한 인식의 거울이라고 할 수 있습니다. 남북관계의 변화만큼이나 우리의 북한에 대한 이해의 방향과 깊이도 많이 변화되어 왔기 때문입니다.

냉전시기 북한에 대한 연구는 이데올로기적 가치판단에 따라 실증적·과학적 연구가 크게 제약되었고, 그 결과 학문성 자체까지도 의심을 받아온 것이 사실입니다.

그러나 이제 그 시대는 지나갔습니다. 1980년대 후반 한국 사회의 민주화와 세계냉전의 붕괴는 북한 연구에 있어서도 큰 영향을 미쳤습니다. 이데올로기적 편견의 탈피, 실사구시의 강조, 객관적 비교연구, 이런 것들이 북한 연구에서도 본격적으로 나타나기 시작했습니다.

북한연구학회의 창립도 이러한 시대적 흐름과 궤를 같이 하고 있다고 봅니다.

북한연구학회는 지난 1996년 출범한 이래 객관적·실증적이고 학제적인 북한 연구를 통해 북한에 대한 새로운 시각을 제시하는데 앞장서 왔습니다.

이러한 노력의 연장선상에서 북한연구학회 창립 10주년을 맞아 발간한 『북한의 새인식』(전 10권)은 그간의 북한 연구의 결정체이자 국내 북한 연구자들의 땀과 노력이 빚어낸 값진 쾌거입니다.

북한 연구는 다른 연구와 달리 3중고에 시달리고 있습니다. 이분법적 이념의 편견이 여전히 남아 있고, 공신력있는 1차 자료를 획득하는 것이 불가능한 경우가 많고, 경험적이고 실증적인 현장연구가 상당히 제약되어 있다는 것입니다.

『북한의 새인식』은 이러한 3중고 속에서도 북한의 실체에 최대한 가까이 접근하고자 한 학자적 소신과 열정이 녹아 있습니다.

이 10권의 총서는 이러한 어려움 속에서도 북한의 정치·경제·사회문화 등 제반 분야의 과거와 현재, 나아가 미래까지를 아우르고 있다는 점에서 북한 연구에 있어 매우 귀중한 자산이 될 것으로 평가합니다.

북한을 이해한다는 것은 우리 자신을 보다 잘 이해하는 것입니다. 60년간 잊고 있었던 우리의 반쪽을 알아가는 과정입니다.

북한을 정확히 아는 것은 진정한 통일을 위한 첫걸음이기도 합니다. 남북이 하나의 공동체로 나아가기 위해서는 서로에 대해 있는 그대로 인식하는 것이 무엇보다 중요하며, 그러한 바탕 위에서 남북간에 차이를 좁히고 동질감을 확산시키는 부단한 노력이 이루어져야 할 것입니다.

그동안 이 총서가 발간되기까지 많은 수고를 아끼지 않으신 전현준 북한연구학회장을 비롯한 출판 관계자 여러분의 열정과 노고를 높이 평가하며 경의를 표합니다.

이 총서가 북한과 통일에 대해 연구하는 내외의 학자들에게는 소중한 나침반이 되고, 대북정책을 추진하고 있는 정부의 실무자에게는 정책을 수립하고 집행하는 데 있어 유용한 참고서가 될 것입니다.

그리고 일반인에게는 편견없이 북한을 바라볼 수 있는 진솔한 설명서가 될 것으로 기대합니다.

2006년 11월

통일부 장관

이 종 석

x

■ 추천사

전 통일부 장관

1989년에 국내 한 출판사가 『북한의 인식』(을 유문화사)이라는 북한학 총서 12권을 출간한 이후, 17년 만에 북한연구학회가 『북한의 새인식』 총서 10권을 출간하게 되었다. 북한연구학회 회원인 114명의 학자들이 집필한 대작大作이다. 북한에 관한 한 다루지 않은 문제가 거의 없는 것 같다. 먼저 이러한 방대한 연구사업을 기획하고 추진해 온 전현준全賢俊 회장을 비롯한 북한연구학회 임원진의 추진력과 노고에 대해 경의를 표한다.

1989년을 전후해서 북한은 매우 어려운 상황에 처해 있었다. 남북간 체제경쟁은 사실상 오래전에 결판이 났고, 중국의 개혁·개방과 소련의 페레스트로이카·글라스노스트가 속도를 내면서 국제정세가 탈냉전 방향으로 발전하는 동시에 사회주의권은 붕괴되는 상황이었다. 체제생존이 위협받는 상황에서 북한 나름의 자구自救를 위한 노력이 시작되었다. 북한의 모습과 실체가 작은 변화나마 시작했었다는 점에서 1989년에 국내 출판사가 출간한 『북한의 인식』이라는 총서는 북한에 대한 지식과 정보의 갈증을 느끼던 사람들에게 매우 유익한 길잡이 역할을 했다고 본다.

그로부터 17년이라는 시간이 흐르는 동안 국제정세도 변했지만, 남북관계는 가히 '극적인 변화'라고 할 수 있을 정도로 변했다. 남북 정상회담 이후 남북관계가 빠른 속도로 개선되면서 북한도 다른 사회주의국가들처럼 개방·개혁을 시작했고, 북한주민들의 대남인식과 북한사회의 변화도 감지되고 있다. 북한을 제대로 알아야 한반도 평화와 남북관계 개선을 위한 올바른 인식과 정책대안이 나올 수 있다는 점에서 17년 전의 북한학 총서를 수정·보완할 필요는 충분히 있다. 그때의 총서가 당시로서는 훌륭한 역할을 했지만, 최근의 변화 상황까지 설명할 수는 없기 때문이다.

　21세기를 맞이하여 북한도 새로운 시각과 관점에서 살 길을 찾고 있다. 변하고 있는 북한을 분석하고 평가하는 데도 새로운 시각과 관점이 필요하게 되었다. 그런데 매사에 지속(continuity)과 변화(change)가 공존하기 때문에 변화의 요소를 보면서도 지속의 요소를 놓쳐서는 안 된다.

　이번에 북한연구학회의 북한학총서를 집필한 학자들 중 상당수는 1990년대에 박사학위를 받고 대학과 연구기관에서 가르치고 연구해온 신진학자들이다. 그러나 집필진에는 원로학자도 있고 중진학자도 적지 않다. 신진학자들과 원로·중진이 함께 토의하고 분야를 나누어 집필하여 하나의 총서로 꾸몄으니, 집필진 구성면에서 노老·장壯·청靑 3결합이 조화롭게 이루어진 셈이다. 북한연구학회가 출간하는 총서『북한의 새인식』은 변화된 상황에 맞게 적시에 출간되기 때문에 의미가 크지만, 북한에 대해서 가질 수 있는 편견을 극복하고 북한 실체에 더 가까이 다가갈 수 있도록 집필진이 구성되었다는 점에서도 주목을 받을만하다고 본다.

　다시 한 번 북한연구학회의『북한의 새인식』총서 출간을 축하하면서, 북한문제에 관심 있는 분들, 특히 통일 후계세대들에게 이 책을 추천하고자 한다.

2006년 11월
북한연구학회 명예고문을 대표하여
丁 世 鉉

<차 례>

제2부 북한 주민의 분야별 일상 생활

서문:
북한 사회 연구의 성과와 한계 그리고 과제

윤 덕 희

오래전 소련과 동유럽 사회주의체제 공부를 시작하면서 필자는 톨스토이의 소설 『안나 까레리나』의 첫 부분에 나오는 "행복한 가정에서는 행복의 이유가 거의 비슷하다. 그러나 불행한 가정은 불행한 이유가 저마다 다양하다"는 말을 머리에 떠올리게 되었다. 그 후 "현존 사회주의의 정치체제는 거의 비슷하지만 사회의 모습은 저마다 다양하다"라는 명제가 항상 뇌리에 떠나지 않으면서 사회주의체제하의 국가들에서 다양한 사회 모습과 민중들의 다양한 삶에 관심을 갖게 되었다.

거의 획일화된 사회주의체제하의 국가들에서 사회의 모습이 각기 다르게 나타난 것은 각 나라의 역사, 문화, 체제 성립 배경 등이 달랐고 또한 나아가 사회주의체제하에서의 역사적 경험도 다르게 나타났기 때문이었다. 그리고 이들 사회 모습과 인민들의 삶은 때론 보이지 않게 때론 급격한 제도의 변화를 동반하면서 꾸준히 변화해왔다. 사회주의체제 변화 연구를 통해 다양하고 산만한 형태로 나타나는 사회주의국가에서의 사회적 변화의 중심에는 '권력(국가)과 사회와의 관계'가 존재하고 있다는 것을 알 수 있다.

소련, 동유럽뿐만 아니라 중국, 북한 등의 모든 사회주의국가들에서 인민들의 삶은 상당정도 권력과 사회와의 관계 즉, 사회의 권력에 대한 요구와 압력/권력의 사회에 대한 관용 또는 사회의 요구 수용의 정도에 따라 상당히 다양한 모습을 보인다. 국가와 사회와의 관계가 사회변화에 역동성을 부여했으며 결국 소련과 동유럽 국가들에서 다양한 유형의 사회주의체제의 몰락과 체제전환을 가져왔다. 그리고 권력에 의한 위로부터의 변화가 시작된 중국에서 의도된 범위를 능가하는 사회변화가 일어날 수 있었던 것도 더 많은 자율성을 스스로 부여하면서 변화하는 사회와 이를 제도적으로 수용하는 권력의 관용이었다.

따라서 사회주의체제의 속성에 대응하는 각 사회의 대응 방식이 다양한 형태의 인민들의 삶을 가능케 하며 나아가 사회변화의 동력으로 작용한다. 우리가 북한의 사회구조와 사회정책, 나아가 사회현상들에 관심을 갖는 것도 북한의 사회주의체제가 북한 주민들의 삶을 어떻게 제도적으로 규정하고 주민들은 이러한 제도에 어떻게 대응하고 있는지를 분석함으로써 그 체제를 살아나가는 주민들의 구체적인 삶을 이해하고자 하는 것이다. 여기에서 북한의 사회제도와 정책을 주민들의 삶을 결정짓기도 하지만 거꾸로 주민들의 삶에 있어서의 변화가 북한의 사회제도와 정책의 변화를 초래할 수도 있고 나아가 사회주의체제의 변화를 가져올 수도 있다는 점을 간과해서는 안 된다.

우리학계에서 북한사회에 관한 연구는 사실상 1990년대 초반부터 본격적으로 이루어졌다고 할 수 있다. 그전까지의 북한연구는 자료 접근의 문제와 이데올로기적인 편향으로 인해 학문적인 일정한 성과를 내지 못했으며 대부분 북한사회에 대한 맹목적인 비판이나 남한 사회의 정통성을 뒷받침하기 위한 연구로서 방법론상이나 객관성에 있어서 모두 실망스런 수준이었다고 말할 수 있다.

1990년대 들어 북한연구는 국내외적인 학문적, 학문외적 환경에 힘입어 전반적으로 활기를 띠게 되었다. 첫째, 남한 내 민주화의 진전으로 북한에 대한 자료 및 정보 공개가 확대되어 북한 내부 문헌과 정보에 대한 접근이 훨씬 용이하게 되었다. 둘째, 남한사회의 민주화와 사회주의권의 몰락, 독일통일, 1991년 기본합의서 체결 등의 영향으로 남한 내 통일논의가 활발해지고 북한 연구도 모든 분야에서 활기를 띠게 되었다. 셋째, 통일 이후 독일 내부의 사회통합 문제가 심각한 것으로 드러남으로써 통일에 있어서 사회문화적 측면의 중요성이 인식되는 계기로 작용했다. 과거 북한연구와 통일연구에 있어서 정치, 군사적 측면에만 초점을 맞추었던 것에서 탈피해서 북한의 사회, 문화에 대한 이해의 필요성이 대두되었다.

이러한 환경변화와 더불어 북한연구에 있어서 과거 반공주의나 자본주의 및 자유민주주의의 척도로 북한을 보는 것에서 벗어나 북한이 이념적, 정책적으로 지향하는 바에 의거해서 북한의 정책적 성과와 사회현상을 분석해야 한다는 '내재적 접근법'이 북한연구자들에 의해 도입되면서 북한연구의 전환이 마련되었다. 이러한 '내재적 접근법'은 북한 내부 자료의 폭넓은 수집, 탈북자 면담조사 등의 다양한 연구방법의 활용과 접목되면서 실사구시적이고 일정한 학문적 수준을 담보하는 연구결과를 생산해내었다. 그런데 '내재적 접근법'이 자칫 북한 체제의 특수성만을 강조하는 경향이 있고 이러한 북한의 특수한 현상들을 과학적으로, 이론적으로 설명하고 예측하는데 한계가 있다는 비판이 제기되었다. 이에 북한연구를 사회주의체제의 비교연구의 틀 속에 접목시켜서 북한 사회의 특수성과 보편성을 규명해내고 나아가 사회주의체제 변화의 커다란 맥락 속에서 북한사회의 현재와 미래를 위치 지워봐야 만이 북한 체제의 성격을 설명하고 변화를 예측할 수 있다는 주장과 함께 '비교사회주의적 접근법'이 중요성이 대두되었다. 따라서 최근의 북한 사회연구는 다양한 연구방법론과 세련화된 자료 및 정보 분석기법을 활용하는 경향을 보이고 있다.

　이렇게 양적 질적으로 발전한 북한사회 연구에 있어서 몇 가지 문제점을 지적할 수 있다. 첫 번째 문제는 북한연구의 학문적 성격과 관련된 것이다. 사회 연구의 범위는 포괄적이어서 다양한 하부분야(사회구조와 사회정책, 일상생활, 문화 등)를 포함한다. 그런데 북한사회의 각 분야에 관한 연구는 '북한학'과 해당 사회분야 양 방면에서 동시에 전문적인 훈련을 받은 인력을 필요로 하고 있다. 이러한 전문 연구인력 풀이 충분하지 않은 상황에서 북한 사회의 연구가 때론 북한 사회주의체제에 관한 인식이 부족한 채 각 분야별 전문가들에 의해 체계없이 산발적으로 이루어져왔다. 북한연구는 무엇보다도 학제적인 성격을 지닌다. 특정 사회 분야의 전문가라 할지라도 북한 사회주의체제 연구의 방법론은 물론 사회주의체제의 보편적 특성과 더불어 북한의 정치, 경제, 역사, 사회문화 등 전반에 걸친 인식과 정보분석력을 갖추어야 한다.

　두 번째 문제는 북한사회의 연구가 연구대상과 연구자 입장에서 이데올로기적으로 완전히 자유로울 수 없다는 문제이다. 과거와 같이 북한사회의 부정적 측면이나 거꾸로 긍정적 측면만을 지나치게 부각시키는 연구는 상당히 줄어들었고 자료의 면밀한 분석을 통해 북한사회를 객관적으로 분석하려는 노력이 주를 이룬다면 아직도 북한사회의 변화 정도와 변화 전망에 대해서는 연구자들 사이에 상당한 견해차이가 존재한다. 특히 2000년 남북정상회담 이후 북한사회의 변화 의미에 대해서는 정치권이나 여론뿐만 아니라 북한연구자들 사이에서도 이데올로기적인 입장에 따라 상반된 연구결과가 존재하는 것이 사실이다. 과연 북한사회는 변화하는가, 변화한다면 그 의미는 무엇인가, 북한사회의 변화가 북한체제의 변화를 가져올 것인가. 최근 북한 사회연구는 대부분 '변화'의 현황과 의미, 전망에 초점이 맞추어져있다.

이 책은 북한 사회의 다양한 분야에서의 최근 변화를 집대성해서 북한사회 전체를 조망해 볼 수 있도록 구성되어 있다. 이 책은 북한의 사회구조와 정책(계급구조와 계급정책, 사회통제정책, 사회복지, 의료보건 정책), 이데올로기를 통한 사회화(노동 동원 이데올로기, 노동영웅 연구), 주민의 삶(일상생활, 여가생활과 체육활동), 문화(종교, '우리식문화'), 인권 등 북한 사회의 거의 전 분야에 걸쳐 변화과정을 세밀히 분석하고 있다. 각 장마다 강조점은 차이가 있으나 대부분 2002년 7·1 경제관리개선조치 이후 북한의 경제적 변화가 북한 사회와 북한 주민들의 생활에 어떠한 변화를 가져왔는지를 광범위한 북한 문헌 분석과 필요할 경우 탈북자 면담조사 등의 다양한 연구방법을 활용해서 규명해내고 있다.

이 책에서 다룬 북한 사회의 각 분야에서 진행되고 있는 변화의 공통점은 변화가 아래로부터의 자발적인 성격을 지닌다는 것이다. 1990년대부터 경제위기로 인해 의도하지 않은 변화가 사회 내에 일어났고 국가는 이러한 아래로부터의 변화를 제한되고 예측 가능한 범위 내에서 통제하기 위해 이를 인정하고 제도적으로 수용해나가고 있다는 것이다. 즉, 아래로부터의 변화를 일정하게 제도적으로 수용함으로써 변화를 최소화하는 효과를 내고 있어서 정치와 이념, 정책, 나아가 외향적인 사회생활이 크게 변하지 않은 것으로 나타나고 있다는 것이다.

그러나 북한사회 내의 변화를 과소평가해서는 안 된다. 북한사회의 변화는 아래로부터의 자발적인 변화라는 측면에서 일단 흐름의 방향이 잡히면 그 흐름을 되돌리기 힘들고 일정한 역동성을 지닌다. 변화를 최소화하기 위해 제도적으로 수용하고 제도를 재정비함으로써 통제가 일시적으로는 가능하고 변화 속에서도 사회통합을 유지할 수 있을지 모른다. 그러나 장기적으로 그러한 변화의 수용을 통해 거꾸로 체제 스스로도 변화할 수밖에 없다는 것을 사회주의체제의 비교연구가 이미 밝혀주고 있다. 아래로부터의 변화는 북한사회주의체제의 핵심인 정치에도 일정한 영향을 줄 수밖에 없을 것이다.

이 책은 북한사회의 변화를 동태적으로 분석함으로써 북한사회의 변화 전망을 논의하는 데 필수적인 체계적인 분석을 제공하고 있다. 또한 북한사회의 다양한 정책과 실상에 대한 객관적이고 정확한 이해는 남한 사회와의 비교인식을 가능하게 함으로써 앞으로 조화롭고 민주적인 민족공동체를 형성하는데 필요한 작업을 지금부터 시작하는데 중요한 자료로 활용될 수 있을 것이다.

제1부
북한 주민의 일상생활 구조

북한의 일상생활

노 귀 남

1. 서 론

일반적으로 북한연구는 사회주의 국가체제라는 공식제도의 틀에 초점을 맞추어 이루어져 온 경향이 있다. 하지만 주민들의 일상생활 속에서 벌어지는 인간관계와 갈등, 생활문화 등 세세한 측면들은 제도적 의미로 설명되지 않는 부분이 많다. 설령 주민들의 일상생활이 제도와 체제에 영향을 받는다 해도, 그 영역은 사적이고 비공식적이며 특수한 측면을 포함한다. 다시 말해 개별자의 모습을 미시적으로 살피지 않으면 안 되는 영역이다.

따라서 이 연구는 대상에 보다 근접하여 문제를 찾으면서, 주민의 일상생활을 사회활동 및 대중문화생활과 관련한 관계, 경제와 관련한 의식주와 소비생활 등을 고찰하고자 한다.

북한에서 생활에 대한 연구는 주로 생활양식의 변천을 연구대상으로

삼아왔다. 1950년대까지 민속학적 관점에서 농업협동조합에 대한 기초
연구가 축적되기도 했다. 1960년대 초에는 생활과 풍습에 대해서 실학
파의 실사구시 정신에 입각해 연구가 되었지만, 이후 주체사상화의 영
향으로 계급성을 강조했다. 1980년대 이후는 의식주 중심의 연구와 개
설서가 단행본으로 나왔다.1) 남한에서 주강현은 북한의 인민생활사를
의식주 생활풍습을 비롯해 민속으로서의 풍습을 정리하면서, '민족생
활'에 초점을 두고 이질성보다 동질성에 더 초점을 맞춰서 살펴보았
다.2) 북한이 사회주의를 국가이념으로 도입하여 주민의 일상생활을 지
속적으로 혁명화해 왔던 점에서, 통일을 염두에 두고 동질성을 찾는 문
제는 중요하다.

하지만 사회정치적 배경 아래 있는 삶의 구체적 실상을 파악할 수
있어야, 역사적 지속성과 변화의 관계를 이해하고 미래전망을 열 수 있
다. 북한에서 '사회주의적 생활양식은 본질에 있어서 사회주의 사회에
서 사람들의 활동방식'3)이라고 한 바처럼, 생활과 제도는 불가분의 관
계에 있다. 따라서 이 논문에서 각 시기별로 일상생활이 사회체제와의
관계 속에서 어떻게 영향을 받고, 지속성을 띠게 되는지 살펴보고자 한
다. 그리고 변화과정을 겪게 될 때, 어떤 계기에 의해 어떻게 변화하는
지 찾아 볼 것이다.

역사적 전개과정에서 나타나는 생활의 특징적 양상은 다시 제도적
영향, 개방 압력과 경제난의 영향 등과 관련시켜 비판적으로 분석할 것
이다.

연구방법은 문헌자료 분석과 북한 이탈주민의 심층면담을 통해 확보
한 자료를 분석하는 방법을 병행할 것이다. 북한 이탈주민의 증언은 사
회에 대한 실상에 근접하는 내용일 수 있지만, 개인의 경험적 편차가
클 것이므로, '실상'이라고 할 측면을 다시 평가해야 할 문제가 생긴다.
여기서 다양하게 발견되는 경험적 편차들을 다시 북한 사회체제 전체

맥락에서 재해석함으로써, 북한 사회를 입체적으로 볼 수 있는 틀을 제공하는 것도 본 연구의 중요한 목적에 포함된다. 일반적으로 북한을 보는 피상성은 으레 획일적인 사회라는 판단으로 북한의 구체적 현실을 모두 예단하는 데서 생겨난다. 북한 사회를 다양한 모습으로 읽어내는 일은 이 점에서 더욱 중요한 의의가 있다.

2. 일상생활의 역사적 이해

1) 참여와 동원: 1945 ~ 1953

북한은 해방 후 생활양식도 새 민주조선 건설의 요구에 맞게 혁명적으로 개조하는 일에 착수한다. 그것은 봉건적인 낡은 사상 잔재와 낡은 유습을 없애고, 새로운 제도에 맞는 생활양식을 '민주주의적 생활양식을 세우기 위한 투쟁'[4]으로 설정하고 생활을 개조하는 것을 뜻했다. 새로운 생활양식은 '일제사상 잔재와 봉건유습을 없애야 민족적 긍지와 새로운 민주주의 정신을 가지고 새 생활을 창조해 나갈 수 있다'[5]는 김일성의 노선에 기인한다.

그에 따라 사회공동생활에서 지켜야 할 생활질서, 봉건사회에서 물려받은 낡은 생활인습의 악영향과 관념을 없애기 위한 생활규범, 매혼, 강제결혼, 조혼, 축첩 등을 비롯해 봉건적 가족제도를 완전히 없애는 일, 비문화적이고 비위생적인 낡은 생활습성을 청산하고 위생생활문화를 위한 위생법규 등 민주주의적 생활 준칙과 질서를 법적으로 규제하였다. 또 한편, 건국사상총동원운동과 문맹퇴치사업과 같은 사상교양사업과 문화계몽사업, 미신타파 등, 무지와 몽매에서 벗어나 정치사상적으로 각성된 인민으로 계몽하고 실천운동에 묶어냄으로써 인민들을 적극적으로 국가건설에 동참하게 한다.

새로운 생활양식을 만들기 위한 제도화·조직화는 생활상 변화의 주된 요인이었다. 낡은 생활습성을 없애고, 생활을 위생적으로 하는 기풍을 세우기 위해 위생선전사업에 대중을 동원하는 조직사업을 한다.[6] 토개개혁 등 여러 분야의 민주개혁들이 일상생활의 변화를 가져왔다. 동시에 생활에 당장 필요한 기본식량과 생필품의 배급을 실시했다.[7]

1946년 초 북한 인구는 약 925만 7천 명인데 알곡 총생산은 1110여만 석 정도로, 연간 43만 8123석이 모자라고, 1945년도 수확이 1/2이 감소해서 식량사정이 매우 어려웠다.[8] 그 틈에 지주나 모리꾼들의 독점을 막고 주민들의 생활안정 대책을 강구한다. 당면한 식량문제를 해결하고 양정사업을 장악하기 위해 식량대책위원회를 조직하고 양곡 성출誠出 방침을 세웠다.[9] 이 무렵 북조선림시인민위원회 결정 제2호(1946.2.27)에 의해 전국적 범위에서 규정된 식량공급대상자들, 즉 국가기관일군, 국영기업소 노동자와 사무원에게 식량을 공급했고, 나머지 도시주민들은 시장을 이용해 식량을 해결했다. 이후, 식량배급대상을 늘리고 양도 증가시켰다.[10]

일제가 상업자본의 85%를 독점하던 상황에서 인민들의 소비품 수요가 매우 제한적이었다. 해방 후 국가가 적산과 상품재고를 통일적으로 장악하는 사업을 진행했다. 1946년 5월 20일에 북조선소비조합중앙위원회 결성대회가 열렸고, 주로 농민들이 가입비와 출자금을 내서 소비조합을 조직했다. 소비조합은 공업상품을 구매하여 농민에게 팔고, 농산물을 수매하여 도시주민들에게 팔았다. 상품은 상점을 통해 팔고, 그 밖에 이동판매, 주문판매, 시장판매, 야시판매 등을 통해 생필품을 우선적으로 조합원들에게 공급했다. 또 여기서 식당, 여관, 이발소, 목욕탕, 양복점 등 편의봉사시설과 사회급양시설을 갖추고 근로자들에게 편의봉사를 실시했다.[11] 소비조합은 농민들이 조직한 유통 분야의 협동경리형태였는데, 여기서 이뤄진 사상교양사업과 조직적인 상품판매, 여유농산물의 수매 등의 활동들은 농촌에서 농업협동화의 준비과정, 즉 사회주의적 개조의 시초가 되었다.

그런데 김일성은 평양시를 정치·경제·문화의 중심지로 꾸려 혁명의 중심지로 삼고자 했고, 한편으로 인민경제를 계획적으로 발전시키기 위한 인민들의 동원을 통한 전략을 세웠다. 1946년 9월 1일부터 시작한 공민증수여사업은 예속자본가와 지주들을 청산하는 투쟁과 시민을 정치사상적으로 묶어내는 수단이었다.12) 평양시민의 생활안정을 위해 어려운 조건 속에서도 1945년 10월 18일부터 식량공급사업과 상품유통사업을 개선하고, 영업등록제, 상업허가제를 실시했다. 1946년 7월에 보통강개수공사를 완료하여 수도건설의 첫 성과로서 민주건설 투쟁의 기초를 세웠다.

1947년부터 경제 계획과 초과완수를 위해, 전군중적 증산운동을 개시한다. 그것은 북반부 민주기지를 만드는 국가적 경제토대 강화를 위한 동원이지만, 근로자들에게는 물질생활의 향상이란 비전을 제시함으로써 동원이 가능했다.13) 이에 따라 노동자, 사무원의 임금을 계속 올리고, 생필품 값은 지속적으로 낮췄다.14) 해방 후 5년간 농민생활의 변화를 말한 당시 신문에 따르면, '농촌에는 가는 곳마다 전등이 달려 … 농민들은 말도 들어보지 못한 라지오, 축음기, 재봉기를 사놓고 살게' 되었다.15) 짧은 기간에 농민들 생활을 중농 수준에 이르게 했다.

하지만 국토완정國土完征을 위한 전쟁과 인민생활의 향상은 모순적인 것이다. 6·25전쟁을 '북침'으로 선전한 바처럼, 전쟁은 인민들에게는 준비되지 않은 일이고 강제될 수밖에 없는 삶이었다. 그런데 전쟁이 일어나자 평양철도공장 등 각지 공장, 기업소 노동자들은 종업원 궐기대회를 열고 수백 명씩 전선으로 나갈 것을 탄원했다는 것은 인민생활의 위상을 말해 준다. 즉, 국가주의와 집단주의의 생활양식을 본격적으로 만들어가게 한 것이다.

홍남청년공장 노동자들은 1950년 7월 1일 궐기대회에서 '전선청년작업반운동'을 벌이고, 홍남본궁화학공장과 황해제철소에서만도 4,400여 명이 전선으로 나간다.[16] 노동자들의 '로동자련대'와 대부분의 청년학생들이 나서서 전선으로 나갔다.

1950년 6월 말까지 각도에서 81,858명이 전선에 탄원하여 나갔다.[17] 리수복 영웅 등 청년들이 나서면서 탄원서에 '자유롭고 행복한 새 민주제도를 체험한 우리들은 결코 놈들의 식민지노예가 되지 않을 것이다. … 침입한 미제의 마지막 한 놈까지 때리부시고야 말 것이다.'[18]고 맹세를 다졌다. 최고인민회의 상임위원회는 7월 1일에 인민의 의사와 열망을 반영하여 정령 「조선민주주의인민공화국 전 지역에 동원을 선포함에 관하여」를 채택하였다고 하는데, 이 정령의 발표 후 8월 15일에는 84만여 명의 근로자, 청년학생들이 전선에 나갈 것을 탄원했고, 그 가운데 여성 청년이 23만여 명에 이르렀다. 전 인민적 전선탄원운동은 인민군대를 계속 증원, 보충하였다.[19]

전시생산을 위하여 직장 노동자들은 전시생산돌격대, 복구돌격대를 조직해 전시생산과 공장수호를 위한 투쟁을 벌이고, <시간외 로동 및 공휴일로동 운동>을 전군중적운동으로 확산하면서, <전선돌격대운동>, <전선작업반운동>, <청년작업반운동>, <2인분, 3인분 초과생산운동> 등 여러 형태의 전시증산경쟁운동을 벌렸다. 농민들도 전시식량증산을 위해 역시 <풀베기돌격대>와 같은 돌격대운동을 벌여 파괴된 농경지 복구와 증산을 한다. 김매기, 자급 비료생산 등 농산물증산, 농촌 여성들은 후방에서 '농산물증산은 여성의 힘으로!'라는 구호를 걸고 전선을 지원했다. 인민소비품생산에서는 각지 지방산업 노동자들이 나서고, 수산부문의 어로공들은 '어로도 전선이다'는 구호 아래 <전시어로돌격대>를 조직하여 전선과 후방 공급을 위해 전시증산경쟁이 벌

어져, 전시상황임에도 불구하고 계획의 140%~922%까지 초과 달성하였다.[20]

이와 같은 전시 증산운동 가운데 집단노동의 의의가 새롭게 부각된다. 각지에 조직된 소거리반, 품앗이반 등은 전시의 일손과 축력의 문제를 해결하는 방안이면서, 협동적 노동형태가 농촌경리의 사회주의적 협동화의 싹이 되었다.[21] 또 한편으로 소도 일손도 부족한 것을 <녀성춘경대>, <녀성보잡이운동> 등으로 여맹초급일군이 앞장서는 가운데 여성들이 맨손으로 나서서 농산물 증산에 동원되었다.[22] 이런 현상들은 주민생활에서 전쟁이 집단화, 사회주의화의 길로 가는 생활상을 급속히 만들어가고 있었음을 말해 준다. 또한 품앗이와 같은 전통의 공동체적 생활방식을 사회주의적으로 전환하여, 일상생활의 의미를 자연스럽게 공동체적 삶에 이념적 집단화를 접맥시킨 것이라 하겠다.

전쟁 중인 1950년 12월 조선로동당 중앙위원회 제3차전원회의에서 남북의 군중단체들을 통합하는 결정을 한다.[23] 근로단체 조직화는 바로 인민들의 생활 속으로 들어가는 정치사상교양사업의 강화를 의미했다. 1951년 3월 12일 유급 민주선전실장제도를 확립하는 내각결정을 하고, 전국 농촌에 5000여명의 유급 민주선전실장을 배치하였다. 이들은 강연, 신문독보, 문학작품읽기, 노래보급, 직관물直觀物 선전 등 다양한 방법으로 당의 노선과 정책을 해설하고 전쟁의 성과를 교양하여 농촌 진지를 강화시켰다.[24] 아울러 농촌 각처에 농촌강습소를 설치하고 간부를 조성했다. 당은 농촌당세포와 리인민위원회 사업을 강화하기 위해 혁명열사 유가족, 전사자·피살자 가족, 인민군 후방가족 들을 비롯한 기본군중으로써 농촌의 진지를 꾸렸다. 대중정치사업은 1951년의 경우, 각지의 대중강연과 보고회가 37만5천회, 해설담화는 125만4천회 이상에 달했다.[25] 1952년 12월부터 리당부위원장이 민주선전실장을 겸임[26]하여, 민주선전실을 거점으로 하는 농민 속의 대중정치사업이 침투되어

갔다.

한편, '적에게 림시 강점당하였던 지역'에서 적에 가담하였던 자들을 처벌하고, 「전재민구호대책에 관한 결정서」(1950.11.20. 내각결정 175호)에 따라, 전시인민생활 안정을 위해 주택자금 융자, 전재戰災 주민에게 국가보유양곡을 배급하고, 옷감 무상분배, 무상치료, 각종 세제 면제의 혜택으로 안정적 생활을 누리도록 한다. 또 주민들이 자기 직업을 갖고 생산에서 이탈하지 않도록 함으로써, 인민생활안정과 전시생산문제를 연계시켜 해결한다. 전쟁으로 직업을 잃은 사람들, 분산 소개된 주민, 이재민들을 국영농목장, 생산협동조합에 망라시킴으로써 전시생산동원과 인민생활안정을 동시에 보장하도록 한다.27)

노동자, 사무원에게는 실질임금을 보장하는 화폐 노임을 주고, 식량, 의복 등 생필품을 무상공급 하였다.28) 전시 상황에서 상품유통을 위해 국영상업망과 소비조합상업망을 재포치하였다. 면직물, 솜옷, 김장감, 연료 등의 대중소비품 공급에서 중앙, 도, 시, 군급 정무원들에게 주식용 양곡과 현물공급을 늘이고, 부업용 토지에 대한 현물세를 면제해 주었다. 생활에서 실질적 임금을 높이기 위해, 부업경리를 발전시키는 조치를 하는데, 이것은 식량공급의 보충적 원천을 조성하고, 생활을 안정시키기 위한 것이다. 1952년 내각결정에 의해 부업경리에 소요되는 고정재산자금을 마련하기 위해 대규모 형태의 농장, 목장의 부업경리는 국가예산에서, 기타는 조선농민은행 대부로써 해결하였다.29)

해방직후, 일제잔재와 봉건유습을 청산하고 사회주의적 생활양식의 정착을 실현하는 제도와 조직을 이끌어 내면서, 인민에게 가장 쉽게 다가갈 수 있는 생활향상의 목표는 '중농 수준 생활에 이르게 하는 것'이었다. 이에 따라 사무원의 임금을 계속 올리고 생필품 값은 지속적으로 낮췄다.

그런데 정전 직후에 빈농은 전체 농가의 약 40% 가량이었다.30) 빈농민을 위해 농업현물세, 국가대여곡 등을 면제하고, 1952년 10월 내각 전원회의에서는 고리대현상을 없애 사적소유를 근원적으로 막도록 했다. 그런 가운데 민주선전실을 거점으로 하는 농민 속의 대중정치사업은 인민들을 전선과 후방에서 총동원하게 했다. 전쟁이 낳은 조직의 혼선을 재정비하기 위해 당원재등록 사업을 진행하고, 이색분자 숙청 분위기는 인민들의 생활에서 사상적 투쟁을 중심으로 결집시켰다. 이처럼 6·25전쟁은 사회동원과 집단주의 정신이 일상생활에 광범위하게 침투하게 하였다.

2. 사회주의적 개조와 집단 중시: 1954~1961

전후 복구를 위해 당중앙위원회 전원회의에서 제시한 경제계획안을 1954년 4월 최고인민회의 1기 7차회의에서 「1954~1956년 조선민주주의인민공화국 인민경제복구발전 3개년계획에 관하여」로 승인했다. 이것은 경제에서 단순한 원상회복이 아니라, 경제토대를 본격적으로 사회주의화함을 의미했다.

전쟁을 치르고서 자금과 자재가 고갈된 상황에서 노동력의 동원은 무엇보다 중요했다. "경제사업에서의 성과여부는 전적으로 당조직정치사업에 달려있다"[31]는 김일성의 지적처럼, 인민을 조직화하고 장악하는 의미도 포함된다. 경공업성 산하 기업소들에서 1953년에 노동자들의 유동률이 54%에 이르렀다.[32] 이에 따라 노동조직을 개선하는 데 1차적 관심을 가진다.[33] 그 당시 노동력이 안정적으로 공급되지 못하는 유동의 원인으로, 노동의 질과 양을 따지지 않은 평균주의 문제,[34] 숙련 노동력의 적재적소 배치 문제, 기업소들에서 공급 및 주택 조건의 개선노력 미흡 등이 있었다.

이에 따라 노동생산능률을 높이기 위해, 비생산적 비용을 낮추는 경제절약제도의 실시와 내부원천의 동원이용에 초점을 맞춘다. 경제조직사업과 지도사업을 통해 노동자의 혁명적 열의와 창발성을 발양시키기 위해, 3개년계획기간에 전국다수확열성자대회 등 각 부문별회의를 소집한다.[35] 또한 노동자들의 생활안정을 위해 주택건설자금을 지출하고, 배급기준을 높이고 물건 값을 낮추며 부업경리사업을 강화하는 등의 대책들을 세웠다. 석탄공업부문 일군의 우대, 수산물공급사업 개선 강화, 의료혜택 확대 등의 조치도 취한다.

노동자들에게는 개인 결의 목표를 제기하여, 개인별, 작업반별, 직장별 경쟁을 불러일으켜 증산경쟁운동을 고조시켰다. 1954년 하반기에는 곡산광산의 노동자가 나서서 운동을 부문별증산경쟁운동으로 발전시켰다.[36] 새로운 창안, 합리안을 찾아내어 기술 수준을 높이고 과업을 넘쳐 수행하는 증산의 디딤돌로 삼은 것이다. 이것이 전 노동계급에 대중적 증산경쟁운동으로 확대되어, 당조직의 지도 아래, 각 기업소, 공장에 청년작업반, 청년직장을 조직하였다. 증산경쟁은 1955년에는 채탄공, 굴진공, 직포공 등과 같이 직종별 증산경쟁운동으로 새롭게 시작된다. 이를테면 희천정밀기계공장 선반공이 전국 선반공들에게 경쟁을 호소하여 전국적 범위에서 직종별 경쟁이 벌어지게 하였다. 이로써 해당 직종에서 기술과 증산방법을 일반화시켜 총생산능력을 제고하는 식이었다.

3개년계획 기간 국민소득의 성장 속도에 비해 임금은 낮았는데, 1956년 8월 내각결정으로 근로자들의 화폐임금을 35% 올리는 조치와 노임 제도를 정비했다. 지난 시기의 균일 임금을 산업부문별 임금표를 작성하고, 같은 직종 같은 기능에 대한 차별보수를 없앴다. 반면에 생활필수품의 값은 6차에 걸쳐서 1200여 종에 대해 6~77%의 인하 조치를 취한다.[37] 1954년 10월 내각결정으로 개인 양곡상을 금지했고, 이후에 식량은 거의 무상에 가깝게 보장하고, 부족분을 보충하는 보충미도 나갔다.

1950년대 중반 이후 경제성장의 결과로 소비재 공급이 확대되어, 1949년 대비, 1956년 119%, 1957년 187%, 1960년 317%, 1961년은 355%의 증가를 이룩함으로써,[38] 농민시장[39]은 위축되고, 모든 공급이 국가 또는 협동화를 통해 이뤄졌다.

사회주의 공업화가 추진되면서 개인수공업자, 상공업자들을 자본주의 요소로 치부하고 숙청함으로써 개인의 상점행위를 규제했다. 소비생활은 국가가 운영하는 국영상점과 배급제도에 의해 공급체계가 이뤄져서 모든 주민의 소비행태가 단일화하기 시작했다. 그러다가 1960년대 초 일본의 교포들이 북송되면서 유입된 물건들은 일종의 새로운 바람이 되었다. 하지만 그것을 사치와 일탈을 부추기는 불건전한 요소로 간주해 사용하지 못하게 했다.

사회주의적 개조로 인한 계급관계의 변화가 일어나는데 노동계급이 사회의 주도세력이 된다. 그것은 종파투쟁 이후 김일성의 유일 권력의 확립으로 주민생활에서 사회주의 가치를 덕목으로 하면서 문화건설의 방향을 '노동계급적'인 데 둔 것을 의미한다.[40] 1958년 말부터 6개월 남짓한 기간에 모든 기관, 기업소, 농업협동조합, 학교에 <김일성원수혁명활동연구실>이 꾸려졌다. 이것은 김일성이 항일무장투쟁을 혁명전통의 시원으로 하여 대중적 정치 기반을 공고히 하는 의미를 가졌다.[41] 김일성이 1958년 11월 전국 시, 군 당위원회 선동원들에게 한 강습회에서 말한 「공산주의교양에 대하여」[42]는 사상교양사업과 사상투쟁의 불을 당겼다. 이것은 사회주의와 공산주의의 우월성을 강조한 새로운 도덕을 강조한다. 남아있는 낡은 봉건적, 자본주의적 사상잔재를 완전히 뽑고, 새것과 낡은 것과의 투쟁, 진보와 보수와의 투쟁, 적극과 소극과의 투쟁, 집단주의와 개인주의와의 투쟁, 총체적으로 사회주의와 자본주의와의 투쟁, 이런 것을 혁명투쟁의 내용으로 하였다.

천리마운동[43]은 사상투쟁이 벌어진 1956년 8월 종파사건의 후유증을 극복하고, 동시에 1957년부터 시작되는 1차 5개년계획과 맞물린 경제건설의 과제를 달성하는 목적이 있었다.[44] 이런 점에서 운동을 <천리마작업반운동>으로 심화시키면서, 공산주의교양을 강화한 인간개조사업으로서의 의미를 부여함으로써, 그것이 대중 자신에게 초점이 맞춰지게 한다. 이에 따라 개인의 소극성, 보수주의, 신비주의 등 낡은 사상잔재를 반대하고, 온 나라를 휩쓴 사회주의건설을 다잡아서 집단적 혁신운동으로 심화시켰다.

1961년에 모든 사람들이 서로 돕고 고락을 같이하면서 화목하고 단합된 하나의 대가정을 이루는 집단주의 도덕을 본격적으로 강조한 "하나는 전체를 위하여, 전체는 하나를 위하여"[45]라는 구호가 널리 강조된다. 같은 맥락에서 전국천리마작업반선구자대회와 같은 궐기대회로 전인민을 선동했다.

1960년 말에 이 운동에 18,378개 작업반에 약 33만 명이 참가해서, 866개 작업반에 19,555명이 천리마작업반칭호를, 15개 작업반에 367명이 2중칭호를 받았다.[46] 이런 가운데 노동에 대한 인민들의 공산주의적 태도가 철저히 확립되고, 본위주의, 개인 이기주의 같은 낡은 사상잔재가 극복되었다. 집단주의 정신을 생활의 기본으로 삼아, '아름다운 공산주의적 기풍'에 의한 집단의 혁명적 단결을 강화시킨 때문이었다. 사상, 기술, 문화의 혁명적 대고조가 시대정신으로 된 것이다. 이런 가운데 인민생활의 모습은 집단주의적 도덕을 기본적 태도로 하고 국가가 제시한 집단목표를 향해 지속적인 동원체계에 편입되었다.

3) 사상강조와 수동적 적응: 1962～1988

북한은 1958년 생산관계를 사회주의적으로 개조하면서 입는 문제, 먹는 문제, 쓰고 사는 문제가 기본적으로 풀렸다고 했다. 그것은 계속혁명론에 의한 본격적인 사상혁명으로 돌입함을 뜻한다. 1960년대 계속적 혁명과업 수행에서 본보기가 되는 천리마운동을 통하여 증산경쟁의 대중화와 함께 사상투쟁의 의미를 더해갔다. 사상검열이 삶의 일상에 침투하는데, 그것은 선전선동을 목적으로 하는 문화예술 분야에서 상징적 사건으로 나타났다. 1961년 문예총을 재결성하여 문화예술 부문의 숙청을 단행하고, 이를 통해 사상의 전초기지를 당에 확고하게 종속시켰다. 그것은 일상생활 속의 사상검열을 의미하고, 국가권력이 엄격할수록 인민들의 생활은 수동적이게 되었다.

농촌에서 사회주의적 협동화가 완성된 다음에도 반드시 수행하여야 할 중심적인 혁명과업으로 "사상혁명, 기술혁명, 문화혁명"이 제기되었다. 도시와 농촌, 노동 부문 간의 차이를 없애려면 농촌에서 그 세 가지 혁명을 수행하여야 하며, 농촌의 낙후성을 없애기 위해 기술혁명만 강조하고 사상혁명을 하지 않으면 농민들이 공동 노동을 좋아하지 않고 개인 텃밭에서나 일하려고 하게 된다는 것이다.[47]

그것은 '사회주의적 개조 이후 생산력 발전의 결정적 역할은 생산자의 의식'[48]이라는 인식의 전환에 맞물리는 문제이다. 즉, '사회주의의 완전한 승리는 사람들의 의식을 사회주의적으로 개조해야'[49] 보장된다는 말이다. 따라서 노동과 생활까지 국가 통제체계 아래 지도하는 것이 중요했다. 지도체계에서 계획의 일원화[50]와 세부화를 실시하는데, 그것은 모든 국가계획기관과 계획세포들이 하나의 계획화체계를 갖고, 국가계획위원회 하에 유일성을 보장함을 의미한다. 이와 같은 체계의 실질적 성과는 1960년 2월 강성군 청산리 현지지도에서 나온 청산리방법[51]과, 1961년 12월 생산에 대한 당적 지도 체계를 완성한 대안의 사업체계[52]가 도입됨으로써 가능했다. 그에 따라 농민·근로자로서 모든 주민의 생활을 하나의 유기체에 망라한 것이다.

1970년 11월 제5차 당대회에서는 사상, 기술, 문화 혁명을 "사회주의 완전한 승리를 위한 물질적, 사상적 요새를 점령하는 기본과업"으로 설정하였다.[53] 이후 3대혁명의 구호를 내놓고 투쟁을 벌려왔지만 성과를 이루지 못하자 1972년 가을에 시험적으로 당조직들에서 선발된 일군들과 대학생들로 지도소조를 만들어 경공업공장에 파견해 보았다. 이것이 성과를 거두자, 당중앙위원회 정치위원회는 <3대혁명소조운동>을 더욱 심화시키기로 결정하고 3대혁명소조들을 공장, 기업소, 협동농장을 비롯한 인민경제 여러 부문에 파견했다. 3대혁명소조운동을 벌인 2년 동안의 성과가 뚜렷하자 1975년 2월 당 중앙위원회 제5기 제10차전원회의에서 본격적으로 3대혁명소조운동을 통해 사상, 기술, 문화의 3대혁명 과업을 추진한다.[54]

이와 같이 주민의 생산활동과 일상생활은 대중운동의 흐름 속에서 끊임없이 영향을 받고 규정되었는데, 1980년대는 숨은 영웅들의 모범을 따라 배우는 운동이 3대혁명 붉은기 쟁취운동과 밀접하게 결부되어 진행되었다.[55] 3대혁명이 사회주의의 완전승리를 위해 계속혁명의 모토가 되어 실행 단위에서 움직이는 대중운동의 중요 수단이 되었다.

경제적으로 1957~1970년에 이르는 공업화의 정책으로 해마다 평균 19.1%의 고속성장을 하였다. 그것은 농촌과 도시의 인구비에 역전을 낳았다. 1965년에 52.5 : 47.5(%)이던 비율이 1970년에는 5년 사이 도시인구가 2백만 명 이상 늘어난 약 800만 명 정도로 54.2%를 차지했다.[56] 공업화, 도시화는 근대화의 공통 현상이지만, 북한의 경우는 가파른 도시화와 인구이동은 만성적 식량문제의 근원이 되었다.[57]

공업화의 결과로,[58] 의식주, 문화생활에 질적 변화를 가져온다. 식료가공, 냉동·냉장 등 식료공업이 빠른 속도로 발전하고, 아울러 밥공장, 김치공장, 기계화한 세탁소 등 새로운 개념의 편의봉사시설을 도입시켜 가사노동을 전기화, 사회화하는 생활변화를 가져왔다. 특히, 밥공장, 가족식당 등 대중식당 확장은 식생활을 간편하게 하고, 여성의 사회참여를 적극적으로 보장하기 위한 조치이기도 했다.59) 그러나 가사노동의 사회화는 균등하게 이뤄지지 않았다. 1960~1970년대에 밥공장을 이용함으로써 여성들까지 생산활동에 적극 참여할 수 있었는가 하면, 음식의 질과 비용이나 거리 때문에 밥공장 이용이 저조하기도 했다.60)

인민생활의 보장을 위해 북한정권은 일관된 정책으로 인민소비품 값을 체계적으로 낮춰서 실질 임금이 높아지도록 했다. 1966년 4월 농업현물세가 완전 폐지되고, 1964년 농민의 실질소득은 1953년 대비 2.7배가 늘었다. 또한 무상교육, 무상치료, 각종 보조금 등 국가부담에 의한 사회문화시책을 큰 비중으로 계속 늘려, 1969년에는 1960년 대비 2.1배가 늘어나, 실질수입의 50%에 가까운 추가 수입이 있었다. 특히, 식량공급과 학생들에게 의복공급과 같은 국가부담의 현물공급, 낮은 사용료에 의한 주택의 보장, 무상치료, 무료교육 등은 실질적 생활보장을 의미했다.61) 1970년 8월에는 내각 결정으로 근로자들의 임금을 평균 31.5% 올려 평균임금이 70원에 이르도록 했다.

살림집 해결과 건설사업은 1961~1969년 동안 도시와 농촌에 살림집 80만 세대를 새로 건설하여 주택조건을 개선하고, 평양학생소년궁전, 중앙도서관, 텔레비죤방송탑 등 공공건물, 현대적 문화시설이 건설되었다. 특히, 평양은 "민주수도, 사회주의수도이며 혁명의 수도"로서, 전체 조선인민은 평양을 우러러보고 있고, 다른 나라 사람들도 많이 찾아오는 곳이므로, 평양을 잘 꾸리는 것은 정치적으로 커다란 의의를 가진다고 했다.62) 이에 따라 1964년 평양시 10대과업이 제시된다. 평양화력발전소 건설 완공, 기계설비를 위한 생산, 건설, 경공업제품 질을 높여 수출상품 생산, 재봉기 생산, 전구 생산, 가구 생산증대 등을 제시하면서, 7개년계획기간에 평양시 건설에 박차를 가한다. 1958년 건설에서 '평양속도'라고 하여 14분에 한 세대를 세우는 조립식 방법으로 살림집 2만 세대를 지었던 경험이 있었다. 이와 같은 속도전 건설로, 1970년에 평양에는 15층 청사와 5~10층의 문화주택과 문화후생시설이 이뤄진 천리마거리, 서성거리가 형성되었다. 사리원시에는 현대적 고층주택과 유원지, 문화회관, 여관, 백화점, 역사 등이 새롭게 건설되어 평양의 남쪽 관문으로 꾸렸다.

7개년 계획기간인 1960년대는 소비생산품과 농산물 생산이 급격히 늘어나, 주민들의 구매력도 늘어나고 소매상품 유통량이 급속히 늘어났다. 입는 문제 해결에서 모직물, 견직물을 비롯해서, 비날론 등 화학섬유직, 캬바직, 뽀뿌링 등 연사직물, 메리야스, 쟈케트, 목도리 등 고급 편직물 공급량이 현저히 늘었다. 그 밖에 각종 합성수지 일용품, 시계, 라지오(라디오), 텔레비죤수상기, 자전거, 악기, 체육기자재 등 문화용품과 옷장, 찬장, 세탁기, 랭동고(냉장고), 선풍기 등 가정용품 공급량이 늘었다. 또한 상업망을 근로자들의 생활 반경에 접근시켜 포치하는데, 도시와 노동자지구에 직장상점을, 농촌에 위탁상점망을 골고루 두었다. 그리고 식료품상점과 공업품상점, 기본 상업망과 분점, 전문상점과 비전문상점 사이의 균형을 보장하도록 하였다. 이 시기 경제적 인민생활은 획기적 향상이 있었다.[63]

그런데 공업화의 결과는 노동자와 농민, 도시와 농촌 사이에 차별적인 간극이 생겨났다. 6개년계획기간(1971~1976)에는 노동자와 농민, 도시와 농촌의 생활 차이를 없애는 노력과 농촌에서 군의 역할을 높이는 정책이 이루어지고,[64] 3대기술혁명의 필요성이 피력되었다.[65] 중노동과 경노동의 차이, 농업노동과 공업노동의 차이를 훨씬 줄이며, 녀성들을 가정일의 무거운 부담에서 해방하기 위한 3대기술혁명은 힘든 노동을 기계화하고, 여성의 이중노동 부담을 줄임으로써 노동계급 내에서 차별을 없애고자 한 것이지만, 결국은 인력의 한계에 부딪히자 기술혁신으로써 생산력을 높이자는 것이었다. 이에 따라 전국 군에서 군중적 운동으로 냉동공장, 과일·남새·고기 등 식료가공공장을 건설하고, 농촌상점망을 늘리고 1975년에는 전 년에 비해 손목시계 118%, 텔레비죤 수상기 220%, 재봉기 187%가 공급되었다. 6차당대회에서 제기한 농촌의 뻐스화[66], 수도화[67] 방침의 실현으로 농민생활의 편리를 도모했다. 1973년 3월 정무원 지시 제5호로 농촌살림집 건설에 대대적 역량을 투입하고, 이듬해 농촌문화주택건설을 위한 정무원 결정으로 10만 세대를 건설하고, 6개년계획 기간에 총 47만여 세대가 신축되었다. 이때 도시에도 다층주택이 41만여 세대가 새로 지어졌다. 평양도시에는 도시다층주택이 건설되고, 1973년 9월 평양지하철도가 개통되었다.

인민생활향상을 위한 조치의 하나로 1974년 2월 당중앙위원회 제5기 8차 전원회의에서 세금제도를 완전히 폐지하고, 공업상품의 값을 대폭 인하하여, 2만여 종에 대해 평균 30~50%를 인하했다.[68] 그것은 김일성이 밝힌 바대로, 북한이 7개년계획기간에 자주국방의 기치로 국방공업에 치중함으로써 인민생활을 높이는 데 많은 힘을 돌릴 수 없었던 것을 6개년계획기간에는 경공업 발전 필요성과 인민생활 개선의 요구에 따른 조처였다.[69] 이때 말한 인민생활의 수준은 사치한 생활을 반대하면서 근로자들이 깨끗하게 입고 다양하게 먹고 여러 가지 일용품을 쓰고 살 수 있게 만들자는 것이다. 특히, 1972년 7월 내각결정으로 인민소비품 생산에 박차를 가하는데, <충성의 인민소비품생산투쟁>[70]으로 상품 예비가 늘어나고 공업상품을 보다 싸게 공급할 수 있게 했다. 6개년계획 수행 기간에 전반적 무상치료제, 11년 의무교육을 주요한 사회문화시책으로 실시했다.

이러한 인민생활에서 특징은 <사회주의적 생활문화의 확립>으로 규정한 점이다.[71] 이론적 설명에 따르면 그것은 '혁명성을 가지고 건전하게 그리고 문화적으로 사는 것을 생활원칙으로 한다'[72]는 뜻이다. 그러니 도시와 농촌의 문화차이가 확연히 드러나는 것은 문제였다. 농촌에서 문화주택과 편의봉사시설의 완비를 강조했다. 이를테면 협동농장

작업반마다 목욕탕을 갖춘 어머니학교를 짓고 거기에서 농촌 여성들의 교육과 위생을 보장한다거나, 비문화적인 생활습성을 없애고 농민들이 자기의 살림집을 알뜰히 거두고 개체위생을 잘 지키며 언제 어디서나 위생문화적으로 생활하도록 했다. 사회주의적 생활문화가 일상에서 위생적이고 잘사는 것을 의미할 때, 또 하나의 인민생활의 특징은 문제를 사상혁명적 방식으로 해결하는 점이다. 생활문화 건설에도 당의 영도가 중요한 것이다. 당중앙에서 1975년 당면과업으로 내놓은 <생산도 학습도 생활도 항일유격대식으로!>[73]라는 구호와 <따라 배우기>는 인민생활에서 정치적 수동성을 그대로 보여준다.[74] 생활을 항일유격대식으로 한다는 말은 혁명성을 강조하는 이면에 자원의 보장이 없는 상황에서 '자력갱생'해야 하는 생활실상을 반증한다.

이 문제는 로농적위대,[75] 교도대,[76] 붉은청년근위대[77] 등 인민들이 "한손에는 총을 다른 한손에는 낫과 마치를!"라는 전투적 구호에 드러나듯, 전시체제를 대비한 생활전선을 타개하는 일이기도 했다. 1968년 1월 미국 함선 <푸에블로>호의 북한 나포, 1976년 8월 18일 <판문점 사건> 등이 상징적으로 보여주듯, 인민들 일상에서 반미투쟁의식 고취가 말하는 전쟁국면과 불가분의 관계에 놓여있었다.

그와 같은 현실은 산업구조의 불균형을 의미하며, 그것을 끌고가는 '따라배우기' 구호들은 더욱 수동적인 인민생활문화를 만들어갔다. 1975년 일인당 국민소득이 1,000달러가 넘었다고 말하고,[78] 1980년 10월 6차 당대회에서 김일성이 인민생활을 끊임없이 높이는 것이 "당 활동의 최고원칙"이라고 했음에도 불구하고, 인민들의 생활수준은 실제로 개선되지 않았다.[79] 생활필수품 부족을 타개하기 위해 1984년 등장한 <8.3 인민소비품창조운동>을 계기로 자립적 지방경제가 확대되면서 일상생활에 생필품 공급을 어느 정도 원활하게 하였다. 생활필수품 생산을 위해 각 기업, 가정에 '생활필수품 직장·작업반', '가내작업반',

‘부업반’ 등의 조직을 설립해 소비품 생산이 늘어난다. 이런 조직들은 1950년대부터 있던 것인데 김정일이 그 수를 늘리도록 한 것이다. 이렇게 생산된 소비품을 직접 판매하는 ‘직매점’이란 것을 평양의 각 지역에 새로 설립하고, 이후 전국에 확대시켰다.[80)

4) 개방의 틈새와 장마당 생활: 1989∼2001

북한에서 개인에게 육체적 생명보다 사회정치적 생명이 더 중요하다는 인식은 김정일의 "주체사상교양에서 제기되는 몇 가지 문제에 대하여"(1986.7.15)에 의거한다. 주체사상 일색화로 물들어진 북한 주민생활에서 생명의 가치를 정치생명에 놓게 되는 것은 무엇을 의미하는가. 신체를 사회화하여 노동력을 장악하는 것을 넘어선 신체의 정치생명화는 영혼까지 체제에 담보하는 것과 같다. 현실대응의 자율성이 없는 상황에서 국제정세가 탈냉전구도로 급변함으로써 체제위기의 외압이 더욱 클 수밖에 없다.

"조선민족제일주의정신을 높이 발양시키자"(1989.12.28)를 통해서는 조선민족제일주의 정신[81)으로 바깥 세계에 맞서게 하고, "인민대중 중심의 우리식 사회주의는 필승불패이다"(1991.5.5)에서는 우리식 사회주의를 사상적 시대정신으로 표방했다. 이런 다양한 언술 속에도 일관된 것은 오로지 당 노선에 충성하도록 당성을 강화하고, 당중앙권력의 필승불패에 집중하는 내용이다. 다시 말하면, "사회주의에 대한 훼방은 허용될 수 없다"(1993.3.1)는 문건 표제대로, 모든 것이 사회주의의 고수에 초점이 맞춰져 있었다. 이와 같이 북한은 고유한 자기 체제와 독자적 사회주의 성격을 ‘우리식’이라 규정했다.[82)

당과 국가는 애국주의를 통해 국제정세 변화와 체제위기 압력에 대해 저항하도록 주민을 교양했다. 김정일은 제국주의자들과 부르주아복

귀주의자들의 반동사상조류을 막기 위해 목숨을 걸라고 주문했다. 사회주의가 인민의 생명이고, 수령, 당, 대중이 생사운명을 같이하는 운명공동체라는 주장은 사상과 도덕으로 인민을 굳게 단결시켜 어떻게 해서든 체제위기를 막겠다는 뜻이다.83) 따라서 자본주의와의 대결에서 운명공동체이자 사회정치적 생명체인 당에 대한 신심, 당성과 애국심은 인민생활에서 중요한 교양이 된다.

이와 같은 역사적 문맥 속에서 보면, 1989년 13차 청년학생축전은 북한이 자원을 총동원하여 사회주의 정치생명체로서의 목숨을 걸고 외부세계와 대결한 것과 같다.

"전쟁시기에도 끄떡없던 나라의 기강은 흔들려 병원에 가거나 외화상점에 가거나 사람들의 눈동자는 '물건'을 찾는 생존의 요구에 허덕이고 있었다. … 그런데 13차 축전을 어떻게 한단 말인가. 88올림픽을 했으면 했지, 거기에 겨루겠다는 당의 의도가 서글프게 느껴졌다"84)는 토로처럼, 13차 축전은 바닥까지 파서 치른 행사가 되었다.

평양 만경대구역의 건설85)과 같은 대규모 투자는 광범위한 외화벌이,86) 국가가 나선 골동품 수매87) 따위처럼 자원을 총동원한 일면을 보여준다. 또한 노동력의 한계를 도급제를 도입함으로써 총동원건설을 추진하였다.88)

그러나 북한에서 제13차 청년학생축전은 주민생활 문화의 변화의 계기가 된다. 또 1990년대 중반 북한이 경제난으로 국가 공급의 배급제가 붕괴되면서 국가 도움 없이 개인이 독자적으로 생존 수단을 찾아야 함으로써 경제생활의 조건이 크게 변화하게 되었다.

무엇보다 사람들의 생각이 바뀌고 비법행위에 대담하게 뛰어들었으며,89) 상점보다 장마당이 생활 공급의 원천으로 변화했다.90) 군대까지 시장에 나선 상황이 벌어졌으니,91) 13차 축전은 공식경제의 고갈 또는 붕괴를 촉진한 것이나 같았다. 그런 결과로 고르게 잘살게 한다는 사회

주의 생활양식은 무너져가고, 외화벌이를 하는 개인이 승용차를 가지는
가 하면,92) 심지어는 생활총화와 같은 공식영역에서 삶의 변화가 일어
났다.93)

이와 같이 13차 축전으로 인한 개방의 틈새는 장마당생활이 새로운
생존양식이 되게 만들었다. 경제적인 어려움에도 불구하고 옷차림에서
새로운 유행이 생기고, 여성들은 치장에 큰 관심을 가졌다.94)

소비재 공급에서 국영상업망을 이용하던 틀이 깨어졌다. 기업소와 노
동자는 자재나 원료를 직접 조달해야 하고, 주민들의 양식 역시 직접
자기 수단으로 해결해야 하였다.

배급제 붕괴와 자구적 경제활동 확산, 즉 비공식부문의 경제활동이
주민들의 일상생활을 많이 변화시킨다. 1980년대 중반부터 식량의 미공
급이 시작되는데, 이때는 미공급된 배급을 나중에 보충하여 공급함으로
써, 국가에 대한 주민들의 신뢰는 상실하지 않았다. 하지만 1992~1993
년 무렵부터 지역에 따라 식량배급이 불규칙해지고, 1996년 무렵에는
미공급된 식량은 그것으로 끝이 되고, 인민들은 식량을 구하기 위해 본
격적으로 자구책을 찾지 않으면 안 되었다. 1995년 큰물피해가 겹쳐 고
난의 행군이 시작되고, 식량난이 대외적으로도 알려졌다. 총체적 위기
속에서 주민생활은 소비재, 식량을 구하기 위해 사회적 이동이 증가하
고, 장마당 상품의 다양화와 유통이 활성화하고, 사람들 의식의 변화가
일어남으로써 이전과는 크게 달라졌다.

그러나 당과 국가는 1994년 7월 김일성 사망 이후, 붉은기 정신[사
상]95)과 고난의 행군96)에 이어, 최후의 승리를 위한 강행군, 강성대국
론,97) 제2의 천리마대진군 등을 내세우면서 체제위기를 막으려 했다.
이런 구호는 체제위기적인 경제 파탄 상황에서 '우리식 사회주의'와 체
제를 버틴 힘이 사상적·정신적인 무장이었음을 말해 준다.

5) 자생적 변화와 수동적 개혁: 2002 ~ 현재

북한은 선군혁명사상을 체제의 버팀목으로 삼고 있다. '김정일 당총비서 추대 2돐 경축 중앙보고대회'(1999.10.8)에서, 김정일은 '탁월한 군사전략가'로 부각된다. 북한은 '제국주의자들과의 격렬한 정치군사적 대결'에서 사회주의 체제를 고수하기 위해 독특한 선군정치 방식을 확립했다고 주장하며 이를 선군혁명사상으로 뒷받침했다. 당은 군을 앞세우는 혁명적 군사노선의 철저한 관철과 항일유격대식 사업방식의 전면적 구현으로 대중적 기반을 강화하였다. 다시 말해 군대는 곧 당이고 국가이며 인민이라는 군중시사상을 내놓아, 모든 사회분야의 사상적 토대로 삼았다.

그러나 경제실상은 파탄지경이 되어 극심한 식량난으로 수백만 명이 죽어갔다. 그 여파로 중국 등지로 대량 탈북 사태가 빚어져, 삼십만 명이 넘는 월경越境 유동인구가 있었다는 보고도 나왔다.[98] 이와 같은 위기의 원인을 북한에서는, 1990년 이후 사회주의시장이 붕괴되고 거기에다 미국에 의한 경제봉쇄와 고립 책동, 그리고 자연재해가 겹쳤기 때문에, 경제생활에 일시적 공간이 생겼다고 반복해서 말한다.[99] 경제 위기는 체제외적 요인에 의한 것이며, 북한 사회체제의 모순이나 비효율성의 문제가 아니라는 주장이다. 그래서 고난의 행군은 그 공백을 메우고 자력갱생하기 위한 투쟁이라고 말한다.

국제사회의 개방 압력이 높아질수록 당의 노선은 선군사상으로 무장하는 체제유지와 자력갱생을 강조한 경제회복에 초점을 두었다. 주민생활에서 자력갱생은 장마당에서 찾는 자생력을 의미했다. 생활에서 사상적 정치적 요구는 여전히 높았지만, 기존의 생산 활동에서 이탈함으로써 지속적으로 사회계층의 변화가 일어나고, 아울러 혁명화의 의미가 퇴색하고 있다.

7·1 경제관리개선조치를 전후해 개인의 이익을 챙겨 부를 축적한 새로운 사회계층이 관리자 내지 사회주도 세력으로 성장하고 있음을 알 수 있는 소설까지 나오고 있다. '랭동기, 색텔레비죤, 록음기, 재봉기 없는 게 없고, 돼지, 젖짜는 염소, 토끼, 닭, 오리, 게사니, 칠면조가 한마당 우글우글한다. 터밭농사로는 겨울엔 박막을 씌워서 부루, 쑥갓, 배추를 키우고 봄엔 감자를 심었다가 하지 무렵엔 고추를 옮기구 고추가을을 하고나선 마늘을 심고, 이런 식으로 손바닥만한 땅도 거저 놀리는 법이 없다.' 이런 이악쟁이 살림을 하는 사람을 협동농장의 분조장으로 뽑는다는 이야기는 체제의 변혁으로 이어지는 실마리로 읽을 수 있다.100)

1990년대 말, 이 소설의 주인공처럼, 분조장, 작업반장, 관리위원장, 리당비서 등과 같은 하위단위 지도일군을 직접 선출하는 시도가 있었다.101) 그것은 북한이 식량난으로 인해 비공식 영역을 확대해간 주민생활을 제도권으로 재통합하기 위해 제도개선의 실험을 하고 있음을 보여준다. 즉, 7·1 경제관리개선조치와 같은 개혁이 당과 국가의 능동적 노력이 아니라, 현실을 추수하는 수동적 개혁이었음을 말해 준다.102)

최근 보여주는 새로운 주민생활 양상에서 보면, 당과 당의 외곽조직을 망라하여 사회정치적 생명체로서 유지되던 북한의 '사회주의대가정'은 사회기반의 붕괴로 위기에 처해 있다. 경제적으로는 독립채산제 등으로 기업소나 개인이 자구적으로 먹고사는 문제를 해결해야 하므로 당국가 중심의 정치성은 약해질 수밖에 없는 상황이다. 이에 따라, 주민을 관리하던 기존의 사회계층이 흔들리고 있는데, 동요계층, 적대계층을 포섭하기 위해, 종전에는 엄격하게 부정적 인물로 그렸던 사람들도 용서하고 보다 관대하게 대하는 소설들도 나오고 있다.103) '남포의 원정동 초급여맹위원회 위원장은 조직사상생활을 개별 진단을 해서, 집단과 조직보다 자기 이익만을 생각하는 비사회주의적 현상을 개별적으로 불러 학습시킴으로써 잘못을 뉘우치도록 진심으로 도와주었다'는 기사도 역

시 동요계층의 포섭이 긴급한 현실임을 반영한다.104)

이와 같은 현상에서 주민생활양식의 변화를 읽을 수 있다. 지난 시기 정치사상적 조직생활이 틈이 생기면서 집단주의적인 사회정치적 생명체로서보다 개인의 육체적 생명존재의 생존이 더 긴박함을 인정한다. 따라서 정치적으로 선군혁명을 강조하지만 사회동원에 한계가 있고, 비법행위가 일상화하고, 이악한 개인주의자들이 실질적 생존능력이 되며, 사실상 개방의 국면으로 내몰리면서 극심한 격차가 확인되는 물질생활에서 혼돈과 변화를 겪고 있다.

국가가 체제유지를 위해 요구하는 생활과 현실의 간극이 극심한 현실에서, 이제 국가가 주민생활을 추수하여 변화를 시도하는 역전현상이 벌어지고 있는 것이다. 1999년에 나온 인민경제계획법에는 시장활동의 자율성을 제한하고 있지만,105) 2002년 7·1 경제관리개선조치 이후 주민들의 생활상은 시장에 더욱 가깝게 나아가고 있다.106)

3. 일상생활의 양상과 의의

1) 사회활동과 대중문화생활

북한의 사회생활은 인민반 생활이 단적으로 보여준다. 인민반은 20~40가구로 이루어지는 국가사회 기층조직이다.107) 인민반 단위는 동·리·읍·노동자구 인민위원회의 통제아래 당과 국가의 정책을 반원에게 침투시킴으로써, 가정을 혁명화·노동계급화하고, 어린이들을 교양하고, 가정·거리·마을을 문화위생적으로 꾸리고, 국가사회재산을 애호하고, 사회주의경제건설을 지원하고, 혁명적 제도와 질서를 강화하여 불순분자들의 침투를 막는 등의 사업을 한다. 반장은 가정의 형편을 구체적인 살림살이까지 알고 반원들의 생활을 보살펴주고, 반원들은 적극적으로 인민반생활에 참가하며 반이 제기하는 사업을 성실히 수행하여야 한다. 즉, 인민반 조직은 국가적 동원실행, 반원의 생활지도, 사상동향 파악, 외부 방문자 감시 등의 기능을 수행한다. 5호담당제[108]는 잘 알려진 인민반 감시조직이다.

1972년 유급인민반장직제를 도입하면서, 인민반 생활은 한층 강화되었다. 사회의 성원이 모두 인민반에 소속되어 생활하기 때문에, 가정을 잘 꾸리고 혁명화하는 문제도, 반원들의 생활에 불편함이 없도록 하는 문제도 '인민반사업에 달렸다'고 김정일이 지적했듯이,[109] 인민반은 사회질서와 제도, 체제유지를 위한 기본단위가 된다. 인민반원들은 사회정치교양사업에 단련되고, 자각적으로 사회정치생활에 참가하도록 지도된다. 근로단체가 직장생활에서 당사업을 관철하는 조직으로 작동하는 바처럼, 인민반은 일상생활에서 그와 같은 기능을 하는 셈이다.

인민반장은 소속 주민들의 추천형식을 거쳐 시·군(구역) 인민위원회에서 지명하며, 대부분 직장에 나가지 않는 여성당원이나 간부 부인들이 맡는다. 인민반에는 부인민반장 격으로 환경책임자인 위생반장과 남자들의 동원에 필요한 세대주반장 등을 뽑아 역할을 분담하게 한다.

아침마다 반장은 아침청소 나오라고 부른다.[110] 또, 아침 6시 30분이면 집집마다 설치된 유선방송으로 인민보건체조 음악이 나온다.[111]

이러한 일상의 인민반 생활은 생활 전반을 통제하는 조직생활의 일환이다. 탈북자의 증언에 의하면,[112] 1970년대 조직된 인민반 가스순찰대는 일상생활 속의 조직 활동의 전형을 보여준다. 1970년 무렵에 전국 도시에 연탄을 연료로 썼는데, 동절기 저기압 때 가스중독 사고를 주민 절반이 경험하고, 5개 인민반에 1명 정도 사망하자, 자구책으로 가스순찰대를 조직했다.[113] 이 조직 체계를 보면, 구역 안전부 소속의 분주소가 관리하는 '동'단위들이 있고, 동 아래 각 인민반, 기관기업소 등이 망라되어 있고, 인민반 수준에서 가스순찰대가 조직된다. 저녁마다 순찰한 '순찰카드'를 작성하고 결과를 즉시 상부에 보고하게 되어 있다.

주민생활 속의 그러한 조직체계는 안전사고까지 자치적으로 해결하는 생활상을 보여주는 측면도 있지만, 사생활 영역까지 파고들어가는 집단적 체계의 통제를 말해 주고 있다.

북한인민의 대중문화생활은 일찍이 군중문화사업에 역점을 둔 것에서 유래한다. 민주개혁으로 국가가 노동의 보호와 함께 문화기관과 사회시설을 인민을 위해 널리 건설하고 개방하여, 물질문화생활을 예술문화 부문으로 확장시켰다. 해방 직후부터 직업동맹, 농민동맹, 민청, 문예총 등의 지도로 군중문화보급 사업이 광범위하게 진행되었다. 각 공장, 광산 기업소와 농촌에 문학, 예술, 체육 써클들을 조직하고, 노동자들의 구락부나 민주선전실을 이용하여 대중문화가 형성되었다. 전쟁 중에도 군중문화 조직을 복구 강화하여, 군중문화사업을 통해서 인민들을 애국주의적 사상으로 무장시켜 전쟁을 승리로 이끌기 위해 투쟁하도록 고무하는 역할을 수행한다.

1951년부터 농촌 민주선전실에 유급 민주선전실장을 배치하여, '농촌에서 군중선동사업과 문화계통 사업을 일상적으로 조직, 진행함으로써 주민의 정치사상 및 문화수준을 향상시키는 것을 목적'으로 했다.[114) 1958년 8월 농촌에 사회주의 협동화가 완성된 후에는 내각의 결정으로 농촌 민주선전실은 농업협동화단위로 설치되고, 전임 민주선전실장을 배치했다.

직장 내 문화시설도 늘려 가는데, 1949년에 벌써 생산직장 내에 상설영화관이 들어서고,[115) 이동연극대, 이동영화대의 활동으로 벽지 인민들까지 문화생활을 접하게 했다. 또 직장에서는 직맹위원장이 지도하여 써클 성원이 연극을 공연하는 것과 같은 직장 문화써클 활동이 활발했다.[116)

1960년은 군중예술 발전에 전환이 있었다. 각지 99개 공장, 기업소에 118명의 예술인들을 1959년 11월부터 1년 동안 장기 파견하고, 그 외 예술인들을 수시로 농업협동조합에 파견하여 예술써클을 계통적으로 지도하고, 또 예술인들은 현지체험을 풍부하게 했다.[117]

1961년 2월 전 당원을 독려하여, 작업반 단위로(도시는 동 단위) 민주선전실 등 대중정치문화사업의 거점을 설치했다. 1961년 말 구락부는 각지에 502개, 읍, 구, 동, 리에 4579개, 농촌 작업반 민주선전실은 21441개가 있었다. 이것은 전 해에 비해 1.6배가 늘어난 것이다. 구락부 및 민주선전실에는 조선로동당역사연구실, 도서실, 회의실, 오락실을 설치하고, 영사기, 책, 라디오, 악기, 오락기구를 비치하며, 여기서 회상기 모임, 혁명가들과 상봉모임, 해설담화 사업, 영화·예술 보급 또는 써클 사업 등이 진행되었다.[118]

1963년 12월 근로자들 속에 문화교양사업을 위해 군중문화사업의 형식과 방법을 연구하여 일반화하고 군중문화일군을 양성할 목적으로 13개의 도(직할시)에 <문화회관>을 신설하여, 1964년부터 본격적으로 사업을 시작한다. 문화회관은 예술써클지도부, 창작지도부, 군중문화방법연구부 등을 두었다. 여기서는 문화혁명과업 수행을 위한 강연, 해설 사업을 하고, 명절과 기념일의 각종 모임과 오락사업, 근로자의 도덕교양사업, 각종 예술써클지도사업을 했다.[119]

1965년에는 시(구역), 군에까지 군중문화회관을 세워서, 당정책적 과업을 실천하기 위한 각종 예술공연자료를 만들어 공장, 기업소, 농촌의 <예술소조>들에 주고, 직접 생산기업소에 나가서 예술소조사업을 지도하고, 농촌의 문화시설을 꾸려주었다.[120] 그후 군중문화사업은 근로자들에게 당의 유일사상, 혁명사상을 무장시키고, 수령교시를 관철하는 역할을 하게 된다. 1960년대 말에는 도, 시(구역), 군, 공장, 기업소, 협동조합에 문화회관을 설치하여,[121] 군중문화회관, 공장문화회관, 로동자

문화회관, 극장과 영화관, 도서관, 구락부, 선전실, 교양실 등을 통해 대중교양사업이 이뤄졌다.

1970년 이후는, 문학예술활동의 대중화를 한층 강화하여 혁명박물관, 혁명전적지, 사적관이 건설되고,[122) 문화회관을 통한 계급교양, 혁명교양이 강화되었다. 대중적 예술소조활동,[123) 예술선전, 경제선동, 전국로동자·농업근로자예술소조축전 등 다양한 형태의 대중문화가 일반화되고 있다. 또한 1960년 11월 김일성의 지시로 도입된 문학통신원 제도는 창작활동의 대중화를 위한 중요한 통로가 되고 있다.[124)

그런데 고난의 행군시기를 거치면서 길거리에 일없이 노는 사람이 많고, 사회동원 중에 선전대의 오락을 즐기는 정도일 뿐, 이전의 대중문화생활은 개인적 놀이로 대체되었다. 이것은 직장인도 틈틈이 생계유지를 위한 활동을 해야 하는 경제난 속에서 대중의 일상생활상의 기존 질서가 무너지고 과도기적 삶을 살고 있음을 말해준다.[125)

2) 의식주와 소비생활

1990년대 경제난으로 장마당의 시장경제가 자생함으로써 상품 공급에 많은 변화가 일어나고 있지만, 기본적으로 사회주의적으로 개조된 공급체계에 의해 이뤄진다. 외투, 구두, 모자 등 의복은 신분에 따라 중앙공급대상과 일반공급대상으로 구분하여 차등공급을 받고, 예술가, 기자 등 특수층에 대해서는 특별배급을 한다.[126)

해방 직후 북한에서 옷차림은 일제 잔재를 씻고 전통적인 옷차림풍습을 토대로 하여 계속 발전시켰다. 항일유격대, 조선인민혁명군의 군복차림을 변형하여 해방 직후로 이어졌는데, 솜을 구하기 어려워 강냉이대나 수숫대 속을 보드랍게 하여 솜대용으로 쓰고, 피나무껍질을 삶고 두드려 겨울옷에 놓아 입었다. 염색은 나무껍질과 산열매를 이용해서 해결했다. 김일성은 민족적 전통을 살리면서 현대 미감에 맞게 의복제도를 발전시킬 것을 요구해 전통양식도 변화를 가져왔다.[127] 옷감을 절약하고 또 건설 노동자들의 생활감정에 맞게 치마 길이를 짧게 하여 전통적 형태를 변형시키되, 무릎 위까지 올라가는 서양풍은 반대했다. 이처럼 의생활에서도 혁명을 중요시했다.

북한은 직물생산량이 절대적으로 부족하여 의복 선택의 여지가 적고 주로 노동에 편리한 작업복 착용이 일반적이다. 1960년대 천리마시대 생활양식을 강조하여, 남자의 일상복은 인민복(레닌복), 여자의 외출복은 흰 저고리에 검정 치마 차림으로, 대체로 획일적 모습을 했다. 유행의 관심은 1959년 12월 실시된 재일교포 북송으로 생겨나기 시작했고, 1970년대 초 남북적십자회담 이후 남한의 영향으로 의생활개선에 노력이 나타났다. 김정일이 '발전하는 시대의 요구와 생활미감에 적응하라'고 교시하여, 외출복 색상과 무늬가 다양화하기 시작했다. 1970년대 중반 평양피복연구소 주관으로 춘추의류전시회, 기성복전시회 등이 개최되고, 일본 등지에서 직물류를 수입하여 가공수출하면서 여성의 한복이 화려한 색상으로 변하고, 남자들은 인민복 이외에 양복에 넥타이 차림이 점차 늘어났다. 1978년 10월에는 평양에서 처음으로 패션쇼인 옷전시회가 열려, 밝은 색상들의 옷이 많이 선보였다.

의복의 다양화와 칼라화 현상은 1980년 6차 당대회에서 15억m의 직물고지 점령과 함께 방직공장과 면직물공장을 건설·확장하면서 눈에 띄게 나타났다. 1984년 2월 김정일이 "경공업혁명을 일으켜 시대적 감각에 맞는 스마트한 고급 옷감을 생산"하도록 지시하고, 김일성이 공인하는 멋내기 풍조가 있었다. 이 무렵 김정일은 여자가 외출할 때 반드시 화장을 하고 화려한 옷을 입도록 하고, 또 모자, 꽃양산 단장을 요구했다.[128]

김정일은 1986년 정초에 양장을 한 신부의 첫날 옷을 보고 조선치마

저고리를 입으라고 지시했다. 1988년 전국경공업제품전시회장을 둘러본 김정일은 출품한 삼회장저고리, 치마의 조선옷차림에서 코신이 살짝 보이도록 길게 입을 것을 지시했고, 1989년에는 조선옷을 민족적인 것을 살리면서 여러 가지 색깔과 조화를 잘 맞추어 입으라고 했다.129) 그것은 사회주의 개조로 인해 전통복식이 변화했던 것을 13차축전을 전후하여 다시 복구하는 의미가 들어있었다. 이 무렵 민족옷 발전에 대한 연구사업을 심화시키고, 옷 형태도 다양하게 설계하여 선보였다. 경공업성 피복연구소에서 내놓은 민족옷(한복) 디자인을 보면, 여성들의 전통명절조선옷은 남한의 긴 치마 한복과 다를 바 없지만, 치마의 층을 내어 변화도 주었다. 일상 옷은 치마의 길이를 짧게 하였지만, 저고리는 전통양식대로 동정 깃을 달았다. 전통 문양과 대담한 현대 문양을 디자인한 다양한 색상의 천들은 현대화한 조선옷 모습을 보여준다. 신발은 코고무신을 신지 않고 굽 높은 구두를 신은 모습이 많다.130)

늙은이들이 일할 때나 외출 시에 머릿수건은 사각형의 천을 세모나게 절반을 접어 쓴다. 색깔은 과거에는 희색, 자주색에 무늬가 없는 것이었지만, 지금은 다양한 색깔과 무늬가 있다. 오늘 여성들은 여러 모양의 모자를 쓰며, 파라솔이 유행하고 있다. 젊은 여성은 굽 높은 신발을 선호한다. 여성들의 머리단장은 전통을 계승하여 전후시기까지 큰 변화 없이 처녀들은 쌍태머리 또는 변종으로 서로 엇바꾸어 땋은 머리를 귀 뒤에 고정시켰고, 결혼여성은 머리를 말아 올려 고정하는데, 머리를 땋아 서로 엇바뀌게 하여 귀 뒤에 둥근 형태로 고정했다. 중년 여성은 쪽진머리, 어린 여자아이는 주로 단발을 하였다. 1950년대부터 여성들 머리형태에 새로운 변화가 일어났다. 땋은 머리, 쪽진 머리 등 종전의 머리형이 없어져가고, 젊은 여성들은 간편한 파마머리가 널리 보급되었다. 요즘은 늙은이들도 파마머리를 많이 하며, 대개 파마머리를 틀어 올려 단장한다.

차림에 대해 북한 사람들은 단정해야 인품이 올라가고 옷이 날개라고 생각한다. 옷이 인품과 문화수준을 보여주는 척도라는 뜻에서 김정일도 개성적인 사회문화생활의 개선을 요구했다.[131] 사회주의 생활양식에 맞는 옷차림 풍습은 결국 사회주의 공업화에 의한 옷감 생산량과 노동의 사회적 의미 문제였다. 그런데 1980년 평양에 창광원이 생기면서, 미용과 유행을 이끄는 1번가 역할을 했다. 이후 경직된 사회주의 틀에 유연성을 주는 차림새의 변화를 요구하고, 동시에 민족 전통의 조선옷의 맵시를 되찾고자 했다. 이것은 남북한 사이에 생활상의 영향관계로도 볼 수 있다.[132] 특히 경제난 이후 중국, 한국 등지의 수입 상품이 많이 유통되면서 비록 질적인 차이는 크지만 자연스럽게 옷차림이 다양화하고 화려해지고 있다. 이처럼 한편으로는 주민생활상의 남북 이질적 요소가 줄어가고 있는 셈이다.

사회주의 국가건설에서 건축은 사회적 응축기(social condenser)로 표현하는데, 이는 자본주의 인간형을 사회주의 인간형으로 바꾸는 장치를 의미한다.[133] 주거문화도 이념에 의해 변형되는데, 전후 완전 파괴된 평양을 복구하면서 사회주의 도시로 재배치한다. 김일성광장과 인민대학습당을 도시의 중심에 둠으로써 주민생활에서 광장과 교양이 가지는 사회주의적 내용의 중요성을 확인시켰다. 1958년 대규모 살림집의 건설과정에서 조립식 방법을 채택하여 비용과 시간을 절감한 속도전은 '평양시간'을 창조했고, 그것은 주거문제도 계급성과 인민성의 원칙으로 풀어갔음을 보여주었다. 이 해에 살림집 20,839세대를 완성하여 10만 이상의 시민이 현대주택으로 이사하고, 보통강 유역의 반토굴집은 사라졌다.[134]

이후 주택난의 근본적 해결을 위해 1980년대 초부터 10여 년간 남한의 신도시 건설과 같은 새 도시건설을 추진했다. 1983년 평양에 1만7천여 세대의 문수거리 형성, 1984년 창광거리 2단계 2400여 세대, 안상택거리 4000여 세대를 건설했다. 뒤이어서 광복거리·통일거리 살림집들이 더 건설됐다.

북한의 살림집은 아파트, 다세대주택, 농촌문화주택으로 크게 이뤄진다. 도시는 주로 중·고층 아파트를 건설해 주택난을 해결했다. 주택보급률은 1990년대 중반 70% 정도였지만, 경제난 이후 50~60% 수준으로 떨어진 것으로 추정된다.[135]

북한에서 주택은 해당 구역 당위원회나 인민위원회의 도시경영사업소에서 배정하는데, 경제난과 겹친 심각한 주택난으로 집을 매매하여 자구적으로 살아간다.[136]

주생활에서 난방문제도 심각하다. 간부들은 자체 보일러를 쓰는데, 평양 고층 아파트들은 평양화력발전소, 동평양화력발전소에서 추기식 중앙난방으로 공급하게 되어있다. 하지만 에너지난으로 인해 천리마, 문수, 통일 거리의 아파트들은 거의 모두 온수난방이 중앙공급이 되지 않아 동파된 상황이다. 대부분의 집은 난방 없이 사는 형편이다.

주민들의 식생활 및 소비생활은 배급제로 되어있어 평균적 생활을 할 수 있었다. 그러나 1990년대부터 배급이 밀리고 악화되다가 1995년 이후 거의 중단되었다. 식량과 소배재의 배급 붕괴는 생존방식의 변화를 구조적으로 강제하였다. 노동자들의 주요 관심사는 개인장사의 기회를 마련하는 것이다. 상급자의 묵인 아래 휴직하거나 무적자가 늘어나고 있고, 조직생활도 많이 이완되었다.[137] 주민들의 소비생활은 7·1조치 이후 생활비 인상으로 임금은 이전과 대비해 18~20배 인상되어, 최하 1,000원 최고 6,000원을 받는다. 2003년 ≪조선신보≫에 북한의 중산층이라 할 가정의 수입은 8,000~12,000원 정도여야 안정적으로 꾸린다고 한다.[138] 하지만 실제 생계비는 임금수입과 비교가 안 되게 훨씬 많이 든다. 2005년 현재 함북회령에서 도매상을 하는 3인 가족은 생계비로 10만 원을 지출한다.[139] 이처럼 물가가 폭등하여 격심한 빈부 현상이 나타나고 있다.

3) 일상생활의 사회주의적 특징과 변화 전망

사회주의 국가는 주민들에게 집단주의 성향을 강화시키는 방향으로 정책을 세우고 실행하는 성향을 갖는다. 북한은 주민들이, 개인주의 성향을 드러내지 못하도록 유아 때부터 개별적으로 행동하거나 활동하는 것을 가능한 한 규제함으로써, 집단주의 이념을 지향하도록 교양한다. 개인행동의 규제는 유치원 등 모든 공식 교육제도나 사회단체, 근로단체 등 조직을 통해 이뤄졌다.

또한, 사회주의 국가가 유물론에 기반하는 바, 물질주의적 지향성이 높다. 북한 주민들도 엄격한 배급체제에 의해 자원을 배분해 왔지만 이익추구의 행동 경향이 높게 나타나고 있다. 당 중심으로 소수 지배 아래에서 배급제의 한계를 드러내면서 지하시장에서 물물교환이나 구매에 의한 교환행동이 일반화하고, 물질 중심의 사고가 강화되고 있는 추세이다. 정책적으로는 남녀평등법을 도입하면서 가족주의를 지양하고 사회 집단의 생활을 중요시하도록 하였다. 그러나 경제적 어려움을 겪으면서 가족주의적 경향이 높아지고 있고 생활양식도 변화하고 있다.

생활양식이란 사회적 존재인 사람들이 생활하는 방식, 활동하는 방식으로서 그것은 주로 사회제도와 사람들의 사상의식수준에 따라 서로 다르게 나타난다. 북한은 모든 근로자들이 국가사회 재산을 공동으로 관리하면서 사회질서를 지키는 공동체적 생활관습을 가지고 있다. 생산수단이 사회화되고 노동계급과 협동농민, 근로 인테리들의 단결과 협조가 사회관계의 기본을 이루는 사회주의제도에 기초한 생활방식이다.

아래 인용은 사회주의 생활양식에 대한 김일성의 의식을 엿보게 한다.

　　해방 직후에 오기섭의 사무실에 가보니 그는 머리를 더부룩하게 기르고 수염도 깎지 않고 있었으며 책상 우에는 먼지가 뽀얗게 앉고 먹는 빵쪼각이 그대로 놓여있었습니다. 그래서 이것이 무슨 꼴인가 하였더니 그는 프롤레타리아식으로 산다고 하였습니다. 그래서 프롤레타리아를 모욕하지 말라고 비판하였습니다.[140)]

물질생산의 주체가 노동계급이므로, 노동계급은 좋은 옷을 입고 좋은 집에서 살 마땅한 권리가 있기에, 나라의 경제토대를 발전시켜 그렇게 누리게 해야 한다는 것이 김일성이 제시한 생활목표이지만, 이보다 그가 어떤 생각을 가지고 어떤 방법으로 생활양식을 개조하려고 했는지 보아야 한다. 사적영역의 질서와 규범화까지 포함하여, 생활양식까지 바꾸는 것을 계급혁명으로 한 것이다.

그런데 김일성이 '보건위생사업이 사회주의혁명의 한 부분인 문화혁명의 중요한 내용을 이룬다'[141)]는 인식에서 보여주는 생활상은 주목된다. 1958년 물적 토대의 사회주의적 개조가 완료됨으로써 입는 문제, 먹는 문제, 쓰고 사는 문제가 기본적으로 풀렸다고 하면서, 그 다음으로 생활의 목표를 보건위생사업에 전당적, 전 인민적 운동으로 힘을 쏟고자 했다. '생활을 깨끗하고 문명하게 꾸리기' 위한 위생문화사업은 신체를 사회화하여 노동력을 장악하고 정치적 목적에 통합하는 관건이 된다. 이 점을 박영자가 '위생규율과 권력의 신체침투'[142)]로 구명하였듯이, 인민보건사업이 예방의학을 일상생활에 구현하는 생활위생에 치중한 것은 보건문제로 끝나지 않는다. 그것은 물을 끓여 마시는 운동, 야채를 깨끗이 씻어먹는 운동 등 미시적인 일상생활까지 권력이 간섭하는 주요한 명분이 된 것이다.

그와 같이 일상생활에까지 사회주의적 생활양식을 확립하는 목적은 온 사회의 혁명화, 노동계급화에 있다. 즉, 미시적인 생활에 이르기까지 인간을 혁명적으로 개조하여 나가는 것을 당의 목적의식적인 투쟁으로 삼는다. 온 사회의 혁명화를 위해, 모든 근로자들이 사회주의적 생활규범과 행동준칙에 따라 행동하고 생활하는 것이 습관이 되게 함으로써 근로자를 공산주의적 생활기풍과 풍모를 갖춘 새 형의 인간으로 키운다. 공산주의적 인간으로 키우는 생활양식을 확립하기 위한 방도는 1) 낡은 도덕규범을 없애기 위한 사상교양과 사상투쟁을 힘 있게 벌리는 것, 2) 국가적·사회적 통제사업을 강화하는 것, 3) 점차적으로 도덕규범을 창조해 나가기 위해 '사회운동'으로 풀어가는 것 등이다.[143] 이에 따라, 북한 주민생활에서 주기적으로 이뤄지는 생활총화를 통한 사상투쟁이나 교양학습, 근로단체나 인민반 같은 조직과 배급을 통한 통제, 모범영웅 따라 배우기 등이 일상으로 이뤄지고 있다.

이때 사회주의적 생활양식의 확립에서 중요한 두 가지 근본원칙이 있다. 첫째, '하나는 전체를 위하여, 전체는 하나를 위하여'로 명시되는 집단주의에 기초한다. 둘째, 민족적 형식에 사회주의적 내용을 담아 창조하는 것이다. 부르주아적 생활양식을 비롯해 제국주의적 사상문화의 침투를 막고 민족적 자주의식과 혁명정신을 고양하기 위한 생활양식을 강조하기 때문에, 민족적인 풍습과 습관을 지키는 민족주의 원칙도 강조한다. 이와 같은 원칙 아래, 인민들은 조국과 민족의 번영을 위하여 헌신적으로 투쟁하는 참다운 애국자, 공산주의자들의 생활문화를 형성하도록 교육받는다.[144]

그런데 생활윤리를 구호화한 '하나는 전체를 위하여, 전체는 하나를 위하여'는 집단과 개인의 상호존중 측면보다 철저한 집단주의를 뜻한다. 이것은 사람들이 서로 돕고 생사고락을 함께 하는 기본적 행동 규범으로, 집단이익 우선주의라 할 수 있다. 이처럼 사회주의 사회의 본성적 요구에 맞는 사람, 참다운 공산주의자로서의 행동규범과 생활준칙을 집단주의정신에서 찾음으로써, 사람들을 사회와 집단을 위한 실천투쟁에 참여시키고자 한다.[145]

이와 같은 규범 아래 이뤄지는 주민생활은 국가시책에 의한 의식주 조건 보장이 가장 특징적이라 할 것이다. 완전 취업 보장, 생활비 등급제도나 세금제도의 폐지,146) 협동농장 분배의 제고 등은 생활수준을 고르게 높이기 위한 국가적 정책이었다. 생활의 국가보장은 주민의 통제를 뜻한다. 소련에서 일찍이 소득 불균형에 의해 계층분화가 일어난 것은 배급제가 완벽하게 이뤄지지 않았기 때문인데, 북한에서는 다른 양상이 전개된다. 즉, 북한은 완벽한 배급제 실시와 사상성 검토에 의해서 계층분류가 이뤄졌는데, 이것은 훨씬 촘촘한 사상 통제를 의미한다. 주민생활 영역까지 국가가 '계획'함으로써 생활의 성격이 좌우된 것이다.

이와 같은 주민의 일상생활 특징을 요약하면, 첫째, 사상, 기술, 문화의 3대혁명을 목표로 하는 사회주의적 생활과 행동준칙에 맞는 생활습관과 풍모를 갖춘 인간형을 요구받는다. 둘째, 공산주의생활윤리의 기본 원칙을 집단주의로 못 박고 있는 것처럼 모든 인민생활은 집단주의 가치를 중시하게 한다. 이때 집단은 수령, 당, 대중이 하나의 생명으로 결합되어 뭉쳐진 사회정치적 집단으로서 사회정치적생명체에 입각한다. 셋째, 배급제 등 생활을 국가가 보장하면서 국가통제가 심하고 개인의 자유가 제한된다.

하지만 고난의 행군 시기를 거치면서 지금은 주민의 일상생활에서 사적영역이 확대되고 있는 추세이고, 그런 만큼 기존의 가치관에 변화가 생기고, 비사회주의적 현상이 널리 퍼지고 있다.147) 이와 같은 경제적 사회적 불안으로 인해, 사주팔자와 관상을 보는 행위 등이 유행하고 있다.148) 일찍이 미신행위를 타파하고 낡은 생활습성을 뿌리빼기 위한 계몽사업을 전개했지만,149) 전통적 삶의 습속과 생래적인 전통 문화는 인위적으로 관리하거나 통제하기 힘든 영역이다. 따라서 이런 삶의 양식이 주민의 의식과 일상 속에서 깊게 자리 잡고 있기 때문에 사적 자율화가 성장하고 있고, 국가나 사회의 영향을 벗어나 자유로운 개인의 삶의 양식을 찾아보자고 하는 '제2문화'가 형성되고 있다고 본다.150)

4. 결 론

북한에서 '사회주의적 생활양식은 본질에 있어서 사회주의 사회에서 사람들의 활동방식'이라고 한 바처럼, 생활과 제도는 불가분의 관계에 있다. 북한이 일상생활에까지 사회주의적 생활양식을 확립하는 목적은 온 사회의 혁명화, 노동계급화하자는 것이다. 즉, 미시적인 생활에 이르기까지 인간을 혁명적으로 개조하여 나가는 것을 당의 목적의식적인 투쟁으로 삼는다.

주민들은 공산주의 도덕규범을 세우기 위한 사상교양을 반복해서 받고, 국가적·사회적 통제사업에 복무하고, 사회운동에 동원되었다. 즉, 주기적으로 이뤄지는 생활총화를 통한 사상투쟁이나 교양학습, 근로단체나 인민반 같은 조직과 배급을 통한 통제, 모범영웅 따라 배우기 등이 주민생활의 기본이 되고 있다.

사회주의적 생활양식의 확립에서 중요한 근본원칙의 첫째는 '하나는 전체를 위하여, 전체는 하나를 위하여'로 명시되는 집단주의이다. 또한 부르주아적 생활양식을 비롯해 제국주의적 사상문화의 침투를 막고 민족적 자주의식과 혁명정신을 고양하기 위한 생활양식을 강조하기 때문에, 민족적인 풍습과 습관을 지키는 민족주의 원칙도 강조한다. 이와 같은 원칙 아래, 인민들은 조국과 민족의 번영을 위하여 헌신적으로 투쟁하는 참다운 애국자, 공산주의자들의 생활문화를 형성하도록 교육받는다. 이것은 주민생활 영역까지 국가가 '계획'함으로써 생활의 성격이 좌우되었음을 뜻한다.

생활상을 시기적으로 보면 대략 다섯 시기로 나눌 수 있었다. 집단 사회주의체제를 형성하는 데 있어서, 인민의 참여와 국가집단의 동원이 시작되는 시기(1945~1953), 사회주의적 개조를 위해 일상생활에서 집단을 중시해 가는 시기(1954~1961), 온 사회를 주체사상화 하는 과정에서 사상강조와 수동적 적응이 나타나는 시기(1962~1988), 국제정세 변화로 일어나는 개방의 틈새로 장마당생활이 보편화해 가는 시기(1989~2001), 자생적 변화와 함께 사회가 수동적으로 개혁이 이뤄지고 있는 현 시기 등으로 볼 수 있었다.

해방 직후 남한과 다른 생활양식으로 살아가는 계기는 북한이 사회주의 혁명을 목표로 하여 제도적 장치들을 마련한 것에서 시작한다. 토지개혁, 주요 산업국유화 등으로 노동자와 농민의 지위를 변화시키려 했고, 남녀평등법으로 여성의 사회적 지위와 참여기회를 높임으로써 일상생활에서 가치관과 양상에 영향을 미쳤다. 국가 정책에 선전선동이 일상생활 속으로 파고들어오며, 문맹퇴치를 위한 한글학교, 정치학습 등 사회 성인교육에 의한 참여의식이 높아졌다. 또한 국가적으로 1947년부터 경제발전계획을 실시하여 직장에서 증산운동에 참여하고, 전쟁을 겪으면서 주민들은 '모든 것을 전선을 위하여'라는 구호 아래 추진된 전선원호사업에 전국가적으로 동원되었다.

전후복구건설은 농업협동화 등 생산관계의 사회주의적 개조로 하여 여성들까지 적극적으로 생산활동에 나서게 하였다. 물적 토대의 변화와 함께 사회주의 완전승리를 위해 3대혁명의 기치가 강조되면서 주민생활은 사상학습과 조직생활에 의한 통제가 강화되었다.

1970년대 경제발전이 정체되고 공산주의 윤리가 서서히 틈이 생기기 시작했다. 점진적으로 사회계층이 경직화하고 빈부차가 보이지 않게 늘어갔다. 그것은 계속된 경제발전계획의 실패로 산업구조의 왜곡이 심화되면서 나타난 현상이었다. 즉, 제한적이나마 대외 개방을 시도하면서, 생산건설 부문에 진출하는 것보다 상업부문을 더 선호하는 경향과 소비지향적 태도가 생활에 나타났다. 생활에서 유휴 자재와 인력을 활용하기 위한 가내작업반의 조직은 만성적 소비물자 부족을 매우면서, 가두

여성들을 대거 생산활동에 재투입시켰다.

그런 가운데 1989년 13차 세계청년학생축전 준비에 국가 경제력을 쏟아 붓고 민생을 돌보지 않았다. 반면, 개방적 문화의 영향으로 유행에 대한 새로운 관심이 생겼다. 하지만 이 무렵 국제사회의 개방물결로 애국주의를 강조하는데, 사회주의 체제의 위기국면을 맞으면서 인민들 생활에 변화가 일어났다. 지역에 따라 미공급이 생기고, 경제적 궁핍이 생활에 영향을 주게 된다. 외화벌이의 영향과 장마당을 통한 암시장 경제활동이 생겨 비공식영역이 서서히 생겨나고, 고난의 행군시기에는 대량 아사자가 발생함으로써 도덕적 해이와 함께, 주민들의 자구적 경제활동으로 체제 이완의 틈새가 늘어났다.

2002년 7·1 경제관리개선조치는 고난의 행군시기를 거치면서 기존 제도와 체제에서 일탈된 주민생활을 체제에 재편입시키기 위한 노력이 되고 있다. 식량난을 겪으면서 가치관의 변화와 함께 신분의 변동이 일어나고, 변화된 국면을 제도권으로 흡수하는 조치들이 나왔다. 그 실험 속에서 변화된 생활상을 인정해 가는 모습을 보여주고 있다.

이와 같은 생활의 변화에서 볼 때, 해방공간은 현재 북한 사회 변화에 많은 시사점을 준다. 그 동안 북한 사회는 국가주도 경제를 이끌어옴으로써 주민의 삶을 수동적으로 만들었다. 사회주의적 개조를 주도할 때는 인민들에게 집단 중시 가치를 심어나갔고, 주체사상에 의한 혁명의 수위를 높일수록 인민들에게 능동성을 기대할 수 없었다. 그런데 1980년대 말 세계 냉전구도가 깨어지고, 세계화의 물결에 의해 북한체제 위기의 틈새에 자생적 시장이 형성되었다. 즉, 주민들의 호구지책의 시장이 된 농민시장은 본래의 시장기능을 확장해 갔다. 여기서 마련된 주민생활의 자생적 변화는 국가로 하여금 개혁의 길로 나아가게 했다.

이것은 해방공간에서 인민민주주의적 참여가 봉건적, 계급적 모순 관계를 단숨에 개혁하는 동력으로 작용했던 바처럼, 현 시기 북한 사회변화에 새로운 동력으로 작용하고 있다. 국가주도권을 역전시키는 단초가 마련된 상황이 된 것이다. 해방공간이 외적 요인에 의해 장이 마련된 상황에 인민이 '참여'하는 변혁이었다면, 지금은 인민들에 의해 자생적인 장을 마련하는 극적 반전이 일어난 것이다.

현재 공장 가동률은 30% 이하이고 만성적인 식량난이 계속되고 있는 상황이라, 일상생활은 불안정하고 기형적으로 이뤄지고 있다. 그렇지만 최근 남북한의 교류가 급증하고 있는 가운데 북한에 대해 이념적인 측면보다 생활 속의 민족문화의 동질성으로 이해할 수 있는 측면이 많아졌다. 남한의 현대생활상이 그러하듯이 현대북한의 모습은 변형된 민족생활의 한 측면이 되기 때문이다. 또한 통일을 지향하는 역사로 볼 때, 북한 주민들의 삶은 현재 우리 인식에 따라 변화 가능한 미래의 문제이기도 하다.

※ 이 글은 "주민생활" 세종연구소 편, 『북한의 사회문화』
(서울: 한울, 2006)에 수록되었다.

주註

1) 박현순, "북한의 생활풍속사 연구," 한국역사연구회 북한사학사연구반, 『북한의 역사 만들기』(서울: 푸른역사, 2003), 185~208쪽 참조.

2) 주강현, 『북한의 민족생활풍습』(서울: 대동, 1994).

3) 박승덕, 『사회주의문화건설리론』(평양: 사회과학출판사, 1985), 227쪽.

4) 사회과학원 력사연구소, 『조선전사 24』(평양: 과학백과사전출판사, 1981), 499~508쪽 참조.

5) 김일성, "새 조선 건설과 공산주의자들의 당면과업"(지방에 파견되는 정치공작원들과 한 담화, 1945년 9월 20일), 『김일성저작집 1』(평양: 조선로동당출판사, 1979), 277쪽.

6) 평양시인민위원회에서는 1946년 8월 3일 각 인민위원회 위원장들의 회의에서 민주수도를 위생적으로 꾸리기 위한 구체적 대책을 결정하고, 「우리들 손으로 우리의 도시를 아름답게 건설하자」는 구호 밑에 군중운동을 벌인다. 사회과학원 력사연구소, 『조선전사 24』, 503쪽.

7) 김일성, "민주주의조선임시정부를 세우는 것과 관련하여 모든 정당, 사회단체들은 무엇을 요구할 것인가"(북조선민전산하 정당, 사회단체열성자대회에서 한 보고, 1947.6.14), 『김일성저작집 3』(평양: 조선로동당출판사, 1979), 319쪽.

8) ≪평북신보≫ 1946년 2월 13일 ; 사회과학원 력사연구소, 『조선전사 23』(평양: 과학백과사전출판사, 1981), 401쪽 재인용.

9) 김일성, "당면한 식량문제를 해결할데 대하여"(북조선림시인민위원회 제2차회의, 1946.2.27), 『김일성저작집 2』(평양: 조선로동당출판사, 1979), 90쪽. 양곡성출에 반대하는 사람들을 청산하기 위해 사상투쟁으로, 1946년 3·1운동 27주년 기념을 계기로 도처에서 우마차에 성출양곡을 싣고 지지 시위를 벌임.

10) 사회과학원 력사연구소, 『조선전사 23』(평양: 과학백과사전출판사, 1981), 406쪽.

11) 사회과학원 력사연구소, 위의 책, 411~412쪽.

12) 사회과학원 력사연구소, 위의 책, 312쪽.

13) 1948년 11월 22일 김일성, "인민들의 물질문화생활을 향상시키기 위한 몇 가지 과업"(북조선로동당 중앙위원회 상무위원회에서 한 결론, 1948.11.22), 『김일성저작집 4』(평양: 조선로동당출판사, 1979), 491쪽.

14) 평양시 쌀값은 1947년 대비 1948년은 44.2%, 1949년은 38.7%가 낮아졌다. 사회과학원 력사연구소, 『조선전사 24』, 263쪽.

15) ≪농민신문≫ 1947년 7월 2일 ; 사회과학원 력사연구소, 앞의 책, 266쪽 재인용.

16) 『조선중앙년감 1951~1952』(평양: 조선중앙통신사, 1952), 467쪽.

17) 사회과학원 력사연구소, 『조선전사 25』, 210~211쪽 참조.

18) ≪로동신문≫ 1950년 7월 30일 ; 사회과학원 력사연구소, 위의 책, 211쪽 재인용.

19) 『조선중앙년감 1951~1952』 (평양: 조선중앙통신사, 1952), 468쪽.

20) 사회과학원 력사연구소, 『조선전사 26』, 296쪽.

21) 1951년 함남 자강도에서만 66,406개의 소겨리반과 품앗이반이 조직운영됨. 사회과학원 력사연구소, 위의 책, 303쪽.

22) 사회과학원 력사연구소, 위의 책, 301쪽.

23) 이에 따라 1951년 1~4월에 걸쳐서 조선민주청년동맹, 조선직업총동맹, 조선농민동맹, 조선문학예술총동맹, 조선민주녀성동맹 등으로 남북통합이 이뤄진다. 『조선중앙년감 1951~1952』, 480쪽.

24) 사회과학원 력사연구소, 『조선전사 26』 (평양: 과학백과사전출판사, 1981), 274~275쪽 참조.

25) 사회과학원 력사연구소, 『조선전사 27』 (평양: 과학백과사전출판사, 1981), 183쪽.

26) 사회과학원 력사연구소, 위의 책, 186쪽.

27) 사회과학원 력사연구소, 『조선전사 26』, 282~283쪽 참조.

28) 1952년 경우, 노동자, 사무원에게 솜옷 30만 벌, 구두 90만 컬레, 면직물 160만 미터 등 현물공급이 있었다. 『조선중앙년감 1953』 (평양: 조선중앙통신사, 1953), 550쪽.

29) 위의 책, 563쪽.

30) 김일성, "공산주의교양에 대하여"(전국 시, 군 당위원회 선동원들을 위한 강습회에서 한 연설, 1958.11.20), 『김일성저작집 12』 (평양: 조선로동당출판사, 1981), 587쪽.

31) 김일성, "산업운수부문에서 나타난 결함들과 그것을 고칠 대책에 대하여"(조선로동당 중앙위원회 전원회의에서 한 보고, 1954.3.21), 『김일성저작집 8』 (평양: 조선로동당출판사, 1980), 333쪽.

32) 김일성, "산업운수부문에서 나타난 결함들과 그것을 고칠 대책에 대하여"(조선로동당 중앙위원회 전원회의에서 한 보고, 1954.3.21), 『김일성저작집 8』 313쪽.

33) 1954년 3월 내각에서 '로동내부질서표준규정'을 채택, 노동시간, 노동자 임무, 사용자 의무, 규율 위반의 처리 등에 대해 규정함.

34) 김일성은 이때, 공산주의하에서는 숙련과 비숙련의 노동 차이에 대한 차별이 완전히 사라진다지만, 사회주의 단계에서는 그 차이를 두어 임금을 결정해야 하며, 도급제와 상금제도를 도입해 노동생산성을 높일 것을 주장했다.

35) 주요 부문별회의를 1954년 9회, 1955년 4회, 1956년 5회를 소집함. 사회과학원 력사연구소, 『조선전사 28』 (평양: 과학백과사전출판사, 1981), 91쪽 참조.

36) 사회과학원 력사연구소, 위의 책, 95쪽.

37) 사회과학원 력사연구소, 위의 책, 162~163쪽 참조.

38) 이영훈, "농민시장," 세종연구소 북한연구센터 엮음, 『북한의 경제』 (서울: 도서출판 한울, 2005), 162쪽 <표 4-2> 참조.

39) 1950년 내각결정으로 이전의 인민시장을 '농촌시장'으로 개편하고, 1958년 8월에는 이를 폐지하고 '농민시장'을 창설해 상공업의 사회주의적 개조를 반영했다. 이영훈, 같은 글, 160~161쪽 참조.

40) 박승덕, "사회주의문화건설의 방향," 『사회주의문화건설리론』 (평양: 사회과학출판사, 1985), 66~89쪽 참조.

41) 혁명전통교양자료로 1957~1960년 기간에 『항일빨치산참가자들의 회상기』를 비롯해 111종에 9,581만부의 도서를 출판보급함. 『조선중앙년감 1961』 (평양: 조선중앙통신사, 1962) 234쪽.

42) 김일성, 『김일성저작집 12』 (평양: 조선로동당출판사, 1981), 580~606쪽.

43) 김연철은 1956년 12월 김일성이 강선제강소를 현지지도를 계기로, 집단적 혁신운동이 시작되고, '천리마 시대'로 접어든 것으로 본다. 김연철, 『북한의 산업화와 경제정책』 (서울: 역사비평사, 2001), 206쪽.

44) 정상돈, "대중운동," 세종연구소 북한연구센터 엮음, 『북한의 경제』, 208쪽.

45) 김일성, "청소년교양에서 교육일군들의 임무에 대하여"(전국교육일군열성자대회에서 한 연설, 1961.4.25), 『김일성저작집 15』 (평양: 조선로동당출판사, 1981), 76쪽.

46) 『조선중앙년감 1961』, 199쪽 참조.

47) 김일성, "사회주의농촌문제해결에서 나서는 몇 가지 문제에 대하여"(당중앙위원회 부장전원회의에서 한 연설, 1963.12.23), 『김일성저작집 17』 (평양: 조선로동당출판사, 1982), 512~513쪽 참조.

48) 홍윤백・신진균, "청산리 교시에서 구현된 물질적 자극과 사회 도덕적 자극의 결합," 『근로자』 1962년 1월호, 38쪽.

49) 김일성, "시, 군 인민위원회의 당면한 몇 가지 과업에 대하여"(시, 군인민위원회위원장강습회에서 한 연설, 1958.8.9), 『김일성저작집 12』 407~408쪽.

50) 계획의 일원화는 기관 및 지방 본위주의를 없애고, 국가적 동원을 위해 도, 시, 군 계획위원회 등 지구별로 계획위원회를 조직하여 국가계획위원회에 직속시킴으로써 중앙으로부터 지방에 이르기까지 계획사업을 통일적으로 집행하도록 하는 것을 말한다. 김일성, "지도일군들의 당성, 계급성, 인민성을 높이며 인민경제의 관리운영사업을 개선할데 대하여"(조선로동당 중앙위원회 제4기 제10차전원회의에서 한 결론, 1964. 12.19), 『김일성저작집 18』 (평양: 조선로동당출판사, 1982), 510쪽.

51) 청산리방법과 군중노선의 제도화에 대해서는 이태섭, "북한의 집단주의적 발

전 전략과 수령 체계의 확립"(서울대학교 대학원 박사학위논문, 2001), 52~
156쪽 참조.

52) 이에 대해서는 이태섭, 위의 글, 174~185쪽 참조.

53) 3대혁명이란 용어는 1973년 9월에 당중앙위원회 제5기 7차 전원회의에서 정식
화했고, 이후 1980년 제6차 당대회에서 '천리마운동'이나 '천리작업반운동'을
대체하는 사회주의, 공산주의 건설의 총노선으로서 '3대 혁명'을 공식화했다.
또 1992년 4월 9일 개정한 헌법과 1998년 9월 5일 수정보충한 헌법에서도 명
문화하였다. "조선민주주의인민공화국은 북반부에서 인민정권을 강화하고 사
상, 기술, 문화의 3대혁명을 힘 있게 벌려 사회주의 완전한 승리를 이룩하기
위하여 투쟁한다"(1992년 사회주의헌법 제9조).

54) 김일성, "당, 정권기관, 인민군대를 더욱 강화하며 사회주의대건설을 더 잘하여
혁명적대사변을 승리적으로 맞이하자"(조선로동당 중앙위원회 제5기 제10차
전원회의에서 한 결론, 1975.2.17), 『김일성저작집 30』(평양: 조선로동당출판
사, 1985), 94쪽.

55) 사회과학원 력사연구소, 『조선전사 33』(평양: 과학백과사전출판사, 1982), 133쪽.

56) 홍민, "북한의 공장과 노동세계: '아래로부터의 역사'," 『대학원연구논문집 33』
(동국대대학원, 2003), 543쪽 참조.

57) 1967년부터 곡물 수확고에 대한 통계치를 발표하지 않고, 1970년 5차 당대회
에서 '농촌기술혁명'을 강조하고, 1973년 3대혁명소조원들의 대대적인 농촌
파견, 1976년 '자연개조5대방침' 등은 농업생산력 증진을 위한 방안이었다. 홍
민, "북한의 공장과 노동세계: '아래로부터의 역사'," 548쪽. 또, 한○○(50세)
증언에 의하면, 1968년 무렵부터 배급식량을 '수매하라'는 지시에 의해 배급된
식량 일부, 보통 1~2kg을 반 강제로 국가에 되팔도록 했는데, 정세불안에 대
비한 식량비축 문제와 만성적 식량부족 사정을 반영한 것이라 하겠다.

58) 1970년에 전력은 165억Kw, 화학비료는 150만 톤으로 생산능력이 확장되고, 평
양-청진, 평양-신의주 등 중요 간선 철도의 전기화 완료한다. 사회과학원 력
사연구소, 『조선전사 31』(평양: 과학백과사전출판사, 1982), 194~203쪽 참조.

59) "평양시에서 녀성들을 가정일의 무거운 부담에서 해방할데 대한 당 제5차대회
결정을 먼저 관철하려면 세탁소, 밥공장을 비롯한 편의봉사시설을 많이 지어야
합니다." 김일성, "평양시민들의 생활을 높이기 위한 몇 가지 과업에 대하여"
(평양시당위원회 집행위원회 확대회의에서 한 연설, 1970.12.3), 『김일성저작집
25』(평양: 조선로동당출판사, 1983), 423쪽.

60) 오유석·구수미, "여성들의 삶과 의식변화," 최완규 엮음, 『북한 도시의 형성
과 발전: 청진, 신의주, 혜산』(서울: 도서출판 한울, 2004), 226~227쪽 참조.

61) 사회과학원 력사연구소, 『조선전사 30』(평양: 과학백과사전출판사, 1982), 219

쪽; 『조선전사 31』, 222~223쪽.

62) 김일성, "평양시의 10대과업에 대하여"(조선로동당 평양시위원회 전원회의에서 한 연설, 1964.6.23), 『김일성저작집 18』, 339쪽.

63) 사회과학원 력사연구소, 『조선전사 31』, 219~227쪽 참조.

64) 1972년 헌법 제26조에 "국가는 도시와 농촌의 차이, 로동계급과 농민의 계급적 차이를 없애기 위하여 군의 역할을 높이며 농촌에 대한 지도와 방조를 강화한다. 국가는 협동농장들의 생산시설과 농촌문화주택을 국가부담으로 건설하여 준다"고 명시했다.

65) 김일성, "1971년 사업방향에 대하여"(조선로동당 중앙위원회 부장협의회에서 한 연설, 1970.12.28), 『김일성저작집 25』(평양: 조선로동당출판사, 1983), 456~458쪽 참조.

66) 1973년 농촌리에 76%, 1975년 8월에 농촌 뻐스화 완료한다. 사회과학원 력사연구소, 『조선전사 32』(평양: 과학백과사전출판사, 1982), 383쪽. 하지만 드문드문 운행되어 이용에 불편이 많았다고 한다.

67) 1974년 농촌 수도화 세대는 60%, 1975년 8월에 87%, 이듬해에 수도화를 완료한다. 하지만 현재 북한의 수도 사정은 심각하다. 사회과학원 력사연구소, 위의 책, 384쪽 참조.

68) ≪로동신문≫ 1974년 2월 27일.

69) 김일성, "우리나라의 과학기술을 발전시키기 위한 몇 가지 과업"(자연과학부문 일군협의회에서 한 연설, 1972.12.5), 『김일성저작집 27』(평양: 조선로동당출판사, 1984), 533쪽.

70) 사회과학원 력사연구소, 『조선전사 32』, 395쪽.

71) 김일성, "농업근로자동맹의 중심과업에 대하여"(조선농업근로자동맹 제2차대회에서 한 연설, 1972.2.16), 『김일성저작집 27』, 80~81쪽.

72) 박승덕, 『사회주의문화건설리론』(평양: 사회과학출판사, 1985), 233쪽.

73) 김일성, "모든 힘을 알곡 800만톤 고지 점령을 위하여"(전국농업대회에서 한 연설, 1975.1.15), 『김일성저작집 30』(평양: 조선로동당출판사, 1985), 26쪽.

74) 이 무렵 '항일유격대식 학습방법'이라는 문답식 학습경연이 시작되었다. 패를 나눠 학습제강을 통째로 외우는 경연으로, 직장을 그만두게 만들 정도로 혁명적 사상성 속으로 개인의 생활을 묶어두려 한 것이다. 성혜랑, 『등나무집』(서울: 지식나라, 2000), 341쪽.

75) 1958년 중국군 철수가 계기가 되어, "인민이 혁명적 군사사업의 주인이며 인민의 무궁무진한 힘과 나라의 모든 잠재력을 조직, 동원해야 한다"는 김일성의 군사관에 기초해 1959년 1월 14일 창설된 북한 최초의 민간군사조직임.

76) 1963년 로농적위대 중 제대군인 중심으로 조직됨.

77) 1970년 9월 학생 청년의 반군사조직으로 창건됨.

78) 김일성, "3대혁명을 힘 있게 벌려 사회주의 건설을 더욱 다그치자"(공업열성자 회의에서 한 연설, 1975년 3월 3일), 『김일성저작집 30』, 125쪽.

79) 그러나 어린이와 학생에게 옷, 학용품, 식료품 등 생활용품을 무상으로 공급하다가, 1982에는 온 세대에게 고급모포, 이불, 갖가지 식료품이 무상으로 공급되었다. 2차 7개년계획기간(1978-1984)에게 이렇게 돌아간 혜택이 총 29억 4천만 원으로, 세대당 800원이 돌아갔다고 한다(사회과학원 력사연구소, 『조선전사 34』(평양: 과학백과사전출판사, 1992), 120~122쪽 참조).

80) 최완규 엮음, 『북한 도시의 형성과 발전-청진, 신의주, 혜산』, 137쪽.

81) 김정일은 "당과 혁명대오의 강화발전과 사회주의경제건설의 새로운 앙양을 위하여"(조선로동당 중앙위원회 책임일군들 앞에서 한 연설, 1986년 1월 3일), 『김정일선집 8』(평양: 조선로동당출판사, 1998)에서 민족적 자존심을 높이는 교양으로, 민족허무주의와 사대주의를 뿌리 뽑고 '조선민족제일주의정신'을 가질 것을 강조함으로써, 조선민족제일주의를 바깥세계에 대한 대항이념으로 자리매김해 갔다.

82) '우리식'이란 용어의 정립에 대해서는 곽승지, "북한의 '우리식사회주의' 성격에 관한 연구"(동국대 대학원 박사학위 논문, 1997), 55~57쪽 참조.

83) 김정일, "사회주의는 우리 인민의 생명이다: 조선로동당 중앙위원회 책임일군들과 한 담화 1992년 11월 14일," 『김정일 선집 13』(1998).

84) 성혜랑, 앞의 책 468쪽.

85) (20) 김00(남, 35세) 2003.5.30: 만경대구역에 원통 아파트가 3개 있는데 집들은 13차 하면서 홍보용으로 지은 것이라 집이 좋다.

86) (7) 이00(남, 45세) 2003.1.16: 1989년경 외화벌이를 광범위하게 했다. 보위부, 안전부, 당 할 것 없이 했다가 비법이 나오니까 그만하라 했다가 무역회사가 나왔다. 수법은 회사 사장을 시켜서 외국도 내보내고 돈 벌어오게 하고, 좀 살 만하면 뺏어 먹고 죽이고, 그 다음에 또 다른 사람을 시킨다.

87) (1) 최00(남, 28세) 2002.11.7: 13차 축전에 외국에서 오는 교포들에게 골동품을 하나씩 팔자 해서 국가가 운영을 했다. 개성시 백화점 옆에다 문구를 써 붙이고 상점을 차려놓고 국가에서 전문가들이 나와 감정을 하고 골동품을 수매했다. … 골동품을 산다니까 모두들 들고 나와 몇 백 명이 줄을 섰다. 13차 축전이 시작되면서 '바꾼 돈'으로 지급했다. 도자기 단지 하나에 양복지 한두 벌 살 수 있는 바꾼 돈 40원 정도 받았다.

88) (37) 최00(남, 36세) 2003.9.25: 13차 세계청년학생축전을 하면서 전국적으로 '200일 전투'를 했어요. 모든 공장 단위에서 개별 도급제로 생산경기에 들어갔는데 1등을 하면 입당할 거라는 생각에 억척스럽게 했어요. 그런데 도급제가

이전과 같지 않아요. 2백일 전투 하면서 발족해 나왔는데 작업반 별로 매 사람마다 도표를 그려 놓고, 하루 일한 실적을 표시하면서 경쟁에 들어갔지요. 그때 무조건 도급제를 실시한 작업반과 안한 반이 있었어요. … 그때 도급 직장 정액이 80원 했는데 내가 달마다 생활비가 백 50원 이상, 어떤 때는 3백 원까지도 나왔어요.

89) (32) 김00(남, 30세) 2003.8.19: 1990년대 초 13차를 계기로 북한이 많이 깼어요. 1980년대 부자들이 1990년대에는 망하고 1980년대 거지들이 1990년대에 성공했다 그래요. 그 전에도 물론 있었지만 개인투자를 하는 그런 상황은 아니었어요. 그냥 국가적인 도움을 받고 합법적으로 무역을 했는데 1990년대 초부터는 아예 자기가 돈을 투자해서 사람을 고용했어요. 그 울타리 안에서는 완전 왕이지요. 임금지급은 직장마다 틀려요. 북한에서는 돈 거래보다 쌀, 기름, 돼지고기 같은 현물로 줘요. 쌀값이 중국보다 엄청 비싸서 중국에서 쌀을 들여와서 종업원들한테 주는 게 나아요.

90) (36) 서00(남, 37세) 2003.9.18: 1976∼1977년까지는 상점에서 80%를 사면 장마당에서 20%를 사고 그랬어요. 그러다 1980년 넘어서면서 상점에서 팔던 것들이 많이 줄어들고 인민반 공급제가 됐어요. 그러다나니까 인민반 공급해 주는 거 가지고 힘들어서 장마당에 나가서 30∼40%를 챙겼어요. 1989년에 13차 끝나고 오니까 내의랑 이런 거 상점에서 파는 게 하나도 없고 다 장마당에서 사 입었어요. 국영에는 진열품 정도나 좀 있었고 제대되니까 100% 장마당에서 해결해요.

91) (37) 최00(남, 36세) 2003.9.25: 군에서 외화벌이 사업은 1980년대 말에 시작되었다 봐야죠. 회사가 가장 큰 범위고, 그 다음에 출장소나 형식을 갖추기도 했어요. 실례를 들면, 포병군관학교에서 운영하는 맥주공장이 평성에 있다 하면서 맥주도 좀 생산하지만 실제 하는 짓은 되거리 장사예요. 그러다 무력성 아낙에서 외화벌이 하는 게 너무 복잡하다고 해서 회사를 줄였고 … 직업적인 외화벌이 단체 큰 거 내놓고는 다 해산시켰어요. 25총국 같은 경우에도 평성비누공장, 25총국 1지국 명칭이 그렇게 되어 있었어요. 비누공장 설비는 하나도 없고, 자재 장만해 가지고 거기서 나오는 돈으로 비누를 사서 위에 올려 보냈는데 그런 형식으로 맞춰 놓고 아낙에서는 장사를 했죠. 남포항에 가서 사탕가루, 콩기름을 사다가 비싸게 팔고, 신의주에 가서 중국 TV나 녹음기를 가져다 팔기도 하고요.

　(7) 이00(남, 45세) 2003.1.16: 인민군 부대에도 회사가 있고, 중앙당 조직부, 선전선동부, 석탄공업부, 기계공업부 부서마다 다 회사가 있어요.

92) (6) 순00(남, 44세) 2003.1.9: 귀국 동포들, 재미교포들, 화교인들 외에는 자가용 승인을 안 해줬어요. 북한 인민들은 차 살 수준이 못 되는데 13차 하면서 루마

니아 아이들이 북한에다 승용차 '바찌아'라고 많이 내보내줬어요. 처리 못하니까 화교들, 재미교포들한테 차 많이 사라고 광고했고 나는 외화 바꾼 돈 11만 8천 원을 바꿔 평양에서 아는 사람들 내세워서 차를 샀어요. 법적으로 안 되는데 경찰국에서 교통과 교통처장이 와서 '수속해 봐라, 면허 시험 쳐봐라' 그래서 2개월 만에 시험 쳐서 면허증 타고, 안전국에 가서 수속해서 7**번 자가용 번호를 받았어요. 제가 처음으로 1990년 10월쯤에 등록했어요.

93) (36) 서00(남, 37세) 2003.9.18: 13차 때 김정일 방침이 생활총화를 너무 오래 하면 지루하기만 하고 결함을 고치자는 거 보다 반발심이 생긴다, 이렇게 돼서 생활총화를 30분 이상 넘기지 말라고 했어요. … 결함이 있는 사람은 자발적으로 일어나서 먼저 토론하라. 그렇지 않으면 지명해서 토론 시킨다 이런 방법을 내놓았어요.

94) (49) 주00(여, 38세) 2003.12.30: 1990년대부터 외화상점에 일본 아이라인 그런 것들이 나왔어요. 그래서 우리는 일본 거 많이 썼어요. 중국 거는 우습다고 안 썼어요. 일본 거를 쓴 거는 13차 청년학생축전 때 일본에서 많이 들여왔거든요. 북한에서는 배우, 연예인들 내놓고 그렇게 스킨, 로션 여러 가지 바르는 사람이 별로 없어요. 일반 사회 사람들은 화장을 하자해도 쌀을 사먹어야지 화장품을 살 돈이 없잖아요. 또 1990년대 초반부터 평양에서 성형도 했어요. 일본에서 눈썹 찢는 거 들여와서 외화돈 3원 주고 찢는다 하더라구요.

95) 혁명가요 "적기가"는 '민중의 기 붉은기는/ 전사의 시체를 싼다/ 시체가 굳기 전에/ 혈조는 기발을 물들인다// 높이 들어라 붉은 기발을/ 그 밑에서 굳게 맹세해/ 비겁한자야 갈라면 가라/ 우리들은 붉은기를 지키리라'고 했는데, 항일무장 투쟁시기에 어떠한 역경과 시련 속에서도 굴함 없이 혁명의 기치—붉은기를 굳건히 지켜나가려는 혁명정신을 반영한 것이다. 붉은기 사상은 그러한 역사를 계승 반영한 사상이다.

96) 1938년 말~1939년 봄에 걸쳐 북부국경일대를 다시 진출하는 과정을 혁명역사에서 '고난의 행군'으로 기록하는데, 그때 김일성을 수령으로 한 혁명의 사령부를 목숨으로 지키기 위해 싸운 항일유격대원들의 혁명에 대한 무한한 충실성과 불요불굴의 투쟁정신을 말한다. 그리고 구월산 폭포 벽에, "미래를 위하여! 고난의 마지막 해 1997"이라 한 병사가 새겼다고 한 것은 1997년 10월 김정일이 총비서로 등장한 이후 시대를 더 낙관적으로 말하고 있음을 보여준다. 이것은 '락원의 행군'이란 구호로 발전한다.

97) 북한은 1998년 8월 22일 로동신문 정론을 통해 본격적으로 강성대국론을 들고 나왔다. 강성대국론은 제2의 천리마대진군에 의한 경제재건 역량을 총동원하려는 것이지만, 사상강화에 힘이 실려 있다. 8월 31일에는 함북 화대군 무수단리(구, 명천군 대포동)에서 다단계 로켓 광명성 1호 발사하여, "광명성 1호는

사회주의 강성대국 건설에 새로운 이정표를 마련한 의의 깊은 사변"이라고 주민에게 그 힘을 과시했다.

98) 좋은벗들 "http://www.jungto.org/gf/"에서 북한 식량난과 탈북 식량난민에 대한 각종 자료와 사진, 활동현황, 99년 9월 중국 동북부지역 북한 식량난민 실태 보고자료 등 참조.

99) 리중홍, "(수기)영원한 복무,"『조선문학』2000년 1월호, 15쪽 참조.

100) 변창률의 "영근이삭,"『조선문학』2004년 1월호, 46쪽.

101) 한00(50세) 면담, 2005.6.11.

102) 이 조치의 의도에 대해 서재진은 1) 노동보수제 개선을 통한 노동동원 수단 변화: 사회주의 사회 보장제에서 임노동제로, 2) 암시장 통제와 중앙계획경제의 복원, 3) 중앙정부의 재정수입 확대를 통한 예산배분 및 계획능력 복원 등으로 보았다. 서재진, "북한의 '7·1 경제관리개선' 조치가 주민생활에 미칠 영향"『통일정세분석 2002-05』(통일연구원, 2002).

103) 이런 변화를 소설 속 인물로 보면 다음 특징이 나타난다. 첫째, 종래의 부정적 인물을 반성시켜 '사회정치적 생명'을 부여한 새 인물형이 많이 등장한다. 둘째, 사회동원이 현실적으로 어려워지면서 과거와는 달리 사상성이 약한 인물까지 '돌격대형'으로 등장한다. 셋째, 자본주의적이라고 부정했던 종전과 달리 실리형, 합리형 인물을 평가한다. 또, 개인적 이익을 챙기는 인물까지도 인정하면서 그들에게 집단주의정신을 교양하기 위해 포용한다. 그 외 자력갱생을 위해 새로운 과학기술에 대한 관심을 높이고 있다.

104) 안봉근 기자, "손탁이 센 <우리 녀맹위원장>: 남포시 천리마구역 원정동초급녀맹위원회 위원장 안연화동무,"『조선녀성』2002년 3월호, 32∼33쪽.

105) 1999년 4월 9일 최고인민회의 제10기 2차회의에서 채택한 "인민경제계획법"은 사회주의적 소유에 기초한 계획경제의 관리에서 어떤 분권화·자유화도 허용하지 않는데, 제36조에 "인민경제계획에 없는 제품생산과 건설은 할 수 없다. 불가피한 사정으로 인민경제계획을 변경시켜 실행하려는 기관, 기업소, 단체는 그것을 비준한 기관이 승인을 받아야 한다"고 규정하고 있다.

106) 7·1 경제관리개선조치 이후, 2004년 들어 공장 기업소 위주로 "활성화"란 이름을 붙이고, 중국식을 모방한 실험을 한다. 그 주요 내용은 (1)기업자금 보유액 한도를 높이기 위해 시험한다, (2)지배인이 상품항목을 계획지표 외 시장상품을 정할 수 있다, (3)지배인의 권한(자율)으로 성과급을 실시할 수 있다는 것이다. 이 방침에는 12개 부문별로 시범대상을 선정하여 실시한 결과를 평가해 보기로 했지만, 실제로는 모든 공장기업소가 참가하였다. 액상지표 월 50만 원 이상을 할 수 있는 기업소는 계속하고, 그 나머지는 폐기하라는 지침이었는데, 북핵문제 등 정세 때문인 듯, 1년이 지난 후에도 시행세칙이 나오지 못하고

있지만, 기업소들이 시장접근은 90%이상이 성공하고 있다. 2005.6.12. 한 00(50세) 증언.

107) 북한은 1994년 초 인민반 조직을 기존 20~30가구에서 20~40가구로 확대·개편하였다. 이는 대단위 아파트 건립 등에 따른 인구밀집화로 인민반 조직의 확대 필요성이 대두된데 따른 조치로 알려졌다. 또 반장을 소수 정예화하고 일부 유급 이장에게 소요되는 노임(1인당 월30원)을 절약하기 위한 의도도 내포되어 있는 것으로 설명되고 있다(조선일보 NK데이터베이스 http://nk.chosun.com/). 이하 인민반에 대한 설명, 『조선대백과사전 30』 (평양: 과학백과사전출판사), 654쪽 참조.

108) 5호담당제에 의거해 다섯 가구를 대상으로 부부간의 애정문제·부모자식간의 문제를 포함, 가정생활 일체를 간섭·통제하며 북한체제에 순응토록 하는 열성당원으로서 대부분 각급 학교 교원들이 맡고 있다. 5호담당제는 1958년 7월초 김일성 주석이 평북 창성군 약수리 민주선전실을 방문한 자리에서 "유급 간부 한 사람이 5호씩만 책임지고 교양사업과 경제과업 등 일체를 지도하도록 하고 리당위원회는 그들을 상대로 과업을 주고 그 집행정형을 총화하면 일이 잘 될 것"이라고 말한 데서 비롯됐다. 이 제도는 1960년대 이후 이른바 '붉은가정 창조운동'이라는 이름아래 북한 전역에 걸쳐 실시되었다. 1974년 초부터는 연대책임단위를 5호에서 10호 이상으로 늘린 '인민반 분조담당제'로 확대 실시되고 있다.

109) 김정일, "동, 인민반 사업을 개선강화하자: 평양시 서성구역 하신동 일군들과 한 담화 1972년 7월 11일," 『김정일선집 2』 (평양: 조선로동당출판사, 1993), 399~400쪽.

110) 인민반의 아침생활 모습은, 김승철, 『북한동포들의 생활문화양식과 마지막 희망』 (서울: 자료원, 2000), 125~131쪽 참조.

111) 북한의 방송은 중앙방송으로 조선중앙방송, 평양방송(1967년 조선중앙방송에서 분리), 조선중앙텔레비죤방송(1963.3.3. 평양텔레비죤방송국으로 개국하여 1970.4. 조선중앙텔레비죤으로 명칭 변경하고, 1974.4. 김일성의 62회 생일을 기해 칼라방송을 시작), 만수대텔레비죤방송(1983.12. 개국. 예술공연, 영화 전문 방송), 조선교육문화 텔레비죤방송(1997.2.16. 개국) 등이 있고, 지방방송으로 도방송과 군유선방송, 개성텔레비죤방송(1971.4.15. 개국, 대남선전용. 1997.2.15. 이후 방송중단) 등이 있다. 유선방송사업은 1960년대 초부터 본격적으로 추진하는데, '제3방송'과 유선방송의 이원체계로 되어 있다. 전자는 중앙의 지령을 평양으로부터 유선으로 받아 유선으로 각 가정으로 보내는 체계이고, 후자는 중앙방송을 무선으로 받아 유선으로 가정까지 보내는 체계이다. 이상, 북한의 방송구조에 대해서는 김영주, 『현대북한 언론연구』 (마산:

경남대출판부, 1998), 95~102쪽 참조.

112) 한00(50세) 면담(2005.6.11).

113) 1975~1982년 평성시에 살 때, 가루탄을 틀에 빚어 만든 구멍탄을 썼기 때문에 가스중독사고 많아서 가스순찰대가 있었다. 늙은 어머니가 탄반장을 하고, 3명씩 조를 짜서 교대로 밤 12-1시 사이에 32세대를 돌며, '탄내나요?' 소리치며 순찰했다, 이후 무산에서 살 때는 갈탄을 써서 가스순찰대가 필요 없었다고 했다: 마○ ○(54세), 2005.6.12.

114) 『조선중앙년감 국내편 1951-1952』(평양, 조선중앙통신사), 475쪽.

115) 『조선중앙년감 국내편 1951-1952』, 391쪽.

116) 리기영의 장편『땅』에서 보면, 박첨지가 농사일 틈을 타서 남녀 인형을 종이로 만들어 농업현물세에 대한 단막 인형극을 창작했다. 박첨지는 마누라가 현물세를 덜 내려는 것을 우겨서 더 내게 하고, 인형극에 현물세에 대한 해석과 북조선민주건설에 대한 선전을 담았다. 이런 인형극 대본을 지도일군이 강균이 개작해 줌으로써 농민을 교양하고, 농민들은 야학생의 학예회 인형극, 농악대의 연예 등을 밤늦게 감상하면서 자연스럽게 정치적 선전선동에 동화되어 갔다.

117) 『조선중앙년감 1961』, 225쪽.

118) 민주선전실은 1957년에는 농촌에 3699개, 도시에 614개가 있었고(『조선중앙년감 1958』(평양, 조선중앙통신사), 149쪽), 1959년에는 농촌에 8073개가 있었다(『조선중앙년감 1959』(평양, 조선중앙통신사), 224쪽), 1961년 말에는 농촌 작업반 민주선전실은 21441개, 읍, 구, 동, 리에 4579개가 있어, 1960년에 비해 1.6배가 늘어났다.『조선중앙년감 1962』(평양: 조선중앙통신사), 278쪽).

119) 『조선중앙년감 1965』(평양: 조선중앙통신사), 179쪽.

120) 『조선중앙년감 1966~1967』(평양: 조선중앙통신사), 236쪽.

121) 군중문화회관, 공장문화회관, 로동자문화회관 등의 이름을 붙임.

122) 1971년 평양시에 180여개의 공장·기업소 로동자문화회관이 있었다.『조선중앙년감 1972』(평양, 조선중앙통신사), 344쪽.

123) 대중적인 문예소조에는 문학소조, 연극소조, 음악소조, 무용소조, 미술소조 등이 있고, 이들은 사회주의 문예가 인민대중에 뿌리박고 군중적 지반 위해서 발전하는 데 역할을 한다. 오양열·임채욱, "북한의 군중문화정책과 주민의 문화예술활동," 민화협 정책위원회 편,『북한 주민의 일상생활과 대중문화』(서울: 도서출판 오름, 2003), 108쪽.

124) 오양열·임채욱, 위의 책, 110쪽.

125) '점심시간 많은 사람들이 식사하러 집으로 가는 사람, 강변에서 싸가지고 온 점심밥을 먹는 사람, 식후에는 휴식하는 사람, 풀밭에서 자는 사람, 책을 읽는

사람, 주패놀이를 하는 사람, 일부는 집짐승먹이풀, 혹은 나물 캐는 사람, 강변
의 군기동선전대 방송차에서는 재담을 내 보내는 데 귀를 기울이며 웃음을 터
뜨리는 사람…' 이것은 제방공사에 동원된 사람들의 점심시간 모습이다. 석남
진,『비결』(평양: 문학예술출판사, 2002), 78쪽.

126) 이선재, "북한 주민의 복식에 관한 고찰," 한국문화예술진흥원,『북한문화연
구 1』(한국문화예술진흥원 문화발전연구소, 1993), 129~159쪽.

127) 김일성, "상업부문사업을 개선강화할데 대하여"(도인민위원회위원장협의회에
서 한 연설, 1962년 4월 8일),『김일성저작집 16』(평양: 조선로동당출판사,
1982), 2002쪽.

128) 이선재, "북한 주민의 복식에 관한 고찰," 앞의 글, 138쪽.

129) 김정일, "온 사회에 문화정서생활기풍을 세울데 대하여"(조선로동당 중앙위
원회 책임일군들과 한 담화 1989년 1월 5일),『김정일선집 9』(평양: 조선로
동당출판사, 1997), 319쪽.

130) 신영옥·리설희·김효식 편,『민족옷』(평양: 경공업성 피복연구소, 2002).

131) 김정일, "사회문화생활을 개선할데 대하여: 당 및 근로단체 책임일군들과 한
담화 1980년 9월 2일,"『김정일선집 6』, 438~440쪽 참조.

132) 최00(여, 47), 2005.3.8 : 13차 이전 완만한 형태의 패션의 변화가 있었다. 13
차 축전에서 텔레비젼의 영향으로 변화가 있었다. 토요일 만수대 프로 외국영
화를 보면서 영향을 받고, 또, 한국 시위 투쟁 장면에 나온 주택, 옷 등에서
강렬한 인상을 받았다.

133) 안창모, "사회주의 이데올로기와 북한의 도시·건축," 북한 사회문화학회 광
복 60주년 기념학술회의,『분단60년 북한 주민들의 삶과 문화』(2005. 11.11)

134) 최학수, 평양시간 (평양: 문예출판사, 1978), 문예진흥원 편,『통일문학전집』,
419쪽 참조.

135) 정창현,『변화하는 북한 변화하지 않는 북한』(서울: 선인, 2005), 246~252쪽
참조.

136) (31) 이00(여, 36), 2003.8.14 : 집을 2만원 주고 사면서 짜고서 빌려줬다고
했어요. 말썽 없이 하자면 빽도 있고 돈도 있어야 해요.

137) 박형중, 정세진, "'고난의 행군'과 북한 주민의 일상생활 변화," 민화협 정책
위원회 편, 앞의 책, 2003, 111~144쪽 참조.

138) 정창현, 앞의 책, 206~213쪽 참조.

139) 좋은벗들, 월간 오늘의 북한소식 (2005년 12월 호), http://www.jungto.org/
kor.html.

140) 김일성, "우리나라의 과학기술을 발전시키기 위한 몇 가지 과업"(자연과학부
문일군협의회에서 한 연설, 1972.12.5),『김일성저작집 27』, 534쪽.

141) 김일성, "보건위생사업을 전군중적운동으로 벌릴데 대하여"(조선로동당 중앙위원회 상무위원회에서 한 결론, 1958.5.4), 『김일성저작집 12』, 242쪽.

142) 박영자, "북한의 근대화 과정과 여성의 역할(1945-80년대)"(성균관대학교 대학원 박사학위논문, 2004), 90~95쪽 참조.

143) 사회과학출판사 편, 『정치사전』 (평양: 사회과학출판사, 1973), 585쪽.

144) 사회과학출판사 편, 같은 책, 585쪽.

145) 김경숙, 『공산주의 생활윤리』 (평양: 사회과학출판사, 1990), 58쪽.

146) 농업현물세를 1964년부터 1966년 사이에 완전히 없앴고, 1974년 당 중앙위원회 제5기 8차 전원회의에서 세금제도 완전폐지를 토의 결정함.

147) 한 기업소의 생활총화에서 '집단적으로 술 놀이를 하며 술판, 먹자판을 벌여 놓고 희귀망칙한 춤을 추는 등 우리식의 고상한 생활풍습을 좀먹는 행동을 하지 말 것. 비非사회주의 현상과 투쟁을 강하게 벌여 사회의 건전한 생활기풍을 확립하는 투쟁을 벌일 것. 비법월경자, 무직건달자, 방랑자, 행불자, 차판장사꾼, 유색금속밀매, 화폐밀매꾼 등과 법적 투쟁을 강화할 것, 미신행위를 하거나, 불법출판물을 보고, 유포시키거나 사회건전한 분위기를 흐리게 하는 현상들과 투쟁을 강하게 벌일 것, 청년들이 살인, 강간, 강도 등 강력범죄행위를 하는 현상에 대해서 강하게 법적 투쟁을 벌일 것' 등등 김정일의 방침으로 대대적인 사상투쟁을 진행했다. 또, 당 중앙위원회 지시로, 일부 주민들이 화교들에게 돈을 주고 자식들에게 중국글, 중국말을 배워달라고 돈을 주고 있는 현상, 일부 주민들이 훈장과 메달을 팔아먹는 행동 등에 대해서도 법적 투쟁을 강하게 벌일 것을 요구했다: 데일리NK, "北주민 '생활총화' 현장녹음 최초공개," http://www.dailynk.com, 2006.7.24.

148) (29) 채00(남, 35), 2003.7.24 면담.

149) 김일성, "녀성동맹의 금후과업에 대하여"(북조선민주녀성동맹 제1차대표자회에 참가할 공산당원인 녀맹일군들앞에서 한 연설, 1946년 5월 9일), 『김일성저작집 2』 (평양: 조선로동당출판사, 1979), 212쪽.

150) 이정윤, "북한 노동자의 일상생활과 문화재생산: 노동자의 순응, 갈등, 저항 행위를 중심으로"(동국대대학원, 석사학위논문, 2003), 104~105쪽 참조.

〈참고문헌〉

1. 북한문헌

김경숙, 『공산주의 생활윤리』 (평양: 사회과학출판사. 1990).

김일성, 『김일성저작집 1-4, 8, 12, 15-18 25, 27, 30권』 (평양: 조선로동당출판사. 1979-1985).

김정일 , "음악예술론(1991)," 『김정일선집 11』 (평양: 조선로동당출판사, 1997).

______, 『김정일선집 2, 6, 8, 9, 13권』 (평양: 조선로동당출판사, 1993, 1995, 1997, 1998).

______, 『주체문학론』 (평양: 조선로동당출판사, 1992).

리기영, 『땅』. 1948-1949, 『통일문학전집』 전자북 (한국문화예술진흥원, 2004)

리중홍, "(수기)영원한 복무," 『조선문학』 2000년 1호.

박승덕, "사회주의문화건설의 방향," 『사회주의문화건설리론』 (평양: 사회과학출판사, 1985).

백과사전출판사, 『조선대백과사전 30』 (평양: 백과사전출판사, 2001).

변창률, "영근이삭," 『조선문학』 2004년 1호.

사회과학원 력사연구소, 『조선전사 23~34』 (평양: 과학·백과사전출판사, 1981, 1982, 1992).

사회과학출판사 편, 『정치사전』 (평양: 사회과학출판사, 1973).

석남진, 『비결』 (평양: 문학예술출판사, 2002).

신영옥, 리설희, 김효식 편, 『민족옷』 (평양: 경공업성 피복연구소, 2002).

안봉근, "손탁이 센 〈우리 녀맹위원장〉: 남포시 천리마구역 원정동초급녀맹위원회 위원장 안연화동무," 『조선녀성』 2002년 3호.

조선중앙통신사, 『조선중앙년감 1951-1952』 (평양: 조선중앙통신사, 1952).

______, 『조선중앙년감 1953』 (평양: 조선중앙통신사, 1953).

______, 『조선중앙년감 1958』 (평양: 조선중앙통신사, 1958).

______, 『조선중앙년감 1959』 (평양: 조선중앙통신사, 1959).

______, 『조선중앙년감 1961』 (평양: 조선중앙통신사, 1961).

______, 『조선중앙년감 1962』 (평양: 조선중앙통신사, 1962).

______, 『조선중앙년감 1965』 (평양: 조선중앙통신사, 1965).

______, 『조선중앙년감 1966-1967』 (평양: 조선중앙통신사, 1967).

______, 『조선중앙년감 1972』 (평양: 조선중앙통신사, 1972).

최우명, "생산문화, 생활문화확립은 시대의 절박한 요구," 『천리마』 2002년 2호.

최학수, 『평양시간』 (평양: 문예출판사, 1978).
편집기자, "음력설," 『조선녀성』 2002년 2호.
______, 대성산 민속놀이장, 『조선예술』 1989년 10호.
홍윤백 · 신진균, "청산리 교시에서 구현된 물질적 자극과 사회 도덕적 자극의 결
　　　합," 『근로자』 1962년 1호.
≪로동신문≫ 1974년 2월 27일.

2. 남한문헌

곽승지, "북한의 '우리식사회주의' 성격에 관한 연구," 동국대 대학원 박사학위 논
　　　문 (1997).
기타 면담자료(비공개). 2005-2006년.
김승철, 『북한동포들의 생활문화양식과 마지막 희망』 (서울: 자료원, 2000).
김연철, 『북한의 산업화와 경제정책』 (서울: 역사비평사, 2001).
김영주, 『현대북한 언론연구』 (마산: 경남대출판부, 1998).
데일리NK, http://www.dailynk.com
민족21 엮음, 『북녘사람들은 어떻게 살고 있을까?』 (서울: 선인, 2004).
민화협 정책위원회 편, 『북한 주민의 일상생활과 대중문화』 (서울: 도서출판 오름,
　　　2003).
박영자, "북한의 근대화 과정과 여성의 역할"(1945-80년대), 성균관대 대학원 박사
　　　학위 논문 (2004).
북한문제연구소 편, 『북한 365일』 (성남: 북한문제연구소, 2004).
서울대학교 국제문제연구소 편, 『소련 사회문화 사전』 (서울: 서울대출판부, 1991).
서재진, 『북한의 7·1 '경제관리개선' 조치가 주민생활에 미칠 영향』 (서울: 통일연
　　　구원, 2002).
성혜랑, 『등나무집』 (서울: 지식나라, 2000).
세종연구소 북한연구센터 면담자료(비공개). 2003-2004년.
세종연구소 북한연구센터 엮음, 『북한의 경제』 (서울: 한울아카데미, 2005).
안창모, "사회주의 이데올로기와 북한의 도시 · 건축," 북한 사회문화학회 광복 60
　　　주년기념학술회의 『분단60년 북한 주민들의 삶과 문화』 (2005).
이선재, "북한 주민의 복식에 관한 고찰," 한국문화예술진흥원, 『북한문화연구 1』,
　　　한국문화예술진흥원 문화발전연구소 (1993).
이정윤, "북한 노동자의 일상생활과 문화재생산: 노동자의 순응, 갈등, 저항 행위를
　　　중심으로," 동국대 대학원 석사학위 논문 (2003).
이태섭, "북한의 집단주의적 발전 전략과 수령 체계의 확립," 서울대 대학원 박사
　　　학위 논문 (2001).

정창현,『변화하는 북한 변화하지 않는 북한』(서울: 선인, 2005).

조선일보, http://nk.chosun.com/

좋은벗들, http://www.jungto.org/gf/

주강현,『북한의 민족생활풍습』(서울: 대동, 1994).

주강현, "북한생활문화에서의 전통성과 현대성," 한국문화예술진흥원,『북한문화 연구 2』. 한국문화예술진흥원 문화발전연구소, (1994).

최완규 엮음,『북한 도시의 형성과 발전 — 청진, 신의주, 혜산』(서울: 한울아카데미, 2004).

최완규 외,『북한 사회주의 건설의 정치경제』(마산: 경남대극동문제연구소, 1993).

한국문학예술진흥원 편,『통일문학전집』(전자북) (한국문학예술진흥원, 2004).

한국역사연구회 북한사학사연구반 편,『북한의 역사 만들기』(서울: 푸른역사, 2003).

홍 민, "북한의 공장과 노동세계: '아래로부터의 역사',"『대학원연구논문집 33』, 동국대 대학원 (2003).

북한사회의 계급구조와 계급갈등

서 재 진

1. 서 론

맑스주의자들에 의하면 자본주의체제는 계급갈등이 심화되어 프롤레
타리아 혁명을 통하여 결국은 사회주의체제로 이행되고 말 것이라고 주
장하였다. 맑스주의 입장에서 자본주의에서는 자본가계급과 노동계급
간의 이윤과 임금의 분배에 있어서 제로섬의 관계에 있기 때문에 노동
자의 절대적 물적 조건이 아무리 향상되어도 적대계급에 대한 대립은
소멸되지 않는다고 본다. 자본주의가 소멸될 때에만 노동자의 물질적
이익이 실현된다고 본다. 맑스의 이러한 분석으로부터 맑스주의자들은
세 가지 '잘못된' 결론을 주장하였다. 첫째, 단기적 물질적 이익에 관한
갈등은 사회조직의 형태에 관한 계급간의 갈등을 필연적으로 야기한다.
둘째, 민주주의는 계급투쟁을 허용하기 때문에 자본주의는 억압에 의해

서만 유지된다. 민주주의와 자본주의는 병존할 수 없는 상극적 제도라는 것이다. 셋째, 사회주의에의 길은 경제적 위기에 두드러지며 혁명적 전복을 통해 이루어진다는 것이다.[1]

그러나 역사적 경험이 보여주는 것은 자본주의는 계급갈등을 체제내로 제도화하고 결국은 계급간의 타협을 이루어내는데 성공하였다. 서구의 많은 나라들에서 자본가 계급과 노동자 계급간에 계급타협을 이루고 자본주의와 민주주의가 공존하는 상태가 매우 오랜 기간동안 지속해 왔다.

오히려 계급갈등이 심화되어 체제가 붕괴된 쪽은 사회주의이다. 많은 사회주의 국가들이 지배계급과 피지배계급 간의 대결 과정을 거쳐 붕괴하였다. 소련이나 동구 사회주의 국가에서 사회주의 체제가 붕괴하게 된 배경의 하나는 계급정책의 모순과 계급갈등 때문이었다. 지식인을 포함한 중간계급에 대한 정책적 딜레마 때문에 사회주의 체제는 체제효율성을 상실하고 말았다. 영도계급으로 선전되는 노동계급이 소외되고 착취당하는 계급으로 전락하였다.

사회주의에서 가장 중요한 계급문제는 지배계급의 문제이다. 질라스(Djilas)와 보스렌스키(Voslensky)가[2] 적절히 분석한대로 현실사회주의에서는 과거의 착취계급인 자본가와 지주는 소멸했지만 새로운 지배계급이 형성되었고, 노동자는 여전히 착취당하는 계급으로 남아있다. 질라스에 의하면 집단적 소유로 되어 있는 국가재산을 실질적으로 통제하여 재화와 용역을 처분할 수 있는 권한을 가지고 있는 당관료들이야말로 생산수단에 대한 실질적인 소유자이기 때문에 그들이 새로운 지배계급이라는 것이다. 또한 생산수단에 대한 통제력이 없는 노동자들이야말로 자본주의체제에서와 하등의 차이가 없는 피지배계급이라는 것이다. 생산수단의 측면에서 보면 사회주의 사회는 사회주의라기보다는 국가자본주의라고 보는 것이 타당하다는 것이다.[3] 사회주의 사회에서 계급갈등이 심화된 이유가 바로 여기에 있다.

　더욱 흥미로운 사실은 계급없는 사회로 선언되고 있는 사회주의가 오히려 자본주의보다 계급적 갈등이 더욱 첨예하다는 점이다. 파아킨 (Parkin)은 보수체계에서 투명성이 높은 체제일수록 소외집단의 정치의식이나 계급의식이 쉽게 성장한다고 주장하였다. 자본주의에서는 보수체계의 투명성이 낮은 반면에 사회주의체제는 보다 명확하다는 것이다. 사회주의에서는 보수의 배당이 보이지 않는 손인 시장에 의하여 행하여지는 것이 아니라 당과 국가라는 보이는 손에 의하여 행해지므로 보수체계의 투명성이 높은 편이다. 소외집단이 그들의 사회적 물질적 조건이 신계급의 정치적 결정에 의하여 결정되었다는 것을 인식하기 때문에 자본주의에서 보다 불평등의 인식이 매우 첨예하기가 쉽다. 파아킨에 의하면 자본주의 사회에서 보수의 배당은 보이지 않는 손이라는 시장 메카니즘에 의하여 이루어지기 때문에 보수 배당의 주체가 누구인지 어느 집단이지 분명히 보이지 않는다. 시장이라는 것은 불특정 다수에 의한 메카니즘이며 그것이 만들어내는 불평등은 지배계급의 정치적인 동기에 의해서라기 보다는 경제원칙의 소산이다.4)

　파아킨에 의하면 소련에서 물질적 생활수준의 차이에 대한 사회적 인식의 정도가 매우 높았다고 한다. 가난한 사람들은 부자들의 복지수준에 대하여, 그리고 부자들은 가난한 사람들의 실상에 대하여 매우 잘 인식하고 있는 것이다. 사회주의는 자본주의보다 사회적 불평등의 정도가 심하지 않더라도 불평등 의식의 정도는 더욱 심한 편이다. 자본주의 사회에서는 계급의식을 고양하기 위하여서는 운동조직이나 정당이 필수적이지만 사회주의에서는 불평등에 대한 계급적 각성을 고양하는데 있어서 이데올로기가 덜 필요하다.5)

　사회주의 사회에서 계급간의 갈등이 심화되는 또 다른 요인은 부, 권력, 사회적 위신 등 다원화된 가치에 의하여 사회계층이 분화된 자본주의와는 달리, 사회주의에서는 권력이라는 단일의 가치에 의하여 사회가 층화되기 때문이다. 국가관료제 내에 영향력이 있는 사람을 일컫는 러시아 용어인 아파라치크(Apparatchik)라는 개념이 시사하는 바와 같이 사회주의 국가에서는 권력이 있는 직위에 이르는 길은 공식적인 직위의 획득을 통해서만 이루어진다.6) 즉 부, 권력, 사회적 위신의 다차원적 측면에 의하여 형성되는 자본주의 사회의 계층구조와는 달리, 사회주의 사회에서 계층구조는 권력을 중심으로 일차원적으로 형성되어있다. 따라서 사회주의에서는 경쟁의 장이 단일화되어 있기 때문에 경쟁이 더욱 치열한 편이다.

사회주의 사회에서 계급갈등이 더 심했던 또 하나의 이유는 사회주의체제는 지배계급의 존재를 은닉해왔고 나아가 계급갈등의 존재 자체를 인정하지 않았기 때문이다. 따라서 계급갈등을 정당한 사회적 문제로 인정하여 해결책을 마련하는데 실패했기 때문이다.

다만 그러한 사회의 갈등이 관심의 대상에서 벗어나 있었던 까닭은 사회과학자의 눈에 잘 관찰되지 않았기 때문이다. 사회주의사회의 갈등이 사회과학자들의 눈에 관찰되지 않았던 까닭은 사회주의체제 자체가 서방 사회과학자의 시야에서 차단되어 있었음은 물론이고, 사회주의 사회내에서도 사회갈등은 대체로 억압되어 표출되지 못했기 때문이다. 설령, 사회주의권 사회학자의 눈에 사회갈등이 관찰 되더라도 학문적 연구의 대상이 될 수 없었다. 자본주의와 사회주의 사회의 차이는 갈등이 표출되고 있느냐 아니면 억압되고 있느냐의 차이이다. 갈등이 억압되어 표출되지 않았다고 해서 갈등이 없는 것은 아니다. 억압되어 표출이 안 될 수록 갈등의 강도는 더욱 격렬해질 가능성이 있다. 갈등은 표출되어야 갈등의 요인이 밝혀져 해소될 수 있기 때문이다. 바로 이러한 이유 때문에 소련 및 동유럽 사회주의 국가들이 갑자기 폭발적으로 붕괴했을 가능성이 높다.

이러한 시각에서 볼 때 사회주의 사회의 계급갈등이 사회주의 체제의 정당성을 실추시키고 결국은 체제를 붕괴시키는데 매우 중요한 역할을 했을 가능성이 높다. 북한 사회에서도 갈등이 사회적 현상으로서 가시적으로 표출되지 않았다고 해서 갈등이 존재하지 않은 것이 아니다. 갈등이 엄격한 감시와 통제체제하에서 억압되고 있을 뿐이다. 중요한 것은 이러한 억압된 갈등들이 최근에는 소극적인 형태이기는 하지만 표면으로 표출되고 있다는 사실이다. 북한 사회에서 김일성과 김정일에 대한 불만 표출은 매우 엄격하게 다스려지기 때문에 표출되지 않지만 그 이하 간부급 지배계급에 대해서는 불만의 표출이 증가하고 있다. 불만의 내용이 특정개인에 대한 비난이나 특정개인의 불만이 아니라 지배계급과 피지배계급간의 계급갈등의 구도로 나타나고 있다. 과거 조선시대의 계급갈등의 축이었던 양반과 상민간의 대결구도가 북한에서 재현되고 있는 것이다. 북한의 일반 인민들이 자신들을 상놈, 간부층들을 양반놈으로 지칭하여 인식하며, 양반 - 상놈간의 불평등을 문제삼고 있다는 사실이다.

이 글의 목적은 최근 북한 사회에서 경제난과 정치적 과도기 상황에서 심화되고 있는 계급갈등을 분석하는 것이다. 북한 사회 계급갈등의 근원은 어디에서 기인하는 것인가? 계급갈등은 구체적으로 어떠한 방식으로 표출되고 있는가? 북한에서 심화되고 있는 계급갈등은 향후 북한체제의 변화에 어떠한 영향을 미칠 것인가? 이 글은 이러한 질문들에 답하기 위하여 계급갈등 이론의 시각에서 접근한다.

2. 계급의 개념

맑스에 의하면 계급을 결정하는 결정요인은 생산영역에서의 생산관계이다. 개인의 계급적 지위는 생산수단에 대하여 갖는 관계에 의하여 결정된다. 즉, 생산영역에서 생산수단을 소유하고 통제하는 사람들의 집단을 지배계급, 생산수단을 소유하지 못하고 노동력을 팔아 임금을 받는 사람들의 집단을 피지배계급 또는 노동자계급 이라고 일컫는다.

계급의 개념은 흔히 일상생활에서는 자본가계급 또는 노동자 계급처럼 경제적 영역에서의 역할과 관련된 매우 좁은 의미로 사용되기가 일쑤이지만, 맑스 이론의 전통에 있는 사회과학자들은 계급 개념을 매우 포괄적인 지배와 피지배의 개념으로 사용한다. 생산수단을 소유하는 지배계급은 부富 뿐만 아니라, 권력 및 사상과 이념, 나아가 국가 마저 지배하기 때문이다.7)

북한 사회의 지배계급과 피지배계급간의 갈등을 분석하는데 있어서 계급과 계급갈등의 개념은 매우 유용하다. 자본주의 모순과 사회주의에로의 혁명적 변화를 분석하기 위한 맑스의 계급개념은 사회주의에도 적용된다는 점에서 아이로니가 아닐 수 없다. 사회주의 사회의 경우 생산수단에 대한 법적 소유권은 인민의 국가로 일컬어지는 국가에 있으며, 기업에 대한 통제권, 즉 경제적 소유도 노동자들에게 속하지 않고 기업관리자 및 당관료들에게 속한다. 그러므로 사회주의에서 생산수단의 집단적 소유형태는 지배계급의 사적 소유의 새로운 형태를 은폐하고 있기 때문에 사회주의의 지배계급을 '새로운 부르조아지'라고 불러야 할 것이다.8)

맑스의 이론을 계승한 레닌은 계급에 대하여 다음과 같이 정의를 내렸다. "계급이란 역사적으로 채택된 사회적 생산체계 안에서 차지하는 위치에 따라 그들이 생산수단과 맺는 관계와 사회노동조직안에서 그들이 수행하는 역할에 따라, 즉 사회적 부 중에서 그들이 자유로이 처분할 수 있는 몫의 획득방법과 그 크기에 따라 구분할 수 있는 인간들의 거대한 집단을 말한다. 계급이란 사회경제라는 한정된 구조안에서 자신이 점하고 있는 위치가 다르기 때문에 타인의 노동을 착복할 수 있는 사람들로 구성된 각종 인간집단을 두고 쓰이는 말이다."9)

사회주의사회에서의 지배계급은 이러한 레닌의 정의에 그대로 들어맞는다. 지배계급은 사회생산체계안에서 차지하는 우월한 지위와 그 생산수단과의 관계 (그것을 자유로이 처분할 있는 권리), 사회노동조직 안에서의 감독자로서의 역할, 그리고 그들이 소유하고 있는 사회적 부의 몫(매우 큰 몫)에 의해 사회주의사회의 다른 계급들과 구별되는 집단이다. 지도자 집단은 숨겨진 하나의 계급을 구성하고 있다. 이 계급이 사회생산체제 안에서 차지하는 지위가 우월하며, 생산물을 자유로이 처분할 수 있고, 사회노동조직안에서는 감독자의 역할을 수행하고 있으므로, 소련사회의 지배계급이다. 그들은 맑스-레닌주의적 기준에서 명백히 지배계급을 형성한다.10)

사회주의 사회에 지배계급이 존재한다면 피지배계급도 존재한다. 생산관계의 한 중요한 특징은 생산수단을 소유 또는 통제하지 않는 인민대중을 노동자 계급으로 만든다는 것이다. 대다수 사람들이 유사한 경제여건, 이해관계를 가지게 되어 계급을 형성하게 된다. 하지만 경제적 조건만으로는 계급을 형성하는데 충분하지 않다. 노동자들은 생산관계에서 같은 처지에 있다고 해서 지배계급에 대하여 집단적 적대감을 가지지 않는다. 생산수단과 국가를 장악한 지배계급과 피지배계급의 관계, 그 관계를 재생하기 위한 계급정책이 계급간의 갈등에 영향을 미치는 변수로 작용한다. 따라서 계급갈등을 이해하기 위해서는 계급구조와 계급정책을 분석할 필요가 있다. 이 개념들이 이 글의 분석틀로 사용될 것이다.

이러한 개념틀에 의거하여 먼저 북한의 계급관계의 구조을 살펴보고, 그 다음에 계급정책을 살펴볼 것이다. 그런 다음에 북한 사회의 계급갈등, 즉 피지배계급과 지배계급간의 갈등, 계급의식과 계급행동이 어떻게 전개되고 있는지를 분석할 것이다. 북한의 계급구조와 계급정책에 대한

분석은 북한에서 계급갈등이 발생하게 된 구조적 배경을 설명하게 될
것이다.

3. 정권초기 북한의 사회계급 해체

1) 지주계급의 해체

북한에서는 1946년 3월의 토지개혁을 시작으로 전산업을 국유화하
는 등의 조치를 통해서 소유관계에 기초한 전통적 계급구조는 사회주의
건설이라는 이름으로 모두 해체되었다. 이로써 소유관계에 기초한 계급
은 북한사회에서 실제로 소멸되었다.

북한에서 지주계급이 몰락하게 된 것은 1946년 3월에 실시된 토지개
혁을 통해서였다. 당시 북조선 임시 인민위원회는 구성된지 한달만에
「토지개혁에 대한 법령」을 공포하고 한달만에 토지개혁의 실행을 완료
하였다. 북한의 토지개혁의 원칙과 방법은 1946년 3월 5일에 공포된
「북조선토지개혁에 대한 법령」과 동년 3월 7일에 공포된 「토지개혁법
령에 대한 세칙」에 나타났다. 토지개혁의 기본원칙은 무상몰수 무상분
배와 경자유전耕者有田이었다. 5정보 이상의 땅을 가진 자는 지주로 규
정되어 몰수되었다.[11]

토지개혁이 끝났을 때 전국적인 토지의 몰수 내역을 보면 총
1,000,325정보가 몰수되었는데 이는 북한 총 경지면적인 1,982,431정보
의 거의 절반에 달하는 면적이었다. 이 중 일본국가 및 일본인과 종교단
체의 토지는 겨우 4%였다. 나머지 약 96%는 북한의 지주 및 소작주는
자의 토지였다. 이들은 총 405,603가구에 달했는데 이는 당시 북한의
총농가호수인 1,121,295호의 약 40%였다. 열농가 중 최소한 네 농가는

토지를 전부 또는 일부를 몰수당했음을 알 수 있다. 몰수대상 가구수가 실로 엄청나다.12)

토지개혁은 북한 김일성 체제의 구축에 가장 중요한 정책이었다. 당시 북한에서 지주가 총농가호수의 4% 밖에 안되면서도 총경지면적의 58.2%를 점유한 반면 총인구의 80%에 가까운 사람들이 소작인이었다. 토지개혁의 결과 북한사회의 계급관계는 크게 재편되었다. 전통적인 지배계급이었던 지주계급이 완전 해체되었고 소작농, 빈농, 고용농민들이 토지개혁의 혜택을 받은 계층으로 부상하였으며 자기들에게 토지를 준 당과 정권기관을 적극 지지하였다. 실로 전체인구의 74.1%(1949년말 현재)를 차지하던 농민층은 김일성 정권이 초기에 뿌리를 내리는데 절대적인 지지기반으로 작용하였다.

2) 쁘띠부르조아지 계급의 해체

또한 토지개혁에 이어서 취해진 중요산업국유화는 도시지역에서의 계급구조를 혁명적으로 재편하였다. 북조선 임시인민위원회는 1946년 8월 10일 '산업, 교통, 운수, 체신, 은행 등의 국유화에 관한 법령'을 공포하여 "일본 자본가와 일본인의 사인 및 법인 등의 소유 또는 조선인민의 소유로 되어있는 일체의 기업소, 광산, 발전소, 철도, 운수, 체신, 은행, 상업 및 문화기관 등은 전부 무상으로 몰수하여 이를 조선인민의 소유, 즉 국유화한다"13)고 선언하고 즉시 실행에 옮겼다. 이에 따라 당시 북한 전역에 설비된 전산업의 90% 이상인 1,034개소의 주요 공장, 기업소들이 국유화되었다.14)

1947년 북한 공업총생산액에서 국영공업이 차지하는 비중이 80.2%인 반면 자본주의적 상공업은 19.8% 정도였다. 전후 북한에서 개인생산 기업체로서는 주로 소규모의 정미소, 야장간, 고무공장 등이 있었고

1957년 현재 개인기업가 1명당 고용로동자 수는 평균 1.4명이었으며 5명 이상의 고용로동자를 채용한 기업소 수는 전체기업소 수의 14%에 불과하였다. 1957년 5월 현재 개인공업기업의 총수는 633개였다.

상업부문에서는 개인상업이 차지하는 몫이 소매상품유통액 기준으로 1947년의 43.5%였다. 그런데 1953년 휴전 직후 32.5%로 떨어졌으며 1956년 말에는 12.7%로 떨어졌고 1958년 8월에는 완전히 소멸되었다.[15] 6·25전쟁 이후 북한은 잔존하고 있던 상공업 분야의 자본주의적 경제형태와 소상품경제형태 역시 사회주의적 생산관계로 개조작업에 착수하여 1958년 8월까지 완료하였다.

3) 농민계급의 해체

북한 농민들에게 새로운 불만의 요인이 된 것은 농업협동화 정책이다. 토지개혁으로 농민들이 토지를 얻어 잠시 기뻐했던 농민들은 다시 토지를 국가에 반납해야 했다. 토지소유권을 빼앗긴 것이다. 1946년의 토지개혁에 의하여 이루어진 토지의 개인소유가 김일성의 1954년 3월 11일 지시와 1954년 11월 당 중앙위 전원회의를 통하여 농업협동화 운동을 적극적으로 추진하기로 결정한 이후, 점진적으로 진행되어 1958년 8월까지 완수되었다. 북한의 전체농민과 농지가 농업협동조합에 망라되었다.

김일성이 농업을 사회주의적 협동화의 길로 이끌었던 이유에 대하여 남한의 사회과학자들은 주로 경제적인 이유를 드는 경향이 있다. 전쟁 동안 농촌이 파괴되었기 때문에 개인경리로는 농사를 지을 수 없는 형편이었기 때문이라는 것이다.

북한에서는 부농이 성장하여 북한 정권과 대립되는 징후가 보이기 시작한 것이다. 북한에서 농업협동화를 하지 않을 수 없을 정치적 이유가 여기에 있다. 김일성은 북한농촌에서 토지개혁 이후 자기 땅을 가지고 농사를 지으면서 성장하고 있었던 농민들을 통제하기 위한 수단이 필요했기 때문인 것으로 보인다.

> 우리는 농촌에서 부농들이 부단히 산생되고 있는데 대해서 묵과할 수 없습니다. 물론 우리는 토지개혁을 잘 실시했습니다. 토지개혁후 아직까지 큰 문제로 될 것은 없다고 하더라도 어쨌든 농촌에서 점차 부농이 발생하고 있는 것은 사실입니다. 이 부농화하는 사람들은 비록 토지개혁의 혜택을 입기는 하였지만 그들의 경리가 점차 자본주의적 성격을 띠게 됨으로써 남조선 반동층의 영향을 받을 수 있는 것입니다. 우리의 일시적 후퇴시기에 반동에 가담한 자들을 분석해보면 그 중에는 토지개혁의 혜택을 입은 자들과 심지어 지주앞에서 머슴살이 하던 자들도 있습니다. 그들은 모두 우리 농촌에서 토지개혁후 부농화하면서 남조선 반동층의 영향과 미제국주의자들의 영향을 받아서 그렇게 된 것입니다. 이와같이 농촌에서 부농이 산생되고 이들에게 주는 반동작 영향이 있는 조건하에서 아직 로골적으로 표면화된 것은 없다고 하더라도 어쨌든 농촌에서 계급투쟁은 있으며 또 그것이 앞으로 점차 첨예화될 수도 있습니다.[16]

김일성이 농업협동화를 해야 하는 이유는 바로 경제적 문제도 있었지만 정치적 문제가 더 컸던 것으로 보인다. 북한의 토지국유화는 농민들이 생산한 량곡을 국가가 자의적으로 통제할 수 있게 하기 위한 조치의 일환으로 이해할 수 있다.

질라스를 여기서 원용할 필요가 있다. 질라스의 시각에 따르면 북한의 지배계급은 자신들 이외에 소유계급이 있는 한 권력이 공고화될 수 없었던 것이다. 식량공급에 사보타아지가 일어날 수 있는 모험을 할 필요가 없는 것이다. 토지의 국유화가 필요하였던 것이다. 불안정한 상황에서 농민은 정권에 위험할 수 있는 것이다. 그러므로 김일성은 농업협동화를 실시함으로써 농민을 경제적으로 행정적으로 복종시키고자 하였다. 이것이 농민에 대한 공격을 하게 된 직접적인 이유인 것이다.[17] 소련이 농업집단화를 했던 배경과 매우 유사하다.

농업협동화를 통하여 경제적 기반을 가졌던 농민계급이 해체되었다. 농민들은 더 이상 농민(farmers)이 아니라 노동자농민(peasant)로 전락되었으며, 심지어 중세의 농노와 같이 되었다.

이로써 1958년 이후 북한은 생산양식에 있어서 철저한 사회주의 사회로 이행되었다. 이 과정에서 기존에 상공업에 종사하던 사람들이 노동자로 개조되든가 상공업분야 국가고용인으로 전환되었다. 상공업 분야에서 거상으로 성장하던 사람들도 모두 거세되었다.

4) 인텔리 계급의 해체

북한은 정권의 초기에 인재난 때문에 이전 체제에서 교육받은 오랜 인텔리들을 포용하여 활용하기 위한 정책도 구사하였으나 산업의 국유화 과정에서 반대세력을 거세하기 위하여 많은 인텔리들을 숙청하였다. 1958년 8월 9일 시·군 인민위원회위원장들의 강습회에서 김일성은 인텔리에 대한 개조 및 숙청 문제를 처음으로 시사하였다. 이 회의에서 김일성은 "사회주의 건설의 속도를 계속 높여 가야만 하고, 이렇게 하기 위해서는 아직까지 사회주의 건설에 장애가 되어온 지식층 속에 있는 소극성과 보수주의에 대한 완강한 투쟁을 전개하지 않고서는 계속혁명을 할 수 없다"고 주장하였다.[18] 이 당시 ≪로동신문≫의 한 귀절은 지식인에 대한 북한 지도부의 인식을 잘 드러내어 준다.

아직도 대중의 기세가 폭풍같이 낡은 것을 구축하는 시기에 사무실에서 낡은 방식 그대로 안일하게 행동하고 매일같이 비약이 일어나고 있는 시기에 낡은 기준틀에서 맴돌고 헤매는 사람들이 있는 것이다.[19]

동년 9월 북한은 보수주의와 소극성을 극복하고 사회주의 건설의 속도 증가를 위한 대책으로서 전체당원에게 호소하는 「북한노동당중앙위원회 편지」(일명 「붉은 편지」)를 채택하게 되었다. 이 편지에서 "보수주의와 소극성을 분쇄하고 모두다 천리마를 타고 과감히 진군하자!"고 주장하였다. 그러나 당시 인텔리 속에서 보수주의와 소극성을 반대한다고 내세운 것은 하나의 구실에 지나지 않았고, 사실은 사회주의 개조사업에 불만을 가졌던 인텔리를 숙청하는 사업이었다. 이에 대하여 『조선전사』는 북한에서 "혁명의 전진운동을 방해하는 소극성과 보수주의, 신비주의 등 낡은 사상 잔재를 뿌리빼는 사상투쟁이 힘있게 벌어졌으며 이 과정에서 보수주의자, 소극분자, 신비주의자들의 유해로운 사상관점과 행동이 철저히 폭로비판되었다"고 지적함으로써 인텔리들에 대한 숙청이 감행되었음을 시사하였다.[20] 인텔리 숙청에 있어서 중점적인 대상이 된 것은 과거 일제하에서 교육을 받은 층이었다. 이것은 전국 생산자혁신대회에서의 김일성 발언을 통하여 알 수 있다.

> 보수주의자들에게는 일본 제국주의 사상잔재가 농후하게 남아있다. 이러한 사람들은 "그래도 나는 과거 일본의 모모 대학을 다녔는데 당신들은 무엇을 아는가"고 하면서 낡은 관점으로 우리의 현실을 보려고 한다. 우리는 이러한 사상를 분쇄하여야 합니다.[21]

보수주의와 소극성을 극복하기 위한 운동은 처음에는 경제부문의 기술자 및 관리간부들로부터 시작되었는데 점차 전체 인텔리에게까지 파급되었다. 「붉은 편지」와 당 중앙위원회의 지시에 따라 보수주의자(인텔리, 기술자)들에 대한 숙청이 모든 사무부문, 행정기관, 학교, 문화예술 부문까지 확대되었다.[22] 귀순자 정갑력씨의 증언에 의하면 유일독재 기반을 확립하기 위하여 능력있는 인텔리들은 모두 처리되었다. 월북인텔리, 자체생산 인텔리, 오랜 인텔리들 모두 처리되었다.[23]

전산업의 국유화가 종료된 직후인 1958년 10월 작가, 예술인에 대해서도 사상교양 및 숙청운동을 전개하였다.

> 일부 작가, 예술인들에게서는 당의 지도와 정당한 비판을 시끄럽게 여기며 당의 지도를 잘 받아들이려 하지 않고 제멋대로 행동하는 무규율적인 현상들이 나타나고 있습니다. … 작가, 예술인들 속에서 자본주의 사상 잔재가 없어지지 않고 있는 원인은 작가, 예술인들 자신이 낡은 사상잔재를 뿌리뽑기 위하여 적극 노력하지 않은데 있습니다. 지난 시기 작가, 예술인들은 자신의 사상생활에 대하여 스스로 검토하여 보고 낡은 사상잔재를 부리뽑기 위한 투쟁을 잘하지 않았습니다. … 작가, 예술인들은 자본주의 사상잔재를 뿔리뽑기 위한 사상투쟁에 적극 참가하여야 합니다. 모든 작가, 예술인들은 거울에 자기 얼굴의 흠집을 비쳐보듯이 당정책을 자로 하여 자신의 사업과 생활을 허심하게 검토하고 비판하여야 하겠습니다.[24]

다음의 인용문은 북한의 공식 문예방침을 벗어난 작가에 대하여 부르조아 반동, 수정주의자, 사대주의자 등의 이름으로 반동으로 몰아 숙청했음을 시사하고 있다.

> 문학의 무계급성을 지껄이던 악명높은 '문화로선' 제창자들, 반동시집 「응향」을 들고 예술지상주의를 부식시키려던 시대착오적인 쓰레기들, 미제 침략에 발맞추어 부르조아 반동사상을 부식시키려 꾀하던 문학대렬내의 음흉한 반혁명분자들, 그리고 국제기회주의 사조에 편승하여 우리 문학에 사대주의, 수정주의를 퍼뜨리던 반당 종파분자들을 비롯한 온갖 낡고 반동적인 것들은 모두 당내 문예방침을 받들고 나선 우리 문학의 힘찬 전진앞에 여지없이 격파되고 말았다.[25]

시바다 미노루에 의하면 다수의 문화인이 '반동 부르조아 분자', '자유주의', '수정주의'로 몰려 숙청당하였다고 한다.[26] 또한 북한의 한 귀순자가 당시 북한의 작가 및 예술인이 처했던 억압과 숙청의 실상에 대

하여 수기의 형식으로 자세히 증언한 바 있다.[27]

이로써 모든 사회세력은 거세되었다. 지주, 농민, 상공인, 인텔리 집단이 해체되었다. 생산수단을 소유한 계급은 모두 소멸되었다. 생산수단이 모두 사회화 또는 국유화됨으로써 모든 개인은 국가의 고용인이 되었다. 국가가 북한에서 유일한 고용주가 되었다. 이들에게 자기 마음대로 처분할 수 있는 재산이란 아무것도 없었다. 모든 것이 국가의 관료적 통제하에 맡겨졌다. 개인은 국가의 동원의 대상일 뿐이다. 사회적 계급으로 조직화 할 수 있는 자유도 없어졌다. 북한에 유일한 계급은 지배계급이다. 지배계급만이 계급조직을 가지고 있고 계급이데올로기를 가지고 있으며 계급적 힘이 있다.

이로써 북한의 계급구조는 정치권력 집단인 간부가 지배계급 또는 특권계급으로, 청산된 계급들을 포함한 인민대중이 피지배계급으로 구성되게 되었다. 북한에서 간부를 제외한 그 밖의 계급은 사회적 세력으로서의 역량이 없다. 지배계급의 통치대상에 불과하다. 지주, 농민, 상공인 등 제반 사회계급이 해체되는 과정은 기득권층을 해체하고 숙청하는 과정이었다. 이 과정에서 많은 사람들이 반동분자 또는 파괴암해분자로 몰려 처벌을 받았다. 제반 사회계급이 해체되고 새로운 지배계급이 프롤레타리아 독재의 이름으로 헤게모니를 장악하게 되었다. 사회계급들의 물적 기초뿐만 아니라 사회적 관계마저도 해체됨에 따라 사획계급으로서의 존재가 해체된 셈이다.

4. 사회계급 해체이후의 계급정책

농업협동화 및 상공업의 국유화조치를 통하여 적대계급의 물적 토대를 제거한 것이 초기의 계급정책이었다면 그 이후의 계급정책의 내용은 과거 계급구조의 사상적 토대마저 제거함으로써 과거의 계급적 잔재가 재생하는 것을 방지하는 정책을 실시하였다. 이를 위하여 북한은 개인들을 계급출신별로 분류하여 낙인을 부여하고 각 계급별로 차별정책을 취하였다. 북한은 계급적 출신 성분이 북한 체제에 적대적이라고 간주되는 사람들, 즉 사회주의적 계급구조 재편에서 피해를 입은 사람들을 동요계층, 또는 적대계층이라는 낙인을 찍고 이들을 처벌, 격리, 감시하는 한편, 입당, 대학입학 등의 중요한 사회적 지위획득의 기회를 제한하였다. 낙인정책이 본격 실시된 것은 1957년부터이다. 1956년 8월 종파사건을 계기로 김일성이 연안파 및 소련파 등 반대파를 숙청함으로서 권력을 공고화한 것은 잘 알려져 있다. 김일성이 정치적 반대자와 경쟁자들을 무자비하게 숙청함으로서 1인독재체제를 굳히게 된 1957년에 이르러 북한주민 대중까지도 '믿을 수 있는자'와 '믿을 수 없는자'로 나눌 필요성을 느끼게 되었다. 이것은 이미 숙청된 남로당계나 소련파 및 연안파 등 반대파들의 남은 뿌리를 깨끗이 뽑아야 한다는 권력의 요구와 농업집단화와 개인상공업의 폐지 등 급진적인 사회주의개혁으로 말미암은 대중적 불평불만을 억압하고 사회 모든 부문에서 사회주의적 질서를 세워야 하는 현실성에서였다.

또한 대외적으로는 스탈린 사후 후르시쵸프의 주도에 의한 수정주의의 와중에서 폴란드, 헝가리 등 동구사회주의권에서 반사회주의의 격변이 휘몰아치고 있었다. 김일성으로서는 소련 및 동구의 자유화 바람이 북한에 유입하여 정권을 위협하는 것을 차단하기 위한 사회정책을 필요로 하였다.

이러한 대내외 위기적 상황속에서 북한은 주민 전체를 상대로 계급적 출신성분과 사상경향을 조사하여 혁명을 지지하는 자와 혁명을 반대하는 자, 즉 정권을 지지하는 자와 반대하는 자를 가려내서 적과 아를 분명히 하고자 하였다. 이같은 대주민 정책은 계급투쟁과 반혁명분자와

의 투쟁이라는 이름 밑에 진행되었다.[28]

북한은 1957년 5월 30일 당 상무위원회를 열고 「반혁명분자와의 투쟁을 전당적, 전인민적 운동으로 전개할 데 대하여」라는 결정서를 채택하였다. 북한은 처음에는 지역별로 운동을 실시했으나 '5.30결정'의 효율적 집행을 위하여 「중앙당집중지도」라는 방식을 채택하였다. 중앙당 집중지도는 1958년 12월을 기하여 조직화에 들어갔다. 김일성의 실제인 김영주 중앙당조직지도부장을 총책으로 하여 7,000여 명의 지도요원을 구성하였다.

집중지도의 조직은 평양으로부터 시작, 1960년 말까지 북한 전지역을 휩쓸었다. 북한은 집중지도에서 북한주민의 사회성분을 기준으로 믿을 수 있는 층과 믿을 수 없는 층으로 구분하고 이를 다시 유사시 김일성을 절대적으로 지지할 핵심세력과 유사시의 동요계층, 그리고 유사시 적대세력으로 전환 가능한 적대계급 등으로 세분화한 것이다. 북한은 이 사업을 통해 김일성 정권에 대한 저항세력과 농업협동화정책에 대한 반대자, 6.25동란 당시 반당행위자 등과 그의 가족 약 300여 만명을 대거 색출하여 적과 아를 명백히 구분하고 「내각결정 149호」라는 멍에를 씌워 추방시키고 주거제한을 실시하였다. 내각결정149호의 내용은 해안선과 휴전선으로부터 20km, 평양과 개성시로부터 50km, 각 시로부터 20km 밖의 지역으로 추방하며 그곳에 거주지를 제한하도록 되어있다. 이 거리로 계산하면 자강도, 양강도, 함경북도 등의 산간내륙지방밖에는 해당되는 곳이 없다. 149호 대상자들은 공민증에 149호라는 낙인을 찍고 각지방의 사회안전부에 등록하게되어 있고 대중적인 감시속에 살게된다. 149호 대상자는 집중지도에서 가장 많은 숫자를 차지하기 때문에 이를 일시에 집행하지 못하고 약 1년동안에 걸쳐 순차적으로 이주시켰다. 그 대상자의 수는 평양시에서 약 5,000세대, 개성지구에서 약 600세대, 황해남도에서 1,500세대, 강원도에서 1,000세대, 도합 8,000세대에 달하는 것으로 추계된다.

이 밖에도 중앙당집중지도를 통하여 처벌된 사람들을 유형별로 보면 강제노동수용소에 수용된 사람이 5,500명이, 구속된 사람이 1,500명, 처형된 사람이 1,000명에 달하였다.[29]

이처럼 북한은 출신성분과 가정주위환경, 과거경력에 따라 각이한 계급과 계층으로 분류하고 이를 개인의 운명을 결정하는 법적 기준으로 정하였다. 핵심계급인 지배엘리트를 제외한 주민들을 기본계급, 동요계급, 적대계급으로 나누고 차별적인 대우를 하고 있다. 기본계급은 노동자 및 농민 등 피착취계급 및 후손들, 6·25전쟁 참가자들, 제대군인들, 적대계급이나 반동단체, 종파 가담경력이 없는 일반적인 주민들과 해방 후 북한체제의 수립과 강화에 적극 협력한 인테리 출신 공로자들과 열성분자 출신들을 포함한다.

동요계층은 계급적 토대나 사회정치생활 경위, 주위환경에서 정치적으로 복잡한 문제가 있는 계급으로서 자신들의 사회적 처지나 지식으로부터 언제든지 북한체제에 대한 신념을 버리고 남한이나 자본주의에 대한 환상을 가질 수 있는 계급이라는 이유로 항상 경계와 교양, 혁명화의 대상으로 간주된다.

적대계급은 출신과 가정환경, 개인경력상 북한체제에서 용납될 수 없는 계급으로서 일제시기 일본군이나 경찰, 통치기관 등에서 적극적으로 복무한 친일파들과 지주, 부농, 매판자본가와 예속자본가 및 친일기업인들과 상인들 및 그 후손들, 6·25당시 미국이나 남한측에 적극 가담하고 협력한 '반동분자'들과 북한에 의한 처단가족 및 후손들, 인민군 입대기피자들, 월남자 가족들과 탈북자 및 귀순자 가족들, 권력층에서 제거된 반당, 반혁명종파분자들과그 가족들, 김정일의 이복형제들과 연관된 결가지 대상들, 해방전 종교인들 및 기타 정치범들과 그 가족들, 전과자 등이 이에 속한다. 이들은 북한체제수립후의 본인들의 입장과 태도에

따라 교양대상 혹은 포섭대상과 고립대상 혹은 청산대상(독재대상)으로 구분된다.[30]

5. 북한의 계급구조

1) 폐쇄적 지배계급

사회주의적 개조를 통하여 계급이 소멸하였다고 주장되는 북한에서 실제로는 새로운 지배계급이 존재한다. 국유화된 생산수단을 관리하는 국가자본주의의 자본가들인 셈이다. 이들은 실질적으로 지배계급의 역할을 하고 있으며, 이들의 지배계급을 정당화하는 이론도 개발되어 있다. 레닌의 전위당이론이 그것이다. 계급의식이 결여된 노동자들에게 사회주의적 혁명에 관한 계급의식을 불어넣기 위해서는 당의 전위적 역할이 필요하다고 보았다. 레닌은 노동자를 혁명적으로 의식화시키는 것은 사회적·경제적 조건이 아니라 당의 전위적 역할이라고 보았다.[31] 이들은 이론적으로나 실제에 있어서나 지배계급인 셈이다. 이들은 모든 경제적 정치적 사회적 계급을 독점한 독점계급이며 권력을 견제할 수 있는 사회세력이 없기 때문에 특권계급이다. 특권계급은 다른 계급의 견제를 막기 위하여 폐쇄화되는 경향이 있다.

북한의 지배계급도 폐쇄적이다. 북한의 지배계급이 폐쇄계급인 까닭은 피지배계급인 적대계급과 동요계급의 상승이동이 제도적으로 막혀 있기 때문이다. 북한의 지배계급은 특권계급으로서의 기득권을 상속하는 제도적 장치를 가지고 있다. 지배계급은 자손 대대로 핵심계급의 아들이라는 명분으로 핵심계급으로 재등용되는 것이다. 즉 계급의 재생산을 하는 것이다. 그러나 여타계급은 모두 동요계급, 적대계급으로 몰려서 적대적 취급을 당하고 있다.

북한의 계급질서는 개인의 노력이나 능력에 따라 사회계층의 사다리가 결정되는 것이 아니라 출신성분으로 결정되고 있다. 북한에서 이러한 사회선발 정책은 북한사회의 계급정책의 핵심이다. 북한의 경우는 제도적으로나 실질적으로나 출신성분을 가장 중요한 변수로 사용하고 있다. 사상과 성분이 당원 선발 및 대학입학 등 사회적 선발의 중요한 기준으로 알려져 있지만 실제로 인맥 또는 가족적 배경이 성분과 사상으로 위장되고 있음을 지적할 필요가 있다. 따라서 가족적 배경은 지배계급을 재생산하는 가장 중요한 장치로 작용하는 것이다.

가령, 북한 사회에서 자녀의 대학입학에 아버지의 배경이 매우 중요한 변수로 작용하고 있다. 간부의 아들은 출세를 보장받을 수 있는 것이다. 성분이나 사상보다는 간부의 아들이라는 인맥이 대학입학과 지위획득에 큰 영향을 미치고 있기 때문이다. 여기에서 북한에서의 가족적 배경은 사상과 성분을 뛰어넘는 변수로 작용하고 있다. 사상성분이라는 이름으로 가족적 배경이 합법적으로 특혜와 차별대우의 기준으로 사용되는 것이다.32)

북한 사회에는 계층간에 두터운 벽이 있다. 북한에서 간부들은 간부 자녀끼리 결혼시킨다. 타계급간에는 결혼을 하지 않는다. 간부들끼리 서로 연결되어 있어서 서로 도와주면서 폐쇄체제(closure system)를 구축한다. 이 체제를 이용하여 간부들은 자기자식을 간부에 올려 놓는다. 따라서 간부집에서 간부가 나온다는 것이 북한주민들의 일반적인 인식이다.33) 지배계급과 피지배계급의 생활수준, 사고방식도 큰 차이가 있다. 그들은 서로 다른 신분인 것이다. 서로 상종할 수 없는 다른 종족이나 마찬가지이다. 과거에는 노동자, 머슴 자제가 성분이 좋은 것으로 인식되었으나 이제는 간부 자제가 성분이 좋은 것으로 되었다. 간부의 자제는 무조건 성분 좋은 것으로 인식되고 있다. 아버지가 간부이면 자식도 간부, 아버지가 노동자이면 자식도 노동자이다. 양반 자식은 양반, 간부 자식은 간부, 쌍놈 자식은 쌍놈으로 재생산된다는 것이다.[34]

이러한 현실을 두고 북한주민들은 출세하기 위해서는 "토대가 좋아야 한다, 백두산 줄기를 타고 나야 한다, 똥이 좋아야 한다"는 등으로 조소적이고 비꼬는 말투로 현실을 비판하고 있다. 북한에서는 이처럼 계층질서의 세습화를 비판하는 일이 많다.

북한에서 간부는 곧 당원이다. 당원은 북한 국가의 시민이다. 비당원은 시민이 아닌 것이다. 간부로 등용될 수 없는 낙인찍힌 사람들인 것이다. 비당원들은 유배지에서 살고 있는 것이다. 당원으로 선발되지 못한 사람들을 출신성분에 문제가 있는 사람으로 낙인찍는 경향이 있기 때문에 당원과 비당원 사이는 수평적인 관계가 아니라 적자와 서자의 관계로 설정되는 것으로 볼 수 있다. 따라서 당원과 비당원간에 감정적인 갈등이 자주 발생한다고 한다. 당원들은 자기 당증을 믿고 비당원들을 차별대우하여 싸움이 자주 발생하며 싸움에서도 경과가 어떠하든간에 비당원들이 불리한 판정을 받는다고 한다.

당원에 억눌려서 비당원은 억울한 일을 당할 때가 많다고 한다. 비당원은 머리 숙이면서 살고 있다. 일상생활에서도 당원과 비당원은 확연히 구별된다. 모든 개인은 직장생활에서 당, 청년동맹(옛 사로청), 직맹의 세가지 조직 중의 어느 하나에 가담하게 되어 있다. 모든 사람은 31세까지 청년동맹에 가입한다. 입당한 사람은 당조직에 편입되지만 그렇지 못한 비당원들은 직맹조직으로 편입된다. 직맹조직에서는 직맹위원장만 당원이다. 생활총화는 이 조직별로 따로 이루어진다.[35]

북한에서 당원들이 장자리 하나 따서 올라가면 인민들을 사람취급하지 않을 만큼 권위주의적이라고 한다. 당원이라는 것 하나 믿고 당원안된 사람을 지배한다는 것이다. 이러한 현상은 당원에게는 많은 권한이 주어져 있고 견제할 수 있는 사회세력이 없기 때문에 당연한 일이다.

제도적으로 당원들을 우대하기 때문에 비당원들은 결과적으로 천시당한다.36)

북한에서는 배급체계에 있어서도 간부들에게는 특혜가 있다. 공급대상에 특호, 4호, 3호, 2호, 1호 대상으로 구분되어 있는데 직급이 높을수록 높은 호수의 배급을 받는다. 군급, 도급 이상에는 간부공급소(상점)가 따로 있어서 담배, 단과류, 육류, 기름 등 식료품 공급을 하는 간부공급소가 있다. 이러한 불평등한 분배에 대하여 사람들은 "초급당비서 뭘하는 것이 있다고 4호대상이냐"라고 빈정댄다. 지도원 정도이면 출근해서 얼굴 한번 비치면 그만인데 월말에 가면 월급이 1.5배로 높다는 현실에 대하여 비판이 많다고 한다. 노동자들은 간부에 대하여 "출신성분이나 좋아가지고 대학가고 지도원 되어 놀고 먹는다"고 불평한다고 한다.37)

이처럼 북한의 지배엘리트는 피지배계급위에 군림하는 특권층이다. 북한체제에서 다른 계층에 비하여 상대적으로 큰 특혜를 누리고 있으며 그 특혜가 세습된다는 측면에서 체제친화성이 매우 높은 집단이며 현체제가 유지되기를 선호하는 집단이다.

2) 원자화된 노동자계급

프로레타리아 독재 사회를 주창해온 북한사회에서 노동계급은 오히려 천시당하는 하층직에 불과할 정도로 불평등이 구조화되어 있다. 그러한 구조변화에 상응하여 주민들의 가치의식도 변하였다는 점이다. 북한 체제가 그동안 인간개조사업, 사상교양 등 여러 가지 방식으로 사회적 개조를 적극 추진하여 왔지만 주민들의 내면적인 가치세계는 그러한 당국의 정책방향과는 상이한 방향으로 변화하였다. 주민들의 가치의식이란 그 사회의 권력과 자원이 어떻게 배분되느냐에 따라 영향을 받기 때문이다. 사회주의 공식 세계와 북한 주민들이 일상생활에서 살아가는 과정에서 가지는 가치의식은 서로 다르다는 측면에서 북한사회의 직업위신의 구조는 이중구조를 형성하고 있다. 북한 주민들의 가치의식은 노동계급이 영도계급이며 계급이 없는 평등한 사회를 지향한다는 사회주의 본래의 이념과는 매우 거리가 멀다.

북한의 노동계급의 존재양식의 또 하나의 중요한 특징은 다른 계급과 마찬가지로 북한의 노동계급은 계급으로서 조직화되어 있는 것이 아니라 철저히 원자화되어 있다. 결국 계급으로서의 실체가 없는 셈이다.

북한 지도부는 모든 개인이 원자화되어야 국가의 통제가 용이하다고 보았다. 실제로 사회주의 정권은 대중이 다른 대상에 충성하는 것을 예방함으로써 권력을 유지하고자 하는 정책을 채택하고 있다. 친구집단은 개인에 대한 국가의 절대적인 지배를 방해하는 것으로 인식되었다. 더욱이 친구집단은 흔히 지하조직 형성이나 반정부 활동의 기초가 된다고 인식된다.38) 소련사회에서 국가에 대항하는 하나의 중요한 사적 기관이 바로 친구집단이었다. 소련은 동지관계(comradeship)는 장려했지만 친구관계(friendship)는 금지시켰다. 소련체제가 사람들 사이의 친밀한 친구관계를 의심의 눈초리로 바라보는 데는 충분한 이유가 있다. 사회주의에서 소외, 아노미, 고독의 원인의 하나는 사회주의 사회관계의 이러한 특징에서 나온다.39)

북한 사회에서도 인간관계가 원자화(social atomization)되어 있다. 당의 목적에 부합되지 않는 인간관계를 억제하는 것이다. 당이 아닌 다른 것에 대한 신뢰는 당의 목적에 잠재적인 반동요소로 작용한다고 여기고 있다. 개인끼리의 관계는 당적 관계를 통해서만 이루어지게 하는 것이다. 개인은 독자적인 집단으로 서로 관계를 맺을 수 없다.

인간관계의 원자화를 조장하는 제도의 하나가 상호 고발제도이다. 고발하지 않으면 고발하지 않은 사람이 같은 처벌을 받게 된다. 이러한 정책은 친구에게 마음을 못주게 한다. 누가 보위부 끄나풀(정보원)인지 모르기 때문에 자기 속마음을 말하지 않는다고 한다. 정보원이 보위부에 허위보고하여 무고한 사람을 곤경에 처하게 하는 일도 허다하다고 한다. 그래서 북한주민들은 한걸음을 걸어도 조심한다고 한다. 서로를 못믿고 불신한다고 한다.[40)]

매주 실시하는 생활총화도 인간관계의 원자화를 조장한다. 이제 일상화되어 있기 때문에 크게 자극하지 않는 이상 서로 이해하기도 한다. 자기비판이 끝난 다음에는 다른 사람 1명을 비판해야 하기 때문에 적당히 자극을 주지 않는 방법으로 표현하기도 한다.[41)] 그러나 그 제도 자체는 인간관계를 제도적으로 원자화시키는 결과를 가져오는 것은 사실이다.

귀순자들은 북한에는 진실한 친구가 없다는 말을 자주 한다. 믿고서 함부로 말하다간 큰일 난 사례가 많기 때문이다. 아무리 친한 척 해도 옆의 동료를 밀고할 준비가 되어 있다고 한다. 심지어 부부간에도 이혼하게 되면 정치적 발언을 고발하여 복수하는 사례가 있다고 한다.[42)]

3) 농노로 전락된 농민계급

북한 농민들의 계급적 실태를 이해하기 위하여 역사적 현상으로서의 중세봉건시대의 농노의 개념과 비교해 보는 것이 도움이 될 것이다. 농노의 기원은 로마 제정 말기의 부자유 소작인(콜로누스)의 자손이거나 몰락한 게르만의 자유민으로, 오랜 혼란기에 유력자에게 토지를 바쳐 그 보호 하에 들어간 사람들이었다. 고대 노예와 근대 자유농민의 중간 정도에 위치하여, 영주에 대해 일정한 의무를 지니고 있다는 점 이외에는 자신의 재산을 가질 수 있고, 자기 자신의 독립적인 경영을 할 수 있었다.

중세 봉건 영주의 관할 하에 있던 농노들은 봉건 영주가 소유한 영지를 절대로 떠날 수 없었으며 평생 이동의 자유 없이 그곳에서 뼈를 묻는 경우가 대부분이었다. 결혼도 영주가 짝지워 준 대상과 이루어 질 수 있었다. 농노는 영지 안에서는 그 나름대로 독자적 생활 자유가 보장되어 있었지만 그들은 엄연히 영주의 재산이었다.

근대 자유 농민이 지주에 대한 지대만을 지불하면 되고 신분적으로 지주와 평등한 자유민인데 대하여, 농노는 우선 토지에 매여 있어 거주이전의 자유가 제약되어 있었으며, 지대 이외에 각종 부담(인두세, 사망세, 혼인세)을 지고 있었다. 영주의 재판권의 지배 하에 있었다.

농노에게는 가족의 생계유지를 위한 토지가 대여되어 자립적 농업경영이 허용되었으나, 그에 대한 보증으로서 농노주에 대한 인신상의 예속관계가 수반되어, 노역을 비롯한 현물 및 화폐의 공조貢租를 제공해야만 하였다. 특히, 농노주의 직영지 경영에 노역을 바쳐야 하는 등 농노주에 대하여 강한 인신예속의 상태이었다. 농노는 인신이 하나의 물건으로서 예속된 노예와 비교하면 보다 자립적·자유적 존재이지만, 일체의 전근대적 속박에서 해방된 독립 자영농민과 비교하면 자립성이 보다 낮으면서 부자유한 존재였다.

생산수단이 직접 생산자와 결합하는 농노제는 인신적인 '경제외적 강제를 통하여 지배적 관계가 성립한다. 이러한 점에서 농노는 봉건적 농민과 같은 뜻이 된다. 고대의 노예는 생산수단을 소유하지 않은 단순한 물건·도구로서 주인의 소유대상이 되었고, 근대의 임금노동자가 생산수단 없이 자기의 노동력을 상품으로 파는 것과도 본질적인 차이가 있다. 그것은 봉건사회의 농노가 토지·농구·역축役畜 등의 생산수단을 가졌기 때문이다.

등소평 이전의 중국의 농민도 농노로 일컬어지고 있다.[43] 죠우(Zhou)에 의하면 중국의 농민은 호구제도, 양표제도 등에 의하여 거주이전이 자유가 없고 직업선택의 자유도 없이 농장에 얽매여 있는 농노라고 한다. 거주이전의 자유를 억압하는 정도는 중세의 농노의 경우보다 더 심하였다고 한다. 가령, 결혼한 여성이 친정을 방문하는 것 조차도 금지되어 있으며 농민들이 농민시장에 장보러 가는 것조차도 금지되었다고 한다.

북한주민의 경우도 중세봉건제의 농노과 유사한 측면이 많으며 한편으로 신분이 더 예속적이라고 볼 수 있다. 농노는 자신의 재산을 소유할 수 있고 자신의 독립적인 경영을 할 수 있지만 북한 농민은 그렇지 못하다.

경제난이 심화되고 식량사정이 악화됨에 따라서 농민들이 착취의 주 대상으로 되어 있다. 실제로 다른 산업부문은 착취할 것도 없기 때문이다. 이전에는 생산물에 대한 분배가 협동농장 농민, 즉 생산자 위주로 분배가 이루어졌으나 지금은 군량미 위주로 분배가 이루어진다. 또한 식량이 부족하기 때문에 외부에서 지원식량이 들어오면 일상적인 규칙에 따라서 분배가 이루어지는 것이 아니라 매번 상부에서 분배에 관한 지령이 내려온다고 한다. 농민 몫의 분배량은 매우 작아졌기 때문에 농민들의 생산의욕이 떨어지고, 분배에 대한 기대감도 없어졌다.44)

농민들에 대한 착취에서 새로운 항목으로 추가된 것이 인민군대에 대한 돼지고기 지원이다. 농가 호당 1년에 100kg 짜리 돼지 1마리를 군대에 지원하는 제도이다. 80년대 말경부터 이 제도가 생겼다고 한다. 이 과제를 제대로 이행하지 못하면 식량 분배몫에서 해당액의 식량을 제외한다고 한다. 돼지 1마리에 1만원 정도의 가격인데, 식량 500kg 정도에 해당하며 이것은 1사람 1년 식량분(겉곡 340kg)보다 많다. 이것 때문에 농민들은 엄청나게 스트레스를 받는다고 한다. 현재 농민들을 가장 크게 구속한 것 중의 하나가 되었다.

협동농장 분배결산서는 국가의무 수매곡(군량미), 농민식량, 1:1 사료(돼지 1마리에 대한 사료), 종자로 구성되어 있는데 이중에서 군량미가 최우선적으로 공제되고 나머지가 농민에게 돌아가는 몫인데, 돼지고기를 납품하지 못할 경우 1:1사료를 공제해간다는 것이다.

결국, 농민들이 입쌀은 구경도 못하는 경우가 많다. 강냉이 꾸어먹고 입쌀로 상환하기도 한다고 한다. 최근에는 돼지 대신에 닭, 염소, 토끼 등으로 대체하기도 하지만 안내고 넘어갈 수는 없다. 행정단위는 물론 당적으로 총화를 하기 때문이다. 당간부들은 과제 달성여부에 따라서 자리가 걸렸다.

농민들에 대한 착취가 심화됨에 따라 농민들은 분노해있다. 농민들의 생활이 노동자나 사무원보다 어렵다고 한다. 노동자들은 장사라도 할 수 있지만 농민들은 장사를 할 시간이 없다고 한다. 노동자들은 공장이 문을 닫기 때문에 직장을 안나가도 되지만 농민들은 토지가 살아있기 때문에 농장으로 내몰려야 한다고 한다. 일부 농민 중 머리가 깬 사람은 뙈기밭을 개간하여 생활이 나은 편이지만 국가에 매달려 사는 사람들은 살기가 어렵다고 한다.[45]

농민 중에는 이제는 김정일이 정치를 잘못한다고 말하는 사람들이 많다고 한다. 김정일이 현지지도 한번 하면 며칠동안 TV에 반복해서 나오는데 이에 대한 반응이 매우 부정적이다. "저것이 며칠이나 계속 나오나, 쌀이나 주지"라고 말하곤 한다. 김일성 정치할 때는 안 그랬는 데 김정일 정치한 이후 형편없다고 말하곤 한다고 한다. 가족이 해체되고 빈집이 많은 등 현실이 이렇게 악화되니까 이제는 불평을 말로 표현한다고 한다. 간부와 군대 군관들도 그렇게 말한다고 한다.[46]

4) 가치관 변화를 주도하는 적대계급

북한에서 1957년부터 시행한 성분차별정책은 체제에서 배제된 불만 세력을 양산하게 되었고 그들 불만세력이 밑으로부터의 체제변화를 주도하고 있다. 체제 내부에 잉태한 변화의 씨앗으로 작용하고 있는 셈이다. 위에서 살펴본 대로 1971년 당시 중앙당집중지도 및 주민등록사업의 결과 51계층 구분에 따른 북한주민의 계층구성은 핵심계층이 약 87

만 가구에 391만 5천 명, 동요계층이 약 70만 가구에 315만 명, 적대계층은 약 173만 가구에 793만 5천 명으로 집계되어 있다.[47] 동요계층과 복잡계층을 합친 숫자는 당시 북한인구의 절반을 넘었으며 적대계층만 전체인구의 3분의 1에 해당하는 숫자이다.

북한에서 동요계층과 적대계층으로 낙인이 찍히면 북한에서 시민권이라고 할 수 있는 당원이 되기가 어려울 뿐만 아니라 대학입학, 간부직 등용 등 주요 경력의 관문마다 배제당하는 불이익을 당하게 된다. 개인에게만 한정되는 것이 아니라 가족과 후손에게까지 영향을 미친다. 정치적 성향에 상관없이 계급적 출신의 배경에 근거하여 일단 낙인이 찍히면 개인은 체제에서 출세를 할 수 있는 희망을 상실하게 된다. 뿐만 아니라 당국으로부터 공식적으로 낙인이 찍힌 사람은 주변의 이웃이나 직장의 동료로부터 낙인자로 경원시 당함으로써 사회적으로도 낙인이 찍히는 것이다. 북한에서 핵심계층, 동요계층, 복잡계층 등의 성분 분류에 의한 차별 정책은 살제로 사회적 차별정책으로 기능하였다. 핵심계층을 제외한 계층은 당원이 되기가 어렵다. 북한에서 비당원은 시민권이 없는 사람이나 마찬가지이다. 대학 진학에서 학교와 전공에서 차별이 두어지며, 간부로 등용되기 어렵다.

본인의 정치적 성향과 상관없이 자신은 반동분자라는 사회적 낙인이 유지되고 체제로부터 이탈된 사람이라는 정체감을 갖게 되며 결과적으로 당국의 통제정책에 대하여 적대감을 갖게 되는 것이다. 따라서 당국으로부터 낙인찍힌 사람들은 낙인이 찍혔기 때문에 체제에서 인정받기 위하여 사상을 개조하기보다는 어쩔 수 없이 체제에 적대감을 갖지 않을 수 없는 상황으로 내몰리게 되는 것이다. 낙인이론이 시사하는 대로 한번 정치적으로 낙인찍힌 사람은 진정한 의미에서 적대세력으로 되고 마는 것이다. 북한의 성분류정책은 북한사회를 핵심계층, 동요계층, 적대계층으로 분열시키고 적대세력을 양산하는 결과를 가져왔다고 해도 과언이 아니다. 남한으로 귀순한 대부분의 사람들은 이러한 복잡계층 (동요계층과 적대계층) 출신이다.

북한체제에서 공식부문에서 출세할 수 있는 기회가 제한되어 있는 조건속에서 일단 공식부문에 위기가 왔고 공식부문에 있는 사람들조차 도 별 혜택이 없어지는 상황이 도래하지 복잡계층의 사람들은 비당원들 은 즉각 태도를 바꾸어 비공식부문으로 발길을 돌린 셈이다. 당국의 통 제의 대상이 된 비사회주의 행위인 암시장에 먼저 뛰어들어 새로운 물 질적 가치를 추구한 사람들은 대부분이 복잡계층들이다. 중국에서 도농 간의 차별정책 때문에 농민들이 가족농에서 개혁적 돌파구를 찾아서 돈 벌이에 나섰던 것과 유사하다.

북한에서 당원 등 핵심계층들이 체제위기 상황에서도 체제내에 통합 하고 있을 때 복잡계층들은 즉각 새로운 기회를 찾아나섰던 것이다. 시 장으로 몰려나가서 비사회주의라고 금지된 장사를 하기 시작하였으며, 장사가 요원의 불길처럼 번져서 전국으로 확대되자 2002년의 7·1조치 에서 장사를 양성화하고 종합시장을 설치하기에 이르렀다.

변화의 씨앗을 체제내부에 잉태하고 있었던 셈이다. 이들 집단이 가치 관의 변화를 주도하였다. 이들중에는 대체로 기본군중의 일부와 복잡한 군중으로 분류되어 신원문건에 낙인찍힌 사람들이 많다고 한다. 이들은 정치적으로 인정받아 출세하기 보다는 장사를 하여 돈을 버는 것을 선택 한 사람들이다. 즉, 정치적인 이념보다는 경제적으로 남 못지않게 사는 것을 더 중시하는 방향으로 쉽게 가치관을 전변시킨 사람들이다.

이들은 지역의 안전원, 보위부원 등 단속요원과 결탁하여 공생관계를 유지하고 있다고 한다. 단속요원들에게 상습적으로 뇌물을 주어 매수하 기도 하며 그들에게 장사용으로 쓰는 오토바이나 돈을 빌려주기도 하고 선물을 주기도 하여 친분관계가 형성하고 있다고 한다. 비사회주의그루 빠 등 새로운 단속반이 등장하면 처음에는 그 조직의 성격을 파악하지 못해 수그러들다가 일단 그 조직의 성격과 사람을 파악하자마자 이들을 매수하여 다시 또 암시장 장사를 계속한다고 한다.

6. 북한사회의 계급갈등

북한체제의 지배계급은 권력, 부, 명예를 독점하는 집단이다. 독점의 정도가 극심하기 때문에 다른 집단으로부터의 반발이 있는 것은 당연하다. 피지배계급의 반발을 통제하고 예방하는 것이 북한체제의 가장 중요한 정치적 과제 중의 하나이다.[48] 북한은 피지배계급의 반발을 억제하기 위하여 출신성분별로 차별 대우를 하는 계급정책을 채택하고 있다. 차별대우의 책임을 개인의 출신성분에로 전가하는 것이다. 계급간의 구조적 갈등을 인정하여 계급타협을 추구하는 자본주의의 경우와는 대조적이다.

지난 수십년동안 지속되어온 북한의 계급간 차별정책은 결국 북한주민들 사이에 메울 수 없는 깊은 괴리와 상처를 남겼으며 피지배자들의 체제에 대한 원한과 불만을 야기시켰다. 실제로 북한에서는 본인의 능력이나 노력보다 '조상을 잘 둔 덕'에 핵심계층으로 분류되어 출세하거나, 만경대줄기 (김일성의 가계), 백두산줄기 (항일빨치산줄기), 룡남산줄기 (김정일이 졸업한 김일선종합대학의 소재지로서 김정일의 대학동창을 의미) 등의 배경의 덕택으로 벼슬을 하는 사람들을 비롯하여 출신성분 때문에 화와 복이 갈라지는 것이 하나의 사회적 현상으로 되고 있다.[49]

70년대 후계구도 준비할 때만 해도 김일성이 말하기를 "우리 세상은 노동계급이 세상입니다"라고 말할 때는 북한주민들은 이 말을 수긍했으나 80년대 들어서 북한 주민들은 "우리 세상은 간부들의 세상"이라고

말한다고 한다.[50]

최근 경제난의 상황에서 희소가치를 둘러싸고 간부와 주민간의 생존경쟁이 더 심화된 결과 두 계급간의 적대의식은 더 심화되고 있다고 볼 수 있다. 경제난이 심화되자 권력이 많은 지배 계급은 정당한 방법과 부정한 방법을 모두 동원하여 희소가치를 독점함에 따라 권력이 없는 사람들은 상대적으로 박탈당하고 있다. 북한 주민의 10% 정도는 권력으로 사는 계층, 40%는 장사·밀수해서 그럭저럭 먹고사는 계층, 나머지 절반은 매우 어렵게 사는 계층이다. 북한 주민들은 80년대 초반까지는 간부와 비간부가 같이 살았다고 생각했으나 경제난이 심화됨에 따라 간부와 인민 대중간의 불평등이 심하다고 생각한다. 많은 주민들이 "최근 3년이 해방 전보다 살기 힘들다, 원한에 사무친다"라는 등 절대적 빈곤에서 나오는 불평 불만이 고조되고 있다고 한다. 북한 주민들은 계층에 따라, 개인에 따라 차이는 있지만 간부에 대한 불만과 저항의식이 일반화되고 있다고 본다. 북한 주민의 불만은 주로 김정일 이하의 하위 간부들에게 지향해 있다는 점에 특징이 있다.

주민들은 간부들에 대해서 내놓고 욕은 못하지만 마음이 통하는 사람들끼리 모이면 심하게 욕을 한다. 간부들에 대해서 거의 다 도둑놈으로 평가하고 있으며 아첨으로 자리만 지키는 사람들로 평가한다고 한다.

백성들은 간부들을 죽일 놈이라고 말한다. 백성들은 조금만 장사해도 뺏고 단속하지만 간부들은 더 크게 장사해도 단속을 당하지 않는다고 인식한다. 간부들은 기존의 제도와 조직을 활용하여 장사를 하는데, 사무실의 전화로 리의 창고장, 작업반장들에게 쌀 몇 가마를 보낼테니 차로 실어달라는 식의 부탁을 하면 밑의 사람들이 지시대로 들어준다고 한다. 장사를 해도 공식기관을 활용하여 장사를 몰래하되 신사적으로 장사한다. 국가의 제도에 기생하여 개인의 이익을 취하는 방식이다.

북한주민들은 간부들을 '지주같은 새끼', '서림' (임꺽정에 나오는 간신배) 등으로 칭하기도 하며 "우리나라는 중간다리가 문제야" 라고 비판하면서 앉으면 간부 욕하는 것이 일이라고 한다. 정면에서는 반항하지 못한다고 한다. 당일군과 싸우면 당의 권위를 훼손한다고 비판받기 때문이다.51)

간부들의 허위보고 때문에 못산다고 간부들을 비판하는 경우가 많다. 간부들이 개인 출세하기 위하여 잘못된 것을 잘되었다고 허위보고하기 때문에 나라가 발전하지 못하고 있다고 본다.

간부들은 "모든 인민이 반동으로 느껴진다"며 거주지역에 쇠창살과 자물쇠를 설치하는 등 일반 주민들의 불만 고조에 따른 신변위협에 대비하고 있다고 한다. 북한 간부들은 주민들에게 맞아죽을 지도 모른다는 생각을 하고 있으며 주민 자체를 무서워하는 사람이 많다고 한다. 당간부, 보안기구들의 가족 등 핵심계층 엘리트들은 북한에 변고가 생기면 가장 먼저 남쪽으로 도주할 사람들이라는 설도 있다.

북한에서 조직적인 저항은 일어나기 힘들지만 개인적 차원의 복수는 이미 곳곳에서 자주 일어난다. 안전일꾼, 보위일꾼, 당일꾼들에 대하여 테러를 가하는 사건이 빈발하고 있다.52) 간부들은 밤시간 되면 밖에 다니는 일이 없다고 한다. 함경도 지역 일부에서 사보타지도 있었다고 한다. 주민들의 간부에 대한 적대행위의 예로서 다음의 몇 가지를 들 수 있다. 외교부 관료들이 간부들에 대한 인민들의 분노 때문에 출근시 적위대복을 입고 출근했다가 사무실에서 옷을 갈아입는다고 한다.

탄광의 경우 중앙당에서 간부들이 선전교양 나오면 돌아가라고 노골적으로 말한다고 한다. "쌀을 가져와서 내 목에 묻은 석탄가루나 씻어내라"고 한다는 것이다. 중앙당 일꾼들이 해당 지방에 가서 선전사업을 할 경우 인민들의 반감이 심한 정도가 마치 일제시기 적후에 들어가는 것과 같다고 말한다고 한다. 그래서 당 선전사업은 비공개적으로 요소요소에 들어가서 행하는 방식으로 전환하였으며, 핵심 일꾼만 모아 놓

고 강연하는데 그친다고 한다.[53)]

농촌에서는 농민들의 반감 때문에 농촌위원회 부위원장들이 농촌 현지에 나가기가 무섭다고 한다. 인민들의 반감이 엄청나게 고조되어 있다는 것을 의미한다.

북한 주민들이 이동하면서 장사를 많이 하기 때문에 철도안전원의 단속을 많이 받게 되는데 최근 북한 주민들은 철도안전원, 시장을 기동 순찰하는 안전원을 제일 미워한다고 한다. 군인들도 주민들의 기피대상이다. 군대가 지나간 자리는 남는 것이 없다고 할 만큼 닥치는 대로 훔쳐 간다고 한다. 이러한 군인을 토비라고 부른다고 한다.[54)]

상급기관에서 내려오는 지시는 밑에서 잘 집행되지 않는다. 책임진 사람만 추궁을 받게 되므로 먹을 것이 있는 자리가 아니면 간부도 잘 하려하지 않는다.

주민들의 간부들에 대한 적대감 때문에 간부들이 처신하기가 매우 어렵다. 김정일은 자기 정책은 옳은데 하위 간부가 제대로 따라주지 못한다고 간부들을 자주 숙청한다고 한다. 결국 위에서 억누르고 밑에서 저항하기 때문에 간부를 해먹을 수가 없다는 것이다.[55)]

북한의 권력 엘리트층은 백성들의 이러한 불만과 잠재적 폭발성을 충분히 인식하고 있다. 북한 지도부가 폐쇄주의적 정책을 지속하고 있는 이유가 바로 여기에 있다. 북한이 전쟁을 일으키면 총부리를 거꾸로 돌려댈 사람들이 있다는 사실을 인식하고 있다. 이 가능성은 일부의 복잡 군중에 한정되어 있는 것으로 표현하고 있지만 사실은 많은 인민 대중에게 동시에 기대된다. 북한의 권력 엘리트층은 자신들의 배타적 특권 행사와 백성들에 대한 억압정책이 야기시킨 사회갈등을 충분히 인식하고 있는 것으로 보인다. 인민 대중들의 반발을 항상 경계하고 있다.

그러나 이제는 저들이 모든 것을 잘못했다는 인식에는 변화가 일고 있다. 90년대 충격적 사건이 연속적으로 일어났고, 비난의 화살이 중간층 간부에서 상층부로 올라가고 있다. 북한사람들은 김정일을 욕하고 싶지만 시어머니 역정에 개옆구리 찬다고, 김정일 욕하면 문제가 생기므로 중간간부들을 욕한다고 한다. 한번이라도 김정일을 의심하면 자기 신변에 위험이 생기므로 말을 못한다. 그런데 국경지대에서는 김정일을 내놓고 욕하고 있다고 한다.56)

7. 결 론

지금까지의 분석에서 발견된 사실을 두 가지로 요약할 수 있다. 첫째는, 북한사회의 계급구조와 계급정책에는 계급갈등을 촉발시킬 수 있는 구조적 잠재성이 크다는 점이며, 둘째는, 그러한 잠재적 갈등구조가 사회주의권 붕괴, 경제난 심화와 같은 위기적 상황에서 부분적이나마 표면으로 가시화되고 있다는 점이다.

북한 사회에 계급갈등의 동인이 구조적으로 잠재해 있는 까닭은 산업의 사회주의적 개조과정에서와 그 이후의 계급정책에서 피해를 당한 사람이 많기 때문이다. 북한의 사회주의건설의 역사는 숙청의 역사라고 해도 과언이 아니다. 1946년 토지개혁시에 지주들은 토지는 물론 살던 집까지 몰수당하고 타 군으로 이주하게 하였기 때문에 억울함을 참지못해 100만에 가까운 사람들이 월남하였다. 1958년에 완료된 농업협동화, 상공업 국유화 과정에서 성장한 부농들, 거상들이 모두 몰락하였고, 산업의 사회주의적 개조에 대하여 불만의 소지가 있는 지식인들도 숙청되었다.

모든 사회계급이 거세된 상황에서 유일한 사회세력은 정치권력 집단이다. 그들이 다른 사회주의체제에서 보편적으로 존재하는 신계급 또는 노멘클라투라와 동일하다. 사회주의가 약속한 최대의 환상은 사적 소유제가 철폐되면 계급없는 사회가 실현된다는 것이다. 그러나 북한 사회에서는 새로운 특권계급인 간부가 구시대의 지배계급 이상의 착취계급으로서 군림하고 있다.

북한에서는 아직도 과거의 '청산된 계급'들의 반항을 진압하기 위하여 계급투쟁이 전개되고 있다. 이 기나긴 사회주의화 숙청의 과정에서 칼자루 쥔 사람과 그렇지 못한 사람들은 간부와 비간부로 나뉘어졌다. 칼자루를 쥐지 못한 사람들은 동요계층이나 적대계층으로 분류되어 차별을 당하고 있다. 북한에서 엄하게 운용되고 있는 감시와 처벌 제도의 존재이유가 무엇인가? 엄하게 감시하고 통제하지 않으면 저항할 잠재력이 크기 때문이다.

2000년대 들어서 북한사회에서 계급갈등이 심화된 요인을 세가지로 요약할 수 있다. 가장 근원적인 요인은 경제난 때문이다. 북한당국에서 선전하는 내용과 인민대중의 실제 생활간에 엄청난 괴리가 있다. 이러한 모순때문에 북한체제 자체의 정당성이 실추되고 있다. 둘째, 경제난이 심화되면서 권력을 장악한 간부들이 휘귀한 생필품을 독점하기 때문에 불평등이 더욱 심화되고 있기 때문이다. 셋째, 경제난 심화가 야기시킨 사회혼란 때문에 더욱 엄혹한 사회통제가 이루어지고 있어 당국으로부터 피해를 당한 사람들의 수가 증가하고 있기 때문이다.

수령·당·대중은 하나의 사회정치적 생명체라고 선전되고 있는 북한에서 간부와 인민대중간의 갈등이 심화되고 있다. 당간부, 안전부, 보위부원에 대한 백성들의 원성이 높다. 북한귀순자들 대부분이 공통적으로 하는 증언의 하나는 전쟁이 나면 안전원, 보위부원, 당간부부터 쏴죽이겠다는 것이다. 특히 안전원에 대한 원한이 크다고 한다. 매우 엄하게 다스리는 사회에서 안전원에게 걸리지 않을 사람이 없기 때문이다.

북한주민들은 이러한 적대감을 직간접적으로 정치적인 행동으로 표출하고 있다. 주로 삐라나 낙서의 형태로 표출하고 있다. 또한 공공재산을 절취하는 행위가 급속히 증가하고 있다. 이런 행위의 증가는 공공질서에 있어서의 도덕적 타락을 의미하는 것이며 전반적 결핍에 대한 항의의 표현이기도 하다.

북한에서 간부와 인민대중 간의 갈등은 조선시대의 양반과 상놈의 갈등구도와 유사한 측면이 있다. 북한 주민들은 간부를 양반, 자신들을 상놈 또는 천민으로 부르고 있다. 조선시대의 양반과 상놈이 신분제하에서 태생으로 결정되었듯이 북한에서도 간부와 비간부는 거의 태생으로 결정된다. 북한사회도 조선시대와 같은 신분제 사회를 닮고 있다. 계급적 출신성분이 입당 및 대학입학 등 사회적 선발의 기준으로 알려져 있지만 실제로는 인맥 또는 가족적 배경이 출신성분과 사상으로 위장되고 있다. 따라서 가족적 배경은 지배계급을 재생산하는 가장 중요한 장치이다. 간부의 자식은 간부로, 노동자의 자식은 노동자로, 양반 자식은 양반으로, 쌍놈 자식은 쌍놈으로 재생산되는 것이다. 권력의 정당성 문제는 계급질서의 정당성에 의하여 결정된다고 해도 과언이 아닌데 북한사회에서 계급간의 구분이 전통사회의 신분제에 가까운 특징을 가지고 있다는 것이 북한 계급갈등의 중요한 요인이다.

북한사회에서 사회적 갈등의 핵심적인 축은 간부와 일반대중 간의 계급적 갈등이라는 것이 이 글의 주장의 하나이다. 북한사회에서 일반주민들의 불만이 주로 간부층 특히 중간간부에 대한 적대감의 차원으로 표출되고 있다. 북한주민들은 북한문제의 본질이 간부들의 행위 자체보다는 그것을 결정하는 사회주의 경제체제에 있다는 사실은 잘 인식하지 못하고 있는 것으로 보인다. 또한 그러한 문제의 일차적인 책임은 최고지도부에 있다는 인식도 잘 하지 못하고 있는 것으로 보인다. 일부의 지식인층을 제외한 일반주민들은 오히려 사회주의 제도는 좋고 사회주의 사상은 좋은 데 중간간부들의 이기주의, 부정부패가 문제라고 인식하고 있다. 최고지도자는 옳게 지도하는데 중간간부들이 그 지침을 잘 집행하지 못하기 때문이라고 인식하고 있다. 문제의 본질을 잘 모르고 있는 것이다.

그럼에도 불구하고 중시해야 될 것은 북한 주민들이 현재의 상황에서 많은 불만을 느끼고 있으며 그것을 중간 간부의 탓으로 인식하고 그들에 대하여 적대감을 표출하고 있다는 사실이다. 이러한 사실은 북한체제에서 간부와 인민대중간의 이반이라는 정치적 문제로 비화되고 있는 것이다. 북한사회의 통합에 대단히 파괴적인 역할을 하고 있는 것이다.

북한 사회에서 계급갈등이 더욱 심화될 것으로 전망된다. 그 까닭은 북한의 체제이념에 계급타협이란 존재하지 않기 때문이다. 청산된 계급의 반발을 분쇄하는 계급투쟁이 주류를 이루고 있다. 계급갈등 자체가 해소될 수 있는 계급타협의 정치는 의제에서 배제된다. 북한의 계급정책은 도덕적인 지도력과, 기꺼이 복종하고자 하는 마음인 '동의'에 기반을 두기 보다는, 힘의 '지배'에 기반을 두고 있다. 동의 없은 지배, 정당성 없는 억압이 우세하다. 자본주의체제의 계급정책이 계급갈등을 체제 내로 제도화한 계급타협이라는 말로 표현할 수 있다면 북한의 계급정책은 계급투쟁이라는 말로 요약될 수 있을 것이다. 북한의 계급정책은 노동계급인 아닌 다른 계급에 대한 소멸정책이다. 노동계급 이외의 계급과 계급적 속성을 청산하는 투쟁이 바로 북한의 계급정책이다. 계급출신 성분별 차별정책이 북한의 사회통합을 저해하고 적대세력을 양산하는 핵심적인 메카니즘이다. 그러나 북한은 현시점에서 기존의 계급정책을 폐기할 수도 없고 더욱 강화할 수도 없는 딜레마에 봉착해 있다.

둘째, 북한사회에서 계급갈등이 심화될 가능성이 높은 까닭은 경제난이 해소될 가능성이 낮기 때문이다. 계급적 문제가 분배의 문제라고 볼 때 분배할 재화의 절대적 크기 자체가 적어질 때에는 분배량이 작아질 수밖에 없다. 경제난이 심화되자 희소가치를 둘러싼 생존투쟁이 심화되고 결과적으로 간부층과 인민대중간의 불평등의 골이 더욱 깊어지고 있다. 간부들은 권력을 이용하여 배급품을 독점하기 때문이다. 절대적 빈곤의 상황에서 계급갈등은 더욱 첨예하게 대립될 수밖에 없다.

셋째, 북한 사회에 계급갈등을 심화시키는 또 하나의 요인은 북한주민들의 의식이 전반적으로 사적 자율화가 증가하는 방향으로 변화하고 있다는 점이다. 경제적 측면에서 암시장의 비중이 증가하고 있으며, 그에 따라 정치적 측면에서 국가 및 지도부에 대한 불신이 심화되고 있다. 의식변화가 심화된다는 것은 곧 계급갈등이 심화된다는 것을 의미한다.

현재 북한 사회에서 계급갈등은 주로 인민대중의 중간간부에 대한 적대감이라는 형태로 표출되고 있으며 김정일에 대한 비판은 억제되고 있다. 그러나 간부들에 대한 비판은 곧 최고지도부에 대한 간접적인 비판이라는 것을 강조할 필요가 있다.

또한 북한의 경제상황이 더 악화되고 계급적 적대감이 표출될 수 있는 정치적 공간이 생길 경우 그 적대감은 보다 폭력적으로 분출하게 될 것이다. 그러한 경우 계급갈등은 북한체제를 변화시키는데 중요한 동력으로 작용할 것이다.

※ 이 논문은 필자의 『북한사회의 계급갈등 연구』(통일연구원, 1996)의 일부를 수정 보완한 것임.

주註

1) Adam Przeworski, *Capitalism and Social Democracy* (Cambridge: Cambridge University Press, 1985), p. 134.

2) Milovan Djilas, *The New Class: An Analysis of the Communist System* (New York: Praeger Publisher, 1957); Michael Voslensky, *Nomenklatura: The Soviet Ruling Class* (Garden City, New York: Doubleday & Company, 1984, Original German edition in 1980), 홍순호 역, 『노멘클라투라: 소련의 보이지 않는 권력』(서울: 평민사, 1982).

3) Djilas, *The New Class*, p. 37.

4) Frank Parkin, *Class Inequality & Political Order: Social Stratification in Capitalist and Communist Societies* (New York: Praeger Publisher, 1971), p. 163.

5) *Ibid.*, p. 163.

6) Howard Davis and Richard Scase, *Western Capitalism and State Socialism: an Introduction* (Oxford: Basil Blackwell, 1985), 한상진 역, 『체제비교의 사회학: 서구 자본주의와 국가사회주의』(서울: 느티나무, 1990), 140쪽.

7) Nicos Poulantzs, "On Social Class," Anthony Giddens and David Held, eds., *Classes, Power, and Conflict: Classical and Contemporary Debates* (Berkeley: University of California Press, 1982), p. 101.

8) *Ibid.*, p. 103.

9) 보스렌스키, 『노멘클라투라: 소련의 보이지 않는 권력』, 33쪽에서 재인용.

10) 위의 책, 34쪽.

11) 북한의 토지개혁에 대한 자세한 분석은 박명림, 『한국전쟁의 발발과 기원: 기원과 원인』Vol. 2 (서울: 나남출판, 1996), 제4장 참조할 것.

12) 위의 책, 196쪽.

13) 김일성, 『조국의 통일독립과 민주화를 위하여』제1권 (평양: 국립인민출판사, 1949), 107~114쪽.

14) 『근로자』1963년 제4호, 87쪽.

15) 김영희, 『개인상공업의 사회주의적 개조경험』(평양: 사회과학출판사, 1987), 14~15·46~47쪽 참조.

16) 김일성, "농촌경리의 금후 발전을 위한 우리당의 정책에 관하여" (조선로동당 중앙위원회 전원회의에서 한 결론, 1954년 11월 3일), 『김일성 저작집 9』(평양: 조선로동당출판사, 1980), 127쪽.

17) Djilas, *The New Class*, 56쪽.

18) 김일성, "시, 군 인민위원회의 당면한 몇가지 과업에 대하여," 『김일성선집 6』

(평양: 조선로동당출판사, 1960), 2쪽.

19) "재차 보수주의와 소극성에 반대하여," ≪로동신문≫ 1958년 9월 16일 사설.

20) 사회과학원 력사연구소,『조선전사 29』(평양: 과학, 백과사전출판사, 1981), 103쪽.

21) 김일성, "사회주의건설에서 소극성과 보수주의를 반대하여" (전국생산혁신자 대회에서 한 연설, 1958년 9월 16일),『김일성 저작집 12』(평양: 조선로동당출 판사, 1981), 523쪽.

22) 북한연구소, "북한의 계급정책," 310쪽.

23) 정갑렬(46세, 1996.5.31 귀순, 문화예술부 메아리 음향사 음향연구소장)의 증언.

24) 김일성, "작가, 예술인들속에서 낡은 사상잔재를 반대하는 투쟁을 힘있게 벌일 데 대하여" (작가, 예술인들 앞에서 한 연설, 1958년 10월 14일),『김일성 저작 집 12』(평양: 조선로동당출판사, 1981), 553·557쪽.

25) 림수림, "위대한 태양을 받들어 힘차게 전진하여 온 우리의 주체문학,"『조선 문학』1982년 제5호, 65쪽.

26) 시바다 미노루, 이원복 역,『김일성의 야망: 숙청의 역사』(서울: 겸지사, 1989), 147쪽.

27) 이철주,『북의 예술인』(서울: 계몽사, 1965).

28) 북한연구소 편,『북한총람』, 301∼302쪽.

29) 중앙집중지도의 자세한 절차와 그 결과에 대해서는『북한총람』, 302∼308쪽 참조.

30) 귀순자 현성일, "북한 인사제도 연구" (1997), 3∼4쪽.

31) Ralf Miliband, *Class Power and State Power* (New York: Verso, 1983), pp. 161-162; Leszek Kolakowski, *Main Currents of Marxism, 2-The Golden Age* (Oxford: Oxford University Press, 1978), pp. 386, 396.

32) 조임병(39세, 1996.5.8. 귀순, 천성탄광노동자)의 증언.

33) 하근성(29세, 1996.1.16 귀순, 외국주재북한대사관 외교관), 하영주 (46세, 1995.9.25 귀순, 인민무력부 융성무역회사 합영부장)의 증언.

34) 남준이(30세, 1996.7.22 귀순, 평남양덕군 지방자재공급소 자재인수원, 보위부 정보원), 이국영(22세, 1996.2.25 귀순, 평북 철산군 자동차우전학교 학생, 장 사)의 증언.

35) 조임병(39세, 1996.5.8. 귀순, 천성탄광노동자)의 증언.

36) 조임병의 증언.

37) 임철명(37세, 1995.11.18 귀순, 보위부산하 황남 청단체신소 선로공)의 증언.

38) Shlapentokh, *Public and Private Life of the Soviet People*, p. 172.

39) Andrew Walder, *Communist Neo-Traditionalism*, (Berkeley: University of California Press, 1986), p. 3.

40) 서철영 (25세, 청진철도국 남양분국 세천역 신호원, 1999.8.14 귀순) 증언.

41) 성환영 (34세, 조선인민경비대 사회안정성 군의관) 증언.

42) 김철대 (47세, 1997.8 탈북, 1999.1 귀순, 과학원 수리공학연구소 연구사) 증언.

43) Kate Xiao Zhou, *How Farmers Changed China*, Boulder, Colo: (Westview Press, 1996).

44) 이0철(35세, 함북 온성군 양정사업소 검열지도원, 2000년 11월 귀순) 증언.

45) 위의 증언.

46) 김0숙 (35세, 함북 청진시 청암구역 연진동 현진협동농장, 농장원) 증언.

47) 『內外通信』 22호 (1977).

48) 보스렌스키 지음, 『노멘클라투라: 소련의 보이지 않는 권력』, 75∼76쪽.

49) 현성일, 위의 글.

50) 이철승 (가명, 전 북한 수련발전연구소 연구원, 1994년 귀순) 증언, 2003.10.9.

51) 김정훈 (라흥철도공장 직맹위원장, 2003년 4월 탈북) 증언, 2003.10.27.

52) 이관문(33세, 함북 평산군 원자력공업부 남천화학기업소 10·19광산 노동자, 1998.5.12 귀순) 증언.

53) 이수동(이탈리아주재 북한 공관원, 1998.2 귀순) 증언.

54) 김난애 (과학기술위원회 국가품질감독원 사무원, 1997.10 귀순) 증언.

55) 강국인 (회령, 전동기공장 자재 인수원, 2003.2. 귀순) 증언, 2003.7.3.

56) 김난애 (과학기술위원회 국가품질감독원 사무원, 1997.10 귀순) 증언.

〈참고문헌〉

1. 북한문헌

김일성, "사회주의건설에서 소극성과 보수주의를 반대하여" (전국생산혁신자 대회에서 한 연설, 1958년 9월 16일),『김일성저작집 12』(평양: 조선로동당출판사, 1981).

김일성, "작가, 예술인들속에서 낡은 사상잔재를 반대하는 투쟁을 힘있게 벌일데 대하여" (작가, 예술인들 앞에서 한 연설, 1958년 10월 14일),『김일성저작집 12』(평양: 조선로동당출판사, 1981).

김일성, "농촌경리의 금후 발전을 위한 우리당의 정책에 관하여" (조선로동당 중앙위원회 전원회의에서 한 결론, 1954년 11월 3일),『김일성저작집 9』(평양: 조선로동당출판사, 1980).

김일성, "시, 군 인민위원회의 당면한 몇가지 과업에 대하여,"『김일성선집 6』(평양: 조선로동당출판사, 1960).

김일성,『조국의 통일독립과 민주화를 위하여』제1권 (평양: 국립인민출판사, 1949).

김영회,『개인상공업의 사회주의적 개조경험』(평양: 사회과학출판사, 1987).

림수림, "위대한 태양을 받들어 힘차게 전진하여 온 우리의 주체문학"『조선문학』, 1982년 5호.

사회과학원 력사연구소,『조선전사 29』(평양: 과학, 백과사전출판사, 1981).

2. 남한문헌

박명림,『한국전쟁의 발발과 기원: 기원과 원인』, Vol. 2 (서울: 나남출판, 1996).

시바다 미노루, 이원복 역,『김일성의 야망: 숙청의 역사』(서울: 겸지사, 1989).

이철주,『북의 예술인』(서울: 계몽사, 1965).

3. 외국문헌

Davis, Howard and Richard Scase, *Western Capitalism and State Socialism: an Introduction* (Oxford: Basil Blackwell, 1985), 한상진 역,『체제비교의 사회학: 서구 자본주의와 국가사회주의』(서울: 느티나무, 1990).

Djilas, Milovan, *The New Class: An Analysis of the Communist System* (New York: Praeger Publisher, 1957).

Parkin, Frank, *Class Inequality & Political Order: Social Stratification in Capitalist and*

Communist Societies (New York: Praeger Publisher, 1971).

Poulantzs, Nicos, "On Social Class," Anthony Giddens and David Held, eds., *Classes, Power, and Conflict: Classical and Contemporary Debates* (Berkeley: University of California Press, 1982).

Miliband, Ralf, *Class Power and State Power* (New York: Verso, 1983)

Leszek Kolakowski, *Main Currents of Marxism, 2-The Golden Age* (Oxford: Oxford University Press, 1978).

Przeworski, Adam, *Capitalism and Social Democracy* (Cambridge: Cambridge University Press, 1985).

Voslensky, Michael, *Nomenklatura: The Soviet Ruling Class* (Garden City, New York: Doubleday & Company, 1984, Original German edition in 1980), 보스렌스키 지음, 홍순호 역, 『노멘클라투라: 소련의 보이지 않는 권력』 (서울: 평민사, 1982).

Walder, Andrew, *Communist Neo-Traditionalism* (Berkeley: University of California Press, 1986),

Zhou, Kate Xiao, *How Farmers Changed China* (Westview Press, 1996).

북한의 사회통제와 조직생활

정 영 철

1. 서 론

북한은 '수령제'라는 일원화된 지배체제 속에서 주민들에게 엄격한 조직생활을 강제하고 있으며, 조직생활에 기초한 사상적, 법적, 물리적 통제가 날실과 씨줄처럼 얽혀있다. 따라서 북한의 사회통제 기제와 조직생활의 일반적 특징은 북한의 사회생활이 어떻게 구성되고, 어떠한 특징들을 갖고 있는지를 분석하는 중요한 영역이라고 할 수 있다. 그것은 사회통제가 인간의 심리에서부터 개인과 사회와의 상호작용, 사회적 구조와 제반 제도 및 가치 규범과 문화현상에 이르기까지 다양한 사회적 행위들과 관련되어 있기 때문이다.[1]

북한은 1990년대 이후 많은 변화를 보이고 있다. 최근에는 2002년 7월 1일의 '새로운 경제관리 개선조치(이하, '7·1조치')' 이후, 마치 중국이나 베트남과 같은 초기 시장사회주의의 모습을 띠고 있다. 이러한 변화는 주민들의 정치, 경제생활에도 많은 변화를 강제했을 것으로 추정된다. 과거 1990년대 중반 이후의 주민생활의 변화가 '국가 능력의 약화'에 따른 의도치 않은 변화였다면, 최근에는 이러한 변화들을 제도적으로 수용하는 '변화의 제도화'가 발생하고 있다. 이러한 변화들이 사회통제와 인민들의 조직생활에 어떠한 영향들을 미치고 있는지를 살펴보는 것이 이글의 주요한 목적이다. 나아가 최근 북한의 정치방식이자 차츰 이론화의 경향을 보이고 있는 선군정치가 사회통제와 조직생활의 변화에 어떠한 영향을 미치고 있는지를 살펴보는 것도 포함한다. 마지막으로 현재 진행되고 있는 북한의 사회변화를 사회통합의 측면에서 전망하게 될 것이다.

2. 사회통제 이론과 북한의 사회체제

1) 사회통제의 일반 이론

일반적으로 사회통제는 해당 사회의 규범에 반하는 일탈행위에 대한 규제를 의미한다. 사회통제는 크게 공식적 사회통제 기제와 비공식적 사회통제 기제의 두 범주로 구분된다.[2] 공식적 사회통제는 주로 명문화적 법 규정을 통해 일탈 행위를 규제하고, 이를 수행하는 기구가 분명한 성격을 지닌다면, 비공식적 사회통제는 문화적, 역사적, 도덕적 기준에 중심을 두며 법적 규제가 분명하지 않고, 이를 수행하는 기구 역시 모호한 성격을 지닌다. 공식적 통제기구가 경찰서, 감옥, 법정, 소년원, 정신병원 등과 같은 기관으로 존재한다면, 비공식적 통제기구는 이와는 달리 언어적 비난, 비공식적 처벌 등과 같은 무형의 기구로 존재한다.[3]

일반적으로 사회통제는 사회화(socialization)와 밀접한 관련을 맺는다.

사회화가 사회 속에서 살아갈 수 있는 인간을 만드는 과정이라고 한다면, 인간은 사회화의 과정을 통하여 사회통제기제들에 순응해 나간다. 사회통제는 자발적으로 사회질서를 내면화하는 방식과 법적인 제재와 물리적 억압을 통해 사회질서를 지키도록 하는 방식으로 구분될 수 있다.4) 즉, 전자를 '자발적 사회통제 기제'라고 한다면, 후자는 '억압적 사회통제 기제'인 것이다. 해당 사회의 성격에 따라 이러한 통제의 기제는 상이하게 나타나는데, 사회통합의 강도가 높고 시민들의 자발성이 높은 사회일수록 '억압적 사회통제 기제'보다는 '자발적 사회통제 기제'가 강하다. 이러한 사회는 공식적 사회통제가 법적으로 분명하게 규정되어 있으며, 비공식적 사회통제가 중요한 역할을 수행한다. 그러나 억압적이며, 권위적인 체제일수록 공식적 사회통제 기제가 중요한 역할을 하며, '억압적 사회통제 기제'가 강하게 작동한다.

주민들에게 사회통제 기제에 순응하도록 하는 과정이 '사회화'의 과정과 밀접한 관련을 맺고 있다면, 그 주된 수단은 교육이라 할 수 있다. 그러나 교육 이외에 언론, 미디어를 통한 선전 등의 이데올로기적 차원의 통제 기제도 중요한 역할을 하며, 감옥이나 군대, 법적인 제재 등의 처벌을 통한 억압적 차원의 통제 기제도 중요한 역할을 한다. 이러한 과정은 곧 사회통제 기제가 사회화와 재사회화 그리고 일탈에 대한 적절한 규제를 통해서 끊임없이 재생산되는 과정에 있음을 말해준다. 그러나 사회통제에 대한 일반적인 이론이 대체로 자본주의 사회를 대상으로 발전해왔다는 점을 고려하면, 사회주의 국가 특히 북한처럼 특수한 체제에 대한 사회통제에 대한 분석은 조심스러울 수밖에 없다. 일반적으로 개인의 자기이익 실현을 목적으로 하는 자본주의에서의 사회통제는 개인의 이익을 절대적으로 침해하지 않는 수준에서 이루어져야 하지만, 개인의 이익보다는 집단의 가치와 공동체의 이익을 우선하는 사회주의에서의 사회통제는 이와는 다른 경로와 절차 등을 보인다.5) 더욱이 사회주의에서의 사회통제를 정치적 탄압과 동일시하며, 가치개입적으로 판단하는 경향이 강한 조건에서는 한계를 가질 수밖에 없다. 그럼에도 불구하고, 통일적이고 국가에 의해 신성시되고 있는 이데올로기와 현존 사회주의의 규범체제의 표현인 금욕적 교육이념도 여러 가지의 일탈과 범죄들을 예방하지 못했다6)는 점을 고려하면, 사회통제의 사회주의 특수성을 지나치게 강조하는 것 역시 여러 가지 한계를 가질 수밖에 없다. 결국 북한의 사회통제에 대한 분석 역시 일반성과 특수성의 결합이라는 조심스러운 접근이 요구된다.

2) 북한 사회체제와 사회통제 기제

북한의 수령제를 둘러싼 여러 가지 성격 규정에도 불구하고, 수령제 체제에 대한 서구 정치학에서의 이해는 어려운 것이 사실이다.7) 그러나 수령제의 각이한 해석에도 불구하고, 형태상으로는 유교적 가부장적 국가체제 혹은 서구의 전체주의 모델에 가깝게 해석된다.8) 이러한 해석에 따라 북한의 사회통제 역시 전체주의가 상정하는 6가지 특징으로 묘사하거나 혹은 유교적 문화전통을 과도하게 강조하는 경향을 보이고 있다.9) 이에 따라 북한의 사회통제를 억압적 사회통제 기제의 배타적 강조로만 분석하거나, 혹은 물리적 억압기구의 반인권적 측면에만 초점을 맞추는 경향이 나타나고 있다. 특히, 이러한 경향은 1990년대 중반 북한 사회의 체제 유지 능력이 결국은 물리적 억압기구만으로 가능했다는 결론으로 도출되거나 혹은 북한 사회의 감시능력이 국가 체제의 약화에도 불구하고, 붕괴하지 않았던 데에서 찾고 있다. 그러나 역사적으로 북한 사회가 끊임없이 변화해왔고, 최근에 들어서는 실제로 아래로부터의 변화가 발생하고, 점진적으로 제도화의 과정을 거쳤던 경험에서 보자면 이러한 설명은 일면적이라고 밖에 할 수 없다. 북한의 사회통제 역시 앞서 제기한 것처럼, 자발적 사회통제와 억압적 사회통제가 서로 적절하게 조화를 이루고 있다는 것을 상기하면,[10] 이러한 일면적 평가는 결국 북한의 수령제 체제에 대한 억압적 측면만을 강조하는 한계라고 평가할 수 있을 것이다.

북한의 수령제는 권위주의적 성격을 띠고 있음에도 불구하고, 그것이 목적으로 하는 바는 개인주의에 대한 집단주의의 우위, 수정주의에 대한 전통주의의 고수,[11] 그리고 유일성을 원칙으로 하는 단일한 권력 체제를 통해 북한 사회 전체를 하나의 유기체적 조직사회로 형성하고자 하는 것이다. 이에 따라 북한은 자신들 체제에 대한 사상적 정당성을 추구하는 동시에, 억압기구로서의 통제 기제 역시 발전시켜왔다. 이러한 사회통제는 당의 유일사상체계로 대표되는 사상적 통제와 이를 가능하게 하는 조직적 통제가 그것이다. 특히, 수령을 중심으로 한 수령-당-대중의 동심원적 사회구조의 형성은 조직생활을 통한 사상 교양이 가장 중요하게 제기될 수밖에 없는 구조적 원천이라고 할 수 있다.[12]

반면, 북한은 객관적으로 분단과 '전시체제'로부터 사회적 동원을 일상화하고 있으며, 이에 따라 조직적 결속 못지않게 사회동원을 위한 체제를 형성한다. 전 주민이 모두 조직생활에 참여해야 함은 물론, 위기시에 동원될 수 있는 군사적 동원체제를 형성하고 있다. 정규군을 통한 국가보위 체제 이외에도 준 군사적 체제를 형성하고 있으며, 이외에도 경제 건설을 위한 '돌격대 체제' 등의 동원 구조를 갖추고 있다.

이러한 북한의 사회체제는 정치, 경제, 사회문화의 모든 면에서 나타난다. 경제 현상에서의 엄격한 노동규율, 인민반에서부터 당에 이르기까지의 질서정연한 조직체제, 그리고 배급제와 같은 물질적 통제에 이르기까지 강력한 중앙집중형 사회통제 기제를 발전시켜왔다. 사회주의의 일반적 원리로서 이야기되는 '민주주의 중앙집중형' 구조에서 북한은 '중앙집중형'을 특별히 강조하고 있는 것이다.[13] 따라서 북한의 사회체제는 수령을 중심으로 하는 일사분란한 사회통합 질서를 목적으로 하며, 이에 따라 이를 실현하기 위한 사상적, 조직적, 물리적, 법적, 물질적 통제 기제를 발전시켜왔다고 할 수 있다.

<표 1> 북한의 준 군사조직 현황

이름	조직년도	대상 및 활동	인원
교도대	1963년	* 현역 및 준군사요원을 제외한 17-50세(남자), 17~30세 미혼 여자 * 예비병력의 핵심, 연간 40일간 훈련	약 90만
붉은청년 근위대	1970년 9월	* 중학교 4학년 이상 남녀학생 * 연간 450여시간 훈련	약 90만
노농 적위대	1959년 1월	* 46~60세의 남자위주(여자 17~30세) * 연간 160여시간	약 540만

* 출처: 박갑수, "북한의 군사전략과 군사력" 통일교육원, 『북한이해』 (서울: 통일교육원, 2004), 116~117쪽에서 정리.

3. 북한 사회통제의 유형

1) 당의 사상·조직적 통제

북한 사회통제의 기본적인 특징은 사상통제를 기본으로 하고 있다는 점이다. 사상통제의 주체는 당이며, 당의 정치적 지도에 의해 각 근로단체들은 사상의 교양자로서의 역할을 하게 된다. 이는 곧 사상통제가 당과 국가 및 근로단체 조직을 통한 조직적 통제를 통해 이루어진다는 것을 의미하며, 따라서 사상통제가 내용적 측면에서의 통제를 의미한다면, 조직적 통제는 이를 담아내는 그릇의 역할을 하고 있다.

북한은 1967년 수령제 체제의 확립 및 1970년 5차 당대회에서 주체

사상의 지도사상화를 선언 한 이후, 주체사상의 내면화를 추진하였
다.14) 때마침 김정일의 후계자 등장 이후, '김일성주의'로 규정되면서
'온 사회의 김일성주의화'가 선포되었다. 그리고 주체사상을 전 당원 및
인민들에게 체계적으로 학습시키기 시작하였다. 이의 결정적인 계기가
된 것은 바로 1974년 김정일에 의해 정식화된 「유일사상체계 확립을
위한 10대원칙」이었다.15) 「10대원칙」은 주체사상의 교육·교양뿐만 아
니라, '수령' 김일성과 '후계자' 김정일에 대한 충실성을 배타적으로 강
조한 것이었다. 오늘날 북한을 움직이는 사실상의 교리는 바로 이 「10대
원칙」이라고 할 수 있다.16)

북한의 사상통제는 '유일사상체계'의 확립으로 요약할 수 있다. 그리
고 이 유일사상체계는 주체사상의 내용적 학습뿐만 아니라 조직적 통제
와 결합되어 나타나고 있다. 유일사상체계에 의한 사상학습의 주요한 내
용은 다음과 같이 정리될 수 있다. 첫째, 주체사상으로의 철저한 무장이
다. 즉, 직접적인 사상교양을 통해 주체사상을 학습하는 것이다. 이는 학
교 교육을 통한 교양뿐만 아니라 각각의 조직적 단위에 걸쳐 진행된다.
수요학습이나 토요학습 등은 주체사상원리교양이나 당정책 교양을 통해
주체사상을 학습하는 기본적인 공간이 된다.17) 즉, 학교 교육과 근로단
체 등에서 사상학습은 가장 중요한 임무로 제시되고 있는 셈이다.

둘째, 사상통제의 내용으로서 항일혁명전통에 대한 교양을 들 수 있
다. 항일혁명전통은 주체사상의 역사적 연원이자18), 북한의 역사적 뿌
리이다. 오늘날의 김정일 체제의 정당성 역시 항일혁명전통에 두고 있
다. 즉, 김정일의 계승자로서의 지위는 혁명전통의 올바른 계승을 통해
획득되었던 것이다. 또한, 1990년대 '고난의 행군'의 역사적 전거典據는
바로 항일혁명전통에 있다. 이를 통해서, 그들은 현실의 어려움을 헤쳐
나가는 역사적, 사상적 정당성을 확보할 수 있었다.

셋째, 사상교양은 수령관을 통해 직접적으로 표현되고 있다. 북한은

수령에 태도 즉, 올바른 수령관의 확립이 혁명가를 가르는 징표로 된다고 주장하고 있다.[19] 마지막으로, 집단주의적 가치관의 확립이 사상통제의 중요한 내용으로 제시된다. 사회주의의 우월성을 집단주의에서 찾고 있는 북한에서 개인주의는 곧 수정주의의 침습을 의미한다. 사상교양(통제)의 강화는 곧 사회주의의 고수와 승리의 첩경으로 인식된다. 김정일이 1990년대 위기의 시기에 분명하게 지적하고 있듯이, 사회주의 국가들의 붕괴에는 사상전선의 와해가 자리하고 있으며, 따라서 사회주의를 지키고 승리에로 이끌기 위해서는 사상사업을 강화해야 한다고 주장하고 있다.[20]

앞서 설명했듯이, 이러한 사상통제는 조직적 통제와 결합되어 있다. 조직적 통제는 모든 인민들의 조직화와 이에 따른 일상생활의 통제를 의미한다. 정치적 참모부로서 당과 당의 외곽단체로서 근로대중조직은 북한의 거의 모든 주민을 조직적으로 결속시키고 있다. 이들 외곽단체는 당의 정치사상교양의 교량자적 역할을 담당하며, 인전대(transmission belt)로 위치되고 있다. 조직생활을 통한 비판과 자기비판 등의 상호비판과 생활총화 등을 통해 사회적인 통제를 수행하고 있다.[21] 따라서 당이 당적 통제를 통해 사상교양의 지침을 생산하고, 정책을 결정한다면 근로단체는 이러한 지침과 정책을 주민들에게 직접 전달, 침투하는 역할을 한다.

<표 2> 조선노동당의 외곽단체

단체명	가입대상	구성인원	구성방법·활동	창립일
직업총동맹	노동자, 기술자, 사무원 31~65세 (여 60세)	약 160만	* 직장단위 조직 * 산별동맹 * 사상교양, 기술습득, 노력경쟁운동	1945.11.30
농업 근로자동맹	농민, 농업부문 사무원, 노동자 포함	약 130만	* 농업에 종사하는 근로자 * 사상교양, 농촌사업 지도	1946. 1.31

김일성 사회주의 청년동맹	14~30세	약 500만	* 학교, 직장단위 * 당 후비대, 사상교양, 노력동원	1946. 1.17
여성동맹	여성 31~60세	약 120만	* 다른 근로단체에 가입하지 않은 여성 * 사상교양, 노력동원	1945.11.18
소년단	어린이 7~13세	약 300만	* 학교단위 * 청년동맹 지도 * 집단생활	1946. 6. 6

* 세종연구소 북한연구센터, 『조선로동당의 외곽단체』(서울: 한울, 2004)에서 내용정리.

위와 같은 근로단체 조직은 7~60세(65세)까지의 전체 인민을 포괄하고 있다. 이외에도 행정조직으로서 인민반 역시 인민반장, 세대반장, 보건반장 등의 제도화된 조직체계를 갖추고 있으며, 이를 통해 행정·조직적인 통제가 시행되고 있다. 사실, 북한 주민들은 소년단에 가입한 이후부터 죽을 때까지 조직생활의 연속이라고 할 수 있다. 인민반의 경우 가장 기초적인 조직으로서 20~40세대로 구성되지만, 때로는 아파트의 경우 70세대가 인민반을 구성하는 경우도 있다. 인민반의 경우, 동(리)사무소의 지시에 따라 강연회, 학습회 등의 활동에 참여해야 하며, 인민반 단위로 사회활동을 하게 될 경우, 대체로 전업주부들이 이 일을 떠맡게 된다.[22]

인민반이 가장 기초적인 행정상의 조직으로서 조직적 통제를 수행한다면, 위에서 든 각종의 근로단체들은 직장, 세대, 계층, 남녀의 구분에 따라 전문적인 조직단위를 이루게 되며, 당의 직접적인 지도하에 움직이게 된다. 따라서 북한의 주민들은 상급당 → 근로단체 → 조직원으로 이어지는 수직적 통제와 당 → 행정조직 → 주민으로 이어지는 수평적 통제의 날실과 씨실로 얽힌 조직적 통제망에서 생활하게 되는 것이다. 이러한 조직생활로는 금요노동, 수용강연회, 토요학습 등이 있으며, 모든 조직에서 생활총화를 일상적으로 진행하고 있다.[23] 따라서 조직적 통제는 조직생활을 통한 사상교양뿐만 아니라, 집단주의적 가치관의 확립과 사회질서 및 일상적인 노력동원을 효율적으로 할 수 있는 체제이며, 다른 한편으로는 유사시 언제든지 군사적인 동원체제로 전환될 수 있는 구조라 할 수 있다.

2) 법적 · 물리적 통제

어느 사회든 한 사회의 질서를 유지하기 위해서는 법적인 강제성이 부과된다. 법에 의한 통제는 정해진 규칙에 따라 일상생활을 조직화함과 아울러, 일탈현상에 대한 강제적 처벌을 부과함으로써 구성원들로 하여금 사회질서를 자각적으로 지키도록 하는 강제력을 지닌다. 그리고 이러한 법적 통제는 법적 제재를 실행하는 물리적 억압기구를 통해 현실화된다. 북한에서 법적 통제는 사회적 규율에 대한 전 사회적 의미를 지니지만, 다른 한편으로는 당적 통제를 보완하는 강제적 힘으로서의 의미를 지닌다.[24] 북한은 사회주의적 생활양식을 세우기 위한 사상교양과 사상투쟁뿐만 아니라 법적 통제도 강화되어야 한다고 주장하는데, 그것은 법적 통제를 강화하여야 사회주의적 생활규범과 행동준칙을 엄격히 지키는 규율과 질서를 세워 사회주의적 생활양식을 철저치 확립할 수 있다고 보기 때문이다.[25]

북한에서 법적 통제의 대표적인 기구는 인민보안성(사회안전부)과 국가안전보위부이다. 여기에 사회주의 법질서에 대한 행정적 통제를 수행하는 기구로서 사법부와 검찰소 그리고 '사회주의법무생활지도위원회'가 있다. 인민보안성과 국가안전보위부는 법적 일탈자를 직접 처리하는 곳으로서 국가보안전보위부가 국가 안위 및 체제 보위와 관련된 일을 전담한다면, 인민보안성은 일상적인 치안과 민생 업무를 담당하고 있다.

인민보안성과 국가안전보위부는 각 직장이나 협동농장, 군부대(국가안전보위부) 등에 모두 설치되어 있다. 인민보안성은 내각 산하 기관에 설치되어 있으며, 국가안전보위부는 국방위원회 산하에 설치되어 있다.[26) 특히, 국가안전보위부는 '직보체계'를 갖추고 있어서 중요한 문제에 대해서는 최고지도부에 직접 보고되는 것으로 알려져 있다. 이러한 법기관들의 역할은 사회주의 질서에 대한 이탈 행위에 대한 물리적 통제를 통해, 강제적인 규범적 질서를 지키도록 하는 것이며, 이를 통해 당적 사상사업에 대한 물리적 보장 장치를 마련하려는 것이라고 할 수 있다. 이들 기구들의 활동은 당의 규율과 법적 규율에 의해 뒷받침되고 있으며, 따라서 앞서 설명한 당적 사상통제가 자각성에 기초한 통제의 유형이라면, 이들 기구들은 강제성에 기초한 통제의 유형이라고 할 수 있다.

북한에서 오늘날과 같은 법규범이 강화되고, 강조되기 시작한 것은 1972년 사회주의 헌법의 채택 이후였다. 1972년 사회주의 헌법의 채택 이후, 북한은 1974년 8월 중앙인민위원회 정령으로 「중앙인민위원회 법제위원회를 조직할데 대하여」를 채택하여 법제기능을 강화하였다.[27) 이는 당적 통제에 따른 사상교양만으로 개인들의 행동을 통제하는 데 한계가 있으며, 법적 강제를 통하여 개인들의 행동을 통제해야만 할 필요성을 말해준다. 이러한 필요성은 '사회주의 법무생활위원회'가 구성되어 보다 엄격한 법 적용을 강조하기에 이른 것을 통해서도 알 수 있다. '사회주의법무생활위원회'는 각 도, 시, 군에까지 조직되어 당 검열위원회와 더불어 국가기관의 법생활기구의 총책임기구의 역할을 하고 있다.[28) '사회주의 법무생활위원회'는 1977년 2월 김일성의 교시에 의해 창설되었다. 각 지역별로 당책임비서, 인민위원회 위원장, 사회안전부장, 인민위원회 법무담당 부위원장 등 각 지역의 5∼6명의 지도간부로 구성된다.[29) 이 기구는 기관, 기업소, 사회협동단체 및 공민들의 법무생활을 조직지도하는 집체적 지도기관으로서, 국가경제기관 지도일군들이 권력을 남용하지 말고 모든 사업을 법규범과 규정의 요구대로 하도록 법적으로 통제하는 임무를 맡고 있다.[30] 또한 각종 사회 및 경제사범에 대한 징계처벌과 책벌방침을 결정하고, 김일성 교시를 집행하는 과정에서 해석상의 문제로 발생하는 기관간의 분규 및 오류사항 등에 대한 유권해석의 권한이 주어져 있다고 한다.[31] 이 기관은 비상설적 기관으로서 관할 지역안의 법무생활에 대하여 주권적 기능을 갖는다.[32]

<그림 1> 북한의 사법기관

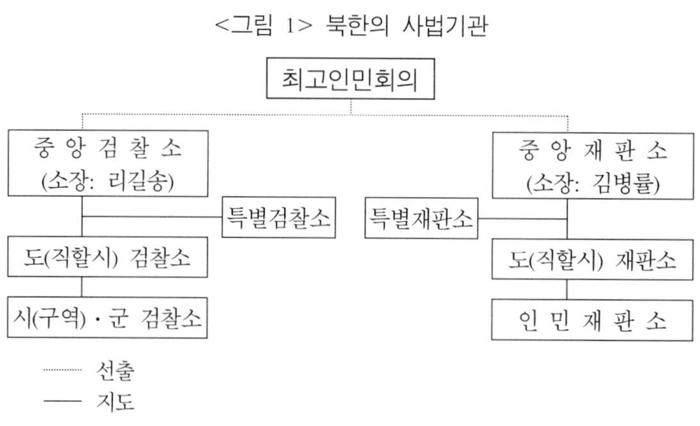

가장 대표적인 물리적 억압기구로서 인민보안성은 1951년 전쟁 중 내무성 기관중 정치보위국 및 기타 부문조직을 통합하여 사회안전성으로 독립하면서 독자적인 기구로 출범하였다.이후, 1972년 사회주의 헌법의 채택과 함께 '사회안전부'로 개칭되었고, 1973년에는 사회안전부 내의 정치보위국이 분리되어 치안질서 유지 등의 경찰업무를 주로 전담하게 되었다. 이후, 1998년 현재의 인민보안성으로 개칭되었다. 인민보안성의 임무는 수령 옹호보위, 당과 정권의 보안 옹호보위, 인민의 생명과 재산의 보호, 사회질서 유지 등의 기본 업무를 맡고 있다. 이 외에도 주민 성분분류 및 조사사업, 주민등록사업 등도 맡고 있다.[33] 인민보안성은 주민들의 생활과 가장 밀착해서 사회통제를 수행하는 기구라고 할

수 있다.

한편, 국가보위부는 1973년 사회안전부에서 정치보위국이 독립하면서, 국가정치보위부로 출범하였다. 국가보위부는 주민 및 국가기관에 대한 정치사찰, 반혁명·반국가범죄, 방첩, 대내외 정부 사업, 특별독재대상구역 운영 등의 비밀경찰 업무를 맡고 있다.34) 국가보위부는 북한 체제를 지탱하는 첨병의 역할을 하고 있다고 할 수 있다. 현재 국가보위부는 국방위원회 소속으로 되어 있다.

<그림 2> 강압적 억압기구

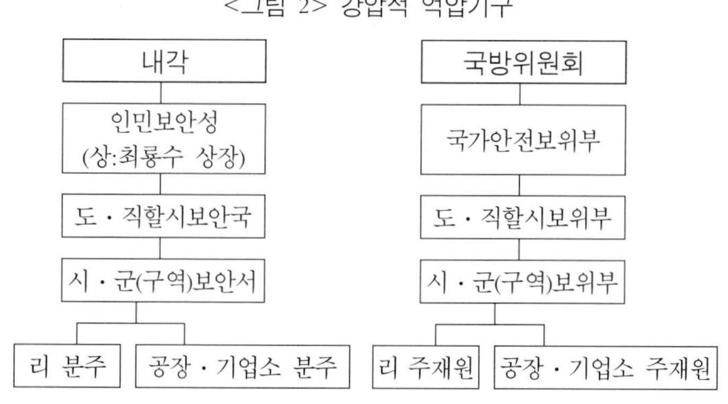

북한에서 이러한 법적 통제는 당적 사상통제의 보조적 수단으로서의 기능을 갖는다. 즉, 북한에서 통제의 가장 중요한 수단은 당적 사상통제인 것이다. 김일성은 "당적통제와 사상투쟁을 강화하여 일군들로 하여금 법규범을 위반하는 것은 곧 당성이 없는 행동이며 수치스러운 일이라는 것을 깨닫고 당적량심, 혁명적량심의 가책을 받도록 하여야 합니다"라고 하여 당적, 사상적 통제를 우위에 두고 법규범의 자각적인 확립을 요구하였다.35) 이것은 당성의 문제, 즉 당적 사상사업을 통해 '주민'들이 자각적으로 당 규율과 법 규율을 지키도록 하는 것이 우선적인 목적임을 말해준다. 그럼에도 불구하고, 물리적 억압기구를 통한 법적 제

재를 가함으로써, 당적통제가 미치지 못하는 영역에 대한 통제를 수행함으로써 주민들의 일상생활을 통제하는 또 하나의 축으로 법적통제가 기능하고 있다고 할 수 있다.

3) 물질적 통제

북한의 사회통제가 사상·조직적 통제와 법적·물리적 통제를 기본으로 한다면, 이 못지않게 보상과 처벌, 혹은 차별적인 분배를 통해 적절한 경쟁과 인센티브를 제공하는 물질적 통제도 중요한 역할을 하고 있다. 북한에서 물질적 통제의 주된 기제는 분배와 경쟁이다. 사회주의 국가에서 분배는 사회주의적 원칙에 맞게 일한 만큼 주어지는 것이 일반적이다. 북한에서도 이러한 분배 원칙이 적용되고 있다. 노동의 양과 질에 따른 차등분배를 실시하고 있는 것이다.[36]

북한은 사회주의의 성격을 과도기로서 규정하고 있는 만큼,[37] 물질적 보상을 중요한 대중동원 및 사회통제의 기제로 하고 있다. 즉, 노동에 의한 분배가 물질적 자극의 기본공간이 된다고 보고 있으며, 이를 통해 물질적 관심성에 기초한 노동의 동기 부여를 중요하게 취급하고 있다. 또한, 이를 사회주의 경쟁운동의 기초로 제시하고 있다. 물론, 보다 더 중요한 것은 정신적 자극이지만, 물질적 자극 역시 중요한 수단으로 이용하고 있는 것이다.[38]

북한의 물질적 통제의 가장 기본적인 수단은 배급제이다. 사실, 배급제는 물질적 재화에 대한 국가의 중앙공급체제를 의미한다. 배급제는 단지 물질적 통제로서의 의미만이 아니라, 주민이동 등의 일상생활의 통제와도 밀접한 관련을 맺는다.[39] 배급제가 주민들에 대한 직접적인 통제의 의미를 갖는다면, 부가적인 인센티브를 통한 물질적 통제는 간접적인 의미를 갖는다. 즉, 장려금이나 상금제를 통한 생산력 향상의 물

질적 동기가 이에 해당한다. 반면, 물질적 통제와는 달리 영웅칭호의 제
정 등을 통한 사회적 명예나 위신의 제고도 중요한 통제의 기제가 되고
있다.

<표 3> 북한의 주민배급기준표

급수	1일 식량공급량	대상자
1	900g	유해직종종사자, 중노동자
2	800g	탄광·광산의 갱내외운반공, 중장비운전자
3	700g	일반노동자
4	600g	대학생, 연로보장자중공로자, 투병중인환자
5	500g	중학생
6	400g	소학생
7	300g	연로보장자, 가두여성, 유치원생, 기타부양자
8	200g	2-4세 어린이, 죄수
9	100g	1세 이하의 유아

*출처: 김석향, "북한주민의 일상생활," 통일교육원, 『북한이해』(서울: 통일교육원, 2003), 279쪽.

　　배급제가 주민들에 대한 효과적인 물질적 통제의 의미를 갖는 것은
다음과 같은 이유 때문이다. 배급제는 우선 물질적 재화에 대한 국가의
통제를 통해 주민들에게 보다 평균적인 분배를 실시함으로써 경제적인
평등주의 이념의 확산에 기여하게 된다.40) 이와 함께, 가부장적 온정주
의 즉, 수령－당－국가의 온정주의적 정책이 이어짐으로써 주민들에게
는 일종의 조합주의적 '후견－보호'의 기능을 수행하게 된다.41) 둘째로,
배급제는 주민들을 일정한 직장이나 주거지역에 고착시키는 역할을 한
다. 배급이 직장단위로 진행됨으로써 주민들을 직장을 중심으로 그리고
가족을 중심으로 일정하게 고착시키는 기능을 하는 것이다. 셋째로, 국
가의 물질적 재화에 대한 통제권은 차등분배를 통한 사회주의 경쟁을
유도하는 기능을 한다. 정신도덕적 자극에 대한 우위에도 불구하고, 차
등분배를 통한 물질적 자극은 노동의 동기를 부여하는데에 커다란 역할

을 한다.

배급제 이외에도 국가가 지원하는 각종의 사회보험과 복지 혜택 특히, 무상교육과 무상치료제는 사상적 정당성을 획득하는 중요한 역할을 한다.42) 이렇게 보았을 때, 물질적 통제가 의미를 갖는 것은 물질적 재화를 통한 주민 통제와 동시에 그것이 정치 사상적인 측면에서도 중요한 역할을 하기 때문이라고 볼 수 있다.

4. 1990년대 사회통제와 통합의 위기

1) 북한 사회의 위기: 정치·경제적 위기

1990년대 들어 북한은 사회주의권의 붕괴로 인한 국제적 고립과 '수령' 김일성의 사망, 북미관계의 악화와 남북관계의 악화로 인해 정치적 위기를 맞이하였다. 1990년대 초반의 위기가 주로 사회주의권의 붕괴로 인한 국제적 고립과 북-미간 핵문제로 인한 대립으로 인한 것이었다면, 중반의 위기는 '수령' 김일성의 사망과 자연재해에 따른 경제적 위기에 따른 것이었다. 먼저, 북한이 당시 맞이했던 정치적 위기는 사회주의권의 붕괴로 인한 국제적 고립이었다. 이는 단지 국제적 고립만이 아니라 사회주의 이념의 정당성에 대한 위기였다. 이에 따라 북한은 내부적으로 사회주의의 정당성을 확인하고, 자신들의 사회주의가 다른 사회주의 국가들과는 다른 '주체형의 사회주의'임을 강조하였다.43) 다른 한편으로는 민족주의적 가치지향이 강조되기 시작하면서, 체제 방어적 담론으로 기능하였다.44)

당시의 위기는 경제적 위기에 의해 보다 심각한 상황으로 발전하였다. 최악의 식량난과 이로 인한 국가 능력의 급격한 저하였다. 1995~

96년의 연속된 자연 재해와 공업의 부진에 따른 농업 지원의 실패로 인한 농업 생산성 저하, 사회주의적 비효율성이 결합된 당시의 경제적 어려움은 국가의 물질적 통제의 급격한 약화를 초래하게 되었다.[45) 당시 북한이 직면했던 식량난은 국제 사회에 공식적인 지원을 요청할 정도로 심각한 것이었다.

<표 4> 북한의 식량 소요량 및 부족량　　(단위, 1,000톤)

양곡연도	1995/96	1996/97	1997/98	1998/99	1999/00
국내공급량	4,077	2,995	2,663	3,481	3,420
생산	4,077	2,837	2,663	3,481	3,420
이월	n/a	158	n/a	n/a	n/a
소요량	5,988	5,359	4,614	4,835	4,751
식용	3,688	3,798	3,874	3,925	3,814
사료용	1,400	600	300	300	300
기타	900	961	440	610	637
부족량	1,911	2,364	1,951	1,354	1,331
상업적수입	700	500	700	300	210
지원	630	660	760	840	586
절대부족량	581	1,204	491	214	535
양곡연도	2000/01	2001/02	2002/03	2003/04	2004/05
국내공급량	2,573	3,656	3,840	4,156	4,235
생산	2,573	3,656	3,840	4,156	4,235
이월	n/a	n/a	n/a	n/a	n/a
소요량	4,769	4,957	4,921	5,100	5,132
식용	3,871	3,855	3,893	3,944	3,959
사료용	300	300	178	178	181
기타	598	802	851	978	992
부족량	2,196	1,301	1,084	944	897
상업적수입	100	100	100	100	100
지원	1,532	819	300	300	300
절대부족량	564	382	684	404	497

* 자료: FAO/WFP, "Special Report: FAO/WFP Corp and Food Supply Assessment Mission to the DPRK," Nov. 22, 2004(한국농촌경제연구원, 『KREI 북한농업동향』 제7권 제2호(2005.7), 4쪽.

북한은 경제적 어려움을 맞아 정치적, 사상적 힘을 통해 돌파를 시도했다. 1995년부터 제시되기 시작한 '붉은기 사상'과 '고난의 행군', '사회주의 강행군'이 바로 그것이다.46) 붉은기 사상이 사회주의 수호의 이데올로기적 슬로건의 의미를 갖는다면, '고난의 행군'과 '사회주의 강행군'은 위기를 돌파하기 위한 주민 동원체제를 의미한다. 이 당시를 묘사한 북한 인사의 다음과 같은 발언은 당시 북한이 처한 현실을 적나라하게 보여준다.

> 고난의 행군 시기 동안 우리 체제는 정말 어려웠다. 태어나서 그런 고생은 처음 해봤다. 수령님은 돌아가셨고 홍수가 나서 먹을 것은 없었다. 미제는 우리를 치겠다고 하고 우방들은 모두 등을 돌리고 인민들은 울고만 있었다. 모두들 우리를 보고 붕괴한다고 했다. 이런 절체절명의 상황에서 장군님께서 앞장서서 나가셨다. 일심단결하고 군력을 키우면 반드시 이긴다고 하셨다. 사실 나 같은 사람도 걱정했었다. 하지만 이제는 걱정 안 한다. 장군님께서 제시하신 것 말고 어떤 방법이 있었겠나. 지구상의 어느 곳에서도, 누구도 못한 일이다. 장군님은 남이 보지 못하는 것을 보는 뛰어난 분이다.47)

위의 발언은 김정일 위원장에 대한 '위대함'을 말하는 것이었지만, 그 속에는 1990년대 중반의 어려움과 그 과정에서 정치, 군사적 힘을 중심으로 위기를 극복해왔던 과정을 보여주고 있다. 즉, 위의 표현에서 등장하듯이, 그들은 경제적 어려움에 정치적으로 대응했던 것이다. 그렇다고 경제적 어려움에 대한 정치적 대응만으로 위기를 극복할 수는 없었다. 국가체제도 정비되지 못한 상태였고, 당은 당대로 제대로 기능하지 못하고 있었다.48) 결국 이 당시의 북한의 정치·경제적 위기는 당―국가의 능력약화로 이어졌고, 이는 곧 사회통합의 위기를 가속화시키는 결과를 가져오게 되었다.

2) 사회통제와 사회통합의 약화

정치, 경제적 위기는 곧 사회통합의 위기를 가속화시켰다. 그리고 사회통합의 위기는 체제의 위기와 직결되었다. 앞서 설명한 사상적, 조직적 통제, 물리적 통제, 그리고 물질적 통제는 당과 국가의 기능이 정상적인 기능을 통해서 작동할 수 있는 통제의 기제라고 할 수 있다. 그러나 1990년대의 위기는 3가지 수준에서의 통제의 위기를 불러왔고, 이는 곧 사회 일탈 현상에 대한 효과적인 통제가 이루어질 수 없었다. 그럼에도 불구하고, 이러한 사회통합의 위기가 붕괴의 수준으로까지 발전하지는 않았다.[49] 그것은 당과 국가의 약화에도 불구하고, 최소한의 사회통합적 기능은 여전히 작동되고 있었기 때문이다.

먼저, 1990년대 북한의 사회통제 기제의 약화는 당에서 발견된다. 김정일이 선군정치를 말하면서 강조했듯이, 사회당조직이 위기시에 제 역할을 제대로 하지 못하고 있었다. 수 많은 탈북자들이 증언하듯이, 기층 당조직은 식량난으로 인해 생존의 문제에 부딪히면서 사상적, 정치적 통제의 역할을 하지 못하고 있었다. 기층의 당원 역시 생존의 문제 앞에서 비사회주의적 일탈행위에 동조되어 나갔다. 당의 동요는 곧바로 조직적 통제의 이완으로 나타났다. 조직적 통제의 이완은 기층에서는 인민반, 당세포, 근로단체 조직의 생활총화와 당생활총화가 정상적으로 이루어지지 않는 것에서 드러난다. 과거에는 상상도 할 수 없었던 정치학습과 생활총화에 재대로 참석하지 못하게 된 것이다.[50] 일부 탈북자들의 증언에 의하면, 인민반이나 조직의 생활총화에 빠지는 경우가 많았고, 정치적인 문제를 일으키지 않기 위하여 간부들에 대한 뇌물 행위가 성행하였다고 한다.[51] 더구나 식량난으로 인한 배급제의 사실상의 붕괴는 국가의 물질적 통제력이 급격히 감소하는 결과를 낳았다. 국가에 의한 배급이 중단됨으로써 주민들의 유동성 증가, 식량을 구하기 위한 생

존 행위에 대한 국가의 통제가 어렵게 되었고, 직장이나 생산단위에서의 통제도 어렵게 되었다.52)

둘째로, 당의 동요는 필연적으로 사상적 통제의 이완을 가지고 온다. 여기에 식량난이 겹치면서 이데올로기적 정당성의 훼손이 뒤따를 수밖에 없었다. '빈 밥그릇을 놓고 사회주의 제도가 좋다고 교양'하여서는 '인민들이 사회주의 애국주의 사상을 가질 수 없다'고 한 김정일의 표현처럼,53) 식량난은 곧 사상적 통제의 약화를 의미했다. 당의 동요 - 조직생활의 이완에 의해 효과적인 사상통제의 공간이 약화되면서, 사상적 정당성마저 위협받는 상황이었던 것이다. 사상적 동요는 사회주의권 붕괴, 식량난으로 상징되는 경제적 위기와 국제적인 고립으로 인해 가장 중요한 사회통합의 문제로 등장하였다. 김정일의 '사회주의에 대한 훼방은 허용될 수 없다'에서 나타난 사회주의 사상의 정당성 확립을 위한 노력은 가장 중요한 사회통합의 기제였던 것이다.54) 그리고 그 슬로건으로 제시된 것이 바로 '붉은기 사상'이었다.

셋째로, 국가 능력의 약화로 인한 물질적 통제의 약화를 들 수 있다. 식량난 그리고 배급제의 붕괴는 국가에 의한 물질적 통제를 더 이상 가능하지 않게 하였다. 국가 공급의 약화는 그간의 국가에 의한 '가부장적 보호주의(온정주의)'를 해체하고, 자력갱생을 주민 개인의 수준으로까지 확장하였다.55) 물질적 통제의 이완은 곧 주민 유동성의 증가, 생산현장에서의 통제 붕괴, 생존을 위한 일탈 현상의 증가 등을 낳았다. 이러한 현상은 암시장의 확산, 비사회주의적 상행위의 증가, 국경을 넘어선 탈북 행위의 증가로 나타났다.

다른 한편, 사회통합의 위기는 북한 주민들의 계층간 지위에 변화를 가져왔다. 경제위기로 인해 계층간 격차가 좁혀지는 경향이 나타나는 것과 동시에, 다른 한편으로는 개인 능력에 따라 계층간 격차가 확대되는 경향도 나타났다. 개인적 능력의 차에 따라 '신중간계급'이 형성될

수 있는 가능성이 높아지게 된 것이다.56) 이러한 사회계층의 지위 변화
는 과거 1970년대의 성분에 따른 주민 분류와는 다른 주민 분류로 나
타나기도 하였다. 즉, 과거 핵심, 동요, 적대계층으로의 분류가 1990년
대에 와서는 기본군중, 복잡군중, 적대계급잔여분자로 변화되었다고
한다.57)

<표 5> 북한의 신주민 분류표

계층	부 류	평 가
기본군중	혁명가, 혁명가 가족, 혁명가유가족, 영예군인, 영예전상자, 접견자, 영웅, 공로자, 제대군인, 전사자가족, 피살자 가족, 사회주의애국희생자 가족	기본계급출신으로 혁명의 매단계마다 수령님과 지도자동지를 위하여 한목숨 바쳐왔으며 앞으로도 김일성-김정일주의 기치에 따라 끝까지 견결히 싸워 나가는 계층
복잡군중	인민군대 입대 기피자, 인민군대 대열도주자, 귀환군인, 귀환시민, 반동단체 가담자, 일제복무기관 복무자, 해방전사, 건설대 제대자, 의거 입북자, 10자대, 금강학원 관계자, 정치범 교화출소자, 종교인, 월남자 가족, 처단된 자 가족, 정치범 교화자 가족, 체포된 자 가족, 포로되었다고 돌아오지 않는자 가족, 해외도주자 가족, 지주가족, 부농가족, 농촌10장 가족, 예속자본가로 제국주의를 등에 업고 착취한 자, 친일,친미 악질 종교인 가족, 종파분자 가족, 종파연루자 가족, 간첩가족	계급적 토대, 사회정치생활 경위, 가정주위 환경에서 정치적으로 복잡한 문제가 있는 계층
적대계급 잔여분자	지주, 부농, 농촌10장, 예속자본가, 친일파, 친미파, 악질종교인, 종파분자, 종파연루자, 간첩	전복된 착취계급의 잔여분자들과 일제, 미제에 나라를 팔아먹은 민족반역자

* 출처: 전현준, 『북한의 사회통제 기구 고찰: 인민보안성을 중심으로』 (서울: 통일
연구원, 2003), 56쪽.

이러한 사회통제 기능의 저하와 사회통합의 위기는 북한 체제를 아
래로부터 침식하였다. 가중되는 식량난으로 인해 가족의 해체 현상도

나타났으며, 공장을 비롯한 각 단위의 규율이 약화되었다. 사회적 규율의 약화는 곧 법·제도 질서의 이완을 가져왔으며, 사회주의적 가치관의 이완을 결과하였다. 이러한 현상의 근본 원인은 당과 국가 능력의 약화로 인한 것이었다.58) 당과 국가의 제도적 질서는 유지되었지만, 실제의 기능이 약화된 것이다.

3) 사회적 일탈현상의 증대와 통제의 무기력

1990년대 중반부터, 국가의 공급 능력의 약화와 식량난으로 주민들의 유동성이 증가하고, 식량을 구하기 위한 개인적인 차원의 자구 노력이 증대함에 따라 직장, 지역 단위에서의 조직적 통제가 이완되기 시작하였다. 직장에의 결근율이 높아지고, 지역을 떠나는 사람들이 늘어남에 따라 단위 조직에의 참여율도 저하되었다.59) 혹은 형식적 참여에도 불구하고, 실제로는 생존을 위한 눈가림현상이 증가하였다. 특히, 이러한 현상은 일부 대도시를 제외한 대부분의 지역에서 식량을 구하기 위해 위치를 이탈하는 사례가 빈번하면서 사회 전반적으로 확산되었다. 함경도의 조·중 국경지역에서는 어린 학생들의 경우 부모들의 경제적 능력이 모자랄 경우 식량을 구하기 위해 2-3일씩 학교에 빠지는 경우가 빈번했다고 한다. 이러한 사례는 성인의 경우 더욱 다반사로 일어났다.60)

인민반이나 근로단체 등의 생활총화나 학습, 강연회 등이 정상적으로 이루어지지 않게 됨에 따라, 제도와 현실이 괴리되는 현상이 증대되었다. 보다 심각한 문제는 정치적 영도기관으로서 당이 정상적으로 작동하지 않고, 그 권위가 저하되었다는 점이다. 일부 탈북자들의 증언에서도 확인되듯이, 입당을 위한 열기가 식어가면서 오히려 장사를 통한 이윤 획득이 보다 큰 목적이 되었다. 입당의 동기 역시 과거의 사상적, 사회적 위신 등에서 점차 이윤 획득을 위한 보다 좋은 수단으로서 위치

되었다.[61)]

다른 한편, 식량난으로 인한 사회의 혼란으로 인해 가족의 해체현상이 나타났고, 여러 가지 비 사회주의적 일탈현상이 발생하였다. 비사회주의적 일탈현상은 집단주의적 가치로부터의 이탈, 국가 재산에 대한 탐오와 낭비현상, 심지어는 공장의 물품을 빼돌려 식량과 바꾸는 불법행위도 횡행하였다.[62)] 암시장의 확산으로 인해, 법적으로 금지된 식량과 공산품까지 거래되었고, 중국이나 러시아 국경을 통한 밀수와 장사 등도 성행하였다. 더욱이, 식량난으로 가족이 해체된 이후, 고아가 된 어린이들의 부랑이나 식량을 구하기 위해 유동하는 인구가 늘어나면서 행정적인 통제도 약화되었다.

이 시기를 묘사하고 있는 소설을 통해서 일부 당 간부들은 중국과의 무역을 통해, 문제를 해결하려는 수정주의적 경향도 나타났으며, 이는 소설에서 묘사하고 있는 것보다 더 심각한 문제였을 것이다.[63)] 당 간부, 안전기관원, 공장 지배인 등에게 뇌물을 주고 조직 생활을 회피한다거나, 이윤을 분배하는 등의 부패행위도 증가했다. 농장의 수확물을 훔치거나 거짓보고를 통해 물자를 빼돌리는 현상도 나타났다. 혹은 협동농장에서 사용해야 할 비료를 몰래 집으로 가져가 자기 텃밭에 사용하는 사례도 많았다.[64)] 암시장의 확산과 국정가격과 시장가격의 차이를 이용하여 국가의 공급 물자를 암시장으로 빼돌리는 현상도 나타났다.

또한, 탈북자들의 통계가 의미하듯이, 1997년을 경과하면서 중국 등지로의 탈북 현상도 증가하였다.[65)] 탈북자들 모두가 목적의식적인 '체제 이탈형'이라고 규정할 수는 없지만,[66)] 생존을 위해 국경을 넘나드는 불법적 행위가 증가한 것만은 틀림없다. 국경을 넘나드는 과정에서 경비원들과의 암묵적인 거래 행위도 있었고, 아예 경비원들과 주민들이 결탁하여 국경을 넘나들고, 이윤을 공동분배하는 현상도 있었다.

1998년까지의 북한은 말 그대로 '고난'의 연속이었다. 사회통합의 측면에서 위기의 시기였다. 사상적으로는 사회주의 – 집단주의적 가치관이 흔들리고 있었고, 조직적으로는 조직에의 참여와 통제가 정상적으로 작동하지 않고 있었다. 이의 가장 큰 이유는 경제난으로 인한 사회 유동성의 증가와 생존을 위한 암시장의 확산, 부패 행위의 증가 등이었다. 즉, 국가의 물질적 통제 기제가 약화되면서 개인들은 국가에 더 이상 의존할 수 없었으며, 개인적인 자구책을 모색해야만 했다. 그러나 물리적 통제기구는 여전히 작동하고 있었다. 문제는 물리적 통제 기제 역시 '민생형 일탈'에 대한 적극적인 통제를 가하지 못하고 있었다는 점이다. 그러나 여전히 '치안형 일탈'에 대해서는 물리적 통제를 가하고 있었다. 그리고 이 점이 북한의 사회통제의 위기에도 불구하고 정치적 위기로까지 발전하지 않은 중요한 원인 중의 하나였다.[67]

5. 선군정치의 등장과 사회통제의 복원

1) 선군정치의 사회적 의미

1994년 김일성의 사망 이후, 북한은 체제 고수의 의지를 담은 '붉은기 사상'을 제창했었다. 붉은기 사상은 곧 김정일의 '나의 심장은 붉다' 혹은 '나에게서 변화를 바라지 말라'라는 발언과 겹치면서 사회주의 체제 고수의 정치적 슬로건이 되었다. '붉은기 사상'에 이어 1997년 당총비서 '추대'와 더불어 북한은 김정일 시대를 본격적으로 개막하였다. 그리고 이와 동시에 새로운 정치방식으로 제창된 것이 바로 '선군정치'이다.

북한이 선군정치를 내세운 이유는 김일성 사망 이후의 식량난 등의 국가적 위기속에서 사회통합의 위기에 대처하는 것이며, 미국과의 핵문제 등의 외교적 고립 및 전쟁 분위기 고조 속에서 무장력을 강화하고,

이를 전 사회적으로 뒷받침해야 했던 상황에서 선택한 정치적 방침으로 보인다. 또한, 국가적인 위기 속에서 체제를 보위하는 최후의 보루로서 군을 중요시 할 수밖에 없었던 사정과도 연관된다. 안팎의 위기에서 이를 극복하기 위해서는 외부의 위협에도 대응해야 했고, 내부의 경제난에도 대응해야 했다. 그리고 군은 이를 가장 잘 수행해나갈 수 있는 혹은 유일하게 의지할 수 있는 주체였던 것이다.

선군정치는 우선, 제도적으로 국방위원회를 중심으로 하는 국가체제의 정비에서 잘 나타난다. 1998년 개정된 헌법은 국방위원회가 명실상부한 국가 최고지도기관으로 규정되었다. 그리고 국방위원장은 헌법에서의 규정과는 달리, 정치, 경제, 사회문화 등 사회의 모든 분야를 지도하는 지위로 선언되었다. 국방위원회 체제는 선군정치의 권력구조를 표현하고 있는 것으로 평가된다. 둘째, 선군정치는 군軍 당조직에 대한 사회적 재평가를 기초로 하고 있다. 즉, 위기의 시기에 위기 관리 능력을 보여준 거의 유일한 집단은 바로 군이었다. 사회당조직이 위기에 흔들리고 사실상 무력화되었음에 반해, 군은 자기자리를 지키고 있었던 것이다. 이를 반영하듯, 김정일은 선군정치를 주장하면서 사회 당조직이 군의 당조직의 모범을 따라 배울 것을 강조하고 있다.68) 셋째, 북한의 당면한 경제재건을 위해 필요한 군의 돌격대적 기능을 최대화하고자 하는 목적을 갖고 있다. 군은 사실상 '군복입은 노동력'으로서 건설에 투입되고 있었다. 노동장, 농민 계층의 사회적 이완의 상황에서 당면한 경제 건설을 위해 앞장서서 동원될 수 있는 집단은 바로 군이었던 것이다. 넷째, 마지막으로 선군정치는 체제 보위를 위한 물리력의 강화를 목적으로 한다. 미국과의 대결과 한반도 긴장 상황 속에서 군은 확실한 체제 보위 집단이었던 것이다. 김정일 말했다고 전해지는 '사탕보다 총알이 필요한' 조건에서, 군은 체제 보위의 물리력으로서 강화되어야 했고, 국방공업은 결코 축소될 수 없었던 것이다.

그러나 선군정치의 사회적 의미는 선군정치와 동시에 제기된 '혁명적 군인정신'에서 보다 더 잘 나타난다.[69] '혁명적 군인정신'은 금강산 발전소로 알려진 '안변청년발전소' 건설 과정에서 발휘된 군인정신을 전 사회적으로 확산시키기 위한 슬로건이라고 할 수 있다.[70] '혁명적 군인정신'의 핵심적 내용은 군의 집단성, 규율성, 전투성을 무기력해진 노동자, 농민 등 전 사회 주민들에게 확산시키고, 이를 통해 흐트러진 사회질서를 바로 잡고자 한 것에서 찾을 수 있다. 수령제가 집단주의적 사회질서의 창출과 수령을 중심으로 한 하나의 사상, 행동의 통일성을 목표로 한 것이라고 한다면, 선군정치는 바로 이러한 수령제의 복원을 의미한다.[71] 선군정치가 수령제의 복원을 의미하는 것이라면, 사회통합의 측면에서 과거의 집단주의적 사회질서를 복원하겠다는 것을 의미한다.

2) 국가체제의 정비와 강성대국론의 등장

1998년의 헌법 개정을 시작으로 북한은 당-국가 체제를 정비하기 시작했다. 개정된 헌법은 주석제의 폐지, 정무원의 내각으로의 개편과 경제에 대한 내각 중심의 지도체제를 갖추었다. 그동안 정상적으로 작동하지 못하는 당-국가체제가 정비됨으로써, 최소한 정치적인 부분에서의 안정화 조치가 이루어진 셈이다. 국방위원회와 국방위원장이 실질적인 국가 최고지도기관으로 격상됨으로써 김정일의 지위가 공고화되었고, 권력승계가 완료되었다.[72]

당-국가체제 정비와 함께, 새로운 시대적 좌표로서 강성대국론이 등장하였다. 정치·사상, 군사, 경제의 강국을 표방하는 강성대국론은 김정일 시대의 국가 목표로서 의미를 갖는다.[73] 정치·사상의 강국은 주체사상으로 단결된 북한의 정치, 사상적 힘을 일컬으며, 현실적으로는 주체사상으로 무장된 수령·당·대중의 사회정치적 생명체론에 입각한 강력한 집단주의 사상의 실현을 의미한다. 북한은 이미 이러한 정치·사상의 강국은 유례없는 위기속에서 증명되었다고 주장한다. 군사의 강국은 강위력한 군사적 힘을 보유하는 것을 의미한다. '혁명적 군인정신'으로 무장한 인민군과 대중들의 군사적 힘과 최고사령관을 중심으로 어떠한 적도 물리칠 수 있다는 것이 북한의 주장이다. 지난 1998년 8월에 쏘아 올린 광명성 1호가 바로 군사강국의 지위를 증명한다고 주장한다. 정치·사상의 강국과 군사의 강국은 김정일의 현명한 영도로 이미 실현되었다고 주장하는 북한은 이제 경제의 강국을 건설하는 것만이 남았다고 한다.

북한은 강성대국론을 내세움으로써 주민들을 경제건설 사업에 동원하고 있다. 여기에 김정일의 '선군혁명영도'가 강성대국 건설을 위한 정치방식으로 결합되어 있다. 이처럼 강성대국론은 북한이 김정일 시대를 맞이하여 김정일의 '선군혁명영도'와 함께 북한 사회가 지향하는 전략적 목표이며, 주민들을 동원하는 이데올로기적 역할을 하고 있다. 즉, 당－국가체제가 정비되고, 새로운 미래의 비젼이 제시됨으로써, 주민들을 이에 동원하는 이데올로기적 통제기제로서 강성대국론은 의미를 갖는다. 이와 함께, 주민들을 효과적으로 동원하기 위한 대중동원도 벌어지기 시작했다. <제2의 천리마 대진군운동>으로 불리는 대중동원운동은 과거 1950년대 북한의 경제기적을 일으켰던, 전통적인 대중동원을 현재화시킨 것이라고 할 수 있다.[74] 북한은 <제2의 천리마 대진군 운동>의 내용을 경제분야 뿐만 아니라 정치, 군사, 사회 등 전 분야에 걸친 혁신과 앙양의 분위기를 조성하는 것이라고 주장하고 있다. 즉 1950년대의 천리마 운동이 사회주의 건설의 총노선으로서 경제뿐만 아니라 전 사회의 공산주의적 진군운동으로 규정되었던 것처럼, 제2의 천리마 대진군 운동도 경제뿐만 아니라, 정치, 군사, 사회 등에 적용되어 '강성대국' 건설의 대진군운동으로 규정되고 있는 것이다. 1950년대의 운동이 사회주의 국가의 건설에 있었다면, 1990년대의 운동은 사회주의 강성대국에 있는 셈이다.

강성대국론이 김정일 시대의 국가목표로서 제시된 것이라면, 이를 실현하기위한 정치방식은 선군정치로, 그리고 아래에서의 대중동원은 선군사상에 기초한 '혁명적 군인정신'의 제창과 <제2의 천리마 대진군운동>으로 나타나고 있다. 이는 곧 북한이 1998년을 경과하면서 국가체제가 정비되고, 당이 어느 정도 제자리를 잡으면서, 사회전체에 대한 통제력이 회복되기 시작했음을 말해준다. 그러나 아무리 북한의 당－정－군 체제가 정상화되었다고 하더라도, 이미 아래에서의 변화가 진행된 것들을 되돌리기에는 어려운 점이 많았다. 위로부터의 '지도'를 통해 아래에 대한 변화를 통제하는 한편, 아래에서의 변화를 현실로 일정하게 수용하는 경향이 나타나기 시작한 것이다.

3) 사회통제 체제의 복원과 변화

선군정치, 강성대국론 등을 통해 당－국가체제가 정비되어갔지만, 사회통제와 조직적 결속력은 과거에 비하여 많이 약화되었다. 특히, 조직적 결속은 주민 이동성의 증가와 물질적 삶의 조건의 악화 속에서 약화되었다. 그러나 1998년의 헌법 개정과 국가체제의 정비 속에서 일정한 변화들이 발생하였다. 1998년 헌법은 90년대 중반부터 발생했던 사회적 이완 현상에 대한 현실적 수용과 국가 제도화를 보여주는 사례라고 할 수 있다. 즉, 아래에서의 변화를 강제적인 방식으로 복귀시키는 대신, 이를 법적으로 제도화시킴으로써 국가체제 속으로 포용하는 모습을 보여주었다.[75]

1998년 개정 헌법은 지도사상으로서 주체사상과 당의 정치적 지도에 대한 명확한 규정에서는 변화가 없지만, 경제에 있어서 원가, 가격, 수익성 등의 경제적 공간에 대한 강조76), 개인 텃밭과 결과물에 대한 개인 소유 인정과 상속권의 보장,77) 대외무역의 주체로서 국가와 함께 사회 협동단체를 추가하고 있는 변화를 보이고 있다.78) 가장 큰 변화는 '75조'에 '거주, 려행의 자유'를 인정하고 있는 점이다. 이러한 변화는 1990년대 중반 이미 일상화 되어버린 사회적 현상을 사후에 추인하는 성격을 갖는다.

또한 개정 헌법은 국가체제의 변화도 동반하고 있다. 정무원의 폐지와 내각의 강화, 중앙인민위원회의 폐지와 최고인민회의 상임위원회와 국방위원회의 강화 등으로 나타나고 있다. 이는 국가 권력의 사법 – 행정 – 군의 기능을 일정하게 분리시킨 것이라고 할 수 있으며, 과거에 비해 법을 통한 사회통제의 기제를 강화하고 있는 것으로 평가된다. 즉, 과거와 마찬가지로 사상적, 조직적 통제가 여전히 우위를 차지하고 있지만, 법적인 통제가 보다 강조되고 있는 것이다. 또한 주목되는 것은 1998년의 헌법개정이 변화의 수용의 성격을 갖고 있는 것도 사실이지만, 다른 한편으로는 흐트러진 사회질서를 바로잡고자 하는 성격도 가지고 있다는 점이다. 국가체제의 정상적인 체제로의 정비는 말할 것도 없고, 그간 재판소가 항상 앞서던 국가기구에 대한 규정에서 검찰소가 재판소보다 앞서 규정되고 있는 것에서 그 일단을 알 수 있다. 이는 1990년대 이후 사회경제 질서의 이완을 바로잡는데 검찰기관의 중요성과 역할을 강조하는 것으로 해석될 수 있는 부분이다.79)

그러나 과거와 비교하여 전반적인 사회통제 기제는 크게 변하지 않은 것으로 보인다. 즉, 사상적 통제로서 사회주의 정당성과 우월성 및 우리식 사회주의의 내용이 그대로 존속하고 있고, 이를 뒷받침하는 조직적 통제 역시 제도적으로는 그대로 지속되고 있다. 이러한 모습은 식량난으로 학교교육이 정상적으로 진행되지 못했음에도 불구하고 '인민학습제도'는 여전히 지속되었다는 탈북자들의 증언에서도 찾아볼 수 있다.80) 즉, 사회통제기제의 전반적인 약화속에서도 국가적 위기를 사상통제로 극복하려는 의도81)는 변함이 없었던 것이다. 또한, 강압적인 물리적 통제의 기제 역시 크게 변화했다고 보기 어렵다. 단지, 법적인 통제가 보다 더 공식성을 띠면서 일탈행위에 대한 정치적 처벌보다는 점차 법적 처벌이 강조되고 있다.82) 과거와 비교하여, 가장 달라진 통제의 기제는 물질적 기제라고 할 수 있다. 국가 공급 능력이 약화되고, 사실상 배급제가 붕괴하면서 과거 국가에 의한 '가부장적 온정주의'는 더 이상 불가능하게 되었다. 그 결과 물질적 통제 역시 국가로부터 점차 협동단체 및 개인적인 수준으로 전환되었다. 이러한 변화는 1998년부터 본격화되기 시작한 '개건'과 '개선' 그리고 실리주의 사고의 이면에 물질적 자극을 보다 더 강조하기 시작한 것과 관련된다. 과거 정치도덕적 자극을 중심으로 물질적 통제를 결합했던 것에서 이제는 물질적 자극이 좀더 강조되기 시작하고, 물질적 성과가 정치적 평가의 기준으로 제시되기 시작한 것이다. 이는 이후 2000년 '7·1 조치'에서 보다 분명히 드러난다.

6. '7·1조치'와 조직생활의 변화

1) 실리주의 경제생활의 제도화

1998년 이후, 북한은 경제강국 건설을 전면에 내걸고 경제 재건에 나서게 된다. 그리고 그 과정에서 마침내 2002년 7월 1일의 '새로운 경제관리 개선조치'가 나오게 되었다. '7·1 조치'는 지금까지의 경제 개선과 달리, 물가와 임금의 동시 인상과 자율성, 분권화의 확대 등으로 표현되는 '체제의 개혁'단계로 평가된다.83) 그리고 '7·1 조치' 이후, 농민시장이 공식적으로 합법화되면서 종합시장으로 개편되었다. 이로써 북한은 시장화 개혁이라는 새로운 단계로 넘어가게 되었다.

'7·1 조치'의 핵심은 무엇보다도 물가와 임금의 동시 인상과 배급제의 축소, 상품－화폐관계의 활성화라고 할 수 있다. 이에 따라 그동안 국가에서 거의 공짜로 공급하던 쌀값이 8전에서 44원으로 550배로 인상되었다. 쌀값의 인상에 맞춰 다른 품목들도 인상되었다. 임금 역시 80~100원 정도에서 2,000~3,000원으로 인상되었다. 물가와 임금의 동시 인상 이외에, 국가계획이 대폭 축소되고, 기업의 활동에 자율성이 부과되었다. 여기에 기업 이윤에 대한 기업 자체의 처분권이 강화되었다. 이에 따라 국가계획위원회는 중요 산업에 대한 직접 계획을 담당하고, 여타의 경우는 기업소에게 계획지표를 일임하게 되었다. 또한 과거 원가를 무시하고 가격을 책정하던 것에서 벗어나 실질적인 이윤이 나도록 가격체제를 정비하였다. 기업의 자율성은 기업소의 수입 배분에서 분명하게 드러난다. 기업소가 자체로 벌어들인 수입에 근거하여(번수입), 임금과 기업 활동에 필요한 분배를 자체의 판단에 따라 처분할 수 있게 되었다.84)

이러한 변화는 곧장 근로자들에 대한 임금체계의 변화를 가져오게 되었다. 즉, 국가가 설정한 임금인상이 기준선으로 제시되면서, 기업소는 번수입에 따라 물질적 인센티브를 보다 더 강화할 수 있게 되었다. 즉, 과거 정신적 자극을 우선하던 데에서, 물질적 자극의 중요성을 상대적으로 강조하는 생산규율이 도입된 것이다. 이와 더불어, 국가공급이 줄어들고, 공짜가 사라짐에 따라 근로자들은 자신의 노동력의 댓가와 그 결과에 기초하여 화폐임금을 받게 된 것이다. 이 결과 주민들에게 실리 즉, 이윤 관념이 확산되고 자신의 정당한 노력으로 수입을 늘릴 수 있는 기회가 증대되었다. 과거 사회주의적 경쟁이 명예와 위신이라는 사회적 자본을 중심으로 한 것이었다면, 이제는 사회주의적 경쟁이 구체적인 실적－실리를 중심으로 진행되게 된 것이다.

북한은 '7·1 조치' 이후, 시장을 도입함으로써 부분적인 시장화의 첫 단계로 진입하였다. 시장의 공식화, 합법화는 상거래를 통한 이윤 실현의 기회 증대, 기업의 시장 가격에의 반응과 생산 계획의 수립 등으로 이어지면서 새로운 변화를 가져오고 있다. 인민반이나 기업소 단위로 시장의 판매대를 통해 이윤을 실현하면서 추가적인 수입을 올릴 수 있게 되었다. 시장의 활성화는 곧 이중가격체제의 형성, 인플레이션으로 인한 물가의 급등 현상을 가져왔다. 그러나 다른 한편으로는 시장을 통해 현물 거래가 이루어짐과 동시에, 국가가 아닌 비국가공급망을 통한 공급체계가 만들어짐으로써 주민들 생활에 커다란 변화를 초래하고 있다.

2) 개인주의의 강화와 물질주의의 확산

'7·1 조치'는 두 가지 성격을 갖는다. 하나는 1990년대 중반의 경제난에서 벗어나기 위한 개혁조치로서의 성격이며, 다른 하나는 아래로부터의 변화를 강제적인 방식으로 복구하기 보다는 이를 제도속으로 포섭하여 수용하는 성격을 갖고 있다. 따라서 '7·1 조치'는 국가의 능동적인 정책이면서 동시에 현실에 대한 수동적 인정의 의미를 갖는다. 더욱 중요한 문제는 '7·1 조치'로 인해서 그간의 사회통제 기제가 변화할 수밖에 없다는 점이다.

먼저, '7·1 조치'는 주민들의 개인주의적 가치관을 보다 더 확대, 강화시키고 있다. 1990년대 중반부터 개인적 생존을 위한 자구책으로 확산된 암시장에서의 개인 상거래로 인해, 이윤 관념에 눈을 뜬 주민들은 시장의 공식화와 번수입에 따른 임금 배분체계로 인해 보다 더 많은 수입을 올리기 위해 물질적 자극에 민감해질 수밖에 없다. 특히, 국가의 가부장적 온정주의가 현실의 엄격한 실적주의로 바뀜에 따라 국가에 의존하던 '후원－보호'의 가치관은 점차 약해질 수밖에 없다. 자신의 정당한 노력에 의해 번수입은 정당한 것으로 인정하는 사회분위기가 형성됨에 따라 개인 이윤에 대한 보다 적극적인 관심이 높아지게 됨을 의미한다.

둘째는 화폐의 유통이 활발해지고, 상품－화폐 관계의 활성화에 따라 화폐의 중요성과 가치가 높아지게 되었다. 과거 현물 중심의 경제가 화폐 중심의 경제로 옮아감에 따라, 화폐에 대한 새로운 인식이 발생하게 된 것이다. 이는 곧 국가의 배급체제의 축소 내지 폐지와 관계된다.

셋째는 기업소의 자율성의 강화되고, 분권화가 일정하게 허용됨에 따라 수동적인 가치관이 능동적인 가치관으로 점차 탈바꿈되고 있다. 특히, 스스로가 생활을 꾸려가야 하는 개인적인 차원에서의 '자력갱생'이 더욱 중요해졌다.

넷째는 이러한 것들은 결국 북한 사회주의가 핵심적인 가치관으로 상정하고 있던 집단주의적 가치관이 약해지고, 개인주의적 가치관이 확대, 강화됨을 의미한다. 또한, 개인주의적 가치관의 중심에 물질주의가 자리함으로써 국가에 의한 물질적 통제는 보다 더 약해지고 있다.

이미 이러한 현상은 선호하는 직장이나 대학의 변화에서도 감지된다. 과거 김일성 종합대학이나 당·정치, 군간부를 선호하던 데에서 벗어나 물건을 직접 처리하거나 외화를 다룰 수 있는 직업이나 대학 등이 인기 있는 것으로 부상하고 있다. 경제대학이나 무역 관련 종사자 등이 인기 있는 대학과 직종으로 분류되고 있다.[85] 또한, 성분을 중심으로 하던 당 간부 등이 사회적으로 선망받던 직업이었으나 이제는 당원이나 당간부의 사회적 위신이 하락하고 있다는 증언이 반복되어 나타나고 있다.[86] 젊은 세대의 경우, 과거 사회적 영예와 애국심이 근거하여 취업을 생각하기 보다는 '얼마나 많은 돈을 벌 수 있는가' 즉, 금전적 수입으로 변화하는 모습들이 발견된다. '의대에서도 졸업하면 장사하려는 학생들이 많았다', '우리세대는 돈을 벌어야 한다고 생각한다', '부수입이 없는 교수가 되려는 학생은 없다', '1991년부터 장사하는 사람들의 많아졌다. 젊은이들의 직업관도 식료, 옷, 담배, 맥주공장 등 먹는 문제와 관련된 공장에서 일하는 것을 선호하는 추세로 흐르고 있다' 등의 증언은 사회적 가치관이 개인주의, 물질주의로 흐르고 있는 경향을 말해준다.[87)]

이러한 개인주의적 가치관의 확대는 사회적으로 빈부의 격차를 확대시킬 가능성도 존재한다.[88)] 이미 몇몇 보고에서는 대도시를 중심으로 한 빈부 격차 현상을 지적하고 있다.[89)] 이는 곧 사회통합의 측면에서 앞으로 새로운 문제를 야기시킬 가능성이 높다할 수 있다. 이러한 사회통합의 문제는 7·1 조치 이후, 제도화될 가능성이 높다. 즉, 많은 수입을 올리는 사람들과 그렇지 못한 사람들 사이의 구분이 생겨나며, 더욱이 이러한 현상이 노동에 의한 정당한 부의 획득이라면 이를 인정함으로써 사회적으로 용인하고 있다.[90)] 이에 따라 일정한 빈부 격차 현상이 사회적으로 나타나게 됨으로써 그간의 엄격했던 평등주의의 변화가 나타나고 있다.

다른 한편, 7·1 조치로 인한 사회적 변화와 더불어, 새로운 사회현상도 나타나고 있다. 이러한 새로운 사회현상은 북한 내부의 사회적 변화와 관계하는 동시에 외부에서의 자유주의 사조의 부분적인 도입에도 영향받고 있는 것으로 보인다. 특히, 1990년대 국제사회의 인도적 지원과 남북관계의 정상화에 따른 확대된 접촉은 새로운 사회 현상에 중요한 영향을 미치고 있다. 여기에, 북·중 국경을 중심으로 인적, 물적 교류가 활성화됨에 따라 외부의 사회적, 문화적 충격이 내부로 스며드는 현상이 나타나고 있다.

먼저, 외래 사조의 도입은 북·중 국경지역을 따라 외래의 자유주의적 흐름이 일정하게 유입되고 있는 데서도 나타난다. 특히, 이 지역에서의 활발한 활동을 전개하는 NGO의 영향에 의해 노래, 책, 비디오 등이 공공연히 유포되고 있다. 이를 반영하듯 ≪청년전위≫는 청년들에게서 자유주의 사조의 유입을 차단할 것을 강조하고 있다.

둘째, 외래 사조의 도입은 무역 일꾼들이나 해외 여행이 잦은 북한의 일부 계층들에게도 원인이 있는 것으로 보인다. 이들은 잦은 해외 출장을 통해 바깥 세계의 일들을 접하게 되고, 이에 따라 이들에 의해 외래 문화가 도입되는 경향도 잦다.

셋째, 방송 등을 통해서 많은 바깥 세상의 소식들이 전해지기도 한 것으로 조사된다. 일부 탈북자들의 증언에 의하면, 북한 내에서도 많은 사람들이 라디오 등의 외부 방송을 듣는 것으로 나타나고 있다.[91] 이에 따라 북한은 자유주의에 대한 경계를 부쩍 강조하고, 모기장을 더욱 든든히 칠 것을 주장하고 있다. 그러나 현실적인 경제적 어려움으로 인해 무역이 증대되고, 중국 접경지역을 중심으로 인적·물적 교류가 활발해지면서 과거와는 달리 통제가 제대로 이루어지지 않고 있는 것으로 보인다. 특히, 남한 노래가 유행하면서 김정일 스스로가 남한 노래 일부에 대해 해금을 지시한 것으로 보아, 강압적 방법에 의한 통제보다는 이를 제도화하는 방식을 채택하고 있는 것처럼 보인다.[92] 이러한 제도화 방식의 채택은 중국과의 교류에서도 나타난다. '7·1 조치' 이후, 북－중간 교역이 늘어나면서, 개인들에게도 복수의 여권을 발급하고, 이들의 좀더 자유롭게 북-중 교역에 나설 수 있도록 하고 있다. 과거 엄격하게 제한되었던 여권 발급(대체로 단수여권 발급)과 불법적인 국경 무역이 이제는 공식화되고, 합법적인 틀에서 이루어지게 된 것이다.

북한의 새로운 사회현상은 외래 사조에 의한 영향도 있지만, 다른 한편으로는 내부의 변화하는 경제적, 사회적 현상에 의해서도 사회통제 기제는 변화하고 있다. 부분적인 시장화와 개인 이윤 관념의 형성 등으로 과거에는 생각할 수 없었던 경제범죄가 등장하고 있으며, 정보통신 산업의 등장으로 인해 이와 관련된 규제 조치가 등장하고 있다. 새로운 형법에서 제시되고 있는 신종 범죄유형은 크게 경제관련 범죄, 미풍양

속 관련 범죄, 지적재산권 관련 범죄 등으로 기존과 달라진 내용들이 늘어났다.[93] 그리고 이처럼 새로워진 범죄 유형에 대한 규제에 대해 과거처럼 포괄적인 규정이 아니라, 보다 명확하게 규제하고 있다. 이는 이러한 범죄에 대해 법적 통제를 강화하겠다는 것을 말해준다. 개정된 형법에서 보여주는 변화는 경제관련 범죄에 대한 조문체계의 강화, 이데올로기적 요소의 약화와 객관적 사회통제 규범으로서의 법의 역할 강화를 특징으로 한다.[94]

결국 '7·1조치'와 더불어 북한 사회는 집단주의적 가치관의 약화와 개인주의적 가치관의 증대 현상을 특징으로 하는 새로운 사회현상이 발생하고 있으며, 이는 실리주의 경제생활이 제도화됨으로써 점차 물질주의적 가치관이 개인주의적 가치관의 중심을 차지하고 있음을 보여주고 있다. 여전히 사상, 조직적 통제 및 사회적 자본의 중요성이 강조되고 있지만, 경제 및 사회생활의 변화를 수용하는 사회통제 기제가 발전하고 있다. 이러한 실리주의 경제생활의 변화에 따라 사회통제 기제 역시 많은 변화를 보일 것으로 예상된다.

3) 조직생활의 복원과 변화

북한의 가장 기본적인 사회통합, 사회통제의 기제는 사상,조직적 통제이다. 1990년대 중반 이후의 어려움과 2000년대의 실리주의의 도입에도 불구하고 이러한 조직생활에서의 변화는 크게 눈에 띄지 않는다. 1990년대 중반의 위기시에 당과 국가의 능력 약화와 더불어 조직적 통제력 역시 약화되었지만, 98년을 기점으로 하여 서서히 복원이 이루어지고 있는 것으로 보인다. 특히 청년조직에 대한 통제의 강화는 과거에 비해 오히려 더 강화되고 있는 것으로 판단된다. 일부 탈북자들의 증언에 의하면, 북한의 조직생활은 큰 변화없이 참여와 동원이 계속되었다고 한다. 즉, 경제가 어려워지고 공급이 제대로 안되면서도 여맹활동은 똑같았고, 생활총화도 여전했다는 것이다. 그러나 식량난 이후 생활의 변화에 따라 실제 참여도와 의식에 변화가 발생했다는 것은 분명하다는 것이다.95)

먼저, 당은 아직 당대회를 치루지 못함으로써 새로운 신진인사들을 제대로 수혈하지 못하고 있지만, 김정일의 총비서 취임을 계기로 안정을 찾은 것으로 보인다. 그러나 1994년 이후, 당의 최고 정책결정기구인 정치국이 사실상 유명무실화되면서 김정일 및 비서국, 전문부서의 책임자를 중심을 당을 운영하고 있는 것으로 보인다. 보다 중요한 문제는 당이 사회적으로 제대로 된 정치참모부로서 기능을 하고 있는가의 문제이다. 1990년대를 다루고 있는 북한의 소설을 보면, 당은 여전히 정치참모부로서의 지위와 역할을 담당하고, 어느 정도 기능하고 있는 것으로 보인다. 그러나 기층으로 내려갈수록 당의 위신과 권위가 저하되고 있다는 탈북자들의 증언으로 보아, 과거와 같은 위상을 회복했다고 보기에는 어려운 것이 현실이다. 당의 위기감은 1990년대 당건설 이후 최초로 전국당세포비서강습회를 개최한데서도 찾아볼 수 있다. 당원들의 탈북과 이탈 현상도 나타나고 있으며, 입당에 대한 열기도 과거처럼 크지 않다고 한다. 이는 당원으로서의 의무는 높은 반면, 실질적인 이익은 크지 않는 현상 때문이라고 한다. 그러나 다른 한편, 당원의 사회적 위신과 당원으로서 얻을 수 있는 이익 때문에 완전히 무시되지는 않는다고 한다. 따라서 당의 지위와 역할이 약화되었다고 하지만, 여전히 당과 당원은 사회적 자원을 독점하고 있으며, 그에 따른 위상을 확보하고 있다고 보는 편이 정확할 것이다.

둘째로, 근로단체들의 경우 가장 눈에 띄는 변화는 책임자의 교체 및 상대적으로 젊은 층이 간부로 등장하고 있다는 점이다. 김일성사회주의청년동맹의 경우 1996년 개칭 이후, 전임 최용해가 해임되고 이일환이 책임비서가 되었으나, 곧 김경호로 교체되었다. 직맹 역시 주성일에서 염순길으로 교체되었고, 농근맹도 승상섭에서 강창욱으로 바뀌었다. 여맹도 천연옥에서 박순희로 교체되어 1990년대 이후, 주요 근로단체 책임자들이 교체되었다. 최근 당 및 근로단체의 간부들은 대체로 젊은 층으로 충원되고 있으며, 이는 김정일 시대를 맞아 새로운 간부교체의 흐름으로 자리잡고 있다. 조직생활의 측면에서 이들은 과거의 사상교양단체로서의 역할을 지속하고 있으며, 여러 대중동원에 참여하고 있다. 단지, 성원들의 조직생활에의 참여율이 떨어진 것으로 알려져 있지만, 조직 자체의 약화로 이어지지는 않고 있는 것으로 보인다.

셋째로, 직장에서의 조직생활 역시 점차 회복되는 것으로 보인다. 이는 7·1 조치 이후, 물질적 인센티브가 강화되면서 직장을 떠났던 근로자들이 복귀하고 있는 현상과 관련된다. 더 많은 수입을 올리기 위해 지배인과 근로자들의 노동의욕이 일정하게 회복되고 있는 것이다. 이러한 현상은 근로자들의 조직생활에도 영향을 미칠 것이라고 쉽게 상상할 수 있다. 다만, 과거에는 노동현장에서 계획수행을 중심으로 작업 총화나 정치적 문제가 주된 의제가 되었다면, 이제는 더 많은 수입을 위한 생산계획이 중심이 되는 현상이 강화되고 있다.96) 이는 앞으로 직장에서의 조직생활이 물질주의의 가치관의 확산과 보다 더 많은 연관을 맺을 것이라고 예상할 수 있다.

넷째로, 인민반 등의 기층 조직의 안정과 동시에 변화도 존재한다. 이미 실질적인 주택 거래 현상이나 여행의 자유 및 거주 이전의 상대적인 자율성이 강화되고, 배급제가 축소됨에 따라 아래에서의 변화가 가장 눈에 띄는 것으로 보인다. 즉, 시장에서의 상거래를 통해 수입을 올릴 수 있는 기회가 확대됨에 따라 인민반 단위로 장사를 하는 현상이 증대하고 있다. 다른 한편, 경제적 이익을 중심으로 한 근로단체의 활동도 강화되고 있다. 여맹의 경우, 정치사상교양을 중시하면서도 학습중심으로 하지 않고, 예술소조활동을 장려하거나 부업과 물질적 유인제를 사용하고 있다고 한다. 여맹원들이 공동부업으로 가급기르기나 나무심기, 양식하기, 퇴비생산하기, 가내공업반 등을 통하여 개인 가계에도 보탬을 주고 경제난을 극복하는데 도움을 주고 있다고 한다.[97]

이러한 변화는 사상적, 조직적 통제의 약화보다는 국가의 물질적 통제의 약화에 따른 현상으로 보인다. 특히, 7·1 조치 이후, 시장기제의 형성과 물질주의적 가치관의 확대, 개인주의의 확산 등으로 보다 더 많은 수입을 올리기 위한 것에 관심이 집중되면서, 과거와 같은 정치, 사상 중심의 조직생활은 상대적으로 약화되었다고 보여진다. 그럼에도 불구하고, 자신들 체제에 대한 정당성과 선군정치에 따른 집단주의적 가치관의 해체는 아직까지 눈에 띄지 않는다. 또한, 7·1 조치로 인한 부작용에도 불구하고, 아래로부터의 변화를 일정하게 제도적으로 수용함으로써 변화를 최소화하는 효과를 내고 있다. 더욱이, 물질주의적 가치관의 확대를 정치, 사상적 평가의 기준의 하나로 제시함으로써 노동의욕의 고취에 긍정적인 작용을 하는 현상도 발견된다. 즉, 애국주의적 가치관의 확대가 그것이다. 현실의 경제적 어려움에 생산력을 확대를 통해 애국한다는 가치관이 형성되는 것이다.

결론적으로 북한에서의 기존의 조직생활은 크게 변화했다고 보기 어렵다. 당과 근로단체 등의 조직이 비록 과거에 비하여 약화되었다고 할 수 있지만, 조직생활 자체가 붕괴하였거나 주민들로부터 멀어졌다고 평가할 수 있는 근거는 아직 확실치 않다. 1990년대의 경제적 어려움에도 불구하고, 군에 대한 지원사업에 대해서는 모두들 열성적이었다는 탈북자의 증언이나,[98] 조직생활에 참가하지 않는 사람들에 대해서는 간부들의 일일이 가정을 방문한다든지 하여 참여를 종용하고, 그에 대한 '요해' 사업을 진행한다는 증언[99] 등은 여전히 북한 주민들에게 조직생활은 생활의 한 부분으로 자리잡고 있음을 말해준다.

7. 결론: 북한 사회체제 변화의 의미

결론적으로 오늘날 북한사회에서 나타나고 있는 사회통제와 조직생활의 변화의 핵심은 개인주의의 확산이라고 할 수 있다. 이는 곧 조직생활의 약화, 집단주의 가치관의 약화를 의미한다. 그러나 북한의 이러한 개인주의의 확산이 집단주의의 대체로까지 발전할 수 있을지는 의문이다.[100] 식량난으로 대표되는 경제위기로 인해 생존의 문제에서 학교 교육의 파행, 주민 유동성의 증가, 당과 조직생활의 이완, 사상적 통제의 이완 등이 나타났지만, 여전히 제도적으로는 흐트러지지 않은 채로 기존의 틀을 유지하고 있는 것이다. 물론, 이를 강제하고 있는 것이 물리적 통제일 가능성이 높지만, 사회화와 재사회회, 정치사회화의 과정이 한 순간에 붕괴했다고 보기에는 어려운 것이 현실이다.

사실, 북한 체제가 유지될 수 있는 조건으로는 정치, 이데올로기적 측면, 경제적 측면, 사회문화적 측면, 대외관계의 측면 모두에게서 발견된다. 즉, 인민적 통치와 물리적 통제의 공존과 분단체제로 인한 사회적 위기에 대응하는 결속력 증대 및 지도부의 통제 강화라는 정치, 이데올로기적 조건이 자리하고 있으며, 경제적 평등주의, 유교적 전통과 집단주의 체제의 발전 역사, 반미 이데올로기 및 최소화된 대외 교류 등의 조건이 그것이라고 할 수 있다.[101] 따라서 1990년대의 위기가 북한의 사회체제에 변화를 가져온 것은 분명하지만, 이를 체제붕괴로까지 확대 해석하는 조심을 요하는 일이다.

북한이 오늘날 보여주고 있는 개혁·개방이 심화될수록 과거의 사회통제 체제는 변화할 수밖에 없을 것이다. 그러나 이것이 곧 사회통합의 위기로 연결될 것이라는 추정은 너무 단순한 가정에 근거한다. 중국의 경우, 개혁과 개방의 결과 '51%의 사회주의' 혹은 '중국식 자본주의'라는 평가에도 불구하고, 여전히 강력한 중앙집권적 동원 능력과 경찰 및 군사조직에 기초한 국가권력의 통제력은 강력하게 남아있다. 또한, 중앙 정부와 지방정부의 권력 재조정을 통해 국가와 시민사회간의 자율화의 문제도 어느 정도 해소하고 있다.102) 이는 현재 북한이 보여주고 있는 개혁·개방이 심화되더라고 섣불리 사회통합의 위기를 논하기 어렵다는 것을 의미한다.

오늘날 북한의 사회통제와 사회통합은 점차 안정화되어 가는 것으로 판단된다. 그러나 이러한 안정화가 지속되고, 제도적으로 안착될 수 있기 위해서는 현재의 경제적 위기를 어떻게 극복하는가의 문제와 현재 추진하고 있는 개혁·개방에 대한 국가의 계획적 통제가 효과적으로 이루어질 수 있는가에 있다. 현재의 변화된 사회통제와 사회통합은 과거에 북한이 보여주었던 원칙으로의 복귀와 동시에 아래로부터의 변화를 일정하게 수용한 모습이라고 할 수 있다. 사회통제의 위기는 어느 정도 극복되었지만, 여전히 변화의 과정에 있으며 이러한 변화의 과정를 통해서 지금까지 구축해왔던 집단주의적 사회통합 질서도 변화하게 될 것이다. 현재 보여지고 있는 개인주의의 강화 현상, 물질적 이윤에 대한 강조와 관심의 증대가 집단주의적 가치를 당장에 대체할 수 있는 정도는 아니지만, 실리주의(혹은 실리사회주의)에 따른 변화는 지속될 것으로 보인다.

※ 이 글은 "사회통제와 조직생활의 변화," 『1990년대 이후 북한사회변화』 (서울: 한국방송(KBS), 2005)에 수록된 글을 수정한 것이다.

주註

1) 연성진, "사회통제 이론의 흐름," 심영희, 전병재 공편, 『사회통제의 이론과 현실』 (서울: 나남, 2000), 7쪽.

2) Cohen, Albert K., *Deviance and Control* (Englewood Cliffs, N.J.: Prentice-Hall, 1966).

3) 이우영, 『전환기의 북한 사회통제체제』 (서울: 통일연구원, 1999), 4~5쪽.

4) 알튀세르에 의하면, 학교나 병원 등의 정신적, 문화적, 이데올로기적 통제기구 (ISA)와 군대, 경찰 등의 물리적 억압기구(RSA)를 사회통제의 두가지 기제로 설명한다. Louis Althusser, "Ideology and Ideological Apparatus," 이상훈 역, 『레닌과 철학』 (서울: 백의, 1995).

5) 이우영, 앞의 책, 11쪽. 그럼에도 불구하고, 지금까지의 역사적 경험으로 미루어볼 때, 모든 지배층은 항상 자신이 장악하고 있는 지배질서 그 자체의 정당성에 대한 믿음을 일깨우고 또 가꾸려고 노력해왔다는 베버의 언급을 상기하면 사회통제는 자본주의와 사회주의의 체제를 뛰어넘어 공통의 문제로 해석된다. 전성우, "막스 베버의 지배사회학과 사회통제," 심영희·전병재 공편, 『사회통제의 이론과 현실』 (서울: 나남, 2000), 73쪽.

6) 송두율, 『소련과 중국』 (서울: 한길사, 1990), 233~234쪽.

7) Cumings, Bruce, "Corporatism in North Korea" *Journal of Korean Studies* 4 (1982/1983); Cumings, *Korea's Place in the Sun* (New York: W. W. Norton, 1997)

8) 전체주의 모델에 대한 설명은 Friedrich, Carl J. and Brzezinski, Zbigniew K., *Totalitarian Dictatorship & Autocracy* (New York: Praeger, 1956); 이를 북한에 적용하고 있는 대표적인 학자는 맥코맥이다. 한편, 전체주의 이론의 시대적 변천과 그 정치적 활용에 따른 등장과 퇴조에 대해서는 Gleason, Abbott, *Totalitarianism: The Inner History of the Cold War* (New York, Oxford: Oxford University Press, 1995).

9) Oh, Kongdan and Hassig, Ralph C., *North Korea through the looking glass* (Washington D.C: Brookings, 2002).

10) 이우영은 북한의 정치사회화가 성공적이었다고 평가하고 있다. 이우영, 『북한 정치사회화에서 전통문화의 역할』 (서울: 민족통일연구원, 1993).

11) 이에 대해서는 이태섭, 『김일성 리더십 연구』 (서울: 들녘, 2001) ; 정영철, 『김정일 리더십 연구』 (서울: 선인, 2005).

12) 북한의 수령제에 대해 대체로 피라미드 식의 권위주의 체제를 상정하는 것이 일반적이다. 수령제를 동심원적 구조로 파악하는 입장은 브루스 커밍스 (1982/1983); 정영철(2005) 등이 있다.

13) 중앙집중에 대한 강조는 1980년대말, 90년대초 사회주의권의 붕괴 이후, 더욱 강화되고 있다. 김정일은 '<민주주의>의 구호를 들고 중앙집권제를 거세하면서 무정부상태를 조성하던 자들이 사회주의를 파괴하고는 로골적인 부르죠아 독재의 길로 나아가고 있다'고 비판하고 있다. 김정일, "사회주의에 대한 훼방은 허용될 수 없다,"『김정일선집 13』(평양: 조선로동당출판사, 1998), 351쪽.

14) 주체사상의 내면화 실태에 대해서는 김병로,『주체사상의 내면화 실태』(서울: 민족통일연구원, 1994).

15) 김정일, "전당과 온 사회에 유일사상체계를 더욱 튼튼히 세우자(1974. 4. 14),"『김정일 주체혁명위업의 완성을 위하여 3』(평양: 조선로동당출판사, 1987). 한편, 일부 탈북자들에 의하면 이「10대원칙」은 헌법보다 더 중요시되는 것으로서, 헌법은 몰라도 10대원칙만큼은 암기해야 한다고 말하고 있다. 현성일, '북한 사회에 대한 노동당의 통제체계'『북한조사연구』제1권 1호 (1997).

16) 현성일, "북한노동당의 조직구조와 사회통제체계에 관한 연구," (한국외대 석사학위논문 1999).

17) 월요일은 조직별 학습, 화요일은 생활총화, 수요일은 집중학습, 목요일은 강연회, 금요일은 기술학습, 토요일은 간부면 간부용, 근로자면 근로자용 학습이 진행된다. 민족21,『북녘사람들은 어떻게 살고 있을까?』(서울: 선인, 2004), 141쪽. 이외에도, 전당 간부들은 1년 1달 강습체계를 통해 학습하도록 강제되고 있으며, 각 단위마다 독보회 등을 통한 일상적 교양체계가 갖추어져 있다.

18) 김정일, "주체사상에 대하여,"『김정일선집 7』(평양: 조선로동당출판사, 1996).

19) 김정일, "주체의 혁명관을 튼튼히 세울데 대하여,"『김정일선집 9』(평양: 조선로동당출판사, 1997).

20) 김정일, "사상사업을 앞세우는 것은 사회주의 위업수행의 필수적 요구이다,"『김정일선집 14』(평양: 조선로동당출판사, 2000).

21) 생활총화 등의 조직생활에의 참여는 평균적으로 하루 2~3시간씩, 1주일에 4~5일은 직장 퇴근 후에 조직생활을 하게 된다고 한다. 민족21, 앞의 책, 166쪽.

22) 김석향, "북한주민의 일상생활," 통일교육원,『북한이해』(서울: 통일교육원, 2004), 263쪽.

23) 금요노동은 1970년대 후반에 매주 1회씩 의무적으로 노동에 참여하도록 한데서 비롯된다. 1959년 <내각결정 18호>로 의무노동제를 공고한 이후, 학생, 사무원 들은 매년 일정한 시간 동안 의무노동에 종사하고 있다. 대학생들의 경우 연 10주, 중학교 고등반학생은 8주, 중등반학생은 4주, 그리고 사무원은 4~6주간 의무노동에 참가한다. 민족21, 앞의 책, 192쪽.

24) 정영철, 앞의 책 (2005).

25) 안장원, "사회주의적 생활양식을 확립하는 것은 사회주의 사회의 건전한 발전을 위한 중요한 요구,"『철학연구』1990년 1호, 37쪽.

26) 국가안전보위부는 1973년 2월 김일성의 교시에 의해 73년 5월에 창설되었다고 한다. 이에 대해서는 엇갈린 주장들이 있는데, 김광용은 1973년 11월에 창설되었다고 주장한다. 국가보위부원으로 근무하다 탈북한 윤대일은 1973년 5월이라고 증언하고 있다. 김광용, '북한 수령제 정치체제의 구조와 특성에 관한 연구,' 한양대학교 박사학위논문 (1995) ; 윤대일,『'악의 축' 집행부 국가안전보위부의 내막』(서울: 조선일보사, 2002), 31쪽.

27) 과학백과사전종합출판사,『조선로동당 사회주의 건설령도사』(평양: 과학백과사전종합출판사, 1995), 183쪽.

28) 법무생활위원회는 국가기관의 모든 부문, 모든 단위의 법무생활을 직접 조직지도한다고 한다. 김억락, "사회주의법무생활을 강화하는 것은 온 사회에 혁명적 생활기풍을 세우기 위한 중요한 요구,"『근로자』1978년 제7호, 27쪽.

29) 사회주의 법무생활위원회의 설치시기는 현재로서는 알 수 없다. 다만, 1977년 김일성의 2월 교시 이후, 그해 12월 최고인민회의 제6기 제12차 전원회의에서 김일성의 연설을 통해 설치 사실이 처음으로 알려졌을 뿐이다. 내외통신사,『북한용어 400선집』(서울: 내외통신사, 1998), 62쪽.

30) 김정일, "사회주의 법무생활을 강화할데 대하여,"『주체혁명위업의 완성을 위하여 4』(평양: 조선로동당출판사, 1987), 509쪽.

31) 사회과학원력사연구소, 앞의 책, 62쪽.

32) 과학백과사전출판사,『조선전사 32』(평양: 과학백과사전출판사, 1982), 137~138쪽.

33) 전현준,『북한의 사회통제 기구 고찰: 인민보안성을 중심으로』(서울: 통일연구원, 2003), 22쪽.

34) 특별독재대상구역은 일명 '정치범 수용소'라 불린다. 정치범 수용소의 존재와 생활에 대해서는 많은 탈북자들이 증언을 하고 있다. 그러나 특별독재대상구역의 실상에 대해서는 여전히 논란 중이다.

35) 김일성, "수송사업에서 새로운 혁신을 일으킬 데 대하여,"『김일성저작집 32』(평양: 조선로동당출판사, 1986), 156쪽.

36) 그러나 원칙이 노동의 양과 질에 따른 분배임에도 불구하고, 실제로는 노동의 양에 따른 분배가 지배적이었다. 2002년의 '7·1조치'는 노동의 양과 질에 따른 분배가 이루어지도록 조치하였다.

37) 북한의 사회주의 성격에 대한 논의는 김일성, "자본주의로부터 사회주의로의 과도기와 프롤레타리독재의 문제에 대하여,"『김일성저작집 4』(평양: 조선로동당출판사, 1979)를 참조할 것. 한편, 소련 및 사회주의권 붕괴이후, 사회주의

에 대한 성격규정에 대해서는 김정일, "사회주의 건설의 역사적 교훈과 우리당의 총노선,"『김정일선집 12』(평양: 조선로동당출판사, 1997)을 볼 것. 그리고 북한식 사회주의에 대한 정의에 대해서는 "사회주의는 과학이다,"『김정일선집 13』(평양: 조선로동당출판사, 1998)를 볼 것.

38) 김명렬,『사회주의하에서 물질적 관심성과 가치법칙의 올바른 리용에 관한 주체의 경제리론』(평양: 과학백과사전출판사, 1986).

39) 박영자, "북한 일상생활의 식민화와 탈식민화: 여성생활을 중심으로," 평화문제연구소,『통일문제연구』2004년 2호.

40) 기광서는 북한 체제의 지탱력에 대한 분석에서 경제적 평등주의를 중요한 요인으로 꼽고 있다. 기광서, "북한체제의 유지, 발전에 대한 조건분석," 조선대학교『통일문제연구』, 15권 (2002).

41) 브루스 커밍스의 조합주의론이 대표적이다.

42) 이러한 사회적 혜택이 주민들에게 사회주의의 정당성을 심어주는 것에 분석은 김귀옥·정영철, "북한 인민의 생활세계 연구," 통일부 신진학자 연구논문 모음집 (1997).

43) 김정일, "사회주의는 과학이다," 앞의 글.

44) 북한 민족주의 이론의 변화에 대해서는 정영철, "북한의 민족·민족주의－민족개념의 정립과 민족주의의 재평가,"『문학과 사회』63호, 2003년 가을호 ; 김태우, "북한 민족이론의 변화과정," (한국학중앙연구원 한국학대학원 석사학위논문, 2002).

45) 북한 농업의 침체에 대한 최근의 논의로는 Yu, Chong-Ae, "Sucess and Failure of North Korea's Modern Industrial Agriculture," Master's thesis of Cornell University, 2004.

46) 김근식, "북한의 권력 승계 과정과 당내 갈등," 평화문제연구소,『통일문제연구』1999년 하반기호.

47) 신준영, "북 386 가슴속의 김정일 총비서: 그는 권력자 아닌 사상적 지도자" 월간『민족21』창간호 (2001).

48) 당시 당 조직이 완전히 기능을 정지하거나, 붕괴한 것은 아니지만 효과적인 정치적 대응을 하지 못하고 있었던 것만은 사실로 보인다. 이는 김정일의 '비밀연설'로 알려진 문헌에서도 드러나며, 이후 선군정치가 제기된 배경에서 보더라도 이 당시 사회당조직이 제 기능을 수행하지 못하고 있었던 것만은 틀림없다. 김정일은 "사회의 당조직이 군의 당조직처럼 일을 잘하지 못한다"고 비판하면서, "군의 당조직을 따라 배워야 한다"고 강조하였다. 김정일, "올해 당사업에서 혁명적 전환을 일으킬 데 대하여,"『김정일선집 14』(평양: 조선로동당출판사, 2000), 225쪽 ; 조연준, "선군혁명 령도로 사회주의 집권당 건설에서

이룩한 불멸의 업적,"『근로자』2000년 6호, 10쪽.

49) 이에 대한 설득력있는 분석은 여전히 진행되지 못하고 있다. 대부분의 연구들이 강압적 억압기구의 역할, 정보통제에 따른 주민들의 수동성 등을 지적하고 있다. 한국의 민족통일연구원은 북한의 내구력평가를 통해, 붕괴하지 않는 북한의 모습을 분석하기도 하였으나, 이 역시 피상적인 관찰에 불과하다. 김성철 외,『북한 사회주의체제의 위기 수준 평가 및 내구력 전망』(서울: 민족통일연구원, 1996). 오히려, 북한이 위기에도 불구하고 내파되지 않은 원인은 수령제라는 그들 내부의 사회구조에서 찾아야 할 것이다. 북한 수령체제의 강정과 약점에 대해서는 김광용, 앞의 글; 정영철, 앞의 책 (2005).

50) 이종석, "김정일 시대의 조선노동당," 이종석·백학순,『김정일시대의 당과 국가기구』(성남: 세종연구소, 2000), 12~13쪽.

51) 노동자들이 개인 장사를 하고 그 대신 직맹위원장에게 돈을 주면 서류로 참석한 것처럼 작성해서 상부에 보고했다고 한다. 이는 곧 직업동맹의 공장, 기업소 내 총화가 제대로 이루어지지 못했음을 의미한다. 정상돈, "조선직업총동맹" 세종연구소 북한연구센터,『조선노동당의 외곽단체』(서울: 한울, 2004), 114쪽.

52) 배급의 중단은 생산단위의 공동화 현상을 일으키게 된다. 여맹의 경우 과거 일주일에 한번씩 하던 생활총화를 열흘에 한번 하게 되었고, 서로 사정을 봐주면서 했다고 한다. 또한, 상호비판 역시 감싸기식으로 진행되었다고 한다. 이미경·구수미, "경제위기 이후, 북한 도시여성의 삶과 의식: 청진, 신의주, 혜산지역을 중심으로,"『북한연구학회보』8권 2호 (2004), 179쪽.

53) 김정일, "인민생활을 더욱 높일데 대하여,"『김정일선집 8』(평양: 조선로동당출판사, 1998), 4쪽.

54) 김정일, "사회주의에 대한 훼방은 허용될 수 없다," 앞의 글.

55) 가부장적 온정주의는 국가에 의한 보호를 의미한다. 그 동안 북한은 생필품을 비롯한 필수품을 국가가 책임지고 있었다. 그러나 국가의 공급 능력 약화는 이러한 보호주의가 더 이상 가능하지 않게 되었다.

56) 정우곤, "1990년대 북한 주민생활보장제도와 도시계층구조 재편,"『현대북한연구』7권 1호 (2004), 77~78쪽.

57) 이는 전현준, 앞의 책, 55쪽.

58) 이무철, "북한의 국가능력약화와 분권화 가능성," 통일부 신진학자 연구논문모음집 (2001).

59) 이미경·구수미의 탈북자 증언에 기초한 연구에 따르면, 1998년부터 공장에 출근시키기 위해 통강냉이를 주면서 출근을 독려했다고 한다. 이는 공장이 돌아가는 것보다는 사회동원을 위한 것이었고, 이것도 계속 배급을 주지 못하게 되자 공장 부속품을 빼내어 생계를 유지하는 경우도 있었다고 한다. 이미경·

구수미, 앞의 글, 172쪽 ; 이와 관련하여 『라남의 열풍』이라는 소설 속에서 공장 노동자들의 결근, 기계 부속품 빼돌리기 현상, 형식주의적 태도 등을 표현하고 있다. 백보흠, 『라남의 열풍』 (평양: 문학예술출판사, 2004).

60) 진희관, "체제내부적 균열가능성과 내부 통제력: 문제는 김정일체제가 아니라 계승자가 없다는 것이다," 『통일한국』 2005년 5월호.

61) 당원의 경우 부담이 큰데 비해, 혜택이 없기 때문에 주민들이 입장에 무관심한 상태라고 한다. 과거 일반주민들 사이에서 예전에는 당에 못 들어갔다고 손가락질을 받았지만, 이제는 입당하면 '머저리'라고 손가락질을 받는 상황이 되었다고 한다. 김갑식·오유석, "'고난의 행군'과 북한 사회에서 나타난 의식의 단층," 『북한연구학회보』 8권 2호 (2004), 97쪽.

62) 정상돈, "조선직업총동맹," 세종연구소 북한연구센터, 『조선노동당의 외곽단체』 (서울: 한울, 2004), 111쪽.

63) 소설 『강계정신』 (리신현 저, 문학예술종합출판사, 2002)에서 이러한 경향이 묘사되고 있다.

64) 정상돈, 앞의 글, 170쪽.

65) 중국에서의 탈북자 면접과 현지인 조사를 통한 결과를 보면 1997년 초부터 탈북자들이 급증하기 시작하였으며, 이후로 탈북자 문제도 본격적으로 제기되었다고 한다. 문숙재·김지희·이명근, '북한 여성들의 탈북동기와 생활실태: 중국 연변지역의 탈북 여성들을 중심으로', 『대한가정학회지』 38권 5호 (2000), 140쪽.

66) 강권찬은 탈북자의 유형을 제1유형으로서 단순 탈북(단기탈북후 귀환), 제2유형으로서 중국거주 탈북(중간형), 제3유형으로서 정치적 망명(체제저항형탈북)으로 구분한다. 강권찬, "기획망명후의 탈북자문제 해결방안," 『민족연구』 제10호, 170쪽.

67) 물론, 물리적 통제 이외에도 사상적 통제의 영향도 중요하게 고려되어야 할 것이다. 북한의 주민들이 당면의 경제난으로 인해 사회주의적 가치관이 약화되었다고 하더라도, 그간의 사상적 통제에 의해 학습되고, 경험된 가치관은 지속되고 있었다고 보아야 한다. 특히, 미국 등의 제국주의 국가에 의한 '피포위 의식'과 분단이라는 조건에서 쉽게 비사회주의적 가치관으로 전환되기는 어려웠다. 중국 현지에서의 탈북자 증언에는 상당수가 애국심과 집단주의에 대한 우호적인 감정을 드러내고 있으며, 조국을 배신했다는 죄책감을 드러내고 있다.

68) 김정일, "올해 당사업에서 혁명적 전환을 일으킬 데 대하여," 『김정일선집 14』 (평양: 조선로동당출판사, 2000), 225쪽.

69) '혁명적 군인정신'은 1997년 3월 김정일의 연설에서 제시되고 있다. 이는 '선군정치'보다 앞서 나온 것이다. 김정일, "혁명적 군인정신을 따라 배울데 대하

여,”『김정일선집 14』(평양: 조선로동당출판사, 2000), 294쪽.

70) ‘안변청년발전소’ 건설을 형상화한 소설은 송상원,『총검을 들고』(평양: 문학예술출판사, 2002) 이다.

71) ‘선군정치’의 정치적 의미에 대해서는 이태섭, 앞의 책 (2001)과 정영철, 앞의 책 (2005)을 보라.

72) 김정일 권력승계의 완료는 형식적인 측면이 강하다. 왜냐하면 김정일은 이미 실질적인 통치자로서 군건한 지위를 유지하고 있었기 때문이다. 김정일의 권력 장악과정에 대해서는 정영철, 앞의 책 (2005)과 정창현,『곁에서 본 김정일』(서울: 김영사, 2000).

73) 정영철,『북한의 개혁·개방: 이중전략과 실리 사회주의』(서울: 선인, 2004).

74) 천리마 운동은 1950년대 북한의 경제건설의 ‘기적’을 가능케 했던 대중동원 운동이었다. 북한의 대중동원운동의 특징에 대해서는 정영철, ‘1970년대 대중운동과 북한 사회: 돌파형 대중운동에서 일상형 대중운동으로’『현대북한연구』6권 1호 (2003).

75) 특히, 개인재산의 문제와 여행의 자유 등은 이미 현실에서 벌어지고 있던 일이었다. 따라서 98년의 헌법은 이를 사후에 추인하는 성격을 가진다고 할 수 있다.

76) 헌법 33조.

77) 헌법 24조.

78) 헌법 36조.

79) 백학순, “김정일시대의 국가기구,” 이종석·백학순,『김정일시대의 당과 국가기구』(성남: 세종연구소, 2000), 60～61쪽.

80) 2000년 조·중접경지역에서의 조사보고서에 의하면, 학교교육이 제대로 이루어지지 못하고 있음에도 불구하고, ‘인민학습제도’는 지속되었다고 하며, 불참시에는 글을 써서 올려야 했다고 한다. 경남대 북한대학원,『조·중 접경지역 조사보고서』(2000) 참조.

81) 전미영, “북한 사회교육 정책의 현황과 평가,”『국민윤리연구』48호 (2001), 173쪽.

82) 최근 개정된 형법에서 보이는 특징은 법정주의로의 움직임을 보여준다. 장명봉, “2004년 <형법>개정의 의미와 평가: ‘정치형법’에서 ‘범죄통제형법’으로의 변화,”『통일한국』2005년 1월호.

83) 이에 대해서는 정영철, 앞의 책 (2004).

84) 번수입은 공장, 기업소의 생산결과에서 국가기업이득금과 생산비용등을 제외한 기금으로 이루어졌다. 번수입에 대해서는 장성은, “공장, 기업소에서 번수입의 본질과 그 분배에서 나서는 원칙적 요구,”『경제연구』2002년 4호.

85) 탈북자들의 증언.

86) 그러나 여전히 당의 위세는 높다. 과거에 비해, 상대적으로 당의 권위가 하락했다고 하지만, 이는 몇가지 측면에서 조심스럽게 평가되어야 한다. 즉, 과거 당이 정치 및 경제 분야에까지 직접 간섭하던 데에서 벗어나 경제의 내각으로의 권한을 대폭 위임하는 현상과 생산현장에서도 지배인의 권한이 강화되고 있는 것이다. 이는 당의 약화라기 보다는 당과 내각(정부)의 역할분담을 보다 강화했다는 의미를 갖는다.

87) 최대석·이상숙, "북한의 대학생활과 새세대의 가치관," 민화협 정책위원회 편,『북한주민의 일상생활과 대중문화』(서울: 오름, 2003), 316쪽.

88) 정우곤, "1990년대 북한 주민 생활보장제도와 도시계층 구조 재편,"『현대북한연구』7권 2호 (2004), 110∼112쪽.

89) ≪연합뉴스≫ 2005년 9월 2일. 이러한 빈부 격차의 원인은 '7·1 조치'에 따라 수입을 많이 올리는 공장과 그렇지 못한 공장 노동자들의 임금 분배에서의 차이, 장사를 통해 돈을 번 개인들과 그렇지 못한 사람들간의 차이 등이 원인인 것으로 보인다.

90) 김정일, "강성대국 건설의 요구에 맞게 사회주의경제관리를 개선강화 할 데 대하여," 2000년 10월 3일; '7·1조치'의 직접적인 근거가 되고 있는 이 문헌에서 김정일은 '로동의 결과에 따라 일을 많이 하고 더 잘한 사람은 물질적 더 많은 몫이 차례지고 정치적으로도 응당 평가를 받게 하며 그렇지 못한 사람은 물질적으로 적은 몫이 차례지게 할 뿐 아니라 정치적 평가도 받을 수 없게 하여야 합니다'라고 하여, 로동에 따른 정당한 분배를 지시하고 있다. 중요한 것은 과거 정치적 평가와 물질적 평가를 분리했던 경향에 대해 비판하며, 물질적 평가가 곧 정치적 평가로 이어지도록 했다는 점이다. 이는 곧 많은 소득을 올린 사람들이 정당한 노력을 통한다면, 정치적으로도 좋은 평가를 받도록 한다는 것을 의미한다.

91) 탈북자들의 증언에 의하면, 웬만한 청년들은 남한방송을 비밀리에 듣고 있다고 한다. 이무철, 앞의 글 (2004년 4월호).

92) 오양열·임채욱, "북한의 군중문화정책과 주민의 문화예술활동," 민화협 정책위원회 편,『북한주민의 일상생활과 대중문화』(서울: 오름, 2003), 149∼150쪽 ; 1990년대 들어, 북한은 과거 계몽기 시대의 가요에 대한 해금조치를 취했다고 한다. 이에 따라 98년『계몽기가요선곡집』(250곡, 평양음악무용대학 민족음악연구실)과 2000년 5월 같은 이름의『계몽기가요 선곡집』(190곡, 문학예술종합출판사)를 펴냈다고 한다.

93) 이에 대해서는 개정된 형법 조항을 참조할 것.

94) 장명봉, "2004년 <형법>개정의 의미와 평가: '정치형법'에서 '범죄통제형법'으로의 변화,"『통일한국』2005년 1월호.

95) 이미경·구수미, 앞의 글, 178쪽.

96) 이런 측면에서 수입을 내지 못하면, 지배인조차도 자리를 보존할 수 없는 현상도 나타나고 있다고 한다.

97) 『조선녀성』 2000년 2호, 28쪽(김귀옥, "1980년대 북한 사회의 발전과 좌절의 기로," 『현대북한연구』 7권 1호 (2004), 111쪽에서 재인용).

98) 이미경·구수미, 앞의 논문.

99) 이미경·구수미, 위의 논문.

100) 탈북자 증언에 의해 북한 사회의 변화를 연구한 논문에 의하면, 여전히 이웃의 어려움에도 눈을 돌려 더불어 살려는 의식을 지니고 있었고, 조직생활과 사회통원의 참여를 부정하기보다 가능한 범위내에서 따르려 했다고 한다. 이미경·구수미, 앞의 논문. 또한 김갑식과 오유석도 사회주의 의식의 약화와 개인주의 성장이라는 의식의 단층이 보이지만 이것이 체제를 흔들거나 현재의 집단주의를 대체할 만큼 발전하지는 않고 있다고 진단한다. 김갑식·오유석, 앞의 논문. 이는 생존의 문제에 부딪히면서 조직생활의 참여 약화와 집단주의의 약화 등이 발견되지만, 이것이 사회체제를 부정하거나 조직적 결속 자체를 부정하는 것으로 발전하지 않고 있다는 의미이다. 이 점에서 현재 드러나고 있는 북한의 개인주의적 변화를 확대 해석할 경우, 북한의 변화를 자칫 우리의 주관적 희망에 과도하게 투영시키는 오류를 범할 수 있다.

101) 기광서, "북한체제의 유지, 발전에 대한 조건 분석," 조선대학교 『통일문제연구』 15권 (2002).

102) 박윤철, "중국 개혁개방 후 국가와 사회의 재구조화: 사회조직의 활성화를 중심으로," 『중소연구』 통권 88호 (2000/2001), 15쪽.

〈참고문헌〉

1. 북한문헌

사회과학원역사연구소, 『조선전사 32』 (평양: 과학백과사전출판사, 1982).

과학백과사전종합출판사, 『조선로동당 사회주의 건설령도사』 (평양: 과학백과사전종합출판사, 1995).

김명렬, 『사회주의하에서 물질적 관심성과 가치법칙의 올바른 리용에 관한 주체의 경제리론』 (평양: 과학백과사전출판사, 1986).

김억락, "사회주의법무생활을 강화하는 것은 온 사회에 혁명적 생활기풍을 세우기 위한 중요한 요구," 『근로자』, 1978년 제7호.

김일성, "자본주의로부터 사회주의로의 과도기와 프롤레타리독재의 문제에 대하여," 『김일성저작집 4』 (평양: 조선로동당출판사, 1979).

______, "수송사업에서 새로운 혁신을 일으킬 데 대하여," 『김일성저작집 32』 (평양: 조선로동당출판사, 1986).

김정일, "전당과 온 사회에 유일사상체계를 더욱 튼튼히 세우자(1974.4.14),"『김정일 주체혁명위업의 완성을 위하여 3』 (평양: 조선로동당출판사, 1987).

______, "사회주의 법무생활을 강화할데 대하여,"『주체혁명위업의 완성을 위하여 4』 (평양: 조선로동당출판사, 1987).

______, "주체사상에 대하여," 『김정일선집 7』 (평양: 조선로동당출판사, 1996).

______, "인민생활을 더욱 높일데 대하여," 『김정일선집 8』 (평양: 조선로동당출판사, 1998).

______, "주체의 혁명관을 튼튼히 세울데 대하여," 『김정일선집 9』 (평양: 조선로동당출판사, 1997).

______, "사회주의 건설의 역사적 교훈과 우리당의 총노선," 『김정일선집 12』 (평양: 조선로동당출판사, 1997).

______, "사회주의에 대한 훼방은 허용될 수 없다," 『김정일선집 13』 (평양: 조선로동당출판사, 1998).

______, "사회주의는 과학이다," 『김정일선집 13』 (평양: 조선로동당출판사, 1998).

______, "사상사업을 앞세우는 것은 사회주의 위업수행의 필수적 요구이다,"『김정일선집 14』 (평양: 조선로동당출판사, 2000).

______, "올해 당사업에서 혁명적 전환을 일으킬 데 대하여,"『김정일선집 14』 (평양: 조선로동당출판사, 2000).

______, "혁명적 군인정신을 따라 배울데 대하여,"『김정일선집 14』(평양: 조선로동당출판사, 2000).
______, "강성대국 건설의 요구에 맞게 사회주의경제관리를 개선강화할 데 대하여," 2000년 10월 3일.
리신현,『강계정신』(평양: 문학예술종합출판사, 2002).
백보흠,『라남의 열풍』(평양: 문학예술출판사, 2004)
송상원,『총검을 들고』(평양: 문학예술출판사, 2002).
장성은, "공장, 기업소에서 번수입의 본질과 그 분배에서 나서는 원칙적 요구,"『경제연구』2002년 4호.
조연준, "선군혁명 령도로 사회주의 집권당 건설에서 이룩한 불멸의 업적,"『근로자』2000년 6호.

2. 남한문헌

강권찬, "기획망명후의 탈북자문제 해결방안,"『민족연구』제10호, 2003.
기광서, "북한체제의 유지, 발전에 대한 조건분석," 조선대학교『통일문제연구』, 15권 (2002).
김갑식 · 오유석, "고난의 행군과 북한 사회에서 나타난 의식의 단층,"『북한연구학회보』8권 2호 (2004).
김광용, "북한 수령제 정치체제의 구조와 특성에 관한 연구," 한양대학교 박사학위논문 (1995).
김귀옥 · 정영철, "북한 인민의 생활세계 연구," 통일부 신진학자 연구논문 모음집 (1997).
______, "1980년대 북한 사회의 발전과 좌절의 기로,"『현대북한연구』7권 1호 (2004).
김근식, "북한의 권력 승계 과정과 당내 갈등," 평화문제연구소,『통일문제연구』1999년 하반기호.
김병로,『주체사상의 내면화 실태』(서울: 민족통일연구원, 1994).
김석향, "북한주민의 일상생활," 통일교육원,『북한이해』(서울: 통일교육원, 2004).
김성철 외,『북한 사회주의체제의 위기 수준 평가 및 내구력 전망』(서울: 민족통일연구원, 1996).
김태우, "북한 민족이론의 변화과정," 한국학중앙연구원 한국학대학원 석사학위논문 (2002).
내외통신사,『북한용어 400선집』(서울: 내외통신사, 1998).
문숙재 · 김지희 · 이명근, '북한 여성들의 탈북동기와 생활실태: 중국 연변지역의 탈북 여성들을 중심으로',『대한가정학회지』38권 5호 (2000).

민족21, 『북녘사람들은 어떻게 살고 있을까?』 (서울: 선인, 2004).

박갑수, "북한의 군사전략과 군사력" 통일교육원, 『북한이해』 (서울: 통일교육원, 2004).

박영자, "북한 일상생활의 식민화와 탈식민화: 여성생활을 중심으로," 평화문제연구소, 『통일문제연구』 2004년 2호.

박윤철, "중국 개혁개방 후 국가와 사회의 재구조화: 사회조직의 활성화를 중심으로," 『중소연구』 통권 88호 (2000/2001).

백학순, "김정일시대의 국가기구," 이종석 · 백학순, 『김정일시대의 당과 국가기구』 (성남: 세종연구소, 2000).

세종연구소 북한연구센터, 『조선로동당의 외곽단체』 (서울: 한울, 2004).

송두율, 『소련과 중국』 (서울: 한길사, 1990).

신준영, "북 386 가슴속의 김정일 총비서: 그는 권력자 아닌 사상적 지도자," 월간 『민족21』 창간호 (2001).

연성진, "사회통제 이론의 흐름," 심영희, 전병재 공편, 『사회통제의 이론과 현실』 (서울: 나남, 2000).

오양열 · 임채욱, "북한의 군중문화정책과 주민의 문화예술활동," 민화협 정책위원회 편, 『북한주민의 일상생활과 대중문화』 (서울: 오름, 2003).

윤대일, 『'악의 축' 집행부 국가안전보위부의 내막』 (서울: 조선일보사, 2002).

이무철, "북한의 국가능력약화와 분권화 가능성," 통일부 신진학자 연구논문 모음집 (2001).

______, "김일성사회주의청년동맹과 청년들의 생활," 『통일한국』 2000년 4월호.

이미경 · 구수미, "경제위기 이후 북한 도시여성의 삶과 의식: 청진, 신의주, 혜산지역을 중심으로," 『북한연구학회보』 8권 2호 (2004).

이우영, 『북한 정치사회화에서 전통문화의 역할』 (서울: 민족통일연구원, 1993).

______, 『전환기의 북한 사회통제체제』 (서울: 통일연구원, 1999).

이종석, "김정일 시대의 조선노동당," 이종석 · 백학순, 『김정일시대의 당과 국가기구』 (성남: 세종연구소, 2000).

이태섭, 『김일성 리더십 연구』 (서울: 들녘, 2001).

장명봉, "2004년 <형법>개정의 의미와 평가: '정치형법'에서 '범죄통제형법'으로의 변화," 『통일한국』 2005년 1월호.

전미영, "북한 사회교육 정책의 현황과 평가," 『국민윤리연구』 48호 (2001).

전성우, "막스 베버의 지배사회학과 사회통제," 심영희 · 전병재 공편, 『사회통제의 이론과 현실』 (서울: 나남, 2000).

전현준, 『북한의 사회통제 기구 고찰: 인민보안성을 중심으로』 (서울: 통일연구원, 2003).

정상돈, "조선직업총동맹," 세종연구소 북한연구센터, 『조선노동당의 외곽단체』

(서울: 한울, 2004).

정영철, 『김정일리더십연구』(서울: 선인, 2005).

______, "북한의 민족·민족주의－민족개념의 정립과 민족주의의 재평가,"『문학과 사회』63호, 2003년 가을호.

______, "1970년대 대중운동과 북한 사회: 돌파형 대중운동에서 일상형 대중운동으로,"『현대북한연구』6권 1호 (2003).

______,『북한의 개혁·개방: 이중전략과 실리사회주의』(서울: 선인, 2004).

정우곤, "1990년대 북한 주민생활보장제도와 도시계층구조 재편,"『현대북한연구』7권 1호 (2004).

정창현,『곁에서 본 김정일』(서울: 김영사, 2000).

______,『변화하는 북한 변하지 않은 북한』(서울: 선인, 2005).

진희관, "체제내부적 균열가능성과 내부 통제력: 문제는 김정일체제가 아니라 계승자가 없다는 것이다,"『통일한국』2005년 5월호.

최대석·이상숙, "북한의 대학생활과 새세대의 가치관," 민화협 정채위원회 편,『북한주민의 일상생활과 대중문화』(서울: 오름, 2003).

한국농촌경제연구원,『KREI 북한농업동향』제7권 제2호 (2005. 7).

현성일, "북한 사회에 대한 노동당의 통제체계,"『북한조사연구』제1권 1호, 1997.

______, "북한노동당의 조직구조와 사회통제체계에 관한 연구," (한국외대 석사학위논문, 1999).

≪연합뉴스≫ 2005년 9월 2일자.

3. 외국문헌

Cohen, Albert K., *Deviance and Control* (Englewood Cliffs, N.J.: Prentice-Hall, 1966)

Cumings, Bruce, "Corporatism in North Korea," *Journal of Korean Studies* 4 (1982/1983).

______________, *Korea's Place in the Sun* (New York: W. W. Norton, 1997)

Friedrich, Carl J. and Brzezinski, Zbigniew K., *Totalitarian Dictatorship & Autocracy* (New York: Praeger, 1956).

Gleason, Abbott, *Totalitarianism: The Inner History of the Cold War* (New York, Oxford: Oxford University Press, 1995).

Louis Althusser, "Ideology and Ideological Apparatus," 이상훈 역,『레닌과 철학』(서울: 백의, 1995).

Oh, Kongdan and Hassig, Ralph C., *North Korea through the Looking Glass* (Washington D.C: Brookings, 2002).

Quinney Richard, *Critique of Legan Order: Crime Control in Capitalist Society* (Boston:

Little Brown, 1974).
Yu, Chong-Ae, "Sucess and Failure of North Korea's Modern Industrial Agriculture,"
    Master's thesis of Cornell University, 2004.

공산주의 사회 실현을 위한
북한의 노동 동원 이데올로기

권 오 윤

1. 어떻게 북한 주민을
노동할 수 있게 할 것인가?

일반적으로 북한의 이데올로기 기능 중에서 '동원'적인 성격에 초점
이 모아지는 것은 바로 북한의 체제가 '현실 사회주의(actually existing
socialism)' 체제[1]로서 '마르크스 – 레닌주의(Marx-Leninism)'에 따라 경
제 형태를 사회주의적으로 개조하였기 때문이다. 보다 구체적으로 말하
면 인간이 노동을 하려는 욕구는 결국 자기 자신을 위해서라는 아담 스
미스(Adam Smith)의 명제가 생산수단을 사회화한 북한의 경우에는 적
용되기가 어렵고 따라서 북한의 경우에 인적, 물적 자원을 추출해내기
위해서는 위로부터의 '동원'에 의해 가능할 것이라는 인식 때문이다. 물
론 생산관계의 사회주의적 개조가 곧바로 노동대중들에 대한 수동적 태

도와 연결되는 것은 아니다. 오히려 마르크스(K. Marx)나 엥겔스(F. Engels), 그리고 김일성도 생산관계의 사회주의적 개조, 즉 생산수단의 사회적 소유는 노동자가 스스로 소유의식을 가지기 때문에 오히려 자본주의보다 훨씬 더 자발적이고 능동적으로 노동에 임하게 될 것이라고 전망하였다.[2]

그러나 마르크스, 엥겔스에 있어서의 사회주의 사회는 자유롭고 평등한 노동자들의 조합적 사회였지 북한과 같이 국가권력과 노동대중이 분리되어 중앙에서 일방적으로 명령하고 지시하는 사회는 아니었던 것이다. 현실 사회주의로서 북한은 '프롤레타리아 독재'라는 명목 하에 노동당 독재 → 수령 독재 → 김일성 부자독재를 정당화하고 '생산관계의 사회주의적 개조'라는 명목 하에 주요 생산수단들을 국가가 소유, 통제함으로써 노동대중을 소극적인 위치로 전락시켜 버린 것이다.

이러한 점에서 북한은 마르크스와 엥겔스가 예상한 '자발적인 사회'가 아니라 '동원 체제'의 형태로 보여지게 된다.

동원 체제의 메카니즘(mechanism)은 먼저 동원의 주도적 행위주체가 되는 정치체(polity)[3]와 동원대상이 되는 인적 물적인 제 자원, 그리고 그 중간의 매개수단이 되는 동원조직과 이데올로기를 비롯한 동원수단으로 구성되어 있다. 특히 사회주의적 동원 체제에 있어서는 공산주의의 이데올로기가 동원 주체와 동원 대상, 동원수단 모든 것에 적용되기 때문에 이데올로기의 중요성이 다른 어떤 체제보다도 부각된다. 즉 이데올로기는 정치체를 조직하고 정치체에 작용을 하여 사회체계에 대한 영향력을 행사함으로써 이데올로기가 규정하고 있는 목표를 달성하고자 전 정치체계를 가동시킨다. 한편 정치체는 이데올로기를 실현하는 주체로서 이데올로기에 의하여 사회를 조직하고 재편함으로써 의사대중목표(quasi-popular goals)를 달성하려는 '위로부터의 혁명(revolution from above)'을 강행하게 된다. 따라서 사회주의 동원 체제에서 이데올로기와 정치체는 상호보완적이며 밀접한 연관성을 가지고 있으나 그 체계의 생성과 발전으로 미루어 볼 때 이데올로기가 동원체제의 기반이 되며 그 체계를 가동시키는 원동력이라고 할 수 있다.

존슨(Chalmers Johnson)이나 로웬달(Richard Lowenthal) 같은 학자는 혁명적 민족주의 운동과 다르게 저 발전된 사회주의 체제는 목표의 이중성으로 특징된다고 하고 있다. 즉 정치권력장악의 기반이 된 사회현실은 정치력에 의해 동원되는 근대화나 발전을 요구하며 공산주의의 이데올로기는 무계급사회를 요구한다는 것이다. 이 두 목표는 정치체제와도 밀접한 관련을 가지고 있는데 주변의 자본주의적 세계와 적대관계에서 살아남기 위해서는 신속한 고도성장이 필수적이라는 정치지도자의 의도와 비협조적 대중들을 복지와 전체적 발전, 그리고 조국의 국력증대에 헌신하도록 함으로써 그 정치체제에 충성스럽게 하는 효과를 갖는다는 것이다. 동시에 유토피아(utopia)적 이상의 제시는 공산당 지도에 대한 정당성을 강화하여 내부적 결속을 다지며 사회발전과정에서 초래되는 공산당 이외의 어떠한 독립적 잠재세력도 억압할 수 있는 정당성을 부여하는 것이다.4) 따라서 공산주의 이데올로기는 기본적으로 동원체제 자체에 통합적인 기능을 수행하며 모든 개인들로 하여금 조직에 깊숙이 참여하도록 동기를 부여한다. 즉 개인들로부터 대담한 혁명적 행위와 희생을 유도해내고 비참여자와 불복종자에 대한 강압적 폭력행사를 정당화시킨다.

이러한 과정은 동원 이데올로기가 동원 대상이 되는 인적 자원에 대해 도덕적, 또는 규범적으로 그들의 내부로부터 동의나 복종을 도출해내는 것을 기본적인 전제로 한다. 만일 그것이 불가능할 경우 사회주의 혁명세력은 많은 저항에 직면할 것이며 결국 대중동원에도 실패해 정치권력의 유지조차도 어려울 것이다. 특히 최근에 동유럽과 소련이 붕괴되면서 그 원인에 대한 분석이 여러 측면에서 시도되었고 그 중에 가장 공통적인 지적은 노동자들의 자발성을 이끌어 내지 못해 경제가 침체되게 되었다는 점으로 모아지고 있다. 사회주의 체제에서 경제의 침체는 두 가지 점에서 붕괴요인을 초래한다. 그 첫째는 국민의 생필품 난을 초래함으로 해서 사회주의 체제에 대한 불만과 자본주의 사회에 대한 동경심을 불러일으키고 둘째는 경제부문의 침체가 군사부문의 침체를 유발함으로 해서 정치적인 긴장과 위기를 초래한다는 것이다.5) 이는 바로 사회주의권의 개혁이 생존을 위해 불가피했음을 설명해주는 것이다.

이러한 점에서 볼 때 북한의 동원 이데올로기에 대한 연구는 상당히 중요한 의미를 갖는데 이는 동원 이데올로기가 북한체제 내부의 성격을 반영하여 동원의 주체인 정치체의 의도, 그리고 이를 달성하기 위한 전략과 정책수단을 보여주고 있기 때문이다. 따라서 북한의 동원 이데올로기를 이해하는 것은 북한식 사회주의, 즉 김일성과 김정일 체제의 목표, 정치과정, 발전전략, 그리고 장래의 전망 등을 이해하는데 도움을 줄 것이라 생각한다.

특히 동원 이데올로기를 월러스(Anthony Wallace)나 셔만(Franz Schurmann)과 같이 동원 대상에 대한 이상향 제시와 그 이상향으로 가기위한 실천목표로 구분하여 분석해 보는 것은 북한의 이데올로기를 더욱 체계적으로 살펴보는데 있어 상당한 유용성이 있을 것이라고 본다.

2. 사회주의체제에서의 노동 동원 이데올로기

이데올로기라는 용어가 18세기 프랑스 계몽주의자들에 의해 최초로 사용될 당시만 하더라도 형이상학적인 편견으로부터 구체적인 실증성에 기반하여 객관성을 극대화하기위한 '관념의 과학(the science of ideas)'을 의미하였었다. 그러나 이데올로기라는 것은 오늘날 단순하게 인간의 과학적인 사고의 형성을 목적으로 하는 관념 상태로 존재하는 것이 아니라 역사적인 변천과정에서 매우 부정적이고 정치적인 의미를 부여받아 왔던 것이다. 정치라는 것은 본질적으로 권력의 획득과 유지, 팽창을 목적으로 하는 행위인 것이며 따라서 이데올로기가 역사적인 흐름 속에서 정치적인 의미를 강하게 띨 수 있었던 것은 이데올로기가 단순하게 인간의 의식 상태에서만 존재하는 것이 아니라 실제적인 현실세계의 행동원리로서 제공되어 왔기 때문이었다. 관념들은 단지 개인의 마음속에서 내부적인 동의를 구하려는데 반하여 이데올로기는 외부세계에 직접적으로 작용하여 실천적인 행위를 유발할 수 있는 계기가 마련되는 것이다. 이러한 점에서 '비교적 체계적인 관념복합체(a more or less integrated set of ideas)'[6]로서의 이데올로기는 그 행동 정향성(action-oriented)으로 인해 다른 관념체계와 구별될 수 있는 것이다. 더욱이 이데올로기는 다른 무엇보다도 구체적 정치현실을 설명해 줄 뿐만 아니라 한 계급이나 집단, 나아가서는 한 사회의 집단적 목표를 설정함으로써 행동의 준거를 제시하려는 성향이 강하다. 이데올로기는 "정치적 문제를 제기하고 생각하며 이에 대처할 새로운 상징체계"[7]로서 "사회의 유지 및 변화를 위한 집단적 행동의 계획"을 마련해 주는 것이다. 따라서 이데올로기란 "어떤 인간 집단이 기존 혹은 전망되는 정치사회적 여건에 대해 갖고 있는 행동 지향적이고 어느 정도 일관성 있는 신념체계"라고 말할 수 있다.

여기에서 동원의 개념은 앱터(David E. Apter)의 "국가가 사회 내에 존재하는 제 자원을 일정목표를 향해 개발, 관리, 이용하는 과정"[8]이나 또는 에찌오니(Amitai Etzioni)의 표현대로 "사회 내에서 행동단위의 잠재적 에너지를 집단행동으로 가동화시키는 과정",[9] "사적이고 민간적인 자원통제를 공적이고 군사적인 목적으로 바꾸는"[10] 의미 외에 "시민이 기존의 사회, 경제, 심리적 구속에서 벗어나서 새로운 행동과 사회화의 패턴을 받아들이는 과정"11)이라는 칼 도이치(Karl Deutsch)의 의미를 포함하는 것이 된다.

특히 사회주의 혁명이 발생한 국가들은 산업 혁명이나 민주주의 혁명 과정에서 뒤떨어진 국가가 많았기에 사회주의 혁명을 수행한 혁명 엘리트(elite)들은 기존 사회의 모순 타파뿐만 아니라 경제발전과 민주주의 발전12)을 동시에 기하려는 중루적 성격을 가지게 된다. 레닌의 용어에 따른다면 '부르죠아(bourgeoisie) 혁명'과 '프롤레타리아(proletariat) 혁명'이 한 번에 압축되어 나타나는 것이다.13) 그러나 정치경제적으로 후진적인 국가에서 압축된 혁명이란 '부르죠아'나 '프롤레타리아' 계급이 형성되지 못한 상태에서 일부 엘리트에 의해 의도된 혁명이란 점에서 '아래로부터의 혁명'이라기보다는 '위로부터의 혁명'14)이라는 특징을 지니게 된다.

따라서 혁명 과정은 관제적 성격(official nature)과 강제성(compulsory)이라는 특징을 가진 동원 이데올로기를 통해 구체제 엘리트의 숙청, 새로운 가치체계 확립, 거대한 대중동원, 급속한 산업화, 토지개혁과 농촌집단화 등 과격한 사회적 변화를 수반한다. 이는 사회주의 동원 이데올로기가 공산주의사회 건설이라는 목표지향성과 계급투쟁을 통한 기존 사회질서의 파괴라는 배타성을 동시에 가짐을 의미한다.

엑스타인(Alexander Eckstein)은 사회주의 체제의 동원 이데올로기가 이러한 급진성과 공격적 성향을 띠는 것에 대해 정치체계의 능력과 요구 간에 불일치로 나타나는 긴장이 높기 때문이라고 진단하고 있다. 즉 정치경제적으로 후진적인 사회에서 혁명 엘리트들은 정치체계의 능력과 요구가 불균형되는 사태에 대해 불만을 표출하며 그 해결을 위해 과격하고 혁명적인 해결을 요구한다는 것이다.15) 이러한 해결책의 제시로서 혁명엘리트들은 세계관(Weltanschauung)의 기능을 하는 이데올로기를 제시하게 되는데 체계의 긴장상태가 심하면 심할수록 이데올로기는 전체적이고 급진적인 성향을 갖는다고 한다. 동시에 한 정치체제가 정치, 경제적으로 후진적이면 후진적일수록 이데올로기의 힘은 더욱 강하게 미친다고 한다. 거센크론(Gerschenkron)은 "후진국에서 침체의 장벽을 돌파하기위해서는 인간의 상상력에 불을 붙이고 그들의 에너지를 경제발전에 쓰도록 하라, 강한 신념이 제자원의 분배약속이나 생활수준 향상보다 더 효과적이다. 고전적인 기업가에게 조차도 높은 이윤의 전망보다는 신념이 관례와 편견을 제거하기 위해 더욱 필요하다"16)고 지적한다.

3. 공산주의 사회 실현을 위한 목표 문화 (goal culture)

1) 이데올로기의 목표 문화와 전이 문화 구분

사회주의체제가 혁명적 이데올로기에 입각한 정치체제라는 관점에서 월러스(Anthony Wallace)는 유토피아적 최고 이념으로서 '목표 문화(goal culture)'와 그 목표 문화에 도달하기위한 정책적 규범이나 조치들인 '전이 문화(transfer culture)'의 개념을 사용하고 있다.17)

목표 문화는 이상사회에 대한 청사진을 제시하는 이데올로기로서 기존의 문화나 이데올로기에 대해 부적당하거나 옳지 못한 것으로 간주한다. 반면에 전이 문화는 기존 문화와 목표 문화를 연결해주는 전달체계로서 기존 문화를 목표 문화로 전이시키는 작용체계로서의 성격을 띠고 있다.

이데올로기의 목표 문화는 현실과는 대조되는 궁극적인 미래상을 제시함으로써 혁명적 당의 활동에 목적성을 부여하고 혁명당의 대항세력에 대해 강제와 폭력을 행사하기위한 정당화의 역할을 하게 된다. 한편 이데올로기의 전이 문화는 혁명의 지도자들이 목표 문화를 위하여 취해야하는 정책형성의 규범역할을 하게 된다.[18) 리히타임(George Lichtheim)은 "모든 이데올로기의 특징은 인간의 경험상 거의 불가능한 관념으로 현실을 재편성하려는 사회적 요구와 현실 상태간의 괴리에 있다"[19)고 하고 있는데 전이 문화는 바로 거의 불가능한 목표 문화와 현실간의 다리 역할을 하며 전 자원을 동원하는 구체적 방법을 제시하게 된다. 따라서 이데올로기의 목표 문화 없이는 전이 문화는 존재할 수 없으며 만약 목표 문화가 단지 상징적 기능만을 수행하고 전이 문화가 목표 문화에 기반하지 않을 때 전이 문화는 의미가 없어지게 된다.[20)

이는 서만의 순수 이데올로기(pure ideology)와 실천 이데올로기(practical ideology)의 개념과 그 맥을 같이하고 있다. 서만은 이데올로기를 '관념'과 '행동'의 연결체계(a systematic set of ideas with action consequences)로 파악할 때[21) 그 연결 관계가 간접적인가 혹은 직접적인가에 따라서 '순수'이데올로기와 '실천'이데올로기로 분류한다.[22) 다시 말하면 순수 이데올로기가 개인에게 통일되고 의식적인 세계관을 제시하려는 관념 체계라면 실천 이데올로기는 개인에게 합리적인 행동지침을 제시하려는 관념 체계이다. 즉 순수 이데올로기 없이 실천 이데올로기는 정당화될 수 없고 실천 이데올로기 없이는 그 세계관과 이상을 일관된 행동으로 옮길 수 없다. 순수 이데올로기가 가치에 관한 것이라면 실천 이데올로기는 처방, 즉 어떤 행동이 타당한가에 대한 규범을 제시해 주는 행위에의 지침이다. 따라서 순수 이데올로기가 실천 이데올로기보다 상위 개념인 것이다.[23)

이데올로기를 이렇게 이원화해 봄으로써 이데올로기 내부의 관계와 기능을 분명히 알 수 있게 한다.

첫째, 추상적인 원칙을 제시하고 있는 순수 이데올로기를 보다 구체적인 현실에 적용시킨다는 점에서 순수 이데올로기는 실천 이데올로기에 정당성을 부여하는 역할을 수행한다.

둘째, 현실 변화에 대처할 수 있는 이데올로기의 유용성을 제공해 준다. 즉 이데올로기 체계를 이원화함으로써 순수 이데올로기의 사상적 순결성(purity)과 진리성을 보존하면서 그때그때의 현실에 따른 새로운 해석이나 행동강령을 만들어낼 수 있게 함으로써 이데올로기의 고정성, 보수성을 보완할 수 있게 해준다는 장점이 있다.24)

이러한 점에서 서만은 마르크스-엥겔스의 변증법과 사적 유물론을 순수 이데올로기로 보고 있으며 이러한 이데올로기를 각각의 시대와 상황에 적용한 레닌의 당 이론과 제국주의 이론, 그리고 중국의 마오쩌뚱 毛澤東사상을 실천 이데올로기로 분류하고 있다.25)

이러한 관점에 따라 북한의 주체사상도 순수 이데올로기인 마르크스-레닌주의에 대한 실천 이데올로기로 간주할 수 있다.26) 그러나 이데올로기의 주창자, 그리고 그들의 선후에 따라 순수 이데올로기와 실천 이데올로기로 구분하는 방법은 다소의 문제가 있다. 왜냐하면 주체사상의 경우 기본바탕에는 마르크스-레닌주의가 깔려 있지만 나름대로의 이상향('공산주의 지상낙원,' '인간의 자주성이 완전히 실현된 최고의 이상사회 건설' 등)이 제시되어 순수 이데올로기적 부분이 있으며 또한 이러한 순수 이데올로기를 달성하기위한 '물질적 요새와 사상적 요새의 점령' 또는 '3대혁명'이나 '수령의 영도체계'처럼 실천 이데올로기의 양측면을 동시에 가지고 있기 때문이다. 특히 마르크스-엥겔스 이론도 '공산주의 사회'라는 순수 이데올로기가 제시되고 있고 그 행동강령인 '폭력혁명론'과 '프롤레타리아 독재,' '과도기' 등 과도적 실천 강령이 있음으로 해서 실천 이데올로기적 요소를 동시에 가지고 있다. 따라서 각각의 이데올로기는 순수 이데올로기적 측면과 실천 이데올로기적 측면이 있다고 보아야 할 것이다.27)

이러한 점에서 본 논문은 월러스의 '목표 문화(goal culture)'와 '전이 문화(transfer culture)'의 개념을 활용하고자 한다.

카우츠키(John H. Kautsky)와 같은 학자들은 사회주의체제가 일반적으로 지니고 있는 '공식적인 이데올로기'는 다른 개발도상국가에서도 얼마든지 찾아볼 수가 있다고 함으로써 현실 사회주의체제들도 여타의 개발도상국가와 동일하다고 주장한다.[28] 그러나 일반적으로 사회주의체제는 분명히 '마르크스-레닌주의'를 체제정당성의 기초로 하고 있다는 점에서 다른 정치체제와는 차별성을 가지고 있다.[29] 특히 마르크스-레닌주의는 미래사회에 대한 구도와 이행과정 등을 피상적이나마 기술하고 있기 때문에 사회주의체제가 지향하는 이데올로기적 목표 문화와 전이 문화가 다른 어떠한 정치체제보다도 두드러지게 나타나고 있다.

이상에서 보았듯이 사회주의 체제의 동원 이데올로기는 정치체가 동원 목표로 표방하고 있는 유토피아적인 최고 이념과 이를 달성하기위한 제반 조치 및 정책인 전이 문화의 복합적 구조이며 전이 문화는 동시에 동원 대상을 동원하는 규범적 수단이 되기도 한다.

2) 공산주의 사회 달성을 위한 북한의 목표문화

먼저 김일성이 목표 문화로서 제시하는 '공산주의 사회'는 "모든 사람들이 전면적으로 발전되고 인민대중의 사회정치적 자주성이 완전히 실현되는 사회일 뿐 아니라 사회생활의 물질적 수요가 원만히 보장되는 매우 풍요한 사회"[30]로 표현되고 있다.

그 내용을 구체적으로 살펴보면 첫째, 공산주의 사회에서는 모든 사람들이 생산수단을 공유하는 공산주의적 소유가 확립되어 노동은 주인의 자격으로서 사회와 자신을 위하여 진행하는 영예로운 일로 된다고 하고 있다.[31]

둘째, 공산주의 사회에서는 생산의 종합적 기계화와 전면적 자동화, 고도의 전기화와 화학화가 실현된다는 것이다. 따라서 기계의 자동화에 의해 중노동과 경노동, 정신노동과 육체노동의 차이가 없어지고 노동 자체가 쾌락이 된다는 것이다.[32] 김일성의 말에 따르면 "물론 공산주의 사회에 가면 기술이 발전하기 때문에 노동이 매우 헐하게 되는 것은 사실입니다. 그때에는 힘들고 고된 노동이 다 기계화, 자동화되고 중노동과 경노동, 정신노동과 육체노동사이의 차이가 없어질 것이며 노동하는 것이 고통스러운 것이 아니라 즐겁고 유쾌한 것으로 되며 생활상 요구로 될 것입니다."[33]고 하고 있다.

셋째, 공산주의 사회에서는 자기의 능력에 따라 일하고 수요에 따라 분배받을 수 있을 정도로 물질적으로 풍요롭게 된다는 것이다. 즉 "공산주의 사회에서는 물건이 많기 때문에 사람들은 자기의 능력에 따라 일하고 수요에 따라 분배를 받게 됩니다. 다시 말하여 사람들은 자기에게 요구되는 대로 얼마든지 분배를 받을 수 있으며 생활상 수요를 완전히 충족시킬 수 있습니다"[34]고 하고 있다. 북한에서의 이상과 같은 공산주의적 특징은 이미 마르크스-엥겔스가 예상했던 공산주의 사회를 그대로 표현한 것이다.

그러나 실제로 사회주의 혁명이 성공한 소련이나 중국, 북한의 상황은 마르크스나 엥겔스가 예측했던 상황이 아니었다. 즉 마르크스와 엥겔스의 사회주의 혁명의 조건은 자본주의에서 충분한 생산력의 발전, 노동자-자본가 간 모순의 극대화와 프롤레타리아계급의 다수 존재를 요구하는 것이었다.[35] 그럼에도 레닌이 사회주의 혁명을 일으켰을 때 러시아는 봉건주의적 농업국가로서 인구 1억 4천만 명 중 농민이 6분의 5를 차지하고 있었으며 그 중에서 70% 이상이 문맹인 상황이었다.[36] 또한 마오쩌둥이 중국에서 혁명을 일으켰을 때는 반半식민지 반半봉건주의 사회로 노동자는 전인민의 1%도 되지 않는 상황이었다.[37]

따라서 레닌과 마오쩌둥은 권력을 유지하기 위해서 많은 농민계급과 동맹을 맺을 수밖에 없었다. 이것이 바로 레닌 식의 '부르죠아 민주주의 혁명(a bourgeois-democratic revolution)'단계[38]에 존재하는 프롤레타리아 독재였고[39] 마오쩌둥에게는 '신민주주의론'에 따라 민주주의 혁명단계가 사회주의 혁명단계 앞에 첨가되는[40] 이유가 되었다.

이러한 사정은 북한도 마찬가지여서 1946년 북한이 사회주의적 개혁을 서두를 때 노동자의 수는 겨우 12.5%였으며 농민이 74.1%나 차지하였다.[41] 따라서 북한도 해방 후 일정기간을 '인민민주주의 혁명단계'로 설정하였다. 이는 물론 노동자계급이 농민을 비롯한 광범한 계급동맹을 맺기 위한 것이었다.[42]

그러나 사회주의 혁명이 성공한 이후 토지개혁과 농업집단화, 그리고 생산력 발전이 각기 다양하게 전개됨으로 해서 구체적인 사회주의의 과도기는 소련, 중국, 북한이 각기 다르게 설정되었다.

먼저 소련 레닌의 '공산주의 사회'에 대한 조건도 마르크스나 엥겔스와 크게 다르지는 않았다. 레닌도 '공산주의 사회'에서는 계급과 국가가 소멸되고 정신노동과 육체노동의 차이가 없어지며 사회적 불평등이 사라진다고 하였다. 또한 분업이 사라지고 노동은 생활이 1차적 욕구가 된다고 표현하였다.[43] 레닌에 있어서는 마르크스와 엥겔스가 가장 중요하게 생각한 '자유노동자의 조합', '소외의 제거', '인간성 해방' 등이 부수적인 것으로 다루어 졌지만 공산주의 사회에서 노동인민들이 사회를 위해 무상으로 노동하게 된다는 것이 특히 강조되었다.[44]

그러나 실제적인 현실 파악에서 레닌은 소련의 현실이 생산력 발전에서 크게 뒤떨어져 있기 때문에 당분간 자본주의적 생산관계를 활용한 생산력 발전에 치중하였다. 그 결과 사회주의 사회를 건설하기에 앞서 레닌의 실천적 정치형태는 상부구조는 프롤레타리아 독재이며 그 하부구조 즉 경제적 토대는 독일과 같은 '국가 자본주의' 형태를 지향하였다. 레닌은 '국가 자본주의'를 표방하면서 "물질적 경제적 생산력적인 관점에서 볼 때 우리가 아직 사회주의의 문턱에 도달하지 못한 것은 명백하지 않은가? 우리가 아직까지 통과하지 못한 '문턱'을 통과하지 않고서는 사회주의의 관문으로 들어갈 수 없다는 것 또한 명백하지 않은가?"[45] 따라서 그는 "우리의 목표는 독일에게서 국가 자본주의를 배우고 온힘을 다해 그것을 모방하는 것이다."[46]라고 천명하였다.

그러나 레닌의 뒤를 이어 등장한 스탈린(Stalin)은 '프롤레타리아 독재'를 악용하여 개인 독재 권력을 장악하고 농업 집단화 정책과 계급투쟁을 강화하였다. 따라서 그는 농업 집단화가 어느 정도 완료된 1936년 11월 '사회주의의 승리'를 선언하였다. 그는 당시 소련에서의 사회주의의 승리를 선언하면서 그 이유로서 다음과 같이 지적했다. 첫째, 소련 사회로부터 자본주의가 축출되고 전 산업에서 사회주의적 생산형태가 지배하게 되었고 둘째, 농업에서 부농(kulak)층이 사라지고 집단농장과 국영농장체계가 들어섰으며 셋째, 유통부문에서 투기꾼과 상인들이 사라지고 자본주의나 이윤을 노리는 사람들이 없는 소비에트식 유통체계를 이룩했기 때문에 국가경제의 전 부문에서 사회주의체계의 완전한 승리를 이루었고 인간이 인간을 착취하는 것은 근절되었다는 것이다.[47]

이러한 인식의 연장선상에서 흐루시쵸프(Khrushchev)도 1961년 제22차 당대회에서 '프롤레타리아 독재'로 부터 '전인민의 국가'에로의 성장·전화되었다고 선언하고 이 국가권력아래에서 공산주의 건설을 전개하여야 한다는 상세한 프로그램을 제시하였다. 그 후 브레즈네프(Brezhnev)는 1971년 소련사회를 '선진 사회주의(advanced socialist society)'라고 칭하였다.[48]

이상과 같은 소련사회의 공산주의 이행기론[49]을 도표로 나타내보면 다음과 같다.[50]

<표 1> 소련의 공산주의 이행기론

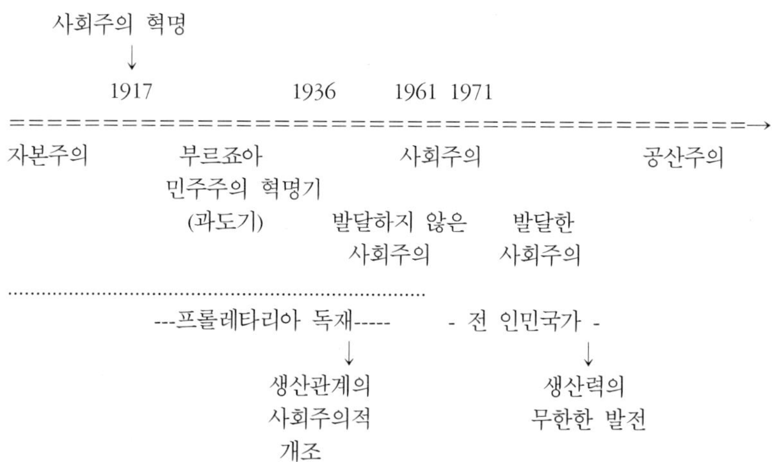

한편 중국적 상황은 기존의 마르크스－레닌주의의 중국에 대한 적용을 현실적으로 어렵게 했으며 따라서 마오쩌둥사상(Maoism)은 마르크스-레닌주의를 중국현실에 맞게 개조한 것이다. 이러한 마오쩌둥사상의 형성과정을 서만은 다음과 같은 도식으로 표현한다.51)

(이론)   (경험)   (사상)

Marxism-Leninism + 중국의 혁명과 건설 경험 ⟹ 마오쩌둥사상

서만이 마오쩌둥사상을 마르크스－레닌주의에 대한 실천 이데올로기로 분류하듯이52) 마오쩌둥의 공산주의 사회에 대한 예상과 조건들은 거의 제시되지 않았으며 단지 과도기로서의 사회주의에 대해서 간헐적으로 언급하고 있을 뿐이다.

중국에서 사회주의제도가 기본적으로 수립되었다고 밝힌 것은 1956년 9월 15일 중국공산당 제8기 전국대표대회에서였으며 여기에서는 "우리

나라의 프롤레타리아 계급과 부르죠아 계급 사이의 모순이 기본적으로 해결"되었음을 밝혔다.53) 또한 1958년 가을에는 "공산주의로의 이행준비가 되고 있으며 중국에서 공산주의의 실현이 먼 일이 아니다"54)라고 예상하였다. 이러한 결론은 중국이 1956년에 농업집단화를 거의 완료한 상태에서 당이 새로운 전환기를 맞이했기 때문이었다.55)

그러나 이러한 낙관적 전망은 1958년 5월 중국공산당 제8기 2차 회의에서 다시 사회주의에서도 계급투쟁은 존재한다는 식으로 번복되었고56) 1960년대 초에는 사회주의의 완전한 승리에 이르기까지는 수세대가 걸릴 수 있다고 하여 사회주의의 달성시기를 대폭 연장하였다.57) 중국의 이러한 태도는 소련과 이데올로기적인 대립·갈등 관계 속에서 1961년 소련이 당 강령에서 "소련에서 프롤레타리아 독재는 그 역사적 사명을 마치고 더 이상 필요하지 않게 되었으며 프롤레타리아 독재의 국가는 전인민의 국가로 전화되었다"고 조급하게 선언한 것에 대한 반발이기도 하였다.58)

1960년대 후반부터 시작된 문화혁명의 영향력이 강했던 중국은 1975년과 1978년 수정 헌법에서 '인민민주전정'을'무산계급전정(프롤레타리아독재)'으로 바꾸었으나 다시 1982년 수정 헌법에서 서문에 "로동자계급이 령도하고 공농연맹(공농연맹)을 기초로 하는 인민민주전정은 실질적으로 무산계급전정"이라는 단서를 달고 '인민민주전정'으로 복귀하였다.

이러한 중국의 계급동맹이나 사회주의시기에 대한 연장은 이후에도 계속 이어져 1987년 10월 당 제13기 전국대표대회에서 자오쯔양趙紫陽이 '사회주의 초급단계론社會主義初級段階論'을 주장하기에 이르렀다.59) 사회주의 초급단계론은 중국이 사회주의 사회이지만 생산력 발전이 아직 초급단계이기 때문에 생산력 발전에 총력을 기울여야 한다는 점으로 모아지고 있다.60) 자오쯔양은 "초급단계에서는 빈궁과 낙후로부터 벗어나기 위하여 생산력 발전을 더욱 더 모든 공작의 중심으로 삼아야 한다. 생산력 발전에 유리한가의 여부가 우리가 모든 문제를 고려하는 출발점이 되어야 하고 모든 공작을 점검하는 근본표준이 되어야 한다."[61]는 식으로 생산력 발전의 중요성을 강조하고 있다.

이상과 같은 중국의 사회주의 초급단계론에서 주장하는 지도방침은 ① 현대화건설에 역량을 집중할 것 ② 전면적인 개혁의 견지 ③ 대외개방 ④ 공유제를 주체로 한 계획적 상품경제의 발전 ⑤ 안정·단결을 전제로 한 민주정치 건설 ⑥ 마르크스주의를 지침으로 한 정신문명 건설 등이다.[62] 여기에서 당의 기본노선은 "경제건설을 중심으로 두 가지 기본점을 견지[一個中心 兩基本點]"하는 것이다. 여기서 경제건설은 생산력 발전을 의미하며 두 가지 기본점은 개혁·개방원칙과 4개 노선, 즉 사회주의, 인민민주주의 독재, 중국공산당 영도, 마르크스-레닌주의, 마오쩌둥 사상의 견지를 말한다. 이러한 두 가지 기본점은 "상호 침투, 상호 의존하며 중국적 특색을 지닌 사회주의 건설의 실천에서 통일된다"고 함으로써 4개 기본원칙과 개혁·개방 원칙이 변증법적 관계에 있는 것으로 정식화된다.[63]

이상의 중국의 공산주의 이행기론을 표로 나타내 보면 <표 2>와 같다.

<표 2> 중국의 공산주의 이행기론

```
        신민주주의 혁명
              ↓
         1949         1956    1987
    ============================================→
반식민지      민주주의        사회주의        공산주의
반봉건사회============================================
                            사회주의      사회주의
                            초급단계      완전승리[64]
```

인민민주전정[65](프롤레타리아 독재) ------→
                    ↓
            생산관계의
            사회주의적
            개조

  이상의 소련과 중국의 사회주의 이행기론과 비교해 볼 때 북한은 소련과 중국의 사회주의 이행기론을 김일성체제에 유리하게 배합하여 적용하고 있음을 알 수 있다.

  북한에서는 해방 이전의 사회를 '식민지 반╪봉건 사회'로 규정하고 있다. 그러나 이러한 사회성격의 규정은 많은 갈등을 겪고 이루어진 것이다. 본래 사적 유물론을 생산력중심에서 놓고 볼 때 생산양식의 변경은 생산력 발전에 따라 봉건주의적 생산양식에서 자본주의적 생산양식, 그리고 사회주의적 생산양식[66]으로 이행하게 된다. 따라서 해방 이전의 사회가 봉건주의적인 생산양식으로 규정될 때에는 자본주의적인 생산양식을 거쳐야만 하며 여기서 기능하는 혁명은 '부르죠아적 민주주의 혁명'이 된다. 따라서 해방 이후 북한이 바로 사회주의 혁명단계로 이행하기 위해서는 해방 이전 사회가 자본주의적 생산양식이 발달하였음을 해명해야만 하는 것이다.

  이러한 현실 속에서 북한에서는 선진적 생산관계와 낙후된 생산력간의 문제를 해결하는 과제가 1957년에서 1962년 사이에 경제사학자들을 중심으로 제기되었다. 그 결론은 조선의 근대시기를 1866년 병인양요에서 1945년 해방까지로 하며[67] 그 사회를 식민지 반╪봉건사회로 규정짓되 자본주의 '우클라드(uklad)'[68]가 상당히 성장한 사회였다는 것이다. 이러한 논지에서 조선혁명의 첫 단계는 반제반봉건 민주주의 혁명이었으며 이를 완수한 토대위에서 수립된 북조선인민위원회는 자본주의 사회로 부터 사회주의 사회에로의 과도기의 과업을 수행하는 길에 들어섰다고 한다.[69] 이는 1960년대의 당시 상황이 생산력 발전을 중심으로 하는 마르크스-레닌주의를 과감히 떨쳐 버릴 수 없으며 따라서 현상에 대한 해석을 마르크스-레닌주의에 맞춘 결과로 보여진다.

이에 따라 북한의 공산주의 이행기론은 해방 전 식민지 반봉건 사회에서 해방이후 반제반봉건 혁명 단계를 거쳐 사회주의 혁명 단계 그리고 완전한 사회주의의 승리 이후에 공산주의 사회로 이행하는 논리를 가지고 있다.[70] 그 과정에서 정치권력은 해방 이후 계급동맹에 의한 인민민주주의 독재에서 사회주의에서는 프롤레타리아 독재를 수행하게 된다고 규정하고 있다. 그러나 이러한 규정도 일관성이 없다. 1948년 9월에 수립된 북한의 '조선민주주의 인민공화국'의 헌법에는 '인민민주주의'규정이 없다가 1956년 4월 노동당 제3차대회에 이르러서야 1946년 이후 단독정부 수립까지를 '인민민주주의 독재'라고 소급 규정하기에 이르렀다. 이후 1972년 12월 '프롤레타리아 독재'(헌법 제10조)로 규정하다가 1992년 4월 수정된 북한 헌법에서는 다시 '인민민주주의 독재'(제12조)로 회귀하고 있는 것이다.

'인민민주주의독재'에 대해 『정치사전』(1973년)은 "반제반봉건 민주주의 혁명 단계에서 로동계급이 그의 믿음직한 동맹자인 농민을 비롯한 광범한 민주력량을 동원하여 착취계급의 낡은 통치기구를 혁명적 폭력으로 뒤집어엎고 실시하는 사회에 대한 정치적 지배,"[71]라 하고 있고 또한 『정치경제학연구』(1988)에서는 "민주개혁을 실시하는 과정에 계급적 력량관계가 달라지고 특히 빈농, 고농출신의 농촌핵심들이 자라난 조건에서 인민민주주의 독재 정권을 프롤레타리아 독재 정권으로 발전시키게 된다"[72]고 하여 인민민주주의 독재 후에 프롤레타리아 독재를 취할 것을 상정하고 있다. 그럼에도 북한은 특별한 이유 없이 1992년 수정 헌법에서 '프롤레타리아 독재'를 '인민민주주의 독재'로 전환한 것은 일관성이 없는 것이며 이는 중국의 '인민민주전정'을 따라서 했거나 장래의 개방정책에 대비해 계급투쟁성을 어감 상 다소 은폐시키고자하는 의도가 있었던 것으로 보인다.

이상에서 볼 때 북한은 현재 사회주의의 완전 승리 단계로 나아가는 시기라 볼 수 있으며 이는 김일성에 의해 1960년 '사회주의적 공업농업국가'[73)]에서 1970년에는 '사회주의 공업국가'로 전변되었다고 묘사되었다.[74)] 이를 표로 나타내보면 다음과 같다.

<표 3> 북한의 공산주의 이행기론

| 1866 | 1945 | 1947.2 | 1958 1960 | 1970 |

```
1866      1945          1947.2    1958 1960    1970
==================================================================
식민지  반제반봉건      사회주의(과도기)      완전승리한 「온 사회의      공
반봉건  민주주의                              사회주의  ⇒ 주체사상화」    산
사회    혁명기                                                           주
==============================================                          의
                사회주의   사회주의   사회주의
                혁명기     공업농업   공업국가
                           국가
==================================================================
=====(인민민주주의독재)=== 프롤레타리아독재 ==================
  ↓        ↓       ↓        ↓           ↓          ↓           ↓
  병       해      북조선    사회주의     무계급      3대          세계
  인       방      인민위    적 생산      사회        혁명         혁명의
  양               원회      관계 개조                완수         완료
  요               수립      =사회주의
                            제도수립
```

4. 목표 문화 실현을 위한 전이 문화

앞에서 살펴보았듯이 북한이 내세우는 이데올로기의 목표 문화는 공산주의적 생산관계와 고도의 생산력 발전을 전제로 하는 속에서 가능한 것임을 알 수 있다. 이를 김정일의 표현에 따라서 본다면 "공산주의 사

회를 건설하자면 반드시 공산주의의 물질적 요새를 점령하여야 한다. 다시 말하여 생산력을 높이 발전시켜 공산주의의 물질 기술적 토대를 쌓으며 단일한 공산주의적 소유를 확립하여야 한다.”[75]는 것이다.

이상과 같은 목표 문화에서 전이 문화의 내용을 규정하는 방식은 대체로 두 가지이다.[76] 첫째, 목표문화의 내용이나 이를 정당화시키는 혁명적 이데올로기에서 직접 도출된다. 이 경우 특히 1인 독재체제를 강력히 구축하고 있는 사회주의 정권은 그의 혁명적 개성에 바탕을 둔 교조적이고 경직된 공산주의 이데올로기가 전이 문화 도출의 준거가 된다. 여기서 정치체는 대중동원을 위해 전체 이익을 개인 이익화하는 ‘신 인간(new man),’ ‘소비에트 인간(soviet man)’ 또는 ‘새로운 사회주의적 인간(a new socialist man)’[77]을 요구하게 된다. 즉, 공산주의 사회가 ‘풍요하고’ ‘계급 없는 사회(classless society)’라고 했을 때 그것을 목표 문화로 설정하고 다음에 전이 문화로서 사유재산을 사회화하는 과정과 시장의 제거, 계획경제, 그리고 노동동원의 수단으로서 규범적 유인을 고집하게 된다. 또 하나는 목표 문화가 궁극적인 목표로서 상징적인 기능만을 수행하고 전이 문화의 내용은 사회체제의 현실과 기능적인 요구에 따라 다소간의 신축성과 가변성을 보여주는 경우이다. 이것은 현실 사회주의체제가 생산관계의 사회주의적 개조와 생산력 발전이라는 양대 목표 간에 갈등하는 과정 속에서 보여 지고 있다. 초기 사회주의 혁명에 성공한 레닌이 사회주의로의 이행을 일거에 실시하는 것을 유보하고 일정시기 자본주의적 요소를 이용함으로써 그것이 가지는 생산력 발전의 성과를 중요한 것으로 생각하게 한 것이 바로 그 사례이며[78] 소련 붕괴 이전 고르바쵸프대통령이 사회주의의 이상은 버리지 않고 선先생산력 발전의 측면에서 개혁과 개방을 추진했던 것도 이러한 전이문화의 신축성에서 가능했다.[79]

사회주의 혁명을 수행하기 위해 취했던 정치경제적 제 제도는 전이 문화의 전형적 형태인데 그것들은 다음과 같다. 즉 ① 과도기 사회로서 프롤레타리아 독재를 내세운 노동당 1당 독재 ② 국가안보와 생산재 생산을 위한 중공업건설 ③ 농업의 집단화 ④ 생산수단의 사회화를 내세운 시장 메카니즘의 폐지와 국유화 ⑤ 공산주의 사회 건설을 내세운 전 자원의 동원화 등이다.

북한에서는 공산주의 사회라는 목표 문화에 도달하기 위해 일정한 사회적 단계들을 보여주고 있는 데 먼저 목표 문화에 도달하기위한 이행기론을 전체적으로 살펴보면 북한은 식민지반(半)봉건 사회에서 → 반제반봉건 민주주의 혁명기 → 사회주의 혁명기 → 완전한 사회주의 승리기 → 온 사회의 주체사상화 → 공산주의 사회라는 이정표를 가지고 있다.

공산주의 사회 달성에 앞서 제시된 '온 사회를 주체사상으로 일색화하는 방침'은 1974년 2월 당 선전 일군 강습회에서 김정일이 처음으로 내놓은 것이며 1978년 9월 9일 공화국 창건 30돌 기념 중앙경축대회에서 김일성이 한 보고 「주체사상의 기치를 높이 들고 사회주의 건설을 더욱 다그치자」 에서도 "온 사회의 주체사상화를 위해 3대혁명을 힘있게 벌이자"라고 제기한 바 있다.[80] '온 사회를 주체사상화'한다는 것은 구체적으로 주체사상을 확고한 지침으로 삼고 주체사상의 요구대로 자연개조, 사회개조, 인간개조를 위해서 사상과 기술, 문화의 3대혁명을 이룩해야 한다는 것을 의미한다.[81] 그것이 압축된 내용은 "온 사회의 주체사상화는 … 사회의 모든 성원들을 주체형의 공산주의적 인간으로 만들고 사회생활의 모든 분야를 주체사상의 요구대로 개조함"이라는 데서 나타난다.[82] 즉 온 사회를 주체사상화 한다는 것은 사회의 모든 성원들을 '주체형의 공산주의적 인간'으로 만든다는 것을 의미하는데[83] '참다운 공산주의자'란 '수령의 혁명사상을 받들고 당의 노선과 정책을 관철하기 위하여 모든 것을 다 바쳐 투쟁하는 혁명관이 똑바로 선 참다운 공산주의 혁명가'84)라는 것이다. 이러한 표현은 김정일이 1983년 발표한 「마르크스-레닌주의와 주체사상의 기치를 높이 들고 나아가자」에서 "온 사회에 주체사상이 꽉 들어차고 전적으로 일하고 생활하는 기풍이 차 넘치게 되었으며 모든 근로자들이 당과 수령에 대한 충성심을 지니고 오직 당과 혁명을 위하여, 조국과 인민, 사회와 집단을 위하여 헌신적으로 투쟁하고 있다."85)는 표현에서도 나타나고 있다.

1980년 노동당 6차대회 이후 1년 반 만인 1982년 4월 김일성은 당 중앙위 최고인민회의 합동회의에서 「온 사회를 주체사상화하기 위한 인민정권의 과업」이라는 시정연설을 하였다. 여기서는 공산주의를 "인민정권에 3대혁명을 더한 것"86)으로 규정했는데 이는 공산주의 사회에 가서도 프롤레타리아 독재가 존재할 것임을 공식화한 것이며 이에 인간, 사회, 자연의 3대 개조를 수행하는 3대혁명을 부가한 형태인 것이다.

참고적으로 이 과정에서 김일성이 제시한 북한인민정권의 과업을 보면 다음과 같다. ① 국가 활동의 모든 분야에서 주체사상을 철저히 구현하는 것 ② 모든 활동에서 '혁명적 군중노선'을 철저히 견지하는 것 ③ 사회에 대한 '통일적 지도'를 더욱 강화하는 것 ④ 3대혁명을 힘있게 벌여 사회의 모든 성원들을 '혁명화, 노동계급화, 인텔리화'하고 사회의 모든 분야를 노동계급의 요구대로 개조하여 '공산주의의 사상적 요새와 물질적 요새'를 성과적으로 점령하는 것 ⑤ 3대혁명을 수행하는 데서 '사상혁명'을 확고히 앞세우는 원칙을 견지하는 것 ⑥ '기술혁명'을 지속적으로 추진하는 것 ⑦ '문화혁명'을 힘있게 벌이는 것 등이다.87)

이미 김일성은 1980년 6차 당대회에서 "온 사회를 주체사상화 하는 사업에서 … 당면한 투쟁과업은 사회주의의 완전한 승리를 이룩하는 것입니다."88)고 하여 '온 사회를 주체사상화'하기 앞서 '사회주의의 완전승리'를 호소하였다. 일찍이 1967년 5월 「자본주의로부터 사회주의의 과도기와 프롤레타리아 독재에 대하여」에서 김일성은 사회주의의 완전

승리 문제를 제기한 바 있는데 그는 과도기가 완료되고 사회주의의 완전승리를 위해서는 다음과 같은 조건이 있어야 할 것으로 보았다. 그것들은 1) 착취계급이 일소되고 사회주의제도가 수립될 뿐만 아니라, 적대계급의 반란과 낡은 사상의 부식작용이 없어지고 전사회가 혁명화 노동자계급화 될 것 2) 협동조합적 소유가 전 인민적 소유로 성장 전화하고, 도시와 농촌, 노동자계급과 농민의 차이가 없게 될 것 3) 사회주의의 물질적 기술적 토대가 확실히 준비되고 생산력이 발달한 자본주의 각국의 수준에 도달하고 노동자의 생활수준이 과거의 중간계층의 생활수준 이상으로 높아질 것 4) 그리하여 중산계층의 동요가 없게 되고 전인민이 실생활을 통해 사회주의제도의 진실한 우월성을 확신하고 사회주의제도의 발전을 위해 모든 적극성과 헌신성을 발휘하게 될 것 등이다.[89]

이상에서 보듯이 북한에서는 공산주의 사회라는 목표문화에 도달하기 위해 중간적인 목표들을 설정해 놓고 있는데 이러한 과정에서 일관되게 흐르는 원칙은 '사상적 요새'와 '물질적 요새'를 점령해야 한다는 것이다. '사상적 요새' 점령이란 사회의 모든 성원들을 혁명화, 계급화, 인텔리화하여 전면적으로 발전된 공산주의적 인간으로 만든다는 것을 의미하며 '물질적 요새' 점령이란 생산수단에 대한 단일한 공산주의적 소유를 확립하여 수요에 의한 분배를 실시할 수 있는 높은 수준의 강력한 물질 기술적 토대를 축성함을 의미한다.[90] 김정일에 따르면 "우리 당은 공산주의의 사상적 요새와 물질적 요새의 점령에 관한 이론, 사상, 기술, 문화의 3대 혁명에 관한 이론을 내놓음으로써 공산주의 건설의 기본 전략목표와 그 실현방도를 뚜렷이 밝혔다. 공산주의 사회를 건설하자면 반드시 공산주의의 물질적 요새를 점령하여야 한다. 다시 말하여 생산력을 높이 발전시켜 공산주의의 물적 기술적 토대를 쌓으며 단일한 공산주의적 소유를 확립하여야 한다. 그래야 마르크스가 일찍이 내놓은 '각자는 능력에 따라, 각자에게는 수요에 따라'라는 공산주의적 원칙을 실현할 수 있다.”91)는 것이다.

이처럼 사상·기술·문화의 3대혁명은 사회주의 제도가 수립된 다음 사회주의·공산주의 건설에서 제기되는 물질적 요새와 사상적 요새를 점령하기 위한 ‘혁명의 기본내용’ 또는 ‘계속 혁명의 과업’으로 된다. 3대혁명의 수행을 통해서 온 사회를 혁명화·노동계급화·인텔리화하고 인민경제를 주체화·현대화·과학화 한다는 것이다.92)

나아가 북한에서는 이 두 요새 가운데 선차적인 과제를 사상적 요새의 점령으로 설정하고 있는데 김일성에 의하면 “사상적 요새를 점령하는 것이야 말로 전 사회를 혁명화, 노동계급화하는 역사적인 과제를 훌륭히 해결할 수 있고, 사회주의·공산주의 건설의 사상적 요새는 말할 것도 없고 물질적 요새도 더욱더 빨리 점령할 수 있다.”93)는 것이다. 이는 바로 북한의 대중들이 주체사상에 심취하여 자발적으로 노동에 참여하고 당과 수령을 떠받들기를 요구하는 것이다. 북한의 표현에 따르면 “주체의 혁명관에서 핵을 이루는 것은 당과 수령에 대한 충실성입니다. 사회주의, 공산주의 위업은 수령에 의하여 개척되며 당과 수령의 영도 밑에 수행됩니다… 그러므로 혁명관을 옳게 세우기 위하여서는 언제나 당과 수령에 대한 충실성을 높이는 것을 기본으로 틀어쥐고 나가야 합니다.”94)라고 하고 있다.

물론 이 과정에서 동원주체인 노동당은 노동대중들의 자발성에만 의존하지는 않는다. 김일성은 현재 존재하는 ‘노동당 독재’를 공산주의의 높은 단계까지도 끌고 가면서 계속 ‘계급투쟁’을 벌일 것을 강조하고 있다. 이는 인적 자원에 대한 자발성을 호소하면서 동시에 독재적인 정치권력에 의한 강제성을 상시적으로 유지할 것을 표명한 것으로 볼 수 있다. 이에 대한 표현은 “적대분자에 대한 독재와 사상혁명 및 경제활동을 훌륭하게 수행하는 것이야 말로 사회주의—공산주의로 나아가는 길에서 끊임없이 점령하여 사회주의의 완전승리를 보장할 수 있다. … 만일 계급투쟁과 경제건설 중 어느 하나라도 소홀히 한다면 그것은 사회주의건설의 전반적 과정에 커다란 곤란을 초래하고 돌이킬 수 없는 중대한 손실을 가져오게 되는 것"[95]이라고 하며 동시에 "공산주의 사회가 건설된 다음에도 당과 같은 영도적 정치조직이 있어야 자주성을 위한 인민대중의 투쟁을 옳게 이끌어 나갈 수 있읍니다."[96]고 한다.

이상에서 볼 때 사상적 요새 점령의 주된 내용은 '인간과 사회를 개조'하는 사상혁명과 문화혁명으로서 동원대상인 인적 자원을 혁명화, 노동계급화, 인텔리화 하는 것이며 물질적 요새의 점령은 기술혁명으로서 인민경제의 주체화, 현대화, 과학화를 목적으로 하는 것이다. 결론적으로 이 둘의 목적을 위해 대중은 김일성부자와 노동당에게 충성심을 지닌 채 헌신적으로 노동할 것을 요구한다.

이상의 북한의 동원 이데올로기를 '주체사상'이 주장하는 논리와 연결지어 보면 <표 4>와 같다.

<표 4> 동원 이데올로기로서 주체사상체계

<목표문화>   공산주의 사회
   (인간의 자주성이 완전히 실현된 최고의 이상사회)
        ↑
<전이문화> 사상적 요새와 물질적 요새 점령
   (공산주의적 생산관계와 풍요로운 생산력 발전)
        ↑
↓   온 사회의 주체사상화
        ↑
   사회주의의 완전한 승리 · 무계급 사회
        ↑
     3대혁명 수행
===

사상 · 문화 혁명	기술혁명
인간개조 · 사회개조	자연개조
온 사회의 혁명화 · 노동계급화	사회주의 경제건설
온 사회의 인텔리화(문화수준향상)	(생산관계의 개조, 생산력 발전)

노동에 대한 적극성·헌신성   자립적 민족경제 건설
수령과 당에 대한 무조건 복종   인민경제의 주체화, 현대화, 과학화
==
                    청산리   대안의   3대
                    방법   사업체계   혁명소
                                      조운동

이상과 같은 동원 이데올로기에 입각하여 구체적으로 북한이 인적 자원을 동원하기 위하여 취했던 동원형태는 노력경쟁운동인 <천리마운동>으로서 북한의 『조선전사』에서는 1956년에 제시되고 1957년부터 본격화되고 있다고 하고 있다.97) 그러나 이전에도 사회주의 노력경쟁이 있었는데 그 대표적인 것이 1946년의 <건국사상총동원운동>과 <농민들의 애국미 헌납운동>, 그리고 1954년의 <증산경쟁운동> 등이다. 특히 <증산경쟁운동>은 생산에 새 기준량을 창조하기위한 투쟁으로서 이 과정을 통해 13명의 '노력영웅'과 9,300여명의 국가수훈자가 나왔으며 57,480명이 '모범노동자'로 등록되었다.

그러나 사상 무장에 호소하는 이러한 동원은 일정한 기간이 지나면 그 열기가 식기 때문에 주기적으로 새로운 동원 방법이 창안될 것이 요구되는 데 이러한 것이 1961년 공업부문에서의 「대안사업체계」와 1973년 2월의 <3대혁명소조운동>, 1975년 <3대혁명 붉은기 쟁취운동>, 1979년 말 <숨은 영웅들의 모범을 따라 배우는 운동>, 1982년 <80년대 속도 창조운동>, 1988~89년 2차에 걸친 <200일 전투>를 추진하면서 특별상금을 추진하는 등 북한의 사회주의 노력경쟁은 상시적이고 반복적으로 추진되고 있다.98) 따라서 대중동원수단으로서 이러한 동원 이데올로기를 통한 도덕성이나 혁명성에만 의존했던 것은 아니며 법적, 제도적 장치를 통한 강제적 수단과 물질적 수단이 병행되어 사용하고 있는 것이 현실이다. 예로서 규범적 수단이라 하더라도 '영웅'칭호나 '특별대우,' 또는 '상금'을 수여함으로써 부분적인 물질적 유인이 따르

고 또 동원 주체의 지시나 명령을 어길 경우 수용소로 보내거나 집단비판을 받게 됨으로써 강제적으로 동원을 유도하는 것이다.

5. 북한의 경제발전을 위한 노동 동원 이데올로기의 과제

이상에서 살펴 본 바와 같이 북한의 동원 이데올로기는 구체제 질서의 타파와 새로운 이상적 사회의 건설, 즉 '공산주의 사회'라는 목표 문화와 목표 문화에 도달하기 위해서 구체적으로 실천해야 하는 전이 문화로 구성되어 있음을 보았다.

특히 북한의 목표 문화인 '공산주의 사회'에 대한 표현은 19세기 후반에 마르크스와 엥겔스가 제시했던 조건과 흡사하지만 그것에 도달하기 위한 전이 문화의 구체적 형태는 이미 레닌과 스탈린, 그리고 마오쩌둥에 의해서 변형되었던 것처럼 북한에서도 상당히 왜곡되어 있는 것이다.

이러한 이유는 근본적으로 러시아나 중국의 경우와 같이 북한도 '사회주의' 혁명 당시의 상황이 마르크스나 엥겔스가 예견했던 상황이 아니라 생산력 발전이 자본주의 사회와는 비교가 안될 정도로 후진적인 상황에 있었기 때문이다. 따라서 레닌은 급격한 생산관계의 개조보다도 자본주의적 발전을 추종하는 생산력 발전에 역점을 두었고 스탈린은 생산관계의 사회주의화를 강제하면서 동시에 사회주의의 과도적 원칙이었던 '노동에 따른 분배'를 강조하게된 것이다. 노동에 따른 분배 원칙을 강조하였기 때문에 스탈린시대에도 특권층과 빈부격차가 심화되었고 과도기적 원칙인 '프롤레타리아 독재'가 강조되면서 스탈린의 1인 독재가 구축되었다. 중국의 마오쩌둥도 마찬가지로 반식민지 반봉건주의적인 사회에서 사회주의 혁명이 수행되다 보니 마르크스와 엥겔스의 원칙이 지켜질 수 없었고 따라서 사회주의 혁명 이전에 '신민주주의'의 단계를 설정하여 사회주의 혁명으로 나아가기 위한 준비단계를 설정하였다. 이는 1980년대에 와서 자오쯔양趙紫陽의 '사회주의 초급단계론社會主義初級段階論'형태가 되어 현재의 개혁·개방을 뒷받침하고 있다.

1945년 해방 이후 사회주의체제를 수립한 북한은 김일성을 중심으로 한 1당 독재체제의 정치체를 가지고 1958년까지 사회주의적 생산관계 수립이라는 인적 물적 동원체제를 수립하였다. 특히 공산주의 이데올로기에 따라 북한의 목표문화는 공산주의 사회 건설로 설정되었고 그것에 도달하기 위한 단계적 전이문화들이 제시되었다. 여기에서 목표문화는 대중들에게 환상과 희망을 부여하고 김일성-김정일이 지도하는 노동당 1당 지배에 정통성을 부여하며 정적政敵으로 부상하는 대항세력을 탄압할 수 있는 논리적 정당성을 부여한다. 또한 목표 문화는 노동대중들이 노동당이 이끄는 동원체제에서 이탈하지 않고 풍요롭고 평등한 사회를 이상으로 삼고 헌신적으로 노동할 것을 요구하고 있다. 특히 공산주의 사회는 생산수단에 대한 '공산주의적 소유'라는 명목 하에 사회적 제 가치를 김일성−김정일이나 노동당이 독점적으로 관리할 수 있는 독재적 '국유화'나 '관료집단의 소유'로 왜곡될 수 있다.

북한의 동원 이데올로기에서 목표 문화는 다시 여러 단계의 중간목표, 즉 전이 문화를 설정하였는데 사상적 요새와 물질적 요새 점령론은 그 대표적인 것이다. 사상적 요새와 물질적 요새 점령을 위해서 북한은 다시 인간개조, 사회개조, 자연개조를 목적으로 하는 사상혁명, 문화혁명, 기술혁명이라는 3대혁명을 제시하고 있다. 본래 이러한 전이 문화 형태는 마르크스, 레닌, 마오쩌둥을 거쳐 주장되었던 이론을 체계화한 것인데 그 취지는 생산관계의 사회화된 형태에서 농민이나 노동자들은 개인적인 노동동인(incentives)보다는 사회와 집단을 위해 노동을 하도록 사상과 사회가 개조되어야 함을 호소하는 것이었다. 그러나 북한에서는 이것이 '온 사회의 주체사상화'를 목적으로 하는 것이기 때문에 결국 주체사상을 창출하는 김일성과 김정일에 대한 충성심으로 개조될 것을 요구하는 것으로 왜곡되었다. 사실 이러한 동원 이데올로기를 통해 북한의 동원주체인 정치체는 최대한의 권력을 향유할 수 있게 된다. 즉 계급투쟁의 강조 속에 '프롤레타리아 독재(노동당 독재)'가 정당화되며 '공산주의 사회 건설'이라는 명목 하에 인적, 물적 자원을 동원시킴으로써 권력을 확대 재생산하는 것이다.

그러나 이러한 동원 이데올로기는 공산주의 사회 달성이라는 목표 문화에 접근하기위한 전략으로서 전이 문화가 수행되나 전이 문화가 성과를 보임에 따라서 본래의 목표 문화와는 점차 멀어지게 되는 위험성도 지니고 있다. 특히 사회주의체제의 동원 이데올로기는 프롤레타리아 독재와 생산수단의 사회화를 기반으로 하기 때문에 근대화나 경제발전이라는 전이문화의 성과에 따라 초래되는 사회구조적 분화와 기능적 전문화와는 대립적일 수밖에 없는 것이다.

그 한 예로서 근대화에 관한 많은 이론가들은 동원의 결과인 경제적 변화가 정치체계에 미치는 영향을 크게 3가지로 들고 있는데 그것들은 다음과 같이 요약된다. 그 중 첫째는 기술혁신이 새로운 노동 분업과 기존의 제도 간에 부조화와 복합성을 유발시킨다는 것이며 둘째는 기술혁신이 새로운 소유형태를 만들고 새로운 잠재적 지배계급을 형성시키고 셋째, 기술의 변화는 새로운 형태의 정치의식을 형성하고 구체제의 지배질서를 정당화하던 논리를 저해하게 된다는 것이다. 따라서 마르크스조차도 경제와 정치적 힘의 연쇄관계에 깊은 관심을 기울였었다.99) 실제적으로 사회주의적 동원체제에서도 동원체제의 성격이 초기와 후기에 따라 다소의 차이가 있기에 학자에 따라 '초기 동원체제'와 '과도기', '후기 동원체제'로 분류하기도 하고100) '초기 동원체제'와 '체제관리기'로 분류하기도 한다.101)

이상에서 살펴 본 바와 같이 북한의 동원 이데올로기는 본래 자본주의의 모순을 비판하면서 등장한 마르크시즘의 정통성을 이용하여 북한 체제의 정당성을 주장하는데 활용되었고 또한 공산주의 사회건설이라는 명분하에 착수된 프롤레타리아 독재나 생산관계의 사회주의적 개조는 오히려 북한 정치체의 독재적인 권력을 강화하는데 이용되었다.

그러나 본래의 목적이 어떠하였든 현재 북한이 처해 있는 상황은 상당히 어려운 편이다. 그 원인은 여러 가지가 있겠지만 그 중에서도 가장 근본적인 것은 북한의 일반대중들이 적극적으로 동원에 응해주지 않는데 있다. 이는 이미 동유럽과 소련에서도 지적되었던 것으로 생산수단의 사회화는 개인의 노동결과물이 바로 그 개인에게 직접적으로 돌아가지 않고 상당히 우회적으로 약간의 보상만이 돌아가기 때문이라는 것이다.

어쩌면 오히려 그러한 점이 북한의 김정일과 노동당이 동원 이데올로기를 더욱 강조해야 하는 이유인지도 모른다. 왜냐하면 동원대상인 대중들을 더욱 더 이데올로기적으로 무장시켜 개인보다는 집단을 위해서 노동동원에 내몰아야 하기 때문이다.

※ 이 글은 "북한의 동원이데올로기에 관한 연구," 동국대학교 안보연구소, 『안보연구』 24(1994)에 수록되었다.

주註

1) 이 용어는 마르크스-엥겔스의 고전적인 사회주의와 공산주의의 개념을 소련과 같은 현실 정치체제에 적용하는 데 많은 논란의 여지가 있기에 사용되는 개념이다. 이는 현실 사회주의가 마르크스, 엥겔스가 말한 과정과 구조를 가지지 못했다는 점에서 그럴 수 있으며 또한 세계체제론자들의 입장과 같이 사회주의는 세계체제 전체가 동시에 사회주의화되어야 가능하다는 점에서 그러한 입장을 취할 수도 있다. 실제로 체코슬로바키아의 두브체크(Dubček)하에서 부총리를 지냈던 오타 식(Ota Šik)은 기존의 구소련과 동유럽이 단연코 마르크스, 엥겔스가 지향했던 '사회주의'가 아니며 오히려 '반사회주의적' '반혁명적' 체제라고 규정한다. Ota Šik, *The Communist Power System* (translated by Grund Freidberg)(New York: Praeger, 1981), pp. 1-5.

2) K. Marx, F. Engels, *Manifesto of the Communist Party* (Moscow: Progress Publishers, 1986), p. 53; 김일성, "사회주의 경제의 몇 가지 이론문제에 대하여"(1969.3.1), 『정치경제학연구의 몇 가지 문제』 (평양: 사회과학출판사, 1988), 179쪽.

3) 정치체(the polity)의 개념은 일반적으로 '사회부문에서 정치적으로 조직된 부분'이라고 규정된다. Gabriel A. Almond and G. B. Powell, *Comparative Politics Today: A World View* (Boston: Little, Brown and Co., 1980), p. 4.

4) Richard Lowenthal, "Development vs. Utopia in Communist Policy," in Chalmers Johnson (ed.), *Change in Communist Systems* (Stanford: Stanford Univ. Press, 1970), p. 50.

5) 오타 식(Ota Šik)은 대부분의 동유럽 국가에서 노동생산성과 자본생산성이 점차 하락하는 경향을 나타냈으며 그럼에도 국방비는 계속 증가함으로써 국민들의 생활수준이 급격히 악화되었음을 지적하고 있다. 이외에도 구소련과 동구권의 붕괴에 대한 원인 분석은 대부분 이러한 연쇄적 효과와 악영향을 지적하고 있다. Ota Šik, *The Communist Power System*, op. cit., pp. 1-5 ; Rett R. Ludwikowski, *The Crisis of Communism: Its Meaning, Origins, and Phases* (New York: Pergamon, 1986).

6) G. H. Dodd, "Ideology and Political Development," Robert Benewick, R. N. Berki and Bhikhu (eds.), *Knowledge and Belief in Politics* (London: Allen & Unwin, 1973), p. 245.

7) Clifford Geertz, "Ideology as a Cultural System," David E. Apter (ed.), *Ideology and Discontent* (London: The Free Press, 1964), p. 65.

8) David E. Apter, *The Politics of Modernization* (Chicago: University of Chicago Press, 1965), p. 360.

 9) Amitai Etzioni, *The Active Society: A Theory of Societal and Political Process* (New York: The Free Press, 1968), p. 388.

10) *Ibid.*, p. 390

11) Karl W. Deutsch, "Social Mobilization and Political Development," *American Political Science Review*, 55 (September 1961), p. 494.

12) 여기서 말하는 민주주의 발전은 '부르죠아 혁명(민주주의 혁명)'과 '프롤레타리아 혁명(사회주의 혁명)'을 통해 정치권력과 생산수단의 소유가 '인민대중'에게 돌아가는 것을 의미한다. 따라서 일반적으로 자유민주주의 체제에서 말하는 민주주의와 사회주의 체제에서 말하는 민주주의는 다소의 차이를 갖는다. 그 예가 사회주의 체제에서 '프롤레타리아 독재'라는 의미는 '다수의 계급 독재'라는 의미에서 민주주의적인 것으로 해석된다.

13) Andrew C. Janos, *Politics and Paradigms -Changing Theories of Change in Social Sciences-* (Stanford, Cal.: Stanford University Press, 1986), p. 34.

14) Chalmers Johnson, *op. cit.*, p. 9, p. 48.

15) Alexander Eckstein, "Economic Development and Political Change in Communist Systems," *World Politics*, Vol. XXII, No. 4 (July 1970), p. 480.

16) *Ibid.*, p. 480.

17) Anthony Wallace, *Culture and Personality* (New York: Random House, 1961).

18) Chalmers Johnson, *op. cit.*, p. 7.

19) George Lichtheim, *Marxism: An Historical and Critical Study* (London: Routledge, 1964), pp. 377-378; cited in Chalmers Johnson, (ed.), *op. cit.*, p. 15.

20) Anthony Wallace, *op. cit.*, p. 148.

21) Christenson은 이데올로기를 "a body of ideas-in-action"으로 파악한다. Reo M. Christenson, et al., *Ideologies and Modern Politics*, 3rd. ed. (New York: Harper & Row Publishers, 1981), p. 4.

22) Franz Schurmann은 이데올로기를 1) 통일된 의식적인 세계관을 부여하는 관념체계인 순수 이데올로기(pure ideology)와 2) 현실적으로 행동에 필요한 합리적 도구를 제공하는 관념체계인 실천 이데올로기(practical ideology)로 구분한다. Franz Schurmann, *op. cit.*, pp. 18-22.

23) *Ibid.*, p. 23.

24) 김갑철, 고성준, 『주체사상과 북한사회주의』 (서울: 문우사, 1988), 26쪽.

25) Franz Schurmann은 순수 이데올로기와 실천 이데올로기를 중국에 적용하면서 중국에서는 순수 이데올로기에 상응하는 개념으로서 '이론'을 사용하며 실천 이데올로기에 상응하는 개념으로서 '사상'이라는 개념을 사용한다고 한다. Franz Schurmann, *op. cit.*, pp. 23-24.

26) 김갑철, 고성준, 앞의 책, 27~30쪽.

27) 이는 Anthony Wallace나 Richard Lowenthal, Chalmers Johnson 등과도 같은 입장이다. Anthony Wallace, *op. cit.*, p. 148; Richard Lowenthal, op. cit., pp. 33-116; Chalmers Johnson, *op. cit.*, pp. 7-32.

28) John H. Kautsky, *The Political Consequence of Modernization* (New York: Wiley, 1972), p. 241; Robert C. Tucker는 공산주의의 발생론적 기원에 대하여 "그것은 본래 지역적 현상이 아니며 상황만 좋다면 지구의 어디에나 퍼져 실질적으로 뿌리를 내릴 수 있는 사회나 문명의 한 형태"라고 보았다. Robert C. Tucker, "On the Comparative Study of Communism," *World Politics*, XIX (January 1967), p. 242.

29) 조정남 외, 『사회주의 체제비교론』 (서울: 형설출판사, 1988), 14쪽; Robert K. Furtak, *The Political Systems of the Socialist States: An Introduction to Marxist-Leninist Regimes* (Sussex: Wheatsheaf Books Ltd., 1986), p. 1; Janos Kornai, *The Socialist System: The Political Economy of Communism* (Princeton, N. J.: Princeton University Press, 1992), pp. 49-54.

30) 김일성, "온 사회를 주체사상화하기 위한 인민정권의 과업," (1982.4.14), 15쪽; 북한사회과학원 철학연구소, 『철학사전』 (서울: 힘, 1988), 50쪽.

31) 사회과학출판사 (편), 『주체사상총서7: 사회주의 경제건설이론』 (서울: 태백, 1989), 25쪽.

32) 사회과학원 철학연구소, 앞의 책, 50쪽.

33) 김일성, 『김일성저작집 15』 (평양: 조선로동당출판사, 1981), 81쪽; 사회과학출판사 (편), 앞의 책, 25쪽.

34) 김일성, 위의 책, 27쪽.

35) Wolfgang Leonhard (translated by Ewald Osers), *Three Faces of Marxism* (New York: Holt, Rinehart and Winston, 1974), p. 26.

36) *Ibid.*, p. 51.

37) *Ibid.*, p. 211.

38) *Ibid.*, p. 67.

39) 임지운 (편), 『마르크스주의 정치이론』 (서울: 동녘, 1988), 225쪽.

40) 毛澤東, "중국혁명과 중국공산당," (1939. 12); 毛澤東 (저), 김세은 (역), 『당건설』 (서울: 앎과 함, 1989), 49~50쪽.

41) 『북한경제통계집』 (서울: 국토통일원, 1986), 109쪽.

42) 『정치사전』 (평양: 사회과학출판사, 1973), 1353쪽.

43) Wolfgang Leonhard, *op. cit.*, p. 83.

44) *Ibid.*, p. 83.

45) 레닌 (저), 이민희 (편역), 『좌우익기회주의연구』 (서울: 아침, 1988), 284쪽.

46) B. V. 아나니치, "10월은 역사의 전환점이었는가? 러시아혁명의 해석 변화: 사회주의체제의 기원과 가능한 대안적 발전경로의 문제" (서울: 서울대학교 소련동구연구소주최 국제학술회의 발표논문, 1990), 7쪽.

47) Stalin, *Economic Problems of Socialism in the U.S.S.R.* (New York: International Publishers, 1952), p. 30.

48) 최 성 (편), 『현대사회주의 비교연구』 (서울: 학민사, 1990), 50쪽.

49) 마르크스-레닌주의에 따르면 공산주의의 달성을 위한 단계는 자본주의 → 과도기 → 사회주의 → 공산주의에 따라 이행, 발전한다. 이를 공산주의 이행기론이라 하기로 한다. 현실 사회주의에서 주로 논란이 되고 있는 것은 '자본주의에서 사회주의로 가는 과도기'이다. 본래 과도기는 마르크스와 엥겔스가 "자본주의에서 사회주의로 가는 한 과도기가 있다."고 한데서 비롯된다. 이러한 과도기에 '프롤레타리아 독재'가 존재한다고 함으로써 현실 사회주의 체제인 소련, 중국, 북한은 나름대로의 기준을 가지고 과도기를 구분한다. 따라서 과도기란 공산주의 이행에서의 한 시기를 말한다.

50) 서울 사회과학연구소, 『사회주의의 이론·역사·현실』 (서울: 민맥, 1991), 29~31쪽; 서울대 사회주의연구팀, 『사회주의개혁과 북한』 (서울: 형상사, 1991), 16쪽 참조.

51) Franz Schurmann, *op. cit.*, p. 30.

52) *Ibid.*, p. 24.

53) 신상초, 『중국공산주의운동사(1919-1987)』 (서울: 집문당, 1988), 245쪽; 사회주의자들이 권력을 장악한 후인 1956년까지도 중국공산당원의 구성은 농민이 69%의 압도적 다수를 점하고 있었으며 노동자는 단지 14%에 불과하였다. 위의 책, 194쪽; 서진영 (편), 『현대중국과 북한40년 – 자료와 통계 – 』 (서울: 고려대 아세아문제연구소, 1989), 55쪽.

54) 중국공산당 중앙위원회 결의문, "On the Establishment of People's Communes in the Rural Areas," (August 29, 1958) in Robert V. Daniels (ed.), *A Documentary History of Communism*, Vol. II (New York: Vintage Books, 1960), p. 377.

55) 당시 중국의 농업집단화 상황을 참고하면 다음과 같다.

	전국총농가수에 대한 호조합작가입 농가호수 비율(%)	농업생산합작형태(%)		
		고급합작사	초급합작사	농업생산호조조
1950	10.7			10.7
1951	19.2			19.2
1952	40.0		0.1	39.9
1953	39.5		0.2	39.3

1954	60.3		2.0	58.3
1955	64.9		14.2	50.7
1956	96.3	87.8	8.5	

출전: 阿部治平 외, 『중국근현대사』(서울: 일월서각, 1985), 446쪽.

56) 신상초, 앞의 책, 255쪽.

57) Mao Tse-tung, *On Khurushchev's Phony Communism and Its Historical Lessons for the World* (July 14, 1964) (Peking: Foreign Languages Press, 1964), p. 12, p. 65.

58) Wolfgang Leonhard, *op. cit.*, pp. 175-176.

59) 이 보고의 원제목은 "沿着有中國特色的社會主義道路前進"로서 ≪人民日報≫ (1987.11.4)에 실렸다. 위의 글 중 제2절 '社會主義初級段階和黨的基本路線'을 번역하여 趙紫陽, "사회주의 초급단계와 당의 기본노선,"『중국 사회주의 개혁의 진로』(서울: 풀빛, 1990), 42~48쪽에 실려 있다.

60) 이러한 사실은 "생산관계와 상부구조 중에서 생산력 발전에 적합하지 않은 부분들은 개혁해야 한다"(趙紫陽, 위의 글, 45쪽); "생산력 발전에 유리한 일체의 사물은 모두 인민의 이익에 부합하는 것이고 따라서 사회주의가 요구하는 것, 혹은 사회주의가 허용하는 것이다", "중국사회주의 초급단계의 근본 특징은 곧 '낙후된 생산력'이라고 말할 수 있다", "사회주의 초급단계에서의 당의 기본노선은 '하나의 중심' 즉 '경제건설을 중심으로 삼는 것'을 의미한다"(공육지, "我國社會主義初級段階的歷史地位和主要矛盾,"『중국 사회주의 개혁의 진로』, 앞의 책, 49~75쪽) 등의 취지에서 唯生產力說임을 알 수 있다.

61) 趙紫陽, "사회주의 초급단계와 당의 기본노선,"『중국 사회주의 개혁의 진로』, 앞의 책, 46쪽.

62) 趙紫陽, 앞의 책, 46~47쪽.

63) 趙紫陽의 앞의 보고문에 대한 해설로는 중국공산당 이론기관지 ≪紅旗≫ (1987년 제22기)에 실린 공육지의 글, "我國社會主義初級段階的歷史地位和主要矛盾,"『중국 사회주의 개혁의 진로』, 앞의 책, 49~75쪽 참고.

64) Mao Tse-tung, *On Khurushchev's Phony Communism and Its Historical Lessons for the World* (July 14, 1964), *op. cit.*, p. 12.

65) 1949년 6월 마오쩌둥은 일종의 과도정체로서 '인민민주전정(人民民主專政)'을 제시하였다. 이는 계급독재의 형태로서 인민사이에만 동지적 전정을 시행하고 인민이 아닌 자에 대해서는 독재적 전정을 시행한다는 것이다. 여기서 말하는 인민이란 신민주주의혁명에 가담할 수 있는 반제, 반봉건세력, 즉 노동자, 농민, 소시민, 민족자본가들을 포괄하며 인민이 아닌 자로 구관료, 매판자본가, 봉건지주 등 일체의 반동세력을 의미한다.

66) 현실 사회주의를 과도기로 볼 것인가 또는 하나의 독특한 '생산양식'으로 파악

할 것인가 하는 문제는 비단 최근의 논쟁만은 아니다. 그리고 보다 근원적으로
는 마르크스 자신이 과도기에 대해서 구체적으로 언급하지 않은 요인이 복합
적으로 결합되어 각국마다, 그리고 매시기마다 다양한 해석이 존재한다는 것도
사실이다.

67) 1988년 사회과학원 역사연구소 소장 전영률은 조선현대사의 시점을 1926년
　「ㅌ・ㄷ」(타도제국주의동맹)의 결성까지 소급함으로써 근대사는 1926년까지로
　축소되었다. 전영률, "위대한 수령 김일성동지와 친애하는 지도자 김정일 동지의
　현명한 령도밑에 역사과학이 걸어온 자랑찬 40년"『력사과학』1988년 3호; 이병
　천 (편),『북한학계의 한국근대사 논쟁－사회성격과 시대구분문제－』(서울: 창
　작과 비평사, 1989), 306쪽.

68) '우클라드(uklad)'라는 용어는 북한의 정치경제학에서 자주 사용되는 용어로서
　'경제형태'로 번역된다.『경제사전』(1970)에서 그 개념은 '생산수단에 대한 소
　유의 성격에 의하여 규정되는 일정한 류형의 경제관계, 경제형태들을 구별하는
　표징은 생산수단에 대한 소유의 성격(사회주의적, 소상품 생산적, 또는 자본주
　의적 등)이다'라고 규정하고 있다. 사회과학원 경제연구소,『경제사전 I』(평양:
　사회과학출판사, 1970), 101쪽.

69) "해방 후 15년간의 경제학계의 발전,"『경제연구』1960년 제3호, 322쪽.

70)『정치경제학연구의 몇가지 문제』(평양: 사회과학출판사, 1988), 165쪽.

71)『정치사전』, 앞의 책, 1353쪽.

72)『정치경제학연구의 몇가지 문제』, 앞의 책, 165쪽; 서진영 (편), 앞의 책, 242쪽;
　김일성, "자본주의로부터 사회주의에로의 과도기와 프롤레타리아 독재에 대하
　여" (1967.5.25); 과학백과사전출판사,『조선전사 24』(평양: 과학·백과사전출
　판사, 1981), 8쪽; Robert A. Scalapino and Jun-Yop Kim (eds.), *North Korea
　Today-Strategic and Domestic Issues-* (Berkeley: Institute of East Asian Studies, Univ.
　of California, 1983), p. 24 참조.

73)『조선전사 29』(평양: 과학·백과사전출판사, 1981), 229쪽.

74)『조선전사 31』(평양: 과학·백과사전출판사, 1981), 210쪽.

75) 김정일, "마르크스－레닌주의와 주체사상의 기치를 높이 들고 나아가
　자,"(1983.5.30),『주체사상연구』(서울: 태백, 1989), 234쪽.

76) Anthony Wallace, *op. cit.*, p. 148.

77) 사회주의체제에서 주장하는 새로운 인간형은 개인주의와 이기적 심성을 제거
　한 사회와 인민을 위해 살 수 있는 사람을 말한다. Robert A. Scalapino and
　Chong-sik Lee, *Communism in Korea*, Part II : The Society (Berkeley: Univ. of
　California Press, 1972), p. 1221.

78) 레닌 (저), 이민희 (편역),『좌우익 기회주의 연구』(서울: 아침, 1988), 284쪽;

B. V. 아나니치, "10월은 역사의 전환점이었는가?－러시아혁명의 해석변화: 사회주의체제의 기원과 가능한 대안적 발전경로의 문제"「사회주의의 재건인가, 역사의 전환점인가?」(서울: 서울대학교 소련 동구연구소 주최 국제학술회의 발표논문, 1990년 10월 26～27일).

79) M. S. Gorbachev, *Perestroika: New Thinking for Our Country and the World* (New York: Harper & Row Publishers, 1987), pp. 22-23; P. N. 페도시에프 외 (저), 한국철학사상연구회 논쟁사분과 (역),『페레스트로이카와 철학논쟁』(서울: 녹진, 1990).

80) 김일성,『김일성저작선집 8』(평양: 조선로동당출판사, 1987), 130쪽.

81) 김일성, "조선로동당 제6차대회에서 한 중앙위원회 사업총화 보고 (1980),"『북한 조선로동당대회 주요 문헌집』(서울: 돌베개, 1988), 367쪽; 김정일, "주체사상에 대하여," (1982.3.31),『주체사상연구』, 앞의 책, 234～235쪽.

82) 고승효 (저), 이태섭 (역),『현대북한경제입문』(서울: 대동, 1993), 131쪽.

83)『북한 조선로동당대회 주요문헌집』, 앞의 책, 367쪽.

84)『주체사상연구』, 앞의 책, 214쪽.

85) 위의 책, 237쪽.

86) 김일성, "온 사회를 주체사상화하기 위한 인민정권의 과업,"(1982.4.14)『김일성저작선집 9』(평양: 조선로동당출판사, 1987), 35쪽; 김일성, "주체의 혁명적 기치를 높이 들고 사회주의, 공산주의 위업을 끝까지 완성하자"≪로동신문≫ 1988년 9월 9일자.

87) 김일성, "온 사회를 주체사상화하기 위한 인민정권의 과업," 위의 책, 39～43쪽.

88) 김일성, "조선로동당 제6차대회에서 한 중앙위원회 사업총화 보고,"(1980), 앞의 책, 368쪽.

89) 김일성, "자본주의로부터 사회주의의 과도기와 프롤레타리아독재에 대하여" (1967.5.25),『김일성 저작집 21』(평양: 조선로동당출판사, 1983), 260～275쪽; 김일성, "조선민주주의인민공화국은 우리 인민의 자유와 독립의 깃발이며, 사회주의 및 공산주의 건설의 강력한 무기이다,"『김일성저작선집 5』(평양: 조선로동당출판사, 1972), 113쪽.

90) 학술단체협의회,『사회주의개혁과 한반도』(서울: 한울, 1990), 474～475쪽.

91) 김정일, "마르크스-레닌주의와 주체사상의 기치를 높이 들고 나아가자,"『주체사상연구』, 앞의 책, 234쪽.

92) 김일성, "당중앙위원회 사업총화보고,"『북한 조선로동당대회 주요문헌집』, 앞의 책, 367～389쪽.

93) 김일성, "북한의 당면 정치 경제 정책과 몇 가지 국제문제에 대하여"『조선자료』(1971년 2월호); 고뢰정 (저), 이남현 (역),『북한경제입문』(서울: 청년사,

1988), 92쪽.

94) 『주체사상연구』, 앞의 책, 212쪽.

95) 『철학사전』 (평양: 사회과학출판사, 1970), 337쪽.

96) 『주체사상연구』, 앞의 책, 163쪽.

97) 『조선전사 29』 (평양: 과학백과사전출판사, 1981), 10쪽.

98) 『92북한개요』 (서울: 통일원, 1993), 133쪽.

99) Andrew C. Janos, *Politics and Paradigms* (Stanford: Stanford University Press, 1986), p. 12.

100) 이용필 (편), 『북한정치체계』 (서울: 교육과학사, 1985), p. 375; Chalmers Johnson, *op. cit.*, 22쪽.

101) Paul H. B. Godwin은 Alexander Dallin이나 George W. Breslauer의 동원체제와 후기 동원체제를 '체제관리기(system maintenance)'라 한다. Alexander Dallin and George Breslauer, "Political Terror in the Post-Mobilization Stage," Chalmers Johnson (ed.), *op. cit.*, p. 191; Paul H. B. Godwin, "Communist Systems and Modernization: Sources of Political Crises," *Studies in Comparative Communism*, Vol. VI, Nos. 1 & 2 (Spring/Summer 1973), p. 118.

<참고문헌>

1. 북한문헌

김일성, 『김일성저작선집』(각 권) (평양: 조선로동당출판사).
사회과학원 경제연구소, 『경제사전 Ⅰ』 (평양: 사회과학출판사, 1970).
사회과학출판사, 『정치경제학연구의 몇가지 문제』 (평양: 사회과학출판사, 1988).
『정치경제학연구의 몇가지 문제』 (평양: 사회과학출판사, 1988).
『정치사전』 (평양: 사회과학출판사, 1973).
『조선전사』(각권) (평양, 과학·백과사전출판사, 1981)
『철학사전』 (평양: 사회과학출판사, 1970).

2. 남한문헌

高瀨淨 (저), 이남현 (역), 『북한경제입문』 (서울: 청년사, 1988).
고르바쵸프, 『세계를 진동시킨 3일간 -8월의 쿠데타』 (서울: 고려원, 1992).
고르바쵸프, 『페레스트로이카』 (서울: 시사영어사, 1990).
고승효 (저), 김한민 (역), 『북한사회주의발전연구』 (서울: 청사, 1988).
고승효 (저), 이태섭 (역), 『현대북한경제입문』 (서울: 대동, 1993).
김갑철, 고성준, 『주체사상과 북한사회주의』 (서울: 문우사, 1988).
레닌 (저), 이민희 (편역), 『좌우익 기회주의 연구』 (서울: 아침, 1988).
모택동 (저), 김세은 (역), 『당건설』 (서울: 앎과 함, 1989).
睦貞均, 『中國 -社會主義建設理論-』 (서울: 主流, 1991).
북한사회과학원 철학연구소, 『철학사전』 (서울: 힘, 1988).
서울 사회과학연구소, 『사회주의의 이론·역사·현실』 (서울: 민맥, 1991).
서울대 사회주의연구팀, 『사회주의개혁과 북한』 (서울: 형상사, 1991).
서진영 (편), 『현대중국과 북한40년 -자료와 통계-』 (서울: 고려대 아세아문제연
　　　구소, 1989).
신상초, 『중국공산주의운동사(1919-1987)』 (서울: 집문당, 1988).
아나니치, B. V., "10월은 역사의 전환점이었는가? -러시아 혁명의 해석변화: 사회
　　　주의체제의 기원과 가능한 대안적 발전경로의 문제" 『사회주의의 재건인
　　　가, 역사의 전환점인가?』 (서울: 서울대학교 소련 동구연구소주최 국제학술
　　　회의 발표논문, 1990년 10월 26~27일)
아나니치, B. V., "10월은 역사의 전환점이었는가? 러시아혁명의 해석변화: 사회주
　　　의체제의 기원과 가능한 대안적 발전경로의 문제" (서울: 서울대학교 소련

동구연구소주최 국제학술회의 발표논문, 1990).

阿部治平 外,『中國近現代史』(서울: 일월서각, 1985).

이병천 (편),『북한학계의 한국근대사 논쟁 — 사회성격과 시대구분문제 — 』(서울: 창작과 비평사, 1989).

이용필,『공산주의 이데올로기 — 이론과 실제』(서울: 화학사, 1982).

임지운 (편),『마르크스주의 정치이론』(서울: 동녘, 1988).

趙紫陽, "사회주의 초급단계와 당의 기본노선,"『중국 사회주의 개혁의 진로』(서울: 풀빛, 1990).

최 성 (편),『현대사회주의 비교연구』(서울: 학민사, 1990).

페도시에프, P. N. 외, 한국철학사상연구회 논쟁사분과 (역),『페레스트로이카와 철학논쟁』(서울: 녹진, 1990).

학술단체협의회,『사회주의개혁과 한반도』(서울: 한울, 1990).

『92북한개요』(서울: 통일원, 1993).

『북한 조선로동당대회 주요 문헌집』(서울: 돌베개, 1988).

『북한경제통계집』(서울: 국토통일원, 1986).

『사회주의 대개혁의 논리』(서울: 풀빛, 1990).

『주체사상연구』(서울: 태백, 1989).

3. 외국문헌

Apter, David E., *The Politics of Modernization* (Chicago: University of Chicago Press, 1965).

Brus, W. and K. Laski, *From Marx to the Market* (New York: Oxford University Press, 1989).

Brzezinski, Zbigniew, *The Grand Failure-The Birth and Death of Communism in the Twentieth Century-* (New York: Charls Scribner's Sons, 1989).

Christenson, Reo M., et al., *Ideologies and Modern Politics*, 3rd. ed. (New York: Harper & Row Publishers, 1981).

Daniels, Robert V., (ed.), *A Documentary History of Communism*, Vol. II (New York: Vintage Books, 1960).

Deutsch, Karl W., "Social Mobilization and Political Development," *American Political Science Review*, 55 (September 1961).

Dodd, G. H., "Ideology and Political Development," Robert Benewick, R. N. Berki and Bhikhu (eds.), *Knowledge and Belief in Politics* (London: Allen & Unwin, 1973).

Eckstein, Alexander, "Economic Development and Political Change in Communist

Systems," *World Politics*, Vol. XXII, No. 4 (July 1970).

Etzioni, Amitai, *The Active Society: A Theory of Societal and Political Process* (New York: The Free Press, 1968).

Furtak, Robert K., *The Political Systems of the Socialist States: An Introduction to Marxist-Leninist Regimes* (Sussex: Wheatsheaf Books Ltd., 1986).

Godwin, Paul H. B., "Communist Systems and Modernization: Sources of Political Crises," *Studies in Comparative Communism*, Vol. VI, Nos. 1 & 2 (Spring/ Summer 1973).

Gorbachev, M. S., Perestroika: *New Thinking for Our Country and the World* (New York: Harper & Row Publishers, 1987).

Janos, Andrew C., *Politics and Paradigms -Changing Theories of Change in Social Sciences-* (Stanford, Cal.: Stanford University Press, 1986).

Johnson, Chalmers (ed.), *Change in Communist Systems* (Stanford: Stanford Univ. Press, 1970).

Kautsky, John H., *The Political Consequence of Modernization* (New York: Wiley, 1972).

Kornai, János, *The Socialist System: The Political Economy of Communism* (Princeton, N. J.: Princeton University Press, 1992)

Leonhard, Wolfgang, *Three Faces of Marxism* (New York: Holt, Rinehart and Winston, 1974).

Lichtheim, George, *Marxism: An Historical and Critical Study* (London: Routledge, 1964).

Lowenthal, Richard, "Development vs. Utopia in Communist Policy," in Chalmers Johnson (ed.), *Change in Communist Systems* (Stanford: Stanford Univ. Press, 1970)

Ludwikowski, Rett R., *The Crisis of Communism: Its Meaning, Origins, and Phases* (New York: Pergamon, 1986).

Mao Tse-tung, *On Khurushchev's Phony Communism and Its Historical Lessons for the World* (July 14, 1964) (Peking: Foreign Languages Press, 1964).

Marx, K., F. Engels, *Manifesto of the Communist Party* (Moscow: Progress Publishers, 1986).

Moore, Barrington Jr., *The Social Origins of Dictatorship and Democracy* (Boston: Beacon Press, 1966).

Ota Šik, Socialism Today?: *The Changing Meaning of Socialism* (New York: St. Martin Press, 1991).

Ota Šik, *The Communist Power System* (translated by Grund Freidberg)(New York: Praeger, 1981).

Scalapino, Robert A., and Chong-sik Lee, *Communism in Korea, Part II: The Society* (Berkeley: Univ. of California Press, 1972).

Scalapino, Robert A., and Jun-Yop Kim (eds.), *North Korea Today -Strategic and Domestic Issues-* (Berkeley: Institute of East Asian Studies, Univ. of California, 1983).

Schurmann, Franz, *Ideology and Organization in Communist China* (Berkeley: University of California Press, 1968).

Schwartz, Harry, *Russia's Soviet Economy* (Englewood Cliffs, N.J.: Prentice-Hall, 1958).

J. Stalin, *Economic Problems of Socialism in the U.S.S.R.* (New York: International Publishers, 1952).

Tucker, Robert C., "On the Comparative Study of Communism," *World Politics*, XIX (January 1967).

Wallace, Anthony, *Culture and Personality* (New York: Random House, 1961).

북한사회복지: 체제·제도·동향

이 철 수

1. 서 론: 연구동향과 한계, 접근

통일코리아를 가상할 때, (남)북한 사회복지 연구의 필요성과 중요성은 아무리 강조해도 지나치지 않다. 이러한 이유를 열거하면, 먼저 사회복지는 제도의 기능과 성격상 (남)북한이 기존에 유지했던 체제 이질성을 극복하고, 민족적 동질성을 회복할 수 있는 국가정책 기제의 하나이다. 다음으로 남북한의 제도통합 과정에서 발생할 (남)북한 사회복지는 통일코리아 국민의 생존과 관련된 필연적인 문제이다. 마지막으로 이와 동렬에서 통일코리아 정부의 범국가적·범민족적 차원의 공공정책에서도 복지정책이 차지하는 비중이 또한 크기 때문이다.[1]

이러한 중요성에도 불구하고 남북한 사회복지의 한축을 형성하고 있는 북한사회복지에 대한 연구는 국내외를 막론, 이에 대한 접근과 연구가 실로 지난한 작업이다. 이러한 원인은 첫째, 북한연구가 시작된 이래

동 분야에 대한 연구의 지속성과 체계성이 일천하다. 예컨대 1990년대 초반 독일통일의 영향을 시작으로 남북한 통합 연구의 한 축에 북한사회복지 '제도'가 존재했었다. 그리고 이 시기 대다수의 연구들은 남북한 사회복지제도 비교와 통합을 중심으로 진행되었다. 그러나 1990년대 중반 이후 동 분야에 대한 연구는 장기간 정체되었고, 지금까지 '이벤트성 연구'가 주류를 이루고 있다.

둘째, 통시적인 것은 물론 국내외를 포함, 동 분야를 전공한 전문 연구인력 '층'이 타 분야에 극소수이다. 이는 '사회복지학' 혹은 '북한학' 전문 연구인력을 포함하여 동 분야에 대해 자칭·타칭으로 '얇은 층'의 전공자들이 있다는 것이다. 역설적으로 이러한 원인은 북한학과 사회복지학에서 북한사회복지가 차지하는 학문적 위치를 반증한다.

특히 '북한사회복지'라는 연구주제는 반드시 '북한학'과 '사회복지학'을 동시에 학습한 인력만이 균형적인 접근과 해석이 가능하다. 예컨대 '사회복지학'을 전공했다할지라도 사회주의체제의 사회복지에 대한 인식을 선결해야한다. 이와 마찬가지로 '북한학'을 전공했다할지라도 사회복지에 대한 인식이 필요하다. 따라서 '북한사회복지'에 대한 접근과 연구는 학문적 혼합과 배합, 관찰자의 지적수준과 인식, 분석대상에 대한 지식과 정보, 접근방법과 관점, 거시─미시분야별 연구경험에 대한 일정한 훈련, 정보수집력과 분석력 등이 요구된다.

셋째, 북한사회복지 분야의 정보부족은 물론이거니와 문헌연구의 한계를 극복할 수 있는 실태연구의 과학적 근거와 자료─데이터베이스화─가 전무한 실정이다. 이는 북한연구에서 보편적으로 나타나는 현상과 동일한 행태이다. 그러나 북한사회복지연구를 더욱 심도있게 접근하여 논의하고자 한다면, 반드시 북한사회복지의 각 제도별 실태에 대한 종합적인 자료가 필요하다. 현재까지 실태부분에 대한 자료와 근거가 매우 부족한 실정인데, 이는 실태연구를 시도한 사례가 부족하며 이를 시도할 접근경로 또한 비교적 차단되어 있기 때문이다.

넷째, 이와 동렬에서 북한사회복지에 대한 실체적 접근, 즉 이른바 '미시연구'를 시도한 연구가 빈번하지 않다. 북한사회복지에서 '미시연구'란 각 제도별 수급자(A)와 제도별 급여(An)의 상관관계를 검증한 것을 의미한다. 이를 위해서는 북한사회복지의 제도별·급여별 지속성과 변화에 대한 관찰과 더불어 다양한 복지급여 지급기준과 급여산식에 대한 체계적인 정보가 필요하다. 그러나 현재까지 국내외에 동 분야에 대한 북한 원자료가 체계적이고 지속적으로 공개된 적이 전무하다.[2]

다섯째, 이러한 이유로 대다수 북한사회복지에 대한 연구가 다소 정태적이고, 외연적인 현상을 분석하는 이른바 북한사회복지 '제도중심'의 '단발성 문헌연구'에만 치중하고 있다. 결국 이는 상술한 연구동향과 한계가 파생한 북한사회복지 연구의 현주소를 반증한다.

한편 상술한 사항들은 크게 두 가지 차원, 하나는 북한연구의 학문적 '관심'(무게), 다른 하나는 연구 대상의 '접근(방식과 방법)'에 기인한 연구행태이다. 이에 북한사회복지 연구는 학문적 관심을 중심으로 할 때 북한연구의 '주변부'에 해당되고, 연구 대상의 접근관점으로 볼 때 접근경로가 극히 미비하다고 하겠다. 때문에 국내외를 막론하고 북한사회복지에 대한 연구 경향은 한마디로 중복적이고, 파편화되어있고, 문헌연구 중심의 '모자이크 작업' 행태를 극복하지 못하고 있다. 따라서 북한사회복지 연구는 여타 북한연구의 역사성에 비해 일정한 양·질적 발전이 뚜렷이 나타나고 있지 않는 부문이라 하겠다.

반면 북한사회복지라는 연구대상은 크게 두 가지의 접근방법을 통해 그 실체를 규명할 수 있다. 1차적으로는 북한사회복지의 이념, 역사, 체제, 제도, 실태라는 거시—구조적인 스펙트럼인데, 이러한 접근방법은 연구대상의 '숲'에 해당된다. 2차적으로는 북한의 다양한 사회복지 제도가 표방한 급여종류, 급여수준, 급여의 지속성과 변화, 전달체계와 제도별 운영실태 등의 미시—행위적인 스펙트럼인데, 이러한 접근방법은 연구대상의 '나무'에 해당된다. 또한 실제수급자가 지급받는 다양한 복지급여는 '열매'에 해당되고, 급여를 전달하는 행정체계는 '줄기'에 해당된다. 이에 현재까지 양자의 연구를 병행하여 북한사회복지를 체계화한 연구는 극소수이고 특히 이는 각고의 노력이 장기간 필요한 난제중의 난제이다.

이러한 배경 하에 본 연구는 탐색대상인 북한사회복지를 놓고, 북한사회복지 '체제', 북한사회복지 '제도', 김정일시대 북한사회복지 '동향'에 대한 함의를 제공하고자 한다. 즉 본 연구는 북한 사회복지를 거시-구조적인 차원에서 접근, 동 분야에 대한 이해를 도모하여 북한사회복지의 '얼개'를 분석하고자 한다. 따라서 본 연구는 북한사회복지연구의 초기단계의 이해를 주요한 목적으로 설정하여 서술하였다.3)

아울러 본 연구는 북한사회복지에 대한 정확한 사실을 놓고 분석했다기보다는 필자의 경험과 추론에 입각한 또 하나의 모자이크 작업이고, 이는 '정확성'보다는 '개연성'에 무게중심의 축을 맞춘 연구이다. 이에 따른 본 연구의 서술순서는 먼저 북한사회복지의 체제에 대한 논의를 사회복지시스템, 사회복지 제도별 (복지)수준, 사회복지 발달과정, 사회복지 제도와 체제 전개과정을 중심으로 서술하고자 한다.4)

다음으로 북한 사회복지제도를 의·식·주 배급제, 국가사회보험과 국가사회보장, 의료보장제도의 속성, 그리고 복지급여의 한계와 이중성을 중심으로 고찰하고자 한다. 마지막으로 김정일시대의 북한사회복지의 동향을 7·1경제관리개선조치(이하 7·1조치로 약칭) 직후의 의·식·주 배급제의 수준과 성격, 국가사회보험과 국가사회보장의 변화와 문제, 개성공업지구(이하 개성공단으로 약칭)의 복지체제, 보건의료 현실을 중심으로 탐색하고자 한다.

한편 본 연구는 북한사회복지에 대한 실체적 접근, 즉 '북한사회복지

현실'에 대한 논의는 다소 배제하고자 한다. 특히 이에 대한 논의는 이론적 체계와 무장이 전제된 가운데 제도별 급여종류와 대상별 서비스 수준 등에 대한 객관적으로 장기간 농축된 정보와 데이터를 근거로 판단해야한다. 또한 북한사회복지 현실에 대한 연구는 북한사회복지 체제 자체가 단순히 붕괴냐, 마비냐, 후퇴냐 하는 '감성적 논의'가 아니라 어떠한 복지급여가 어떻게 되었느냐하는 다양한 '급여중심의 최소단위'에 대한 검증과 분석을 의미한다. 때문에 본 연구에서 이에 대한 논의는 자료의 부족과 지면관계상 생략하고자 한다.

2. 북한사회복지체제[5]: 거시-구조적 차원

1) 사회복지시스템: 제도와 책임

특정국가의 사회복지시스템을 이해하기 위해서는 다양한 접근이 가능하다. 그러나 복지분배에 관한 책임소재와 그에 따른 각 제도별 위치를 탐색, 이를 토대로 일정한 구획을 중심으로 판단하는 것이 큰 틀의 사회복지시스템을 이해하는 수단이자 도구가 된다.

이를 판단근거로 접근하면, 자본주의국가의 복지시스템인 '3층 체제'와는 달리 사회주의국가인 북한의 사회복지시스템은 '2층 체제'라고 할 수 있다. 북한의 '2층 사회복지체제'를 설명하면, 먼저 1층의 구성요소는 전적으로 국가가 책임지는 사회복지제도가 해당된다. 여기에는 사회부조의 기능을 하는 의·식·주 배급제(rationing system), 무상교육, 무상치료, 사회보험, 사회보훈이 있다.

다음으로 국가소유의 국영기업이 책임지는 고용, 임금, 장려금 등의 노동(기회)으로 인한 물질적 소득이 있다. 여기에서 중요한 것은, 북한은

대다수 기업이 국가소유임에 따라 자본주의에서 2층에 해당하는 기업
(또는 시장)책임부문이 사실상 국가책임 하에 있다는 것이다. 이에 북한
의 사회복지시스템은 자본주의체제에서 구분·분리되어 있는 국가책임
영역과 기업책임영역이 사실상 통합된 형태로 존재하고, 이것이 자본주
의 복지체제와 차이가 나는 부분이라 하겠다. 따라서 이러한 맥락에서
기본적으로 북한 역시 여타 과거 사회주의 국가와 마찬가지로 국가가
주도적으로 사회복지를 추진하는 이른바 '국가사회복지체제(national
social welfare system)'라 하겠다.

한편 북한과 같은 국가사회복지체제의 장점은 국가가 전반적인 사회
복지제도를 주도하고, 다양한 복지제도를 통해 자국민들의 생활상의 보
호를 제공한다는 것이다. 즉 전적으로 국가책임 하에 복지정책을 시행,
'요람에서 무덤까지' 다양한 복지제도들을 통해 선도·운영하게 된다.
따라서 국가사회복지체제는 사회적·물질적 누락계층의 발생을 억제하
고 복지분배에 대한 국가책임과 운영주체가 명확하다.

반면 국가사회복지체제의 단점은 국가의 복지분배 내지는 복지공급
(제공) 능력이 장기간 저하되거나 상실할 경우 1층인 국가책임 영역이
쉽게 붕괴―그것도 연쇄적으로―된다는 치명적인 결함이 있다. 즉 국가
사회복지체제의 구조상 1층 영역에 집중된 다양한 복지제도는 상관관계
를 가지며 연쇄반응을 할 수 밖에 없는 시스템이다.

또한 복지분배물의 급여수준이 낮거나 장기간 정체되어 있을 경우도
문제가 있다. 즉 복지분배에 대한 주민들의 욕구반영 정도와 국가가 지
속적으로 복지분배물에 대한 양·질적 발전을 꾀하지 못했을 때도 다양
한 문제와 비판에 직면하게 된다. 바로 이것이 국가사회복지체제의 한
계이자 야누스적인 이중성이다. 따라서 북한의 국가사회복지체제는 최
상과 최악의 양면성을 동시에 가지고 있고, 이는 결국 상위범주인 경제
수준에 따른 분배와 밀접한 관련이 있다.

　마지막으로 개인과 가족이 책임지는 영역인데, 바로 여기에서 북한의 다양한 계층과 사회적 신분에 따른 공식·비공식적 소득의 분화와 차등이 발생한다. 즉 이 부문은 복지분배에 관한 국가의 보장과 보호 이외의 별도의 수입(공·사적 연결망)을 의미한다. 중요한 것은 바로 이때 발생하는 유·무형 소득이 북한주민의 개인과 가족의 신분과 능력에 따라 차이가 있다는 것이다. 이러한 이유로 북한 주민 개개인이 체감하는 북한의 사회복지체제에 대한 인식도 다양하게 분포될 수밖에 없다고 하겠다.

　결국 '2층 체제'인 북한의 사회복지시스템에서 크게 1차적으로는, 1층은 국가의 능력에 따른 분배, 2층은 개인·가족의 능력에 따른 분배로 구분된다. 또한 2차적으로는, 이러한 메커니즘속에 각 개인(가족)을 적용·대입하면, 사회적 지위와 신분, 직업, 사업장의 수준, 임금수준, 노동능력(수준), 근로기간 등에 따라 재차 구분된다 하겠다. 이에 따라 북한의 사회복지시스템은 '제도적 평등'(형식적 평등)속에 '실질적 불평등'이 공존하고 있는 체제이다. 참고로 북한의 사회복지시스템을 도식화하면 다음 <그림 1>과 같다.

<그림 1> 북한의 사회복지시스템: 2층 체제

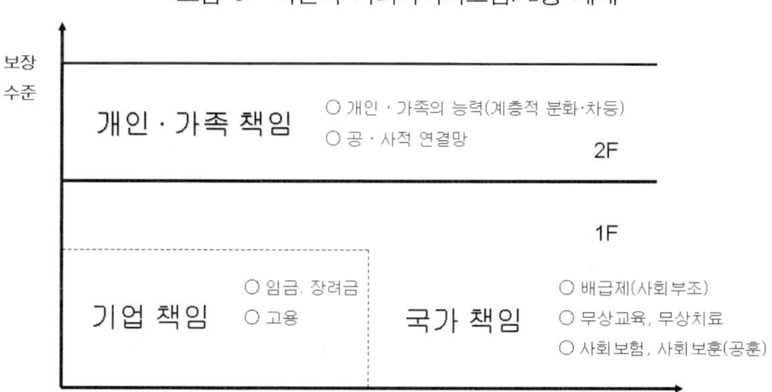

* 비고: 2002년 7월 1일 시행한 7·1조치 이후 '탈사회주의화' 경향이 있음. 이에 대한 내용은 후반부 참조.

2) 사회복지 '제도'별 수준

특정국가의 사회복지시스템과 더불어 사회복지 제도별 복지수준을 탐색하는 것은 사회복지체제를 여과하는 또 하나의 스펙트럼이다. 왜냐하면 제도별 복지분배의 책임주체를 규명하는 작업만큼 복지급여의 수준 또한 사회복지 체제의 성격을 규정짓는 판단근거이기 때문이다. 나아가 이는 앞서 논증한 사회복지시스템보다 조금 더 진일보한 접근이다. 즉 사회복지시스템에 대한 접근이 다소 '평면적'이라면 제도별 복지수준을 통한 접근은 '다면적'이다.

이에 북한사회복지체제를 제도별 복지수준을 판단기준으로 분석하면, 먼저 북한주민들의 제1차 사회안전망 역할을 하는 사회부조(공적부조)가 있는데, 여기에 해당되는 제도는 의·식·주배급제이다. 특히 의·식·주배급제의 경우 공급대상마다 각기 다른 지급기준이 있는데, 이는 북한이 인식하는 공급대상별 분배기준이라 할 수 있다. 따라서 북한의 의·식·주배급제는 보편적으로 적용되는 사회부조이지만, '이 정도면' (최저·적정)생계 유지6)가 가능하다고 보는 북한의 인식이 반영된 결과물이다.

한편 특정대상별로 지급되는 사회복지서비스의 경우 북한은 아동복지서비스인 탁아사업과 여성복지서비스인 산전산후휴가를 제외하고는 이렇다 할 제도나 급여가 존재하지 않는다. 또 선천적 장애인에 대한 재활이나 특수교육 역시 전무하다. 단지 최근 북한은 장애인에 대한 관심을 나타내 2003년 6월 18일 최고인민회의 상임위원회 정령 제3835호로 공포한 「장애자보호법」이 있다. 역설적으로 이는 북한이 그동안 장애인에 대한 관심 정도를 반영한 것이다. 또한 간과할 수 없는 것은 동 법령이 존재하고, 명시한 내용이 구체적이라 할지라도 이를 실천할 북한의 능력이 부족하다면 이는 곧 레토릭(rhetoric)7)에 불과하다는 것이다.

다음으로 제2차 사회안전망 역할을 하는 사회보험이 있는데, 의·식·주배급제가 다소 노동유무를 떠나 현물만 제공하는 급여라면 사회보험은 노동자가 노동능력을 상실했거나, 노동기간을 완수한 가운데에 현금과 현물을 동시에 받는 제도이다. 다시 말해 이는 수급자가 사회적 위험, 은퇴한 노후, 산업재해를 당했을 경우 지급받는 복지급여이다.

따라서 수급자의 입장에서 현금과 현물, 즉 돈과 식량을 동시에 지급받기 때문에 이는 통상 정상적인 노동생활로 인해 획득하는 물질적 수입과 배급 다음으로 높은 수익을 보장한다. 그리고 이때에 지급되는 복지급여 수준은 '이 정도면' 수급자가 수급기간동안에 기본(적정)적인 생활이 가능하다고 판단되는 북한의 인식이 반영되어 있다.

마지막으로 사회보훈인데, 이는 수급자가 국가를 위해 헌신한 경우 즉 국가공로자에 대한 국가차원의 보상이자 혜택이다. 한편 북한은 여타 사회복지제도와 달리 사회보훈이 높은 급여를 보장하는데, 이러한 원인은 국가적 공훈을 강조하는 체제 특성과 복지급여 산식 때문이다.

즉 북한주민 개인(수급자)을 놓고 복지급여 산식을 적용할 경우 노동기간 못지않게 중요한 것은 노동기간 동안의 공훈수준이다. 예컨대 은퇴한 노동자가 노령연금을 수령하고자 할 경우 본인의 사회복지급여 = 노동기간(임금) + 공훈수준이 된다.

더욱 중요한 것은 이러한 원인이 어디에 있냐는 것이다. 이는 북한의 사회복지제도가 사회부조, 사회복지서비스, 사회보험, 사회보훈이 각각 독립된 체제로 운영되는 것이 아니라 통합·적용되어 나타나는 현상이다. 때문에 사회보훈이 수급자의 입장에서 볼 때, 복지혜택의 플러스 알파(+α)의 기능을 한다고도 할 수 있다.

하지만 이러한 견해나 판단을 가능하게 하자면, 수급자가 인식하는 복지혜택의 적정수준이 긍정적이거나 그 이상의 수준이 되어야만 가능하다. 즉 북한의 복지제도 통합운영은 여타 복지제도보다 높은 수준을 제공하는 사회보훈이 최상의 급여를 보장한다. 이로 인해 이른바 '공훈을 위한 노동'을 강제하는 이중성도 가지고 있다.

다시 말해 북한의 복지제도 통합운영은 다층화된 제도를 단층적으로 통합·적용함에 따라 역기능과 순기능을 동시에 가지고 있다. 그러한 한 가운데에 바로 국가 사회적 공훈을 강조하는 사회보훈이 자리잡고 있다. 때문에 북한사회복지는 각각의 '복지제도'에 따른 각각의 '복지급여'가 분리된 체제가 아님에 따라 양자에 대해 동시적인 접근이 필요하다.

<그림 2> 북한의 사회복지 제도별 복지수준

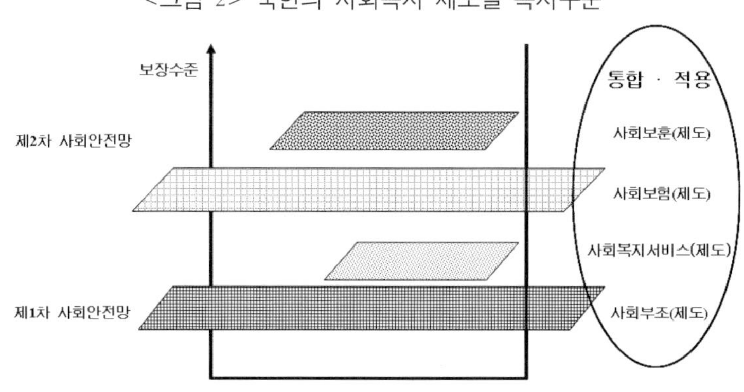

비고1: 개인의 사회복지급여 = 사회보훈(공훈수준) + 사회보험(노동기간과 임금)
비고2: 급여수준 = 사회보훈 → 사회보험 → 사회복지서비스·사회부조
비고3: 사회복지서비스는 아동: 탁아사업·여성: 산전산후휴가
비고4: 보건의료제도는 제외

또한 북한사회복지제도 4가지를 놓고 볼 때, 급여수준의 서열은 통상 사회보훈 → 사회보험 → 사회부조·사회복지서비스 순이 된다. 한편 이는 사회주의 국가에서 나타난 현상과 거의 동일하다, 즉 북한만이 이러한 사회복지 체제를 유지한 것이 아니라 국가적 공훈을 강조한 과거 사회주의 체제에서 공통적으로 내재된 메커니즘이라 하겠다. 그리고 바

로 이러한 점이 자본주의 복지체제와 다른 이질성 중의 하나이다. 참고로 북한의 사회복지 제도별 복지수준을 도식화하면 <그림 2>와 같다.

3) 사회복지 발달과정: 적용대상의 확대 경향

사회복지 발달과정 즉, 어떤 직종과 계층이 우선적으로 복지분배의 적용대상이 되었는가는 사회복지시스템과 사회복지 제도별 수준보다 더 큰 의미를 가진다. 왜냐하면 통시적으로 접근한 사회복지 적용대상에 대한 탐색은 북한이 '복지혜택 대상을 어떻게 적용해왔는가'에 대한 함의가 나타나기 때문이다. 다시 말해 북한이 다양한 사회복지 제도에서 표방한 적용대상의 변동과정을 검증할 수 있는 기제이다. 따라서 사회복지 제도의 적용대상의 확대 과정을 검토하는 것은 사회복지에 관한 해당 체제의 성격을 통시적으로 규정하는 판단근거이다.

이에 각 제도별로 적용대상의 확대 경향을 살펴보면, 결론적으로 북한의 경우 크게 보편주의적인 경향과 선별주의적인 경향이 동시에 나난 시기와 보편주의적인 경향만이 나타난 시기가 존재한다. 첫째, 일정 부문 보편주의적인 경향을 가지는 제도로는 사회보훈, 사회복지서비스, 의·식·주 배급제이다. 사회보훈의 경우 특정한 공훈에 의거하고, 그 수준에 따라 적용대상이 되느냐 혹은 그렇지 않느냐를 판단한다.

이에 역설적으로 전 인민의 국가적 공훈을 강조하는 북한체제의 성격상 사회보훈의 판정에 대한 차별과 차등, 부정은 존재하지만, 미약하리라 판단된다. 다시 말해 사회보훈의 제도적 특성을 감안해 볼 때, 공훈의 기회에 대한 차이는 존재하겠지만, 판정의 차별은 제도의 취지를 반할 수준은 아니라고 판단된다.

이와 같은 맥락에서 여성과 탁아에 대한 사회복지서비스의 경우에도 요구호상태에 의거한 적용대상에 대한 차별은 미약하리라 판단된다. 아울러 위의 세 가지 사회복지제도의 수급조건은 비교적 단순하고 엄격하지도 않다. 즉 사회보훈은 일정한 공훈을 획득하고, 탁아와 여성 사회복지서비스는 요구호상태에 이르면 가급적 지급되는 급여이자 분배메커니즘이다. 참고로 사회복지제도별 적용대상 발달과정을 정리하면 다음 <표 1>과 같다.

<표 1> 사회복지제도별 적용대상 발달과정

사회복지제도	최초 도입 시기	확대 시기	적용 대상
·사회보훈	1949	· 1953 · 1956	제대군인 영예군인
·사회복지서비스: 탁아·여성/장애인	1948/2003	·	서비스 해당 요구호자
·사회부조: 의·식· 주배급제	1946	·	전 인민
·사회보험	1946	1970년대 초반 /1986	가입자 (노동자·사무원/군인/농민)

비고: 노동성 사회보험규정집을 제외한 판단임

둘째, 일정부문 선별주의적인 경향을 가진 시기의 제도로는 사회보험이 있다. 그러나 1986년을 기점으로 판단할 때, 사회보험이 선별주의적인 성향을 가지고 있다는 것은 타당한 지적이 아니다. 즉 1986년 이후를 중심으로 하면 보편적인 성향을 가지고 있다. 하지만 1986년 이전을 기준으로 할 때는 선별주의적인 성향이 있다. 이에 따라 사회보험 적용대상의 시기를 중심으로 판단하면 두 가지의 상반된 견해가 가능하다.

이러한 이유는 북한이 무엇보다도 노동자와 사무원을 사회보험 우선 적용대상자에 포함시켜 약 40년간 운영해왔고, 1986년에 이르러서야 협동농민을 포함시켰으며, 군인연금의 경우 1970년대 초반에 도입했기 때문이다. 다시 말해 북한은 사회보험 적용대상에 대한 직종별 가입 시기와 제도도입에 대한 차이가 발생한다. 예컨대 노후를 보장하는 노령연금8)을 시계열적으로 살펴보면, 노동자와 사무원은 1946년, 군인은 1970년대 초반, 협동농민은 1986년에 적용대상에 각각 포함되었다.

중요한 것은 북한이 이처럼 적용대상에 대한 직종별 차별을 한 이유인데, 이는 사회주의국가에서 나타나는 현상 즉, 노동자와 사무원을 우선시하는 정치체제이자 이에 따른 노동정책(정치행위) 때문이라 판단된다. 따라서 이는 북한에서만 나타나는 현상이 아니라 여타 사회주의국가에서도 일정부문 나타나는 현상이다. 그럼에도 불구하고 이것이 의미하는 바는 큰데, 이는 적용대상에 대한 이른바 '차별 기간'이 존재해왔음을 반증하기 때문이다.

결국 지금 현재를 중심으로 적용대상에 대한 판정은 보편주의적인 성향—제도적으로—을 확고히 나타내고 있지만, 적용대상의 확대 경향을 추적해보면 일정기간 선별성과 보편성이 공존했던 시기가 있었다고 하겠다.

한편 노동자와 사무원을 복지혜택 적용대상 우선순위에 선정하는 사회주의국가에 대해 비교적 높은 평가를 내리는 경향—사회주의식 보편주의—도 있다. 하지만 이는 노동인구의 분포 즉, 제도 도입 당시 노동자와 사무원의 노동인구 분포에 의거해서 판단해야한다. 왜냐하면 이러한 노동인구대비 사회보험 가입자의 분포는 복지혜택 적용대상의 양적 비율을 의미하기 때문이다. 이에 사회보험 도입 당시 노동인구 분포를 살펴보면 북한을 포함, 대다수 사회주의 국가의 노동자와 사무원의 노동인구 분포가 약 12-15%였음을 간과해서는 안된다. 참고로 북한의 사회복지 발달과정을 도식화하면 다음 <그림 3>과 같다.

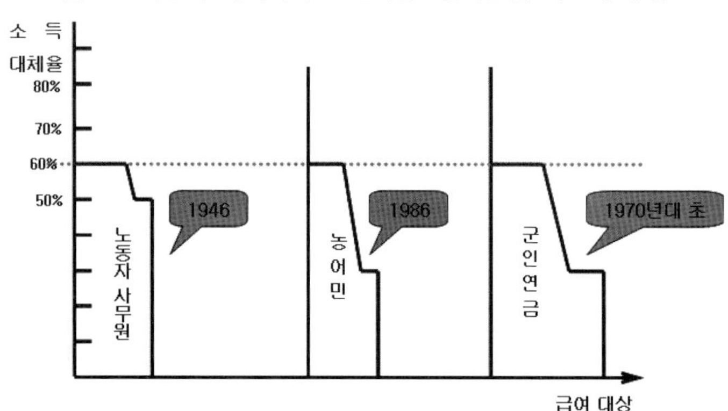

<그림 3> 북한의 사회복지 발달과정: 공적연금 최고치 추정

비고1: 군인연금은 새터민 증언에 추정, 정식명칭은 "제대군인 생활보장비"
비고2: 무상치료제와 의·식·주 배급제는 초기부터 대체적으로 보편주의에 의거
비고3: 사회보훈의 국가공로자연금은 정권초기부터 시작

4) 사회복지 제도·체제 전개과정

(1) 사회복지제도의 포괄성·혜택수준·종류·재분배성·적절성 측면

북한 사회복지제도 전개과정에 대한 준거 틀은 복지제도의 도입·확대·강화·퇴행 등의 시기에 대한 판단의 '근거들'이다. 예컨대 이는 단순한 복지법령의 제정만을 놓고 판단하는 것이 아니라 각종 제도의 적용대상과 복지급여의 종류·수준·조건 등 그 변동과정을 중심으로 탐색하는 것을 의미한다.

이에 첫째, 복지 혜택의 포괄성 즉, 적용대상을 중심으로 살펴보면 1986년을 기준으로 구분된다. 이러한 이유는 앞서 논증한 것과 같이 협동농민에 대한 사회보장제도가 이때야 비로소 적용되었기 때문이다. 따라서 적용대상에 대한 구분은 1986년을 전후로 구분된다 하겠다. 그렇지만 1986년 전까지 북한이 복지혜택의 적용대상에 대한 노력을 시도하지 않은 것은 아니다.

1986년 전까지 북한은 노동인구의 비율에서 노동자와 사무원이 차지하는 부문이 사회보험 가입자와 동일함에 따라 해마다 증가하는 노동자와 사무원의 비율과 해마다 감소되는 협동농민의 비율이 상대적으로 사회보험 가입자를 증진시켰다고 할 수 있다. 그러나 이는 북한의 노동정책(노동자 우대정책)에 영향을 받은 것이기에 북한이 스스로 복지제도의 적용대상의 확대를 위한 노력을 했다고는 할 수 없다.

결국 이러한 모순에 종지부를 찍은 것이 1985년에 제정하여 1986년에 시행한 「협동농민에 대한 사회보장제를 실시할데에 대하여」 이후이고, 바로 이러한 이유로 복지혜택의 적용대상은 크게 1986년을 전후로 구분할 수 있다. 다른 한편으로 협동농민은 1985년 전까지 사회보험의 적용대상에서 제외된 것이지, 무상치료나 무상교육의 혜택을 받지 못한 것은 아니다. 따라서 협동농민은 약 40년 동안 절반 수준의 인민복지의 혜택을 받았다 하겠다.

둘째, 복지혜택의 수준, 다시 말해 복지급여 수준의 발달을 중심으로 살펴보면, 엄밀한 의미에서 북한은 무상치료제를 제외하고는 1946년 사회보험법을 제정한 이래로 이렇다 할 복지급여의 확대를 꾀하지 않았다고 판단된다. 왜냐하면 본 법령을 제정한 이래 괄목할 만큼 복지급여 종류나 수준의 확대를 시도한 새로운 법령을 제정하지 않았고, 지금까지도 그 일부만 개정된 채 유지하고 있기 때문이다. 물론 수차례 부분적으로 연금수준(급여수준)을 향상시킨 조치가 존재했지만, 그렇다고 이러한 조치가 명백히 급여수준의 확대를 의미하지는 않는다.

특히 대다수 북한의 복지급여는 훈·포장에 대한 급여 계상을 제외할 경우 임금에 따른 정률급여 지급방식을 채택함에 따라 이는 표준임금의 인상수준이 수급자의 복지급여를 확대했다고 할 수 있다. 따라서 북한이 그동안 인상한 여러 차례의 임금인상 시기[9]가 복지급여의 확대와 직결된다. 결국 임금에 따른 정율 지급방식 때문에 사회보훈을 계상하지 않은 급여수준은 상위범주인 임금인상률에 따라 하위범주인 복지급여가 결정된다 하겠다.

셋째, 복지혜택의 종류를 중심으로 살펴보면, 두 가지의 견해가 가능한데 하나는 1946년 사회보험법이 제정된 이래 지금까지를 '정체기'라고 할 수 있다. 왜냐하면 북한 사회복지의 치명적인 결함이 바로 여기에 있는데, 그 이유는 구체적인 대다수 복지급여가 본 법령에 기인함에 따라 현재까지 이를 대체로 유지하고 있기 때문이다. 다시 말해 북한은 국가차원의 보편주의에 입각한 새로운 복지제도를 도입하지 않았다.

다른 하나는 1978년을 기준으로 복지혜택의 종류에 대한 평가를 달리할 수 있다. 왜냐하면 이때에 제정된 사회주의노동법에 의해 6개월 전후로 적용되는 국가사회보험제와 국가사회보장제가 제도적으로 성립되었기 때문이다. 따라서 복지혜택의 종류에 관한 견해는 구체적인 실천규정을 중심으로 판단할 경우 사회보험법 제정 이래 지금까지 정체기라고 할 수 있는 반면 큰 틀의 복지혜택의 적용원리를 기준으로 판단하면 1978년을 기준으로 구분된다 하겠다. 한편 1995년 4월 6일 공포한 「조선민주주의인민공화국 보험법」의 경우 노동자의 의무가입이 아니라 가입자와 국가간의 임의계약에 따른다. 때문에 동 법령이 급여종류의 발전을 꾀했다고 평가할 수도 있지만, 자유가입임에 따라 그 효과가 미진하리라 판단된다.

넷째, 복지혜택의 재분배 효과성을 중심으로 살펴보면, 크게 제도적인 부문과 현실적인 부문으로 구분되는데, 제도적인 부문의 경우 1958년을 기준으로 나눌 수 있다. 왜냐하면 이때에 북한은 개인기업소와 사유재산이 완전히 없어지고, 모든 재산에 대한 국가소유를 확보했기 때문이다. 따라서 이후 북한의 모든 영역에 대한 분배는 국가책임 하에 이루어졌고, 이러한 견지에서 이때부터 복지분배의 효율성을 시도하였다고 할 수 있다.

반면 현실적인 부문의 경우 제도적으로 명시하지 않은 북한의 계층별 차별과 그에 따른 차등분배에 대한 문제로 요약된다. 특히 이에 관한 계층별 복지급여나 각종 혜택은 소위 국가공로자에게 주어지는 것으로 반증할 수 있다. 따라서 북한의 계급과 계층에 대한 각종 복지 급여의 차별은 복지혜택의 재분배 기능을 상쇄하게 만든다. 또한 이러한 차별이 현실적인 급여의 수급과정에서도 그대로 반영된다고 판단된다. 이러한 원인은 상술한 바와 같이 복지제도의 통합운영과 급여수준에 있어 압도적 우위를 점유하는 사회보훈 때문이다.

다섯째, 복지 혜택의 적절성을 중심으로 살펴보면 무엇보다 이는 가장 판단하기 어려운 '난제'이다. 왜냐하면 계층별로 지급되는 복지급여가 현격한 차이가 있기 때문이다. 예컨대 국가공로자와 일반인들이 급여의 경우 현금은 물론 현물까지 큰 차이가 있다. 따라서 일반 수급자들이 받는 급여의 경우 급여수준이 낮아 남한의 공적부조 수준이라 하겠지만, 국가공로자의 경우 현저히 높은 급여로 인해 이와 다른 견해가 가능하기 때문이다.10) 따라서 역설적으로 북한의 복지 혜택의 적절성은 국가공로자에게 한해서만 적당한 수준의 급여가 지급된다고 하겠다. 그리고 바로 이러한 이유로 북한 사회복지제도의 수준은 남한의 공적부조 수준과 내용면에서 근친한 형태라는 주장이 가능하다.

(2) 사회복지체제의 변동과정

사회복지체제의 변동과정의 판단근거는 '복지현실'이 아니라 '복지제도'에 기인한다. 이에 큰 틀의 함의를 살펴보면 ① 제1단계: 체제형성기(1945~1960), ② 제2단계: 체제분화기(1961~1985), ③ 제3단계: 체제유지·발전기(1986~1990), ④ 제4단계: 체제마비기(1991~2002), ⑤ 제5단계: 체제변화·마비공존기(2003년 이후)로 요약된다.

첫 번째인 체제형성기(1945~1960)의 경우 무엇보다 크게는 반제반봉건민주주의혁명(1946.2~1947.2) → 사회주의혁명(1947.2~1958.8)

의 과도기 시기이고, 작게는 사회보험법의 제정과 시행, 전반적인 무상치료제의 도입, 전 재산의 국유화로 인해 복지제도의 효율성을 떠나 북한이 일정부문－초보적인 수준이지만－사회복지체제에 대한 체계를 도입·형성하였기 때문이다.

두 번째인 체제분화기(1961~1985)의 경우 크게는 사회주의 공업화 추진과 자립적 민족경제건설에 따른 노동의 효율적인 배분이 발생한 시기이고, 작게는 어린이보육교양법(1976.4.29), 사회주의노동법(1978.4.18), 인민보건법(1980.4.3), 협동농민에 대한 사회보장제를 실시할데 대하여(1985.10.4) 등의 법령을 제정하여 부분별 복지체제의 수립을 확고히 하고자 했던 시기이다. 그렇지만 이 시기가 북한 사회복지의 양적·질적 발전을 의미하는 것은 아니다. 이는 단지 제도의 질적인 분화 다시 말해, 대상별로 세분화된 법령을 제정하여 기존에 북한이 천명한 이른바 '인민복지'에 대한 실천의지를 표명한 것이라 하겠다. 또한 이러한 배경 하에 북한의 사회복지체제 자체가 정권수립 이후 상당기간이 경과했음에 따라 자연적으로 발전했다고 하겠다.

세 번째 단계인 체제유지·발전기(1986~1990)의 경우 이를 발전기라고 보는 것은 1986년에 이르러서야 전 노동인구에 대한 국가사회복지체제가 적용되었기 때문이다. 또한 이 시기를 유지기라고 주장하는 근거는 1990년까지 대내적으로는 경제난이 본격화되기 이전이고, 대외적으로는 동구 사회주의권이 몰락하기 전이기 때문이다. 따라서 이때가 북한으로서는 자신들의 복지체제를 유지·발전시키기에 안팎으로 가장 유리한 환경이었다.

네 번째 단계인 체제마비기(1991~2002)의 경우 1990년대 초반부터 북한 사회복지체제의 균열이 발생하기 시작하여 1997년을 전후로 한 배급제와 무상치료제의 붕괴 때문이다. 따라서 이 시기는 북한의 사회복지체제를 붕괴로 빠뜨린 식량난, 에너지난, 외화난, 자연재해 등으로 인해 북한 스스로의 표현처럼 고난의 행군을 했던 시기이다.

다섯 번째 단계인 체제변화·마비공존기(2003년 이후)의 경우 크게는 2002년 7·1조치의 시행, 작게는 지엽적이지만 2002년 신의주특구의 의료보험제도입 명시, 2003년 개성공단과 2004년 금강산관광특구의 복지체제 등 북한이 자신들의 복지체제에 대한 개혁을 시도하고자 하는 실질적인 징후들이 포착되고 있다.

따라서 이 시기는 북한이 붕괴된 복지체제의 복구를 의미한다기보다는 복지체제 자체에 대한 변화—그것이 복지의 축소나 확대인가를 떠나—를 시도했다고 하겠다. 그럼에도 불구하고 고질적인 식량난과 긴급구호체계인 보건의료의 후진성, 7·1조치의 성과 미흡 등으로 인해 여전히 경제난을 타개하지 못했다. 따라서 이 시기는 북한사회복지의 체제변화와 마비가 공존하는 시기이다.

결국 북한사회복지 체제의 변동과정은 각종 복지제도의 구분에 따라 그 과정과 평가를 달리하고, 그에 따른 논쟁 또한 동일한 무게의 가치를 지닌다고 하겠지만, 큰 틀의 함의는 위와 같이 취합할 수 있다고 판단된다. 참고로 북한의 사회복지 체제 변동과정을 도식화하면 다음 <그림 4>와 같다.

<그림 4> 북한사회복지 체제 변동과정

① 체제형성기(46-60)
: 20개조정강(46.3), 로동법령(46.6), 사회보험법(46.12), 국가사회보장제(51.8), 무상치료제(52.11).
② 체제분화기(61-85)
: 어린이보육교양법(76.4), 사회주의로동법(78.4), 인민보건법(80.4).
③ 체제유지·발전기(85-90)
: 협동농민에 대한 사회보장 실시(1985.10).
④ 체제마비기(91-2002)
: 국가배급제·무상치료제의 균열(현물.현금.의료보호 기능 상실).
⑤ 체제변화·마비공존기(02-현재)
: 7.1조치(02.7), 신의주특구(02.9), 개성공단(03.9), 금강산관광특구(04.5).

비고: 신의주특구는 미시행되었지만 포함

또한 현실적으로 큰 차이는 아니지만 기존의 북한사회복지 제도와 다른 1990년대 이후 지금까지의 지역별 제도적 특성을 정리하면 다음 <표 2>와 같다.

<표 2> 지역별 제도적 특성

경제조치과 해당지역	법령 제정	해당 지역	대표적인 제도적 특성
· 7·1조치	2002	· 전 지역	*<표 7> 참조
· 개성공업지구	2003	· 개성공단	· 사회보험 재정부담 (기업15%) · 최저임금제 도입 · 남한의 의료(산업재해)지원
· 금강산관광지구	2004	· 금강산관광지구	· 위와 거의 동일

비고1: 나진·선봉무역지대의 사회보험 재정부담(합영회사7% 종업원1%) 제외
비고2: 2002년 신의주경제특구 의료보험제 도입은 미시행관계로 제외

3. 북한 사회복지제도: 제도별 속성과 한계

1) 의·식·주 배급제

의·식·주 배급제에 대해 북한은 인민들의 식·의·주 문제도 국가가 전적으로 책임지고 돌봐주고 있다[11]고 하여 국가책임을 분명히 하고 있다. 또한 북한은 사회주의 국가가 인민생활을 책임지고 돌볼 데 대한 책임을 다하기 위해서는 인민들의 식·의·주 생활상의 요구에 맞게 소비품의 생산과 분배, 공급과 소비 등을 모두 통일적으로 틀어쥐고 계획적으로 발전시켜나가야[12]한다고 인식하고 있다. 이는 의·식·주에 대한 국가책임과 나아가 배급제의 기능에 대한 북한의 인식을 반

증하는 것이라 하겠다.

그러나 이러한 의·식·주 배급제는 다음과 같은 제도적·내재적 속성이 있다. 첫째, 의·식·주 배급제—사회주의체제에서 다른 배급제 역시 마찬가지겠지만—는 국가의 능력에 예속된다. 다시 말해 이는 의·식·주에 따라 분배되는 분배물들은 국가의 공급과 분배능력에 따라 결정된다. 무엇보다도 이러한 현상은 전적으로 의·식·주 배급제가 국가 책임 하에 실시되고, 또한 사회주의 체제의 특성인 생산물에 대한 사적소유권을 인정하지 않기 때문이다. 때문에 의·식·주 배급제에 의해 분배되는 각각의 내용물들이 국가의 공급능력에 예속됨에 따라 국가의 공급능력의 고저가 분배물의 양·질적 수준에 직결된다. 바로 이것이 사회주의 국가의 의·식·주 배급제의 속성이다.13)

둘째, 의·식·주 배급제는 인민욕구의 차단현상을 야기한다. 다시 말해 이는 북한이 자신들의 표현과 같이 인민들의 생활상의 요구에 맞게 배급제를 유지·발전시켜왔는가에 대한 반문이다. 또한 이는 의·식·주 배급제의 경우 인민들의 욕구 반영은 차지하더라도 북한이 지속적으로 의·식·주 배급제의 질·양적 향상을 꾀해 왔는가하는 문제이다.

이는 의·식·주 배급제의 실태에 대한 것으로 식량공급의 경우 북한은 1946년 이후 지금까지 괄목할 만한 상승이 이루어지지 않았다.14) 이에 북한의 의·식·주 배급제는 인민들의 욕구와 분배에 대한 참여, 그리고 분배물15)에 대한 의사표현을 할 수 없었고, 역설적으로 이는 북한의 의·식·주 배급제가 강력한 국가통제 하에 존재하고 있음을 반증한다.

이러한 북한의 의·식·주 배급제의 속성 때문에 북한이 원활한 의·식·주를 공급하지 못할 경우 이는 곧바로 1차적인 인민가계의 생활(사회)안전망의 붕괴로 직결되고, 이러한 붕괴는 가족과 사회의 균열로 이어져 연쇄반응을 일으키게 되고, 종국에는 체제를 위협하는 요소로 작용할 수 있다.16) 결국 의·식·주 배급제는 제도 자체의 효율성뿐만 아니라 이를 유지하는 국가의 능력과 공급되는 분배물의 양·질적 수준과 공급품에 대한 소비자의 욕구 내지는 의사 반영도가 핵심이라 하겠다. 참고로 의·식·주 배급제의 제도적·내재적 속성을 요약하면 다음 <표 3>과 같다.

<표 3> 의·식·주 배급제

구 분	제도적·내재적 속성
공급주체	·국가
소비주체	·전 국민(식량은 농민 제외)
특 성	·공급자와 소비자의 피드백(FEEDBACK) 다소 부재
장 점	·가계생활보호 기능 ·사회적 누락계층과 절대적 빈곤층 발생 억제
단 점	·공급주체의 일원화로 인한 국가의 공급능력 마비시 대안 다소 부재 ·노동능력과 근로동기 저하
기 능	·생활보장과 최저 생계유지
내 용	·의·식·주의 공급과 공공 생필품 저가 공급 및 보조
정 책	·국가에 의한 공급과 저가정책 유지

출처: 이철수,『북한사회복지의 변화와 전망: 탈사회주의의 전주곡』, (서울: 아주남
　　　북한보건의료연구소, 2004), 53쪽.

2) 국가사회보험과 국가사회보장

북한의 협의의 사회복지제도는 크게 ① 국가사회보험과 ② 국가사회보장으로 구분된다. 먼저 국가사회보험은 "국가가 … 노동재해, 질병, 부상 등으로 '일시적'으로 노동능력을 잃은 근로자들의 생활을 물질적으로 보장해주는 제도. … 현직일군들 중에서 일시적으로 노동능력을 잃은 사람들에게 적용되는 것으로서 노동능력을 완전히 또는 장기적으로 잃은 근로자들에게 적용하는 사회보장과 구별된다. … 자기소득의 1%를 국가에 납부하였을 때에만 적용된다."17)

반면 국가사회보장은 "노동능력을 완전히 또는 '오래 동안'(6개월 이상)잃은 근로자들과 혁명과업을 수행하던 도중 사망한 근로자들의 유가족들에게 돌려지는 국가적 혜택 ··· 적용대상은 항일혁명투사들과 군인, 경비대, 사회안전원, 노동자, 사무원, 협동농장원들과 그들의 부양가족, 기타 무의무탁한 사람들이다. ··· 자금원천은 국가예산자금이다."[18]

양자의 차이를 살펴보면 먼저 국가사회보험의 경우 적용대상은 현직 노동자이고, 급여 지급 기간은 6개월 미만이다. 또한 재정부담은 소득의 1%를 납부해야만 복지급여를 제공받는다. 반면 국가사회보장의 경우 적용대상은 노동자뿐만 아니라 다양한 계층이고, 급여지급 기간이 제한되지는 않지만, 급여대상과 상태, 수급원인에 따라 일시적이거나, 회복일까지 혹은 사망할 때까지 보장받는다. 또 재정부담은 국가사회보험과 달리 전액 국가부담이다.

이렇게 볼 때 양 제도의 구분기준은 무엇보다도 수급자의 위험 정도에 따른 치료기간이 6개월 미만이냐 혹은 6개월 이상이냐에 따라 구분된다 하겠다. 보다 구체적으로 복지급여를 중심으로 분류하면 국가사회보험은 6개월 미만의 일시적인 노동능력상실자를 보호하는 산업재해보상제도가 해당된다. 이에 국가사회보험에 의해 지급되는 복지급여는 단기급여(short-term-benefit)라 하겠다.[19] 반면 국가사회보장은 노동자 본인이나, 6개월 이상의 치료가 필요한 수급자에게 지급되는 장기급여(long-term-benefit)에 해당되는 모든 복지급여라 하겠다.

그리고 국가사회보험의 수급자는 현금급여와 현물급여를 동시에 제공받는 반면 국가사회보험의 수급자는 현물만 지급받는 소득보장제도라 할 수 있다. 아울러 의료서비스를 제공하는 북한의 무상치료제는 이와 달리 의료보장제도에 해당되기도 하지만 무상치료제가 제공하는 의료급여의 경우 국가사회보험과 국가사회보장 모두 수급자의 요구 호에 따라 지급될 수 있다. 따라서 무상치료제는 양 제도의 수급자가 의료보호를 필요로 할 경우 제공되는 모든 의료급여이고,[20] 이러한 맥락에서 무상치료제는 국가사회보험과 국가사회보장의 제도적 틀 안에서 작동하는 보건의료부문의 복지급여라 하겠다.[21]

한편 국가사회보험과 국가사회보장의 모든 급여의 계상은 노동기간과 평균임금, 그리고 사회보훈에 의거한 훈·포장 횟수에 따라 수급자마다 다르게 나타난다. 여기에서 간과해서는 안 되는 것이 바로 급여계상에 국가공헌도가 포함된다는 것이다. 결국 이러한 북한의 복지행위 때문에 적어도 국가사회보험은 가입자에 대한 강제적 노동유인책으로 작용하고, 무상치료제와 국가사회보장도 역시 이와 동일한 성격가지고 있다 하겠다.[22]

특히 대다수 북한의 노동자들은 국가사회보험에 의한 노령연금 이외에 자신들의 노후보장을 위한 수입경로가 차단되어 있다. 즉 수급자가 별도로 노후보장을 충족시킬 급여가 존재하지 않기 때문에 가입자들은 급여의 확대방법으로 훈·포장 수여를 하고자 한다. 따라서 북한 노동자들의 근로동기는 자발적이라기보다는 안정적인 노후보장을 위한 생존방식이라 하겠다. 이러한 이유로 노동자들은 노동현장에서 적극적인 노동을 할 수밖에 없다.[23] 결국 바로 이러한 점이 노동자의 입장에서 또 하나의 노동을 강제하는 법적장치로 작용된다고 판단된다.

또 사회적 누락계층도 발생하는데, 국가사회보험에 의한 노령연금은 노동기간(남자 20년, 여자 15년)을 완수하지 못한 가입자들은 일체의 현금급여가 없고, 현물급여만 있다.[24] 이 경우 수급자들은 현물급여로만 노후를 보장받게 된다. 때문에 가입자들은 보다 높은 급여와 수급조건인 노동기간을 채우기 위한 비자발적 노동을 하고 있다고 하겠다.[25]

또한 산업재해보상의 경우 1~2년 이하의 노동기간을 완수한 노동자에게만 지급된다.[26] 이 경우 노동기간이 1~2년 이하인 노동자는 현금과 현물급여가 지급되지 않고, 수급자의 필요에 따라 의료급여만 지급될 것이라 판단된다. 따라서 복지현실적인 측면에서 북한의 노동자 중 사회복지제도의 혜택을 제대로 받지 못하는 누락계층은 상당수 존재한다고 판단된다.

결국 이렇게 볼 때, 북한의 복지 행위는 노동자 통제의 성격을 가지고 있고, 의무적인 노동을 완수해야만 현금과 현물급여의 수급자격이 있음에 따라 '강제적 노동기여에 의한 보상'이라 하겠다. 이는 치명적인 결함으로 사회주의가 표방한 국가책임의 인민복지가 실제로는 인민의 노동의무 완수 유무에 결정되는 정반대의 현상이 나타나고 있다[27]고 하겠다.

3) 의료보장제도: 무상치료제

북한의 보건의료제도는 한마디로 국가보건서비스제도(national health service system: NHS)라고 할 수 있는데, 이는 1948년 전후 케인즈주의적 복지국가의 이념을 가장 극명하게 반영한 사회보장제도로 위험결함과 분산의 사회화를 통한 포괄적 의료서비스의 무상제공뿐 아니라 의료기관의 국공립화, 재원의 일반조세화, 의료인의 공공인력화 등에 기초한 사회주의적인 성격이 강한 의료보장제도이다.[28] 따라서 북한의 보건의료제도는 단일성을 지닌 '국영의료보장체제'가 '국가사회보장형태'로 나타나있다고 하겠다.[29] 때문에 이는 전형적인 사회주의 국가의 의료보장체제이고, 역설적으로 이는 민영의료보장체제의 부재를 의미한다.

아울러 이를 위한 북한 보건의료제도의 원칙을 살펴보면 ① 전체 주민의 보편적 수혜원칙, ② 보건의료서비스의 포괄성, ③ 보건의료서비스 제공의 국가책임 원칙, ④ 전체 주민의 전반적 무상치료 원칙, ⑤ 예방의학사업 원칙, ⑥ 보건사업의 인민대중 동원[30] 등이 있다. 이러한 북한의 보건의료제도는 무상치료제로 대표되고, 무상치료제가 보장하는 의료급여는 다음 <표 4>와 같다.

<표 4> 무상치료의 급여종류와 수준: 인민보건법 제10조

급 여 종 류	급 여 수 준
① 환자약품	· 무상공급
② 진단, 실험 검사, 치료, 수술, 왕진, 입원, 식사 등	
③ 근로자 요양의료 봉사	
④ 해산방조	
⑤ 건강검진, 건강상담, 예방접종 등 예방 의료 봉사	
⑥ 왕복 여비	· 국가 · 협동단체부담

반면 이러한 무상치료제 하에서 제공되는 의료급여의 수준은 가장 판단하기 어려운 부문인데, 북한의 경우 이미 외부에 알려진 것과 같이 의료시설과 의약품이 열악하여, 의료보장의 질적 수준은 매우 낮고, 의료 인력의 전문성도 낮기[31] 때문이다.

한편 무상치료제는 북한이 스스로 인민보건향상에 주력하고 있음을 선전하여 사회주의체제의 우월성과 당의 업적을 고양하기 위한 것이다. 하지만 이를 실시·유지하기 위해서는 대규모의 재원, 시설, 인력자원 등이 필요하고, 이는 상위수준인 북한경제력[32]에 따라 제차 결정되는 문제이다. 특히 1990년대 북한의 경제난 이후 무상치료제의 원활한 작동여부―현재와 과거를 떠나―에 대한 문제가 제기된다. 다시 말해 북한의 무상치료제는 제도 자체의 도입과 선언만가지고 북한이 추구하는 무상의 치료를 통해 인민의 건강보호가 완수되었다고 할 수 없다.

예컨대 가장 중요한 문제는 무상치료를 시행·유지하기 위한 조건이다. 이를 위해서는 ① 의료시설의 완비, ② 의료기술의 향상, ③ 의약품의 공급, ④ 전문 의료인력의 양성, ⑤ 의료전달체계 유지 등을 반드시 지속시켜야만 한다. 하지만 이는 결국 국가의 능력에 예속될 수밖에 없는데, 왜냐하면 상술한 바와 같이 북한의 보건의료제도는 사적영역이 존재하지 않는 국영의료체제이기 때문이다. 그리고 이것이 배급제와 같은 속성을 가지게 하는 원인이 다. 참고로 지금까지 논증한 북한 사회복지의 제도적 체계를 정리하면 각각 다음 <표 5>와 같다.

<표 5> 북한사회복지 제도적 체계

구 분	소득보장제도		사회(공적)부조	의료보장제도
대표 법령	사회보험법 · 사회주의 노동법			인민보건법
제도	국가사회보험제	국가사회보장제	의 · 식 · 주 배급제	국영의료제도 무상치료제
사회적 위험	질병, 부상, 폐질, 노동재해 임신 · 출산, 사망 등		빈곤예방 생활보장	각종 건강보호 노동재해,
분야별 제도	① 연금제도 ② 산업재해보상제도		의 · 식 · 주 배급제	무상치료제
적용 대상	전 노동인구		전 인민 (농민식량제외)	전 인민
급여 종류	① 노령연금 ② 노동능력상실연금(폐질연금): 직무관련유무		공급품목과 동일	각종 의료급여
급여 수준	① 현금급여, 현물급여 ② 현금급여와 식량보조		공급대상 구분	치료수준 동일
급여 조건	① 노동기간, 훈포장 횟수, 유가족수, 부상정도 ② 노동기간과 직무관련 여부		저가의 현금구입	없음
급여 기간	6개월 미만	6개월 이상	공급기간 동일	치료기간동일
재정 부담	가입자 보험료 & 국가예산		저가정책 * 7·1조치 후 상승	국가예산
담당 기관	노동성, 사회보험처, 동사무소 등		급여와 지급대상 마다 분류	보건성 등

비고1: 원문자에 따라 서술 동일, 개성공단과 금강산관광지구 제외.
비고2: 사회복지서비스인 탁아 · 여성복시서비스 제외
출처: 이철수, 앞의 책 (2003a), 155쪽에서 수정 · 보완.

4) 복지급여의 한계와 이중성

(1) 급여수준의 비현실성

북한인민이 보는 북한의 복지제도는 어떠한가? 무엇보다도 이러한 의문에 대한 해답은 제도의 운영원리보다는 복지급여의 수준에서 제시될 수 있을 것이다. 왜냐하면 실제 복지급여를 지급받고, 각종 혜택을 수급하는 북한 인민들의 입장에서는 급여수준이야말로 그들이 체감하는 복지제도의 바로미터이기 때문이다.[33]

예컨대 북한의 노령연금 수급자의 경우 통상 1일 300g의 현물급여와 7·1조치 이전을 기준으로 매달 15~30원정도(최저수급대상자 기준)의 현금급여를 지급받는다. 그렇다면 이 정도의 급여로 안락한 노후가 보장되는가 하는 문제가 제기되는데, 결단코 이는 만족할만한 수준이 아니다.

저가 정책이 유지되었던 7·1조치 이전시기에 대해 현금급여에 대한 평가를 차지하더라도 현물급여인 1일 300g의 식량으로는 '식의 문제'를 원만히 해결할 수 없다.[34] 더욱이 연로한 은퇴노동자의 경우 나이와 체력을 감안하여 근로기간 내에 지급되던 식량배급 기준과 거의동일한 양을 지급해야만 건강과 체력을 유지할 수 있다.

특히 노령연금 수급자의 1일 300g의 식량은 북한의 취학전후 아동에게 지급되는 양과 거의 동일한 것으로 북한은 이를 은퇴 노동자에게도 적용하고 있다.[35] 그리고 이는 남한의 국민기초생활보장제도에 의한 시설생계급여 수급자가 받는 1일 560g(백미456g과 정맥114g)보다 낮은 수준이다. 바로 이러한 이유로 북한인민이 체감하는 인민복지 제도는 그 수준의 열악함으로 인해 기능의 악화, 나아가 신뢰의 상실에 직면해 있는 것이다. 때문에 이러한 맥락에서 정권수립 이후 북한이 지속적으로 복지혜택의 수준을 향상시키고자 하는 법적 실천적 노력이 부족했다고 하겠다.

(2) 플러스 알파(+α)의 함정

상술한 급여수준 못지않은 북한 사회복지의 제도적 결함은 내재적 요인에 의해 왜곡되어 있다 하겠다. 무엇보다도 이는 앞서 상술한 4가지 사회복지 제도에 대한 통합·운영에 기인한 결과 때문이다. 즉 북한의 모든 복지급여는 수급자의 노동과 재정기여뿐만 아니라 수급자의 공훈과 포상이 급여수준에 첨가된 형태로 지급된다. 그리고 바로 이것이 북한인민이 체감하게 되는 복지제도의 신뢰와 기능을 감쇄하게 하는 또 하나의 요인이 된다.

예컨대 노령연금의 경우 ① 김일성훈장, 공화국 영웅 칭호를 받은 수급자에게는 생활비의 100%에 해당되는 현금급여와 1일 700g의 현물급여가 지급된다. ② 노력영웅(훈장), 전투영웅의 포상을 받은 수급자는 생활비의 70~80%정도의 현금급여와 1일 600g의 현물급여가 지급된다. ③ 국기훈장 1급을 받은 수급자는 생활비의 60~70%정도의 현금급여와 1일 600g의 현물급여가 지급된다. ④ 국기훈장 2급과 공로메달을 3개 받은 수급자는 생활비의 50~60%정도의 현금급여와 1일 600g의 현물급여가 지급된다.36) ⑤ 국기훈장 3급과 공로메달 6개를 받은 수급자는 생활비의 40~50%정도의 현금급여와 1일 600g의 현물급여가 지급된다. ⑥ 공훈메달을 받는 수급자의 경우 생활비의 30~40%정도의 현금급여와 1일 400g의 현물급여가 지급된다.37) 그리고 상술한 경우에 해당되는 수급자를 국가공로자 연금 대상자라 판단된다.

따라서 북한사회복지 제도의 결함은 상술한 바와 같이 모든 복지급여의 계상에 국가 공훈(사회보훈)이 합산된다는 것이다. 그리고 이러한 급여 지급기준은 모든 복지급여에 계상됨에 따라 복지이념과 제도의 순수성과 효율성을 상쇄시키게 된다. 결국 이러한 지급기준의 '변칙성' 때문에 북한 노동자들은 노동기간 내에 되도록 많은 공훈을 받고자 노력하고, 이는 안락한 소득보장을 확보하기 위한 수단이 된다. 이에 공훈과 비공훈에 따른 급여종류와 수준을 정리하면 다음 <표 6>과 같다.

<표 6> 공훈에 따른 급여종류와 수준

공적연금	순위별 포상종류	수 급 내 역
국가 공로자 연금	· 김일성훈장, 공화국영웅	· 현금급여: 임금 100% 보장 · 현물급여: 1일 700g
	· 노력훈장(영웅), 전투영웅	· 현금급여: 임금 70~80% 보장 · 현물급여: 1일 600g
	· 국기훈장 1급	· 현금급여: 임금 60~70% 보장 · 현물급여: 1일 600g
	· 국기훈장 2급, 메달 3개	· 현금급여: 임금 50~60% 보장 · 현물급여: 1일 600g
	· 국기훈장 3급, 메달 6개	· 현금급여: 임금 40~50% 보장 · 현물급여: 1일 600g
	· 공훈메달	· 현금급여: 임금 30~40% 보장 · 현물급여: 1일 400g
노령 연금	· 공훈이 없는 연금수급자 (노동기간 완수 자)	· 현금급여: 임금 20~30% 보장 · 현물급여: 1일 300g
	· 노동기간 미달 수급자	· 현물급여: 1일 300g

비고1: 새터민증언, 임금의 비율은 추정치.
비고2: 보충미 100g은 모든 현물급여 계상에서 제외
출처: 이철수, 앞의 책 (2004), 96쪽.

이에 따라 북한인민들이 체감하는 복지제도란 '노동에 대한 낮은 수준의 보상, 공훈에 대한 높은 수준의 보상'으로 인식으로 치환된다. 그리고 공훈에 대한 과다한 급여계상이 종국에는 급여수준의 격차를 유도함에 따라 복지제도에 대한 인식 역시 수급자의 사회적 위치에 따라 다층화된 형태를 가진다는 것이다. 바로 이러한 이유로 북한인민이 인식하는 북한의 복지제도 역시 그들이 지급받는 수준에 따라 각기 다른 입장을 가지고 있다고 하겠다.

4. 김정일시대 북한 사회복지 동향

1) 북한사회복지 체제 동학: 2002년 이후

최근 북한 사회복지체제를 변화하게 한 대표적인 촉발요인—징후—으로는 ① 2002년 7월 7·1조치, ② 2003년 9월 개성공업지구, ③ 2004년 5월 금강산관광지구라 할 수 있다. 무엇보다 이것을 선택한 배경은 북한이 1990년대 이후 지금까지 지속되고 있는 경제난을 타개하기 위한 것이라 하겠다. 때문에 이는 일종의 경제조치로서 북한의 자구책이자 불가피한 선택이라고도 할 수 있다. 따라서 무엇보다도 이러한 경제조치들의 궁극적인 목적과 초점은 북한경제의 회복과 성장에 있다.

<그림 5> 북한사회복지 체제 동학: 2002년 이후

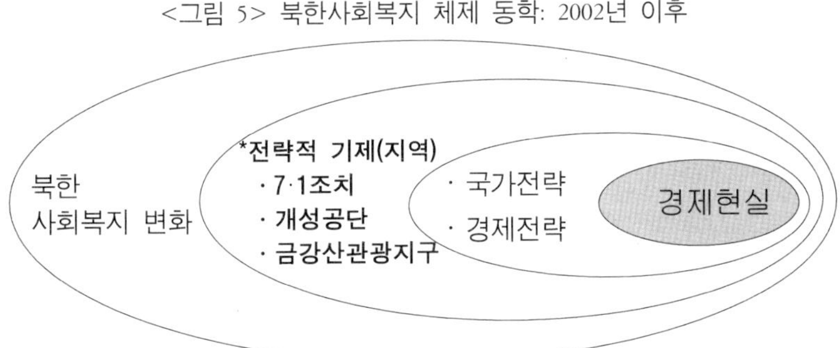

출처: 이철수, "개성공업지구의 사회복지체제에 대한 연구: 기존 경제특구 복지조항과의 비교를 중심으로," 통일연구원, 『통일정책연구』 제14권 1호 (2005), 213쪽.

하지만 다른 한편으로 시사하는 바는, 북한이 채택한 경제조치들 중에서 과거와 사뭇 다른 모습을 띤 채, 이른바 사회복지의 '제도적·내용적 변화'를 추동하고 있다는 것이다. 그리고 이러한 근거는 각 경제조치들이 표방한 내용과 법적규정(그리고 미미하지만 발생한 현상)에 나타나있다. 이러한 이유로 최근 북한사회복지 체제의 변화는 경제와 복지의 상관관계 속에서 파생된 파편 내지는 산물이라 하겠다. 때문에 중요한 것은 이러한 경제조치들이 야기한 변화의 내용과 이를 통해 발생했거나 혹은 향후 고착화될 북한 사회복지 체제의 동학에 대한 규명작업이다. 이러한 논증을 간략히 도식화하면 앞의 <그림 5>와 같다.

2) 의·식·주 배급제: 수준과 성격변화

의·식·주 배급제와 관련, 구체적인 급여종류와 수준을 7·1조치 전후를 중심으로 간략히 살펴보면 다음과 같다. 먼저 식량의 경우 7·1조치 이전에 주식은 쌀 1kg당 52전, 잡곡 30전을 보조했다.[38] 또한 1000∼1200 세대마다 배치된 배급소에서 15일 단위로 월 2회 배급하는 반면 부식은 수시로 구입한다. 그러나 북한은 식량부족이 시작된 1973년부터 전쟁비축미라는 명목으로 기준 배급량에서 12%를 공제해오다가, 1987년부터는 애국미라는 명분에 따라 추가로 10%를 공제하여 전체적으로 22%를 감량하여 배급하고 있다. 또한 북한은 1995년 수해이후 지속된 자연재해 등으로 식량부족이 심화되어 감량배급마저 시행할 수 없어 1996년부터 지역별, 기관·기업소별로 식량을 자력으로 조달한 적도 있다.[39]

식량배급양을 구체적으로 살펴보면 ① 광부 용광로 작업자, 철강 주조자와 다른 중공업 노동자, 심해 해군 잠수자, 대양어부의 경우 1일 900g, ② 휴전선에 근무하는 군인의 경우 1일 850g, ③ 조종사, 해군, 연락부서 담당자와 특수부대 장교의 경우 1일 800g, ④ 모든 군 장교, 모든 중공업 노동자, 전체 경공업 노동자, 기술자, 엔지니어, 정부공무원, 교사, 교수, 당 간부, 대학생의 경우 1일 700g, ⑤ 고등학생, 55세 이상 남성 61세 이상의 남성, 질병으로 일할 수 없는 장애자, 1일 400g,

⑥ 취학전 학생(나이별로 차등) 1일 200~300g의 식량을 배급하였다.[40) 따라서 식량배급량은 계급구조 보다는 직업별 노동 소모량에 따라 배급량을 달리한다.[41)

때문에 식량배급은 과거 북한의 표준임금과 마찬가지로 노동부문별 체력소모에 따라 우선·배급하고 있다. 또 이러한 분배기준을 중심축으로 하여, 여기에 비노동층의 연령과 직종을 대입한 것으로 판단된다. 반면 7·1조치 직후에는 쌀 1kg에 43원으로 약 538배 인상되어 가격이 대폭 상승하였다.[42)

이렇게 볼 때, 물론 7·1조치가 임금상승도 동반하였지만, 북한의 식량배급은 과거와는 달리 공적부조의 기능을 상쇄하기 시작한 것으로 판단된다.[43) 왜냐하면 생계유지의 전략적 차원에서 판단해보면 식량가격의 상승이 임금인상의 기능을 상쇄하기 때문이다. 즉 수급자의 입장에서 볼 때—식량뿐만 아니라—의·식·주 배급제에 대한 최적의 전략이란 임금은 상승시키는 반면 공급물품은 기존과 같은 저가정책을 유지하는 것이다.

다음으로 의복의 경우 7·1조치 이전에는 무료 혹은 염가로 제공되지만 대상에 따라 지급기준을 달리했다. 예컨대 노동자는 1년에 1~2벌 작업복을 무상으로 지급받고, 학생은 1년에 2벌 염가로 지급된다.[44) 반면 기사와 교원은 3~4년에 한번 양복 1벌이 염가 지급되고, 시·군지역의 당 비서, 시·군 인민위원회 부위원장, 2급 이상의 기업소 당부비서·지배인·기사장급은 2년에 1회, 양복 1벌을 반액 공급된다. 이에 의류 공급은 분배대상에 따른 근무의복을 공급기준의 중심축으로 하고, 필요한 생활의복의 경우 염가공급을 추구하는 것으로 판단된다.[45)

반면 7·1조치 직후에는 의류뿐만 아니라 소비재 가격을 대폭 인상되어 속옷의 경우 100배 인상[46) 생활용품의 경우 20~14배 인상[47)하였다. 이 또한 식량배급과 동일한 맥락으로 그 동안 유지한 무상공급과

저가 공급정책을 포기한 것으로 판단된다.[48]

　마지막으로 주택의 경우 7·1조치와 무관하게 아파트와 2～3세대용 연립주택 형태로 거주자의 사회적 신분이나 계층에 따라 각각 달리하고 있다. 구체적으로 열거하면 특호 주택의 경우 단독 고급 주택으로 당·정 부부장급 이상 고급간부와 군 장성이 거주한다. 4호 주택의 경우 신형 고급 아파트로 중앙당 과장, 정무원 국장, 공훈 예술인, 대학교수, 기업소 책임자들이 거주한다. 3호 주택의 경우 중류 단독 주택 및 신형 아파트로 중앙기관의 지도원이나 도급기관의 부부장 이상 또는 기업소 부장 및 학교 교장 등이 거주한다. 2호 주택의 경우 일반아파트로서 도급기관의 지도원과 시·군의 과장급 및 기업소의 과장급, 그리고 학교 교원과 천리마작업반 반장 등이 거주한다. 1호 주택의 경우 집단공영주택과 농촌문화주택 및 구옥 등이 해당되며 일반 노동자와 사무원 협동 농장원 농촌지역 주민 등이 거주한다.[49]

　때문에 주택공급은 식량과 달리 사회적 신분에 따라 적용된다 하겠다. 반면 주택 임대료의 경우 7·1조치 이전에는 월 생활비의 0.3%를[50] 부담했고, 협동 농장원의 경우 무상으로 임대료를 보조해 주었다. 그러나 7·1조치 직후에는 평양지역을 기준으로 1㎡당 월 2원의 임대료를 지불하고, 특히 겨울의 난방비를 계상해 볼 때, 통상 월20원을 부담해야 한다.[51]

　따라서 이 또한 식량공급과 의류공급과 동일한 맥락에서 저가 보조 정책을 포기한 것으로 판단된다.[52] 이에 따라 7·1조치 직후의 배급제는 대폭 상향조정된 식량가격을 비롯한 소비재·공급물품의 현실화가 과거와 같이 배급제를 통한 공적부조의 기능을 수행하기에는 미진하리라 판단된다. 지금까지 논증한 의·식·주배급제를 7·1조치 직후로 정리하면 다음 <표 7>과 같다.

<표 7> 의·식·주 배급제: 7·1조치 전후

구 분	보 장 내 용(7·1조치 이전)	보 장 내 용(7·1조치 직후)
식 량	·주식 15일 단위로 배급, 부식 수시로 구입 ·정부보조에 의한 식량 배급제 (1킬로그램당 쌀 52전, 잡곡 30전 보조) ·기타 부식 등의 가격보조 ·일반노동자의 경우 540-547g 주식 배급 ·2중 곡가제로 주·부식물에 대한 저가격정책 ·쌀 1kg당 0.08원, 옥수수 1kg당 0.07원	·쌀 1kg당 8전에서 43원 (538배 인상) ·옥수수 1kg당 33원 (471배 인상) ·탈북자 증언: 작년 1월부터 1kg당 10전에서 15원으로 ·식품류 40~50배 인상 ·안경 등 비식료품은 30배
의 복	·무료 혹은 염가제공 ·노동자: 1년 1-2벌 작업복 무상지급 ·학생: 1년 2벌 염가지급 ·기사, 교원: 3-4년에 1벌 양복염가지급 ·기업소, 공장, 당의 상급: 2년 1벌 양복지 한 벌 반액 제공 ·털모자, 면장갑, 셔츠, 스타킹, 모직천 등은 자유구매품으로 개인이 구입	·의류 공급 가격의 현실화 (소비재) ·의류 속옷 100배 인상 ·생활용품 20~14배 인상 ·생활용품 10배 인상 ·남자양복은 90원에서 6,750원으로 75배
주 택	·주택(국가소유) 무료 배급, 혼인 후 행정위원회에 신청하면 차례대로 공급. ·일반노동자의 경우 방1-2개, 부엌1개의 집단 공영주택에 거주 ·일반사무원·노동자 임대료 보조 ·협동농장원 무상 이용 ·주택사용료 저렴(수입의 0.03%)	·주택 사용료 인상 (1㎡ 당 월2원) ·겨울 난방비 20원

비고: 2003년 11월 현재
출처: 이철수, 앞의 책 (2003a), 137쪽.

3) 국가사회보험과 국가사회보장: 변화와 문제

(1) 국가사회보험

2001년 12월 북한은 "현실적 조건에 맞게 사회보험제와 사회보장제, 정·휴양제, 영예군인우대제 등 사회적 시책들을 바로 실시해야 한다"고 언급하였다.[53] 이렇게 볼 때 북한사회복지의 변화는 7·1조치 이전에 이미 예고된 것이라 하겠다. 중요한 것은 이러한 변화가 기존에 북한이 고수한 사회복지체제와 상충한다는 것이다. 예컨대 김정일이 "모든 부문, 모든 단위에서 국가사회보험제와 사회보장제를 정확히 실시하여 노동능력을 잃은 사람과 돌볼 사람이 없는 늙은이, 어린이들에게 근심 걱정없이 생활할 수 있는 조건을 책임적으로 보장해주어야 합니다"54)라는 과거의 입장과 전적으로 상반된다.

이러한 맥락과 동시에 간과해서는 안 될 것은 7·1조치가 세부적인 경제조치들도 구성되어 있지만, 이를 시행하는 과정에서 북한의 복지체제의 변화를 초래하였다는 것이다. 예컨대 국가사회보험과 국가사회보장에 의한 복지급여의 종류는 현금급여와 현금급여로 구분되는데, 7·1조치로 인한 양자의 급여부문에 대한 변화를 살펴보면 다음과 같다.

국가사회보험의 경우 정률급여원칙으로 지급되는 현금급여의 인상과 가입자의 보험료를 증가시키게 되었다. 즉 임금에 따른 1% 재정부담과 임금에 따른 정률급여원칙이 7·1조치에 따라 발동되어 수급자는 과거에 비해 높은 재정부담과 복지급여를 자연히 지급받게 된다.

때문에 7·1조치에 따라 모든 노동자는 본인의 인상된 급여만큼 재정적인 기여가 이루어지고, 이에 따른 현금급여가 역시 상승된다. 그리고 이러한 현상은 국가사회보험에 명시한 전반적인 복지급여의 상승을 의미하지만 이는 임금인상에 따른 자연발생적인 현상이다.

그러나 무엇보다도 중요한 것은 임금의 차등지급으로 인해 향후 수급할 현금급여 역시 각 노동자의 수입에 따라 개별화·차등화된다는 것이다. 특히 산재에 해당되는 6개월 미만의 일시적 노동능력상실연금의 경우 통상 가입자의 산재발생시 평균임금에 따라 지급되는 것을 기준으로 한다. 때문에 노동능력상실연금의 경우 수급자별 현금급여가 보다 더 차등화 될 것이다.

이것은 상당히 중요한 의미는 갖는데, 그 이유는 과거 표준임금에 따른 현금급여의 경우 가입자에 따라 다소간의 차이가 존재하였지만, 현금급여가 노동자의 확고한 급여수준의 격차를 유도하지는 않았다. 하지만 7·1조치 이후 발생할 산재노동자의 현금급여는 개인의 노동능력에 따른 보상이 이루어짐에 따라 과거와 같은 보편적인 현금급여의 적용기준이 퇴색해 졌다.

아울러 대폭 향상된 임금인상액이 산재에 의한 일시적(6개월 미만) 노동능력상실연금의 급여수준에 계상되었는가 하는 문제가 제기된다. 이에 북한은 제도적으로 명시한 "노동능력상실연금을 기존과 같이 유지된다"55)고 함에 따라 7·1조치 직후 지급되는 급여수준이 이에 따라 상승되었다고 판단된다.

다른 한편으로 일시적 노동능력상실연금은 급여의 계상이 수급자의 노동기간이 1~2년임에 따라 2003년 7월 1일 직후 발생한 수급자에 대한 현금급여의 상승과 이에 따른 재정부문의 추가부담－국가부담－현상이 발생할 것으로 판단된다. 예컨대 2002년 7월 1일부터 2003년 7월 1일 사이에 발생하는 일시적 노동능력상실자의 경우 다소 과도기적인 현금급여를 소급하여 적용하였으리라 판단된다. 왜냐하면 상술한 바와 같이 현금급여의 지급기준이 산재발생시 평균임금(최근 1~2년)에 따라 계상하기 때문이다.

반면 국가사회보험에 대한 재정부담은 과거와 같이 여전히 1%를 고수하고 있다는 특징이 있다. 물론 이러한 원인은 다양하게 지적될 수도 있지만 임금인상만큼 가입자의 재정부담을 증가할 경우 사회주의의 우월한 사회제도에 대한 인민적 기여를 강화하게 하여 체제이념을 역행하게 되는 국가적 부담 때문인 것으로 판단된다. 다른 한편으로는 북한이 과거와 같이 1%의 재정부담을 고수함에 따라 향후 인민복지 시책에 대한 북한식 개혁을 시도하기 위한 정치적 명분으로 삼기 위한 것일 수도 있다고 판단된다.

한편 식량지급으로 대표되는 일시적 노동능력상실연금의 현물급여의 경우 과거 노동기간에 따른 무상공급원칙이 후퇴하였다. 즉 7·1조치의 임금인상과 동시에 상승된 식량가격의 현실화로 인해 국가사회보험에 의한 현물급여는 노동자 본인의 능력에 따른 유·무상 혼합배급제도로 전환되었다. 따라서 이는 7·1조치 직후를 기준으로 판단할 때 현물급여 조건의 변화를 의미하는 동시에 북한이 기존의 무상 내지는 저가의 현물급여정책을 후퇴·포기하고자 하는 징후였다.

때문에 국가사회보험에 의한 현금급여는 임금인상 만큼 상승한 반면 현물급여는 수급자에게 높은 부담을 주게 된다고 하겠다. 또한 현금급여의 경우 차등 지급되는 각 노동자의 임금에 따라 향후 차등적인 복지급여로 고착될 것이고, 이에 따라 노동자 개인의 능력에 따른 복지급여 체제로 재편될 개연성이 농후하다. 이와 마찬가지로 현물급여 역시 노동자 개인의 노동수입에 따라 분배물이 결정된다 하겠다. 때문에 이는 사회주의의 국가사회복지체제의 변화의 포착이자 징후였다.

(2) 국가사회보장

국가사회보장의 경우 가입자의 재정부담이 없는 것을 특징으로 하지만 현금급여와 현물급여가 지급되는 국가사회보험과 달리 현물급여만 지급한다. 따라서 7·1조치로 인해 6개월 이상의 장기적인 노동능력상실자와 노령연금의 가입기간을 완수하지 못한 일부 노동자의 경우 현물급여인 식량공급에 문제가 발생하게 된다.

때문에 7·1조치 직후 제기되는 문제는 크게 ① 7·1조치 이전부터 국가사회보장에 의해 현물급여를 지급받은 수급자에 대한 문제—소급적용의 문제—와 ② 향후 발생할 6개월 이상 장기적인 노동능력상실자와 노령연금 수급 미자격자에 대한 현물급여의 지급유무와 수준문제이다. 이는 7·1조치를 통해 북한이 이러한 수급자에 대해 무상의 현물급여를 포기할 것인가, 아니면 유지할 것인가 하는 국가정책적 차원의 문제이기도 하다. 또한 역설적으로 이는 북한이 7·1조치가 미칠 파장에 대해 어느 정도의 인식을 하고 있었는가 하는 문제이다.

먼저 7·1조치 이전에 이미 국가사회보장 대상으로 선정된 수급자의 경우 본 조치에 의한 유상의 식량공급에 적용되지 않았으리라 판단된다. 그 이유는 무엇보다도 이러한 수급자의 경우 북한체제 내에서 별도의 물질적 수입을 확보할 공·사적 여건이 미비하기 때문이다. 또한 이러한 수급자들에게 현물급여를 7·1조치에 따라 유상으로 전환할 경우 사회적 누락계층-절대적 빈곤층-이 발생함에 따라 북한으로서는 사회·정치적인 부담으로 작용하게 될 것이다. 따라서 북한이 이러한 수급자에 대한 별도의 소득보장제도를 제정, 새로이 적용하지 않는 한 기존과 같은 무상의 현물급여가 지속되었으리라 판단된다.

다음으로 지금 현재 노동을 하고 있는 노동자로서 향후 발생할 장기적인 노동능력상실자와 노령연금 수급 미자격자에 대한 현물급여의 지급여부와 수준의 문제가 제기된다. 이에 장기적인 노동능력상실자의 경우 7·1조치 이후 인상된 임금이 지급되었음에 따라 현물급여가 과거와 같이 무상으로 공급되지는 않고 유·무상혼합 체제로 전환되었으리라 판단된다. 그러나 이러한 수급자의 경우 노동능력상실의 원인이 어디에 있는가, 또한 언제 발생 하였는가—7·1조치 이전인가 이후인가—에 따라 다소 수급자사이에 차등적인 복지급여가 존재하리라 판단된다.

예컨대 수급자의 재해가 국가의 공무에 기인한다면 공훈에 대한 보상으로 과거와 같은 무상의 현물급여가 지급될 것이다. 이와 달리 공무가 아닌 재해인 경우 최소한의 현물급여만 지급하리라 판단된다. 또한 수급자가 장기간 노동을 통한 물질적인 축적56)을 이루지 못할 경우 이러한 수급자에게 유상의 현물급여를 수용하도록 강요할 수 없음에 따라 이 경우에도 과거와 같은 무상의 현물급여를 지급할 것이다. 참고로 7·1조치로 인한 국가사회보험과 국가사회보장에 관한 내용을 정리하면 다음 <표 8>과 같다.

<표 8> 7·1조치로 인한 국가사회보험과 국가사회보장

구분	국가사회보험	국가사회보장
내용 변화	·임금인상으로 인한 재정기여 상승 ·차등임금에 의한 가입자의 재정기여 　차이 발생 ·수급자별 현금급여의 차이 발생	·현물가격의 인상 ·무상의 현물급여 후퇴·포기
문제	·일시적 노동능력상실자에 대한 현금 　급여의 소급적용 여부 ·산재노동자의 수급자격에 따른 현금 　급여의 마찰 ·각종 복지급여의 현금급여 소급적용 　문제	·현재 수급중인 장기 산재노동자 　현물급여 지급 여부 ·노동기간 미완수자의 노령연금 　현물급여 지급 여부 　기존의 노령자에 대한 　현물급여 지급 여부 ·기존의 국가사회보장 대상자에 　대한 무상의 현물급여 지급 여부
전망	·가입자별 현금급여의 차등지급 ·무상의 현물급여 후퇴 ·수급권에 대한 가입자의 부담 증가	·현물급여의 유상지급 ·사회적 누락계층 억제 기능 후퇴

출처: 이철수, 앞의 책 (2004), 84쪽.

4) 개성공단의 복지체제: 탈사회주의화?

(1) 사회보험제도의 지역적·제도적 양분

개성공단의 경우 월 임금의 15%를 사회보험료[57]로 공단 노동자[58]가 부담하기 때문에 북한의 사회보험료 부담은 개성공단 15% vs 기타지역 1%로 지역적·제도적 양분되었다. 특히 사회보험료율만이 아니라 실제 지급받을 임금과 이에 따라 납입할 양자의 현금수준을 중심으로 재차 살펴보면 이는 더욱 큰 재정부담의 차이를 발생시킬 수밖에 없다.[59]

아울러 개성공단의 경우 가입자가 부담하는 높은 재정부담은 공단 내의 각종 복지제도의 재정에 가입자 상당부문 기여한다는 것을 의미한다. 그리고 이는 과거 김일성이 "사회주의제도의 우월성은 국가가 노동자, 농민을 비롯한 근로인민들의 물질문화생활을 전적으로 책임지고 보장하여 준다는데 있습니다"[60]라는 것과는 상반되는 원리이자 현상이다.

왜냐하면 적어도 개성공단 노동자의 경우 과거와 달리 복지재정에 인민적 기여가 확고히 증가했기 때문이다. 이에 개성공단의 사회복지체제는 북한의 복지체제가 변동하여 국가책임의 사회주의 복지체제보다는 개인(기업)책임의 자본주의 복지체제를 지향한다고 하겠다.

또한 재정부담의 차이만을 놓고 볼 때, 개성공단의 복지체제는 전체 사회주의 복지체제내의 지역적인 자본주의 복지체제라 할 수 있다. 따라서 북한의 사회복지체제는 개성공단으로 인해 사실상 지역적·제도적으로 사회주의 복지체제와 자본주의 복지체제로 양분되었다 하겠다.

한편 개성공단 노동자는 증가한 사회보험료 부담이외에도 별도의 사회문화시책금을 납부하는데, 북한은 현재까지 이러한 사회문화시책금의 납부비율이나 구체적인 금액에 대해서는 밝히지 않고 있다. 그러나 사회문화시책금의 용도가 무료교육, 무상치료, 사회보험, 사회보장 등 인민의 공공복리에 소요된다는 것을 감안해 볼 때, 여기에 소요되는 재정을 개성공단 노동자가 부담한다는 것을 의미한다. 그리고 이는 또 하나의 '탈사회주의화' 현상이라 하겠다.

따라서 개성공단에서는 과거 전적으로 국가예산 하에 집행되었던 각종 사회문화시책기금에 대해서도 노동자가 직접적인 기여하는 형태로 변화하였다. 이에 따라 개성공단 노동자들은 자신들의 노동수입에서 사회보험료와 사회문화시책비를 동시에 부담하는 이중적인 재정기여를 하게 된다.

중요한 것은 이러한 원인이 어디에 있느냐하는 것이다. 이는 첫째, 재정부담 즉, 개성공단 노동자의 임금을 남한기업이 부담함에 따라 북한의 입장에서는 재정부담에 대한 압박이 과거와 달리 낮다. 둘째, 북한의 입장에서 가능한 복지부문의 재정을 남한기업에 전가하는 것이 일거양득 – 재정부담 회피와 사회보험제도 개선 – 의 효과가 있다. 셋째, 이와 동렬에서 남한기업을 자본주의식 복지마인드로 설득, 회유하는 것이 남과 북 모두에게 유리하다. 즉 남한기업의 경우 근로자복지에 대한 자본주의식 마인드가 일정부문 축적되어 있기 때문에 근로자복지프로그램에 대한 기업의 재정부담에 대한 거부감이 낮다. 넷째, 북한의 입장에서 개성공단은 남한의 기업이 상주하기 때문에 기존과 같이 과도한 국가부담에 의한 사회주의 복지체제를 유지할 필요도 의무도 없다. 다섯째, 노동자의 사회보험료 부담에 대한 증액이 북측 노동자 임금을 상승시키고 이는 곧 북한의 재정수입 상승과 직결되기 때문이다.

(2) 자본주의 복지급여 도입

개성공단의 경우 현재 북한에 존재하지 않은 복지급여와 제도를 명문화였는데, 이는 ① 퇴직보조금, ② 생활보조금, ③ 최저임금으로 요약된다. 먼저 퇴직보조금의 경우 제19조 "기업의 사정으로 1년 이상 일한 종업원을 내보내는 경우에는 보조금을 준다. 보조금의 계산은 3개월 평균월로임에 일한 해수를 적용하여 한다"라고 한다.

이는 현행 남한의 특수직역 연금제도의 퇴직수당 자격기준과 동일하다. 하지만 급여의 성격은 사업장의 사정으로 인해 발생한 노동자의 비자발적 실업에 대한 보상이다. 따라서 이는 북한이 개성공단 노동자에 대해 향후 발생할 실업상태를 인정하여 여기에 대응한 복지급여를 신설한 것이라 판단된다.

다음으로 생활보조금의 경우 제29조 "기업[61]은 자기의 책임으로 또는 양성기간에 일하지 못한데 대하여 종업원에게 일당 또는 시간당 로임의 60%이상에 해당한 생활보조금을 주어야 한다. 생활보조금을 주는 기간은 3개월을 넘을 수 없으며 생활보조금에는 사회보험료, 도시경영세를 부과하지 않는다"라고 밝혔다.

이는 기업의 불가피한 사정으로 인해 노동자가 무노동 상태에 빠져 노동수입을 보장받지 못할 경우를 대비한 것으로 급여의 성격에 따라 생계급여 내지는 실직급여에 해당한다. 그리고 이는 자본주의 복지제도의 구성요소중의 하나이다. 반면 본 조항은 생활보조금을 지급받는 기간동안에 임금의 지급에 대한 언급이 없다. 하지만 이 기간동안 기업에 사회보험료와 도시경영세를 부과하지 않음에 따라 임금과 생활보조금이 동시에 지급되지는 않을 것이라 판단된다.

마지막으로 최저임금의 경우 제25조 "… 종업원 월 최저로임62)은 전년도 종업원 월 최저로임의 5%를 초과하여 높일 수 없다 …"고 명시하여 최저임금의 상한선에 대한 규정을 밝혔다. 역설적으로 이는 매년 개성공단 노동자의 임금이 전년도 임금의 5%이하 내에서 상승한다는 것을 의미한다.

이와 관련 제26조에서 "종업원의 월로임은 종업원 월 최저로임보다 낮게 정할 수 없다…"고 하였는데, 이는 월 최저임금 50$을 법적으로 강조·보장한 것이다. 따라서 최저임금액의 명시와 매년 임금상승을 법적으로 보장한 것은 한편으로는 노동자 보호이지만, 다른 한편으로는 자본주의 시장경제체제의 요소를 도입한 것이라 판단된다. 때문에 이러한 논증을 토대로 북한의 사회복지제도와 관련, 최근 제도적으로 가장 확고한 자본주의 색채가 나타나는 곳은 개성공단이라 하겠다. 참고로 개성공단의 사회복지제도 동향을 기존의 경제특구법과 비교 정리하면 다음 <표 9>와 같다.

<표 9> 개성공단의 사회복지제도 동향

법적근거	주 요 내 용	기존 경제특구법(제도)과 비교
·개성공업지구 노동규정	·사회보험 재정 부담 증가	·1%기여에서 15%기여로 인상 *기존의 사회보험은 월임금의 1%기여

지 역	· 사회문화시책금	· 국가부담에서 노동자부담 *기존의 재정부담 주체 변화
· 개성공단	· 퇴직보조금 · 생활보조금	· 외국인투자기업 노동규정 17조 수정 · 계승 · 외국인투자기업 노동규정 28조 수정 · 계승 *기존의 사회복지급여 부재
대 상	· 최저임금제(임금인상 보장)	· 신설 조항 *기존의 사회복지급여 부재
· 공단 노동자와 부양가족	· 기업복지프로그램(보육과 문화후생기금)	· 외국인투자기업 노동규정 42조 수정 · 계승 · 외국인투자기업 노동규정 34조 수정 · 계승 *기존의 재정부담 · 운영주체 변화

비고1: 밑줄 친 내용은 기존의 사회복지제도와의 비교
비고2: 금강산관광지구의 경우 개성공단과 법적내용이 거의 동일
출처: 이철수, 앞의 책 (2005), 224쪽.

이에 김정일시대의 사회복지 '체제'의 특징은 다음과 같이 요약된다. 첫째, 7·1조치로 인해 기존의 사회복지체제 성격이 상당부문 변했다는 것이다. 이는 7·1조치가 야기한 의·식·주 배급제와 국가사회보험, 국가사회보장의 변화를 의미한다. 이에 7·1조치는 기존의 사회주의 복지체제를 '탈사회주의화' 하는 경향을 갖고 있다고 하겠다. 아울러 이러한 변화가 고착될 경우 기존의 '수령·국가책임에서 개인·가족·기업책임으로' 북한의 사회복지체제가 재편되리라 판단된다.

둘째, 개성공단과 금강산관광지구에 자본주의적인 복지요소를 도입하고자 했고, 이를 지금 현재 시행하고 있다는 것이다. 더욱이 양 지역은 재정부담의 주체로 볼 때, 남한이 복지책임의 주체가 된다. 이 때문에 북한사회복지체제의 한 축에 남한이 자리잡게 되었고, 이는 지엽적이지만 남한의 지원을 통한 '북한의 지역적 복지공간'에 남한이 존재한다는 것을 의미한다.

셋째, 이와 같이 북한이 복지체제의 변화를 시도했지만, 그 전략이 '직접경로'가 아닌 '간접경로'를 통한 개선과 개혁을 유도하고 있다. 즉 북한이 새로운 복지법령을 제정, 기존의 국가책임의 축소를 공식적으로

명시하는 것이 아니라 복지제도와 간접적으로 관련된 '정책기제'들을 활용하고 있다. 그리고 바로 여기에 7·1조치를 통한 체제의 전반적인 개혁과 개성공단과 금강산관광특구를 통한 부분적(지역적) 개혁이 해당된다.

넷째, 이러한 북한의 복지개혁 의지에도 불구하고 북한의 사회복지 '현실'은 호전되지 않았다. 이는 결국 북한경제의 성장과 인과관계를 갖고 있는데, 2006년 지금 현재 북한은 여전히 '먹는 문제'를 외부에 의지하고 있다. 이에 김정일시대 북한 사회복지 현실은 한마디로 '등대를 찾고 있는 태풍속의 배'와 같다고 하겠다. 이러한 견지에서 향후 북한사회복지에 대한 논의의 초점은 북한경제 회생과 남북경협 수준을 주목해야할 것이다.

이에 지속성과 변화의 측면에서 접근해 보면, 김정일시대 북한 사회복지체제의 지속성은 김일성시대와 다른 일정한 변화와 그로 인한 차별성을 갖고 있지만, 법적인 부문의 변화를 달리하지는 않는다는 것과 빈곤문제를 해결할 수 없는 능력과 현실이다. 반면 변화는 전반적으로 복지급여의 성격과 기능, 수준에서 기존과 다른 행태를 나타내고 있고, 복지체제의 변화를 유도하고 있다는 것이다.

5) 의료보장 '현실': '의료빈곤'의 긴급구호체제

지금 현재 북한의 보건의료체제는 '의료빈곤'의 긴급구호체제라 명명해도 무방하다. 북한의 무상치료제는 1990년대 초반부터 내부균열이 발생하였다. 이러한 균열은 처음에는 부분적 마비로, 부분적 마비는 경제난, 식량난, 외화난, 전력난이라는 여타 내부요인과 인과관계를 형성 더욱 악화시켰고, 이러한 상황이 장기화되어 결국 전국적인 의료시스템의 붕괴로 이어졌다.

특히 1990년대 중후반 고난의 행군시기 북한은 극소수의 지도층을 제외한 절대 다수의 북한 주민들에 대한 의료보호 의무를 이행하지 못했다. 보다 더 정확히 표현하면 이 당시 북한은 의료보장을 수행할 국가적 능력을 상실하였다. 또한 이때 북한은 식량난까지 겹쳐 '식의 문제'로 인한 주민들의 영양상태, 아동과 청소년의 성장과 발육, 노인들의 영양보충 또한 위기를 맞이하였다. 따라서 이때는 산모의 임신·출산 전후의 건강문제, 저체중 영아, 유아의 발육부진, 아동의 성장장애, 노인과 청소년의 영양부족 문제가 대두되었다.

1990년대 보건의료체제 붕괴이후 열악해진 북한 보건의료의 실태에 대해 2001년 5월 북경에서 개최된 제5차 아동보호 아·태 각료급회의에서 당시 북한대표였던 최수헌 외무성 부상은 1993년 대비 1999년의 지표를 다음과 같이 밝혔다. 평균수명은 73.2세에서 66.8세로 6.4세 감소했고, 신생아 사망률은 1,000명당 14명에서 22.5명으로 8.4명 증가하였고, 5세 이하 영유아 사망률은 1,000명당 27명에서 48명으로 21명 증가하였다고 했다.[63]

반면 아이러니하게도 2004년의 경우 북한의 병원에 환자가 대폭 감소하는 현상이 발생하였다. 왜냐하면 약품부족으로 병원의 치료시스템이 붕괴되었고 이 때문에 입원치료가 불가능했기 때문이다. 특히 입원환자의 경우 가족들이 식량을 제공해주지 않으면 장기적인 입원 자체가 불가능했다.[64] 결국 김정일시대 북한의 보건의료 '현실'은 고난의 행군시기와 크게 변화한 것이 없으며, 외부로부터의 지원으로 인해 작동하는 '보건의료긴급구호·지원체제'이다.

이에 최근 북한 보건의료 현실을 살펴보면 영아사망률의 경우 세계보건기구(WHO)보고서에 의하면 출생 영아 천명당 1995~96년 18.6명, 1999~02년 23.5명이다. 또 유엔인구활동기금(UNFPA)보고서에 따르면 출생 영아 천명당 2002년 21명, 2004년 45명으로 조사됐다. 또 5세

미만 유아사망률의 경우 세계보건기구(WHO)보고서에 의하면 출생 유
아 천명당 1993년 27명, 1995-96년 39.3명, 1999-2002년 48.8명이고,
유엔인구활동기금(UNFPA)보고서에 따르면 출생 유아 천명당 2002년
32명, 2004년 58명으로 점차 증가한 것으로 집계됐다. 또 모성사망비율
의 경우 출생 10만명당 1995∼96년 105명, 1999∼02년 103명으로 거
의 변화가 없었다.65)

한편 이러한 열악한 북한 보건의료의 현실과 달리 김정일시대의 보
건의료 '제도'의 특징과 변화는 다음과 같이 요약된다. 첫째, 1980년에
제정하여 북한 보건의료의 실천지침이라 할 수 있는 「인민보건법」이
1999년 수정되었다. 기존의 법령과 크게 달라진 것은 없지만 의미하는
바는 큰데, 북한이 김정일시대를 맞이하여 보건의료제도의 상징성을 가
진 인민보건법을 수정한 것은 김정일과 김일성의 인민보건에 대한 관심
과 은혜를 등치시키고자 하는 전략중의 하나이기 때문이다. 다시 말해
김정일체제하에서 인민보건법을 부분적으로 교정함으로써 인민보건에
관한한 김정일은 아버지 김일성에게 등치된 존재가 된다.

둘째, 보건의료와 직간접적으로 관련이 있는 공중위생, 검역, 전염,
의약품관리, 수의방역, 식료품과 관련한 법령 10여개가 1996∼1998년
사이에 새로이 제정하였다. 이는 사스파동과 구제역에 대한 국제사회의
대응에 북한이 동참하겠다는 대내외적인 의지의 소산이다.

즉 김정일시대의 북한 보건의료는 김일성시대처럼 외부세계와 단절
을 꾀하는 것이 아니라 국제사회와 긴밀한 보조를 같이 하겠다는 의미
이다. 또한 현실적으로 중국과 국경이 인접한 북한 역시 사스파동과 구
제역에 민감하지 않을 수 없었다. 하지만 아이러니컬하게도 이를 실천
할 수 있는 시행령이나, 시행세칙 수준의 구체적인 후속법령이 제정되
지는 않았다.

셋째, 2003년에 「마약관리법」을 제정하였는데, 이는 북한이 1949년

에 제정한 「마약에 관한 규정」을 제정한지 근 54년 만에 대폭 수정한 것이다. 이 또한 북한이 국제범죄로 지목되는 마약에 대한 국가차원의 법적 대응을 의미한다.

넷째, 개성공단과 금강산관광특구에 남한의 보건인력들이 개성공단 근로자과 금강산관광객들을 위한 보건의료서비스를 본격적으로 시작하였다는 것이다. 특히 개성공단의 경우 북한 노동자들은 남한 보건인력들의 진료를 받는다. 또한 만약 장기적인 치료가 필요하다고 판단될 경우 회복일까지 남한지역의 병원에서 입원·통원치료를 받게 된다. 이에 대해 다양한 해석이 가능하나 일단 북한이 개성공단노동자들의 보건의료에 대한 책임을 남한에 전가했다고 해도 무방하다.

이와 같은 김정일시대의 북한보건의료 특징은 크게 세 가지로 요약된다. 먼저 제도적 측면으로 김정일시대 북한 보건의료가 법적인 정비를 통해 국제사회와의 의사소통에 관심을 기울이기 시작했다는 것이다. 다음으로 이러한 법적인 노력과 수고에 반해 북한의 보건의료 현실은 여전히 '의료빈곤' 상태라는 것이다. 마지막으로 북한이 개성과 금강산이라는 특정지역에 한해 남한의 보건의료서비스를 허용했다는 것이다.

이에 지속성과 변화의 측면에서 접근해보면, 김정일시대 북한 보건의료체제의 지속성은 더욱 악화된 보건의료 현실이며, 변화는 일정한 수준의 제도적 정비와 특정지역에 한해 남한의 보건의료서비스를 허용한 것이다.

5. 결 론

북한사회복지 연구는 통일코리아를 대비할 때 대단히 중요한 연구과제이다. 왜냐하면 소위 '북한·통일연구'분야에 있어 (남)북한 사회복지는 그 구성요소가 현실에서 국가와 국민 모두에게 크게는 민족의 생존, 작게는 개인·가족의 물질적 생존과 직결된 문제이기 때문이다. 따라서 만약 동 분야에 대한 축적된 지식과 정보가 부족할 경우 다양한 정책적 문제가 발생함은 물론이거니와 그 대응방안 또한 불합리한 선택을 할 개연성이 농후하다.

이러한 이유로 무엇보다도 정부차원에서 동 분야에 대한 지속적인 관심과 연구가 필요하다. 이에 동 분야의 연구는 현재 진행중인 대북지원과 향후 남북한 사회복지통합, 통일코리아의 사회복지정책 방향을 설정하는 판단근거로 천착될 것이다.

이에 본 연구는 북한사회복지에 대한 연구의 중요성, 연구동향과 한계, 접근을 문제의식으로 출발하여 북한사회복지체제·제도, 김정일시대 북한사회복지의 동향에 대해 논증하였다. 이러한 추적에도 불구하고 여전히 문제로 지적되는 것은 북한사회복지 '실태연구'에 대한 체계적인 접근과 김정일시대의 북한사회복지에 대한 지속적인 탐색이 필요하다는 것이다.

이것이 중요한 이유는, 북한사회복지 '실태'를 배제한 연구란 '연목구어식 연구'이기 때문이다. 나아가 더욱 심도있는 논의는 다양한 북한사회복지 제도별 급여를 중심으로 한 구체적인 행위자(수급자)별 사례연구(case by case)도 시도해야한다. 또한 김정일시대의 경우 향후 북한사회복지의 변동 정도에 따라 본 연구가 논증하고 설명한 내용들이 변화할 개연성을 가지고 있다. 따라서 상술한 지적들은 향후 북한사회복지 연구의 핵심이라 하겠다.

그럼에도 불구하고 본 연구의 함의는 다음과 같다. 첫째, 북한의 사회복지는 사회주의 분배체제를 김일성시대부터 고수, 국가사회복지체제의 셋업(set-up)을 외형적으로 유지하였다. 둘째, 복지분배의 구조상, 국가사회복지체제에 의한 국가책임의 분배와 공급은 '국가의 분배능력'에 연쇄적으로 반응한다. 셋째, 국가사회복지복지체제는 김정일시대에 이르러 다소 '탈사회주의적인 요소'를 띄게 되었지만, 경제조치라는 간접적인 경로를 통해 형성하였다. 넷째, 이러한 김정일시대의 변화에도 불구하고 경제난이후 와해된 북한사회복지 '체제'와 '현실'은 여전히 마비되어있고 빈곤한 상태이다. 다섯째, 때문에 북한사회복지의 회복과 북한식 복지개혁은 북한의 경제성장과 밀접한 관련이 있다. 여섯째, 이러한 상관관계로 인해 남북경협과 대북 지원은 직·간접적으로 북한사회복지와 연관된다는 것이다.

주註

1) 때문에 (남)북한 사회복지 연구는 미래를 가상한 현재 진행형 연구이다.

2) 북한이 1946년 12월 19일 재정한 '사회보험법'과 북한사회복지와 관련한 북한의 일부 원자료가 1990년 국내에 공개되었다. 하지만 새터민의 증언에 의하면 더 구체적이고 방대한 북한의 각종 복지급여와 급여산식을 수록한 '노동성 사회보험규정집'이 있다고 한다. 이에 동 문헌이 북한사회복지 연구에 있어 차지하는 비중은 핵심중의 핵심이다. 그러나 현재까지 동 문헌이 국내에 소개된 적이 없다. 따라서 본 연구는 동 문헌을 배제한 분석이자 판단이다.

3) 과거와 현재를 떠나 북한사회복지에 대한 연구와 논쟁은 무한하다. 예컨대 김정일시대의 7·1조치로 인한 북한사회복지에 대한 변화만 탐색해도 다양한 쟁점이 있다. 또 북한사회복지의 이념, 복지분배의 메커니즘, 사회복지 제도·급여의 구조·기능·성격, 북한사회복지의 현실, 경제특구의 복지시스템, 국영기업과 외국기업의 복지프로그램, 최근 북한의 긴급구호와 보건의료 실태, 7·1조치 이후 현재까지의 배급제에 대한 논의 등 다양한 연구대상에 따른 방대한 논증을 요구한다. 참고로 북한사회복지의 이념·제도·현실에 대해서는 이철수의 2003연구를 7·1조치 전후와 김정일시대 북한사회복지에 대해서는 이철수의 2004연구를 북한사회복지법제와 경제특구의 복지조항 변천에 대해서는 이철수의 2005연구를 보건의료법제와 북한장애인에 대해서는 2006연구를 참조.

4) 본 연구에서 사회복지 제도별 (복지)수준은 거시-구조적 수준에서 각 사회복지 제도의 상호 비교한 결과를 의미한다. 또한 본 연구에서 사회복지의 발달과정은 복지제도의 질적 발달을 의미하는 것이 아니라 적용대상의 확대경향 즉, 양적 팽창과정을 의미한다.

5) 본 연구에서 제시한 북한사회복지 체제에 대한 거시-구조적 수준의 구획과 정의는, 북한사회복지의 초기단계의 이해와 탐색이지만, 기존 연구에서 제시하지 않은 새로운 내용들이다.

6) 배급제를 '최저생계 유지수준'이라 판단하는 근거는 배급제의 공급기준에 의거한 것인데, 이는 물론 북한이 인식하는 배급수준이다. 따라서 이를 달리 표현하면 북한이 생각하는 '적정생계 유지수준'이라고 할 수 있다. 또한 이는 후술한 제도별 복지수준 전체가 북한의 기준에서 해당 사회복지제도를 기준으로 한 수급자의 위험에 대한 '적정생계 유지수준'이라고 할 수도 있다. 그러나 다른 한편으로 노동유무에 따른 배급수준만을 놓고 볼 때, 여타제도와 급여수준과 조건에 차이가 발생함에 따라 최저생계 유지수준이라는 판단과 표현도 가능하다.

7) 이는 비단 북한장애인에만 해당되는 문제가 아니다. 북한사회복지 '현실'을 놓

고 판단할 때, 이미 대내외적으로 알려졌다시피 북한사회복지 '제도'가 명시한 내용을 지킬 수 없거나 지켜지지 않는 상황이 1990년대부터 빈번하게 발생하였고, 현재까지도 누적되어있다.

8) 북한의 (공적)연금체제는 크게 두 가지로 구분되는데, 하나는 특수직역인 군인연금이고, 다른 하나는 노동자, 사무원, 협동농민에 대한 노령연금이다. 또한 북한은 일부 외국인기업을 제외하고는 고용주가 국가이다. 따라 서 연금가입자(피고용인)와 고용자의 관계는 노동자(사무원, 협동농민, 군인)와 국가와의 관계가 된다. 따라서 북한의 연금체제는 사적연금이 존재하지 않는 공적연금체제이다. 이는 현행 남한의 특수직역 연금대상자(공무원, 군인)와 같은 '법적관계'이다. 그리고 이러한 원인 즉, 북한에서 공적연금체계만이 존재하는 이유는 자본의 국가소유에 의거한 분배관계, 임금과 노동관계, 고용인(국가)과 피고용인(노동자) 관계에 기인한다.

9) 참고로 2002년 7·1조치 이전까지 북한의 임금(생활비) 인상사례는 다음과 같다. "국가·협동단체기관·기업소들의 노동자·기술자·사무원들의 기본임금을 1958년 1월 1일부터 평균 10% 인상한다."(노동자·기술자·사무원들의 임금인상에 관하여, 1957.12.31 내각결정 제 128호), "1959년 1월 1일부터 국가·사회·협동단체기관·기업소들의 노동자·기술자·사무원들과 군무원·내무원들의 임금(1958년 3/4분기 실적에 의한 평균임금)을 평균 40% 인상한다."(노동자·기술자·사무원들의 임금을 평균 31.5% 올릴 것에 대하여, 1979.8.31 내각결정 제70호), 「주민복지향상대책」(1992.2.13 중앙인민위원회 정령)을 1992년 3월 1일부터 생활비를 43.4% 인상한다고 발표하였다.

10) 이는 수급자 개인이 지급받는 급여수준에 대한 논의와 판단에 의거한 것이다.

11) 주정희, "주체의 사회주의는 인민대중 중심의 사회주의," 『인민대중 중심의 사회주의 제도』 (평양: 평양출판사, 1992), 195~96쪽.

12) 정혁남, "주민 수요에 기초한 인민소비품의 생산과 공급," 『경제연구』 1989년 2호, 30쪽.

13) 이철수, 『북한사회복지: 반복지의 북한』 (서울: 청목, 2003), 134쪽.

14) 참고로 북한의 식량배급의 변화과정은 다음과 같다.

대상/시기	1946.2.27	1946.10.19	1946.12.26		1948.11.1
		900(특급)			
중노동자	600	750	수량	미곡:잡곡	900(광부·철도기관사)
			700	420:280	
경노동자	500	600	600	360:240	800
사무원	400	525	500	300:200	700

노동자와 사무원 가족	300	450	300	180:120	

출처: "북조선임시인민위원회 식량대책에 관한 결정서,"『북한관계사료집Ⅴ』, 315쪽.
　　　"등급별전표제 식량배급제도 실시에 관한 건,"『북한관계사료집Ⅴ』, 351쪽.
　　　"식양배급에 관한 건,"『북한관계사료집Ⅴ』 360쪽.

15) 이철수, 앞의 책 (2003), 134쪽.

16) 반면 배급제가 경제에 미치는 부정적인 현상은 첫째, 노동생산능률의 성장을 자극하는 화폐임금의 의미를 약화시키고, 둘째, 배급제에 내포되어 있는 평균주의적 요소가 노동에 의한 분배의 경제법칙과 충돌하고, 셋째, 배급제는 노동자들의 소득 실현에 있어서 원하는 사용가치를 자유롭게 선택할 수 없게 하며, 넷째, 배급제와 관련된 동일 상품에 대한 2중 가격의 존재가 각종 부정적인 영향을 준다. 김연철, "북한의 배급제 위기와 시장개혁 전망" (서울: 삼성경제연구소, 1997), 6쪽.

17) 사회과학출판사 경제연구소,『경제사전』(평양: 사회과학출판사 경제연구소, 1985), 205쪽.

18) 이철수, 앞의 책 (2003), 205쪽.

19) 위의 책, 88쪽.

20) 위의 책, 88~89쪽.

21) 그러나 더욱 중요한 것은 첫째, 국가사회보험과 국가사회보장에서 명시한 현금과 현물 급여의 수준이 수급자의 안전한 생계를 유지시켜주고 있느냐 하는 것과 둘째, 북한이 이러한 제도를 통해 사회적 누락계층이나, 빈곤층의 발생을 억제시키고 있느냐 하는 것이다. 무엇보다도 이것이 중요한 이유는 복지분배의 수준을 통한 북한 사회복지의 질적 평가가 가능하기 때문이다.

22) 이철수, 앞의 책 (2003), 254쪽.

23) 위의 책, 252쪽.

24) 위의 책, 188쪽.

25) 위의 책, 252쪽.

26) 위의 책, 209쪽.

27) 위의 책, 252쪽.

28) John Carrier & Kendall Iran, *Health and the National Health Service*, (London: The Athlone Press, 1998), pp. 35-45.

29) 이철수, 앞의 책 (2003), 146쪽.

30) 승창호,『인민보건사업경험』(평양: 사회과학출판사, 1986), 38~109쪽.

31) 정기원 외,『남북한의 인구·보건·사회보장 비교』(서울: 한국보건사회연구원, 1995), 73쪽.

32) 변종화 외,『남북한 보건의료제도 비교 연구』(서울: 한국보건사회연구원, 1993), 35~36쪽.

33) 또한 인민이 체감하는 복지제도는 급여의 효율성 못지않게 전달체계의 신속성, 즉 수급용이성도 구성요소가 된다.

34) 한편 북한 인민들은 식량배급의 부족분을 과거 농민시장이나 암시장을 통해 구입하는데, 이 경우 현금과 현물거래를 통해 이루어진다.

35) 이는 노동강도에 따른 체력소모 중심의 식량배급 기준이 반영된 것이라 판단된다.

36) 이철수, 앞의 책 (2003), 190쪽.

37) 위의 책 (2003), 191쪽.

38) 1992년 '주민복지향상시책'에 의거한 곡물 수매가 1킬로그램 당 쌀 22전, 옥수수 28전 인상분을 반영하지 않은 것이다. 노용환 · 연하청, "북한의 주민 생활 보장정책 평가" (서울: 한국보건사회연구원, 1997), 12쪽.

39) http://kangwonbuk.street.co.kr.<2002년 5월 검색> 바로 이러한 현상이 국가 배급제의 한계를 반증하는 사례이다. 다시 말해 북한이 적어도 의 · 식 · 주 배급제의 제도적 취지에 상응할만한 평가를 받고자 한다면 북한 스스로 본 제도에 대한 끊임없는 발전이 전제되어야만 한다. 예컨대 지속적인 공급의 양 · 질적 증대를 반드시 이루어야만 한다. 이러한 이유로 인해 북한이 의 · 식 · 주 배급제에 대한 긍정적인 평가를 받기에 명백한 한계가 있다.

40) 헬렌 루이즈 헌터, 남성욱 역,『CIA보고서』(서울: 한송, 2002), 202쪽.

41) 이철수, 앞의 책 (2003a), 138쪽.

42) 박석삼, "최근 북한 경제조치의 의미와 향후 전망" (서울: 한국은행. 2002), 2쪽.

43) 이철수, 앞의 책 (2003), 139쪽.

44) 박현선,『현대 북한사회와 가족』(서울: 한울, 2003), 151쪽.

45) http://nk.joins.com.<2002년 7월 검색>

46) ≪매일경제≫ 2002년 7월 25일자.

47) ≪중앙일보≫ 2002년 7월 24일자.

48) 이철수, 앞의 책 (2003), 88쪽.

49) http://nk.joins.com.<2002년 7월 검색>

50) 주정희, 앞의 책, 232쪽.

51) ≪연합뉴스≫ 2002년 7월 22일자.

52) 이철수, 앞의 책 (2003a), 139쪽.

53) ≪민주조선≫ 2001년 12월 4일자.

54) 경남대학교 극동문제연구소,『김정일저작선』(서울: 경남대학교 극동문제연구소, 1991), 521쪽.

55) ≪조선신보≫ 2002년 7년 26일자.

56) 여기에서 노동기간은 7·1조치 이후를 의미한다. 왜냐하면 노동자의 물질적 축적기회는 대폭 향상된 임금인상을 반영하기 시작한 7·1조치 전후를 기준으로 구분되기 때문이다.

57) 한편 사회보험를 연체할 경우 제47조 "… 납부기일이 지난날부터 매일 0.05%에 해당한 연체료를 물린다. 연체료는 미납액의 15%를 넘을 수 없다"고 명시하였다. 이는 기존의 사회보험법과 거의 동일하다고 판단된다.

58) 2006년 8월 3일 현재 개성공단 북측 노동자는 8,004명이다. http://www.unityinfo.co.kr.<2006년 8월 검색>

59) 그러나 다른 한편으로 개성공단의 경우 남한은 자본, 북한은 노동력을 부담함에 따라 임금지급 주체는 남한기업이다. 또한 실제 북한이 개성공단노동자들에게 월 50$을 지급하고 있는가도 확인되지 않는다. 하지만 제도적으로는 사회보험 재정부담을 놓고 볼 때 사회보험제도가 양분된 것은 분명한 사실이다.

60) 김일성, 『김일성저작선집 제5권』 (평양: 조선노동당출판사, 1972), 25쪽.

61) 또한 북한은 개성공단내의 기업에게 자체적인 탁아소와 유치원의 운영을 허용하였는데, 이는 노동규정 제35조 "기업은 실정에 맞게 종업원의 자녀를 위한 탁아소, 유치원을 꾸리고 운영할 수 있다"라고 명시하였다. 따라서 이는 기존의 국가책임 하의 육아보육서비스를 기업에게 전가한 것이라 할 수 있고, 이 또한 탈사회주의화 현상의 하나라고 하겠다.

62) 이외에도 별도의 야간수당과 연장근무수당이 있고 이에 대한 가급금조항(제30조)이 있다.

63) http://www.sejong.org.<2006년 8월 검색>

64) 좋은벗들, 『오늘의 북한, 북한의 내일』 (서울: 정토출판, 2006), 114쪽.

65) http://www.who.int. & http://www.unfpa.org.<2006년 8월 검색>

＜참고문헌＞

1. 북한문헌

김일성,『김일성저작선집 5』(평양: 조선노동당출판사, 1972).
사회과학출판사,『경제사전Ⅰ·Ⅱ』(평양: 사회과학출판사 경제연구소, 1985).
＿＿＿＿＿＿,『정치사전』(평양: 사회과학출판사, 1973).
승창호,『인민보건사업경험: 주체사상의 기치밑에 새 사회 건설에서 이룩한 경험』
　　　(평양: 사회과학출판사, 1986).
정혁남, "주민 수요에 기초한 인민소비품의 생산과 공급,"『경제연구』1989년 2호
　　　(평양: 과학백과사전종합출판사, 1989).
주정희, "주체의 사회주의는 인민대중 중심의 사회주의,"『인민대중 중심의 사회주
　　　의 제도』(평양: 평양출판사, 1992).
≪민주조선≫ 2001년 12월 4일자.
≪조선신보≫ 2002년 7월 26일자.

2. 남한문헌

경남대학교 극동문제연구소,『김정일저작선』(서울: 경남대 극동문제연구소, 1991).
김연철, "북한의 배급제 위기와 시장개혁 전망," (서울: 삼성경제연구소, 1997).
노용환·연하청,『북한의 주민 생활보장정책 평가』(서울: 한국보건사회연구원, 1997).
박석삼, "최근 북한 경제조치의 의미와 향후 전망" (서울: 한국은행, 2002).
박현선,『현대 북한사회와 가족』(서울: 한울, 2003).
변종화 외,『남북한 보건의료제도 비교 연구』(서울: 한국보건사회연구원, 1993).
이철수,『북한보건의료법제: 원문과 해설』(서울: 아주남북한보건의료연구소, 2006a).
＿＿＿＿, "북한보건의료제도에 대한 연구" (서울: 민주평통, 2006b).
＿＿＿＿, "북한사회복지제도와 통일과제" (서울: 민주평통, 2006c).
＿＿＿＿, "김정일시대 북한보건의료 체제의 삼중주" (서울: 프레시안, 2006d).
＿＿＿＿, "북한의 장애인복지 정책·제도·지원전략" (미발표논문, 2006e)
＿＿＿＿, "개성공업지구의 사회복지체제에 대한 연구: 기존 경제특구 복지조항과의
　　　비교를 중심으로"『통일정책연구』제14권 1호 (서울: 통일연구원, 2005a)
＿＿＿＿,『북한사회복지법제: 알파와 오메가』(서울: 높이깊이, 2005b)
＿＿＿＿,『북한사회복지의 변화와 전망: 탈사회주의의 전주곡』(서울: 아주남북한
　　　보건의료연구소, 2004).
＿＿＿＿,『북한사회복지: 반복지의 북한』(서울: 청목, 2003a).

______, 『북한사회복지법령집』(서울: 청목, 2003b).

______, "7·1조치와 북한사회복지 상관관계 고찰"『2003통일부 신진연구 논문집 Ⅱ』(서울: 통일부, 2003c).

______, "신의주특구를 통한 북한보건의료제도 전망"『남북한 보건의료』제4호 (서울: 아주남북한보건의료연구소, 2003d).

정기원 외,『남북한의 인구·보건·사회보장 비교』(서울: 한국보건사회연구원, 1995).

좋은벗들,『오늘의 북한, 북한의 내일』(서울: 정토출판, 2006).

헬렌 주이즈 헌터, 남성욱·김은영 역,『CIA 북한보고서』(서울: 한송, 2001).

≪매일경제≫ 2002년 07월 25일자.

≪연합뉴스≫ 2002년 07월 22일자.

≪중앙일보≫ 2002년 07월 24일자.

· 세계보건기구: http://www.who.int<2006년 8월 검색>

· 세종연구소: http://www.sejong.org<2006년 8월 검색>

· 연합뉴스: http://www.yonhapnews.co.kr<2006년 8월 검색>

· 유엔인구활동기금: http://www.unfpa.org<2006년 8월 검색>

· 조선신보: http://www.korea-np.co.jp<2006년 8월 검색>

· 조선일보: http://nkchosun.com<2006년 8월 검색>

· 통일신문: http://www.unityinfo.co.kr<2006년 8월 검색>

· 프레시안: http://www.pressian.com<2006년 8월 검색>

3. 외국문헌

Carrier, John & Iran, Kendall. 『*Health and the National Health Service* (London: The Athlone Press, 1998).

Clasen, Jochen, *Comparative Social Policy: Concepts, Theories and Methods*(Oxford; Malden, Mass: Blackwell Pub, 1999).

Nilsen, Kai, "Marxism, Ideology, and Moral Philosophy", *Social Theory and Practice*, vol. 6, no.1 (1980).

Taylor-Gooby, Peter & Jennifer Dale, *Social theory and social welfare*(London: Edward Arnold(Publishers) Ltd, 1981).

제2부
북한 주민의 분야별 일상생활

북한의 노동 영웅에 대한 연구:
영웅 탄생의 정치 경제적 동학

차 문 석

1. 들어가는 글

북한은 해방 직후부터 현재까지 노동 영웅을 꾸준히 발굴·창조하여 사회에서 유통시키고 소비하도록 함으로써 국가와 당이 원하는 정책을 실현하는데 이용해 왔다. 북한에서는 체제상으로 중요하고도 긴급한 국면에서는 반드시 '영웅 대회'가 개최되었는데, 이들 영웅을 통해서 체제가 직면한 긴장과 모순을 극복하려고 했다. 북한은 한국전쟁 직후인 1953년 8월에 '전국전투영웅대회'를 개최하여 '조국보위와 전후복구건설을 위한 투쟁에서 영웅적 위훈을 세우도록' 했다. 그리고 1980년대 북한을 흔들었던 경제난을 극복하기 위해서 1988년 9월에 '전국영웅대회'를 개최하여 영웅들을 전국적으로 동원하였으며 '200일 전투' 등에 적극 동참할 것을 결의했다. 그리고 지난 1990년대에 발생한 북한 역사상 초유의 경제난과 대기근, 그로 인한 사회의 무질서 — 이른바 '고난의 행군' — 에 대응하기 위해서 2003년 9월에 제3차 영웅대회인 '선군시대 영웅대회'를 개최한 바가 있다. 2003년 11월 5일, 북한은 전 주민에게 영웅들의 투쟁 기풍을 따라 배워 강성대국 건설에 더욱 매진할 것을 촉구했다.[1] 당시 《로동신문》은 평양에서 개최된 "선군 시대 영웅대회"와 관련한 장문의 사설을 싣고 사회주의 강성대국 건설 과정에서 '총대영웅'('미제와 판가리 전투'를 벌이고 있는 시점에서는 가장 존경받는 영웅), '건설자 영웅', '지식인 영웅' 등 수많은 영웅들이 배출됐다고 지적한 뒤 "모든 당원들과 근로자들은 우리 시대 영웅들처럼 선군 사상의 절대적 신봉자, 견결한 옹호자, 철저한 관철자가 될 것"을 강조했다. 그렇게 북한에서 영웅은 문제의 국면에서 항상 현실 속으로 뚜벅뚜벅 걸어 나온다.

사실상 북한뿐 아니라 20세기의 모든 사회주의 사회는 이른바 '영웅을 필요로 하는 사회'였다. 이들 국가들에서는 헤라클레스들(socialist Heracles)에 대한 영웅담이 체제의 엔진으로서 작동했다. 소련에서는 이조또프·멘찌꼬프·스따하노프, 중국에서는 마오쩌둥毛澤東의 호전사好戰士인 레이펑雷鋒,[2] 따칭大慶의 강철인간 왕진시王進喜, 따지이大寨의 영웅인 왕구오푸王國福·천융구이陳永貴 등은 우리에게 잘 알려진 노동 영웅들이다. 북한의 노동 영웅들 또한 해방 직후부터 북한의 정치경제 체제를 작동시키기 위한 '체제의 엔진'으로 기능하였고 진응원과 길확실 같은 유명한 '차력사'들이 배출되었다.

사회주의 사회에서 이들 영웅들은 일종의 스펙타클(spectacle) 형식으로 사회에 제출되었으며 국가 권력은 자신이 가진 욕망을 도덕적 코드로 전환시켜 이들 영웅 스펙타클을 사회에 유통시킨다. 대중들은 이들 영웅들이 제시하는 덕목과 행위를 내면화(동화 혹은 저항)하면서 국가적 삶에 빨려 들어간다. 이리하여 국가 권력과 대중간에 매우 독특한 형태의 관계가 구성되고 작동된다. 이로써 이 사회의 영웅들은 저 권력 지도부로부터 대중 사회에로 '권력을 실어 나르는 기차'가 되었다.

2. 북한에서의 '영웅'과 노동

북한에서의 '영웅' — 극심한 어려움을 극복하고 모범을 만든 자 — 은 크게 '공화국' 영웅과 '노력' 영웅으로 분류한다. 이러한 영웅 칭호는 '공화국 공민의 최고영예'로 규정된다. 먼저, 공화국 영웅은 노력 영웅 칭호보다 한 단계 위의 가치를 갖고 있다. 공화국 영웅은 일반적으로 전쟁, 대남 첩보활동, 군사훈련과 같은 특수 상황에서 특별한 공로를 세 웠거나 목숨을 바친 사람들에게 주어진다. 따라서 원래는 한국전쟁 때 공로를 세운 사람에게 주어졌다. 반면 노력 영웅은 초인적인 노동의 대 가로 받는 영웅 칭호이다.[3] 각 분야에서 업적을 남긴 사람들이 여기에 해당한다. 노력 영웅이 가장 많이 배출되는 곳은 대형 건설현장, 중요 공장 및 기업소 등이다. 가령 남포갑문을 건설한 뒤 100여 명에게 영웅 칭호가 수여되었고, 철도, 고속도로, 발전소 등 대형 건설공사가 끝나면 수십 명의 영웅이 배출되기도 한다.

북한에서 영웅은 최고인민회의 상임위원회 정령으로 제정·수여되 며 기본적으로 김일성 생일(4.15), 김정일 생일(2.16), 정권 창건일(9.9), 당 창건일 (10.10)등을 계기로 수여하고 있다. 영웅들은 사실상 커다란 특권을 누리게 되어 사실상 신분이 상승된다. 비록 노동자 출신이라고 할지라도 영웅이 되면 그 지역당 비서 정도의 존경과 사회적 혜택을 받 는 것이 일반적이다. 영웅 칭호를 받게 되면 철도 무임승차, 진급 배려 및 부상(TV·양복지)을 수여하고 퇴직 후에는 연금(식량 600g·최종급 여의 60~100%)을 지급하도록 되어 있다. 병원에도 2과로 불리는 특별과에서 간부들과 함께 치료를 받을 수 있으며, 교통수단을 이용할 때도 당 최고위 간부들이 타는 전용 칸이나 상급 침대 칸을 이용할 수 있다. 퇴직해도 원래 받던 월급과 식량을 그대로 받으며 그 자녀들도 대학이나 상급학교 진학 시에 우선적인 고려대상이 된다.[4)]

그렇다면 이들 영웅들이 사회적으로 탄생되고 사회로부터 공인되는 그 이데올로기적 근거는 무엇일까? 그 근거 중의 중요한 것이 바로 북한에서의 '공공성' 혹은 '이타성'에 기반한 노동 개념이다. 북한에서 노동은 공산주의적 태도와 관련되어 설명된다. 노동에 대한 공산주의적 태도란, "로동을 즐기고 로동을 가장 영예로운 것으로 여기며 로동에서 자각적 열성과 창발성을 내며 집단과 사회를 위한 공동 로동에 성실히 참가하는 공산주의적 새 인간의 중요한 품성"[5)]으로 정리한다. 김일성도 또한 "로동을 사랑하며 사회주의, 공산주의 건설을 위한 공동 로동에 성실히 참가하는 것은 사회주의 노동자들의 신성한 의무이며 가장 큰 영예"[6)]라고 정리한다.

결국 북한에서 노동은 '신성한 것'으로 신화화된다. 노동이 '가장 신성하고 영예로운 것'이며, 모든 주민의 지위는 노동에 대한 성실성에 의해 규정되고 "노동에서 가장 모범적이며 영웅적인 사람은 인민의 사랑과 높은 존경을 받는다"고 할 정도로 주민들의 삶의 가치를 노동에 둘 것을 강조한다. 사실 이 이면에는 국가가 필요로 하는 '생산성'의 욕구가 도사리고 있다. 이로써 순종적이고 근면하게 일하는 노동자를 생산할 수 있는 이데올로기가 만들어졌다. '노동을 기피하는 습벽', '반항의식', '부랑성', '게으름'은 공산주의적 인간형과 양립할 수 없게 되었다. 노동에 걸맞지 않은 모든 인간적 욕구들이 부정적으로 취급된다. 이는 특히 산업화시기 북한의 영웅 모델에서 두드러지게 나타나는데, 농촌 출신 노동자들의 산업적 리듬에 대한 부적응, 새로운 산업 정권에 대한 인식 부족 등이 다시 북한 정권의 주요한 정책 문제였다는 것을 반영한다. 그래서 노동 영웅은 노동 교육적인 존재인 셈이다.

이리하여 북한에서 노동 영웅 칭호를 받는다는 것은 공동체와 집단을 사랑하는 이타적인 인간의 전범이 되는 것이며, 이들은 모델이 되어 '태만한 자, 게으른 자, 그리하여 이기적인 인간'을 분쇄하는 정치 도덕적 존재로 승화된다. 사실상 이들 영웅들은 북한 체제를 위한 규율화 장치라는 점에서 일종의 '정치적 삐에로'인 셈이다. 즉 공장 질서에 적응하지 못하는 노동자, 결근이나 노동유동을 빈번히 하여 생산성을 저해하는 자들과 같은 생산성의 일탈자들을 병리적 이상자로 치환하여 이들을 치유하는 정치 의학적 십자군들인 셈이다. 그리하여 권력은 영웅을 각 공장 및 기업소에 배치하여 권력이 필요로 하는 노동자들에게서 새로운 습속을 창출하고 그 규율을 내면화시키도록 한다. 결국 북한에서의 '영웅'은 노동의 신성화와 결부되어 있으며 노동 영웅은 신성화된 노동과 사회적 영웅의 결합체이다.

이들 노동영웅은 자기 재생산 능력이 결여된 북한 사회가 '노동 신화'를 통해서 자신을 재생산하고 유지하기 위해 도입한 사회주의만의 독특한 존재들—생산성을 위한 십자군들—이다. 이들은 주로 '사회주의 경쟁운동'을 통해서 대대적으로 생산된다. 이들 영웅들은 노동신화와 사회주의적 윤리를 생산성에 결합시켜 사회의 모든 인간 존재들을 노동하는 주체인 호모 소비에트쿠스(Homo Sovietcus)로 전환시키려는 권력에 부응하는 '정치적 삐에로'이다.

3. 사회주의적 '스펙터클':
노동 영웅의 정치경제학

그렇다면 왜 20세기 사회주의 국가들에서는 영웅이 필요했을까? 이들은 사회와 체제에 어떠한 역할과 기능을 했을까? 그리고 왜 '사회주의적 스펙타클'인가? 이 문제제기에 대응하기 위해서 북한을 포함한 20세기 사회주의의 체제 성격을 먼저 살펴보아야 한다.

1) '관료정'과 영웅

시장을 인위적으로 폐지하고 그 자리에 계획경제를 들어 앉힌 '현실' 사회주의 혁명 덕분에, 사회주의 국가에서는 관료기구의 폭발적 확장이 두드러지게 나타났다. 사적 소유의 철폐가 인간의 해방을 가져올 것이라는 신념은 국가적 재산의 확장을 유발시켰고, 이는 전인민적 소유라는 레토릭과는 달리 국가적 재산을 관리하고 운용하는 관료적 계급을 탄생시켰다. 그리하여 혁명 이전 사회의 사적 소유는 국가적 소유라는 '왜곡된' 형태의 사적 소유로 변하였다. 혁명의 '붉은 기' 아래에는 항상 음울한 관료의 그림자가 어슬렁거리게 되었으며, 그리하여 이들 사회는 관료가 사회 모든 곳을 지배하는 관료정官僚政 사회라고 할 수 있다.

사회주의 관료정은 인민의 자유를 일정 수준에서 구속하여 관료의 직접적인 통제에 긴박시키는 체제이다. 따라서 일체의 의사결정 권한은 국가에 집중된다. 이로써 (상품의) 교환이 아닌 사용가치의 '증여적贈與的' 체제가 발전한다. 증여적 체제의 가장 대표적인 사례가 배급제이다. 증여로서의 배급체계는 전 사회의 '전체적인 급부 체계'7)로서 기능한다. 즉 사회의 모든 생활 부분에 관여하면서 사회구조를 작동시키게 된다. 증여의 형식으로 제공되는 배급은 국가(혹은 수령)가 제공하는 일종의 선물膳物(gift)이다. 이렇게 받은 선물에는 선물로 답례해야 하는데, '충성', '지지', '동원'의 형태로 거기에 보답을 해야한다. 인민들이 권력의 '증여'에 대해 충성, 지지, 동원으로 보답할 때 그 보답의 방식과 태도는 '영웅'을 통해서 제시된다. 한편, 배급제는 지도자와 사회 간에

'물'을 매개로 관계가 성립되어 있으며 바로 이러한 증여에는 감정적, 인격적 관계를 형성하는 힘을 가지고 있다. 증여는 마르셀 모스(M.Mauss)가 그의 유명한 저서인 『증여론』에서 개념화한 포틀래치(potlach)[8]라 불리는 이벤트 혹은 축제(festival)에 의해서 가동되기도 한다. 중국과 북한에서는 이러한 포틀래치가 각종 국가적 기념일─당 창건일, 민족 해방일, 지도자의 생일 등─로 베풀어진다.

그러나 선물은 이론상으로는 자발적이지만 실제로는 강제적이며 타산적인 급부의 성격을 지닌다. 그러면서도 언제나 아낌없이 제공되는 것─이른바 수령의 '광폭정치廣幅政治'의 토대─이라는 형식을 취한다. 따라서 급부와 반대 급부는 매우 자발적인 형식 아래 선물 또는 선사품으로 행해지지만 실제로는 엄격하게 의무적이며, 만일 그것을 이행하지 않을 때에는 갈등이 발생한다.[9] 따라서 증여를 통해서 가장 원초적인 형태의 후견과 충성이 상징적인 방식으로 소통되면서 국가(혹은 수령이라는 인격적 대상)에 대한 숭배와 복종의 메커니즘이 형성되는 것이다. 요컨대, 증여 시스템은 가부장성과 지도자에 대한 신성神性을 발생시킨다. 심지어는 순수 증여의 형태로 나타나 개인숭배의 심리적 기제로서도 활용된다. 이때 권력─대중의 관계는 수령제 등의 인격적·가부장적인 관계로 형성된다. 이것을 매개하는 '인격'이 영웅이며 체제의 화신이 된다.

2) '포퓰리즘', 개인 숭배, 영웅

현실 사회주의에서 권력 중앙은 혁명의 대의를 유일하게 담보하고 있는 존재로서 사회에 제시되어, 진리는 권력 중앙의 수중에 있다고 믿겨진다. 권력이 '사회주의적인 것'─사회주의적 인간, 사회주의적 사회, 사회주의적 도덕─을 대중에게 선택의 여지가 없는 맥락 속에서 강제할 때, 권력도 스스로 사회주의 도덕 권력이 되어야 한다. 왜냐하면 대중들은 권력의 레토릭을 내면화할 때 실제로 권력이 그러하다고 믿기 이전에 그러해야 한다고 믿는 습성이 있기 때문이다. 결국 권력이 대중에게 '사회주의적 도덕'이라는 틀을 제시함으로써 스스로 도덕적인 존재가 되어야 하는 바로 이 부분이 권력과 대중이 타협하는 지점이다. 이렇게 권력이 대중을 도덕적인 존재로 만들려고 하고, 대중은 그것을 내면화할 때, 동시에 대중이 권력으로 하여금 도덕적이기를 강제할 때 권력 중앙은 대중의 지지 속에서 매우 커다란 힘을 발휘하게 된다. 따라서 수령—스탈린, 마오쩌둥, 김일성 등—은 대중의 욕망에 의해서 자비로운 존재로 구성되며, 그러기에 항상 대중의 편에, 대중의 이익을 구현하는 존재로 구성된다. 중국과 북한의 '군중 노선'—군중에서 나와서 군중으로 들어간다!—은 이러한 국가와 대중간의 관계를 가장 잘 표현해 주는 담론이다.

관료정 사회인 현실 사회주의에서 이 양자의 관계를 이기적이고 불평등하게 왜곡시키는 존재가 바로 관료기구와 관료들이다. 사실 관료기구는 권력 중앙의 의지를 제도적으로 관철시키는 힘인데, 이 제도적 힘을 통해서 자신의 개인적 이익을 관철하는데 더욱 앞장서게 되는 것이 이들 붉은 완장들의 욕망이다. 이 사회들의 권력 중앙이 발하는 정책과 메시지들은 수많은 관료적 일탈과 그에 대한 대중의 저항으로서의 사보타쥬(Sabotage)에 종속되어 있다. 중국 사회주의에서는 '위에는 정책이 있고, 아래에는 대책이 있다'고 할 정도로 관료 채널을 통과하는 정책들은 현실에서 관철되지 못한다. 그리하여 관료들의 욕망은 매우 빈번하게 대중들의 불만의 표적이 되고 있으며, 사회주의적인 인간이 아닌 스스로 방어적이고 이기적인 인간들을 양산해 내는데 기여했다.

마오쩌둥과 김일성 같은 권력 중앙은 이러한 정책 집행 과정에서 나타난 오류들을 바로잡아 보다 사회주의적이고 도덕적인 사회를 만들기 위해서 이 국면에 개입하지 않을 수 없게 된다. 그리하여 자신의 지지자로 믿겨지는 대중을 보듬고 사회주의적인 질서들을 위협하고 있는 관료들을 공격하게 되는데, 때때로 고위 당 간부까지도 숙청의 표적이 된다. 이는 중국의 대약진운동이나 문화대혁명 시기에 나타난 대표적인 현상들이었고, 북한에서는 '태성 할머니'—1956년 8월 종파사건을 일으킨 종파분자들을 숙청한 김일성 수령의 결단이 옳았다고 위로했던 일종의 영웅—가 나타났던 1950년대 중반, 갑산파를 숙청했던 1960년대 중후반, 그리고 3대혁명 소조운동으로 김정일식 젊은 피를 체제에 수혈하기 시작했던 1970년대 초중반에 주기적으로 나타났던 현상이었다. 영웅은 이러한 시기에 가장 많이 만들어져서 탄생한다.

이것이야말로 포퓰리즘(populism)적 권력이라고 할 수 있다. 심지어는 소련의 스탈린의 대숙청도 그러한 경향을 보였던 정치적 이벤트였으며, 중국과 북한의 군중노선도 관료주의를 배격하기 위해서 대중 속에서 영웅을 찾아내어 사회주의적 대의를 새삼 강조하였던 것이다. 최고 지도자는 대중들이 토로하는 불만의 대상인 관료층을 공격하기 위해서 대중을 이용한다. 이로써 지도자는 더욱 더 오류가 없는 전능한 존재로 승화된다. 영웅은 이 지도자의 인격화된 '인형'이다. 이렇게 승화된 지도자는 대중의 이익을 치켜세워 옹호하며, 대중들에게 관료를 공격하게 만든다. 마오쩌둥은 '대중을 신뢰하고 대중에 의지하고 대중의 창발성을 존중하라'고 말한다. 이 이상 대중적인 슬로건이 어디에 있을까.

인민들은 권력이 제시한 영웅을 통해 대리 만족을 느끼게 되며, 권력은 이를 통해 국면 전환을 꾀한다. 따라서 영웅은 역설적이게도 권력 지도부가 품고 있는 욕망을 보여주는 리트머스 시험지이다. 마오쩌둥 주석이 관료를 공격하기 위해 대중의 편에 서서 메시지를 날리자, 대중들은 즉각 "피와 생명으로 마오쩌둥 주석을 보호하자", "당 중앙을 목숨 걸고 지킬 것을 맹세하고, 마오쩌둥 주석을 보호하자"[10]는 등의 슬로건을 외치며 권력을 비호하는 행동을 취한다. 바로 저 유명한 레이펑이 그러했듯이, 마오쩌둥의 명령이라면, '칼날이 뒤덮인 산을 오르고, 불길에 싸인 바다로 내려 갈 각오가 되어 있다'고 결연하게 말할 수 있게 되는 것이다.

이 지점에서 우리는 최고 지도자가 발화하는 '군중 노선'이 일정 정도 지도자에 대한 개인 숭배와 친화성을 갖고 있다는 의혹을 설명해야 한다. 이데올로기적으로 무장되거나 학습되지 않은 중국과 북한의 대중들이 자신의 지도자와 당에 대한 충성과 맹세를 외부로 표출시킬 수 있는 효과적인 방식은 추상적인 이데올로기나 조직에 대한 것이 아니라 구체적인 인격적 "개인"—수령—을 경유하는 것이다. 결국 '개인 숭배'는 지도자와 대중들 사이가 직접적으로 매개되기 때문에 그 중간에 생경하게 외삽되어 있다고 여겨지는 당 조직을 파괴하는 결과를 낳게 된다. 지도자 개인은 혁명, 새로운 질서의 토대, 사회주의 사회의 건설뿐만 아니라 과거의 전통을 인격화하게 된다.

일단 지도자가 다양하고 주목을 끌만한 공적을 통해서 권력, 매력, 용기—이른바 카리스마—를 소유하고 있음을 보여주게 되면 그러한 숭배는 역전될 수 없게 된다. 심지어는 어떤 특정 시기 전체를 지도자의 이름을 통해 상징적인 각인을 새겨 놓게 된다. 이른바 스탈린주의, 마오쩌둥주의와 김일성주의가 그것이다. 지도자에 대한 찬양은 대중들로부터 모방을 자극하게 되는데, 지도자는 그의 사상과 언행을 완벽하게 답습하고 있다고 여겨지는 '정치 인형'을 창출하게 된다. 이것이 '영웅'의 창출이다. 그리하여 지도자는 '개인 숭배'—최고 지도자가 가진 영웅적 자질을 선전하여 모방하려는 욕구를 한층 효과적으로 자극할 수 있다—를 창출하기 위해서 정치적 동일시라는 자산들을 이용하게 된다. 이는 대중들에게 '꼬마' 스탈린, '꼬마' 마오쩌둥, '꼬마' 김일성과 같은 영웅들을 사회적 모델로 제시하여 영웅들—모범 노동자, 모범 농민, 모범

병사—과 대중들간에 동일시를 형성한나. 이것이야말로 사회주의 스펙타클의 현전現前이라 할 수 있다.

지도자는 대중 교육 캠페인을 이용한다. 즉 정치·경제적 역경을 초래한 목표들을 설정하고 그 목표물들을 공개적으로 비판하거나 혹독하게 찌그러트리는 방식을 택한다. 이러한 일탈에 대한 광범위한 대중적 합의를 창출한다. 지도자는 규범에 대한 대중적 지지를 구축하는 과정을 개발하는 반면, 대중들은 목표물에 대한 反사회적 충동과 억압된 불만들을 해소할 기회들을 포착하게 되며 때때로 감정적 카타르시스를 느끼게 된다. 이러한 경험들은 비상한 인물의 '영웅'적 인격에 흠모와 존경을 가짐으로써 자신을 동일시하면서 더욱 강력해 진다. 인민들은 구사회에 맞섰던 지도자의 영웅적 투쟁에 대한 보답으로 충성을 맹세하는 것이다. 가령 중국의 경우, "우리가 인민의 피를 빠는 봉건 지주로부터 해방된 것은 오직 마오 주석과 당 덕분이었다. 해방은 우리가 새롭게 태어나도록 해주었고 우리에게 고등교육을 받을 기회를 주었으며 국가와 인류에게 봉사해야겠다는 포부를 심어주었다. 우리는 당과 마오 주석과 국가에 감사하는 마음을 더 창조적인 활동을 통해 표현하려고 했다"11)는 것이다.

하지만 이것은 의혹이 없는 지순한 절대적인 충성이라기보다는 지도자와 대중간의 역관계를 통해서 나타나는 호혜성 있는 충성이었다. 지도자의 도덕적인 광폭 정치와 이에 대한 인민들의 충성은 모스의 『증여론』에서처럼 서로 간에 교환된다. 대만출신 인류학자인 황수민黃樹民이 쓴 『린마을 이야기』—중국 푸젠성福建省 남부 연안의 한 농촌 마을인 린林 마을을 배경으로 펼쳐지는 인류학적 인터뷰 기록서—에 나오는 마을 사람들에 따르면, 지도자가 식량과 의료, 초등교육과 같은 기본적인 것들을 제공하는 대신 다른 한편에는 일상적인 정치통제와 이데올로기의 주입, 당 노선에 대한 강제된 순응을 해야 했다고 한다.12)

요컨대, 권력 지도부와 인민들 간에는 일종의 타협과 교환이 이루어
진다. 양자는 관료 계층을 공격하는데 의기 투합되어 있으며 이 과정에
서 권력은 대중에게 삶을 책임지는 레토릭을, 대중은 권력에게 충성과
동원과 지지로 보답하게 되는 것이다. 그리하여 완벽한 포퓰리즘적 정
치운동들이 이 시스템을 작동시키게 된다.

3) 영웅 스펙타클의 정치

영웅은 스펙타클(spectacle)로 제시되는데, 이것은 '영웅 스펙타클'을
구성한다. 사회주의 사회의 '영웅 스펙타클'은 이 사회가 상품사회가
'아니기' 때문에 구축되는 특유한 스펙타클이다. 어떤 사회가 '체
제'(system)로서 유지되기 위해서는 특정한 위기나 침체에 직면해서 이
를 극복하고 스스로를 갱신할 수 있는 능력—즉 재생산 능력—이 반드
시 필요하다. 가령, 자본주의의 경우 자신의 축적 위기를 돌파할 수 있
는 내적 재생산 능력이 존재하는데, 새로운 축적 원천을 찾아내어 자양
분을 섭취하면서 이른바 '체제'를 유지하는 것이다. 그러나 북한과 같은
20세기 사회주의 사회는 이러한 재생산 혹은 갱신 능력이 취약하고 고
도로 불안정했다. 사실 이 사회가 자신을 갱신하여 유지할 수 있는 기제
는 바로 이데올로기—노동의 신화를 더욱 굳건히 추진하던가 사회주의
의 대의를 새삼스럽게 강조—와 '관리 체제의 갱신'밖에 없었다. 그럼에
도 불구하고 이러한 기제들이 사회에서 갖는 효과는 제한적이거나 현실
에서 무시되었다. 따라서 이 사회는 일종의 '체제'라 명명할 수 있는 성
격을 갖지 못한다. 이러한 점에서 이 사회는 '과도기적 성격'을 갖는
다.13)

따라서 이 사회는 정책 실패, 경제 위기, 대중들의 불만과 저항과 같
은 심층적인 위기로부터 자신을 지켜 내기위해서는 어떤 특정한 보조

기제 없이는 불가능했다. 결국 이 체제는 사회를 규율하려는 독특한 기제를 만들어내야 했다. 이것이 바로 '군중 노선'을 통한 '대중 운동'이라는 기제이다. 대중 운동은 스펙타클의 형식으로 진행되며 '영웅'은 그 한가운데서 솟아 나온다. 따라서 '영웅'은 혁명이후에 수립된 제도들이 완전히 정치경제를 장악할 정도로 효율을 발휘하지 못하는 이 체제의 결정적인 산물이라고 할 수 있다. 즉 영웅들은 바로 자기 재생산 능력이 결여된 사회가 자신을 재생산하고 유지하기 위해서 도입한 독특한 운동 속에서 탄생하게 된다. 물론 영웅 현상은 자본주의를 포함해서 근대 체제의 일반적인 현상이라고 할 수 있지만, 사회주의 체제는 이러한 영웅 스펙타클을 체제 동학의 중요한 메커니즘으로 전환시켰다는 점에서 특수한 '사회주의적 현상'이라고 할 수 있다.

이러한 영웅 스펙타클을 관철시키기 위해서 영웅의 일기가 인민의 교양을 위해서 인쇄되어 회람되며 영웅의 사진이 갑자기 전국 곳곳에 내 걸리고, 그의 생애에 관한 영화들이 만들어진다. 그리고 영웅을 담은 포스터들이 압도적인 양으로 생산된다. 가령 중국에서는 영웅 레이펑의 일기—『레이펑 일기雷鋒日記』, 영웅 레이펑에 관한 영화, 레이펑을 그린 선전 포스터들이 전국으로 게시된다. 이것은 권력이 욕망하는 이미지대로 인민들을 개조하기 위한 시도였다. 북한의 경우, 영웅 길확실의 수기인 『천리마작업반장의 수기』, 백설희 영웅에 관한 영화—『14번째 겨울』,14) 그리고 조종사 영웅인 길영조15)에 관한 『비행사 길영조』라는 영화 등이 대중에게 선전되었다. 이는 대중들에게 '영웅주의'를 심어주기 위한 기획이었다. 한편 각종 영웅들의 이름을 학교, 지명, 공장 및 농장 등에 부여함으로써 일상 속에 영웅주의를 확산시키려는 시도도 병행된다. 가령 레이펑 소학교, 김제원 협동농장, 리수덕리, 리수복청년협동농장 등이 그것이다. 그리하여 사회주의 영웅 스펙타클은 단순히 정치 경제적 현상이 아니라 그것을 넘어선 사회 문화적 현상으로서 모든 일상,

모든 장소, 모든 시간 속에서 인민들에게 상기되고 반복되고 내면화되는 것이다. 생존한 영웅은 관료정 사회의 지배 계급의 반열에 오른다. 중국의 '따자이' 영웅 천융구이와 '강철 인간'[鐵人] 영웅 왕진시가 그러했고, 북한의 철도영웅 진응원과 천리마 영웅 길확실이 그러했다. 그럼으로써 이들이 단지 '신화'가 아님을 보여주면서 '세속'의 상징을 얻어낸다.

기 드보르(G.Debord)의 성찰을 빌면, 이 영웅 스펙타클 현상은 단순히 영웅 이미지를 구성하는 것이 아니다. 그러한 영웅 이미지들에 의해 매개되는 국가 권력과 인민들 간의 관계이다. 따라서 그것은 실제적인 것이고 물질적으로 번역된 세계라고 할 수 있다.16) 즉 이 사회는 영웅 스펙타클 사회로의 변형을 통해서 지배되는 사회로 형성되는 것이다. 인민들은 이 영웅 스펙타클을 통해서 그들이 사는 세계를 바라보도록 강제되는 것이다.17) 그리하여 사회주의 사회에서 영웅 스펙타클은 인민들과 그들이 사는 세계간의 경계를 없애며, 권력에 의해 담보된 레토릭 밑으로 모든 생생한 진리를 끌어내림으로써 어느 것이 진실이고 어느 것이 허구인지, 진실과 허위 간의 경계를 없애 버린다.18) 그렇게 영웅을 스펙타클로 환원시킨다. 이들 영웅은 스타로서 무대에 등장한 스펙타클의 담지자이며 권력의 힘줄과 이미지를 체현한다. 스펙타클은 이데올로기가 물질화된 것이며, 스펙타클은 '영웅주의'와 상통한다.

비록 권력은 영웅을 통해서 조국에 대한 충성과, 공동체에 대한 노동을 통한 헌신과 같은 항목들을 강조하지만, 이러한 항목들은 일반 노동자들의 일상과 은폐된 저항—사보타쥬, 경쟁(emulation) 회피, 결근 및 조퇴, 알콜릭, 노동 유동 등—이라는 현실과 결코 부합하지 않는다. 왜냐하면 인민들은 자기를 내세우지 않는 그러한 자기 희생적인 그러한 사례들을 따름으로서 거의 얻는 것이 없기 때문이다. 이러한 측면에서 볼 때 '노동 영웅'의 창출은, 일반 노동자들에게는 '누가 권력을 지닌 프롤레타리아’로 지명될 것인지, 그리고 ‘누가 정권의 떡고물에 자신을 파는 배신자’인지를 결정하는 메커니즘으로 인식된다. 이들 영웅들은 일반 노동자들에게서 연대 의식을 파괴하고, 계급으로서가 아니라 권력이 산업사회에서 순종적인 노동자로서 요구하는 파편화되고 원자화된 노동자로 만드는 기제가 된다. 하지만 이럴 때일수록 권력은 영웅을 더욱 더 ‘성자’처럼, 더욱 더 스펙타클하게 사회에 제출하려고 한다.

결국 노동자들은 능동적인 주체가 아니라, 모델 영웅들을 계몽주의적인 방식으로 따라야하는 수동적인 객체들로 전락한다. 따라서 스펙타클로서의 노동 영웅 모델은 일방성一方性을 갖는다. 이는 영웅 모델과 일반 노동자간의 대화를 허용하지 않을 뿐만 아니라(바로 대화의 대립물, 혹은 적대성),19) 생산성을 최고의 욕망으로 삼는 국가가 아무런 방해도 받지 않고 사회에 행하는 자신에 관한 담론이라고 할 수 있다.20)

4) 영웅의 탄생과 유통

‘영웅’은 태어나는 것이 아니라 만들어진다는 말이 이토록 적합한 경우는 없을 것이다. 영웅은 신화화되어야, 즉 현실의 거추장스러운 상황들을 사상捨象시키고 가능한 한 고결하고 도덕적이게 만들어져야 한다. 인민들을 감화시키고 따라 배우도록 만들기 위해서는 영웅 신화 만들기에는 나름대로의 구조들이 존재한다. 여기서는 천리마 영웅인 길확실을 중심으로하여 영웅들이 사회에서 어떻게 창출되고 유통되고 소비되는지를 검토해 본다. 북한의 천리마 영웅 길확실이 신화화되는 과정은 상당히 흥미로운 일이다. 길확실은 『천리마작업반장의 수기』(1961년)를 남긴 것으로 유명하다. 이 수기는 북한의 인민들에게 광범위하게 읽혔으며 일종의 체제의 ‘성경’이 되었다.

【신화 1】 영웅들은 거의 대부분 비참한 출생 환경을 갖고 있다.

신분이 역으로 전도되는 사회주의 사회에서는 그만큼 출신 성분이 좋다는 것이다. 북한의 가가노바(Gaganova)이자 북한의 레이펑이라 할 수 있는 길확실도 그러했다. 그는 평안북도 영변의 검박산 골짜기에서 화전농의 딸로 태어났고 아버지는 지주에게 반신불수가 되어 사망했다. '북한의 모든 대중들이 그러하듯이' 그의 가족들도 일제와 지주의 무거운 멍에 밑에서 고통받으며 자라났던 것이다.21) 이리하여 이 영웅들은 계급과 적에 대한 애증愛憎이 투철한 존재들로 부각될 수 있었다.

【신화 2】 영웅들은 흠잡을 데 없는 이타주의와 도덕주의의 전도사들이다. 이들은 그 자체가 성인聖人이었으며, 예수(Jesus) 그 자체였다. 오히려 흠집 없는 이타성 그 자체가 대중들에게 거부감을 줄 정도였다. 북한의 길확실은 평양제사공장 작업반장으로서 빼어난 모범이 된 후에도 자진하여 몇 배나 힘들고 수입은 적은 생소한 작업반으로 내려가 노동했을 뿐 아니라, 뒤떨어진 사람들을 새로운 인간으로 교양 육성시키는데 온 힘을 다했다.22) 이들은 이타적인 노동에서는 그것이 설령 '시지푸스(Sisyphus)의 노동'이라 할지라도 결코 거부하지 않았던 것이다.

【신화 3】 영웅들은 최고 지도자인 김일성의 호명에 떨쳐 일어나 새로운 주체로 거듭났으며, 이 전능한 지도자들의 욕망을 인민들에게 전달하여 내면화시키는 역할을 열정적으로 잘 수행했다. 길확실은 1958년에 "경애하는 수령 김일성 원수님! 나는 당신이 가르친 대로 사업에서는 인민의 앞장에 서서 희생적으로 일하는 혁명 투사의 모범을 보이며 생활에서는 검박하고 겸손하고 서로 위하고 도와주는 참된 모범을 보이겠다"고 말했다.23)

【신화 4】 영웅들은 당시 체제가 펼치고 있는 정치경제 정책들을 올곧게 수행하는 초인적인 열정을 보여주었다. 북한에서는 매시기의 국가적 사업에서 걸출한 영웅들이 배출되어 국가의 전도사로서 이용된다. 해방 직후에 급격한 에너지 난에 대처했던 철도영웅 김회일, 조직적인

증산 경쟁운동에서 배출된 흥남비료공장의 강사련이 있으며, 애국 농민 김제원은 토지개혁을 한 이듬해에 최초로 애국미를 바친 농민 영웅이었다. 한국전쟁시기에는 '연길 폭탄' 영웅 박영순과 간호병 영웅 안영애가 있으며, 락원 기계공장의 '신포향'이라는 영웅이 있다. 산업화시기에는 길확실과 진응원 등 수많은 노동 영웅들이 배출되었다.

그렇다면 사회주의적 스펙타클의 담지자인 노동 영웅 모델은 어떻게 사회로 확산되는 것일까. 북한에서는 "긍정적인 것으로써 부정적인 것을 극복하고 모범적인 실례를 가지고 군중을 감화시키는 것은 사람들을 교양하는 우리 당의 방법"이라고 하여 긍정적 모범에 의한 감화 방법은 사회주의 제도의 본질로부터 도출되는 대중 교양의 기본 방법이라고 한다.[24]

영웅들의 이야기는 주는 선동원들이 군중들에게 소개하여 일반화하며 그의 모범을 따르도록 사업을 기동성 있게 조직 진행한다.[25] 대체로 그 방법으로서는 속보(주로 벽신문), 영예 게시판[26], 공장이나 직장 신문, 유선방송, 당 및 사회단체 회의 등을 이용한다. 구체적으로 노동영웅을 스펙타클의 담지자로 만드는 절차들은 어떻게 구성되어 있는지를 살펴본다.

먼저, 노동자들을 "항일빨치산들의 고상한 혁명전신과 조국해방 전쟁 시기 인민 군대와 후방 인민들이 발휘한 영웅주의와 애국주의 정신으로 교양하며, 오늘 광범하게 일어나는 천리마 기수들의 모범을 따르도록 부단히 교양"해야 할 것을 강조한다.[27] 이를 위해서는 독서,[28] 독보,[29] 강연·해설 담화, 영화·연극·그림 연극·연속 그림 등 각종 예술 관람 형식,[30] 우등불 모임·상봉 모임·웅변 대회[31] 등을 통한다.

둘째, 선동원들은 "긍정적 모범을 통한 교양에서 자기 부문, 자기 직장, 자기 리, 자기 작업반에서 나타난 산 모범을 가지고 교양"[32]할 것을 강조한다. 여기서는 긍정적인 싹들이 발견되면 그것을 조장 발전시켜 일반화하는 것이다. 주로 작업 총화, 각종 집회들을 이용하여 소개하고 선전하도록 한다.

셋째, 선동원들은 노동자들 속에서 "긍정을 통하여 부정을 감화시킴에 있어서 개별 교양 사업을 강화"할 것을 강조한다.33) 여기서는 대상을 옳게 선정하는 문제, 즉 작업반에서 뒤떨어진 사람 또는 그를 교양 개조함으로써 다른 반원들에게 긍정적 영향을 줄 수 있는 그러한 대상들을 선택해야만 스펙타클의 효과가 극대화된다는 것이다.

한편 각종 노동영웅들의 이름을 거리, 지명, 공장, 협동농장, 학교 등에 부여함으로써 일상 속에 영웅주의를 확산시키려는 시도도 병행된다. 가령 김책공대, 장철구 대학, 김종태 공장, 김제원 협동농장, 김제원리, 리수덕리, 리수복 청년협동농장 등이 그것이다. 그리하여 사회주의 영웅 스펙타클은, 정치 경제적 현상이 아니라 그것을 넘어선 사회 문화적 현상으로서 모든 일상, 모든 장소, 모든 시간 속에서 대중에게 상기되고 반복되고 보편화되는 것이다.

4. 북한의 정치경제적 변동과 노동 영웅

여기서는 북한의 정치경제적 변동과 이를 극복하려는 권력의 의지의 소산, 즉 노동 영웅이 어떤 역사적 관계로서 상호 결합하는지를 살펴본다. 여기서 '정치경제적 변동'이라 함은, 북한의 외부적·내부적 정치경제적 동학에서의 변화와 이에 따른 북한의 정책 변화를 포괄하는 의미로 사용했다. 이러한 정치경제적 변동의 매 시기에 북한 권력은 노동 영웅들은 탄생시켜 자신의 정책의지를 표출하였고, 이때 노동 영웅들은 권력의 정책 의지를 전달하는 '정치적 전도사'의 역할을 한다. 결국 권력은 이들을 통해서 자신의 욕구를 사회에 관철시킨다.

이하에서는 북한의 정치경제적 변동을 편의상, 해방 직후부터 한국전쟁 이전의 시기(1945～1950년) → 한국 전쟁 시기(1950～1953년) → 산업화 시기(1953～1960년대) → 장기침체의 시기(1970년대～1980년대) → '고난의 행군' 시기(1990년대 이후)로 크게 나누어서 고찰한다. 이를 장기 추세로 정리하자면, 1950년대에 고속 성장을 기록했다가 1960년대부터 성장이 둔화되었으며, 1970년대 전반에 일시적으로 회복세를 보이기는 했지만 1970년대 후반부터 다시 주저앉아 침체 상태가 지속되다가 특히 1990년대에 들어와 더욱 악화되어 고도의 경제난과 기아로 상징되는 '고난의 행군'을 경험하게 된다.

1) 해방 정국의 북한 정치경제와 노동 영웅

해방 직후의 북한 경제 상황은 난파 상태였다. 2차 대전 직후 모든 것이 멈추어진 그 상태, 그야말로 진공 상태였다. 당시 일본의 퇴각 과정과 소련군 진입 과정에서 광범위하게 발생했던 것은 산업 시설의 폭파·약탈 내지 징발·반출이었다.

일본인들은 2차 대전 종전 전후로 많은 공장 및 설비들—대표적인 사례를 들자면, 조선인조석유 아오지 공장(피난할 때에 일본인 종업원이 발전소를 폭파),34) 조선인조석유 영안 공장(종업원이 피난간 뒤에 헌병대가 폭파),35) 일질 연료공업 용흥 공장[해군의 명령으로, 과산화수소와 하이드라진 제조설비 및 제품을 일본인 종업원이 해체·파기, 백금 전극판을 일본으로 항공 수송(8월 17～19일)],36) 청진시의 무전대·변전소(8월 13일, 피난에 즈음해서 경찰서, 헌병대 건물과 함께 폭파),37) 청진 기관차고·철도공장(8월 13일에 기관차 6량과 철도공장을 폭파. 기관차 폭파는 차고 신설공사를 청부받아 왔던 간조間組의 폭파반이 다이너마이트로 실행)38)—을 폭파했다. 이밖에 대일본방적 청진 화학공장에서는 피난할 때에 공장간부가 백금제의 노즐을 철거하여 가지고 갔다.39) 이 노즐은 '인견人絹 공장의 혈관'이라고 할 정도로 중요한 설비였다.

한편 소련에 의한 약탈과 반출도 상당 규모로 발생했다. 소련군에 의한 약탈, 폭행이 빈번하게 발생했으며 공장의 저장물자도 탈취되었다.[40] 그리고 소련군 사령부에 의한 광공업 생산물의 조직적인 반출―소련으로의 발송이 시작되었다. 1946년초부터 5월 1일까지 '전리품'과 새로운 생산품이 비철금속성의 손에 의해서 북조선에서 소련을 향해서 발송되었다.[41]

이러한 일본의 설비 철수와 파괴, 소련의 반출과 더불어, 공장 조업을 정상화시키는데 치명적인 문제는 바로 기술자 및 숙련노동자 부족 등이었다. 그리하여 일본인 기술자에 대한 억류 조치가 하달되었다.[42] 특히 흥남에는 해방 후 소련군이 공장을 접수한 뒤에도 약 1년 남짓 일본인 기술자들이 조선인들과 함께 공장을 운영하면서 기술을 전수해주었다.[43]

1945년 당시 전체 종업원 가운데 80% 이상이 조선인이었지만 핵심 기술이나 운영 기획은 주로 일본인의 손으로 다루어졌기 때문에 조선인만으로는 공장 운영이 원활히 이루어지지 않았고, 일본인 기술자들로서도 언제 본국으로 송환될지 요원한 상황에서 생존을 위한 일자리가 절실했기 때문에 "조선 건국에 협력한다"는 명분 아래 기꺼이 공장에서 일하고자 했다.[44] 일본인과 같은 '외국인 노동영웅'이 탄생되는 맥락도 바로 이러한 맥락에서였다.

1946년 5월 1일과 8월 15일에는 도합 다섯 명의 일본인이 북한 정부로부터 '노동 영웅' 칭호를 받았으며, 한국전쟁 중인 1950년 8월 18일에는 두 명의 일본인 기술자가 미군의 폭격으로 사망하기도·했다.[45] 일본인 기술자로서 노동영웅 칭호를 수여 받은 사람은 흥남 지구 인민공장日窒의 고또우後藤繽는 유안 제조기술을 개량하여 인민위원회로부터 노동영웅 칭호를 수여 받았다. 同공장의 까와무라河村一南도 유안 공장에서 중요한 볼 베어링을 고안하여 노동영웅 칭호를 수여 받았다. 그리고 同공장의 코 지치로昆吉郎도 노동영웅으로 표창장을 받았다.[46] 同공장의 다무라田村茂는 생산실적을 높여서 표창장을 수여 받았다. 한편, 성진 제강소(일본고주파중공업)에서는 오까노岡野正典가 특수공구 직접 제조법의 공업화 및 인철燐鐵로부터 인산비료와 철을 추출하는 실험에 성공하여 표창장을 수여 받았다.[47] 이들은 당시 북한 당국의 기술(자) 부족을 타개하려는 의지에 부합했던 '외국 영웅'이었다.

한편, 해방 직후의 복구 운동과 더불어 급격한 에너지 난에 대한 타개책으로 채탄 공격대 운동이 발기되는데 여기서 '김회일'이라는 노동영웅이 탄생한다. 그리하여 47년 1월 16일 평북 정주 지구 철도종업원 대회에서 <김회일 채탄공격대>가 조직되어 김회일 운동이 전개되었다.

좀더 조직적인 증산을 이루어내기 위한 <브리가다 증산 경쟁 운동>이 전체 공장에서 조직 실시되었고 흥남비료공장에서 강사련이라는 영웅이 탄생했다. 이로써 증산경쟁운동이 본격화되었다.

한편 해방직후 힘들었던 북한의 재정에 큰 기여를 하게 되는 영웅이 바로 김제원 영웅이다. 김제원은 토지개혁(46년 3월)을 한 이듬해에 최초로 애국미(30가마니)를 바친 애국적인 농민이자 농민 영웅이었다.[48] 그는 47년에 김일성과 재령나무리벌에서 만나 담화했다고 한다. 황남 재령군 김제원리는 이 영웅을 기리기 위한 지명이며, 김제원 협동농장도 이를 기리기 위한 것이다.

2) 한국전쟁 시기의 노동영웅

한국전쟁 시기는 북한의 입장에서 볼 때, 모든 것을 전쟁을 수행하기 위한 체제로 전환시키는 1단계 국면, 한 · 미 동맹군의 대대적인 공세로 공장 및 인원들을 북부 지역―중국 그리고 북부 국경 지역―으로 소개

疏開시키는 시키는 2단계 국면, 그리고 수복한 북한 지역들에서 생산 정상화를 꾀한 3단계 국면으로 나눌 수 있다.

한국전쟁 시기의 노동 영웅은 대부분 전쟁 수행을 위해 초인적인 능력을 발휘한 인물들로 채워져 있다. 전쟁에 직면하여 북한은 생산을 장려하기 위해 노동 영웅들을 창출하였다. 1950년 6월에는 '공화국 영웅'이라는 칭호를 제정했으며, 노동 전선에서는 최고의 영예인 '로력 영웅'과 '로력 훈장'을 제정하여 수여했다. 그리하여 한국전쟁 시기에 북한에서는 수많은 영웅들—특히 500여 명의 공화국 영웅[49]—이 탄생했다.

한국전쟁 시기에 북한에서 대표적인 영웅으로 유통되고 소비되었던 영웅은 이른바 '연길 폭탄'으로 유명한 박영순이다. 박영순은 항일무장투쟁 시기에 "공장도 기계도 그리고 자재도 없는 산중에서 적들의 눈을 피해 가면서 조직에서 준 과업을 수행하기 위하여 폭탄을 만들"[50]어 냈다고 한다. 사실 박영순은 1960년대에 더 유명해 졌는데, 1962년에 『연길폭탄』이라는 책으로 부활했던 것이다. 가령 기계에 고장이 날 때마다 작업반원들이 수리 직장만 쳐다보는 현상이 지속되자 자신의 손을 해결하자는 슬로건에 박영순 영웅이 이용되었던 것이다.

안영애는 한국전쟁 때 간호병으로 활약한 인물로 혁명가극 "당의 참된 딸"의 소재가 되기도 했다. 안영애는 2000년대 붉은 선동원으로 매우 빈번히 인용되었다. 리수복은 공화국 영웅 칭호를 받은 영웅 중 가장 유명한 영웅이다. 그는 한국전쟁 때 맨몸으로 '적의 화구'를 막았다고 하며 격전지로 유명한 1211고지를 사수한 전쟁 영웅이다. 그가 공화국 영웅 칭호를 받은 것은 1211고지가 금강산을 지척에 두고 있는 고지로 당시 금강산과 원산을 지키는 최후의 보루였기 때문이다. 평안남도 순천시 수복동은 리수복을 기리기 위해 지명을 만들었으며 리수복 청년협동농장도 그를 기리기 위한 것이었다. 그리고 그를 기리기 위한 "영웅의 그 나이 열여덟이었네" 등의 가요도 창작했으며 교과서에도 실렸다.[51]

여성으로서 한국 전쟁에서 공화국 영웅 칭호를 받은 영웅은 리수덕이 있다. 그는 포수 출신으로 한국전쟁 때 유격대를 조직하여 전투에 참여해 위훈을 세웠다고 한다. 강원도 평강군 리수덕리는 그를 기리기 위한 지명이다. 이밖에도 강호영, 조군실, 강연옥, 리태훈 등이 있는데 이들은 영화와 가극을 통하여 북한 주민들에게 잘 알려져 있다. 그러나 이들 대부분의 공화국 영웅들은 현재에도 수령숭배와 체제강화의 선전물로 이용되고 있다.

한편 후방에서 모델을 창출한 노동영웅으로 두드러지게 알려진 영웅은 평안북도 신의주에 위치한 락원 기계공장에 근무했던 신포향이라는 여성 노동자였다. 그는 한국전쟁 와중과 이후 전후 복구과정에서 이 공장이 '자력갱생·결사관철'의 본보기 단위로 부상하는데 선도적인 역할을 담당했으며 '락원의 10명 당원'이라는 신화를 창출하는 주역이 되기도 했다. 북한은 그가 소속돼 있던 주철직장(생산라인)을 신포향 주철직장으로 개명하였다.

한국전쟁은 북한에게 조윗(Kenneth Jowitt)이 이른바 "문화적 예외주의"(cultural exceptionalism)[52]이라고 불렀던, 즉 대중동원을 위한 하나의 토대로서 그들 공동체의 상처를 상기시키려는 의도의 발판을 형성했다. 이러한 동원 욕구는 당연히 영웅 스펙타클이라는 메시지를 통해서 물질화되었다. 전쟁 시기의 노동자 영웅들의 무용담은 전쟁 당시 끊임없이 반복적으로 대중들에게 선전되어 회람되었다. 북한의 권력은 이를 통해 대중들의 '영웅적인 투쟁'을 고무하려고 했다. 나아가 대중들의 이러한 '영웅주의'는 전쟁 이후 북한체제의 동원 메커니즘에서 항상적으로 동원의 자료로 활용되고, 주기적으로 상기되었다.[53]

3) 천리마 시대의 노동 영웅: 산업화 시대

북한에서 자본 축적기, 사회주의 산업화 시기는 당연히도 산업의 각 부문에서 노동 영웅이 가장 활발하게 생산되어 활약했던 시기였다고 할 수 있다. 북한의 산업화 시기에 국가가 요구했던 것은 당연히 고도의 생산성이다. 그럼에도 불구하고 1950년대 중반 이후 북한의 산업화는 증산과 함께 절약이 고도로 강조되었던 시기였다.54) 따라서 이러한 (증산·절약을 통한) 생산성 프로젝트에 호응하는 영웅들의 시대가 열린 것이다.

천리마 시대의 정치경제적 분위기는 산업화 시기의 건설의 에너지를 바탕으로 전국적으로 대중 동원이 활발히 이루어졌던 상황이었고, 이에 따라 노동 영웅들은 짧은 기간내에 혁명과 건설의 과업을 수행할 수 있도록 전국적 수준에서 이 에너지를 확산시킬 수 있는 존재들로서 창출되어야 했다. 북한 스스로도 다음과 같이 언급했다.

> 천리마 운동이 광범한 대중적 운동으로 힘있게 벌어지게 된 것은 사회적인 분위기가 들끓고 전체 인민들이 한결같이 동원되었기 때문이다 … 거리와 마을, 공장과 농촌 할것없이 이르는 곳마다에서 창조와 건설의 노래소리가 하늘땅을 진감하고 온 나라가 부글부글 끓었으며 사람들은 저절로 마음이 동하고 힘이 용솟음쳐 벅찬 투쟁 속에서 뛰여들었다.55)

천리마 시대의 노동 영웅들은 주로 '한 점에서 모범을 보여 확산시키는 방식'을 통해서 만들어지게 된다. 즉 "한 점을 뚫고 모범을 창조하여 일반화"56)하기 위해서 창출되는 것이다. 그리하여 모범 창조를 통한 확산 전략은 어느 한 지역에서의집회나 호소문의 형태로 나타나고 이를 미디어를 통해 대대적으로 선전함으로써 전국적인 운동을 발전시키게 된다.

우선 이 시기에 북한 최대의 영웅이라고 할 수 있는 진응원이 출현했다. 작업반 단위의 생산성을 고도로 증가시켰던 영웅이었다. 김일성이 1958년 10월 6일과 59년 2월 17일 두 차례에 걸쳐 강선 제강소를 현지 지도하면서 "강철은 공업의 왕이다. 왕을 생산하는 동무들의 영예보다 더 큰 것은 없다. 한 톤의 강철, 한 톤의 강재도 더 많이 생산하라"고 지시를 내리자, 당시 강선 제강소 진응원 작업반원들은 "공산주의적으로 일하며 배우며 생활하자"라는 구호를 들고 천리마 작업반 운동을 발기해 나갔다. 천리마 작업반 운동은 각 부문, 각 지방에 퍼져 나가 1959년 3월에 유평 임산사업소 이계수 작업소 청년 작업반, 흥남 비료 공장, 평양 방직 공장 정방 제1직장 최례순 작업반이 또한 궐기했다.

진응원 작업반은 1959년 3월 17일 직맹 중앙위원회로부터 천리마 작업반 칭호를 수여 받았다. 3개월 후 그들의 평균 기능 급수가 1급 이상 높아졌다. 2.4분기 말에 제강은 1시간 30분 단축되고 1회당 출강 량은 22톤에서 39톤으로 올라갔다고 한다. 진응원은 1960년 8월에 노동영웅이 되었다.

한편, 1959년 7월 8일에 룡성 기계공장 주성일 작업반은 "1인 1건 창의 고안 운동"을 제기했다. '쇠를 깎는 것이나 나무를 깎는 것은 본질적으로 같다'라는 김일성의 현지 교시에 고무되어 27명의 작업반원이 7개의 성능 좋은 바이트를 창안했다고 한다. 그와 함께 <나의 공구운동>을 발기하여 매 사람이 자기에게 필요한 35종류의 각종 공구를 장만했다고 한다. 노동생산능률은 58년에 비해 320%, 계획에 비해 280%로 높여 59년도의 계획과제를 4개월 앞당겨 완수했다고 한다.[57] 즉 '기존의 있는 설비, 있는 노력으로 더 많이 생산하라'라는 당의 과업을 관철하기 위한 것이었는데 자본의 부족을 노동력으로 타개하기 위한 당의 방침이 숨김없이 표출되었다.

수산 부문에서도 작업반운동이 확산되었다. 해주 수산사업소 김순복 2중 천리마 작업반원이 그들이다. 이들은 "녀성호"를 조직, 출어 일수 280일을 보장함으로써 년간 출어 계획을 115%로 초과 완수하였다고 한다.58) 홍남 비료공장 질안직장 김석태 2중 천리마 작업반원도 31명의 전체 반원을 기사, 기수로 양성할 전망을 세우고 모든 작업반원들의 기술 기능 수준을 높여 1년 남짓한 기간에 평균 기능급수를 4.5급에서 6.5급으로 높였다고 한다.59) 홍상 요업공장 토관직장 서병준 천리마 작업반원은 공장의 설비, 기술에 대한 지식을 훌륭히 습득하고 대담하게 창의 고안, 합리화 운동을 전개하여 전 공장차원에서 기술혁신을 일으켜 년간 계획을 8.15전으로 완수하는 성과를 내었다고 한다.

이러한 천리마 작업반 운동은 기술에 대한 신비주의를 철저히 분쇄하고 무궁무진한 근로자들의 창발성을 고도로 발동시킨다는 명목으로 진행되었다. 여기서 '기술 신비주의 비판'이란 산업화 시기에 턱없이 모자라는 자본 상황에 대한 대응이자, 북한경제의 현실에 대한 대응을 표현한다. 즉 기술문제도 국내(혹은 내부)에서 자체적으로 해결하자는 것이다.

특이한 것은 생산성을 체제의 정치적 목표와 연동시켜서 노동자들을 선동했다는 점이다. 즉 '사회주의 혁명'과 '남조선 혁명'등을 완수하기 위한 헌신적 노력과 희생이 강조되었다는 점이다. 개성 기계종합 공장의 김재렬 천리마작업반은 남한에서 '반미구국 투쟁'에서 희생된 이윤식의 이름을 기계에 달아 놓고 그의 몫까지 생산하면서, '리윤식의 복수기록장'에 생산의 성과를 적어나가는 방법을 썼다. 그리고 1962년 대안 천리마공장의 박대순 천리마작업반에서는 쿠바에 변압기 200대를 보내기 위하여 당 분조회를 개최한 후 생산전투에서 생산과제의 승리는 "미제 침략자들과의 판가리 싸움에서 이기느냐 지느냐 하는 문제"이며 "복수전을 각오"하며 생산과제를 완수해 나갔던 것이다. 또한 낙원기계공장이 남한의 노동자를 위한 자금마련을 위한 증산과 절약운동을 전개했던 것도 역시 "혁명적 과제"를 위한 천리마운동이었다.

한편 『천리마 작업반장의 수기』의 주인공인 길확실도 북한의 산업화 시기의 대표적인 노동 영웅이다. 길확실은 평양 제사공장 작업반장으로 해설과 설복, 개별교양과 집체적 교양, 긍정을 통한 부정의 감화 교양을 통해 뒤떨어진 사람들을 점차 새로운 인간으로 교양 육성했다고 한다.[60] 그는 1959년 8월에 천리마 대열에 합류했으나 이에 만족하지 않고 자진하여 몇 배나 힘들고 수입은 적은 생소한 작업반으로 내려갔다고 한다. 이에 직맹 중앙위는 천리마 작업반 운동을 대중화하기 위해서 길확실의 모범을 일반화할 것을 명령하였다.

이후 만년광산 길만식이 수입이 적고 낙후한 작업반에 내려가 그 작업반을 그 광산에서 가장 우수한 작업반의 하나로 만들었다 하며, 평양 견방직 공장 차응자 작업반, 박봉녀 작업반도 집단적으로 낙후한 작업반을 협조하여 13명이 각기 한 명씩 맡아서 도와 주었다고 한다.[61] 석탄 부문에서는 리승환 작업반이 종전의 4,000∼5,000톤 수준에서 8,000∼9,000톤의 석탄을 캐내어 대폭적인 생산성 증가를 이루어낸 결과, 1960년 7월 20일 2중 천리마 작업반 칭호를 수여 받았다.[62] 농업부문에서는 문정숙 작업반[63]이 있었으며, 리신자는 1958년 당시 평안남도 승호군(현 평양시 사동구역) 리현 협동조합에서 농민들을 교양하며 큰 성과를 이룩한 노동 영웅이었다.

그밖에 김윤용은 광산의 붉은 광부로서 '쇠돌 생산'을 일약 2배로 올리고 1970년에 점령할 '쇠돌 고지'를 2년이나 앞당겨 점령하는 전례가 없는 성과를 달성했다고 한다.[64] 일명 "붉은 기계전사들" 희천 기계공장 노동자들로서 "수령님의 부르심을 높이 받들고 또 다시 가장 선참으로 떨쳐나서서" "애국적 발기에 호응하여 나라의 모든 공장, 기업소들은 올해 계획을 10월 10일 전으로 끝내며 올해 안으로 6개년 계획의

1973년 말 생산수준을 돌파"65)할 것을 결의했다고 한다.

또한 리인식, 고두만 등의 노력영웅 등을 배출하면서 건설된 비날론 공장건설을 본받자는 <비날론 속도>, 공장설비와 기계들을 자신의 '눈동자'처럼 사랑별을 달아 주고 표창하는 <붉은 별 쟁취운동>, 단기간에 생산량을 비약적으로 증대시키기 위한 <돌격대 조직 운동> 등이 전개되었다.

한편, 정확하게 생산 부문은 아니지만 각 부문에서 배출한 노동 영웅으로는 먼저, 섬유산업 부문이다. 갈대에서 섬유를 추출한 마형옥은 1967년 화학섬유연구소 소장에 취임하고 노력영웅 칭호를 받았다.66) '갈섬유'란 갈대에서 펄프를 추출하여 만든 레이온 섬유의 일종이다.

상업부문에서 유명한 노동 영웅은 정춘실이다. 정춘실은 1964년 김일성 현지지도에서 상업일군의 모범으로 칭찬을 받았으며,67) 23살에 상업부문에서의 첫 노력 영웅, 40대에 2중 노력영웅, 최고인민회의 대의원, 전천군 상업관리소 소장이 되었다. 정춘실은 수십 년을 인분 지게를 지고 밭을 개간해 군 주민들의 식생활을 높인 공로로 2중 노력 영웅이 되었다는 일화로 유명하다. 정춘실 운동의 정치적 맥락을 짚어 본다면, 중앙으로부터의 상품공급이 한정되어 있을 경우 상업일군들의 헌신성에 의한 자체적인 소비품 생산과 조달이 매우 중요한 의미를 갖는 것이며, 권력은 정확하게 이를 겨냥한 것이다. 정춘실을 본받는 이른바 <정춘실 운동>은 1991년 9월 김일성이 전천군 상업관리소 현지지도를 한 이후였다.

그리고 한국전쟁 이후 산업화를 개시할 때 김일성의 정치노선을 사회적으로 정당화시키기 위한 신화화 작업이 있다. 당시는 김일성이 남로당파, 연안계, 소련계를 연이어 숙청하고 1956년 8월의 종파사건에 대해 반종파 투쟁을 나섰을 때인 엄중한 정치적 위기의 시기였다. 바로 "태성 할머니"는 김일성의 노선을 사회적으로 정당화시키는 수단이었다. 김일성이 한국전쟁 이후 반대파들과 종파싸움을 할 때 선거장에서 만난 남포시 태성리의 노인을 일컫는다. 그는 김일성에게 "종파놈들이 아무리 날뛰어도 우리는 수상님만 믿습니다"라고 말해 힘과 용기를 주었다고 한다. 2002년 1월 17일자 ≪로동신문≫ 사설은 "1950년대 투쟁정신"을 강조하면서 1950년대 투쟁정신의 본보기로 "태성 할머니"를 들기도 했다.[68]

그 외에도 산업화 시기의 노동력 부족으로 인한 다산정책多産政策에서도 김재복이라는 노동영웅이 탄생했다. 전천군의 김재복은 자식을 많이 낳고 잘 길러 사회에 진출시킨 일반 노동자였다. 이는 사회적 다산多産 정책을 강조하기 위한 것이었다. 이와 관련해 북한에서의 모성 영웅(소련의 경우 어머니 영웅)은 또 하나의 다산 정책의 코드라고 할 수 있다.[69]

4) 숨은 영웅들의 시대: 1970~1980년대 노동영웅

1970년대는 동유럽 사회주의와 마찬가지로 북한에게 혹독한 시련의 시기였다고 할 수 있다. 북한은 1972~1973년의 "오일 쇼크"와 이로 인한 외채 문제로 모라토리움(moratorium)을 선언했다. 어떤 의미에서 20세기 사회주의 국가들은 이 시기에 체제의 유지 능력을 대부분 상실한 것으로 판단된다.

1970년대 초중반에 이른바 오일 달러가 "아프리카 국가의 대부분, 다수의 라틴 아메리카와 아시아 국가들, 그리고 이른바 사회주의 블록의 대부분으로 유입"되었다. "1970년대 중반에 세계은행들은 이 정부들에게 차관을 강요"하여 "국민소득에서 외채변제 비용의 비용이 고조"되었고 "1980년대는 많은 외채를 완전히 청산한 단 한 국가(차우세스쿠의 루마니아)를 제외하면", "1980년대는 외채 위기로 시작하여 소위 공산주의의 붕괴로 막을 내렸다"70)고 해도 과언이 아니다. 게다가 1978년 중국의 개혁개방으로 인하여 북한에 대한 보이지 않는 압력이 존재했으며 중국의 산업화에 소용되는 산업화 자본은 북한에게 뼈저린 압력으로 와 닿았다.

재일 조총련으로부터의 자본도입 의지도 이 시기에 두드러졌는데, 조총련 영웅 모델도 이런 상황에서 등장했다. 박경련은 재일 조총련계 상공인으로 북한에 사이다 공장을 지어 헌납한 사람으로서 이 공장은 경련 애국 사이다 공장으로 명명했다. 최종락도 재일 조총련계 상공인으로 북한에 피복공장을 지어 헌납했으며, 애국 최종락 피복공장으로 명명했다. 그리고 박두선도 재일 조총련계 상공인, 북한에 자동차 봉사사업소(주유소 겸 정비공장)를 지어 헌납하여 박두선 애국 차봉사사업소로 명명했다.

한편 경제상황의 악화에 따라 공산주의적 교양에서 정신적 자극을 가하려는 시도도 병행되었다. 먼저 박기우라는 노동 영웅은 량강도 운흥군 대흥광산의 굴진공이었다. 이 사람의 아버지는 해방 이전에 지주였는데, 박기우는 이러한 나쁜 출신성분을 극복하고 굴진공 30년 만에 노력영웅 칭호를 수여 받는다. 그는 굴진 작업에 인생의 모든 것을 걸고 밤낮으로 일했다고 한다. 남들이 두 손으로도 들기 어려운 착암기를 한 손을 혼자 두 개의 착암기를 잡고 남들보다 3, 4배 일을 했다고 한다. 그는 전국광업부문 굴진공 소대경쟁에서 항상 1위를 차지할 정도로 노동에 헌신하여 출신성분을 극복했다고 한다. 그리고 김정희는 1970년대 룡양광산 금산갱 7호 굴착기 소대에서 소대 전원을 '공산주의적 인간'으로 교양한 것으로 유명하다.

한편 이 시기 북한에서는 1980년대 사회주의 경제건설의 중심과업으로서 "모든 부문에서 생산을 정상화", "모든 공장, 기업소들을 만부하로 돌리고 생산을 높은 수준에서 정상화"할 것을 목표로 삼았다. 이로써 북한은 80년대 경제와 공업생산에 직면한 문제들에 대처하기 위해서 대중운동을 전개하는데 바로 <숨은 영웅들의 모범을 따라 배우는 운동>이 그것이다. 『근로자』 1980년에는 이 운동이 특집으로 실릴 정도로 전국적으로 그 실행을 강요했다.

<숨은 영웅 따라 배우기 운동>은 사실상 1979년에 시작되었다. 1979년 당시 경공업품과 식료품 부족은 이미 만성적인 문제로 노정 되어 있었던 상황이라 북한은 새로운 영웅 시대를 전개해야만 하는 상황에 봉착했다. 그리하여 자신의 자리에서 누가 뭐라든 묵묵히 일하는, 그리한 "사회적 분위기를 조성하는 것은 숨은 영웅들의 모범을 따라 배우는 운동의 특성과 관련하여 제기되는 중요한 요구"71)였다.

그리하여 백설희 같은 노동 영웅이 탄생할 맥락이 제공되었다. 백설희는 과학원 식물학연구소 연구사였으며 시집도 안가고 마흔 살까지 기름골(기름성분이 많은 다년생 식물)을 연구해 기름문제를 해결했다면서 1979년 10월에 백설희 등 4명의 과학자에게 노력영웅 칭호를 수여했다. 비록 기름골은 경제성이 없어 일반화되지는 못했지만 이들의 모범을 따라 배우도록 한데서 <숨은 영웅 따라 배우기 운동>이 발기되었다.72)

전 주민들의 자발적인 노력동원을 독려하기 위해 제기된 이 운동은 경제위기를 주민들의 노력동원을 통해 극복하려는 자구책의 일환으로서 김정일의 통치기반 강화와 연계시켜 추진되었다. 따라서 북한은 이 운동을 김정일이 발기·지도했다며, 김정일의 지도력 선전에 적극 이용하고 있다.73)

이 운동은 특히 김일성이 1986년 2월 로동당 제6기 11차 전원회의 기간 중 5명의 "숨은 공로자"를 초청, 훈장을 수여하고 이어 <숨은 영웅 따라 배우기 위한 평양시 근로자 궐기모임>(1986.2), <숨은 공로자 대회>(1986.10)를 개최한 것을 시작으로 북한의 핵심적인 노력경쟁운동으로 추진됐다. 북한은 이후에도 <숨은 영웅 따라 배우기 운동 10주년 기념보고회>(1989.10), <전국영웅대회>(1988.10), "숨은 공로자 경험토론회"(1991.9)를 잇따라 개최해 이 운동의 확산에 주력했다. 그리고 숨은 영웅, 숨은 공로자들이 "당의 결사대·근위대"가 될 것과 "전 주민의 영웅화"를 촉구하기도 했다. 북한은 1989년 10월 현재 중앙과 도·시·군에 등록된 숨은 공로자가 모두 1만 5,500여명에 이른다고 발표했다.

그렇다면 왜 1980년대에 들어 노동 영웅 모델은 '숨은 영웅'으로 전반적인 방향전환이 이루어 진 것일까? 무엇보다도 산업화를 전후한 시기에 의도한 전국적으로 걸출한 영웅 스펙타클이 더 이상 효과를 발휘하지 못했다는 점을 들 수 있다. 산업 확장기에는 전진적前進的이고 기록 타파적인 영웅 스펙타클이 일반노동자의 생산의지에 영향을 미칠 수 있었을지 모르지만, 1970~1980년대의 북한의 암울한 경제상황(전반적 원자재와 연료 부족)과 일반 노동자들의 정치 경제적 피로감을 고려한다면 더 이상 '천상天上'의 존재로 인식되는 초인적인 노동영웅은 매력이 없었다. 그리고 이러한 사태에 직면한 북한 권력은, 이른바 일상적인 생산현장에서 묵묵히 자신의 노동을 성실히 수행하는 '보통 영웅들'(little, big hero)이 더욱 노동자들에게 미치는 자극이 클 것이라고 생각했다.74) 이것의 장점은 영웅 스펙타클을 노동자 자신의 위치에서 정향시키고 스스로를 영웅과 동일시할 수 있는 맥락들이 생겨났다는 점이다. 이리하여 영웅은 일상적인 존재로부터 확산되어 모든 사람이 영웅이 될 수 있고 모든 노동자들이 체제의 전도사로 전환될 수 있다는 것이다.

5) '고난의 행군' 시대의 노동영웅

1990년대에 들어 북한 사회주의는 역사상 전례가 없는 혹독한 경제난과 대기근에 직면했다. 북한은 1990년대 초중반 이후의 시기를 1930년대 김일성의 항일무장투쟁 시기에 유비하여 이른바 '고난의 행군'과 '고난의 강행군'시기로 언급하고 있다. 이 시기에 북한 경제는 완전히 마비되었다. 식량난에 따른 배급제의 중단으로 사회에 대한 국가의 통제능력은 현격히 저하되었으며 공장 및 기업소들의 엔진은 20~30%를 제외하고는 멈추어 섰다. 이전 몇십 년 동안의 영웅 스펙터클의 시대는 1990년대에 들어 잦아들었는가? 그렇지 않다. 앞에서도 살펴보았듯이 북한 사회주의 체제는 영웅 없이는 자신의 유지와 재생산이 불가능한 체제이다. '전 주민의 영웅화'를 모토로 한 '숨은 영웅'들이 계속해서 강조되고 있다. 이들을 발굴하여 따라 배우는 방식은 1990년대에도 여전히 지속성을 갖고 있다.

'고난의 행군' 시대의 북한 영웅들은 혹독한 주위 환경을 극복하는 작은 무용담—악조건에도 불구하고 맡은 일을 여전히 충실히 수행하고, 없는 물자지만 절약하는—을 중심으로 발굴된다. 김정일은 "아무리 어려운 조건에서도 1kg의 강재, 한 줌의 시멘트라도 극력 아껴쓰면서 큰 이득과 높은 경제목표를 실현하는 것"75)을 강조했다.

먼저 이 시대의 영웅 모델은 '자랑스런 인간'으로서 제시되고 있다. '이창춘 동무가 사업하는 관리소'의 리기설 초급당비서, 고창원 평남 대동군 순하리 여맹위원장, 평북 안주시의 고등중학교 교원 및 학생 등을 강성대국 건설에 기여한 '자랑스런 인간'이라며 이들의 '애국적 소행'을 상세히 소개했다.76)

리기설은 1990년대 중반 '고난의 행군' 시기에 문화회관·목욕탕·이발소 등이 갖춰진 건물을 비롯해 5동의 건물을 짧은 기간에 훌륭히 건립했으며 남새(채소) 온실·양어장·축산기지 등 부업기지들을 건설하는데도 일등 공신으로 활약했다고 한다. 또한 남들이 못쓰겠다고 버린 발동 발전기를 수리해서 전기문제를 자체로 해결함으로써 기업소의 경영활동을 정상화하고 종업원들에 대한 '후방공급사업'(복지사업)을 잘해 나갈 수 있게 한 공로를 세웠다고 한다.

고창원 반장은 지난 수십 년간 리여맹위원장과 농장의 남새작업반장으로 일하면서 해마다 농업생산계획을 초과 달성하는 성과를 거두었다고 한다. 그리고 함남 허천군 장평리의 윤창진은 지난 16년 간 자체로 얻은 600평의 땅에서 생산한 알곡(곡물)을 국가에 모두 바치는 애국심을 발휘해 주위 사람들의 본보기가 되었다고 한다.

그리고 '2000년대 붉은 선동원'이라는 틀로 제시되는 이전의 노동 영웅들에 대한 되새김질 작업이 진행되었다.77) 여기서 김정일은 "1950년대의 안영애, 1960년대의 리신자·길확실과 같은 시대정신의 체현자들이 2000년대에도 계속 나와야 한다"고 강조했다.

리신자 외에도 김순실(평양시 피복공업관리국 모란피복 생산협동조합에서 선동원으로 15년간 근무),78) 조영애(평북 신의주시의 락원 기계연합기업소), 곽정남(함북 청진의 라남 탄광기계연합기업소) 등을 우수 선동원으로 소개하였다.79) 그밖에도 2001년 3월에 15년 만에 열린 제3차 전국선동원대회에 따라 '우리 시대 영웅들'들을 모델로 삼아 적극 따라 배우도록 널리 홍보하는데 집중하였다.

한편 북한은 1990년대 후반 이후 "사회주의 경제관리는 단순한 경제기술적 문제가 아니라", "사상관점, 사고방식에서의 혁명적인 전환"80)이 필요하다는 취지 아래 일련의 '봉화'형 모델—성강의 봉화(1998)·락원의 봉화(2000년)·라남의 봉화(2001년)—을 제시했다. 이러한 봉화형 모델 하에서 김정일 시대의 노동영웅들이 탄생했다. 성진제강연합기업소의 운전사 3형제(계영호, 계영일, 계영주)가 그들이다. 이들은 지난 10여년 동안 단 한 건의 사고도 없이 강철 물동량을 제때에 정확히 수송하였으며 매년 책임진 수송 계획을 150% 이상 초과 달성했다고 한다. 그리고 이들이 자체로 창안 제작한 자동차 수리용 부속품만도 26종,

170여 개에 달했다고 한다.81)

혹독한 경제난 하에서 자력갱생을 주민들에게 설복하기 위해서 '락원의 10명 당원'을 모범 사례로 등장시켰다.82) 이들은 김일성의 교시를 무조건 관철해 '영웅적 위훈'을 창조했다는 평북신의주의 락원기계제작소(현 락원기계연합기업소) 주물직장의 10명의 당세포를 일컫는 말이다. '락원의 10명 당원'은 북한에서 경제건설에서 대중적 영웅주의―"자력갱생", "락원의 10명 당원들의 수령결사옹위정신을 따라 배우자"―를 부추기는 본보기로 알려져 있다.

대중들의 집단적 영웅주의는 김책제철소 해탄로 살리기 운동을 선전하는 과정에서 잘 나타났다. "해탄로에 불을 지피면 다음 보수할 때까지 불을 죽이면 안 된다. 그리하여 불타는 것이라면 가정집물이든 무엇이든 끊임없이 집어넣었다. 어떤 노동자는 밥상을 집어넣었다. 이러한 열의가 번져 나가 청진시 인구 40만 명 중 5만 명이 김책제철소에서 일하는데 온 도시가 해탄로를 살리기 위해 떨쳐 일어났다"고 한다. 이들의 전투는 100일간 계속되었다고 한다.83)

그리고 고난의 행군 이후 군이 경제관리에 전면에 나서면서 '선군 정치'先軍 政治가 강조되었다. 이에 따라 영웅 스펙타클은 군인들로 전면적으로 구성되었다. 이는 중국에서 레이펑·안예민·왕지예 등의 <인민해방군 따라 배우기 운동>과 유사한 틀을 갖추고 있다. "모든 일꾼과 당원, 근로자들이 인민군대의 혁명성과 전투력을 따라 배우기 위한 사업을 진공적으로 벌여나가자"84)면서 우선 "인민들로부터 우리 군대가 제일이라는 반향을 일으키고 있다"고 전제한 뒤 북한 군인들의 '아름다운 소행'을 소개하고 있다.85) 남종일 소속부대, 김동하 소속부대, 윤영일 소속부대, 최일선 소속부대, 윤영호 소속부대, 그리고 김경삼 소속부대 등을 찬양하였다.86)

'고난의 행군'이라는 혹독한 경제환경에서 절약, 인내를 슬로건으로 내건 북한의 영웅 담론은 '숨은 영웅'의 후속 담론으로서의 '대중 영웅주의'를 거쳐서 선군 정치 하에서는 군인 영웅으로 담론이 전환되었다. "선군시대 영웅들은 혁명의 수뇌부 결사옹위의 투사들이다". "우리 조국과 민족의 역사에서 선군시대는 그 어느 년대기보다 많은 영웅들이 배출된 자랑스러운 시대"[87]라고 자평한다. 이것은 현재 북한의 영웅 스펙타클이 그 지향하는 바가 생산성이라기보다는 군인 영웅을 내세우는 전략 속에서 혹독한 환경에 대한 인내를 통한 질서와 체제유지를 그 목표로 삼고 있다는 것을 의미한다.

5. 결 론

1990년대 중반 이후 경제난과 계획시스템의 붕괴로 사회의 집단성과 질서가 이완되었고 이 틀을 떠받치고 있던 노동 의식도 이완되었다.[88] 이에 따라 북한 체제에서는 자연스럽게 '노동 영웅주의'를 본질로 하는 스펙타클의 사회는 점차 존속하기 힘들어지고 있다. '고난의 행군' 이후 북한에서는 '시장적' 기제들(비록 조야한 형태의 소상인 체제이기는 하지만)에 인민들이 생존을 풀게 됨에 따라서 영웅을 매개로 구축된 스펙타클적인 삶의 의지들이 인민들의 삶에서 부정되고 있다. 정치 도덕적 유인에 기반을 둔 공동체와 이타를 위한 노동 관념이 생존의 문제에 직면한 개인들에 의해서 변질되고 있는 것이다.

한 탈북자의 언급을 빌면 "남한에서처럼 일하면 북한에서는 노동 영웅이 되고도 남는다"[89]는 것은 북한 체제의 영웅 스펙타클의 현주소를 적나라하게 표현한 것이라고 할 수 있다. 북한에는 현재 '사회주의적 노동 영웅'이 되는 것보다 개인의 이익을 위해 노동하려는 풍조가 확산되고 있다.[90]

　지금까지 영웅을 필요로 하는 사회로서의 북한은, 김회일, 진응원, 길확실 등의 영웅 스펙타클을 통해서 체제를 유지하고 재생산해 왔으나 이후에는 과연 영웅 무용담이 이전의 효과를 발휘할 수 있을 것인가는 매우 유동적인 전망 속에 있다. 현재 북한은 '영웅 시대'라고 일컬어질 정도로 '강성대국' 건설에 영웅들의 동원을 호소하고 있지만[91] 이미 사회는 영웅과 결별하고 있다. 저 붉은 시대에 수령이 주도했던 광폭정치가 험악한 경제난과 기근으로 그 물질적 토대를 상실하자, 이제 북한의 인민들은 그들의 일상적 생존을 위해서 시장으로 걸아가고 있는 것이다.

※ 이 글은 "북한의 노동영웅에 대한 연구: 영웅탄생의 정치 경제적 메커니즘," 서강대학교 사회과학연구소, 『사회과학연구』 제12집 1호(2004)에 수록되었다.

주註

1) ≪로동신문≫ 2003년 11월 5일.
2) 중국의 레이펑과 북한의 길확실을 비교한 글로는 차문석, "레이펑, 길확실: 마오쩌둥, 김일성체제가 만들어낸 영웅," 『대중독재의 영웅만들기』(서울: 휴머니스트, 2005)를 참조.
3) '노력영웅' 칭호는 1951.7.17 제정되었고 경제, 문화, 건설부문에 있어서 특별한 공로를 세운 자들을 수상대상으로 하고 있으며 이들에게는 공화국 영웅과 마찬가지로 '국기훈장 제1급'과 금메달, 표창장 등이 함께 수여된다.
4) 영웅칭호를 받는 사람은 ≪로동신문≫ 등을 통해 공개되지만 대남 부서에서 내려지는 영웅칭호는 비밀리에 직계 가족에만 통보해 준다.
5) 『정치사전』(평양: 사회과학출판사, 1973), 334쪽.
6) 김일성, 『우리나라 사회주의제도를 더욱 강화하자』(동경: 재일본조선인총연합회 중앙상임위원회, 1973), 34~35쪽.
7) 전체적인 급부는 '선물에 답례할 의무'뿐 아니라, '선물을 주어야 할 의무'와 '그것을 받아야 할 의무'를 전제하고 있다. 마르셀 모스 지음, 류정아 옮김, 『증여론』(서울: 한길사, 2002), 72쪽.
8) 마르셀 모스가 『증여론』에서 언급하는 핵심 개념으로서 '식사를 제공한다'(nourrir), '소비한다'(consommer)의 뜻을 가지고 있다. 이것은 부족의 추장이 마을의 잔치를 베풀어 공동체 성원들에게 선물을 베푸는 의식을 말한다. 위의 책, 54쪽.
9) 위의 책, 30~31쪽.
10) 金春明·席宣 지음, 이정남외 옮김, 『문화대혁명사』(서울: 나무와숲, 2000), 127쪽.
11) 黃樹民 지음, 양영균 옮김, 『린마을이야기: 어느 공산당 간부의 눈을 통해 본 한 중국 마을의 변화』(서울: 이산, 2003), 117~118쪽.
12) 위의 책, 233쪽.
13) 차문석, 『반노동의 유토피아: 산업주의에 굴복한 20세기 사회주의』(서울: 박종철출판사, 2001), 110~113쪽.
14) 백설희 영웅을 주인공으로 하는 이 영화는 「조선중앙텔레비죤」에서 일주일에 한 번 방영했다. 이 영화는 북한 인민들 사이에 당일의 내용이 회자될 정도로 많이 방영되었다.
15) 비행사 길영조는 1993년 비행훈련 중 김일성 동상 위에 추락하는 것을 피하기 위해 기체를 다른 방향으로 추락시키고 사망했다.
16) 기 드보르 지음, 이경숙 옮김, 『스펙타클의 사회』(서울: 현실문화연구, 1996),

11쪽.

17) 이승우, "스펙타클 정치에 대한 도전," 서울대학교 정치학과 석사학위논문 (2005), 5쪽.

18) 기 드보르 지음, 앞의 책, 173~174쪽.

19) 소련의 경우, 돌격노동자 칭호를 받은 영웅들과 스따하노프 노동자 칭호를 받는 영웅들에 대한 린치와 폭력, 살인이 가해졌던 사례가 있다. 이는 노동 영웅들이 노동자들간의 연대를 해친 것에 대한 결과이다.

20) 기드보르 지음, 앞의 책, 참조

21) 길확실, 『천리마작업반장의 수기』 (평양: 직업동맹출판사, 1961), 37쪽.

22) 위의 책.

23) 위의 책, 39쪽.

24) 총련중앙선전부 編, 『선동원들에게 주는 참고자료』 (동경: 선동원사, 1963), 104쪽.

25) 위의 책, 123쪽.

26) 영웅들에 대해 등록하고 일정한 기간을 설정하여 게시, 그 기일이 되면 새로운 모범 일군들을 계속 보충하여 그 대열을 확대한다.

27) 총련중안선전부 편, 위의 책, 107쪽.

28) 우선 대상에 따라 긍정적 모범이 담긴 각종 도서들 중에서 각이한 제목을 선택하여 진행

29) 동보를 비롯한 각종 신문과 서적들에 실린 긍정 교양 자료들을 대중들 앞에서 읽어주고 해설

30) 관람한 영화, 연극 등의 중심 사상을 깊이 파악시키며 그의 긍정적 모범을 자기들의 실생활을 구현하도록 현실 문제와 결부시켜 토론. 비교적 수준이 낮은 노인들과 부녀자 층에게 적당. 총련중앙선전부 편, 앞의 책, 114쪽.

31) 노동자들에게 혁명 전통의 연구와 천리마 기수 등의 노동영웅들의 모범적 사실에 대한 침투 사업을 철저히 진행. 위의 책, 115쪽.

32) 위의 책, 121쪽.

33) 위의 책, 128쪽.

34) 鎌田正二, 『北鮮の日本人苦難記: 日窒興南工場の最後』 (東京: 時事通信社, 1980), 26쪽.

35) 위의책. 영안 공장에 있던 종업원은 흥남으로 피난하던 도중에 공장, 철도 터널을 파괴했다고 한다. 鈴木晋吉, "9年間の興南生活斷片(その二)," 『日本窒素史への証言』, 編集委員會編, 第29集, 1986年, 47쪽.

36) 鎌田正二, 앞의 책, 265~66쪽.

37) 森田芳夫・長田かな子編, 『朝鮮終戰の記錄』 第1卷, 314쪽; 第3卷, 302쪽.

38) 松木善信編, 『平和への遺言』, 北朝鮮地域同胞援護會(淸津會), 1995年, 79~82쪽.

39) ゆにちか社史 編集委員會編, 『ゆにちか百年史』(同社, 大阪, 1991年), 133쪽. 노즐은 최종적으로 일본으로 가져갔다.

40) 예를 들면 주우광업 조선광업소·조선주우경금속 원산공장에서는 9월 초에 소 병사와 조선인이 창고의 연료, 작업복, 식량, 의료자재 등을 모조리 갖고 갔다. 佐た木祝雄, 32쪽, 51~53쪽.

41) 러시아 외무성 공문서관, fond 0102, opis 3, papka 6, dclo 23(앞의 책, 木村, 308~11쪽).

42) 북한 당국은 일본인 기술자가 귀국하게 되면 생산에 큰 지장이 생길 것을 우려해서 중요한 일을 맡고 있는 일본인 기술자는 귀국을 허가하지 않았다. 이로 인해 북한에 남게 된 일본인 기술자는 1946년 11월 당시 868명이나 되었고, 이들의 가족은 2,095명이었다(1947년에는 기술자 405명, 가족 943명). 일본인 기술자에게는 신분증을 발급해서 신분을 보장해 주었다. 이 신분증에는 "(1) 증명서 소지자에 대해서는 생명, 명예, 재산을 절대 보장한다. (2) 증명서 소지자에게는 가능한 한 원조를 할 것. (3) 증명서 소지자를 멸시하거나 부정행위를 할 때에는 엄벌에 처한다"라고 기록돼 있었다. 일본인 기술자에게는 月 4,500~5,000원을 지급했다. 당시 북조선 임시 인민위원회 위원장(김일성)이 4,000원, 동 인민위원회 과장급이 1,500원, 일반 사무원이 800~1,000원이었던 것과 비교하면 얼마나 대우를 잘 해주었는가 짐작이 간다. 쌀白米은 1일 1인당 4홉合 7작勺, 가족에게는 2홉 및 기타 생필품을 배급해 주었고 주택도 제공했다.

43) 鎌田正二, 앞의 책, 423~434쪽.

44) 약 2,500명의 일본인들이 공장에서 일하면서 1945년 겨울을 났고, 1946년 약 300명의 잔류자를 제외한 일본인들이 송환되었으며, 1947년에는 북한에 정착한 극소수를 제외하고는 잔류자도 모두 송환되었다. 위의 책, 제19장 "技術者の脫出," 제20장 "日本人技術者の仕事" 참조.

45) 위의 책, 434쪽.

46) 코 지치로는 남한에서도 울산석유화학의 폴리프로필렌 공장건설 때 산업훈장을 수여 받았다.

47) 森田芳夫·長田かな子編, 『朝鮮終戰の記錄: 資料編』, 第3卷 (東京: 嚴南堂書店, 1980), 510쪽, 576~77쪽; 森田芳夫, 『朝鮮終戰の記錄: 美蘇兩軍の進駐と日本人の引揚』(東京: 嚴南堂書店, 1980), 797~805쪽.

48) 김일성, "사회주의농촌건설에서 이룩한 위대한 성과를 더욱 공고발전시키자," 『근로자』 1974년 1호, 10~11쪽.

49) ≪조선중앙방송≫ 2002년 7월 7일.

50) 총련중앙선전부 編,『선동원들에게 주는 참고자료』(동경: 선동원사, 1963), 13쪽.

51) 그가 쓴 시는 "나는 해방된 조선의 청년이다. 생명도 귀중하다. 찬란한 내일의 희망도 귀중하다. 그러나 나의 생명, 나의 희망, 나의 청춘, 이것은 조국의 운명보다 귀중치 않다"는 것인데, '조선작가동맹 중앙위원회'의 한 시인이 어린 영웅을 성역화하여 청년들의 애국주의 교양에 선전물로 사용하기 위해서 각색했다.

52) Kenneth Jowitt, "An Organizational Approach to the Study of Political Culture in Marxist-Lenist System," *American Political Science Review*, LXVIII, 3 (September 1974), pp. 1171~1191.

53) 차문석, "한국전쟁 시기 북한의 전시 생산체제"『통일문제연구』2003년 상반기호, 93쪽 .

54) 가령, '생산의 날'(한 달에 2회씩 그 기간에 절약한 자재로만 생산), '공급이 없는 날', '진압태산 운동'(연간 1천7백만 원의 절약 목표를 실행), '장작 때기 운동'(휘발유 대용으로 장작 때기), '굴뚝으로 날아가는 연가루 잡기운동' 등등이 상징적으로 보여준다.

55) 김명순, "친애하는 지도자 김정일 동지의 현명한 령도 밑에 진행되는 숨은 영웅들의 모범을 따라배우는 운동," 과학백과사전종합출판사편,『력사과학론문집』16호 (1991), 58쪽.

56) 김동익, "일반적지도와 개별적지도를 결합시키는 것은 우리 당의 혁명적 사업 방법,"『근로자』1970년 7호, 28쪽.

57) 이 운동은 "나의 공구 운동", "나의 공구 갖추기 운동", "도구 갖추기 운동"으로 출발하여 "나의 기대 운동", "나의 착암기 운동", "나의 담당 구역 운동" 등 각종 명칭으로 표현되었다.『우리나라 사회주의 건설에서의 천리마작업반운동』(평양: 조선로동당출판사, 1961), 44~45쪽.

58) 위의 책, 46쪽.

59) 위의 책, 47쪽.

60) 위의 책, 49쪽.

61) 위의 책, 58~59쪽.

62) 위의 책, 59쪽.

63) 위의 책, 60쪽.

64) 심재성, "사람과의 사업을 잘하는 것은 천리마작업반운동의 심화발전을 위한 가장 중요한 과업,"『근로자』1969년 제5호

65)『근로자』1972년, 28쪽.

66) 마형옥과 갈섬유 연구에 관해서는 마형옥, "우리는 갈에서 섬유를 뽑을 수 있다는 것을 의심하지 않습니다,"『인테리들을 한 품에 안으시여』(평양: 인문과학사, 1973), 181~199쪽 참조. 갈섬유 공업화에 대한 좀더 직접적인 자료로는

「신의주 노초[蘆草] 인견 팔프 스프 방직 염색 종합공장을 건설할 데 관하여」 (1958. 8. 29. 내각결정 제102호), ≪로동신문≫ 1959년 8월 30일자에 실린 것을 『'北韓'硏究資料集』 Ⅲ (高麗大學校出版部, 1978), 590〜591쪽에 옮겨 실은 것을 참조. 마형옥은 1993년 타계한 것으로 알려져 있다. 『개정증보판 북한인명사전』, 앞의 책 참조.

67) '우리가정수첩'으로 칭찬을 받았다. '우리가정수첩'이란 봉사구역 안의 매 세대별로 가족 수와 수입, 생일, 요구하는 상품과 공급정형들을 체계적으로 기록한 것이다. 가령 세대별로 그 집의 가족들에 대한 옷의 호수와 신발의 문수로부터 언제 결혼식이나 환갑이 있다는 것, 상품 공급한 것은 무엇인데 무엇을 더 요구하는가 하는 것이 적혀져 있었다고 한다.

68) ≪로동신문≫ 2002년 1월 17일자.

69) 북한은 1998년 9월 28〜29일에 제2차 '전국 어머니대회'를 개최하여 어린이를 많이 낳을 것을 강조했다. 그러나 1980년대까지는 산아제한 정책을 실시했으며 1983년에는 낙태수술을 공식적으로 허용하였다. 1990년대에는 노동력 확보 차원에서 다시 다산 정책을 실시하게 되고 재차 낙태수술을 금지시켰다.

70) I.월러스틴, 강문구 역, 『자유주의 이후』 (서울: 당대, 1996), 84〜87쪽.

71) 김명순, 앞의 글, 58쪽.

72) '조선예술영화 촬영소'에서는 백설희 영웅을 종자로 '14번째 겨울'이라는 제목으로 영화가 만들어졌고 이 영화는 '조선중앙텔레비죤'에서 일주일에 한번 꼴로 방영되었다. 백설희 영웅은 당중앙위원회 위원에 최고인민회의 대의원(국회의원)과 국가과학원 식물학 연구소 소장으로 되었고 同박영철 영웅도 역시 당중앙위원회 후보위원에 최고인민회의 대의원, 김책공업종합대학 총장으로 급승진 되었다.

73) 『조선중앙연감』 1980년.

74) 숨은 영웅이란 각 분야에서 묵묵히 맡은 바 책임을 다해 국가의 발전에 남다른 공헌을 하고도 자기를 내세우지 않는 사람들을 일컫는 말이다(임영태, 『북한 50년사(2)』 (서울: 들녘, 1999), 136쪽). 이후 80년대 소설에서도 평범한 일상사 속에서 가장 성실하게 주체적으로 당의 요구와 정책을 묵묵히 수행해 가는 "숨은 영웅들"이 등장한다. 이 시기 북한의 문예정책이 "숨은 영웅을 발굴하고 그들을 따라 배우자"는 운동과 연관돼 진행되었기 때문이다(김재용, 『북한 문학의 역사적 이해』 (서울: 문학과지성사, 1994), 260〜263쪽).

75) '경제사업에서의 실리보장과 혁신적인 일본새', ≪로동신문≫ 2002년 3월 28일.

76) ≪조선중앙방송≫ 2002년 3월 18일.

77) '리신자 영웅처럼 일해 2000년대의 「붉은 선동원」이 되자', ≪로동신문≫ 2001일 1일 4일.

78) ≪조선중앙TV≫ 2001년 3월 12일.

79) ≪로동신문≫ 2001년 2월 7일.

80) ≪로동신문≫ 2001년 10월 22일.

81) ≪로동신문≫ 2002년 3월 25일.

82) 2000년 공동사설.

83) ≪조선신보≫ 2002년 3월 15일.

84) ≪로동신문≫ 2002년 6월 10일.

85) ≪평양방송≫ 2002년 4월 4일.

86) '남종일 소속부대'는 어렵게 사는 같은 부대 소속의 군인가정을 찾아 식량과 의약품 등 생필품을 지원하고 온돌 수리와 함께 울타리를 세워주는 등 혈육의 정을 발휘했다고 한다. '김동하 소속부대'는 주둔지역 학교의 새 학년도 준비 사업을 물심양면으로 지원했다고 한다. 그리고 '윤영일 소속부대'는 주둔지역 학교에 성의껏 마련한 150여 점의 학용품을 전달하고 교구 비품들의 도색작업 과 울타리를 수리해 주었다고 한다.

87) ≪로동신문≫ 2003년 9월 5일.

88) 집단주의적 노동의식의 이완은 최근 경제난이 가중되면서 급속하게 커지고 있 는 것으로 나타난다. 우선 총량적으로 볼 때 북한노동 자의 평균생산지수는 1989년을 100으로 놓을 경우 1998년도에 52.5로, 약 47.5% 감소된 것으로 관 찰되고 있다. 통일원, 『'99 북한개요』 참조.

89) 북한 원산농업대학 강사를 지낸 이우홍씨에 따르면, "노동자들은 무단결근을 하지 않는 대신에 작업장에 나와도 느릿느릿하고 얼빠진 사람들 같은 작업밖 에 하지 않는다"는 것이다. 조동호, "북한의 노동정책과 실태," 현대경제사회연 구원, 『북한경제의 오늘과 내일』 (서울: 현대경제사회연구원, 1996년), 158쪽.

90) 고등중학교를 졸업하고 직장을 새로 배치받은 청년들이 출근하지 않고 노동을 태만히 하자 작업반과 직장에서 간부를 파견하여 이에 대한 대책을 강구했다 한다. 『청년동맹』 1996년 8호.

91) 심지어는 최근에 '영웅 따라 배우기'를 각종 학교로까지 파급시켜서 영웅 중학 교 칭호를 주고 있다. 가령 해주시 사미제1중학교도 그 중의 하나이다. 이 학교 는 6명의 공화국 영웅과 6명의 노력 영웅을 배출했다고 한다. ≪조선중앙통신≫ 2003년 9월 10일.

<참고문헌>

1. 북한문헌

『정치사전』(평양: 사회과학출판사, 1973)

『조선중앙연감』1980년

『청년동맹』1996년 8호.

『우리나라 사회주의 건설에서의 천리마작업반운동』(평양: 조선로동당출판사, 1961)

김동익, "일반적지도와 개별적지도를 결합시키는 것은 우리 당의 혁명적 사업방법,"『근로자』1970년 7호.

김명순, "친애하는 지도자 김정일 동지의 현명한 령도 밑에 진행되는 숨은 영웅들의 모범을 따라배우는 운동," 과학백과사전종합출판사편, 『력사과학론문집』16호, 1991

김일성, "사회주의농촌건설에서 이룩한 위대한 성과를 더욱 공고발전시키자,"『근로자』1974년 1호

마형옥, "우리는 갈에서 섬유를 뽑을 수 있다는 것을 의심하지 않습니다,"『인테리들을 한 품에 안으시여』(평양: 인문과학사, 1973)

심재성, "사람과의 사업을 잘하는 것은 천리마작업반운동의 심화발전을 위한 가장 중요한 과업,"『근로자』1969년 제5호

총련중앙선전부編, 『선동원들에게 주는 참고자료』(동경: 선동원사, 1963)

≪로동신문≫ 1959년 8월 30일, 2001년 1월 4일·2월 7일·10월 22일, 2002년 1월 17일·3월 25일·3월 28일·6월 10일, 2003년 1월 17일·9월 5일·11월 5일

≪조선신보≫ 2002년 3월 15일

≪조선중앙TV≫ 2001년 3월 12일, 2002년 3월 18일·7월 7일

≪조선중앙통신≫ 2003년 9월 10일

≪평양방송≫ 2002년 4월 4일

2. 남한문헌

I. 월러스틴, 『자유주의 이후』(서울: 당대, 1996)

기 드보르(Guy Debord), 『스펙타클의 사회』(서울: 현실문화연구, 1996)

김재용, 『북한 문학의 역사적 이해』(서울: 문학과지성사, 1994)

러시아 외무성 공문서관, fond 0102, opis 3, papka 6, delo 23

마르셀 모스 지음, 류정아 옮김, 『증여론』(서울: 한길사, 2002),
金春明·席宣 지음, 이정남외 옮김, 『문화대혁명사』(서울: 나무와숲, 2000)
이승우, "스펙타클 정치에 대한 도전," 서울대학교 정치학과 석사학위논문, 2005년
임영태, 『북한 50년사(2)』(서울: 들녘, 1999)
조동호, "북한의 노동정책과 실태," 현대경제사회연구원, 『북한경제의 오늘과 내일』
　　　(서울: 현대경제사회연구원, 1996)
차문석, "한국전쟁 시기 북한의 전시 생산체제"『통일문제연구』2003년 상반기호
＿＿＿, 『반노동의 유토피아』(서울: 박종철출판사, 2001)
＿＿＿, "레이펑, 길확실: 마오쩌둥, 김일성체제가 만들어낸 영웅,"『대중독재의 영
　　　웅만들기』(서울: 휴머니스트, 2005)
黃樹民 지음, 양영균 옮김, 『린마을이야기: 어느 공산당 간부의 눈을 통해 본 한
　　　중국 마을의 변화』(서울: 이산, 2003),

3. 외국문헌

Kenneth Jowitt, "An Organizational Approach to the Study of Political Culture in
　　　Marxist-Lenist System," *American Political Science Review*, LXVIII, 3 (September
　　　1974)
ゆにちか社史 編集委員會編, 『ゆにちか百年史』(大阪: 同社, 1991)
鎌田正二, 『北鮮の日本人苦難記: 日窒興南工場の最後』(東京: 時事通信社,
　　　1980)
森田芳夫, 『朝鮮終戰の記錄: 美蘇兩軍の進駐と日本人の引揚』(東京: 嚴南
　　　堂書店, 1980)
森田芳夫·長田かな子編, 『朝鮮終戰の記錄: 資料編』, 第1-3卷 (東京: 嚴南
　　　堂書店, 1980)
松木善信編, 『平和への遺言』, 北朝鮮地域同胞援護會(淸津會), 1995年
鈴木音吉, "9年間の興南生活斷片(その二),"『日本窒素史への証言』, 編集委
　　　員會編, 第29集, 1986年

북한의 종교

김 병 로

1. 문제제기

2003년 3월 1일, 60명의 북한 종교인이 분단이후 처음으로 서울을 방문했다. 3·1운동 84주년에 즈음하여 서울에서 열린 <평화와 통일을 위한 3·1민족대회>에 참가하기 위해서였다. 북한의 그리스도교연맹, 불교도연맹, 카톨릭협회, 천도교중앙지도위원회에서 북한의 기독교, 불교, 천주교, 천도교를 대표하여 각각 15명씩 선발되어 서울에 온 것이다. 서울을 방문한 북측 종교인들은 소망교회, 봉은사, 명동성당, 천도교대교당에서 개신교, 불교, 천주교, 천도교 등 남측의 각 종단이 집전하는 종교 행사에 참석해 함께 예배를 드리고 민족의 화해와 한반도의 평화, 통일, 그리고 지속적인 종교교류를 기원했다. 북측의 각 종교 대표단은 한결같이 "한반도의 전쟁을 막고 평화를 고수하는 것이 민족 최대의 과제"라고 역설하고 "외세와 전쟁을 반대하고 평화를 수호하기 위해 6·15공동선언을 따라 민족이 힘을 합쳐 자주통일을 앞당기자"고 호소하였다.

분단 60년 동안 북한의 종교는 양적, 질적 측면에서 상당한 변화를 겪었다. 해방당시에 북쪽에서 왕성하게 성장하던 불교, 기독교, 천도교 등 각 종교는 거의 유명무실해졌으며, 대부분의 북한사람들은 종교에 대해 정확히 인식하지 못하고 있으며 관심을 가질 기회조차 주어지지 않는 형편에 처하게 되었다. 그러나 탈냉전 이후 지난 16년 동안 북한종교는 이전과는 다른 양상으로 변모했다. 특히 식량난으로 인해 종교활동이 조금씩 활발해졌고, 종교활동의 공간도 확대되고 있다는 사실은 주목해볼 만한 현상이다. 과거 종교인들 가운데 신앙생활에 대한 관심을 갖는 사람이 생겨났을 뿐만 아니라, 식량을 구하기 위해 중국으로 건너간 탈북자들이 생존을 위해 기독교, 불교 등 종교단체의 지원을 제공받는 과정에서 신앙을 갖게 되는 경우도 발생했다. 조중국경 월경자들의 왕래가 잦은 상황에서는 북한 내 종교활동의 공간이 넓어질 가능성은 그만큼 커질 것만은 분명하다.

최근 수년간 북한에서 종교활동과 관련한 가혹한 처벌과 공개처형이 이루어지고 있다는 보도들은 북한내 종교활동의 공간이 확대되고 있다는 사실을 반영한다. 국제사면위원회(AI)나 남한 NGO 단체인 '좋은 벗들'의 발표에 따르면 기독교도에 대한 처형을 끊임없이 실시하고 있으며, 북한 내에 수천 명의 기독교인들이 강제노동수용소에 수용돼 고문과 굶주림, 사형 위협에 처해있는 것으로 전해지고 있다.

이러한 상황 속에서도 북한은 남한의 여러 종단으로부터 경제적 지원을 얻어내기 위해 종교계를 전면에 내세워 종교활동을 적극적으로 시도하고 있다. 북한은 각 종교를 민족주의 통일전선 형성의 전위조직으로 활용하면서 인도주의 지원을 확보하고자 노력하고 있다. 북한의 대남 종교활동은 다른 어떤 분야보다도 꾸준히 진행되어 왔으며 남북관계가 경색된 시기에도 해외거주 종교인들의 만남을 통해 지속적으로 전개되었다. 특히 인도주의적 대북지원이 남한의 종교계를 중심으로 실시되면서 남북간의 종교접촉이 활발해졌다. 북한에 대한 남한의 인도주의적 대북지원활동은 인간의 도덕성과 인도주의를 강조하는 종교계의 적극적인 북한수해 지원활동과 맞물리면서 많은 종교접촉이 이루어졌다. 북한의 이러한 상황변화에 따라 기독교, 카톨릭, 불교, 천도교 등 각 종교의 활동공간이 점차 확대되고 있다.

북한의 이러한 활발한 대외 종교활동에도 불구하고 북한 내의 종교활동이나 종교의 자유에 대한 외부의 시각은 전반적으로 매우 회의적이다. 근래 들어서는 인권문제 차원에서 북한의 종교에 대한 관심은 국제적으로 대단히 높아지고 있다. 미국의 국제종교자유위원회(USCIRF)는 2000년부터 해마다 종교자유실태에 관한 연례보고서를 발표하고 있는데, 2003년 12월 발표한 연례보고서에서 "북한에는 종교적 자유가 존재하지 않으며 정부가 종교적 활동을 조금이라도 허용한다면 그것은 외국인 방문객을 위해 하는 게 틀림없다"며 북한을 세계 최악의 종교자유국으로 지목하였다.

지금까지 탈북자들의 종교활동이나 북한 종교단체의 적극적인 활동을 통해 북한종교의 실상을 개략적으로나마 파악하였고, 북한체제의 특수성과 종교의 존재양식에 대해서 상당한 이해를 한 것으로 보인다. 그럼에도 불구하고 북한종교의 현황이나 실태는 구체적으로 파악되지 않고 있다. 종교인들의 규모는 실제로 어느 정도인지, 종교인들은 정부와 어떤 관계 속에서 종교활동을 하고 있는지, 밖으로 드러나지 않은 비밀신자들은 과연 얼마나 존재하는지 등에 관한 사실은 여전히 베일에 가려져 있다.

대북지원이든 민족주의 통일전선 구축 차원이든 북한은 종교인들에 대한 대남접촉을 적극적으로 추진하고 있는 바, 이에 대비하기 위해 무엇보다도 북한 종교의 현황과 실태에 대한 구체적인 자료확보의 필요성이 대단히 커지고 있다. 정상회담 이후 새롭게 전개되고 있는 남북화해 협력의 기반을 다지고 평화공존의 초석을 놓는데 종교분야의 적극적인 참여는 적극 요청되고 있다. 이러한 시기에 북한의 전반적인 종교현황과 각 종교별 종교활동 현황에 대해 심층적으로 연구하는 작업은 시급한 과제이다.

이런 점에서 이 장에서는 탈냉전 이후 달라진 북한의 종교정책과 식량난 이후 변화된 북한의 종교지형을 살펴보고 북한의 종교실태를 구체적으로 파악해 보고자 한다. 북한종교실태에 관한 본 연구는 소위 주체사상의 신앙으로 일색화되어 있는 북한사회에 불교, 기독교, 천주교 등 보편종교의 영역을 확대 가능성을 진단해 볼 수 있는 중요한 자료가 될 것이다. 또한 인도주의적 대북지원 과정에 종교단체가 활발히 참여하고 있는 현 시점에서 북한종교의 변화실태를 파악함으로써 이를 바탕으로 효율적인 민간 대북지원정책을 수립할 수 있을 것이다.

2. 북한종교의 변천 과정

1) 냉전시기 북한종교의 역사

(1) 종교의 배척: 해방에서 한국전쟁 이전까지

해방 당시 북한에는 상당한 종교인구가 성장하고 있었다. 해방 이전 북한에는 개신교, 천주교 등 서방종교가 남한보다 먼저 전래되었고, 불교, 천도교 등 전통종교도 교세가 성하여 주민들의 의식과 생활 속에 종교의 영향이 깊숙이 미치고 있었다. 북한의 공식통계로 보더라도 천도교도 약 150만명, 불교도 약 37만 5천명, 개신교도 약 20만명, 천주교도 약 5만 7천명으로 약 200만여 명의 종교인이 있었다.[1] 당시 북한인구(916만명)를 기준으로 볼 때, 종교인은 북한 전체인구의 22.2% 수준이었다. 그러나 실제의 종교인구는 북한의 공식통계보다 훨씬 많았을 것으로 평가된다.[2]

1945년 분단이후 북한지역에 들어선 사회주의 정권은 종교를 '인민의 아편'으로 규정하여 종교활동을 적대시하였으나, 북한은 한국전쟁을 겪기 전까지 종교의 자유를 현실적으로 완전히 억제할 수 없었다. 광범위하게 지지를 받는 민족주의 세력과 연합전선을 형성하기 위해 영향력 있는 종교집단과의 연대 필요성 때문에 '조선기독교도연맹'(46.11)과 '조선불교도연맹'(46.11) 등 국가차원의 종교조직을 결성하고 기존의 민간종교조직을 흡수하고자 하였다. 상대적으로 천도교와 불교는 하층 농민에까지 깊게 뿌리를 내리고 있어 북한은 천도교와 불교에 대해서는 비교적 온화정책을 취하였다.

당시 종교인들은 인구의 다수를 차지하지는 못했지만 북한 내 조직화된 집단 중에서 영향력 있는 사회세력이었고 지식층의 집결지이기도 했다. 해방 직후 일제의 어용조직이 급속도로 해체되거나 무력화되고 아직 새로운 대중조직들이 건설되지 못했던 상황에서 종교세력들은 단순한 수치 이상의 사회적 영향력을 가진 집단이었다.[3] 특히 천도교와 서북지역에서 급성장한 기독교 세력은 북한 사회주의 정권을 위협하는 중요한 종교세력으로 존재하였다.

이 시기 종교인들은 사회주의 혁명과 통일국가 건설에 적극 참여하도록 강요되었다. 당시 "조선의 하늘을 믿으라"는 표현에서 단적으로 나타나듯이 종교활동은 외세로부터 차단되어야 하고 민족자주성 위에 전개되야 한다는 점이 강조되었다. 북한은 반제반봉건 과제의 해결을 위해 통일전선에 참여할 것과 제국주의적 요소를 청산할 것, 혁명과 건설에 지장을 주지 않는 범위 내에서 종교활동을 수행할 것, 자주적인 신앙 및 신학형태를 창출하고 발전시킬 것 등을 종교인들에게 요구하였다. 당시 북한사회에서 가장 강력한 민족주의 세력으로 드러났던 종교인들을 포섭하여 통일전선을 구축함으로써 가능한 선까지 이들을 이용하고자 했다. 그와 동시에 계급정책을 실시한다는 명목 하에 민주개혁을 강행함으로써 종교의 사회적 기반을 박탈하고자 시도했다. 그리고 나아가 유물론적 세계관에 입각한 계급의식을 주입하기 위하여 반종교 투쟁을 전개함으로써 점차 종교활동을 매몰시켜 갔다.[4]

(2) 종교억압과 반종교선전: 한국전쟁부터 1972년까지

한국전쟁을 계기로 북한의 종교정책은 완전히 달라졌다. 전쟁으로 극심한 물적, 인적 피해를 당한 결과 전쟁 이후 미국에 대한 적개심이 높아지면서 미국과 연관되는 기독교에 대한 사회적 인상이 대단히 부정적으로 바뀌게 되었다.[5] 미군의 무차별적 공습과 반공 종교인들의 행태는 기독교에 대해 미국의 종교이고 그 앞잡이라는 인상을 일반 주민들에게 남겼고 결과적으로 북한 정부에게 탄압의 강력한 근거를 제공하였다.

전쟁 이후 전후 복구와 사회주의적 집단화의 과정을 거치면서 김일성은 자신의 유일지배체제를 굳히게 되었다. 전쟁이후 농업협동화로 생산관계의 사회주의적 개조와 노동당내 권력투쟁을 일단락 지은 북한 지도층은 사회주의 사회의 경제적 기초를 다지기 위한 방편으로 주민들을 광범하게 동원하는데 필요한 성분조사 사업을 전개하였다. 1958년 5월 노동당중앙위원회 상무위원회는 「반혁명분자와의 투쟁을 전군중적으로 전개하데 대하여」라는 결정을 채택하고 2년 동안 '중앙당 집중지도사업'을 실시하였다. 1958년 8월부터 <인텔리개조운동>을 전개하여 구인텔리들의 보수주의와 소극성을 청산하고자 하였다. 주민성분조사를 통해 '종교인과 그 가족'이 반혁명적 요소로 구분되어 감시의 대상이 되었다. 주민재등록사업시 51부류로 분류하면서 기독교인을 구체적으로 구분하여 관리하였다. 이 때 파악된 종교인과 그 가족의 숫자는 약

10만 가구 45만 명으로 집계되고 있다고 한다.6) 이러한 사업의 결과 약 40만 명의 종교인 가족들은 처형되거나 정치범수용소에 수감된 것으로 추측된다. 그리고 숙청의 대상에서 살아남은 종교인 2세대 혹은 3세대들은 정부의 감시 속에 '반동분자'인 종교인 가족으로 분류, 관리되고 있다.

종교에 대한 북한당국의 박해는 종교에 대한 일반주민들의 부정적이고 적대적인 인식에 기초하여 더욱 탄력을 얻은 것으로 보인다.7) 전쟁의 혹독한 경험으로 많은 사람들이 반미 · 반제적 성향과 반기독교적 정서를 갖게되었다. 이 시기에 종교에 대한 탄압, 특히 기독교에 대한 탄압은 절정에 이르렀으며, 북한정권은 반종교에 대한 집중적인 사상투쟁을 전개하였다.8) 반종교 활동이 정당, 직장, 학교, 근로단체 등 공공기관을 통해 공적으로 행해졌으며, 1960년 경에 이르러서는 북한지역에서는 어떤 종류의 예배의식이나 종교모임도 발견할 수 없게 되었다.

전쟁 이후 1960년대까지 북한의 종교탄압 역사에 대해서는 지속적인 연구가 필요하다. 북한당국에 의해 구체적으로 어떤 박해를 받았는지에 대해서는 향후 체계적인 조사가 이루어져야 한다. 지금까지 면담한 탈북자들의 증언에 의하면, 상당수의 과거 기독교인들 가운데 많은 사람들이 여전히 통제구역에 거주하고 있는 것으로 보인다. 1991년 5월 북한 종교대표단을 이끌고 미국을 방문한 한시해 대사는 북한당국의 종교탄압의 과거에 대해 솔직하게 밝힌 바 있다. 그는 "북한당국이 과거 기독교에 대해 잘못 이해함으로써 많은 기독교인들이 고통을 겪었다"고 밝히며 유감을 표시하였다. 비록 종교탄압의 과거를 구체적으로 거론하지는 않았지만, 적어도 신종교정책이 시행되기 전까지 종교인들에 대한 탄압이 가해졌다는 사실을 공개적으로 시인했다는 점에서 의미 있는 발언이었다.

  (3) 제도종교의 허용: 1972년부터 1988년까지

  공식적으로 잠적했던 북한의 종교활동은 1972년에 남북대화가 시작되면서 다시 재개되었다. 7·4남북공동성명이 발표되고 남북회담과 상호방문이 실시된 즈음 북한은 그간 유명무실한 단체에 불과하였던 이른바「조선기독교도연맹」,「조선불교도연맹」,「조선천도교회 중앙지도위원회」등의 활동을 시작했다. 이러한 변화의 배경에는 남한기독교인들의 진보적인 반정부 투쟁과 연대하기 위한 통일전선전략이 내포되어 있었다. 장준하, 함석헌, 문익환 등 남한의 반체제 종교인들의 소식은 기독교가 인민의 아편이며 미제국주의의 첨병이라는 북한의 종교에 대한 통념과는 전혀 다른 것이었다. 때문에 북한은 남한 종교인과 통일전선을 형성할 목적으로 종교단체의 활동을 재개하였던 것이다.

  이 시기 북한의 종교활동은 철저히 국가의 통제하에 이루어졌다. 이는 1972년의 헌법에 '반종교선전의 자유'를 명기한데서 명확히 드러난다. 반종교 선전이란 사회주의 국가에서 종교활동을 억제하기 위해 일반적으로 취하는 정책으로 선교활동이나 포교활동을 합법적으로 금지하기 위한 종교억압정책이다. 북한이 1972년에 이르러 헌법에 반종교선전의 자유를 삽입했다는 사실은 종교에 대한 국가의 통제력이 한층 강화됨으로써 종교억압정책을 법적으로 뒷받침했음을 증명한다.

  이러한 국가주도적 종교활성화 정책에 근거하여 주체사상과 사회주의 체제를 인정하면서 동시에 기독교 신앙을 소유하는 소위 공식종교 내지 체제협력적 종교가 태동했다. 북한은 조선기독교도연맹 조직을 강화하고 가입 신자 수를 늘렸으며 종교지도자들의 해외활동도 활발히 전개했다. 1972년 평양신학원을 재건하고 1983년에는 성경과 찬송가를 편찬하는 등 주목할만한 사업을 추진했다. 특히 신학교의 재건은 그 동안 북한 사회주의 건설에 적극적으로 참여한 국가 부주석 강량욱 목사 등 체제협력적인 종교인들의 활동이 큰 영향을 미쳤다. 자체 신학교 설립를 통해서 체제협력적인 기독교가 자체 내에서 재생산 될 수 있는 가능성의 기반을 마련한 것이다.

조선그리스도교연맹과 조선불교도연맹을 비롯한 종교단체는 미중데탕트 무드가 조성된 국제정세 속에서 활발한 대남, 대외활동을 전개했다. 조선그리스도교연맹의 강양욱목사는 1972.9 남북한 그리스도인 직접접촉을 제안하였고, 조그련은 조불련과 함께 남한내 민주화 사건과 관련한 비난성명과 호소문을 발표하는 등 대남활동을 적극적으로 전개하였다. 특히 조그련은 1975년 1월 인도 고타얌에서 열린 ACPC총회와 1976년 11월 체코의 부르노에서 개최된 WCPC 정치·경제토론회에 참여하는 등 활발한 국제적 연대활동을 벌였다.

이 시기 반종교선전의 특징은 기존의 반종교, 반미 선전으로부터 통일전선에의 적극적 참여를 계몽하고 설득하는 쪽으로 방향을 전환했다는 점이다. 1976년 당이론가 허종호는 1960년대까지만 해도 빠져있던 종교인들을 혁명의 보조역량에 포함시키고 종교인들과 통일전선사업을 진전시키기 위한 세심한 배려를 한다. 그는 남조선의 "상층종교계 인사들 가운데는 하층 신도들과 함께 현 군사파쇼 통치를 반대하여 싸우고 있는 사람들이 적지 않은 것"으로 보고 "현 시기 남조선에서 종교인들과의 통일전선은 반파쇼민주화의 정치적 목표를 그 기초로 한다"고 말한다.9)

(4) 공식종교의 인정: 1988년 이후

북한의 종교정책은 1988년을 고비로 전면적으로 바뀌게 된다. 1980년대 들어서 북한은 서방세계로부터 북한에 종교의 자유가 없다는 거센 비난에 부닥쳤고, 외부의 지탄으로부터 벗어나기 위한 묘책을 필요로 했다. 북한은 종교인들을 해외에 순방시키거나 국제종교회의에 참석시켜 북한에도 종교가 있음을 홍보하였으며 반종교정책을 완화하기 시작했다. 또한 성경번역을 비롯하여 불교경전의 해제집을 출간하고 국내외 종교인의 방북을 허용하는 일련의 조치를 취하였다.

특히 1981년부터 해외 한인 종교인들과 교류를 진행하는 과정에서 북한은 외부세계를 깜짝 놀라게 할 만한 정책을 내놓았다. 그것은 바로 평양에 교회와 성당을 세우고 사찰을 복원하는 일이었다. 주체사상이 종교처럼 되어 있는 북한 땅에 교회와 성당이 들어서고 사찰이 복원되는 것은 상상하기 어려운 일이었다. 그렇게만 된다면 북한은 서방세계 사람들 어느 누구도 북한에 종교의 자유가 없다는 비난을 하지 않을 것으로 생각했을 것이다. 그리고 1988년 9월 북한은 평양에 봉수교회와 장충성당을 건축함으로써 대외적으로 북한에 기독교회가 있음을 과시하였다. 뿐만 아니라, 1989년에는 김일성종합대학에 종교학과를 신설하고 매년 20명씩 선발하여 기독교, 천주교, 이슬람교, 불교, 유교 등 세계 5대종교 강의를 시작했다. 또 같은 해 조선그리스도교연맹과는 별도로 조선카톨릭협회(당시 조선천주교인협회)를 발족시키고, 평양에 새로 지어진 장충성당에서 처음으로 예배를 드리게 되었다.

불교계도 1986년 제15차 세계불교도우의회(WFB)에 정식으로 가입했으며, 1988년에는 부처님 오신날 등의 중요 절기 기념행사를 공개적으로 개최하기 시작했고, 보현사에 보관중인 팔만대장경의 번역이 완료되었음을 발표했다. 또 1989년 1월에는 처음으로 불교의 성도절 기념법회를 전국 사찰에서 갖기도 했다. 1988년을 기점으로 공인된 종교적 성소, 곧 교회와 성당, 그리고 사찰에서 종교고유의 의식을 공식적으로 드릴 수 있게 된 것이다. 비록 현재 두 개의 교회와 하나의 성당, 60곳의 사찰뿐이지만, 각각 전통적인 종교신조를 의식으로 표현할 수 있는 공인을 얻었다는 것은 획기적인 일이 아닐 수 없다.

2) 전환기 북한의 신종교정책

(1) 국제정세와 남북관계 변화에 대한 대응

북한은 1988년 이후 이러한 신종교정책을 추진하게 된 이유로 1986년에 김정일 위원장이 '김일성 교시'를 내세워 종교를 긍정적으로 재해석할 것을 지시한 내용을 들고 있다. 황장엽 전노동당 비서와 함께 주체사상 이론가로 활동하다 황장엽 망명 이후 행방불명된 평양 주체사상연구소의 박승덕 박사는 종교에 대한 새로운 해석이 김정일의 지시에 의한 것으로 밝히고 있다.[10]

그러나 북한이 신종교정책을 추진할 수밖에 없었던 데는 80년대 해외 진보적 종교인들의 영향이 컸던 것으로 보인다. 해외의 진보적 한인 종교인들은 김일성 주석을 직접 대면할 수 있는 기회를 가졌고, 그 때마다 종교에 대해, 특히 기독교에 대해 과거와는 달리 긍정적 시각에서 바라보도록 권유하였다고 한다. 김일성 자신도 기독교 집안 출신으로 기독교 인사들과 친밀한 인간관계를 유지하고 있었기 때문에 신앙적 차원이 아닌 인간관계의 차원에서 종교에 대한 가시적 정책변화를 모색하게 되었다.[11]

그런데 북한 조그련 관계자의 설명에 따르면 북한이 특히 기독교에 대해 1988년 교회건축을 허용하게 된 배경에는 아직까지 밝혀지지 않은 내부사정이 있었다고 한다. 1989년 세계청년학생축전을 준비하기 위해 대규모 아파트단지를 조성하는 과정에서 인구집중으로 인한 문제가 생겨났다는 것이다. 그 가운데서 특히 한국전쟁 이후 명맥을 유지해온 신앙인들의 가족들에 대한 문제를 처리해야 했다. 즉 기존에 개별적으로 흩어져 있던 신앙인 가족들이 한 곳으로 집중될 가능성이 높아져 교회건축을 통해 대규모 아파트 단지로 집중될 잠재적 신자들을 흡수함으로써 종교인을 통제해야 할 내부 필요성이 제기되었다는 것이다.

북한 종교정책의 변화를 가져온 또 다른 배경으로 1985년 남북 이산가족 고향방문이 실시되는 과정에서 평양을 방문했던 이산가족들 가운데 고려호텔에서 예배를 드리는 장면이 목격된 데 영향을 받았다는 주장도 있다. 당시 50명의 방북 이산가족 가운데 상당수가 기독교인으로서 고려호텔에서 자체적으로 예배를 드린 것이다. 이러한 행동은 북한 당국에 큰 충격이 아닐 수 없었다. 남한의 일반 종교인들의 이러한 행동에 크게 자극을 받아 이에 대응하기 위한 새로운 종교정책의 필요성이 제기되었다고 한다.

이러한 정책변화와 함께 1988년 서울에서 개최된 올림픽은 북한의 지도자들과 일반주민들에게 종교에 대한 인식을 새롭게 하는 중요한 계기가 되었다. 올림픽의 공동 개최가 무산되자 그에 대한 대응으로서 북한은 1989년의 세계청년학생축전 개최를 준비하였는데, 이 세계적인 축전을 통해 북한을 선전하기 위해서는 종교에 있어서 어느 정도의 외형이 필요하다는 인식이 형성되었다.

또 이와 비슷한 시기에 문익환 목사와 천주교 신자인 임수경양, 그리고 문규현 신부의 방북사건 등이 발생하여 북한주민들에게 종교인들에 대한 이미지가 새롭게 각인되었다. 남한의 실정법을 위반하고 통일을 위해 북한을 방문한 이들의 마음가짐과 용기는 종교에 대해 부정적이고 적대적이던 북한 주민들에게 적지 않은 충격을 주었다. 이들의 행동은 기독교에 대해서 북한 당국과 주민들이 가지고 있던 기존의 상식을 뒤엎으면서 종교에 대한 새로운 관심을 자극하였다.

그러나 김일성 사망과 식량난 이후 종교활동의 '부정적 측면'이 심각하게 나타나 대내적인 종교활동의 통제를 강화하고 있다. 방북자들은 북한에서 종교활동이 김일성 시대에 훨씬 자유로웠으며 김일성이 사망한 다음에는 정책적으로 통제를 강화했다고 평하기도 한다. 김정일이 공식적으로 등장한 1998년 이후 종교활동에 대해 매우 민감하게 반응하고 있는 것도 이런 맥락에서 해석될 수 있다. 이러한 변화 가운데 하나는 바로 일부 종교단체의 명칭을 외래어로 변경하여 국내 포교를 억제하고자 시도한 것이다. 즉 조선기독교도연맹을 조선그리스도교연맹(99.2)으로, 조선천주교인협회를 조선카톨릭협회(99.6)로 각각 개칭함으로써 주민들에게 '외래종교'라는 인식을 주입하고자 하였다. 이러한 시도는 기독교와 천주교에 대해 민족종교로 접근하려는 입장을 차단하고 외래종교의 이미지를 부각시켜 포교를 억제하려는 김정일 정권의 정책 의도를 읽을 수 있다

(2) 법제도의 변화

북한은 1992년 4월 개최된 최고인민회의에서 헌법을 개정하는 가운데 종교관련 조항을 획기적으로 손질함으로써 신종교정책을 제도화하였다. 92년 개정헌법에서는 '반종교 선전의 자유'란 문구를 삭제하고 그 대신 "종교건물을 짓거나 종교의식 같은 것을 허용"하는 것으로 종교의 자유를 구체화하여 종교활동의 자유를 부분적으로 인정하였다. 이러한 변화는 이미 종교건물이 세워졌고 종교의식이 거행되고 있는 현실을 반영한 것으로, 북한은 이를 통해 북한이 종교를 박해하고 있다는 국제적 비난을 피할 수 있는 근거를 마련한 것으로 볼 수 있다. 그러나 "반종교 선전의 자유"부분을 삭제하였음에도 불구하고 외세를 끌어들이거나 국가사회질서를 헤치는데 이용할 수 없다는 단서를 달아 정치적 판단에 따라 종교의 자유를 제한할 수 있음을 명시하고 있다. 헌법상의 규정은 종교의 자유를 인정한 것 같으면서도 사회주의 체제 유지범위 내에서만 종교의 자유가 허용된다는 것을 나타낸다.

그럼에도 불구하고 이와 같은 헌법상의 규정은 종래에 지녀왔던 북한의 종교정책이 이전에 비해 유연하게 변화하고 있다는 것을 단적으로 나타내 주고 있다. 뿐만 아니라, 1998년 개정헌법에서는 "(누구든지) 종

교를 외세를 끌어들이거나 국가사회질서를 해치는데 리용할 수 없다”는 구절 가운데, ‘누구든지’라는 문구를 삭제함으로써 종교활동에 대한 통제를 완화하였다.

<표 1> 북한 헌법의 종교 관련 조항 변화

제정 및 개정 시기	종교 관련 조항
조선민주주의인민공화국 　 헌법 (48.9.9)	공민은 신앙 및 종교의식거행의 자유를 가진다. (제2장 14조)
조선민주주의인민공화국 사회주의 헌법(최고인민회의 제5기 제1차 회의에서 채택, 72.12.27)	공민은 신앙의 자유와 반종교 선전의 자유를 가진다.(제4장 54조)
조선민주주의인민공화국 사회주의 헌법(최고인민회의 제9기 제3차 회의에서 수정, 92.4.9)	공민은 신앙의 자유를 가진다. 이 권리는 종교건물을 짓거나 종교의식 같은 것을 허용하는 것으로 보장된다. 누구든지 종교를, 외세를 끌어들이거나 국가 사회 질서를 해치는데 리용할 수 없다. (제5장 68조)
조선민주주의인민공화국 사회주의헌법(최고인민회의 제10기 제1차 회의에서 수정 보충, 98.9.5)	공민은 신앙의 자유를 가진다. 이 권리는 종교건물을 짓거나 종교의식 같은 것을 허용하는 것으로 보장된다. 누구든지 종교를, 외세를 끌어들이거나 국가 사회 질서를 해치는데 리용할 수 없다.(‘누구든지’라는 말만 삭제됨) (제5장 68조)

1992년 4월에 발간된 『조선말대사전』에는 종전의 『조선말사전』(1981년 발행)이나 『철학사전』(1985년 발행)과는 달리 종교에 대한 이러한 새로운 해석이 대폭 반영되어 나타난다. 종교에 대해 “억압, 착취하는 도구”, “제국주의자들이 뒤떨어진 나라들을 침략하는 사상적 도구”, “인민대중의 혁명의식을 마비시키고 착취와 억압에 무조건 굴종하는 무저항주의를 고취하는 아편” 등의 부정적 평가를 삭제하고, “신이나 하나님과 같은 거룩한 존재를 믿고 따르며”, “원시종교로부터 시작하여 불교, 기독교, 회교 등 수많은 종교와 크고 작은 류파들이 있다”는 등 보다 긍정적인 표현법으로 설명한다.

불교에 대해서 이전에는 반동적이며 노예적 굴종사상과 무저항주의를 설교하여 인민대중의 계급의식과 투쟁의식을 마비시킨다고 비판했으나, 그러한 부정적 설명과 비판을 모두 삭제하고 "동방에 퍼져있는 세계 3대종교의 하나"로 평이하게 설명하며 불교의 기원과 전파 및 중심사상을 상세히 설명하고 있다. 기독교에 대해서도 기존에 "제국주의자들의 침략도구로 이용되었고 남한에서 미제의 침략정책을 수행하고 있다"는 등으로 기술하였으나, 그러한 비난이 삭제되고 사실적인 설명을 하고 있다. 유교에 대해서는 봉건유교사상과 유교를 구분하지 않고 모두 보수적이며 반동적이고 봉건통치체제를 위해 이용된 사상 혹은 교리라는 비판적 평가를 가하던 것과 달리 어떤 부정적 표현도 배제한 채 "중국 봉건사회에서 오랜 기간에 걸쳐 존속한 정치·륜리 학설"로 개념규정을 하고 유교의 역사적 전개과정에 대해서 자세히 설명하고 있다.

<표 2> 『조선말대사전』의 종교관계 용어설명

용어	1982년판	1992년도판
종교	신, 하느님 등과 같은 자연과 사람을 지배하는 그 어떤 초자연적이고 초인간적인 존재나 힘이 있다고 하면서 그것을 맹목적으로 믿고 그에 의지해서 살게 하며 이른바 저승에서 '행복한' 생활을 꿈꿀 것을 설교하는 반동적인 세계관 또는 그러한 조직… 종교는 인민대중의 혁명의식을 마비시키고 착취와 억압에 무조건 굴종하는 무저항주의를 고취하는 아편이다	사회적 인간의 지향과 렴원을 환상적으로 반영하여 신성시하며 받들어 모시는 초자연적이고 초인간적인 존재에 대한 절대적인 신앙 또는 그 믿음을 설교하는 교리에 기초하고 있는 세계관.
불교	… 불교의 반동성은 사람들에게 불행으로부터 벗어나기 위하여서는 압박자들을 반대하여 투쟁할 대신 운명에 순종하여야 한다고 하며 죽어서는 '극락세계'로 가기 위하여서는 현실세계에서의 모든 고통을 참고 견디여야 한다는 노예적인 굴종사상과 무저항주의를 설교하는데 있다. … 불교는 봉건시기 우리나라에도 들어와 봉건지배계급의 사상적 지배도구로 리용되면서 인민대중의	동방에 퍼져있는 세계 3대종교의 하나. 불타(부처) 석가모니의 교리를 따르며 그를 교주로 숭상한다. … '불타'(석가)는 범어로 "진리를 깨달은 자" 또는 "슬기있는 자"라는 뜻이다. "인간을 고뇌에서 해방"하며 자비심을 베푸는 것을 리념으로 하고 속세를 떠나 도를 잘 닦으면 "극락세계"에 이른다고 설교한다.

	계급의식과 투쟁의식을 마비시키고 우리 나라의 문화와 과학발전에 막대한 해독을 끼쳤다.	
예수교 (기독교)	기원 1세기에 중근동지역에서 발생한 예수를 믿는 종교. 낡은 사회의 사회적 불평등과 착취를 가리우고 합리화하며 허황한 "천당"을 미끼로 하여 지배계급에게 순종할 것을 인민들에게 설교한다.	예수 그리스도를 교주로 숭상하며 그 교리를 신조로 하는 종교. 기원1세기에 로마제국의 관할 밑에 있었던 중근동에서 생겨나 널리 퍼진 세계적인 종교이다.
신부	종교교리를 전문적으로 선전하는 직책 또는 그 직책에 있는 자. 미제는 신부들을 여러 나라에 파견하여 착취와 략탈, 침략과 억압을 정당화하는데 리용하고 있다	교리를 전문적으로 선전하는 교직 또는 그 지위에 있는 사람. 교구의 말단 조직의 책임자이다
유교	기원전 6세기경 중국에서 발생하였으며 봉건적 륜리도덕을 중심내용으로 한 사회정치적 및 종교적 학설. 근로인민들에게 노예적 굴종사상을 불어넣고 봉건통치배들의 리익을 옹호하는데 복무하여온 반동적이고 관념론적인 교리이다.	중국 봉건사회에서 오랜 기간에 걸쳐 존속된 정치 · 륜리학설. 창시자는 공자이며 유교의 경전은 '4서3경'이다...중국 한나라의 무제 때 공자의 학설이 종교화되고 송대에 와서 유교의 체계가 더욱 완성되었다.
천도교	봉건사회말기 우리나라에 발생한 종교의 하나. "사람이 곧 하늘이다"라는 것을 기본교리로 내세우고 "나라를 돕고 백성을 편하게 한다"는 표방 밑에 "지상에 천국을 건설한다"고 하면서 사회를 구원하는 길은 모든 사람들이 천도교를 믿고 자기를 수양하며 도덕적으로 완성해야 한다고 주장한다.	우리나라 종교의 하나인 "동학"을 갑오농민전쟁 이후 시기 고쳐 이름지은 것. 교조는 최제우다. "사람이 곧 한울"이라는 것을 기본교리로 내세우고 "보국안민"의 지향 밑에 "지상천국"을 건설할 것을 주장한다.
선교사	미제를 비롯한 제국주의자들이 예수교를 선전하고 보급한다는 명목으로 다른 나라에 파견하는 종교의 탈을 쓴 침략의 앞잡이	기독교를 보급 선전할 사명을 띠고 다른 나라에 파견되는 사람

박승덕에 따르면 주체사상은 종교가 객관적 세계를 왜곡하고 있다는 사실은 인정하지만 종교의 본질은 그것이 아니라고 본다, 주체사상은 종교를 사람중심으로 보기 때문에, 종교란 객관적 세계보다는 오히려 '인간의 본성적 요구', "압박과 착취, 예속과 불평등에서 벗어 나려는 사회적 인간의 요구와 리해관계를 반영해 나왔다"는 것이 그 본질을 더욱 잘 설명해 주는 것이라고 주장하다. 이러한 주장에 따르면 마르크스주의의 종교관은 종교를 사회적 인간의 본질적 속성인 자주성, 창조성, 의식성과 결부시키지 못하고 단지 인간생활의 객관적 조건 위주로 해석

하였다고 한다. 다시 말해 마르크스주의는 '객관적인 세계를 형상적으로 반영한 의식형태', '전도된 세계관', 왜곡된 착취사회의 피상적 반영을 종교의 본질로 파악하였다는 것이다.12)

이와 같은 내용을 종합하여 보면 북한은 적어도 공식적으로는 기존과 달리 거의 모든 종교와 종교교리·경전에 대해 빠짐없이 설명을 가하려고 노력한 흔적이 역력하며 종교자체에 대한 부정적 인식을 탈피하여 종교현상에 대한 객관적 서술에 충실하기 위해 변화하였음을 알 수 있다. 이러한 변화는 물론 주체사상의 틀 안에서 허용된 제한된 변화에 지나지 않으나, 앞으로 이러한 변화가 어느 정도의 순수한 종교활동의 공간을 확대시킬지 주목하지 않을 수 없다.

북한이 『조선말대사전』을 발간하면서 이처럼 과거와는 전혀 다른 입장에서 종교관련 용어들에 대해 객관적으로 서술한 것은 주목할 만한 변화가 아닐 수 없다. 또한 헌법을 수정하면서 종교의식을 거행하거나 종교시설을 세울 수 있음을 명시하고 오해받을만한 문구를 삭제하는 등의 태도를 보인 것도 획기적인 변화로 볼 수 있다. 이러한 변화는 물론 주체사상의 틀 안에서 허용된 제한된 변화에 지나지 않으나, 앞으로 이러한 변화가 어느 정도의 순수한 종교활동의 공간을 확대시킬지 주목하지 않을 수 없다.

3. 식량난 이후 북한의 종교지형

1) 식량난과 종교활동 증가

1990년대 중반이후 계속되었던 자연재해와 1980년 후반부터 악화된 북한경제의 쇠퇴는 심각한 식량위기를 초래하였다. 식량배급이 제대로 이루어지지 않는 곳에 거주하는 주민들은 최악의 식량위기를 보내고 있으며 총체적인 식량위기는 주민 계층간 경제적 불균형을 더욱 심화시키고 있다. 특히 북한 사회에서 뚜렷한 불평등 현상이 일어나면서 이전에 특권을 누렸던 산업노동자층이 가장 빈곤한 계층 중 하나로 전락, 노동자들의 삶의 질이 크게 저하되었다.

경제난과 식량난이 악화되면서 점占집이 성행하며 주민들 사이에 점을 보는 행위가 크게 늘어났다. 점을 보는 토속신앙 풍습이 확산되고 있다는 것은 갈수록 어려워지는 생활고와 점증하는 미래에 대한 불안 때문인 것으로 보인다. 북한주민들은 자녀가 아프거나 집안에 불상사가 있고 직장생활에서 곤경을 겪을 때 그 해결책을 미신에서 찾으려 하는 것이 만연되어 있고 당간부들의 경우가 더 극심하다고 한다. 탈북자들에 따르면 1995년까지 1개 시·군에 불과 30여명에 불과하던 점쟁이가 96년 이후에는 100여명으로까지 증가하고 있다고 한다. 특히 점쟁이들의 복채가 엄청나 궁합의 경우 100원이며 미래예언이나 묘자리의 경우 액수가 엄청나서 일반주민들의 평균소득을 몇 배나 상회할 정도라고 한다. 그래서 최근에는 가정주부들까지 가짜 점쟁이로 나서는 사례가 나타나고 있다고 한다.

탈북자를 대상으로 선교활동이 활발히 이루어지면서 북한 내에도 종교활동의 공간이 넓어지고 있다는 추측을 하게 한다. 국제사면위원회(AI)는 2002년 5월 28일, 기독교인을 비롯해 주민의 종교활동이 당국에 의해 심각하게 방해받고 있다는 보고가 끊이지 않고 있다고 밝혔다. AI에 의하면 수천명의 기독교인들이 강제노동수용소에 수용돼 고문과 굶주림, 사형 위협에 처해있는 것으로 우려된다. 독일 일간지 ≪프랑크푸르터 룬트샤우≫는 2002년 2월 22일, 북한에서 비밀리에 기독교를 전파하는 기독선교사들이 북한 당국에 붙잡힐 경우 가혹한 형벌과 공개처형을 당하고 있다고 보도했다.13) 이 신문은 중국 옌지延吉발 기사에서 탈북 주민을 돕기위해 옌벤延邊 국경지대에 설치된 한국 인권보호단체 '좋은 벗들'이 2001년 11월에만 적어도 3차례에 걸친 기독교도에 대한 처형이 자행됐다는 증거를 확보하고 있다고 전했다. 함경북도 창현리에 살다가 2001년 말 중국으로 탈출한 한 북한인 농부는 "우리가 살던 마을에서는 적어도 한 달에 한 번 공개처형이 이뤄졌으며 처형자중에는 기독교 전도사들이 포함돼 있었다"고 증언했다. 2001년 7월부터 조선족 집에 은신하고 있는 한 북한 여성은 공개처형이 있을 경우 모든 주민들은 의무적으로 동원돼 처형되는 자들을 비난하고 돌을 던져야 했다고 말했다.

탈북자들에 따르면 현재 북한에는 기독교 전파를 경고하는 현수막이 곳곳에 걸려 있어 북한 당국의 가혹한 탄압에도 불구하고 기독교 신자가 늘고 있음을 시사하고 있다. 북한에서 처형된 선교사들은 대부분 탈북자 출신이며 이들은 중국에서 기독교를 전도받고 북한 주민들에게 기독교를 전파하기 위해 다시 북한에 들어간 사람들이라고 옌벤 지역 교회 관계자들이 전했다. 중국으로 탈출한 북한인들은 대부분 교회로부터 도움을 받고 있으며 말씀선교를 지향하는 선교단체들은 탈북자들에게 적극적으로 기독교를 전파하고 있다.

이처럼 식량난을 계기로 주민들의 국내이동과 탈북자들의 국경이동이 늘어나면서 종교활동의 공간도 형성되고 있다. 국경을 왕래하는 탈북자들을 통해 북한에 종교가 새로운 이미지로 전달되며 종교에 관심을 갖는 사람들이 생겨나고 있다. 북한주민들은 손금을 보거나 물을 떠놓고 비는 행위도 생겨남은 물론 점을 보러 가는 모습도 발견된다. 이는 대다수의 북한주민들이 종교 없이 살고 있더라도 기본적인 종교욕구는 갖고 있는 한 단면이기도 하다고 할 수 있다. 북한에 종교인 가족들을 조직에 묶어두기 위한 매우 제한적인 관제적 종교활동만 허용되는 상황에서, 개인적인 종교활동의 공간이 형성되고 있다는 현상은 인간이 종교적 동물이라는 관점에서 주의 깊게 살펴보아야 할 부분이다.

2) 대북지원 확보를 위한 대외 종교활동

종교지형의 확대와 더불어 북한의 대외 종교교류와 협력활동은 1990년대 이후 활발하게 진행되고 있다. 북한은 특히 대미관계 개선을 겨냥하여 종교인들을 대미 외교활동에 활용하고 있으며 종교인들의 교류를 통해 정치적 실리를 챙기겠다는 계산을 하고 있다. 1992년 3월 미국의 목사인 빌리 그래함(Billy Graham)을 평양으로 초청하고, 같은해 8월에는 미국교회협의회 대표단을 평양에 초청하여 미국과의 관계개선을 시도했다. 1995년 남한이나 구미 각국의 종교단체들과 빈번한 접촉을 시도하였으며 1995년 6월에는 북한의 조선그리스도교연맹 중앙위원회 위원장 강영섭 목사 등 9명의 대표단이 미국을 방문 한달 동안 미국에 머물면서 각종 종교집회에 참석하는 등 적극적인 활동을 보이기도 했다. 또 리종혁과 박승덕 주체사상연구소장 등 일행이 북미주기독자협회 주체 세미나(96.4)에 참석하게 하여 대미협상 및 관계개선을 측면지원하게 하는 등 미국과의 관계개선을 위해 종교단체들을 외교적 창구로 이용하고 있다.

한편, 러시아 정교회 및 통일교와도 교류를 활발히 추진하고 있다. 2003년 3월에는 러시아와 신학생교류 시작하였고, 2003년 6월에는 러시아 정교회의 정백貞栢교회를 착공하였으며 앞으로 활발한 종교활동을 개시할 예정이다. 또 통일교는 보통강호텔 인근에 복지센터형 교회를 건축중에 있다. 이처럼 러시아정교회, 통일교 등 종교의 다양화를 추진함으로써 북한 내 특정종교의 영향력을 차단함과 동시에 대외적으로 종교탄압국의 이미지를 벗는 양면효과를 기대하고 있다.

또한 북한이 직면한 식량난 해결을 위해 남한의 종교단체들에 전략적으로 접근하고 있다. 북한 종교단체는 세 가지 루트를 통해 남한종교단체로부터 대북지원을 받고 있다. ① 한국종교인평화회의(KCRP)를 통한 지원, ② 각 종단 혹은 교단과의 접촉을 통한 지원, ③ 전문 NGO 단체를 통한 지원 확보 등이 그것이다.[14] 북한은 각 종교를 독립적으로 운영하도록 하지 않고 '조선종교인협의회'라는 단일기구 안에 그리스도교, 불교, 카톨릭, 천도교 등의 산하조직으로 운영하고 있기 때문에 북한의 각 종단이 아직 자율적으로 남북교류를 시도하기 어려운 상황에서 7대 종단을 하나로 묶은 '한국종교인평화회의'와 같은 기구는 북한에 종교연합적 대북지원의 명분과 편리함을 동시에 제공하는 역할을 함으로써 남북교류의 유력한 채널을 형성하고 있다.

최근들어 종단 혹은 교단과 활발히 접촉하고 있으며, 개신교의 예장통합, 예장합동, 기독교장로회, 감리교 등의 교단 및 한국기독교총연합회, 그리고 불교의 불교종단협의회 등이 대표적이다. 이들 종단·교단은 종교적 신앙을 바탕으로 북한동포를 도와야 한다는 인도주의 지원을 실시하지만 대북지원을 선교·포교의 수단으로 간주한다. 종단·교단은 비교적 풍부한 재정력을 바탕으로 교회나 사찰 재건 등 종교시설을 건축하기 위해 대북지원을 제공하는 경향을 보인다. 종단·교단은 대북지원과 선교활동을 연계함으로써 대북지원과 종교교류를 자연스럽게 접목시키는 결과를 낳고 있다. 이러한 현상은 남북교류의 미래를 밝게 하는 매우 고무적인 측면이다.

뿐만 아니라, 전문 NGO를 통해 대북지원을 받고 있다. 어린이 분유지원을 위주로 하는 '기독교북한동포후원연합회'와 불교 조국평화통일불교협회 및 진각종, 한국불교종단협의회, 천주교 주교회의 민족화해위원회 등은 북한의 종교단체를 통해 식량과 의약품, 병원·육아원 건설·운영 지원과 같은 단순한 지원에서부터 농업개발과 보건의료개선사업 등 프로젝트 형태의 교류협력 사업을 추진하고 있다. 2002년 6월

한민족복지재단의 대규모 방북은 종교단체의 대북지원이 단순히 물량적 지원이 아닌, 북한선교를 향한 순수한 신앙의 열정을 바탕으로 하고 있다는 것을 분명히 보여주는 사건으로 북한에 상당한 충격을 주었을 것으로 생각된다.

최근에는 남한의 기독교로부터 빵공장, 국수공장, 육아원 등의 운영에 필요한 물품을 제공받고 평양신학원 건축지원(2003.9)을 받았다. 남한의 불교로부터 개성의 영통사 복원을 위한 명목으로 기와 10만장을 전달(2003.10.27)받고, 2004년 3월까지 30만장의 기와를 추가로 제공받을 계획이다. 천주교로부터는 연간 10억원 정도의 대북지원을 받고, 천도교와는 단군행사를 공동으로 개최하고 있다.

북한은 남한의 종교계의 대북지원을 확보하기 위해 관련자들을 적극 초청하는 사업도 진행하였다. 전체 방북 가운데 종교단체의 인도주의 대북지원 관련 방북이 정확히 어느 정도의 비율을 차지하는지 알 수는 없지만, 적어도 2/3 이상이 종교계의 대북지원과 관련된 것으로 볼 수 있다. 남한의 대북지원단체 가운데 종교적 성향을 분명히 나타내고 있는 단체가 절반 이상이 되는 상황에서 북한은 인도주의 지원을 확보하는데 남한 종교에 신경을 쓰지 않을 수 없을 것이다.[15] 지난 10년 북한이 남한의 종교단체로부터 받은 지원액수도 약 1억 5천만 달러로 남한 민간단체 전체가 지원한 금액의 절반에 가까운 것으로 평가된다. 1989년 6월 이후 2004년 11월까지 기독교 교류를 포함한 남북한 종교교류는 총 190건(1,312명)으로 이 가운데 직접적인 방북은 총108건, 1,357명(금강산 관광 제외)이다. 이러한 방북초청을 통해 크고 작은 외화를 확보하고자 적극적으로 시도하였다.

이러한 외화벌이와 함께 북한종교계는 남한종교계와 통일전선을 구축하기 위한 노력을 늦추지 않고 있다. 2000년 6월 정상회담 이후 '민족공조'에 입각한 남북 종교계의 교류와 만남을 적극 추진하고 있다.

‘6·15공동선언’ 이행을 위한 ‘민족공조’를 실현하기 위해 적극적인 대남 종교활동 전개하여, ① ‘3·1민족대회’ → ② ‘6·15민족대회’ → ③ ‘8·15민족대회’ → ④ 개천절민족공동행사 등의 4대 행사로 정례화하였다. 이러한 공동대회를 개최하여 북한 종교계는 남한 내 미군철수와 반미주의 확산 분위기를 조성하여 북한이 목표로 하는 통일실현을 기대하고 있다.

4. 종교기관과 주민들의 신앙생활

1) 종교기관과 종교단체

(1) 조선종교인협의회

현재 북한에서 활동하고 있는 종교단체는 조선불교도연맹(이하 조불련), 조선그리스도교연맹(이하 조그련), 조선카톨릭협회, 조선천도교회 중앙지도위원회 등 4개이며, 이를 포괄하는 조선종교인협의회가 1989년 5월 30일 결성되었다. 가장 늦게 결성된 러시아 정교회 단체인 조선정교위원회(2002.9.25)는 평양 락랑구역 정백동에 500명 규모의 정백사원을 건축중이다. 북한의 기독교, 불교, 천주교, 천도교 등 각 종교 대표들로 구성된 이 협의회는 “조국의 자주적 통일을 지향하는 북반부의 모든 종교인들이 평화와 통일과 애국애족의 민족적 이념 밑에 하나로 굳게 결속하기 위해 결성되었다”고 밝히고 있어 단순한 종교인들의 신앙조직이 아닌 정치적 의도가 있음을 알 수 있다. 현재 카톨릭을 대표하는 장재언이 위원장직을 맡고 있다.

이들 종교단체는 한국전쟁 시기까지 북한에 존재했던 순수종교단체들의 전통을 잇고 있다고 주장한다. 북한의 종교단체들은 외관상 독립

단체로 되어 있으며 '조국통일민주주의전선'에 가입하여 활동하고 있다. 그러나 실제로는 조선노동당 통일전선부(일명 통전부)의 직접적인 지도와 통제를 받는다. 통일전선부는 노동당에서 대남전술을 전담하는 4개부서(사회문화연락부, 작전부, 대외정보조사부, 통전부) 중 하나로, 한국내의 정부를 제외한 모든 분야의 단체들과 이른바 통일전선을 구축하는 것을 과업으로 삼고 있다. 통전부에는 각 종교단체들을 전담하는 과課가 있다. 노동당의 들러리 정당인 사회민주당이나 천도교청우당 등도 통전부에서 관장한다. 북한 종교단체는 노동당의 지도를 받으면서 남한의 종교계를 의식한 선전활동이나 로동당의 정책을 지지하는 대내외 성명서 채택, 국제적인 종교단체들과의 연대를 위한 활동에 치중하고 있다. 북한종교단체 종사자들은 대개 사회과학원, 주체과학원 출신들이거나 아니면 통전부에서 이동한 경우이다. 최근에는 김일성종합대학 역사학부 종교학과를 졸업한 종교전문가들이 각종 종교단체에 포진하기 시작했다.

북한은 종교인들의 애국적 투쟁을 촉구한다. 종교인들은 신앙인이기 이전에 민족의 한 구성원으로서 조국통일에 주동적으로 앞장서야 하며, 특히 연방제 통일의 지지자로 나서야 한다고 주장한다.[16] 2000년 남북정상회담 이후에는 종교인들이 '6·15공동선언'에 입각하여 민족공조 실현에 적극 나설 것을 권유하고 있다. 2004년 1월 23일, 북한의 류미영 조선천도교청우당 위원장은 담화를 통해 남한의 모든 종교인이 자주통일 실현의 새 국면을 열어 나가기 위한 민족공조에 앞장설 것을 촉구했다.[17]

북한종교단체를 이끌고 있는 사람들이 종교인으로서보다는 정치인으로서 더 이름을 날리고 있다는 것도 종교의 정치적 속성을 드러낸다. 이들은 한국내의 종교인들을 대상으로 대남사업에 전념할 뿐 북한 내에서 포교활동을 시도하고 있는 것 같지는 않다. 1990년 4월 실시된 최고

인민회의 제9기 대의원(687명) 가운데 종교단체 대표 6명도 포함되어 있다. '조선그리스도교연맹' 위원장 강영섭과 '조선불교도연맹' 위원장 박태호는 최고인민회의 통일정책위원회 위원인 동시에 「조국평화통일위원회」의 위원이며, '조선카톨릭협회' 위원장 장재언 역시 최고인민회의 외교위원회 위원이다. 이들은 당의 지시에 의해 움직이는 정치인들로서 신앙적 의미의 종교활동은 많은 제약을 받는다.

(2) 조선그리스도교연맹

조선기독교도연맹(1999년 2월 조선그리스도교연맹으로 명칭변경)은 1946년 11월 조선불교도연맹과 함께 민간종교조직을 흡수하기 위해 국가차원에서 만든 종교조직이다. 한국전쟁 이후 활동이 없다가 1972년부터 활발한 활동을 보이기 시작하였다. 북한의 기독교는 조선그리스도교연맹에 속해 있다. 북한의 기독교인들은 적어도 공식적으로 조선그리스도교연맹의 지도를 받으며 종교활동을 한다.

조선그리스도교연맹(위원장: 강영섭, 서기장: 오경우)은 90년대 초에는 목사 20명, 교회책임지도원(전도사) 130여명 정도가 있다고 하였으나, 최근에는 목사 30명, 교직자 300명, 신자 1만2천300명, 등록된 가정예배소 513개 등으로 설명하고 있다. 조선그리스도교연맹은 중앙조직과 지방조직으로 구성되는데, 전국을 10개 지역으로 분할하여 모두 50개 도시에 지역위원회를 운영하고 있다고 한다.18) 2002년 7월 일본 도쿄의 남북기독자회의에 참석한 북한의 강영섭 목사는 90년대 후반부터 신자들이 꾸준히 증가하고 있으며 "2004년 제15차 연맹회의까지 2만명의 신자확보를 목표로 하고 있다"고 한다.19)

조선그리스도교연맹은 평양신학원을 운영하고 있다. 1972년 설립된 평양신학원은 북한교회의 성직자를 양성하는 3년제 신학교육기관이다. 1989년에는 김일성종합대학에 종교학과를 개설하여 신학도 강의되고 있다. 평양신학원은 매해 학생들을 선발하지 않고 학생들을 일괄적으로 모집하여 교육시킨 다음 이들이 졸업한 후에 다시 학생들을 모집하는 형태로 신학교를 운영한다. 2000년에 5년제로 개편하여 제7기 13명의 신학생이 졸업했고, 2005년 9월 8기 신학생이 모집되어 공부하고 있다고 한다.[20]

(3) 조선불교도연맹

조선불교도연맹은 1945년 12월 26일 북조선불교도연맹과 북조선불교연합회가 연합하여 북조선불교도총연맹으로 창립되었으나 공식적인 활동이 없었다. 1972년 정식으로 명칭이 조선불교도연맹으로 되어 현재에 이르고 있다. 창립당시 연맹원 수는 37만명을 넘었으나, 현재 맹원수는 약 1만명이다. 현재 연맹위원장은 박태호(법명 학림)가 맡고 있으며, 박위원장은 조선종교인협회의 부위원장도 맡고 있다. 평양시 모란봉 용화사에 조불련중앙위원회가 있고 각 시·도에 시·도위원회가 결성되어 있다. 현재 광법사, 안국사, 정릉사 등 사찰복원 사업 이외에 시·도위원회의 활동은 거의 없는 실정이다.

1989년에는 양강도 삼수군 중흥사에 북한 최초의 승려교육기관인 불교학원이 건립되었으며, 1991년 2월 평양에 광법사가 복원되면서 평양으로 이전되었다. 원장은 조선불교도연맹 박태화 위원장이 맡고 있다. 불교학원은 3년제로 운영하고 있으며 지속적으로 학생을 모집하는지는 정확히 파악할 수 없으나, 약 30여 명의 학생이 공부하고 있다. 1기생으로 졸업한 승려들이 1996년부터 전국의 사찰에 배치되었다고 한다. 선배 승려들이 불교 교리를 가르치고 있고 과목에 따라서는 다른 연구기관에서 강사를 초빙하기도 한다고 한다. 1989년 9월 김일성 종합대학에 종교학과가 신설되어 불교와 기독교 등 동서양의 종교에 관한 강의를 실시하고 있다.

(4) 조선카톨릭협회

천주교의 경우 종교단체로는 가장 늦게 결성되었다. 1988년 6월 30일 조선천주교인협회(99.9 조선카톨릭협회로 명칭 변경)가 결성되어 대외적으로 북한 천주교를 대표한다. 장재언 위원장은 조선적십자사 위원장을 겸하고 있으며 최고인민회의 대의원이기도 하다. 부위원장은 최선남, 서기장 강지영, 상임위원 한이철·김유철 등이 활동하고 있다. 로마교황청은 북한지역에 교구를 인정하고 있지 않기 때문에 조선카톨릭교협회를 천주교 신도회로 인정하지 않는다.

(5) 천도교중앙지도위원회

천도교단체로는 1946년 설립된 「천도교 북조선정무원」이 1949년까지 활동하다가 잠적했고, 1972년 남북대화가 시작되면서 종교의 자유 위장선전과 대남통일전선 형성 필요성에 의거 1974년 2월15일 '천도교회 중앙지도위원회'가 설립되었다. 해방당시 천도교는 신도 1백5십만명을 가진 북한에서 가장 큰 종교세력이었으며 초기 북한집권세력과도 상당한 협조관계를 유지했다.

민족종교로 간주되고 있는 천도교는 북한에서 6·25 이후 70년대에 이르기까지 거의 활동이 없었다. 70년대 중반부터 천도교 청우당이 노동당의 우당으로 활동함에 따라 조선천도교회 중앙위원회 명의의 성명서가 대남공세 차원에서 발표됨으로써 활동이 재개되었으나 종교 본연의 활동은 아니었다. 종교 본연의 활동은 1986년 천도교 창도 기념일인 '천일절'을 기념하는 의식을 거행함으로써 재개되었으며, 현재까지 해마다 4월 5일 기념식을 거행하고 있다. 1994년 12월에는 단군릉에서 단군제를 거행하기도 하였다. 북한에서 천도교는 이른바 민족종교로 부각되어 다른 종교에 비해 그 활동이 활발한 편이다. 그러나 천도교는 북한 주민에게 종교활동보다는 정당단체로서의 활동이 더 많이 인식되고 있는 편이라고 한다. 현재 조선천도교회 중앙지도위원회 중앙위원회 위원장은 최덕신의 처인 류미영이 맡고 있다.

2) 북한인의 종교인식

북한의 종교정책이 변화하고 식량난 이후 대북지원을 통해 북한종교의 위상이 달라지고 있으나, 일반적으로 북한주민들은 종교에 대한 강한 거부감을 갖고 있다. 반종교선전 교육의 영향 때문인지 종교는 비과학적이며 미신이라고 믿고 있다. 특히 기독교에 대해서는 선교사들의 만행을 열거하면서 혐오감을 드러내곤 한다. 종교의 해악을 지적할 때 북한주민들이면 누구나 예로 드는 다음과 같은 회고담이 있다.

> 1920년대에 우리 나라에 와 있던 미국선교사가 조선소년이 떨어진 사과를 한알 주어 먹었다고 하여 그의 이마에 청강수로 ≪도적≫이라는 글자를 새기는 만행을 감행하였습니다.[21]

북한주민들은 "예수를 믿든지 불교를 믿든지, 그것은 본질에 있어 미신을 믿는 것과 다를 바 없다"는 그간의 북한당국의 선전 때문에 기본적으로 종교에 대해 부정적 의식을 갖고 있다. 대부분의 북한인들은 예수나 부처라는 말을 들어보지도 못했으며, 종교는 "정신나가고" "얼빠진" 사람이나 믿는 것이라고 생각한다. 평양시민들이나 북한의 안내원들 가운데도 평양에 교회와 성당이 있다는 것을 모르는 경우가 많을 뿐 아니라, 천주교와 천도교를 구분하지 못하고, 신부와 스님, 목사가 무엇을 하는지 모를 정도이다.

북한주민들은 종교가 무조건 사람을 홀리고 마비시키는 두렵고 무서운 공포의 대상으로 생각한다. 북한주민들이 이처럼 종교에 대해 적대심을 갖는 것은 11년간의 의무교육기간 동안 종교는 제국주의의 문화침

투와 식민지적 침략의 첨병 역할을 한다고 하는 교육에서 비롯되었다. 특히 기독교에 대해서 강한 적개심을 갖도록 교육받는다. 북한은 기독교를 '철천지 원쑤'인 미제의 스파이라고 가르치며 미국이 다른 나라를 무너뜨리려 할 때 가장 먼저 첨병으로 보내어 그 곳 주민들의 계급의식과 혁명의식을 마비시킨다고 설명한다.

북한주민들이 종교에 대해 거부감을 갖는 또 다른 이유는 과거 종교인들이 불순분자로 분류되어 사회적 불이익을 당하거나 핍박을 받는 것을 보았기 때문이다. 이런 경험을 직접 한 사람은 대체로 50, 60대 주민들이다. 이들은 해방직후나 전쟁후 많은 종교인들이 순교하거나 핍박받는 것을 보거나 들은 세대이다. 현재 북한인구의 70% 정도를 차지하고 있는 40대 이하 주민들은 철저하게 출신성분에 의해 자신의 사회적 운명이 달라지는 북한의 사회여건상 종교에 대해 막연한 두려움과 공포를 가지지 않을 수 없는 것이다.

북한주민들은 종교를 사람들에게 환각을 갖게 하는 미신으로서 '주체적 인간'이 믿을 바 못되는 몹쓸 대상이라고 생각한다. 그러면서도 정작 점占을 본다던가 푸닥거리를 하는 것에 대해서 거부감을 갖지 않는 이중성을 보인다. ≪로동신문≫에 나타난 주민들의 종교인식은 여전히 부정적이다.

> 제국주의자들은 세계 지배 전략을 실현하기 위해 새로운 수단과 방법들을 계속 모색해내고 있는데 그중의 하나가 종교의 자유화이며, 미국이 들고 나온 종교의 자유화는 저들의 지배적 야망을 세계적 범위에서 실현하기 위한 새로운 십자군 원정이다.[22]

반면, 김정일에 대한 충성심으로 인해 김정일을 '한울님'(하느님)으로 칭송하는 사례로 발견된다. 북한 천도교 청우당 중앙위원회 위원장인 유미영(최덕신 부인)은 담화에서 "위대한 영도자 김정일장군님은 우리의 어버이 수령님과 함께 민족대단결의 구심점으로 통일의 구성으로 높이 우러러 받들어 모신 현시대의 한울님이시다"고 표현했다.[23] ≪로동신문≫에서도 김정일은 "우리 공산주의자들은 하느님을 믿지 않지만 우리 수령님은 하늘이 낸 위인이시라고 하지 않을 수 없습니다"라고 지적하였다.[24] 이러한 현상들을 놓고 볼 때, 아직 북한주민들은 종교를 보편적 관점에서 인식하지 못하고 있다.

3) 주민들의 신앙생활

북한의 공식적인 설명에 의하면 현재 북한에 공인된 종교인은 기독교 12,300, 불교 12,000, 천주교 3,000, 천도교 15,000명 등 총 4만 여명이다. 북한의 종교활동인구는 전체인구의 0.2%에 지나지 않는 미약한 형편이다. 그리고 2개의 교회와 20여명의 성직자, 513개의 가정예배처소가 있고, 1개의 성당과 2곳의 공소가 있으며, 60여 개의 사찰과 300여명의 승려가 있다고 밝히고 있다. 또 천도교는 평양에 100석 규모의 중앙교당이 있고 800개소의 전교실이 가정에 설치되어 있다고 하는데, 가정 전교실을 직접 방문한 기록은 아직 없어 그 실태가 확인되지는 않고 있다. 2003년 10월 미국의 연례국제종교자유 보고서는 기독교 10,000명, 불교도 10,000명, 천주교 4,000명, 천도교 40,000명으로 평가하고 있다.[25] 또한 각 종교단체는 평양신학원과 불교학원 등 종교지도자를 양성하는 종교교육 기관을 갖고 있다.

(1) 기독교(개신교)

북한의 기독교는 봉수교회와 칠골교회, 가정예배소로 구성되어 있으며, 조선그리스도교연맹에 공식적으로 등록하지 않은 신자들과 소위 '지하교회'로 일컫는 비공개 신자집단를 포함한다. 일반주민들은 신축된 종교시설에 대한 출입이나 접근이 엄격히 통제되고 있다. 인근주민들은 종교시설을 '외국인 참관지' 정도로 인식하고 있다. 1988년 9월에 건립한 후 2006년 확장 재건축을 추진한 봉수교회(손효순목사)는 개신교 초교파를 지향하고 있고 일요일 오전 10~11시에 350명(여성 70%)의 신도가 모여 예배를 드린다. 어린이들과 청년층의 신자들이 없이 대부분 40대 이상의 중년층, 노년층이다. 칠골교회(황민우목사)는 90여명의 교인이 출석하고 있다. 봉수교회와 칠골교회에 출석하는 교인들은 주로 선대 신앙인들의 후손들로 이루어져 있다.

조선그리스도교연맹은 신약성서와 구약성서를 1983년, 1984년 각각 1만부 출간하였고, 신구약합본인 성경전서와 찬송가를 각각 2만부 발행하여 평양 봉수교회, 칠골교회 등에서 예배용으로 이용하고 있다. 1990년 발행 『성경전서』는 총589쪽의 신·구약 합본으로 공동성경의 표기법에 따라 '하나님'을 '하느님'이라는 표현을 사용하고, '예수께서'라는 높임말 대신에 '예수가'라는 표현을 사용하고 있으며, 북한식의 문화어 표기법을 채택한 차이를 보인다.

가정예배소는 북한에서 중추적인 역할을 담당해 왔는데 북한측에서는 북한에 약 513 곳의 예배처소가 있는 것으로 밝히고 있다. 평양과 남포, 개성에 각각 30개소, 평안남북도 각 60개소, 그 외의 도에 40개소씩 존재하고, 양강도와 자강도는 산간지역이어서 가정교회가 아직 없다고 한다. 이들 가정예배소는 장로나 집사 등 평신도 등에 운영된다. 1만 2천명의 신자들 가운데 약 6천명이 12~13명 정도로 구성된 가정예배처소에서 예배를 드리고 있다고 한다. 그러나 북한의 이러한 주장이 어느 정도 사실인지 확인할 길은 없다. 지금까지 외부인들에게 공개된 북한의 가정예배처소는 5~6개에 불과하기 때문이다. 가정예배소는 북한의 종교인들을 관리하기 위한 효율적인 통제조직이라고 볼 수 있다.

공인된 교회 이외에 개인적으로 신앙생활을 하고 있는 기독교신자들도 상당수 있는 것으로 알려져 있다. 남한의 선교단체들은 북한내 10만 명 내지 20만명의 지하교회 신자들이 당국의 눈을 피해 활동하고 있다고 주장하고 있다. 그러나 지하교회 활동에는 북한의 정보원들이 침투하여 정보기관에 이용당하고 있는 부분도 있어 신중한 평가를 내려야 한다. 북한정보기관은 정보원들을 다양한 부류의 탈북자로 가장하여 중국으로 내보내 탈북자 신앙훈련 장소에서 훈련을 받게 하고 선교관련 정보를 모두 입수한다. 특히 황장엽씨의 망명 이후 1997년 보위사령부 (96년 조직)에 탈북자 침투반을 운영하면서 탈북자에 대한 선교정보를 조직적으로 입수하고 있다. 북한의 정보기관은 이러한 루트를 역이용하여 지하교회 조직을 통해 정보도 얻고 외화벌이도 하는 등 심각한 문제점이 있다.

당국의 허락을 받지 않은 사적 종교활동에 대해서는 엄격하게 단속하고 있다. 평북 운산군에서 일가족의 지하 종교활동이 며느리의 제보로 발각되어 4명이 처형되고 나머지는 정치범수용소에 수용된 사건26) 이라든가, 황해남도 안악군에서 86명의 지하기독교인들이 국가안전보위부에 발각된 이른바 '황해도 사건'27)은 이러한 사적 종교활동이 존재한다는 사실을 나타낸다. 또한 북한당국은 탈북자가 중국공안에 의해 체포되어 송환될 경우 남한의 기독교 신자와 접촉한 사실이 발각되면 가혹한 형벌을 가하고 있다. 최근 북한은 기독교가 북한의 체제유지에 부정적인 영향을 미치고 있다고 판단하고, 기독교의 포교를 강력히 억제하고 있다. 북한당국은 "제국주의자들이 해외를 침략하기 전에 제일 먼저 들여보내는 것이 기독교이다. 선교사들은 악랄한 승냥이이기 때문에 이들을 반드시 잡아내야 한다"며 기독교 전파자 색출의 필요성을 선전하고 있다.

(2) 불 교

1980년대부터 본격적으로 문화유산 보존 및 인민들의 문화휴식처 제공 차원에서, 그리고 최근에는 해외관광객 유치 차원에서 사찰이 복원됨에 따라 그 활동이 재개되었다. 해방 당시 북한지역에 500여 개의 사찰이 있었으나 전쟁으로 대부분 유실되고 60여 개가 남아 있다. 현재 남아 있는 60여 개의 사찰은 한국전쟁 과정에서 일부가 남았거나 전소된 것을 '국보유적지'로 복원한 것이 대부분이다. 북한의 사찰은 현재 종교적 의미와 기능은 상실한 채 다만 문화재로서의 가치만이 강조되고 있다.

북한의 사찰에서 승려가 관리하는 조선불교도연맹의 소속사찰(전체의 1/3)과 유물문화총국에서 문화재로 관리하는 사찰로 구별되어 있다. 문화재로 관리하는 사찰에는 승려가 없고 정부에서 배치한 사찰관리인만 상주한다. 1991년 2월 복원된 대성산 광법사는 서기 392년에 창건되었으며, 새로 복원된 가장 오래된 사찰이다. 고구려 시조 동명왕의 명복을 빌기 위해 동명왕릉을 옮겨올 때 창건된 정릉사는 1993년 5월에 복원되었다. 평양시내에는 모란봉 기슭 개선청년공원 내에 용화사가 있는데, 조선불교도연맹 중앙위원회가 위치하고 있기 때문에 남쪽에서 오는 불교신자들은 주로 이곳을 방문한다. 2002년에는 김정일이 국보급 유적으로 지정된 함경남도 안변의 석왕사를 현지 지도하면서 2010년까지 6·25 이전 모습으로 복원하도록 지시했다고 한다. 북한에서 가장 큰 사찰이며 방북코스로 지정되어 있는 묘향산 보현사에는 해인사 고려대장경 판본과 같은 북한 팔만대장경이 보존되어 있는데, 1988년 5월 한글로 번역을 완료하였다.

북한의 불교신도들은 조선불교도연맹(조불련)에 가입된 연맹원들이다. 북한이 공식적으로 불교신도를 1만 2천 명이라고 밝히고 있으나, 석탄일과 같은 큰 기념일에는 절을 찾는 이들이 10만 명에 달한다고 한다.28) 현재 북한의 승려는 300여명인 것으로 알려져 있는데, 이들은 대선사, 선사, 대덕, 중덕 등으로 구분되어 있으며 불교학원에서 양성된다. 북한불교의 종단 성격이 조계종이며 소의경전도 남한과 같이 금강경과 반야심경이라고 한다.29) 하지만 조계종은 승려의 결혼을 금지하고 있는 반면 북한의 승려는 머리를 기르고 독신생활을 하지 않기 때문에 북한불교의 성격은 오히려 한국에서 승려의 결혼이 허용되는 태고종에 더 가깝다고 볼 수 있다. 북한의 스님들은 주로 해방 이전부터 승려 생활을 해 온 60~70대 노스님들이 대부분이며 한국과 달리 비구니 스님은 없다.

불가의 3대기념일인 석탄절, 열반절, 성도절 등에 예불을 집전하고 법회도 열리고 있지만, 신자들에 의한 신앙공간으로 활용되고 있지 않다. 불경을 사찰 외부로 반출하는 것도 허용되지 않는다. 일반주민들은 대부분 불교가 무엇인지도 모르며, 소수의 신자들을 제외하고는 반동적인 종교인으로 몰릴 것을 꺼려해서 개인적인 사찰방문을 삼가고 있다고 한다. 설법의 내용도 주체사상과 연관된 내용이 대부분이며 통일에 기여하고 나라를 지키는 군대를 적극 돕는다는 체제수호적 목적을 강하게 띠고 있다. 1994년부터는 석가탄신일을 '부처님오신날'로 개칭하고 찬불가도 부르는 등 일부 남한불교의 관례를 따르고 있다.

(3) 천주교

1988년 10월에 평양 장충성당이 세워져 신자들이 주일마다 공소예배를 갖고 외국에서 신부가 방문할 경우 미사를 봉헌할 수 있다. 장충성당에서는 매주 100~200여명의 신도가 모여 약식 미사를 올리는 것으로 알려지고 있다. 장충성당은 1988년 10월 30일 서울대교구의 장익 주교(춘천교구장)와 로마 유학중인 가톨릭대 정의철신부가 첫 미사를 집전했다. 장익 신부는 첫 미사를 봉헌하면서 바티칸에서 가져온 성작을 기증하여 보관되어 있어서 이곳을 방문하는 신부들은 이 성작을 사용하고 있다. 한국인 신부로는 문규현 신부가 1989년 임수경이 세계청년학생축전에 참가했을때 동행해 장충성당에서 미사를 집전했고, 한국인 주교로는 1998년 5월 17일 서울대교구 최창무 주교가 오태순·이기헌 신부 등과 함께 분단 후 처음으로 미사를 봉헌했다.

북한 당국은 1970년대 이후 1980년대까지 북한의 천주교인 숫자를 800명 정도라고 밝혔다. 1995년 10월 뉴욕에서 개최된 남북, 해외천주교인 세미나에서 북한측 대표는 북한의 천주교 신자가 3,003명이라고 하였다. 이후 북한 천주교 관계자들은 현재 북한의 천주교 신자 수를 대략 3천명이라고 한다. 북한 조선천주교인협회는 1991년『천주교를 알자』,『신앙생활의 걸음』등을 발간하여 사용하고 있고, 기도서는 한국에서 사용하는 것을 북한식 표기법으로 고쳐 사용하고 있다. 북한의 천주교회를 방문한 여러 신자들의 증언을 토대로 볼 때, 북한의 천주교회는 김일성주석에 대한 공경과 하나님 섬김, 주체사상과 천주교 교리를 조화시키고 있는 것으로 보인다. 현재 조선카톨릭협회는 과거 천주교 신자 가정을 대상으로 잠재적 신자를 파악하여 전도하는데 주력하고 있다고 한다.

(4) 천도교

천도교는 북한의 사회 체제 안에서 가장 성공적으로 적응한 종교이다. 1994년 7월 김일성 사망 후 구성된 장의위원회 273명의 명단 중 천도교청우당 위원장인 유리명이 39위로 되어 있을 정도로 영향력이 있다. 그리고 최고인민회의 대의원으로 선출된 천도교 청우당원의 수가 22명이나 되고, 지방의회에도 300여명의 대의원이 있다고 한다. 또한 북한의 모든 종교단체가 참여한 조선종교인협의회를 실질적으로 이끌고 있는 것도 조선천도교 중앙위원회이다. 해방당시 민족종교로서 약

1백 50만여 명의 신도수를 가졌던 북한 천도교는 민족종교로 인식되면서 점차 위상을 강화하고 있다.

천도교청우당은 강령에서 "동학의 인내천 사상을 자기의 지도이념으로 하고, 갑오농민전쟁, 3·1운동, 조국광복을 위한 반일反日성전에서 이룩한 선열들의 애국애족과 민족단합의 전통을 계승한다"면서 척양, 척왜 등 9개항을 기본과업으로 한다고 밝혔다. 당 규약은 조직의 원칙과 구조와 관련, "중앙에 당중앙위원회, 도(직할시)에 도(직할시)당위원회, 시(구역).군에 시(구역).군 당위원회를 두며, 당 최고기관으로 당대회를 둔다"고 명시했다. 북한은 지난 93년 12월 이같은 내용의 천도교청우당 규약을 개정하였다.

반제반봉건 투쟁 과정에서부터 지금까지 북한 정권과 친밀한 관계를 가져온 천도교는 현재 1만 5천 명의 교세를 가지고 있다. 예배 형태는 기독교와 마찬가지로 개인 혹은 소규모의 신앙 공동체를 중심으로 종교활동이 이루어지고 있음을 보여준다. 교당은 현재 800개소의 전교실이 가정에 설치되어 있다고 하나, 아직 직접 방문한 기록은 없어 그 실태가 확인되지는 않고 있다. 평양에 100석 규모의 중앙 교당이 있으며, 지난 86년부터 천도교 기념일의 하나인 천일기념식을 개최하고 있다.

5. 향후 북한 종교지형의 변화 전망

세계적인 탈사회주의 변화 속에서 극심한 식량난을 겪은 북한은 최근 15년간 종교활동의 공간확대를 경험하였다. 1980년대 말에 전향적으로 변화된 종교정책에 힘입어 조선그리스도교연맹, 조선불교도연맹, 조선카톨릭협회, 조선천도교 중앙지도위원회 등 북한의 각 종단은 적극적인 연맹활동을 각자의 종교영역을 확장시켰다. 한국전쟁 이후 반제의 사회적 분위기와 조직적인 반종교선전으로 말미암아 신앙의 1세대가 대부분 사라졌지만, 2세대, 3세대 신앙인의 남은 뿌리들이 신앙의 맥을 이어가고 있다. 이들의 신앙활동은 북한당국의 통제하에 이루어지고 있고 사회적 참여와 국가적, 민족적 책임을 강조하기 때문에 신앙의 자유를 누리는 서방세계나 남한 종교의 눈으로 보기에는 다소 어색하게 보일 수도 있다. 그러나 공식적으로 허용된 공간 속에서 개인들은 신앙생활을 영위하고 있고, 종교는 국가적으로 혹은 당적으로 관리되고 있다.

그런가 하면 식량난을 계기로 북한사회 내부에 사적 종교활동의 영역도 형성되고 있는 것으로 보인다. 식량을 구하기 위해 국경을 오가는 탈북자들을 통해 신앙생활을 접하고 개인적으로 신앙을 유지하고 있는 사람들도 있다. 식량난과 더불어 발생하고 있는 불법적 종교활동에 대한 단속과 처벌이 이러한 현상이 지속되고 있음을 반영한다. 사적 종교활동이 북한당국의 통제를 완전히 벗어난 것인지, 아니면 북한에서 파악하는 느슨한 조직망에 속하는 것인지는 정확히 판단할 수 없다. 그렇지만 사적 종교활동의 영역은 개신교, 불교, 천주교, 천도교 등 각 종단별로 넓어지고 있다.

이러한 북한 종교지형의 전반적 변화는 한국전쟁 이후 명맥을 유지하고 있는 신앙인의 남은 그루터기들이 북한체제의 대내외적 필요에 의해 동원, 조직화된 데 기인하고 있다. 탈냉전의 변화된 국제정세 속에서 미국과의 관계와 남북관계를 풀어 나가기 위해서는 종교계의 도움이 절실히 필요하다고 판단하고 이를 적극적으로 활용하였다. 종교계의 활용이 대미관계를 개선하는데도 도움이 될 뿐만 아니라, 인도주의적 지원을 받아 식량난을 해결하고 궁극적으로 통일을 성취하는데도 유리할 것으로 판단한 것으로 보인다. 이러한 배경에는 내부적으로 꾸준히 제기된 신앙인의 2세대, 3세대들의 종교활동에 대한 사회적 요구도 상당한 작용을 했던 것으로 추측된다.

현 시기 남북관계는 새로운 단계로 접어들고 있다. 남북정상회담으로 정치, 경제, 사회, 군사 모든 영역에서 남북간의 활발한 교류와 협력이 추진되고 있고, 현정부의 대북포용정책은 남북간 종교교류를 확대·심화시키고 있다. 심각한 경제난국에 처한 북한은 먹는 문제를 해결하기 위해 남한과 유엔을 포함한 국제사회에 경제적 지원을 요청하고 있고, 금강산관광특구, 개성공단특구 등 개방지역 내 투자유치를 위해 다각적인 대외, 대남접촉을 시도하고 있다. 북한은 다원화된 남한사회의 특성을 이용하여 남한의 여러 종교단체에 인도주의적 차원의 경제적 지원을 요구하고 있다. 남한의 각 종단들은 인도주의적 대북지원을 활용하여 북한의 종교기관과 접촉채널을 확보하고 장기적 포교를 염두에 둔 종교교류협력을 강화하고 있다.

이와 동시에 북한은 미국과 유럽 등 서방세계로부터 인권문제와 관련한 종교의 자유 허용에 관한 압박을 받고 있다. 98년 결성된 국제종교자유위원회는 특히 북한이 종교자유가 가장 취약한 국가로 지목하며 비판의 수위를 높여가고 있다. 이러한 미국의 움직임은 향후 북한과의 관계개선이나 평화협정 체결시 종교의 자유 문제를 주요의제로 상정할 것을 염두에 둔 사전 포석의 의미가 강한 바, 북한의 종교에 대한 관심은 점차 높아질 것이며, 북한의 종교문제는 한반도의 평화정착과 통일과정에서 중요하게 부각될 가능성이 크다.

※ 이 글은『북한 종교정책의 변화와 종교실태』
(서울: 통일연구원, 2002)에 수록되었다.

주註

1) 조선로동당출판사, 『조선중앙년감 1950』 (평양: 조선로동당출판사, 1950), 365쪽; 강인철, "현대 북한종교사의 재인식," 김흥수 엮음, 『해방후 북한교회사』 (서울: 다산글방, 1992), 149쪽; 강인철, "월남 개신교·천주교의 뿌리," 『역사비평』, 1992년 여름, 109쪽.

2) 천도교인은 286만 명 가운데 적어도 170만 명 이상이 북한지역에 있었을 것으로 보이며, 불교의 경우에도 1945년 조선불교도연맹에 가입한 37만 5천 명이었으니 나타난 수치보다는 많았을 것으로 평가된다. 기독교의 경우 해방 전 북한지역의 신도수가 30만명을 넘으며 교회수도 3,000개가 넘는다는 주장도 있다. 이찬영 편저, 『북한교회 사진명감』 (서울: 총회북한교회재건위원회, 2000), 10쪽.

3) 강인철, 앞의 글 (1992), 김흥수 엮음, 『해방후 북한교회사』, 149쪽.

4) 변진홍, "북한 '침묵의 교회'와 공산주의: 북한의 소비에트화 시기를 중심으로," 김흥수 엮음, 『해방후 북한교회사』, 88쪽.

5) 한국전쟁의 인적 피해상과 적대의식의 구조화는 김병로, "한국전쟁의 인적 손실과 북한 계급정책의 변화," 『통일정책연구』, 제9권 1호 (2000), 219~242쪽.

6) 이항구, "북한의 종교탄압과 신앙생활," 『현실초점』 (1990년 여름), 111쪽.

7) 신자의 가정의 아이들이 학교나 여러 소년단체 속에서 부모가 기독교인이라는 이유로, 그리고 자기들이 교회학교에 다닌다고 해서 힐문당하여 울며 돌아오는 이야기는 아주 흔하였다고 한다. 안희국, 《낙농대신문》(일본어) 1961년 7월 14일; 사와 마사히코, "해방이후 북한지역 기독교," 김흥후 엮음, 『해방후 북한교회사』, 21쪽에서 재인용.

8) 정하철, 『우리는 왜 종교를 반대하여야 하는가?』 (평양: 조선로동당출판사, 1959); 김희일, 『인민의 아편』 (평양: 민청출판사, 1959) ; 백원규, 『종교도덕의 반동성』 (평양: 민청출판사, 1959) ; 조선녀성사, 『생활과 미신』 (평양: 조선녀성사, 1959) 등의 책자들이 반종교교육 서적으로 활용되었다.

9) 허종호, 『주체사상에 기초한 조국통일리론과 남조선혁명』 (평양: 사회과학출판사, 1976), 112~113쪽; 양호민, "북한사회주의의 실상," 『소련 동구 중국 북한』 (서울: 문우사, 1991), 210~211쪽에서 재인용.

10) "수령님께서는 종교를 악용하는 반동적 지배계급과 제국주의자들의 책동을 배격하시었지 종교와 종교신자를 배척하신 일이 없습니다. 종교에는 나쁜 점만 있는 것이 아니라 좋은 점도 있습니다. 종교에서 사람들이 서로 사랑하면서 평화롭게 살라고 주장하는 것은 좋은 점이라고 볼 수 있습니다." 김정일, 『주체사상의 기본에 대하여』, 189쪽, 박승덕, "기독교에 대하는 주체사상의 새로운 관점," 『기독교와 주체사상』 (서울: 신앙과 지성사, 1993), 81쪽에서 재인용.

11) 김일성주석의 기독교적 배경에 대해서는 김병로,『북한사회의 종교성: 기독교
와 주체사상의 종교양식 비교』(서울: 통일연구원, 2000) 참조.

12) 김병로,『북한 종교정책의 변화와 종교실태』(서울: 통일연구원, 2002), 34～
37쪽.

13) ≪연합뉴스≫ 2002년 2월 28일.

14) 김병로, "종교단체의 대북 인도적 지원과 역할,"『민간단체와 대북 인도적 지
원』(명지대학교 북한연구소 학술세미나, 2003.6.4, 한국프레스센터), 35～48쪽.

15) '대북지원민간단체협의회'에 소속된 24개 단체 가운데, 기독교 성향의 단체는
9개, 불교 단체 3개, 천주교 단체 2, 무교를 표방하는 단체는 10개 등으로 분류
된다. 김형석, "민족화해와 평화통일을 위한 교회의 역할,"『통합적인 통일과
그리스도인들의 과제 Ⅱ』(서울: 예영커뮤니케이션, 2003), 191쪽.

16) 홍경란, "조국통일과 종교인의 자세,"『조선사회민주당』1993년 3월, 56～57쪽.

17) ≪연합뉴스≫ 2004년 1월 23일.

18) 자세한 내용은 백중현,『북한에도 교회가 있나요?』를 참조.

19) ≪크리스챤 뉴스위크≫ 2002년 10월 19일.

20) 1995년에 8기생이 졸업했다는 평가도 있는데, 이는 1972년 개교이래 학교가
지속적으로 운영되었다는 가정에 근거한다. 그러나 북한의 공식설명에 의하면
평양신학원은 1972년 개교했으나 1기생 이후 정상적인 운영이 중단되었다가
1980년대 중반에 다시 개교했다고 한다.

21) 김정일, "당의 두리에 굳게 뭉쳐 새로운 승리를 위하여 힘차게 싸워 나가자,"
『김정일 선집 14』(평양: 조선로동당출판사, 2000), 3쪽.

22) ≪로동신문≫ 1998년 3월 14일.

23) ≪조선중앙방송≫ 1995년 10월 6일.

24) ≪로동신문≫ 1999년 7월 18일.

25) "Democratic People's Republic of Korea, International Religious Freedom Report
2003," Bureau of Democracy, Human Rights and Labor, http://www.state.gov/g/
drl/rls/irf/2003/23833.htm.

26) 탈북자 증언(2000.5.22, 5.24), 통일연구원,『북한인권백서 2003』, p. 144.

27) ≪연합뉴스≫ 2001년 6월 15일.

28) 신법타,『북한불교연구』(서울: 민족사, 2000), 97쪽.

29) 조국평화통일불교협회(평불협) 신법타 스님, 2002.6.26.

⟨참고문헌⟩

1. 북한문헌

김정일, "당의 두리에 크게 뭉쳐 새로운 승리를 위하여 힘차게 싸워나가자,"『김정일선집 14』(평양: 조선로동당 출판사, 2000).

김희일,『인민의 아편』(평양: 민청출판사, 1959).

백원규,『종교도덕의 반동성』(평양: 민청출판사, 1959).

정하철,『우리는 왜 종교를 반대하여야 하는가?』(평양: 조선로동당출판사, 1959).

조선녀성사,『생활과 미신』(평양: 조선녀성사, 1959).

허종호,『주체사상에 기초한 조국통일리론과 남조선혁명』(평양: 사회과학출판사, 1976).

홍경란, "조국통일과 종교인의 자세,"『조선사회민주당』1993년 3월.

≪로동신문≫ 1997년 7월 18일, 1998년 3월 14일.

≪조선중앙방송≫ 1995년 10월 6일.

2. 남한문헌

강인철, "월남 개신교·천주교의 뿌리,"『역사비평』1992년 여름.

국제정보연구원 편,『북한정보총람 2000』(서울: 국제정보연구원, 1994).

고태우,『북한의 종교정책』(서울: 민족문화사, 1988).

_____,『북한의 종교』(서울: 통일연수원, 1992).

김병로,『북한사회의 종교성: 주체사상과 기독교의 종교양식 비교』(서울: 통일연구원, 2000).

_____,『북한 종교정책의 변화와 종교실태』, (서울: 통일연구원, 2002).

_____, "한국전쟁의 인적손실과 북한 계급정책의 변화,"『통일정책연구』9권 1호 (2000).

김흥수·류대영 공저,『죽한종교의 새로운 이해』, (서울: 다산글방, 2002).

류성민,『북한종교연구 Ⅰ·Ⅱ』(서울: 현대사회연구소, 1992).

_____,『종교생활』(서울: 공보처, 1994).

문화체육부,『宗敎資料集』(서울: 문화체육부, 1994).

박완신,『북한종교와 선교통일론』(서울: 지구문화사, 2001).

백중현,『북한에도 교회가 있나요?』(서울: 국민일보, 1998).

법 성, "북한의 종교,"『북한의 인식 4: 북한의 사회』(서울: 을유문화사, 1990).

북미주기독학자회,『기독교와 주체사상』(서울: 신앙과 지성사, 1993).

북한교회사 집필위원회,『북한교회사』(서울: 한국기독교역사연구소, 1996).

신법타,『북한불교연구』(서울: 민족사, 2000).

신평길, "노동당의 반종교정책 전개과정,"『북한』(1995년 7월).

양호민, "북한 사회주의의 실상," 인정수 외,『소련 동구 중국 북한』(서울: 문우사, 1991)

양한모,『민족통일과 한국천주교회』(서울: 일선기획, 1990).

윤동현,『북한의 종교실태』(서울: 국토통일원, 1986).

이찬영 편저,『북한교회 사진명감』(서울: 총회북한교회 재건위원회, 2000).

이항구, "북한의 종교탄압과 신앙생활,"『현실초점』1990년 여름

윤이흠, "북한의 종교정책과 종교현상,"『통일논총』제16호 (1998).

정태혁,『북한의 종교실태』, (서울: 국토통일원, 1981).

조동진, "역사 전환기에 있어서의 북한의 종교정책 변화와 우리의 대응,"『평화통일과 북한선교(I)』(서울: 서부연회출판부, 1998).

통일원,『남북종교교류 관련 자료집』(서울: 통일원, 1995. 9).

현대사회연구소 편,『북한종교연구 1, 2』(경기 성남: 현대사회연구소, 1991, 1992).

한국천주교주교회의북한선교위원회,『한국천주교 통일사목 자료집 1945-1991』(서울: 도서출판 사람과 사람, 1992).

홍동근,『비엔나에서 프랑크푸르트까지』(서울: 형성사, 1994).

≪연합뉴스≫ 2001년 6월 15일, 2002년 2월 28일, 2004년 1월 23일.

북한의 '우리식문화'에서 문화적 헤게모니

주 강 현

1. 북한생활사에 대한 재인식

북한연구방법론에서 관습적으로 빠지기 쉬운 함정은 북한을 오로지 정치적 스펙트럼으로만 바라본다는 데 있다. 어느 소설가의 방북기처럼, 그곳에도 사람이 살고 있는 이상 '사람 사는 이야기'를 중심으로 바라보아야 한다는 당위성이 제기된다. 이 당연한 문제제기가 여전히 북한연구사의 연구사적 공백으로 남아 있다.

북한의 민족생활풍습을 이해하기 위해서는 북한사회를 이해하는 두 가지 주요 방식인 '인민사'人民史와 '당사'黨史를 먼저 전제로 해야 할 것이다.[1] 그간 북한이해의 주요 측면으로 당사를 검토하는 일이 핵심을 이루었다. 물론 사회주의 나라에서 당사를 빼놓고서 사회를 설명한다는 것은 불가능하기조차 하다. 반면에 인민사를 빼놓고서는 당사도 올바르게 보이지 않는다.

이 말은 사회주의 나라 이해방식에서 '당과 인민의 대립'을 설정해야 한다는 논리전개가 아니다. 자본주의 나라에서의 시각으로 보면, '아래로부터의 혁명'과 '위로부터의 혁명'을 분리시켜 생각할 수도 있으나, 이는 북한사회주의 이해방식에서 온전한 방식이 될 수 없다. 가령 민중과 정권을 대립주체로 놓고서 민중생활사를 설정하는 방식과는 전혀 다른 문제다. 즉 민중생활사와 인민생활사의 개념을 동일한 차원으로만 생각한다면, 이는 전적으로 자본주의 나라의 사고방식에 입각한 시각이 될 것이다.

여기서는 인민사를 '인민대중'들의 구체적인 생활을 중심으로 역사 전반을 정리하는 범주 정도로 설정하고자 한다. 우리는 인민사를 통하여 해당 사회의 실생활에 보다 근접할 수 있을 것이다. 이에 비하여 당사는 인민사로 정리된 현상들이 사전에 당에 의하여 어떻게 지도·조직되었는가에 선차적인 주목을 돌리는 이해방식이다.

그러므로 사회주의 나라에서 당사 없는 인민사란 결코 존재할 수 없다. 역으로 인민사 없는 당사도 있을 수 없다. 가령 그 동안 구소련을 이해할 때 주로 당사 위주로만 이해해 오다가 급작스런 변화를 겪게 될 때 가서 비로소 소련인민들의 실생활상이 매우 중요하게 부각되었다는 경험을 고려한다면, 인민사의 중요성은 막중하기만 하다.

더구나 군중노선을 중시하는 북한사회에서는 인민사가 새삼 중요하다. 바로 인민사의 저변에 그들의 생활사가 바탕을 이루고 있는 것이다. 인민사의 당위성은 북한체제 자체의 속성에 비추어보아도 절대적으로 중요하다.

북한사회는 당의 영도를 중시하면서도 수령이 중심으로 되는 사회다. 즉 해방 이후 지금까지 조선노동당의 주도 아래 '혁명건설'이 추진되고 있다고 주장되면서, 이에 덧붙여 조선노동당은 '수령'의 영도 아래 주체사상을 구현하는 기관으로 정의된다. 따라서 북한사회에서의 당사는 여느 사회주의권의 당사와도 달리 독특한 의미를 지녀왔다. 그리하여 여느 사회주의 나라들의 '당사―인민사'에서 더 나아가 수령과 군중노선의 문제가 빠져서는 안 되는 매우 다른 양상을 보여준다.

수령은 북한사회를 결집시키는 중심체제, 아니 북한사회의 구심체로 작동하며, 인민과 당·수령은 전일적인 관계를 맺는다. 인민들의 생활 구석구석에는 당의 영도, 당을 영도하는 수령관의 문제, 인민들의 힘을 추동하는 군중노선의 문제들이 결합되어 있다. 북의 수령과 당·인민을 하나의 '사회정치적 생명체'로 간주해도 좋을 것이다.

인민사는 단순히 인민들의 투쟁만을 반영하는 것은 아니다. 인민사는 '인민생활사'라는 범주를 지닌다. 그러나 이들 생활사 서술이야말로 매우 난삽하고 서술 자체에 어려움을 겪는다. 워낙 범위가 넓은 탓이다. 그럼에도 인민생활사에 대한 올바른 이해가 없이는 인민사 서술 자체가 어렵다.

인민생활사는 매우 단순하면서도 보편적인 생활상이지만, 동시에 복잡하면서도 특수한 면모도 지닌다. 즉 북한주민들의 일상적이고도 보편적인 생활틀 속에서 북한사회의 복잡하면서도 특수화된 일면도 읽어낼 수 있다는 점이다.2)

민족생활사는 당연히 장기지속과 단기지속3)의 교호관계에서 발전해 왔다. 남북의 분단이 가져온 상호간의 변화된 조건이 단기지속적 이질성이라면, 남북에 두루 현존하는 민속전통은 장기지속적 동질성일 것이다. 따라서 북한연구에서 기존의 거시사적 단기지속성만 가지고 판단하는 준거틀에서 벗어나 장기지속적이며, 때로는 미시적인 접근도 소중하다.4) 나아가 생활사란 오늘의 역사학이나 문화사 연구에서 문제가 되고 있는 일상사의 맥락과도 당연히 연계된다.5) 즉 북한연구에서 연구방법론의 다원주의성을 확보해야 할 것이다.

이 글에서 논의의 초점을 두는 민족생활풍습이라는 설정 속에는 민족문제를 중시하는 입장이 전제되어 있다. 시대가 변하면 풍습도 변하게 마련이고, 북이나 남이나 전래풍습이 많은 변화를 가져온 것도 사실이다. 그러함에도 남과 북이 갈라져 살아온 지 반백 년이 되도록 여전히 전승이 이루어지는 것이 있다면, 그야말로 '엄혹한 분단시대에도 살아남은 남과 북의 민족생활풍습'으로 간주되어야 할 것이다.

2. 민속전통의 문화적 헤게모니

북한에서는 전통문화라는 말 자체를 쓰지 않는다. 보다 포괄적인 민족문화 혹은 민족적 양식, 민족문화 유산, 민족생활풍습 같은 용례를 쓰고 있다. 민속에 관해서는 전통민속이라는 말은 존재하지 않고, 민속전통이라는 말로 요약하고 있다.[6] 즉 북한에서는 전통문화라는 말이 함의하는 복고주의적 경향을 경계한다. 따라서 문화전통 혹은 민속전통은 사용하지만 전통문화란 말은 쓰지 않는다.

그러함에도 북한에도 남한식의 전통문화적인 개념이 존재하며, 실체도 존재한다. 단순하게 '존재'하는 차원을 넘어 어떤 면에서는 복고적이기까지 하다. 복고주의를 거부한다는 슬로건을 내세우고 있음에도 복고적 기풍이 엿보인다.[7]

전통은 북한사회에서 대단히 중요한 개념이다. 혁명전통, 항일유격대전통으로부터 출발하여 모든 것이 전통으로 논의된다. 북한에서 전통은 실생활단위의 실천적 '모범 따라배우기'에서부터 당의 기본노선에까지 이어진다. 북한문화를 논하면서 전통이란 측면을 무시하면, 북한문화사를 이해함에 있어 논리적인 일관성부터 혼란이 초래된다.

그러나 그 동안 북한문화를 연구하는 이들의 다수, 좀더 정확하게 말하여 대부분의 사회과학자들은 모든 전통문화에 대한 불필요한 편견을 간직한 '근대화론자'들이기도 하다. 전통의 본질적 속성을 가지고 방대한 책을 서술한 바 있는 케임브리지대학의 에드워드 쉴즈(Edward Shils) 교수는 이를 간단명료하게 "전통에 대한 사회과학의 우매함"이라고 갈파한 바 있다. 북한문화 이해방식에서도 생각되는 점이 많을 것이다.

현대의 사회과학은 헬라-로마의 고대로 소급해야 하고, 전통을 갖고 있으나 계몽주의 전통에 의존하여 왔다. 계몽주의로부터 전통에 대한 회의적 태도와 전통을 중요시하지 않는 사회개념을 전수했다. 실질적으로 사회과학자는 전통에 관해 아무 말도 하지 않는다. 요즈음 사회과학에 팽배해 있는 견해는 전통이 비현세적 개념에 감추어져 손실된 사회구조의 한 측면이라는 것이다.

사회과학자들은 '역사적 요소'로 되돌아가면서 할 수 있는 설명적 개요에서 전통을 누락시키며 전통과 대면하기를 꺼린다. 이렇게 하여 그들은 전통을 하나의 잉여부분으로 취급하며 지적 장애물로 보면서 제쳐놓고 만다. 그러나 전통의 탁월성과 그의 심오한 영향력은 너무 크기 때문에 전적으로 무시할 수 없다. 사회과학자들이 전통을 등한시하게 된 원인과 이유는 다양하다. 어떤 것은 사회과학자들이 발전시킨 문화의 일반적 취향 때문이다. 진보적 견해를 갖고 있는 사회과학자들은 전통이 퇴보와 극보수성과 연관되고 있기 때문에 증오했다. 그들은 현대사회가 전통 없는 상태에서 '이해관심'과 '권력'에 따른 행동으로 지배된다는 천박한 견해를 따르며 때로는 과잉 동조했다.

그러나 역사가나 인류학자들도 전통에 대해 깊이 생각한 것은 아니다. 현대로 접어들면 들수록 그들은 전통의 영향력을 더욱 적게 느끼고 현대 사회과학의 용어사용의 과오를 답습하게 되었다. 따라서 신념, 관행, 제도의 영역을 담고 있는 전통은 여타의 것들로 용해되어 버렸다.8)

쉴즈의 분석틀은 북한문화를 분석하는 데서도 유효하다. 북한은 '충분히 전통적인 사회'로 여겨진다. 이 글은 북한문화의 지형도를 지극히 전통적인 사회로 규정하면서 논지를 펴고 있다. 물론 '전통적인 사회'로 규정짓는 함의는 보다 복잡한 설명이 뒤따른다. 북한에서의 전통적인 요인을 분석하기 이전에 사전 전제로서 문화에서의 전통적인 요인이란 무엇일까.

1) 일상성과 보편성

북한문화 속의 전통적 요인을 찾는다면 그 기준은 어디에 두어야 할까. 두말할 것도 없이 일상성과 보편성을 두루 갖춘 문화에 초점을 맞추어야 한다. 평양감사가 거처하던 평양성답게 평양에는 1급 지방관아의 격에 어울리는 관속官俗이 존재했다. 개성의 양반집에서 향유되던 수준 높은 귀족적 문화도 존재했다. 그러나 이들 문화는 아무래도 보편적인 대중의 수준에서는 역시 격이 높다. 귀족주의적이고 봉건성이 강한 상층문화적인 전통 논의는 이 글에서 논외로 친다. 따라서 보편적인 일반대중이 향유하던 전통, 즉 민속문화 등이 논의의 중심을 이루어야 한다.

그래서 민족생활문화가 중요하다. 민족생활문화는 일상의 생활문화로서 일상성·보편성에 입각한다. 민족문화의 포괄범주가 애매할 정도로 크다면, 생활문화는 민족적 특성을 간직한 보편적인 일상의 문화를 포괄한다. 민족생활문화는 문화적 본질상으로 지극히 계층 편향적인 문화를 일정 배제함으로써 오히려 남북의 보편적 문화정서로 획득될 수 있는 분야다. 남북문화 가운데서 보편성과 일상성이란 각도에서 이어져 온 측면이 있는가를 유심히 바라보아야 한다.

2) 당대성과 현재성

북이나 남이나 명절을 기해 성묘를 다니고 차례도 지낸다. 남북에 공히 남아 있는 문화유산이다. 전통적이라고 하여 100년 전의 명절풍습이 똑같을 수는 없으며, 남북의 명절풍습이 같을 수도 없다.

도시집중으로 인한 인구이동의 결과, 명절날에는 엄청난 인구이동이 뒤따르고 자본주의식 백화점 세일이 붐을 이루는 것이 남의 명절풍습이다. 북의 명절에도 차례는 존재하지만, 유교식의 엄숙함과 제도적 형식을 요구하는 틀은 상당히 변모하였다. 어떤 민족생활문화도 시대에 따라 변화·발전한다는 점이 중요하다.

시대가 변화하면 그 어떤 문화도 변하게 마련이다. 전통이라고 규정한 가치규범은 시대의 변화에 따라서 필연적으로 변화하며 절대불변은 없다. 더욱이 해방 이후에 줄곧 사회주의 사회를 건설해 온 북한의 사회적 조건에서 과거 사회의 규범들이 그대로 온존할 수는 없다. 마찬가지로 자본주의 발전경로를 걸어온 남한사회 역시 과거 사회에서와 같은 규범의 민족생활문화는 이미 자기 자리를 잃은 지 오래다. 전승이 이루어진 어떤 민족생활문화도 현재적인 의미를 지닌다는 점이다.

민족생활문화는 복고적인 취향만은 아니다. 음식문화에서 여전히 과거에 먹던 김치와 밥을 즐기고 숟가락과 젓가락 문화를 향유한다고 하여 아무도 복고적인 문화로 보지 않는다. 일단 생활 속에서 전승이 이루어지고 있는 민족생활문화란 극히 현실적이고 당시대적이란 점이 망각되어서는 안된다. 따라서 민족생활문화에서 당대성의 인정은 대단히 중요한 관점이다. 변화된 조건의 같음과 다름을 상호 인정해야 한다.

3) 우성과 열성

북에서 민요가 대중가요로 자리잡을 수 있음은 민요가 문화적 헤게 모니를 장악하고 있다는 측면으로 이해된다. 남에도 민요가 없는 것은 아니지만, 방송에서 방영될 때는 주로 명절날이다. 추석날이나 설날에 잠깐 '끼워 팔기'로 민요가수를 등장시키다가 명절이 끝나면 깨끗이 사 라지는 현실이다. 아무리 다중이 뭐라 해도 나는 민요를 즐길 뿐더러 매우 사랑한다. 우리 것이라 사랑하는 것이 아니라 민요의 장쾌한 선율 과 흥겨움이 가져다주는 삶의 즐거움 때문이다. 그러나 남쪽방송의 황 금시간대는 역시 10대 취향의 대중가요들이다. 그렇다면 북에서 문화적 헤게모니를 지니고 있는 민요는 남북통합이란 측면에서 소중한 문화로 인정되어야 하지 않을까.

그러나 북에서는 당산제 등을 미신타파라는 이름으로 청산하였다. 협 동농장이 건설되면서 마을공동체의 마을단위 지역성이 강한 풍물도 통 합적인 풍물가락으로 변했다. 남에서는 마을공동체문화의 일환으로 줄 다리기, 당산제 등이 더러 이어지고 있다. 이 같은 공동체문화는 남쪽문 화의 문화상황에서 민족문화의 저수지 혹은 외래문화에 대한 어떤 문화 적 방파제로서 기능한다. '미신타파' 등이 갖는 근대지상주의적 모순이 내포하는 문제점을 이 자리에서 시시콜콜 재론할 필요는 없다고 본다. 남쪽의 풍부한 이들 민족생활문화는 현재로서는 북쪽에는 없는 것으로 서, 통일문화형성에서 중요한 역할을 담당해야 한다.

앞의 민요와 당신제의 각기 다른 처지를 통하여 남북문화는 난형난 제임을 알 수 있다. 분명한 사실은 분단의 엄혹한 조건 속에서도 살아남 은 민족생활문화적 요소들은 문화적 우성優性으로서 그 생명력이 면면 히 이어질 것이란 전망이다. 따라서 서로간에 공통적으로 살아남은 문 화적 우성은 통합과정에서 중요한 촉매역할을 해낼 수 있다. 이는 문화적 헤게모니의 문제와 직결된다.

다른 측면에서, 남북한이 각자의 처지에 따라 도태시킨 문화적 열성이라고 하여 통합과정에서 무시되어서는 안 된다. 사회주의와 자본주의라는 대립적 배경 속에서 이루어진 문화적 열성이라고 하더라도 통합과정에서 문화적 우성으로 자리바꿈이 가능하기 때문이다.

남에는 종묘제례악 같은 특별한 궁중음악이 이어진다. 종묘와 더불어 유네스코가 정한 세계문화유산으로 지정된 바 있다. 귀족주의적 입장에서 청산의 대상일까. 그렇지는 않다. 그 자체 민족음악의 보고로 인정된다.

북에서 새롭게 창조한 민족가극 같은 예술형식은 통일 이후에 청산되어야 하는가. 두말할 것도 없이 이어나가야 한다. 통일은 양자의 장점을 살리면서 분단 반백 년의 성과물들을 대승적으로 이어나가는 방식이어야 한다. 어느 한쪽의 시각만 가지고는 통일은 어렵다. 문화적 헤게모니의 열성과 우성을 두루 살펴보면서 통합논의를 전개해야 마땅하다.

4) 문화정치성

북한의 문화가 지나칠 정도로 정치적이라고 주장하는 이들이 많다. 맞는 말이다. 그런 소리를 들을 때마다 떠오르는 생각은, 그럼 남쪽의 문화는 정치적이지 않다는 전제인가 하는 것이다. 남쪽의 문화도 충분히 정치적이다. 충분히 자본주의적 삶을 반영하고 있다는 의미에서 정치성을 내포한다. 가령 섹슈얼문화는 몸을 담론으로 다루고 있어 비정치적일 것 같지만 그만큼 정치적인 문화도 없다. 즉 어떤 문화도 정치적 의미를 지닌다.

가장 탈정치적인 것으로 보이는 민족생활문화적 요소도 실상 정치적인 측면을 은폐하는 채로 존재하는 경우가 많다. 더욱이 북한사회처럼 어떤 목표치를 세워두고 인간적·사회적 개조를 추진해 온 사회에서 민족생활문화라고 예외는 아니다. 민속놀이에 대한 보존전승이 이루어지는 가운데 과거의 굿이나 무당 같은 신적 요소들은 일체 엄금한 데서 보듯이, 전승과 보존도 선별적으로 이루어져 왔다.

남쪽의 경우, 1960년대까지는 민족문화에 대한 방관적 입장을 취하다가 1970년대 이래로 적극적인 개입하여 '민족문화의 중흥'을 부르짖으면서 관속官俗에 가까운 문예부흥책을 펼쳤다.[9] 오늘날 남쪽의 민족생활문화는 정부의 지원과 보조로 연명해 가는 신세라고 혹평할 수도 있다. 민족문화가 생활 속에서 살아 움직인다는 측면에서는 남쪽이 훨씬 관제적이다. 문화재청이 하는 사업내용의 총목록을 살펴보면 보다 분명해진다.

돌이켜보면 남북은 공히 정치적 동기에서 문화전통을 '이용'해 온 측면이 강하다. 북에서도 혁명전통의 강화 속에서 민족문화의 위상을 주체적 입장으로 정리한 것이니, 남북이 공히 문화에서의 정치성을 강하게 띠고 있다고 판단된다.

앞의 1)은 남북문화통합의 방향이 일상적이고 보편적인 생활문화로부터 시작되어야 함을 의미한다. 남북의 특수한 조건에서 배태된 문화보다도 민족사의 보편성에 입각한 민족생활문화가 통일문화 형성의 절대적인 기준치로 제시되어야 함을 뜻한다.

2)는 민족생활문화에서조차 남북의 변화된 조건을 유연하게 받아들이는 조건 아래서 통합의 근거가 마련될 수 있음을 뜻한다.

3)은 남북의 상이한 조건에서도 살아남은 민족생활문화는 고스란히 통합과정에서 별 문제 없이 수용될 수 있음을 뜻한다. 그러나 남북의 상이한 체제로 인하여 약화·소멸되어 버린 민족생활문화를 일정 정도 복원해야 할 필요성을 제기한다. 가령 남쪽에서는 잘 전승된 민족생활문화가 북쪽에서는 단절을 겪었고, 반대현상도 존재한다. 단절의 이유가 민족사적 견지에서 타당하다면 문제가 없으나, 어느 한쪽의 이데올로기

적 희생물로서 문화적 멸종을 가져왔다면 의당 통합과정에서 복원되어야 마땅하다.

4)는 현실적으로 존재하는 어떤 민족생활문화도 정치적인 문제와 무관할 수 없음을 뜻한다. 따라서 이 문제는 민족의 통합방향, 즉 통일민족국가의 체제성격이 어떠한 방식으로 전개될 것인가에 따라서 규정될 전망이다.

오늘날 북에서 연연히 이어지는 전통문화적 요소들이 있다면, 이들은 문화적 우성으로서 변화·발전된 사회적 조건에 부합되게 적응되어 온 것으로 간주하여 마땅하다. 동시에 오늘의 북한사회에서 이루어지고 있는 어떤 전통적인 요소들도 지극히 '현실적'인 문화임을 말해 준다. 현실적이기에 북한사회의 문화건설방략과 일치되게 나타나고 있으며, 실생활 곳곳에서 널리 보편화되고 있다.

3. 민속전통 헤게모니의 문화사적 요인

북한에 전통적인 요소가 강한 이유는 무엇일까. 민족적 형식을 강조하는 사회분위기 때문일까. 단서를 찾기 위해서는 조금 시기를 위로 소급해 보아야 한다.[10] 오늘날 북한생활에 전통적인 요인이 있다면, 일제시대부터 해방과 동시에 이북지역에 사회주의가 건설되기 시작했다는 점을 무시할 수 없다.

해방 당시에 남북의 문화구조는 식민지반봉건 골격의 정치적 기반을 벗어날 수 없었다. 일본제국주의는 민족적인 것을 거세시켜 나가면서도 전통적인 골격의 잔해를 일정하게 온존시킴으로써 정체화작업을 추구하였다. 전통적인 골격을 그대로 두었다는 것은 결코 민족적인 풍습을 그대로 온존시키려는 의도에서가 아니라 고도의 식민지 착취를 해나가는 가운데 민중생활의 수준을 식민지반봉건의 낮은 수준으로 정체화시켜 나가려는 의도에서 비롯되었다. 일제는 다음과 같은 선별적 방식을 취하였다.

① 억압책: 민족적인 애국심을 불러일으킬 만한 것의 금지와 청산. (예: 민족심을 고양시킬 수 있는 대동놀이 등을 법으로 엄금함)11)

② 호도책: 민족적인 것 중에서 선별하여 왜곡시켜 나감. (예: 유사종교법, 무녀채취법 등을 통하여 민족종교를 통제하면서 교묘하게 파행의 길로 유도함)12)

③ 방관책: 봉건적인 유산은 그대로 방치하여 존속시킴. (예: 점복·기복 행위 등 사회성이 약한 문화는 방치시킴)

따라서 해방이 되면서 북한사회에서 해야 할 가장 중요한 일들은 앞의 ①로 인한 것들을 다시 불러일으키는 문제와 ②로 인한 것들을 사회주의 건설에 맞게 바꾸어나가는 방식이 요구되었다. 물론 ③은 청산절차를 밟았다. 즉 북한의 '해방공간은 반제반봉건투쟁시기'로 정리된다.13) 해방공간에서 식민잔재 청산은 바로 민족적 전통성을 회복하였다는 논리와 통한다. 이 점은 북한정권이 내외적으로 누누이 선전하고 있는 대목이기도 하다. 생활에서 식민잔재인 왜색풍이 사라진 것만으로도 전통성을 확보하는 데 토대를 마련한 것으로 보인다. 해방되던 시기의 이북지역 전통문화적 요소들의 일반적 처지는 다음과 같이 정리될 수 있을 것이다.

해방되고서 남북이 분단되었던 초기였고, 이북에서는 아직 반제반봉건투쟁기로 설정되었던 시기인 만큼 예전의 전래 봉건적 풍습들이 각 마을단위 생활 속에서 온존하고 있었다. 가령 명절이나 놀이, 의식주생활, 농기구 등의 민속자료들이 여전히 '살아 있는 민속'으로 자리잡고 있었다. 따라서 전통문화의 현실적 조건은 전래의 삶에서 크게 벗어나지 않았던 것으로 보인다. 그러나 1947년 이후의 사회주의 혁명단계로의 이행은 북한의 농촌 곳곳에 낡은 사상과 생활관습에 대한 청산을 요구받게 된 것으로 보인다. 특히 토지개혁 실시는 농촌사회 내부의 질적인 변화를 의미하였다. 그럼에도 여전히 북한지역 곳곳에는 전통문화적인 유산들이 남아 있었고, 그만큼 문화적 전통성이 강했던 시기이다.[14]

이 같은 문화적 조건을 감안할 때, 해방과 동시에 북한사회가 사회주의 건설로 접어들었음은 생활에서 전통적인 요인들이 그대로 연속될 수 있는 가능성을 열어놓았다. 전통적인 요인이 강한 상태에서 '닫힌 사회'로 나아갔으니, 오늘날까지 전통적인 요소가 강하게 남아 있는 근거를 만들어주고 있는 것이다.

당시 소련과 미국을 비롯한 냉전구조는 자본주의 문화와 사회주의 문화 자체의 냉전도 의미하였다. 따라서 북한에 들어온 문화란 대개 소련식, 중국식, 그 밖에 동유럽의 문화들이 거의 전부였다. 당연한 논리이지만 미국식 대중문화 따위는 전혀 들어올 수가 없었다. 미국식 대중문화가 들어올 수 없었다는 것은 문화구조에서 전통적인 요인이 그대로 존속할 수 있는 지지기반을 의미하였다.

대개 현대자본주의의 대중문화가 지닌 엄청난 대중장악력을 고려할 때, 북한문화는 어떤 면에서는 '온실 속의 화초'로서 잘 자라온 셈이다. 전통문화는 문화창조자와 수요자가 일치하는 경우가 많기 때문에 대중이 오로지 '상품화된 객체'로 서 있기를 요구하는 자본주의 대중문화와는 질적으로 다른 것이다. 새롭게 외국에서 곧바로 이입되는 대중문화가 없이 해방 이후의 문화적 연속성이 그대로 지속되었다는 사실은 그 자체만으로도 문화적 전통성이 이어지는 결과가 되었다.

일찍이 그람시(Gramsci)는 자본주의 대중문화구조에서 민속문화가 지니는 성격을 공식부분과 비공식부분으로 갈라서 고찰한 바 있다.[15] 그가 주장하는 민속에 대한 패러다임을 차용해 본다면, 북한사회에서의 전통문화는 공식적 부분을 대중문화가 장악하는 자본주의식 시장문화 논리와 다른 길을 걷게 되었다. 가령 자본주의 사회에서는 민요 같은 전래음악 양식은 결코 문화적인 헤게모니를 장악할 수 없었다. 문화적 헤게모니는 팝송이나 뽕작 등 외래적 대중문화에 내주게 되었다. 반면에 북한에서는 민요가 음악의 중심이 됨으로써 오히려 문화헤게모니에서 공식부분으로 들어가는 방식이 취해졌다.

물론 북한이 아무리 민족적 문화전통을 옹호한다고는 하였지만, 시행착오 또한 많았다. 벌써 오래 전의 일이지만, 소설가 황석영이 북한을 다녀온 '죄'로 외국에서 떠돌 당시에 국내에 보낸 글 중에서, 북한문화를 '신식'으로 평가하고 남한은 자본주의식으로 평가한 대목이 떠오른다. 북의 문화전통은 현대적 미감을 표방한 신식에 기초한다. 현대적 미감을 강조하여 현대화시키는 것은 당연한 일이기도 하였으나, 문화관료주의적 병폐도 적지 않았다. 상당히 많은 착오가 생겼다. 많은 편향을 거치면서 민족중심의 문화관을 성립시키게 된 것이다. 즉 북한정권은 창건 초기부터 정치와 문화의 관계에 대한 인식과 중심—주변의 문화적 관계를 역전시키려는 일종의 탈식민지담론(post-colonial discourse)을 많은 시행착오를 거치면서 완성해 간 셈이다.16)

그럼 민요를 중심으로 북한문화의 문화적 헤게모니를 분석해 보기로 하겠다. 사람에 따라서는 북한만 아니라 남한에도 민요가 많다는 주장을 한다. 그러나 10% 정도는 맞지만 많이 틀린 답이다. 남한의 농촌에서는 지금도 근근히 노인층을 중심으로 이어지고 있는 노동요, 신세요 등이 민요발굴이란 이름으로 다수 발굴된다. 민요학자들이 중심이 된 구비문학연구자들의 주요 연구항목에서 민요는 빠지지 않는다. 또 MBC 방송사에서는 민요를 방송사 차원에서 답사한 결과를 책으로도 펴냈으며, 공중파로 실어보낸다. 남한에도 민요가 살아 있다는 증거이다.

그러나 남한에서 민요는 문화적 헤게모니와 무관하다. 남한의 방송국

황금시간대에 민요가 등장하는 경우란 없다. 명절날 김세레나 같은 옛날 가수들이나 경기민요창을 하는 문화재가 등장하여 한두 곡조 뽑고는 퇴장한다. 명절이 지나면 언제 그랬냐 싶을 정도로 민요는 사라진다. FM 등에서 민요를 방송하는 경우가 있어도 대개 많은 사람들이 ‘잠들 만한 시간’에 내보낸다. 민요를 접대하는 방식이 일반적으로 이와 같다. 따라서 “남한에도 똑같이 민요가 있다”는 항변은 잘못된 것이다.

문제의 핵심은 문화적 헤게모니다. 북한에서 민요는 분명히 문화적 헤게모니를 쥐고 있다. 이 점이 중요하다!

민요에게 노래의 문화적 헤게모니를 부여한 북한의 문화사는 민족사적 견지에서 볼 때 반가운 일이다. 통일이란 대전제 아래서 미래의 민족음악의 존립근거를 마련해 주고 있다는 큰 그림으로 바라보아야 하지 않을까. 노래는 결국 정서의 문제이다. 노래의 정서가 민족적인 민요에 바탕을 두고 있고 대중적으로 불려진다는 것은, 민족정서의 지속과 전승이란 점에서 높이 평가해도 무방하지 않을까.

4. 우리식 사회주의의
우리식 문화와 민족제일주의

‘우리식 사회주의!’ ‘우리식으로 살자!’ ‘우리식 사회주의는 필승불패이다!’ ‘조선민족제일주의!’ ‘민족적 형식과 사회주의적 내용!’ … 이 같은 다양한 슬로건은 북한의 문화관을 잘 웅변해 준다. 이 슬로건들은 바로 북한의 ‘우리식 사회주의’가 나아가는 어제와 오늘을 잘 말해 주고 있으며, ‘우리식 사회주의’의 생활양식도 바로 이들 슬로건에 잘 부합된다.

‘우리식’이란 바로 “조선의 혁명은 조선땅에서 조선사람이 하는 것이다”는 혁명전통이론에서 나왔다. ‘우리식’을 유별나게 강조함으로써 ‘조선사람의 구미에 맞는 문화'를 건설해 왔다고 주장한다. 한마디로 문화에서 민족제일주의 전통이 뿌리내린 '우리식'이 관철된다. '조선사람의 구미에 맞는 문화'란 바로 민족적 전통성을 지니고 있는 문화를 의미하므로, 북한의 문화정책에서 전통적인 요인을 찾아보기란 어려운 일이 아니다. 다음은 작은 사례 하나이다.

최근에 북한에서는 민속놀이 '내나라 돌아보기'가 인기다. 명승지를 그린 도표를 놓고 주사위를 던져서 출발점으로 돌아오는 겨루기 놀이인데, 전래의 람승도놀이에서 비롯되었다. 무소속대변지 ≪통일신보≫ (1999.10.9)에 의하면, 지도에 북한의 각 도소재지, 주요 도시를 그려놓고 평양을 출발하여 전국 나들이를 하고 난 다음에 빨리 돌아오는 놀이 방식이다. 주사위 육면체에는 각 점의 수에 따라 걷기(1), 자전거(2), 자동차(3), 기차(4), 비행기(5), 배(6)를 표시하였다. 일제 강점기에 끊어진 놀이를 "광복 후에도 남승도놀이는 우리나라의 현실을 반영하여 여러 가지 답사놀이로 개량해 놀게 됐다"고 말한다.17) 이런 자그마한 민속놀이에서조차 우리식 전통이 고수되고 있음을 보여준다.

'우리식'은 주체사상의 민족문화 건설방략에서 출발한다. 이쯤에서 주체사상에서 바라보는 민족문화에 대한 관점을 원론적 수준에서 다시 들추어볼 필요가 있다. 주체사상의 민족문화관은 "민족을 특징짓는 중요한 표징은 문화이며, 민족의 발전은 바로 문화의 발전으로 이루어진다"로 요약된다.

사회주의 문화건설 이론은 주체혁명이론의 중요 구성부분이다. 문화건설이론은 주체혁명이론의 분야별 이론인 인간개조이론과 사회개조이론의 중요한 내용을 이루며, 주체의 혁명이론이 담고 있는 사회주의 혁명론, 공산주의 건설 이론의 중요 내용을 이룬다. 따라서 민족문화 유산을 비판적으로 계승·발전시킴은 새로운 사회주의적 민족문화를 발전시키는 데 중요한 의의를 가진다고 보면서, 세계혁명이 승리하려면 아직 멀었고 나라의 민족의 한계가 남아 있는 조건에서는 민족문화의 좋은 전통을 옳게 살려나감이 매우 중요한 문제라고 간주한다. 사회역사적 및 자연지리적 조건, 사람들의 체질, 감정과 취미, 생활풍습 등에서 서로 구별되는 것만큼 자기의 민족적 특성에 맞는 문명을 건설하여야 민족을 문명화하는 사업에 참답게 이바지할 수 있다고 보는 것이다.[18]

'자기의 민족적 특성'이란 대목은 북한의 문화건설에서 중요한 관점이다. 누가 무어라고 하든지간에 자기의 특성을 살려야 한다는 방도가 제시된다. 사회주의 문화건설의 방략은 바로 주체적인 문화건설을 의미하는 것이다. 그러나 시대와 사회의 발전에 따라서 인민들의 미감도 발전하고 문화의 내용도 발전하는 만큼, 민족적 형식은 새로운 시대의 요구와 혁명과 건설의 이익에 맞게 개조되고 혁신되어야 한다. 결국 민족문화 유산을 비판적으로 계승·발전시키기 위해서는 과거의 문화유산 가운데서 진보적이고 인민적인 것과 낡고 반동적인 것을 옳게 갈라내어 낡고 반동적인 것은 버리고 진보적이고 인민적인 것을 살려야 한다는 것이다. 이는 민족문화를 비판적으로 올바로 계승·발전시키려면 민족허무주의와 복고주의를 철저히 극복하여야 함을 의미한다.

이상은 주체사상의 관점에서 바라본 민족문화 건설에 관한 기본 입장이다. 따라서 자기식의 민족문화에 강조는 '우리식 사회주의의 우리식 문화'라는 귀결점으로 완결되었다. 이제 '우리식'에 대한 내용을 검증해야 할 차례이다.

우리식 사회주의가 유난히 강조되는 이면에는 오늘의 북한사회가 처한 국제적 현실과 무관할 수 없다. 20여 년 전, 1980년 10월 6차 당대회 사업총화보고를 통해서 김일성은 "우리식대로 해야 혁명과 건설을 곧바로 승리의 한길로 전진시킬 수 있다"고 강조하였다. 80년대 후반으로 오면서 국제사회주의 운동의 전면적 후퇴와 더불어 우리식 사회주의에 보다 강조점을 강하게 찍었다.

　당기관지 『근로자』는 "우리식대로 살아나가는 것은 우리 당이 일관하게 견지하고 있는 전략적 방침"이라는 글을 실었다.[19] 그리고 1992년 1월 3일 김정일 위원장은 노동당중앙위 책임일꾼들과의 담화문 "사회주의 건설의 역사적 교훈과 우리 당의 총노선에서"에서 "우리 인민은 자신이 선택하고 자체의 힘으로 개척하여 온 사회주의 위업의 정당성과 그 정도에 대하여 확고부동한 신심을 가지고 있다"고 하면서 자신의 선택과 자체의 힘을 강조하였다. 사회주의 위업을 확고히 고수하고 승리적으로 전진시켜 나가는 것은 인류의 운명이라고 하면서 우리식 사회주의의 우월성을 지켜나갈 것을 거듭 강조하고, "우리식 사회주의는 필승불패이다" 같은 글이 사회주의 해체 이후에 속속 발표된 바 있다.

　"우리식 사회주의는 필승불패이다"는 1990년대부터 2000년대까지 북한의 '우리식 문화'를 이해하는 데 매우 중요한 의미를 지닌다. 여기서 약술된 '인민대중 중심의 우리식 사회주의'라는 개념규정은 김정일 시대의 북한문화를 규정짓는 기본 노선이기도 하다. 사실 북한에서 '우리식'을 맨 처음 등장시킨 이는 김정일 자신이다.

　1978년 12월 당중앙위원회 책임간부협의회에서 김정일은 이렇게 말한다. "우리식대로 살아나가자. 바로 이것이 오늘 우리 당이 중요하게 내세우고 있는 전략적 구호이다." 또 1989년에는 당이론지 『근로자』(10월호)에 "우리식대로 살아나가는 것은 우리 당이 일관하게 견지하고 있는 전략적 방침"이라는 제목의 논문을 썼는가 하면, 1991년 5월에는 "인민대중 중심의 우리식 사회주의는 필승불패이다"를 발표하였다. 1994년 11월에는 "사회주의는 과학이다"를 통해서 우리식 사회주의를 이론화하였다.

　우리식의 강조는 분명히 동유럽권의 붕괴조짐에 맞물리면서 강화된 측면이 있다. 1990년대 후반, 경제난이 가중되면서 우리식의 강조는 더욱 강해지는 감이 있다. 생활풍습에서도 90년대 들어오면서 이전보다 더욱 '조선적인 것'을 강조하고 그 뿌리와 현재적 당위성을 강조하고 있다. 더욱이 개방이라는 전환을 시도하면서 '바람은 들여오게 하나 모기장은 친다'는 원칙이 서 있으므로 모기장 역할을 할 수 있는 '우리식'의 입장이 더욱 강해질 수밖에 없다. "… 필승불패"에서 거론한바, "조금이라도 사상교양사업을 약화시키면 부르주아 자유화바람이 들어올 수 있다"는 대목이 그것이다.

≪로동신문≫과 『근로자』의 공동논설 "제국주의의 사상문화적 침투를 배격하자"(1999.6.1)를 한번 보자.

> 제국주의의 사상·문화적 침투는 세계제패 전략의 중요한 수단이다. 역사적으로 볼 때 제국주의자들의 지배주의적 책동은 주로 두 가지 방향에서 진행되었다. 하나는 다른 나라를 군사·경제적으로 침략하는 것이고, 또 하나는 사상·문화적 침투의 방법으로 와해시키는 것이다. 전자는 과도적인 힘의 논리에 기초한 것이라면, 후자는 내부와해 전략에 기초한 것이다. 여기에서 제국주의자들이 가장 큰 기대를 거는 것이 다른 나라들에 대한 사상·문화적 침투이다.

"인류문화는 매개 민족이 창조한 문화의 집합체이지 그 어떤 특정한 나라와 민족만이 창조하는 것이 아니다"는 주장이다. 세계화논쟁에 대한 북한문화의 대응방식이기도 하다. 다음은 남북정상회담이 끝난 직후의 노동당기관지 ≪로동신문≫(2000.6.29)에 실린 논설이다.

> 나라와 민족마다 실정이 다르고 도덕과 정서도 같지 않은 만큼 맞지도 않는 남의 식, 특히 서방식을 무작정 받아들인다면 온 나라가 골병이 들고 난장판이 되고 만다.

또 조선작가동맹의 김명익 시인이 발표한 시 「조선사람들」을 보면, 코카콜라를 놓고서 고민하는 모습이 잘 드러난다.

> 우리는 이렇게 허리띠를 조이면서도
> 서양의 코카콜라는 얻어 마시지 않았다
> 시뻘건 흙탕물을 마실지언정
> 제 나라 물을 마시었다

김정일이 아예 "우리는 코카콜라를 먹일 것이 아니라 백두산 들쭉단물을 먹여야 한다"고 강조한 데서 외세문화에 대한 대응전략이 엿보인다. 북한문화의 향후 전망은 내부적 요인과 국제적 환경이 맞물리면서 더욱 '우리식'의 강조로 나아갈 예정이다. 또한 '우리식'은 민족제일주의와 상통한다.[20]

5. 우리식과 사회주의 생활문화의 현대적 미감

1980년대 이래의 다양한 글을 면밀하게 분석해 보면, 북한문화가 '우리식'에 기초할 수밖에 없는 현실적인 기반 위에 서 있음이 분명하다. 그러나 아무리 우리식을 강조한다고 해도, 문제의 핵심은 우리식에만 있는 것이 아니라 '현대적 미감'에 있다. 현대적 미감의 강조는 역설적으로 현대적 미감이 약하다는 반증이 아닐까.

북한사회 내부에서 받아들이는 현대적 미감과 세계적 수준에서의 현대적 미감은 엄연한 차이가 있다. 가령 패션을 예로 들어보자. 제1세계 중심의 패션이 제3세계까지 휩쓰는 패션의 세계화시대에 북한의 패션은 이와 무관하다. 북한이란 공동체사회 내부에서는 문제가 없을 수도 있고, 주체사상의 문화관이 자기 식인 이상 자기 식으로 산다는 데 문제가 될 것도 없다. 그러나 북한이 외화벌이를 해야 하고, 봉제가공산업을 통하여 수출을 늘려야 한다는 현실적인 문제를 대입시킨다면 사정은 달라진다.

이상의 예는 어쩜 극단적인 것일 수도 있다. 그러나 현실은 엄연히 현실이다. 제국주의 문화를 거부한다는 차원에서의 자주적인 문화건설 이론이 문제가 될 것은 없지만, 그러한 귀결점이 고립이란 차원으로 내려앉는다면 북한 자체의 국익에도 도움이 될 것이 없다. 북한으로서는 자주성을 옹호하기 위한 우리식 문화관과 '자본주의 포위공략'으로 받아들이고 있는 세계화의 병존이라는 이중적 환경 속에서 '고난의 행군'을 계속하고 있는 것이다.

북한의 '우리식'에 대하여 시시비비를 거론할 필요는 없을 것이다. 통일문화형성이란 실사구시적인 측면에서 크게 접근할 필요가 있다. 한번쯤 생각해 보자. 북한이 이룩한 우리식 문화의 내용 중에서 민족문화의 장래에 부합될 만한 타당한 것들이 있다면 과감하게 받아들여 통일문화의 토대로 삼아야 하지 않을까. 가령 북한에서 이룩한 많은 건축군 가운데 인민문화궁전 같은 높은 층수의 기와집 양식은 우리식이면서도 나름의 세련된 민족조형양식을 보여주는 현대적 미감에 입각하고 있다.

조선식 건축물에서 중요한 것은 색조이다. 인민대학습당은 지붕을 청기와로 했고 단청도 점잖다. 아래에서부터 위로 올라가면서 연한 색에서 진한 색으로 처리하는 원칙으로 해결하였다. 또한 무늬장식을 옳게 하는 것이 중요하다. 모란꽃·진달래꽃 무늬 등 자연적 소재와 기하학적 무늬를 옳게 배합하고, 양각무늬·투각무늬·음각무늬·색무늬 등 장식무늬 형식의 구성에서도 다양성을 보여주었다.[21]

건축 역시 구태의연한 방식이 아니라 현대적 미감을 지녀야 한다는 명제로 압축된다. 즉 '축에서 비반복성과 독창성을 살리는 방도라는 이름으로 김정일에 의해 제시되었다는 '비반복성과 독창성의 원칙'은 북한 현대건축에서 현대적 미감을 살리는 데 매우 중요한 과제로 제기되고 있다. 건축을 비반복적으로 특색 있게 창조해야 한다는 이론은 "건축의 본질적 특성과 사명에 대한 가장 올바른 해명에 기초하고 있는 독창

적이며 과학적인 이론으로서 건축창조사업에서 혁명적 전환을 이룩하
게 하는 중요한 담보의 하나"로 평가된다.22) 다음은 송두율의 말이다.

> 필자의 눈에는 그래도 자주성과 현대성 사이의 균형을 가장 잘 드
> 러낸 분야는 건축예술분야로 보였다. 100m 이상의 폭을 가지고 곧장
> 뻗어나간 새로 건설된 평양시 광복거리에는 다양한 형식의 현대식 건
> 물들이 여러 가지의 지붕형태나 벽 구성을 보여주고 있다. 서구의 '탈
> 현대'나 '신현대' 건축양식처럼 복잡하지 않으면서도 전통과 현대를
> 새롭게 결합하려는 의도가 확실히 드러나 보였다.23)

이 같은 점은 향후 통일시대의 민족적 건축군을 현대적 미감으로 짓
는 데서 토대가 될 것이 분명하다. 왜냐하면 남한사회에서는 민족건축
군을 그런 방식으로 제대로 지어본 전례가 없기 때문이다. 마찬가지로
남한의 문화정책과 문화인프라 중에서 민족문화의 유구한 연속성을 보
장하는 것이 있다면 과감하게 통일문화의 토대로 삼아야 함은 당연한
자세일 것이다.

따라서 북한문화의 우리식과 현대적 미감은 북한문화를 읽는 중요한
두 가지 화두이다. 그러므로 우리식과 현대적 미감의 변화추이를 유심
히 지켜보고 이에 대한 대응전략을 마련하는 것은 통일문화전략을 공동
으로 모색하는 데서 중요한 과제가 될 수밖에 없는 것이다.

여기서 현대적 미감과 신식주의의 변별성 문제를 거론해야 할 것이
다. 언뜻 신식주의와 현대적 미감은 같은 것으로 여기기 쉬우나, 북한은
이를 명확하게 구분한다.

북한은 정권담당 초기에 지나친 '신식주의'에 빠졌던 것으로 보인다.
북한문화계의 모든 곳에서 소련식이 선호되는 방식으로 나아갔다. 즉
소련식·중국식 사회주의권 문화는 어떤 방식으로든지 북한 사회문화
에 영향을 주었다. 이렇게 전통문화가 신식으로만 흐를 전망을 보여주
었으나, 반종파투쟁을 비롯한 당 내부투쟁을 거치면서 마침내 문화에서

도 주체노선 확립이 이루어진다. 이는 소련식·중국식 등의 문화가 비판의 대상이 됨을 의미했다. 오죽하면 70년대 벽두에 김정일 스스로 다음과 같은 말을 던지고 있겠는가.

최근에 와서 일부 편협한 사람들에 의하여 민족문화 유산을 다루는 데서 일련의 편향이 나타나고 있습니다. 문화예술부문의 일부 일군들은 봉건유교사상을 반대한다고 하면서 유구한 력사를 통하여 우리 인민이 창조한 민족문화유산을 덮어놓고 나쁜 것으로 보고 있으며 오랜 옛날부터 전해 내려오면서 인민들이 즐기던 춤도 추지 못하게 하고 노래도 부르지 못하게 하고 있습니다. 이것은 우리 일군들이 민족문화 유산에 대한 옳은 인식을 가지고 있지 못한데서 나온 하나의 편향입니다.[24]

가령 문화성의 일꾼들이 사당춤을 옛날 절간에서 추던 춤이라 하면서 못 추게 한 일 등을 지적하였다. 사당춤은 일정한 형식을 갖춘 작품인 것이 아니라 즉흥적이면서도 재치 있는 동작으로 엮어진 소박하면서도 아름다운 춤가락과 민족적 흥취가 풍만한 춤임을 지적하면서 비판하였다.[25] 김일성의 다양한 발언을 요약해 보면, 당시 북한사회에 많은 편향이 존재하였음을 알 수 있다.[26]

여전히 북한문화에는 어떤 ‘신식주의’가 엄존하고 있다. 민족문화를 강조하면서도 봉건잔재적 제한성이 있다 하여 정작 탈춤 등은 연구는 하되 보급은 시키지 않는다거나, 줄다리기·마을굿 등을 미신적 속성이 있다고 하여 박멸시켜 버린 것 등이다. 이를 소설가 황석영은 아예 ‘북한식 신식주의’의 오류였다고 비판한 바도 있다.

신식주의와는 별도로, 북한문화에도 일정한 보수성이 존재함을 감지하게 된다. 그 보수성은 문화적 관료주의라고도 할 만한 것이다. 유일사상에 입각한 주체의 문예이론이 통일된 사회주의 생활을 이끌어낸다는 점에서는 필연적인 것이지만, 자칫 관료주의화·보수화할 수도 있는 것이다. 시대가 변하면 문화도 변한다는 평범한 논리가 들어맞지 않을 수도 있는 것이다.

가령 북한의 문학예술에서 유별나게 강조하고 있는 부분이 실생활에서는 이루어지지 않아 현실과 이상의 괴리감이 생기는 경우도 많다. 그리하여 현대적 미감이란 말이 김정일 위원장에 의하여 누누이 강조되고 있거니와, 이는 반대급부로 현대적 미감에 뒤떨어진 문화가 대다수 존재한다는 것을 역설적으로 강조하는 것이기도 하다. 우리식은 신식주의가 아니라 현대적 미감을 획득함으로써 자기 힘을 발휘할 것이란 점이다.

신식주의와 현대적 미감이 분명히 다르다는 문예정책적 입장은 북한의 전자음악단에서 잘 드러난다. 북한에서 이루어지고 있는 음악의 변화에서 가장 두드러진 측면은 아마 전자음악단의 출현일 것이다. '부패하고 부르주아적인 제국주의 음악'이라고 비판해 마지않던 음악일 수도 있는 전자음악을 받아들이는 추이를 세심하게 검토할 필요가 있다. 북한에서는 전자음악도 '우리식'으로 받아들이고 있는데, 80년대 들어오면 매우 구체적으로 우리식 경음악에 대한 창작문제가 거론된다.

"민요를 소재로 하는 것은 우리 경음악의 확고한 민족적 바탕 위에서 건설하기 위한 중요한 담보로 된다. 다른 모든 예술과 함께 경음악도 민족적인 것을 바탕으로 해야 하며 인민들의 취미와 정서에 맞게 발전시킬 수 있어야 하며 그래야 그들이 쉽게 이해하고 즐길 수 있다."[27]

전자음악을 받아들이는 데서도 "절대로 남의 풍에 놀거나 남의 뒤꼬리를 따를 것이 아니라 그것의 우점과 특성을 최대한으로 살려 인민들이 즐겨하고 혁명에 필요한 참다운 예술, 우리식의 독창적인 전자음악을 창조해야 한다"고 강조한다.

그리하여 1985년 6월 5일에 전자음악을 전문으로 하는 보천보전자경음악단이 등장한다. 보천보악단은 전문기량을 갖춘 연주가·가수·작곡가로 구성된 북한 최초의 현대판 팝앙상블이라고 할 수 있다. 신디사이저 같은 전자악기뿐 아니라 양악기와 전통악기를 혼용하며, 음악효과를 극대화하기 위해 성악·무용의 전속배우와 합창단도 두고 있다.

'우리식 전자음악'의 기본 특징은 "자주성을 지향하는 현시대의 요구와 인민대중의 생활감정에 맞는 진실로 아름답고 고상한 혁명적이며 인민적인 음악"이라는 데 있다. 전자음악이 시대의 지향에 맞는 주체적이며 혁명적인 음악으로 됨은 선율이 철저히 민족적 바탕 위에서 이루어짐을 의미한다. 노래란 민족의 넋이고 숨결이므로 어느 나라의 어떤 음악이든지 민족적 선율을 바탕으로 해야 된다는 것이다. 보천보경음악단의 공연이 대중들에게 높게 평가받는 것도 민족적 바탕에 기초를 둔 뛰어난 예술적 형상수법에서 비롯된다고 본다.

"민족적 향취와 조선음악의 감미로운 향기가 그윽하게 풍기는 새로운 조선식 전자음악"을 지향해야 하며, 가능한 한 "민족적 정서가 넘쳐나는 아름답고 유순한 선율과 민족적 흥취를 돋우는 조선장단을 적극 살려 쓰면서 전자악기들의 이용에서 될수록 민족적 색깔에 가까운 음색을 골라 쓰고 악기편성에 새납과 꽹과리 같은 민족타악기도 효과 있게 넣어 거기에서 우리의 맛, 조선맛이 두드러지게 하고 있다"고 평가된다. 민족장단을 독특하게 살리고 다양하게 변화시키는 일이 중요한 반면에, 고티가 나지 않게 현대적 미감을 살려야 함을 강조한다.28)

여기에서 하나의 '보론'으로 생활문화에서의 통속성과 민족성의 여러 관계를 살펴볼 필요가 있다. 왜 현대적 미감을 주장하면서도 남한사람들에게는 그것들이 '촌티'로 다가오는가 하는 하나의 구체적인 사례를 검토해 보기로 하겠다.

실제로 남북문화교류가 활성화되면서 대중들이 쉽게 접하게 되는 시각적 이미지는 '촌스러움'이다. 지나칠 정도로 차갑게 느껴지는 서구풍의 미니멀리즘(minimalism)에 중독된 남한대중에게 북한문화는 '촌스럽게' 강렬한 이미지를 남긴다. ≪조선일보≫ 같은 데서는 이를 아예 '북한이미지 돌풍'이라고 표현하기도 했다(2000.6.15). 정상회담을 전후하여 북한풍 이미지는 젊은 층 대상의 광고에서도 넓게 채용되고 있는데, 게임 웹진 ≪게임21≫은 "반갑습네다! 게임21의 빛나는 영도 아래 자나깨나 행복합네다!"라는 포스터를 시내 곳곳에 붙였다. 메트로폴리스의 지나치게 자극적인 문화에 포로가 되어 있던 사람들은 갑자기 출현한 '촌티 나는' 북한문화의 돌출감에서 잃어버린 시대의 추억을 되찾기라도 하듯 강렬한 자극을 받기도 하는 것이다.

하지만 남쪽에서 '촌티'라고 부르는 이미지의 실체는 디자인의 낙후감에서 비롯되었다기보다는 북한문화의 통속성에서 기인하는 측면이 강하다. 북한에서 가장 인기 있는 TV프로그램의 하나는 단연 <전국노래경연대회>이다. TV 같은 부상을 주어 경쟁이 심하다. 지정곡 하나, 자유곡 하나 모두 두 곡을 부르는데, 참가자들은 저마다 멋을 내서 참석하여 눈요기도 된다. 남쪽에서도 최장수 프로그램을 꼽으라면 <전국노래자랑>이 아닐까. 전국노래자랑의 본질은 대중적 통속성이다. 누구나 가수가 되어 누구나 상도 타고, 누구나 '잠깐 스타'가 될 수 있다. 또한 전문가수가 아닌 이들이 부르는 장면을 구경하는 멋 자체가 통속적인 것이다.

오늘날 북한에서 인기 있는 남쪽의 대중가요는 30~40년대의 옛노래나 나훈아류의 뽕짝류다. <홍도야 우지 마라> <눈물 젖은 두만강> <신라의 달밤> <낙화유수> <타향살이> 등 일제하 민족의 설움을 그린 노래들이 비교적 나이 많은 계층에서 선호된다. <낙화유수>나 <홍도야 우지 마라>는 북한이 심혈을 기울여 만든 영화 <민족과 운명>에 삽입되었을 정도이다. 최근의 곡으로는 <사랑의 미로> <그때 그 사람> <바람 바람 바람> <첫사랑> <당신은 모르실 거야> <이별> <언제라도 갈 테야> <애모> 등이 잔잔하게 퍼지고 있는바, 젊은 층들이 아무래도 북한에서 정의하는 '계몽기시대의 옛노래'보다는 선호한다. 동요로는 <고향의 봄> <과수원길> <우리의 소원은 통일> 등이 널리 불린다. 김정일이 좋아하는 여가수는 이미자, 김연자, 은방울자매, 김세레나 등이며, 남자는 조용필, 남진, 나훈아로 알려져 있다.

　이 노래들의 특징은 누구나 쉽게 부를 수 있고, 곡조와 가사가 분명하다는 점이다. 따라서 남쪽에서 유행하는 랩송 따위는 통속성이 없는 것으로 간주된다. 그러나 이 같은 '피상적인 통속성'은 어디까지나 우리가 일반적으로 통념상 부르는 통속성 개념일 뿐이다. 보다 본질적인 통속성을 거론하기 위하여 민요를 하나의 실례로 분석해 보자.

　북한에서의 민요대중화는 바로 창작에서의 통속성 구현과 관련된다. 즉 민요를 바탕으로 하되 통속성의 살림을 중시한다. 민족성과 통속성이 유기적으로 결합됨을 중시하는 증거물이 민요다. 당기관지『근로자』에까지 다음과 같은 글이 실릴 정도로 통속성과 민족성의 관련성이 강조된다.

　　민족성과 통속성은 음악예술이 사상미학적 교양의 기능을 높이기 위한 중요한 요인이다. 민족적 특성과 현대성, 통속성은 높은 사상성과 함께 주체적인 노래가 갖추어져야 할 기본 징표이며 노래의 교양적 역할을 담보하는 중요한 요인이다. 노래는 민족적 정서가 흐르면서도 현대적 미감에 맞으며 통속적으로 되어야 대중교양에 적극 이바지할 수 있다. 모든 민족은 사상감정과 심리·성격·생활양식·언어·풍속 등에서 자기에게만 고유한 특성을 가지고 있다. 민족적 감정과 정서는 고정 불변한 것이 아니며, 그것은 시대와 사회제도의 변화에 따라 끊임없이 변화·발전한다. 따라서 민요에서 통속성을 부여하는 것은 노래의 인민성과 인식교양적 기능을 높이기 위한 중요한 요구이며 노래에 담긴 사상적 내용이 아무리 좋더라도 인민들에게 어렵고 까다로운 노래는 사람들을 교양시킬 수가 없다. 그러므로 인민들이 널리 쓰는 말로 가사를 쓰며 유순하면서도 아름다운 선율로 곡을 만들어야 한다.29)

1990년대에 '평양출판사 내나라비데오제작소'에서 만든 노래테이프 <아리랑>의 레퍼토리를 적은 겉표지를 보니 다음과 같이 적혀 있다. 보천보악단의 명가수들이 총동원된 노래들이다. <아리랑> <흥타령> <진도아리랑> <어랑타령> <밀양아리랑> <군밤타령> <그네 뛰는 처녀> <산천가> <노들강변> <도라지> <사발가> <옹혜야> <풀무타령> <풍년가> <양산도> <돈돌라리> <뽕타령>….

가만히 듣고 있노라면 분명히 남한에서 듣는 민요와는 맛이 다르다. 빠른 템포에 맑은 소리, 관현악합주에 독창과 중창이 어우러진 창법, 드럼 같은 양악타악기까지 동원한 합주음 그리고 장엄하기까지 한 전주곡 등에서 전혀 다른 음색을 느낄 수 있다.

북한민요는 두말할 것도 없이 박제된 '전통문화'가 아닌 살아 있는 '대중문화'다. 대중문화라는 인식이 중요하다. 북한민요는 '민요풍의 노래'라고 부르는 신민요를 대거 포함한다. 신민요의 폭은 대단히 넓다. 혁명가요로만 알고 있는 노래 중에도 다수의 민요선율이 깔려 있다.[30]

신민요 창작과정에서 통속성과 민족성이 어떻게 구현되어 나가는지 그 과정을 분석해 보면 다음과 같다.

첫째, 옛 가사와 선율을 그대로 두고 그것을 잘 살리는 방향에서 재형상화하는 것이다.

대중적이면서도 통속적이고 민족적인 민요인 <아리랑> <도라지> <강강수월래> <베틀가> 등은 원형 그대로 불러도 상관없다. 다만 창법과 연주형식, 반주편곡, 악기편성 등만 현대적으로 바꾼다. 어둡고 탁한 소리를 배제하고 고운 소리로 바꾸며, 독창이나 제창을 독창, 제창, 중창(2중창, 3중창, 4중창, 5중창, 8중창 등), 합창, 독창과 합창, 가야금독청 등 여러 가지로 바꾸었다. 화성·복성 수법도 도입되었으며 규모가 큰 관현악곡 반주도 도입되었다.

둘째, 가사와 선율을 개작하여 재형상화하는 것이다.

원작의 가사와 선율이 가지고 있는 단점을 극복하여 우수한 점만 살리는 방향으로 형상화하였다. 가사의 봉건성 등은 무엇보다 척결대상이었다. 한문투가 섞인 <양산도>와 <법성포뱃노래>의 재작업, 특별한 내용 없는 구음의 반복이었던 <돈돌라리>의 가사화, 경기지방민요인 <이팔청춘가>를 개작한 <맑은 아침의 나라>, 경상도지방의 성주풀이를 개작한 <풍년을 노래하세>, 함경도 민요 <정든님 가니>를 바꾼 <좋다리 우니>, 30년대의 창작품인 <릉라도실버들>의 <대동강실버들>로의 개작, 강원도민요 <뱃놀이>를 바꾼 <바다의 노래>, 경기도 민요 <창부타령>을 바꾼 <모란봉> 등이 그것이다.

셋째, 민요풍의 노래창작이다.

민요풍의 노래란 민요의 선율적 특징을 충분히 살려 민족적 정서와 색채가 진한 우리 시대의 가요를 말한다. 민요풍의 노래는 민요의 조직적 바탕에 기초한 음조이되 장단이 뚜렷하여 민족적 선율과 정서가 잘 나타나고 있다. 김주석 송가 같은 주체사상 찬양 및 혁명가요를 다수 포함하는 특징을 보여준다. <김일성 장군님은 우리의 태양> <세월아 가지 말아> <오직 한마음> <끝없는 이 행복 노래부르네> 등의 김주석 송가와 <만경대는 혁명의 요람> <백두산의 만병초> <노래하세 대홍단> <도천리의 5월단오> 등 당의 혁명전통노래, <매봉산노래> <얼룩소야 어서 가자> <뽕따러 가세> 등의 반외세 노래, <만풍년의 우리 조국 온 세상에 자랑하세> <산천가> <소방울소리> <좋다리> <천하절승 묘향산> <금강산을 찾아서> 등 노동생활과 조국산천에 관한 노래가 있다.

넷째, 민요창법에서의 민족적 통속성이다.

민족적 풍격을 지키면서 현대적인 미감으로 불러야 함이 강조된다. "민요도 계급사회에서 발생하였던 것처럼 시대적 제한성을 지닌다. 우리는 노동계급적 입장과 현대성의 견지에서 우리 시대 인민의 미감에

맞는 민요선율을 적극 살리고 맞지 않는 것은 버려야 한다"는 김정일의 말이 자주 인용되곤 한다.31)

민요는 지극히 대중적인 전자음악으로도 인기를 끌고 있다. 대표적인 전자경음악단인 보천보악단에는 <휘파람>의 전혜영뿐 아니라 김광숙, 리경숙, 리분이, 조금화 같은 여가수들이 있는데 모두 20대의 여성들로 각기 악기연주에도 뛰어나고 합창곡에도 능하다. 재미있는 것은 모두들 민요에 능한 프로들이다. 남쪽의 아무리 창법이 뛰어난 가수들도 민요는 부르지 않는 것과 대비된다. 통속성과 민족성이 하나임을 말해 준다. 민족성과 통속성이 불가분리의 것이란 결론이다.

국어의 예를 들면, 북한의 국어생활은 무엇보다 '쉬운 글쓰기'가 생명이다. 아무리 어려운 글도 한글을 완전히 깨친 이들은 읽을 수 있게끔 배려한다. 반면에 남한에서는 쉽게 전달되는 통속성이란 '고급스런 예술성'과 대치되는 경향으로 판단하는 경향성이 강하다. 대중소설과 순수소설을 분리시켜 내고, 이발소그림과 예술작품은 엄격히 구분된다.

엄밀하게 따져서 사이버시대의 특징은 사이버공간 나름의 통속성이기도 하다. 남한사회에서 널리 수용되는 키치(Kitsch)32)는 통속성의 또 다른 변주곡이기도 하다. 다만 북에서의 통속성과 차이가 있다면, 그 통속성이 민족성과 결부되어 있지 않다는 변별성을 지닌다. 민족성과 통속성, 이는 북한 생활문화를 읽는 중요한 미학관의 하나가 아닐까.33)

6. 맺음말: 한민족공동체와 문화적 전통

1999년 겨울, 평양출판사에서 신간 『라운규와 수난기영화』(최창호 · 홍강성)가 나왔다. 나운규 평가방식이 돋보인다. 북한은 나운규를 비판적 사실주의 영화예술의 발생과 발전에 공헌한 해방전의 대표적인 영화예술가, 또한 영화문학작가·영화연출가였고, 재능 있는 배우였다고 평가하고 있다. 초기 무성영화와 문화계몽운동, 회령사람 나운규, <아리랑> 이후의 나운규와 수난의 영화들, <임자 없는 나룻배>와 나운규, 무성영화시기의 변사와 여배우들의 운명 등을 9장으로 다루었다. 일제시대 영화연표, 당시의 영화인 사진, 영화주제가까지 덧붙였다. 남북합작 영화 1호로 <아리랑>이 선택되어 귀추가 주목된다. 지난 월드컵에서는 윤도현밴드의 <아리랑>이 널리 사랑을 받았다.

왜 아리랑이 남북 모두에게 사랑을 받을까. 두말할 것 없이 공통의 민족정서에 입각해 있기 때문이다. 통일을 가장 '객관적'으로 바라던 해외동포는 어떤 자세로 남북의 문화를 받아들이고 있을까. 남북 어디에도 속하지 않은 그네들에게서 민족중심주의가 과연 무엇인지를 배워본다.

2000년 총련의 《조선신보》는 재일조총련계 동포들이 좋아하는 1900년대 문학·음악·영화 등의 순위를 발표하였다. "123명이 뽑은 1900년대 우리문화 랭킹"이라는 것이 그것이다. 총련계 재일교포라는 '특수한 입장'이 반영된 설문결과는 남북의 이데올로기를 뛰어넘는 문화관이었다. 소설은 북측의 『백두산』(조기천)과 『고난의 행군』(석윤기), 남측의 『장길산』(황석영)과 『태백산맥』(조정래)이 뽑혔다. 시분야에서는 「하늘과 바람과 별과 시」(윤동주), 「님의 침묵」(한용운)이 10위권에 들었다. 객관적 거리를 유지할 수 있는 이들에게는 북쪽의 석윤기들, 남쪽의 황석영들이 모두 같은 '한민족작가'일 뿐이다. 윤동주와 한용운의 시가 남쪽에서도 가장 인기 있는 고전임을 두말할 필요도 없다.

그 동안 이데올로기 잣대로 재단당한 이들, 납북자든 월북자든 모두다 이데올로기의 희생자일 뿐이다. 북한이 김일성 주석의 정적이라는 명분으로 몰아낸 한설야의 『승냥이』『만경대』 등을 30여 년 만에 문학사에 다시 올리고 한설야를 영화 <민족과 운명>(카프작가 편)에서 주인공으로 삼은 점은 타산지석이다.

여기서 민족중심주의로 문화관의 중심을 세워야 할 필요성이 생긴다. 그 민족중심주의는 폐쇄성을 의미함도 아니고, 세계화와 대척관계도 아니다. 민족중심주의를 주창하면서도 자민족중심주의의 폐해를 예상함은 열강 속에서 살아남을 수밖에 없는 남북의 현실적 생존전략이기도 하다. 민족중심주의라는 말만 나오면 무조건 반발하는 일부 논객들에게 되묻고 싶다. 언제 우리가 민족중심을 제대로 세워본 적이 있었던가! 역사가 말해 준다. 오랜 동안 중국에 사대의 예를 취해야 했고(외교적인 측면이었음을 감안한다고 해도), 구한말로부터 근대 100년의 갈지자 행보 속에서 민족중심주의는 불가했음을 잊었는가!

인터넷에 들어가면 유태인이 개설한 수백 개의 사이트를 만날 수 있다. 유태인들은 백인이건, 흑인이건 10%의 피만 섞여도 같은 유태인으로 간주하는 개방적 민족관을 과시한다. 기나긴 유랑의 역사가 유태인 세력을 키우기 위한 전략을 요청한 결과다. 그렇다면 유태인에 버금갈 수도 있는 20세기의 대대적인 엑소더스를 경험한 우리는 어떤 입장을 보여주고 있는가. 아울러 남북은 세계 속의 한민족문화공동체를 가능하게 할 수 있는 그만한 민족적 역량을 보여줄 수 있을까. 이런 점에서 해외동포를 바라보는 재미있는 질문을 환기시켜 본다.34)

결론은 이른바 '한민족공동체'라는 것이 더 이상 정치적 술어로서만 역할을 해서는 안 된다는 것이다. 중국인들이 전세계를 화인망(華人網)으로 연결함으로써 경제력의 발판을 삼은 사례나 앞의 유태인 사례에서 경험을 배워야 한다는 유연한 주장이다.

오늘의 남북이 대결구조가 요청한 지나칠 정도의 자기방어적인 이데올로기적 잣대에서 벗어나서 해외동포들을 연계한 한민족문화공동체를 건설할 수 있는가 하는 문제는 통일시대 민족문화의 역량 제고를 통해서만 가능할 것이다. 과연 남과 북 그리고 해외동포가 공히 고민하고 있는 민족주의와 민족문화란 무엇인가에 대한 진지한 성찰이 요구된다.

그런 점에서 북한의 생활문화와 민속문화에 대한 성찰은 한민족공동체를 구상하는 데 떠날 수 없는 화두이기도 하다.

※ 이 글은 "북한 민속문화에서 전통의 헤게모니: '우리식'과 전통문화의 관계,"
한국동양예술학회, 『동양예술』 3(2001)에 수록되었다.

주註

1) 주강현, 『북한의 민족생활풍습』(서울: 대동, 1994), 17~24쪽.
2) 북한의 인민생활사 범주는 '많은 정도'가 아니라 모든 것이 인민생활이다. 유치원생활·학교생활·군대생활·당정치생활·노동생활·농민생활·여성생활, 그런 식으로 펼쳐나가면 끝이 없다. 그러나 이 글에서는 하나의 기준을 정하기로 한다. 비록 분단은 되었지만 예전에도 그래 왔고 앞으로도 그러할 보편적인 민족생활사 범주를 중심으로 놓는다. 말하자면 전통의 전승과 현대적 창조의 문제인데, 민족동질성의 관점에 서서 민족문화유산의 발자취를 거슬러 올라가면서 오늘의 변화를 다루고자 한다. 이는 북에서 끊임없이 추구해 왔던 '민족적 형식과 사회주의적 내용'의 문제이기도 하고, '민족제일주의'의 흐름, '우리식으로 살자'는 원칙과도 일치된다. 마찬가지로 오늘날 남에서 문제가 되고 있는 세계화와 민족문화의 위상관계와도 밀접한 관련을 맺는다. 나아가서 민족의 온전한 통일이 이루어졌을, 그 새로운 출발의 전제조건에서 남과 북이 함께 공유하고 있는 민족생활사의 맥락은 중요하기만 하다. 이러한 범주들은 '북한 인민생활사 범주에서의 민족생활풍습'이란 말로 정리해 낼 수도 있을 것이다. 다소 막연하기는 하지만 '한겨레생활풍습사' '한민족생활풍습사' 등의 표현도 가능할 것이다.
3) 장 세뇨, 주진오 옮김, 『실천을 위한 역사학』(서울: 이론과실천사, 1987).
4) 위르겐 슐룸봄, 백승종 옮김, 『미시사와 거시사』(서울: 궁리, 2001).
5) 안병직 외, 『오늘의 역사학』(서울: 한겨레신문사, 1998) ; 알프 뤼트게, 이동기 옮김, 『일상사란 무엇인가』(서울: 청년사, 2002).
6) 평양의 과학백과사전출판사에서 북한민속학계의 총역량을 기울여 펴낸 『조선의 민속전통』(1997)은 총7권으로 민속전통의 역사성을 강조하고 있다. "조선민속은 역사적으로 형성된 우리 인민의 관습화된 생활방식으로서 다른 민족과 구별되는 우리 민족의 고유성을 보여주는 중요한 징표의 하나이다. 매개 민족민족은 생활을 영위하는 사회제도와 사회경제적 조건, 자연환경의 차이로 하여 다른 민족과 구별되는 고유한 민속을 가지며 그 가운데서 생활력 있고 우수한 것들은 장구한 기간 계승되면서 전통으로 공고화된다."(1권 서문)
7) 다만 그 복고주의적 기풍이 과거로서의 소멸된 문화관이 아니라 실제 인민생활에서 작동하는 문화적 기제이므로 북측의 입장에서는 복고주의가 될 수 없다.
8) 에드워드 쉴즈, 김병서·신현순 옮김, 『전통』(서울: 민음사, 1992), 18~22쪽.
9) 주강현, "광복 이후 남북한 풍습의 변화," 『정신문화연구 47』(성남: 한국정신문화연구원, 1992).
10) 주강현, "북한의 우리식문화에서 민속문화의 헤게모니," 『역사민속학』 10호

(2000).

11) 경찰범처벌규칙(총리령40호), 폭력행위 등 처벌에 관한 건(조선총독부), 시장규
칙(총리령136호)

12) 김태곤, "일제가 실시한 조선민간신앙자료의 문제점,"『석주선기념민속논총』,
1971, 270～71쪽.

13) 조선로동당중앙위원회 당력사연구소 편,『조선로동당략사』(평양: 조선로동당
출판사, 1979).

14) 주강현,『북한민속학사』(서울: 이론과실천사, 1991).

15) 알베르토 마리아 씨레즈, "민속에 대한 그람시의 견해,"『그람시와 혁명전략』
(서울: 녹두, 1984), 223～55쪽.

16) 문화정책개발원,『문화예술 주요 부문별 남북교류 프로그램연구』, 1999, 10쪽.

17) 주강현 해제,『북한사람이 쓴 조선의 민속놀이』(서울: 푸른숲, 1999).

18) 박승덕,『사회주의 문화건설이론』(평양: 사회과학출판사, 1985 ; 도서출판 조
국 재간행), 37쪽.

19)『근로자』1989년 1월호.

20) "조선민족제일주의를 높이 발양시키는 데서 혁명전통을 빛나게 계승하고 민족
적 전통을 살려나가는 것이 중요합니다. 민족성은 민족이 계승하는 전통에 체
현되며 그에 기초하여 높이 발양됩니다. 따라서 전통을 무시하는 것은 결국
민족성을 무시하는 것으로 됩니다." 김정일, "조선민족제일주의정신을 높이 발
양시키자"(조선로동당 중앙위원회 책임일군들 앞에서 한 연설)",『친애하는 지
도자 김정일 동지의 문헌집』(평양: 조선로동당출판사, 1992), 251쪽.

21) 함의연, "민족적 특성과 현대성을 훌륭하게 구현한 건축장식,"『조선예술』
1982년 9월호.

22) 황제평, "친애하는 지도자동지께서 제시하신 건축에서 비반복성에 관한 독창
적 이론과 그 구현방도,"『조선건축』1991년 4월호.

23) 송두율, "동구의 지성과 북한의 지성,"『사회평론』1991년 9월호.

24) 김정일, "민족문화유산을 옳은 관점과 립장을 가지고 바로 평가처리할 데 대하
여"(조선로동당 중앙위원회 선전선동부 일군들과 한 담화, 1970. 3. 4), 52～53쪽.

25) 김정일의 이러한 발언은 김일성의 연설 "민족문화유산계승에서 나서는 몇가지
문제에 대하여" (과학교육 및 문화예술부문 일군협의회에서 한 연설,
1970.2.17)를 해설·강조하고 있는 것으로 보인다. 김일성도 위 연설에서 사당
춤 등을 못 추게 하는 현상에 대해 비판하였다.

26) "옛날 춤동작이라고 하여 무턱대고 버려서는 안 됩니다. 춤동작 하나를 얻기가
쉬운 것이 아닙니다. 비록 옛날에 궁중이나 절간에서 추던 춤이라고 하여도
그것은 수백 수천 년의 기나긴 세월이 흐르는 과정에서 완성된 귀중한 유산입

니다." "우리는 정다산을 비롯한 실학파들을 사실과 맞지 않게 지나치게 과장하여 력사를 왜곡하는 것을 반대하는 것이지 실학파를 력사에서 무시하려는 것이 아닙니다." "지금 일부 일꾼들은 다른 나라 작품을 수정주의적 작품이요, 뭐요 하면서 보지 못하게 하고 있습니다. 내가 언제인가 어느 한 일군에게 데까메론이라는 책을 보았는가고 물었는데 그는 데까메론이라는 이름조차 모른다고 하였습니다. 그래서 문학예술부문을 지도하면서 세계문학선집도 읽어야 한다고 말해 주었습니다."

27) 서태석, "경음악의 특성과 우리식 경음악 창작의 몇 가지 문제,"『조선예술』 1982년 3월호.

28) 황제평, 앞의 글.

29) 방선영, "민요를 바탕으로 통속적인 노래를 만드는 것은 우리 당의 일관된 방침,"『근로자』 1988년 10월호.

30) 『조선의 민속전통』 6권, (평양: 과학백과사전출판사, 1995), p. 236.

31) "민요를 잘 부르는 것은 장단을 잘 타는가, 굴림을 재치 있게 하는가 등의 형상수법에 관한 문제다. 장단은 정서적 흥취와 속도를 가지고 노래의 멋을 표현하는 중요한 형상수단인 탓이다. 장단의 특성을 잘 살리기 위해서는 장단의 속도를 정확히 보장해야 한다. 다음으로 굴림을 잘 쓰는 일이다. 굴림은 선율과 결합되어 선율의 색채와 형상적 매력을 돋우어주는 독특한 표현수단이 된다. 굴림을 하는 데서의 편향을 극복하자면 자기가 형상하려는 민요가 어느 지방민요인가, 어느 지방민요에 기초하여 창작된 민요인가 하는 것을 먼저 료해하고 그 지방민요가 지니는 음조적 특성, 창법에서 굴림이 가지는 특성 등을 연구하여 형상에 옳게 적용해야 한다." 최관형, "민요를 아름답고 유순하게 부르도록,"『조선예술』, 1980년 5월.
"전통적 발성법을 논의할 필요가 없습니다. 민족적 선율과 감정에 맞게 자연스러우면서도 아름다운 소리로 내면 됩니다. 자연스럽고 부드럽게 그리고 곱게 소리를 내는 발성법을 택해야 한다. … 민요 자체는 본래부터 아름답고 자연스런 소리였고 누구나 다 부를 수 있는 노래였다. 자연스럽고 아름다운 소리를 얻기 위해서는 발성에서나 노래에서 필요 이상으로 힘을 주지 않고 필요 이상의 욕심을 가지지 않으며 과장하지 않도록 강한 요구를 내세운다. 이는 부단없는 훈련과 반복훈련에 의한다. 다음으로 기름지고 탄력 있는 소리를 내는 문제가 제기된다. 또한 민요에서 특징적인 굴림새를 개성적으로 살려내려면 지나친 깊은숨으로 내는 소리를 삼가야 한다. 다음으로 어떻게 민족적 선율과 감정에 맞게 발성할 것인가 하는 문제가 제기되는데 이는 발성에서도 민족적 성격과 노동계급성 인민성 원칙을 견지해야한다는 것을 의미한다."

32) 김경옥, "현대패션에 표현된 키치 연구," 경희대대학원박사논문 (1998).

33) 이 문제에 관해서는 주강현, 『북한의 우리식 문화』(서울: 당대, 2000) 참조.

34) 꼭 10년 전에 우즈베키스탄의 한 시골마을에 있는 면사무소에서 증명서를 받기 위해 기다리고 있는 한 젊은이와 대화를 하였다. 외모로 보기에는 러시아계의 사람인 것 같았는데, 정작 자신의 민족표시는 '고려인'이라 했다. 할아버지가 고려인이기 때문에 자신은 고려인이라는 것. 할머니는 러시아인이고, 아버지는 고려인과 러시아인의 혼혈이고, 어머니는 우즈베크인과 타타르인의 혼혈이다. 16세에 자신의 민족표시를 선택할 수 있는데, 자신은 고려인을 선택했다고 한다. 이러한 혈통율제도를 선계율選系律이라고 한다. 그는 구소련의 여권을 소지하고 있고, 여권의 민족표시 난에 '고려인'이라고 되어 있다. 가령 그가 한국의 김포공항에 등장했을 때, 한국의 법무부 출입국관리소에서는 그에 대해서 어떠한 대우를 할 수가 있는가. … 한국인이란 용어는 대한민국이라는 나라의 국적을 가진 사람이다. 그 명사는 민족명칭이 아니다. 한인이라는 용어는 한국을 출발지로 한 내국인과 해외동포들을 모두 포함하는 한국측에서 통용되는 말이다. 예를 들어서, 재미한인이라는 용어는 한국과 미국의 교포들이 사용하는 말이다. 재백한인은 브라질 교포들, 재아한인은 아르헨티나에 거주하는 교포들, 재백한인은 멕시코에 거주하는 한인동포들을 이르는 단어들이다. 그러나 재일한인이라는 용어는 전혀 사용되지 않고 있다. 그 이유는 일본에서는 이미 북조선의 국적을 갖고 있는 조선인이라는 호칭을 가진 사람들이 상당수 있기 때문이다. 재중한인과 재소한인이라는 용어는 한국의 일부에서 통용되는 신조어다. 중국의 조선족에 대해서 적용하는 재중한인이라는 용어와 구소련에 거주하는 고려인들에 대해서 사용하는 재소한인이라는 용어는 지극히 자민족 중심주의적일 뿐만 아니라 한반도 중심적인 용어다. 조선족들과 고려인 자신들이 전혀 받아들이지 못하는 용어다(전경수, "해외 한인동포의 생활문화," 『문화재』 7월호 (문화재보호재단, 2000), 7쪽.

〈참고문헌〉

1. 북한문헌

『조선의 민속전통 6』(평양: 과학백과사전출판사, 1995)

김정일, "민족문화유산을 옳은 관점과 립장을 가지고 바로 평가처리할 데 대하여 (조선로동당 중앙위원회 선전선동부 일군들과 한 담화, 1970. 3. 4)," 『김일성선집 2』(평양: 조선로동당출판사, 1993).

______, "조선민족제일주의정신을 높이 발양시키자(조선로동당 중앙위원회 책임일군들 앞에서 한 연설)," 『친애하는 지도자 김정일 동지의 문헌집』(평양: 조선로동당출판사, 1992).

방선영, "민요를 바탕으로 통속적인 노래를 만드는 것은 우리 당의 일관된 방침," 『근로자』 1988년 10월호.

서태석, "경음악의 특성과 우리식 경음악 창작의 몇 가지 문제," 『조선예술』 1982년 3월호.

조선로동당중앙위원회 당력사연구소 편, 『조선로동당략사』(평양: 조선로동당출판사, 1979).

최관형, "민요를 아름답고 유순하게 부르도록," 『조선예술』 1980년 5월호.

함의연, "민족적 특성과 현대성을 훌륭하게 구현한 건축장식," 『조선예술』 1982년 9월호.

황제평, "친애하는 지도자동지께서 제시하신 건축에서 비반복성에 관한 독창적 이론과 그 구현방도," 『조선건축』 1991년 4월호.

2. 남한문헌

김경옥, "현대패션에 표현된 키치 연구" (경희대 대학원 박사논문, 1998).

김태곤, "일제가 실시한 조선민간신앙자료의 문제점," 석주선교수 회갑 기념 민속학논총 간행위원회 편, 『석주선 교수 회갑기념 민속학논총』(1971).

문화정책개발원, 『문화예술 주요 부문별 남북교류 프로그램연구』(1999).

박승덕, 『사회주의 문화건설이론』(평양: 사회과학출판사, 1985 ; 서울: 도서출판 조국 재간행, 1988).

송두율, "동구의 지성과 북한의 지성," 『사회평론』 1991년 9월호.

안병직 외, 『오늘의 역사학』(서울: 한겨레신문사, 1998).

알베르토 마리아 씨레즈, 최우길 역, "민속에 대한 그람시의 견해," 『그람시와 혁명

　　　전략』 (서울: 녹두, 1984).
알프 뤼트게, 이동기 옮김, 『일상사란 무엇인가』 (서울: 청년사, 2002).
에드워드 쉴즈, 김병서·신현순 옮김, 『전통』 (서울: 민음사, 1992).
위르겐 슐룸봄, 백승종 옮김, 『미시사와 거시사』 (서울: 궁리, 2001).
장 세뇨, 주진오 옮김, 『실천을 위한 역사학』 (서울: 이론과실천사, 1987).
전경수, "해외 한인동포의 생활문화," 문화재보호재단, 『문화재』 2000년 7월호.

주강현 해제, 『북한사람이 쓴 조선의 민속놀이』 (서울: 푸른숲, 1999).
주강현, "광복 이후 남북한 풍습의 변화," 한국정신문화연구원, 『정신문화연구』 47
　　　호 (1992).
______, "북한의 우리식문화에서 민속문화의 헤게모니," 『역사민속학』 10호 (2000)
______, 『북한의 민족생활풍습』 (서울: 대동, 1994).
______, 『북한민속학사』 (서울: 이론과실천사, 1991).
______, 『북한의 우리식 문화』 (서울: 당대, 2000).

북한의 보건의료

황 상 익

1. 들어가는 말

남북한과 해외 거주 온 겨레의 열망과 의지와 노력, 그리고 국내외 정세의 진전에 따라 남북한의 화해·협력과 통일의 전망은 한결 밝아졌다. 이에 따라 지금 우리에게 요구되는 것은 총론과 추상의 단계를 넘어 남북한 민중들의 구체적인 삶 속에서 진정한 화해·협력의 방안을 모색하고 우리 모두에게 축복이 되는 통일조국의 청사진을 마련하는 것이다.

인간의 삶의 가장 근본을 이루는 보건의료는 온갖 사회생활의 출발점이기도 하다. 제대로 된 보건의료 체계가 마련되지 않고는 행복한 삶과 사회생활을 기대할 수도 기약할 수도 없음은 지난 60년, 특히 최근 몇해 사이의 남북한의 보건의료 역사를 통해 충분히 입증되었다.

우리가 지향해야 할 뿐만 아니라 현실적으로도 가장 가능한 통일의 길이 남한과 북한 어느 한쪽에 의한 일방통행적인 것이 아니라 서로가 서로에게 다가가는 것인바, 그 점은 보건의료 분야에서도 마찬가지일 것이다. 남한과 북한은 그 동안 보건의료에서도 적지 않은 성과를 거두고 각기 나름의 장점을 지니게 되었으며, 그것은 그 자체로도 매우 소중한 것이지만 통일된 나라의 건강한 보건의료 체계를 세우는 데 귀중한 자원과 동력으로 작용하게 될 것이다. 그러나 남한과 북한의 보건의료는 각기 장점과 더불어 간과할 수 없는 결함과 단점을 가지고 있는 것 또한 사실이다.

급진전하는 상황 속에서 민족적 요구가 점점 커가고 있는 형편임에도, 우리는 남한과 북한 보건의료의 단점과 결함들을 최소화하고 장점들을 극대화시키면서 통일된 나라의 바람직한 보건의료 체계를 마련할 구체적인 방안을 가지고 있지 못하다. 거기에는 여러 가지 이유와 배경이 있을 터이지만, 우리의 처지에서는 무엇보다도 북한 보건의료의 특성과 구체적 실정에 무지한 것이 가장 중요한 요인이라고 여겨진다.

이러한 실정에서 북한 보건의료에 대한 구체적이며 실사구시적이고 미래지향적인 연구가 필요하다. 필자는 충실한 연구를 통해 바람직한 교류·협력이 가능하고 또 그러한 교류·협력이 연구를 더욱 심화시키는 관계에 있으며, 그러한 과정을 통해 우리의 궁극적 목표인 통일된 나라의 건강한 보건의료 체계에 다다를 수 있다고 생각한다.

2. 북한의 보건의료관

북한에 대해 타당한 판단이 어려운 것은 무엇보다 객관적인 '사실'의 부족에 기인하지만 북한 사회의 '논리'를 제대로 이해하지 못하기 때문이기도 하며, 이 점은 보건의료에 대해서도 마찬가지이다. 이러한 상황에서 우리는 일단 북한의 논리를 그들 자신의 목소리로 들어볼 필요가 있다. 여기에서는 북한의 대표적인 보건의료사保健醫療史 서적인 『조선보건사』를 통해 그들의 보건의료관을 살펴보자.

남한 사회의 논리에 익숙한 사람들로서는 다른 북한 책자들과 마찬가지로 『조선보건사』(홍순원 저, 평양: 과학, 백과사전출판사 ; 1981년 9월 30일 발행, 서울: 청년세대, 1989년 11월 30일 재발행: 이 글에서는 청년세대 출간본을 기준으로 하였다)에 담긴 내용에 대해서도 수긍하기 어려운 점이 많을 수 있겠으나, 책 전체를 통해 흐르는 논리는 어렵지 않게 파악해낼 수 있다.

『조선보건사』는 홍순원이라는 저자가 펴낸 보건의료사 책이지만, 북한의 실정상 이는 당과 국가의 관점이 충실하게 반영된 역사 서적이자 의학책이라고 보는 것이 타당하다. 따라서 우리는 이 『조선보건사』를 통해 보건의료에 대한 북한의 관점과 지향을 총체적으로 파악할 수 있을 것이다.

『한국의학사』(김두종 저) 등 남한에서 출간된 의학 통사通史가 현대 부분에 대해 거의 언급하고 있지 않은 데 비해 『조선보건사』는 절반이 넘는 지면을 할애하고 있을 뿐만 아니라 바로 그 시대의 역사에서 민족 보건의료의 정통성과 정당성을 찾으려 한다. 이러한 사실은 일면 남북한의 역사학자 또는 사회가 역사를 대하는 태도의 반영이기도 하다. 또한 이 차이는 역사를 정치적 선전선동과 교양의 수단으로 삼고 있는 북한의 정책에서 기인한다고도 할 수 있을 것이다.

『조선보건사』는 크게 두 부분으로 나뉘어 있는데, 앞부분인 제1편은 북한에 사회주의 정권이 들어서기 이전 시기, 즉 고대사회부터 일제시기까지를 다루고 있으며 각 시기의 보건의료사를 주로 그 시기의 계급 관계에 따라 분석하며 해석하고 있다. 즉 각 시기의 보건의료사를 '부패하고 반동적인 봉건통치배'나 '외국침략세력'의 반인민적, 반건강적 침탈에 맞서 싸우는 '창발적이고 헌신적인 근로인민대중과 애국적 의료

인’의 건강 쟁취를 위한 대결의 역사로 보고 있는 것이다. 그러한 서술
은 책 전체에 걸쳐 일관되어 있는데 몇가지 예를 들면 다음과 같다.

> “고대국가 … 보건의 이러한 반인민적 성격은 그후 … 변함없이 유
> 지되었으며 … 근로인민대중의 가장 귀중시되어야 할 … 생명과 건강
> 이 아무런 보호도 받지 못하고 … 버림받는 모순에 찬 반인민적 보건
> 의 역사가 펼쳐졌다.”(21쪽)
> “고려시기 약재의 대대적인 수출은 약재의 직접적 생산자인 인민대
> 중에 대한 착취를 더욱 강화하게 하였으며 그들에게 심한 고통과 부담
> 을 안겨 주었으며”(109쪽)
> “갑오개혁으로 … 갓 출현한 근대적인 보건제도의 싹은 일본침략자들
> 에 의한 국정개혁방해책동으로 말미암아 서리를 맞게 되었으며”(223쪽)
> “일본의 일부 의학사가들은 우리 인민 자체의 힘에 의하여 자주적
> 으로 진행된 보건의료제도의 개혁과 근대적인 보건제도의 수립을 위
> 한 투쟁과 결과를 마치 일본의 ‘제의’에 따라 진행된 듯이 사실을 왜곡
> 하고 있다.”(224쪽)

이렇듯 『조선보건사』는 각 시대를 주도한 집권세력의 보건의료사업
에 대해 기여를 인정하기는커녕 오히려 일반 민중의 건강을 위협하고
파괴하는 암적인 존재로 파악하고 있다. 이것은 물론 북한이 가지고 있
는 일반적 역사관에서 비롯될 텐데, 이러한 사관과 그에 따른 역사적
사실의 해석에 대한 검증을 위해서도 보건의료역사에 대한 치밀하고 심
층적이며 더 많은 연구 검토가 시급히 요청된다.

필자에게는 『조선보건사』의 관점이 개개의 역사적 사실과 각 시기마
다의 발전 논리에서 합리적으로 추론, 도출한 논리라기보다는 지배-피
지배라는 ‘초역사적인’ 틀 속에서, 특히 그것을 지나치게 의인화하여 역
사적 사실을 해석하는 것이 아닌가 하는 생각이 든다.

우리는 일제 침략에 의해 물적, 정신적으로 엄청난 피해를 보았으며,
아직도 일제 잔재의 청산이라는 과제를 안고 있다. 『조선보건사』는 그

시기를 "일본제국주의침략자들은 군사봉건적 식민지통치에 유리하게 경찰위생제도를 세우고 일제강점군과 식민지관리들 그리고 일제거류민과 친일매국노들을 위한 식민지보건정책을 실시"(279쪽) "일제가 동의사들에 대한 억압정책을 쓴 목적은 … 민족의학의 발전을 가로막고 … 의료사업을 독점하고 폭리를 얻으며 … 보건부문에서 반일저항세력을 제거하여 … 식민지의학의 부식을 쉽게 하려는 데"(301쪽) "일제와 미제에 의하여 진행된 식민지의학교육은 근대적인 의학교육사업과 의학기술발전을 억제하였다. 그럼에도 불구하고 일부 역사가들은 … 조선에서 근대의학교육은 일제와 특히 미제에 의하여 처음으로 개척된 듯이 떠들면서"(257쪽) 등으로 서술하고 있다.

『조선보건사』의 저자가 일제 침략을 보는 눈은 남한의 시각과 크게 다를 것이 없다. 즉 일제의 만행과 그들의 이른바 '조선의 근대화' 논리의 허구에 관한 한 남북한의 차이가 별로 없는 것이다. 그러나 북한은 남한의 주류적 견해와는 달리 일제 침략기와 우리 나라 근대화 과정에 있어서 일본과 더불어 미국의 역할과 책임에 대해 엄중히 묻고 있는 것을 『조선보건사』를 통해서도 확인할 수 있다.

질병관의 발전을 포함한 보건의료 이론의 측면에 대해서도 『조선보건사』는 북한 나름의 역사적 해석을 하고 있다. 즉 지배목적과 논리에 따라 관념적이고 초자연적이며 운명론적인 보건관을 강요하는 봉건세력 및 외세에 맞서 노동과 생활과정 속에서 얻은 창조적이고 합리적이며 민중적인 건강관으로 맞서는 피지배계급의 투쟁을 보건의료 이론의 발전 동력으로 보고 있는 것이다. 그리고 그러한 진보적 견해의 형성과 발전에 따라 민중에게 도움이 되는 보건의료의 실천도 가능한 것으로 보고 있다. 또한 실천적 측면에서도, 대다수 민중들의 불건강에는 아랑곳하지 않고 일부 지배계급의 건강 향유에만 관심이 돌려지는 현실 속에서 피폐되는 민중의 건강을 되찾으려는 필사의 노력이 계급투쟁과 민족자존이라는 관점에서 그려져 있다.

보건의료만이 아니라 모든 분야에서 발전을 추동하는 힘의 원천과 담당 세력에 대해서는 논란이 많다. 특히 의학과 보건의료 같이 전문성이 요구되는 분야에서는 더욱 그러하다. 그러나 『조선보건사』 제1편에서는 일관되게 '근로인민대중의 실천적 노력'이라고 명쾌하게 말하고 있다. 필자는 그러한 해석이 면밀한 사실의 고증과 역사 발전의 동력에 대한 논리적인 해석에서 나왔다기보다는 '도식적'인 틀에서 거꾸로 흘러내린 인상이 짙다는 생각이다.

이 책의 뒷부분인 제2편은 북한 사회주의 정권의 전사前史와 현재사에 관한 것이다. 북한 보건의료의 특성은 아래에 언급할 것이지만, 그러한 것의 원형은 모두 제2편의 제1장에 언급되어 있는 '항일혁명투쟁시기'에서 비롯되었다는 것이다. 그리고 북한의 보건전통 창시와 그 발전에는 '김일성 동지의 현명한 지도'가 작용하였다는 것이다. 북한 보건의료를 근본적으로 이해하기 위해서는 이 점을 제대로 파악해야만 가능하다고 생각한다.

우리는 『조선보건사』를 통해 북한 보건의료의 원칙과 지향과 논리를 어느 정도 파악할 수 있다. 그것은 현재 진행하고 있는 사업에서뿐만 아니라 과거의 역사를 보는 시각에도 반영되어 있다고 필자는 생각한다. 『조선보건사』의 제1편이 우리가 북한의 보건의료관을 이해하는 데 도움이 될 것이라는 필자의 생각은 역사란 현재적 관점의 반영일 수밖에 없기 때문이다. 그리고 사고의 제약과 구속에서 상대적으로 자유스러운 제1편에서 북한의 보건의료관을 더 뚜렷이 볼 수 있다고 생각한다.

3. 북한의 보건의료

남북 사이의 교류가 점차 활발해지고 통일 논의가 한결 무르익는 시점에서 북한의 의학과 보건의료의 실상을 파악하고 남한과 비교해 보는 것은 그 자체로 의의가 있을 뿐 아니라, 남한의 의학과 보건의료의 위상과 특성을 파악하는 데에도 도움이 될 것으로 여겨진다. 그러나 이러한 작업은, 다른 분야와 마찬가지로 북한의 의학과 보건의료의 실상을 알려주는 자료와 정보가 대단히 적어 한계가 뚜렷할 수밖에 없다. 필자는 문헌 검토와 중국과 남한에 살고 있는 북한 출신 의료인들 및 일반인들과의 면담 등을 통해 다음과 같이 북한 보건의료를 이해한다.

1) 북한 보건의료의 기본적인 원칙과 특징

1972년에 제정 공포된 「조선민주주의인민공화국 사회주의 헌법」 제48조에서 북한은 보건의료의 원칙을 다음과 같이 밝혔다. "국가는 전체적 무상치료제를 더욱 공고발전시키며 예방의학적 방침을 관철하여 사람들의 생명을 보호하며 근로자들의 건강을 증진시킨다." 이러한 조항은 1998년 9월 5일 최고인민회의 제10기 제1차 회의에서 채택한 새 헌법에도 '의사담당구역제'가 추가되었을 뿐 충실히 계승되고 있다. "국가는 전반적 무상치료제를 공고발전시키며 의사담당구역제와 예방의학제도를 강화하여 사람들의 생명을 보호하며 근로자들의 건강을 증진시킨다."(제56조)

새 헌법에는 이밖에 보건의료와 관련하여 '제5장 공민의 기본 권리와 의무'에 "공민은 무상으로 치료받을 권리를 가지고 나이 많거나 병 또는 불구로 로동능력을 잃은 사람, 돌볼 사람이 없는 늙은이와 어린이는 물질적 방조를 받을 권리를 가진다. 이 권리는 무상치료제, 계속 늘어나는 병원, 료양소를 비롯한 의료시설, 국가사회보험과 사회보장제에 의하여 보장된다”(제72조)와 “국가는 산전산후휴가의 보장, 여러 어린이를 가진 어머니를 위한 노동시간의 단축, 산원, 탁아소와 유치원망의 확장, 그밖의 시책을 통하여 어머니와 어린이를 특별히 보호한다”(제77조)는 조항을 두고 있다.

그리고 헌법에 규정된 정신과 취지를 구현하기 위해 1980년 4월 3일에 만들어진 「인민보건법」에서는 북한의 보건의료사업을 “자연과 사회의 주인이며 세상에서 가장 귀중한 존재인 사람들의 생명을 보호하고 건강을 증진시키며 모든 로동자들이 무병장수하여 사회주의, 공산주의 위업을 수행하는 데 적극 이바지하게 하는 보람차고 영예로운 혁명사업”(제1조)으로 규정하고 있다.

그리고 이어서 이 법은 북한 보건의료의 기본원칙을 다음과 같이 열거하고 있다.

“가장 선진적인 인민보건제도가 마련되어 병치료에 대한 걱정을 모르고 건강하게 오래 살려는 인민들의 세기적 념원이 빛나게 실현되였다. 우리 나라에서 실시되고 있는 완전하고 전반적인 무상치료제는 튼튼한 자립적 민족경제와 국가의 인민적인 보건시책에 의하여 확고히 보장된다.”(제2조)

“국가는 인민보건사업에서 사회주의의학의 원리를 구현한 예방의학적방침을 확고히 견지한다.”(제3조)

“국가는 주체적인 의학과학기술을 발전시키며 인민보건사업에 필요한 물질기술적 조건과 수단물을 원만히 보장하여 치료예방사업을 끊임없이 현대화, 과학화한다.”(제4조)

“국가는 보건일군들을 계획적으로 양성하며 그들의 사상의식과 기술수준을 끊임없이 높여 인민의 참된 복무자로 만든다.”(제5조)

“국가는 우리 나라를 우호적으로 대하는 모든 나라들과 보건분야에서의 과학기술교류와 협조를 끊임없이 발전시킨다.”(제8조)[1)

이렇듯 무상치료제, 예방의학적 방침과 더불어 의사담당구역제, 동의학(고려의학)과 신의학의 병행, 대중의 보건사업 참여 등이 북한 보건의료의 기본적 성격으로 평가되고 있는데 이를 조금 더 상세히 살펴보기로 하자.

첫째, 북한은 무상치료제를 자랑스럽게 내세우고 있으며 이것은 북한 보건의료의 가장 기본적인 특성이다. 이는 1947년 「사회보험법」에 의한 무상치료제, 1953년의 전반적 무상치료제를 거쳐 1960년에는 완전하고 전반적인 무상치료제의 단계로 발전하였다. 전반적인 무상치료제라 함은 그 대상이 모든 인민이라는 뜻이며, 완전하고 전반적인 무상치료제는 무의리無醫里의 해소, 의사담당구역제 실시, 의료기구 및 의약품의 현대화 등을 통해 의료봉사의 질적인 수준을 높이는 것을 뜻한다. 또한 진찰, 검사, 치료 등 의료에 직접 관련된 모든 비용뿐만 아니라 해산방조, 왕진치료, 요양치료 등도 무상이며 불구자에게 주는 교정기구비, 보철비, 요양소를 오가는 여비 등 부대경비까지도 국가가 부담하고 있다고 한다.[2]

「인민보건법」의 관련 조항은 다음과 같다. "국가는 모든 공민에게 완전한 무상치료의 혜택을 준다. 로동자, 농민, 병사, 근로인테리를 비롯한 모든 공민은 무상으로 치료받을 권리를 가진다. 모든 의료봉사는 완전히 무료이다."(제9조) "국가는 로동능력을 잃은 사람, 돌볼 사람이 없는 만성환자, 년로한 환자들에게 무상치료의 혜택이 잘 차례지도록 그들을 책임적으로 돌보아준다."(제12조) "환자 및 산전산후휴가를 받은 녀성들과 그 부양가족에게 식량, 보조금, 분배몫을 준다."(제13조)

그러나 무상치료제는 북한의 주장과는 달리 실제 내용면에서는 완전한 무상치료제가 아니라는 지적도 있다.[3] 주민들의 월 급료에서 1%를 사회보장비 명목으로 공제하고, 매달 10% 정도의 공과금 징수 내용에 치료비 항목을 포함시켜 의료비용을 공제하고 있다는 것이다.

이 같은 의료비용 공제와 북한 당국의 재정능력 등으로 미뤄 무상치료제는 변형된 의료보험제도에 가까운 것으로 보는 견해도 있다. ≪평양방송≫(2002년 11월 1일)도 "전체인민들에게 무상치료제를 실시한다는 것은 국가의 많은 재정적 부담을 요구하는 사업으로서 결코 쉬운 일이 아니다"라고 말하기도 했다.

북한 주민 한 사람이 무상치료제도에 따라 평생 국가의 지원을 받는 치료비는 2002년 7월 1일 경제관리개선조치 시행 전을 기준으로 평균 5,220원에 달하는 것으로 알려졌다.[4]

사회주의 국가에서도 완전한 무상치료제를 실현했다는 나라는 많지 않은데, 북한에서 그것을 실현하였다면 대단한 성과라고 평가해야 할 일이다. 그러나 그 실상과 내용의 보다 면밀한 파악이 뒤따라야 할 것이고, 또 그것이 북한 사회에서 갖는 의미에 대해서도 더불어 살펴보아야 한다. 또한 그러한 무상치료제가 보건의료 발전의 담보가 되고 있는지에 대해서도 폭넓게 검토할 때 북한이 자부하는 무상치료제의 의의를 온전히 파악할 수 있을 것이다. 그러나 필자가 인터뷰한 북한 출신 의료인 및 일반인들의 증언과 국내외의 자료들을 보건대 "무상치료제 원칙"은 적어도 1990년대 이래로는 원래의 의미를 크게 잃은 듯이 보인다.

두번째로 들 수 있는 특징은 예방의학적 방침의 관철이다. 이는 김일성의 논문 "사회주의의학은 예방의학이다"를 통해 구체적인 모습을 보이는데 그 기본내용은 다음과 같은 것들이다. 즉 일찍이 각급 단위에 위생방역소를 설치하고 위생지도위원회를 두는 등 위생방역체계를 정비하였으며 의식주생활에 대한 위생지식뿐만 아니라 질병의 원인, 예방대책, 간단한 치료법에 이르기까지 다양한 보건지식을 보급하는 위생선전계몽교양사업을 강화하고 '위생 일군'의 체계적 양성을 꾀해 왔다고 한다.

또한 생활 및 노동환경 조건 개선을 위한 사업과 공해 방지에도 노력을 기울이는바 노동보호용구의 무상공급,[5] 노동보호 감독의 강화, 유해노동을 무해노동으로 바꾸기 위한 사업의 전개 등을 통해 산업보건사업을 강력히 전개해 오며, 공장을 분산배치하고 공장지구와 주민주거지구를 분리시키고 이 사이에 충분한 녹지를 조성하는 등의 사업을 벌인다고 한다. 탁아소와 유치원의 설치, 산전산후 150일의 유급휴가, 100% 병원분만 보장 등을 통한 모자보건사업도 북한이 주장하는 예방사업에서 빼놓을 수 없는 것이다. 그리고 교육과 연구에서도 예방의학적 방침에 따른 의학 교육을 실시하며 예방의학의 발전을 위한 연구에 많은 노력을 기울여 왔다고 한다.[6]

「인민보건법」의 관련 조항은 다음과 같다. "국가는 인민들이 병에 걸리지 않도록 미리 대책을 세우는 것을 자기 활동의 중요한 임무로 여기며 인민보건사업에서 예방에 선차적으로 힘을 넣는다."(제17조) "보건기관을 비롯한 기관, 기업소, 단체들은 위생선전사업과 교양사업을 강화하여 인민들 자신이 위생문화사업에 자각적으로 참가하며 과학적으로 건강을 보호관리하고 질병을 예방하도록 하여야 한다."(제18조) "국가는 생활환경을 보호하기 위하여 인민경제의 모든 부문에서 공해 현상을 막는다. 공장, 기업소와 해당 기관들은 가로수와 록지를 많이 조성하며 여러 가지 유해가스와 유해물질에 의하여 대기, 강하천, 토지 등이 오염되지 않도록 하여야 한다."(제21조) "공장, 기업소와 해당 기관들은 영양제를 비롯한 로동보호물자와 위생보호용구를 보장하며 예방사업을 정상적으로 하여 산업성 질병을 철저히 막아야 한다."(제22조)

주로 사적 자본의 논리에 따라 보건의료가 운영되는 자본주의사회에 비해 사회주의사회의 의학은 상대적으로 예방의학 중심적이다. 그리고 그것은 보건의료의 총비용을 절감시키는 효과를 거둘 수 있으며 의료인과 환자의 관계를 수직적인 것에서 수평적이고 협동적인 것으로 전환하는 데 도움을 준다고 생각할 수 있다. 그러나 현대적 질병의 특성상 예방의학만을 통해 모든 질병을 해소하고 완전한 건강을 보장하기는 어렵다. 자칫 예방의학에 대한 지나친 강조는 불균형한 보건의료 발전도 초래할 수 있을 텐데, 북한에서는 그러한 문제가 구체적으로 어떻게 다루어지고 있는지에 대해 검토할 때 북한 사회가 내세우는 예방의학의 의미에 대해 폭넓은 이해를 할 수 있을 것이다.

세번째는 의사담당구역제이다. "의사담당구역제라는 것은 의사들이 일정한 주민구역을 담당하여 예방치료사업을 하는 것입니다. 의사들은 자기가 맡은 구역에 늘 나가서 주민들의 건강상태를 돌보며 예방치료사업을 합니다."7) 이것은 방금 인용한 것처럼 의사가 일정한 지역 주민들의 건강을 책임지면서 외래로 찾아오는 환자를 진료할 뿐만 아니라 직접 담당구역에 나가 위생보건, 예방접종, 건강검진 등을 지속적으로 수행하는 제도이다. 1963년 4월 평양시 중구역 경림종합진료소에서 소아과 의사담당구역제가 처음으로 실시되었으며, 그 경험을 일반화하여 1964년 6월부터 시행되기 시작하였다.8) 해외동포들의 방문기 등을 보면 외국에서 온 사람들에게도 이러한 조치가 취해지고 있는 것 같다.

의사담당구역제는 거주지 생활단위를 기본으로 하는 거주지담당제와 생산 활동 단위를 기본으로 하는 직장담당제로 나뉘는데 이를 통일적으로 실시한다고 한다. 도시에서는 시구역병원과 그 아래의 종합진료소를 기본단위로 대체로 주민 4천명이 기준이며 농촌은 리인민병원(진료소)이 기본단위로 인구 3천명 안팎이 기준인데 이를 의사 2-10명이 담당하고 있다. 또한 산업지역에서는 공장병원과 공장진료소가 담당한다. 내과, 소아과, 산부인과 등 기본전문과 의사를 주축으로 실시하며 기타 전문과 의사는 담당구역 사업에 협조하는 방식으로 참여하고 있다.9)

북한 사회는 이러한 의사담당구역 사업의 논리와 이유로 보건기관의 책임의식 강화, 고정적인 의료진에 의한 계속적 관찰, 예방사업과 위생선전교양사업 전개상의 이점 등을 들고 있다. 그리고 이 담당구역제는 다른 점들과는 달리 2000년대에도, 그 내용은 어떻든 지켜지고 있는 듯이 보인다. 이 담당구역제는 원칙상 대단히 바람직한 제도인 것은 틀림없는데, 그 시행 과정에서 생길 수 있는 타성과 관료주의라는 문제가 어떻게 해소되고 있는지에 대해서도 관심을 기울여야 할 것이다.[10]

「인민보건법」의 관련 조항은 다음과 같다. "국가는 의사들이 일정한 주민구역을 담당하고 맡은 구역에 늘 나가 주민들의 건강상태를 돌보며 예방치료사업을 하는 선진적 의료봉사제도인 의사담당구역제를 공고발전시킨다."(제27조)

넷째로 '동의학東醫學'과 '신의학'을 병행 발전시킨다는 원칙이다. 즉 북한에서는 의료사업과 활동, 의학연구와 교육에서 동의학(전통의학, 요즈음에는 '고려의학'이라는 용어를 더 많이 사용하고 있다)과 신의학(근대서양의학)의 협조와 결합을 강조하는데 중앙과 각 도에 동의전문병원을 설립하고 인민병원 등 각급 의료기관에 동의과를 설치하며 그밖에 독립적인 동약국과 동약방을 많이 설치하였다. 그리고 의학교육에서 동의학을 정규교과목화하는 등의 방법을 통해 동의학을 예방과 치료의 많은 면에서 활용하고 있다.

북한에서는 동의학이 예방에 기본을 두고 있고, 여러 가지 동약이 오랜 기간 써도 몸에 별 해독이 없고 효력이 떨어지는 일도 없으며, 신의학으로 고치지 못하는 병을 고칠 수 있다는 점 등을 높이 평가하지만 동시에 주로 경험적이고 주관적인 방법에 의거하고 있어서 객관성을 보장받기 어려운 동의학의 방법상의 약점 또한 인정하고 있다. 따라서 북한에서는 동의학의 과학화 작업을 깊이 있게 진행시키고 있다고 하는데 이를 위하여 1958년 의학과학원 산하에 동의학연구소(지금은 고려의학연구소)를 설립하여 연구에 박차를 가하고 있다. 그리하여 구체적으로는 동서의학의 장점을 취해 신의학적 진단과 동의학적 치료의 방

향으로 나아가고 있지만 스스로도 동서의학 접합에 어려움이 많다고 평가한다.11)

　북한 보건의료에서 동의학이 가지는 의의에 대해 이해하려면 그것을 강조하는 배경을 생각해야 할 것이다. 우선 북한에서는 동의학을 우리 민족이 지난한 투쟁과정 속에서 얻어낸, 스스로에 맞는 의학이라고 주장하는데 이러한 역사 인식적이고 사상적인 측면이 주요한 배경이며 이것은 북한사회의 근본뼈대를 이루는 주체사상과 연결이 된다. 그리고 동의학의 예방의학적인 특성도 중요하게 작용을 할 것이다. 또 한 가지 생각해야 할 것은 북한 사회의 고립과 경제난이다. 즉 어떤 연유에서든 외국과의 교류가 제한되어 있으며 비용이 많이 드는 양약洋藥을 생산하기 어려운 조건 속에서 그 돌파구로 동의학이 강조된다는 측면도 고려해야 할 것이다. 그러나 북한사회에서는 동의학을 골동품 보존 같은 측면에서 강조하는 것이 아니라 현대 '과학적'으로 재창조하려는 모습이 뚜렷한데 이 점은 우리가 마땅히 평가해야 할 것이다.

　「인민보건법」의 관련 조항은 다음과 같다. "국가는 민족적 전통으로 내려오는 동의치료를 잘 보장하기 위하여 동의의료망을 늘이며 의료기관들에서 현대의학적 진단에 기초한 동의치료방법을 널리 받아들이도록 한다."(제15조) "국가는 온천, 약수지대와 기후가 좋은 지대에 현대적인 료양시설들을 많이 지어 인민들이 자연인자에 의한 료양치료의 혜택을 더 잘 받도록 한다."(제16조) "보건기관과 의학과학연구기관들은 동의학을 과학화하기 위한 연구사업을 강화하여 동의학과 민간료법을 리론적으로 체계화하고 더욱 발전시켜야 한다."(제29조) "국가는 동약생산기지를 튼튼히 꾸리며 모든 기관, 기업소, 단체, 공민들이 약초를 재배하고 채취하는 사업에 널리 참가하도록한다."(제36조)

　다섯째로 주민들의 활발한 보건사업 참여이다. ＜'모범위생군' 창조운동>, <유해동물잡기 운동>, <전염병 박멸투쟁>, <유해노동의 무해노동화 운동>, <공해감시사업>, <문화위생운동> 등의 다양한 보건사업이 광범위한 주민의 참여로 이루어지고 있을 뿐만 아니라 동약생산 사업, 지역 보건사업의 정책결정 과정과 탁아소 및 병원의 건설 등도 주민의 참여로 이루어지고 있는데 북한사회는 이러한 대중참여의 일반적 원칙으로 '집단주의'를 들고 있다.[12]

모든 주민이 보건의료의 측면에서도 객체가 아니라 주인으로 참여한다는 원칙은 대단히 바람직할 것이다. 그러나 그러한 참여에 있어서 과연 주체적인 점이 구현되고 있는지 아니면 흔히 북한사회를 비판할 때 이야기되듯 '강제동원'에 지나지 않는지를 고찰할 때 '참여'의 참 의미를 파악할 수 있을 것이다.

2) 북한 보건의료의 역사적 발전 과정

위에서 본 바와 같은 특징을 지닌 북한의 보건의료 체제는 어떠한 과정을 거쳐 형성, 변화, 발전해 왔는지 각 시기에 따라 살펴보기로 하자. 여기에서 시대 구분은 대체로 북한이 공식적으로 추진한 경제계획 시기를 준용하였다.

(1) 해방부터 6·25전쟁까지(1945~1950년)

해방 당시 북한 지역에는 42개의 병원과 1,135병상이 있었으며, 의사의 수는 한지의사限地醫師를 포함하여 인구 만명당 1명 안팎이었고, 무의면無醫面은 56%(또는 65%)나 되었다고 평가된다. 이런 상황에서 1946년 3월 북조선임시인민위원회는 "국가병원의 수를 확대하는 동시에 전염병을 근절하고 빈민들을 무상으로 치료할 수 있도록 하여야 한다"(20개조 정강의 제20항)라는 보건의료분야의 당면과업을 제시하였다.

이에 따라 1946년에는 국가예산의 6.2%를 보건의료부문에 지출하여 각 군郡에 1개소 이상의 국영병원을 설치하였고, 1947년에는 병원 47개와 진료소 294개를 신설하는 등 보건의료기관을 계속 확장하여 1950년 상반기에는 무의면을 완전히 해소하였다고 한다.

그리고 1947년부터 「사회보험법」에 의거하여 노동자, 사무원 및 그 부양가족에 대한 무상치료를 실시하였으며, 1948년부터는 병원 분만과 3세 미만의 어린이, 지정전염병 환자, 양로원 수용자, 극빈자 등에 대해서도 무상치료원칙을 적용하였다. 이러한 조치에 따라 1947년에 국가보건기관에서 치료받은 연인원수는 607만 5천명 이상이었으며, 사회보험법에 의한 무상치료제의 혜택을 입은 연인원수는 170만명에 달하였고, 1949년에는 사회보험법에 의한 무상치료의 연인원이 960만 1천명으로 더욱 늘어났다고 한다. 그리고 1947년 한해 동안 정료양소들에서 의료혜택을 받은 노동자, 사무원도 5만 4천여명에 이르렀다고 한다.

이밖에 1946년 5월의 「공장, 광산의 의료시설 통제규칙」, 1949년의 산업의학연구소 설치 등을 통해 노동자와 광원 등의 건강 보호에 국가적 관심을 기울였다고 한다.

또한 여성 노동자들의 건강과 출산에도 관심을 돌려 77일간의 산전산후유급휴가와 함께 임신 초부터 산후에 이르기까지 국가병원에서 체계적인 의료서비스를 받도록 하는 조치를 취하였다.

이와 더불어 의료기관을 국유화(사회화)하는 정책이 실시되었는데 다음과 같은 방법으로 진행된 것으로 파악된다. 즉 국가병원을 확대하고 개인 의료기관에 대한 국가 보건기관의 지도적 지위를 확립하는 한편 개업의에 대한 사상교양사업을 벌였다. 그리고 국가병원의 수가를 개인병원의 10분의 1로 하는 등 의료수가를 국가가 장악하고, 개업의사들에게 누진적으로 세금을 부과함으로써 사적 의료부문을 무력화시켰다. 그리고 국가의 방침에 반대하거나 저항하는 의료인들이 이 시기 동안 월

남함으로써 사회화정책은 비교적 수월하게 이루어졌다. 이러한 과정을 통해 북한 보건의료체계는 1945~50년 사이에 이미 사회주의적인 기본 골격이 대체로 마련된 것으로 평가된다.13)

(2) 6·25 한국전쟁 시기(1950~1953년)

전쟁을 치르면서 보건의료체계도 자연히 군軍 의료시설 중심의 편제를 가지게 되었다. 그리고 개전 초기인 1950년 7월부터 구호사업방조에 관한 군사위원회 명령으로 공습이나 함포사격에 의해 부상당한 민간인들을 무료로 치료하도록 하였다. 또한 1951년초에는 전재민들의 생활안정을 위한 중요 대책의 하나로 그들에게 무상치료를 실시하여 1951년말경에는 사실상 거의 모든 주민이 국가로부터 무상치료의 혜택을 받을 수 있게 되었다고 한다. 이러한 일종의 준비 기간을 거친 뒤, 1952년 11월 13일 「무상치료를 실시할 데 대한 내각 결정」을 내렸고 이에 따라 1953년 1월부터 "전반적 무상치료제"를 실시하게 되었다.

북한당국은 전반적 무상치료제 실시를 위해서는 보건의료기관, 설비시설과 의약품 등의 물적 조건의 충실화와 더불어 다음과 같이 의사, 약제사, 간호원 등 보건의료인들의 양성에 깊은 관심과 노력을 기울였다. "전반적 무상치료제를 실시하려면 의사, 약제사, 간호원 등 보건일군들이 많아야 합니다. 보건일군들을 많이 양성하지 않고서는 전반적 무상치료제를 실시하여도 소용이 없습니다. 보건성에서는 지금 있는 의학대학과 의학전문학교 그리고 간호원학교들에서 의사, 약제사, 간호원을 많이 양성하는 한편 단기강습소들을 설치하여 보건일군들을 대대적으로 양성하여야 하겠습니다. 특히 녀성보건일군들을 많이 양성하여야 합니다. 전반적 무상치료제를 실시하는데 필요한 보건일군들을 수자상으로만 채우려 하지 말고 질적으로 양성하여야 합니다".14)

그러한 방침에 관련하여 1951년초에는 보건의료인 단기양성체계를

마련했으며, 10월에는 종군 중이던 의학대학 교원과 학생을 대학으로
복귀시켜 전반적 무상치료제와 전후 복구사업에 대비하도록 하는 조치
를 취하였다.[15)

(3) 3개년계획 시기(1953~1956년)

휴전 직후인 이 시기에는 보건의료의 과제를 "복구건설의 힘겨운 전
투를 맡아 하게 될 인민들의 건강을 보호 증진시키는 인민보건사업을
강화"하는 데에 두고 노동력 수급을 위한 인구증가 정책, 전쟁고아 등
아동들에 대한 보육시설 확장, 각급 의료기관의 복구와 확장, 의료요원
의 자질 향상 및 인적자원 증대, 의학교육과 연구 사업에서의 '주체' 강
조, 의료기구 및 제약 공업의 성장, 민간요법 및 한의술[16)의 발굴 등의
당면 과업을 수행했다.

3년 동안의 전쟁으로 거의 폐허가 되다시피 한 보건의료자원을 복구
하면서 또한 전후건설을 담당할 국민들의 건강증진이라는 중대한 역할
을 이 시기의 북한 보건의료인력은 충실히 감당한 것으로 평가된다. 여
기에는 북한 사람들의 적극적인 노력이 가장 큰 역할을 하였지만 사회
주의 우방의 지원도 작지 않은 몫을 차지한 것 같다.[17)

1956년 4월의 조선노동당 제3차 대회에서는 보건사업을 빠른 시일
내에 사회주의적으로 완전히 개조할 것을 결정하였다. 이러한 결정에
따라 보건의료기관들을 복구할 뿐만 아니라 시설과 설비를 현대화하고
행정구역의 말단단위인 리까지 보건의료기관을 설치하여 1953년초부터
시행한 전반적 무상치료제의 내실을 기하도록 하였다고 한다.[18)

(4) 5개년계획 시기(1957~1960년)

이 시기에는 보건사업의 기본방향을 모든 질병의 철저한 예방, 농촌
리 단위까지 진료소 설치, 의료시설과 의약품 생산 확대, 주요한 보건의

료 연구·교육기관의 설립, 민간요법 및 한의술의 발굴 등에 두었다. 그리고 북한 당국은 1958년에 개인의사들을 모두 국가기관에 인입시키는 등 비사회주의적인 요소를 모두 제거하여 사회주의적 보건의료 제도가 확립되었다고 공식적으로 발표하였다.

이리하여 북한 보건의료제도와 자원의 기본 틀이 완전하게 자리 잡게 되었다. 북한의 인민들은 폐허 위의 건설이라는 벅차고 힘든 과업을 수행하였지만, 전쟁 중의 파괴로 인해 사회주의 사회 건설을 가로막는 인적·물적 요소가 대부분 제거된 것이 체제의 확립에 도움이 된 면도 있다고 하겠다.

그리고 마침내 1960년 2월 최고인민회의 제2기 제7차 회의에서 "완전하고 전반적인 무상치료제"를 선포하고 그 실현을 위한 구체적인 조치를 강구하였다.

사회보험법에 의한 무상치료제나 전반적 무상치료제를 실시하는 데서는 무상치료제의 적용 대상과 범위가 주된 문제였지만, 완전하고 전반적인 무상치료제를 실시하기 위해서는 의료서비스의 질적 수준을 높여야만 했다.

그리하여 국가에서는 진료소가 없는 일부 리에 진료소를 설치하고, 모든 임산부들에게 무상으로 분만 혜택을 주기 위한 대책을 세우는 한편 도, 시, 군에 소아과병원이나 소아과병동을 설치하는 사업을 벌였다. 이와 함께 의료서비스에 대한 인민들의 요구를 충족시키기 위하여 의료기관과 병상수를 계속 늘리는 한편 의사담당구역제의 도입을 강구하기 시작하였다.

또한 예방 및 치료 사업을 더욱 발전시키기 위하여 의학과학연구기관들을 확장하고 생약의 채취 및 재배관리 사업을 강화하는 조치와 의료기구 및 설비비품의 생산시설들을 확장하고 현대화하는 조치도 취하였다.

이처럼 완전하고 전반적인 무상치료제를 선포한 것은 1960년이지만, 그 내용을 채워 나간 것은 주로 다음 단계인 제1차 7개년계획시기였다.[19]

(5) 7개년계획 시기(1961~1970년)

북한 당국은 이 기간 동안에 완전하고 전반적인 무상치료제와 의사담당구역제 등을 실시할 수 있는 제도적 체계를 확립하고 그 내용을 채움으로써 이전 시기에 수립된 사회주의 보건제도를 공고 심화시켰다고 스스로 평가하고 있다. 1961년 100% 해산방조 실시, 1964년 의사담당구역제 실시, 1968년 간염연구소 및 모든 군 지역에 간염 격리병동 설립 등의 성과를 올렸다고 한다.

그리고 보건의료의 그러한 방향과 성과를 김일성은 1966년 10월 "사회주의의학은 예방의학이다"라는 논문(담화)을 통해 정리하였다. 이 논문의 핵심 골자는 "사회주의의학에서 기본은 예방의학입니다. 사람들이 병에 걸린 다음에 치료하는 것이 아니라 병에 걸리지 않도록 미리 대책을 세우는 것이 사회주의의학의 기본"이라는 것이다.

7개년 계획이 수행에 차질을 빚어 10년으로 늘어났지만, 이 기간 동안 병원과 진료소는 2.9배로 늘어나는 성과를 거두었다고 한다.[20]

(6) 6개년계획 시기(1971~1977년)

북한당국이 이 기간 동안의 성과로 내세우는 것은 위생방역사업의 강화, 의사담당구역제의 전면적 실시와 의학 및 간호교육 체계의 확립, 제약공업과 의료기기 생산의 확대 등이다. 그리고 의료기관을 확장하고 현대화하는데 구체적으로는 아동병원과 산원시설을 강화하고 리 진료소에 전문과와 입원실을 두는 등의 조치를 취했다.

의료인과 학생을 외국에 대거 유학시켜 새로운 보건의료 지식과 기술을 흡수하는 데 노력을 하면서 그 동안 쌓아온 동의학적 지식과 기술도 함께 수록한『림상의전』을 간행하는 성과도 거두었다. 그리고 대중사업으로는 약제 채취의 전 군중적 운동화를 주요한 성취로 꼽고 있다.

20년 가까운 복구와 건설사업이 어느 정도 성과를 거두어 그 결과가 보건의료사업에도 나타난 것으로 생각할 수 있으며 관심을 외부 세계에까지 확장하는 모습을 보이는 것이 이 시기의 특징이라고 하겠다.

또한 이 시기에는 어린이의 보육에 힘을 쏟아 주탁아소 및 월탁아소, 유치원을 많이 신설하였으며 탁아소와 유치원들에 대한 국가의 공급체계를 정비하였고 보육에 필요한 의약품, 식료품, 장난감, 교구비품, 양육설비의 공급을 늘렸다. 그리하여 1976년에는 탁아소와 유치원이 6만여 개에 달했으며, 이러한 사업을 법률적으로 뒷받침하기 위해「어린이보육교양법」을 제정하였다.

그리고 농촌의 보건의료시설이 도시에 비해 여전히 낙후된 것을 개선하여 도시와 농촌 주민들 사이의 의료 수혜의 차이를 없애기 위해 1970년 11월의 조선노동당 제5차 대회에서는 농촌의 리진료소들을 병원화하기로 결정하였다. 이러한 결정에 따라 불과 4년만인 1974년에 농촌의 리진료소들을 병원화하는 사업이 완료되어 농촌 주민들도 전문적 의료서비스를 받게 되었다고 한다.

한편 의약품 생산과 의료기구 생산도 증대되어 의약품 생산은 1948년의 375배, 의료기구 생산은 1946년의 742.5배로 늘어났다고 한다.[21]

(7) 2차 7개년계획 시기(1978 ~ 1986년)

이 기간에는 이전 시기 사업을 더욱 확대강화, 심화시켰다고 하며 그 동안의 성취와 보건의료사업의 지향을 총정리하여 1980년에「조선민주주의공화국 인민보건법」을 제정하였다.

특히 1985년에는 협동농민들에게도 사회보장제를 실시하여 사회보장

분야에 남아있던 도시와 농촌의 차이, 노동자와 농민간의 차이를 없애도록 하였다. 사회보장제의 실시로 협동농민들은 연로하거나 그밖의 이유로 노동능력을 상실하는 경우에도 생활에 걱정이 없게 되었다고 한다.

(8) 3차 7개년 계획 시기(1987～1996년)와 그 이후

그 이후인 3차 7개년계획 시기와 1997년부터 지금까지는 보건의료 체제상의 큰 변화는 없는 것으로 보인다. 다만, 사회주의권의 몰락과 북한의 경제난으로 보건의료 물자의 공급과 보건의료인력의 재생산에도 많은 차질이 생겨 어려움을 겪어온 것으로 보인다.

3) 북한의 보건의료 실태

북한 보건의료의 실태를 파악하기에는 자료가 절대적으로 부족할 뿐만 아니라 남한과 북한, 국제기구 모두 자료의 신뢰성에 적지 않은 문제점이 있어서 뚜렷한 한계가 있을 수밖에 없다. 따라서 필자도 매우 조심스럽게 접근할 수밖에 없으며, 독자들 또한 그러한 한계를 인식해야 할 것이다.

(1) 북한의 의료인력과 시설, 의료전달체계

의료인력과 시설을 살펴보면, 남한의 경우 1986년 현재 의사 1인당 인구가 1166명인데 북한은 1982년 현재 준의사까지 포함하여 415명이라고 한다. 북한은 병상당 인구수가 1982년에 77명인데 남한은 1986년에 385명이다.[22] 물론 이러한 평면적인 비교의 차원을 넘어 의료시설과 인력의 질적인 면이나 의료기관 및 의료인의 지역적인 분포상황도 고려하여야 할 것인데, 북한은 모든 의료시설이 국가에 의하여 운영되고 있으므로 행정단위에 따라 의료기관들을 체계적으로 배치하고 있으며, 4

단계 진료체계가 다음과 같이 지켜지고 있다고 한다.

각 리, 읍, 동, 노동자구의 인민병원과 협동농장진료소 그리고 산업장 규모에 따라 설치되어 있는 산업병원, 산업진료소 및 구급소가 1차 진료를 담당하고 있으며, 의사담당구역제의 실시에 따라 각 의사는 일정한 지역을 분담하여 업무를 수행하고 있다. 군 단위 인민병원은 제2차 진료기관으로 종합병원의 인력규모와 시설을 갖추고 있으며, 제3차 진료기관은 도 단위에 있는 중앙병원 및 각 도의 의학대학병원이며, 4차 진료는 중앙에 설치된 대규모 병원 및 특수병원 등에서 실시한다. 환자가 생기면 정해진 1차 진료기관에서 우선 진료를 받고, 필요하면 하급기관에서 만들어 준 진료의뢰서를 가지고 차상급 진료기관으로 가서 진료를 받도록 되어 있다. 따라서 환자가 의료기관을 자유롭게 선택하는 남한 체계와는 근본적으로 다르다.

전문 치료 및 예방 기관과 특수 병원으로는 중앙의 나병원, 구호병원, 결핵병원과 각 도의 결핵병원, 전염병원, 간염병원, 만성병원, 정신병원, 그리고 각 군의 간염요양소, 결핵요양소 등이 있으며 동의학 기구로는 26개소의 동의병원과 각급 병원의 동의과가 있다. 이러한 특수병원을 보면 결핵과 간염 등이 계속 큰 문제로 남아 있는 것을 짐작할 수 있다.

의학연구기관으로는 중앙에 1958년에 발족한 의학과학원이 있는데 산하 연구 기구로 고려의학연구소, 위생연구소, 약학연구소, 미생물학연구소와 이외에 5개 생산직장, 2개 약초시험장, 수혈처, 부속병원 등이 있으며 이밖에 따로 중앙미생물연구소, 함흥인삼의학연구소 등의 연구 기관이 있다.

의사는 의사, 부의사, 준의사로 구분되는데 전국 11개의 의학대학 의학부에서 양성되는 의사는 예과 1년 및 본과 6년(기초의학 3년 및 임상의학 3년)의 7년제 과정을 거치며,23) 부의사는 4년제의 고등의학전문학교, 준의사는 3년제의 고등의학교에서 양성된다. 부의사나 준의사는 진료 상에 약간의 제한이 있지만 기본임금은 의사와 같고 시험을 통해 의사가 될 수도 있다. 그리고 북한에서는 졸업 후의 교육을 강조하여 모든 의사들은 3년마다 6개월 동안의 재교육을 받으며 시험을 치른다. 의학대학에서는 의사 이외에 구강의사(5년), 위생의사(5년), 약제사(5년), 동의사(5년) 등도 배출하고 있으며 동의사 양성을 위한 동의대학이 따로 설치되어 있기도 하다. 간호원은 2년제인 11개 보건간부학교와 1년제 간호원양성소에서 양성된다.24)

그리고 남한과는 달리 의료인들은 면허나 자격을 딴 다음에도 훈련과 시험을 거쳐 다른 자격을 취득할 수 있다. 예컨대 새로이 학교교육을 받지 않더라도 간호원이 의사가 되거나 준의사에서 부의사, 의사가 되는 길이 열려 있는 것이다. 또한 여성이 보건의료활동에 활발히 참여하여 의사를 비롯하여 전체 의료인의 80% 남짓이 여자이다.25)

그리고 특이한 것으로 <보건의료인 정성운동> 사업이 활발히 벌어지고 있는데 "환자의 아픔을 자신의 아픔으로" "백번 물음에 백번 웃음으로 대답하자" "중환자는 나에게로!" "환자의 친어머니가 되자" 등의 구호가 말하듯이 의료인의 헌신성을 매우 강조하고 있다. 이러한 것은 개인주의적인 남한 사회의 시각으로는 이해하기 쉽지 않은 것이지만 바로 그 점이 집단주의사회인 북한의 특징적인 모습일 듯하다. 또 그것은 단지 구호에 그치는 것이 아니라는 사실을 필자는 북한에 살았던 의료인과 일반인들을 통해 거듭 확인할 수 있었다.

북한은 1960년대 초부터 김일성의 직접 지시로 보건의료인들의 정성운동을 전국가적·전당적全黨的으로 벌여왔다. 사실 정성운동이 새삼스러운 것은 아니다. 북한은 해방 직후 임시인민위원회 시절부터 보건의료인들의 헌신성을 강조하여 왔는데, 그것은 '사상개조'의 성격과 더불어 인적·물적 자원의 부족을 보완 보충하는 의미도 지닌 것이었다.

1958년 무렵 보건의료를 포함하여 거의 모든 분야의 사회주의적 개조를 이룬 뒤 북한은 사상투쟁과 사상개조사업을 더욱 세차게 벌이기 시작했다. 사상개조는 북한뿐만 아니라 소련을 비롯하여 모든 공산주의 국가에서 특별히 강조되는 사항이다. 즉 공산주의는 물적·제도적 사회주의화와 더불어 인간들의 의식과 행동을 사회주의에 걸맞게 개조하여야만 완성된다는 것이다.

북한은 특히 1956년의 반종파투쟁을 계기로 김일성의 유일적 지배권이 확립되면서 어느 공산주의 국가보다도 사상개조, 즉 김일성주의화에 본격적으로 나선다. 정성운동도 그러한 움직임의 일환으로 파악하여야 할 것이다.

신뢰도에 문제가 없지 않지만 최근의 북한의 보건의료인력 실태를 알려주는 자료로는 아래와 같은 것이 있는데, 남한과 비슷한 점과 차이점을 동시에 보여주고 있다. <표 1>을 보면 인구 만명당 의사 및 약사 수는 남북한이 비슷한데, 인구 만명당 준의료활동 종사자 수는 남한이 북한의 2배에 달한다. 이는 남한의 의료체계가 상대적으로 대병원 중심, 의료기기 중심이라는 사실을 나타내는 것이다.

<표 1> 남북한의 의사, 약사 및 준의료활동 종사자 수 (1997년)

	의사, 약사 수	인구 만명당 의사 및 약사	준의료활동 종사자 수	인구 만명당 준의료활동 종사자
남한	133,101	28.9	448,569	97.5
북한	70,901	32.5	98,649	47.7

* 출처: 통일부. 통계청.
주 1) 의사에는 부의사, 준의사, 치과의사(구강의사), 한의사(동의사), 위생의사(북한) 포함. 준의료활동 종사자 범주는 조산사, 간호사, 간호조무사, 의료기사.
주 2) 조선중앙년감 1999년도 판에는 주민 1만명당 의사 수는 29.7명, 중등보건일군 수는 39.9명, 병원침대 수는 136대라고 되어 있다.

(2) 북한의 보건의료비 지출과 그 구성

북한은 세계보건기구(WHO) 발표에 따르면 2002년의 경우 보건의료비가 국민소득(GDP)의 4.6%이며, 그 중 80% 가까이가 국가재정에서 충당되어 남한과 대단히 다른 양상이다. 그리고 최근의 극심한 경제난으로 인한 것이지만 국민 1인당 보건의료비는 57달러로 남한의 1/17에 불과하여 열악한 보건의료 사정을 잘 나타내 주고 있다.

<표 2> 남북한의 연간 보건의료비 (2002년)

	보 건 의 료 비			국민 1인당 보건의료비 (US $, 공식 환율 기준)
	% of GDP	총 보건의료비중 공공부분 지출 (%)	총 보건의료비중 사적부분 지출 (%)	
남한	6.0	47	53	982
북한	4.6	77	23	57

* 출처: WHO, *The World Health Report* 2005.

(3) 북한의 보건지표

북한당국은 평균수명이 1982년 현재 74세라고 주장하는데, 남한은 1985년에 남자 65세 여자 71세로 발표되었다. 영아사망률은 북한이 1983년에 천명당 10이라 하며, 남한은 같은 해에 34였다. 인구만명당 사망률은 북한이 1982년에 43명이었으며, 같은 해에 남한은 69명이었다. 북한의 이런 보건지표는 사실이라면 세계 최고 수준에 접근한 것이었다.

사망요인에 대해 살펴보면 흔히 후진국의 질병이라고 불리는 감염성 및 기생충성 질환에 의한 사망은, 1960년에는 인구 만명당 30명으로 전체 사망자의 28%를 차지하였는데 1982년에는 인구 만명당 0.4명에 지나지 않게 되어 급격히 감소하였으며 호흡기 및 소화기 질환에 의한 사망도 많이 감소하였다고 한다. 반면 순환기 질환은 1960년의 인구 만명당 13명에서 1982년에는 19명으로 증가하여 총사망자의 45%를 차지함으로써 절대적 및 상대적으로 급증하였는데 남한의 27%보다 높은 수치였다. 신생물(양성종양 및 암)은 1982년의 경우 천명당 6명이고 중독 및 외상은 같은 해의 경우 3명으로 남한(각각 8명과 7명)보다 적은데 위의 통계수치가 신빙성이 있는 것이라면 암 발생 원인 중 상당수를 차지할 것으로 생각되는 유해 환경요인이 적으며 교통사고, 산업재해 등이 남한보다 적게 발생하기 때문이 아닌가 추측해 볼 수 있지만 자세한 통계자료가 없는 이상 추측을 넘어서기는 어려운 실정이다.

그러나 최근의 남한(통계청)과 세계보건기구 자료에 의하면 평균수명(출생시 기대여명)이 60-65세로 크게 낮아져 있다. 그리고 영아사망률과 연령대별 사망 가능성도 대단히 높은 편이다.

<표 3> 남북한 주민의 평균 수명 (2000년, 추정치)

	전체	여성	남성
남 한	74.9	78.6	71.0
북 한	65.2	67.4	62.9

* 출처: 통계청
주)『조선중앙년감』 1999년도 판에는 북한주민의 평균 수명이 1982년과 마찬가지로 74.5세라고 되어 있다.

<표 4> 남북한의 영아사망률, 연령대별 사망 가능성과 출생시 기대여명

	영아사망율 (출생 천명당)		사망 가능성 (인구 천명당, 2003년)				출생시 기대여명 (2003년)	
			5세까지		15~59세까지		여성	남성
	1978년	1998년	여아	남아	여성	남성		
남한	30	10	5	5	61	155	80	73
북한	38	22	54	56	168	168	68	65

* 출처: WHO, *The World Health Report* 2005.
　　영아사망율은 WHO, *The World Health Report* 1999.

다시 강조하거니와 북한의 보건지표에 관한 자료들의 신뢰성에는 커다란 문제가 있다고 여겨진다. 예컨대 남한의 통계청에서 발간하는 『남북한 경제사회상 비교』의 경우, 1996년판에는 1995년도 북한주민 평균수명이 남성 67.0세 여성 73.3세인 데에 비해, 1999년판에는 같은 1995년도 북한주민 평균수명이 남성 59.8세 여성 64.7세로 제시되어 있는 식이다.

4) 남북한 보건의료의 특성 비교

북한과 외부 세계에서 발표한 여러 자료와 문헌들, 그리고 북한에서 의사로 활동했던 사람들과 일반주민들의 증언을 종합하면 북한 의학과 보건의료의 특성은 대체로 아래 표와 같이 정리할 수 있으며, 그러한 모습은 남한과 여러 가지 면에서 대조적이거니와 시사하는 점이 적지 않다고 생각한다.

남한이 국민건강보험을 근간으로 하는 민간의료 중심인 데 반하여, 북한은 무상치료제 원칙 하의 공공의료체계이며, 남한이 '양한방 2원화'로 요약되듯이 근대의학과 전통의학이 별도로 존재하는 데 대하여, 북한은 동의사(고려의사)가 별도로 존재함에도 의사가 동의술(고려의술)을 시술하는 것이 허용되는 정도를 넘어 의무화되어 있는 등 남북한 의료체계의 차이점은 <표 5>와 같이 여러 측면에서 지적할 수 있을 것이다.

<표 5> 남북한 보건의료의 특성

	남 한	북 한
민간부문/공공부문	민간의료 중심	공공의료 중심
의료비 지출	개인 부담 위주 전국민 건강보험	"무상치료제" 원칙
치료의학/예방의학	치료의학 중심	예방의학 강조

의료전달체계	미정비(1·2·3차 의료기관의 역할 분화 미흡)	국가조직에 의한 체계화 의사담당구역제(호담당제)
근대의학/전통의학	양한방 2원화	신의학과 고려의학 병행 수행 (의사들의 동의술 시술)
환자-의사관계	상대적으로 수직적	상대적으로 수평적 주민들의 보건사업 참여
의사들의 특성	개인주의적 "친절 운동"	집단주의적 "보건의료인 정성운동"
의사직에 대한 선호도	매우 선호	매우 선호
전문의 제도	제도화, 전문의 중심	비제도화
의약분업	기관별 분업(병의원과 약국)	의사-약사간 자율적 분업

이러한 여러 측면 가운데에 남북한 의료의 가장 근본적인 차이점은 민간/공공의료 중심과 의료비 부담 주체(개인/국가)에 관한 것이라고 생각한다. 그런데 여기에서 지적해야 할 것은 북한의 의료체계가 원칙적으로는 국가 부담의 무상치료제이지만, 최근의 극심한 경제난으로 (지역과 계층에 따르는 차이는 있지만) 그 대원칙이 상당 부분 훼손되었다는 점이다. 즉 병원이나 진료소 등 각급 의료기관의 설비와 의약품이 극도로 부족하여 적지 않은 인민들이 그 공급을 장마당 등 암시장에 의존하고 있으며, 불법적으로 피임용 루프 삽입과 임신중절수술 등을 하는 무자격 의료행위자마저 나타나고 있는 것이다. 이러한 상황에서, '고난의 행군'을 끝낸 북한 사회가 의료체계를 재건하는 과정에 참여하고 지원하는 노력이 병행되지 않는다면, 남과 북의 장점을 살려 바람직한 통일시대의 의료체계를 논한다는 것은 한가하거나 현실회피적이라는 생각마저 든다.

질병에 잘 걸리지 않을 뿐만 아니라 건강을 유지, 증진하는 제반 조건이 갖추어지고 또 병에 걸렸을 경우 별다른 경제적 부담 없이 최선의 진료를 받을 수 있다면 더 이상 바랄 것이 없을 터이다. 남한 사회는 이미 국민총생산의 6% 이상을 의료에 사용하고 있으며, 특별한 노력이 없다면 지금까지의 추세로 보아서 계속 늘어날 전망이다. 어느 정도가 적절한 의료비 수준인지를 말할 수는 없지만, 국가경제에 부담이 되지 않는 범위에서 제어되어야 할 것이다. 그런 한편, 의료 배분의 평등성이 보장되어야 하며, 이 점은 남북이 통일되는 경우 더욱 중요한 문제로 부각할 것이 틀림없다. 필자는 남북한 모두 그 동안 분단과 긴장구조 유지에 낭비한 부분을 모든 국민과 인민의 의료보장에 되돌릴 수 있는 방안을 모색하는 것이 현실적이자 이상적인 길이라고 생각한다. 그와 더불어 질병에 잘 걸리지 않는 사회구조와 개인의 생활태도를 확립하는 것이 의료비 문제를 해결하는 데에도 크게 도움이 되며, '의사 위주' '치료 위주'라는 현대의학의 고질적 병폐를 극복하는 방안이 되리라고 생각한다. 그리고 그러한 길을 찾는 데에 예방의학을 강조해 온 북한 의료의 경험이 적지 않은 도움이 될 것이다.

4. 나오는 말

간략하나마 북한 보건의료의 특성과 실상에 대해 살펴보았다. 북한 사회 보건의료의 지향 목표와 내적 논리에 대해서는 어느 정도 설명이 되었다고 여기지만 현실적인 모습에 대해서는 필자 스스로도 또렷하지 않은 부분이 많다. 이 점을 풀기 위해서는 남북한사회 구성원이 서로를 제대로 알 수 있는 기회, 특히 남북의료인들의 만남과 성실하고 포용력 있는 논의가 필요하다 할 것이다.

필자는 어느 쪽이 우월한가를 견주고 열등한 쪽을 깔보는 자세가 아니라 상대방 보건의료의 특성과 장점을 이해하고 받아들이는 태도가 무엇보다도 필요하며 스스로 형편이 낫다고 여기는 남한에 그러한 점이 더욱 요청된다고 생각한다. 일천하지만 이 분야에 대한 약간의 연구를 통해 확인한 북한 의사와 의료인들의 성실성과 그들에 대한 일반주민들의 높은 신뢰는 북한 보건의료의 물질적 어려움을 충분히 상쇄할 수 있는 측면이라는 점을 특별히 강조하고 싶다.

※ 이 글은 "북한의 의료체계연구," 전북대학교 과학문화연구센터,
『과학문화연구센터논문집』(2001/2002)에 수록되었다.

주註

1) 그러나 역설적으로 법이 제정된 1980년대 이래 외부와의 협조와 교류는 더욱 단절되다시피 한다.

2) 승창호, 『인민보건사업경험』(평양: 사회과학출판사. 1986), 38~74쪽.

3) 북한 출신 의사 최O성의 증언.

4) ≪연합뉴스≫ 2002년 11월 13일자. '7·1 조치' 이전 근로자의 생활비(현물지급을 제외한 임금)가 대체로 월 100원 안팎인 점을 감안하면 규모를 짐작할 수 있다.

5) 하지만 광원들이 머리보호장구(헬멧)도 없이 탄광 갱내에 들어가는 경우가 적지 않다는 김O숙 등의 증언은 북한 당국의 공식적 주장을 무색케 한다.

6) 승창호, 앞의 책, 75~109쪽.

7) 김일성, "일본전국혁신시장회 대표단과 한 당화"(1972.5.14), 『김일성저작집 27』(평양: 조선로동당출판사, 1984), 202쪽.

8) 『조선중앙년감』등 북한 문헌들과 리O자, 김O숙 등 북한 출신 의사들의 증언을 종합해 보면 1969년부터 본격적으로 시행된 것으로 여겨진다. 그리고 이 제도는 일시에 전국적으로 시행된 것은 아니고 중앙에서 지방으로 10여년의 세월을 두고 확대된 것으로 생각된다.

9) 승창호, 앞의 책, 110~130쪽.

10) 북한 출신 의사 리O자는 의료인들이 담당구역의 보건 상태를 상부에 보고하는 경우 허위 보고가 많다고 증언한다. 이에 대해 북한 당국은 이중보고 체계를 가동하는데 일선 실무자들끼리 담합하여 대응하기도 한다는 증언도 덧붙이고 있다.

11) 승창호, 앞의 책, 131~159쪽.

12) 승창호, 위의 책, 91~109쪽.

13) 홍순원, 『조선보건사』(서울: 청년세대, 1989), 389~452쪽.

14) 김일성, "전반적 무상치료제를 실시하기 위한 준비를 잘 한데 대하여"(보건성 책임일군들에게 준 지시, 1952.1.20), 『김일성저작집 7』(평양: 조선로동당출판사, 1980), 23쪽.

15) 홍순원, 『조선보건사』, 위의 책, 453~496쪽.

16) 1956년 4월의 내각 명령 제37호 「한의학을 발전시키며 한방 치료 사업을 개선 강화할데 관하여」 등에서 볼 수 있듯이, 당시에는 한의학, 한의술, 한방이라는 용어를 사용하였다. 동의학, 동의술, 동의사라는 용어가 문헌에 나타나는 것은 필자가 구한 자료를 보면 1961년부터이다.

17) 1970년대 이후에는 전쟁시기와 전후복구기 사회주의 우방의 지원에 대한 언급

을 찾아볼 수 없지만 당시에는 관련 기록이 많이 있다. 예컨대, "정전 후 1년간에 국가에서 투자한 기본 건설 자금에 의하여 복구 건설된 치료 기관들 중에는 침대 600대를 비치한 중앙 병원과 침대 200대 내지 400대를 비치한 각 도 중앙 병원들이 근대식 면모를 갖추게 되었다. 특히 이 병원들은 위대한 쏘련과 중국을 비롯한 인민 민주주의 제 국가 인민들의 방대한 물질적 및 기술적 원조에 의하여 단기간 내에 복구 확장되었다. 최신 의료 기술과 설비로 장비된 이 병원들에서는 우리 나라 보건 기술 일꾼들과 파란[폴란드], 체코슬로바키야, 루마니아, 웽그리야[헝가리], 불가리야 적십자 의료단원들이 각지 인민들의 위생 보건을 위하여 복무하고 있다. … 이와 함께 치료 예방 기관의 보건 일꾼들은 쏘련의 선진 의학 기술과 지난 전쟁 기간 국내 보건 기술 일꾼들이 창조한 우수한 기술 경험들을 광범히 연구 적용하면서 과학적인 진단 및 치료 사업을 보장하여 원내 감염 및 합병증과의 투쟁을 강화하였다. … 또한 최신 제약 기술과 기계 설비로 장비된 현대적 종합 제약 공장을 새로 신설하기 위한 제반 준비 사업과 루마니아 인민들의 원조에 의하여 신설된 대규모적 아스피링 공장의 시설을 위한 준비 사업이 성과적으로 진행되었다. 이상과 같은 성과를 달성함에 있어서 위대한 쏘련을 비롯한 형제적 제국가 인민들은 막대한 물질적 및 기술적 원조를 보내 주었다. 특히 중국 인민들은 우수한 제약 기술자를 파견하여 우리의 생산 사업을 직접 방조하여 주고 있다."『조선중앙년감 1954-1955』, 446~447쪽.

18) 홍순원, 『조선보건사』, 앞의 책, 497~522쪽.

19) 홍순원, 『조선보건사』, 위의 책, 523~557쪽.

20) 홍순원, 『조선보건사』, 위의 책, 558~579쪽.

21) 홍순원, 『조선보건사』, 위의 책, 603~640쪽.

22) 북한의 공식 발표는 1980년대 중반 이후 매우 부실해져 남한 쪽도 비슷한 시기의 자료를 인용한다.

23) 이것은 일률적인 것은 아니며 시대, 학교, 상황에 따라 계속 변화해 왔다.

24) 박재형·김옥주·황상익,『북한의 의학교육』(서울: 서울대학교출판부, 2003), 5~22쪽.

25) 북한 출신 의료인 리O자, 김O숙, 김순O 등의 증언.

〈참고문헌〉

1. 북한문헌

김일성, 『김일성저작집 7』 (평양: 조선로동당출판사, 1980).
______, 『김일성저작집 27』 (평양: 조선로동당출판사, 1984).
조선의학서적출판사, 『조선의학』 (평양: 조선의학서적출판사, 1960).
『조선중앙년감』 (각 연도).

2. 남한문헌

문옥륜, "남북한 보건의료체계의 비교연구" (한국과학기술단체총연합회, 1992).
박재형·김옥주·황상익, 『북한의 의학교육』 (서울: 서울대학교출판부, 2003).
보건복지부. 『보건복지통계연보』 (각 연도).
북한 출신 의료인(리O자, 최O성, 김O숙, 김순O, 김O자) 및 일반인(김O행, 이명O,
          최선O, 최중O)들과의 면담 자료.
성기호, 『북한의 의료실태』 (서울: 대한의학회, 1998).
승창호, 『인민보건사업경험』 (서울: 청년세대, 1986).
아주남북한보건의료연구소 편, 『남북한 보건의료』 (수원: 아주대학교, 2000).
연합뉴스, 『2001 북한연감』 (서울: 연합뉴스, 2000).
______, 『2004 북한연감』 (서울: 연합뉴스, 2004).
통계청 홈페이지(www.nso.go.kr)
통계청, 『남북한 경제사회상 비교』 (1996, 1999).
통일부 북한자료센터 홈페이지(unibook.unikorea.go.kr).
홍순원, 『조선보건사』 (평양: 과학백과사전출판사, 1981년 ; 서울: 청년세대 1989
          년 재발행).
황상익, "서평－조선보건사," 『과학세대』 1권 (1991).
______, "북한의 의료체계 연구," 『과학문화연구센터연구논문집』 (2001).
WHO, *The World Health Report* 1999.
______, *The World Health Report* 2005.

북한주민의 여가생활과 체육활동에 관한 연구

안 민 석

1. 연구배경 및 목적

　여가의 개념은 정치사회적, 경제적 개념과 깊은 관계를 가지면서 변화하고 있는 만큼 항시 일정한 것은 아니다. 자본주의 사회에서 여가란 '구속을 받지 않는 자유로운 시간인 동시에 자유로운 마음의 상태로서 자기발전을 위한 자발적 활동'으로 정의된다[1]. 그러나 사회주의 국가에서 여가의 개념은 자본주의의 그것과 본질적으로 다르다. 사회주의에서는 2가지의 개념적 특징을 지니는데 하나는 노동과의 관련성을 강조하는 것이고, 다른 하나는 교육의 장으로서 여가의 가치를 강조하는 것이다.[2] 북한의 경우 공식적으로 여가의 개념을[3] 사용하지 않고 따라서 여가정책 자체가 수립되어 있지 않지만 '국가는 근로자들의 노동 생활 조직에서 8시간 일하고 8시간 쉬고 8시간 학습하는 원칙을 철저히 관리한다'4)라고 명시하고 있다. 북한 주민의 24시간 중 노동 8시간, 수면 8시간을 제외한다면 학습의 8시간동안 조직이나 단체의 수준에서건 개인차원에서건 여가 활동행위가 이루어진다고 볼 수 있겠다.

북한주민의 여가활동이 가능한 학습의 8시간동안과 휴일동안에 이루어지는 구체적 여가활동 내용을 살펴보는 것이 본 연구의 일차적 목적이다. 아울러 북한주민의 여가활동 시간에 체육활동이 어떻게 이루어지고 있는 지와 이러한 체육활동의 바탕이 되는 학교체육에 대한 분석을 하게 될 것이다. 그러나 극도의 통제생활을 하고 있는 북한주민이 개인을 위한 여가시간 및 여가활동이 얼마나 가능할지에 대해 의문의 여지가 있을 것이다. 그리고 여가와 체육시설의 기반 자체가 열악한 북한사회에서 여가활동은 다양할 수 없고 단조로울 것이라는 추정을 쉽게 할 수 있다. 또 식량부족 문제 이후 끼니해결조차 절박한 현실에서 북한주민들의 여가에 대한 관심과 참여수준은 극히 제한적 일 수밖에 없을 것이다. 그러나 호이징하(1991)가 말한 것처럼 인간의 본성 자체가 '놀이하는 인간'이다. 정치경제학적 관점에서 보면 북한주민이 여가활동 역시 전체주의적 통제와 관리를 받게 된다고 볼 수 있고, 실제로 상당부분 이것이 실현되고 있다. 그러나 정치, 경제와는 달리 국가통제가 한계를 지닐 수밖에 없는 영역이 바로 여가부분이다. 친구나 가족단위로 골목이나 가정에서 이루어지는 여가생활은 북한당국의 통제로부터 자유로울 수 있는 여지가 매우 많다. 바로 이때 북한주민의 경우에도 '놀이하는 인간'의 본성이 발현될 수밖에 없을 것이다.

북한주민의 여가생활과 체육활동을 다루는 본 연구는 다음의 측면에서 의의가 있다. 첫째, 기존의 북한 관련 연구에서는 정치, 경제적 시스템 및 행위에 대한 관심이 집중되어 왔고 따라서 사회문화적 분야의 연구가 미흡한 실정에서 특히 여가부분에 대한 관심이나 연구는 거의 전무한 실정에 있다. 따라서 노동 외의 여가 시간에 북한주민의 실상을 살펴보는 것은 북한을 올바르게 이해하는데 도움이 될 것이다. 둘째, 체육활동은 특정 사회의 문화적 산물이라는 관점에서 볼 때 북한 주민의 체육활동을 살펴봄으로써 북한사회 전체의 메카니즘을 이해하는데 기여할 것이다. 특히 '스포츠는 사회의 거울'이라는 명제에 따르면 스포츠에는 특정 사회의 가치, 의식, 특성 등 일체의 구성요소를 함축하게 된다. 예컨대 미국의 미식축구를 자세히 들여다보면 프론티어정신을 비롯한 미국인들의 가치가 내재되어 있고, 일본에서 스모경기가 인기있는 것은 일본인들의 정체성과 직결되어 있다. 체육의 본질, 구조, 조직 등 역시 사회문화현상이 존재하고 있는 사회집단과 상호 관련성을 맺고 있음을 고려할 때 북한사회에 대한 이해를 촉진하는 한 방편으로 북한주민의 여가 및 체육활동의 실상에 대한 올바른 파악이 필요하다. 따라서 북한사회에서 이루어지는 체육을 통해 북한사회에 대한 전반적인 인식의 지평을 넓힐 수 있을 것이다. 셋째, 남북한체육교류를 활성화하는데 기초자료로 활용될 수 있을 것이다. 체육교류에 상대가 있기 때문에 체육교류가 활성화되기 위해서는 상대의 체육을 이해하고 수용하려는 인식을 지녀야 한다. 북한체육에 대한 기초적인 지식이 전혀 없는 상태에서 체육교류를 실시할 경우 상대를 이해하기보다는 이질감이 더욱 증폭될 가능성이 크다. 이러한 맥락에서 북한체육에 대한 연구가 필요하다고 할 수 있다.

2. 연구내용 및 방법

여가활동의 범주는 실로 다양하다. 예술활동, 문학활동, 야외활동, 취미활동, 여행과 관광, 그리고 스포츠참여에[5] 이르기까지 실로 많은 내용이 있지만 여기에서는 주로 여가활동 중 스포츠 관련 참여 행위를 집중적으로 살펴보기로 한다. 스포츠는 놀이, 게임을 포함한 경쟁적 요소가 있는 신체적 활동 일체를 포함한다. 또 일반주민들이 운동기능을 습득하고 운동에 대한 흥미를 가지게 되는 단계인 학교체육과 연관시켜 보고자 한다.

북한주민의 여가활동을 살펴보는데 있어서 그 범위와 대상을 설정하는 기준은 매우 중요하다. 평양지역의 경우 대성산 유원지에 설치된 청룡열차 등 현대식 어린이 놀이 시설은 지방에서는 상상하기 힘들다. 대동강 기슭에 위치한 낙원관은 대규모 종합레저스포츠시설로 알려져 있다. 또 평양의 안골체육촌은 세계수준급의 체육시설을 갖추고 있다. 따라서 평양에 거주하는 당간부나 상류사회의 여가생활과 지방에 있는 일반주민들의 여가생활과는 현격한 차이를 보일 것이며 실제로 평양에 거주하는 당간부나 가족들은 다양한 여가를 즐기고 있는 것으로 알려져 있다. 그러나 지금까지 알려진 북한의 여가는 주로 평양이 중심이었다면 본 연구에서는 평양이라는 공간적 범위를 지양하고 지방으로 관심을 확대함으로써 전반적인 북한사회에 대한 이해를 도모하고자 한다. 따라서 본 연구의 대상과 범위는 평양보다는 주로 북한의 지방에 거주하는 청소년을 포함한 일반 주민들의 여가문화와 체육활동에 둘 것이다.

북한 주민들의 여가문화와 체육활동을 살펴보기 위해서는 무엇보다 구체적인 실증적 자료가 있어야 할 것이다. 특히 참여관찰을 통해 일차 자료를 획득하는 방법이 가장 중요하지만 현실적으로 이것은 가능하지 않다. 따라서 본 연구에서는 이차 자료에 의존하여 연구의 목적을 달성할 수밖에 없다. 이차 자료는 언론기사, 서적, 논문 등 북한 여가 관련 문헌 분석과 탈북자 9명의 증언을 통해 획득하였다.

면접조사의 경우 90년대 이후 평양 이외의 지역에 거주했던 탈북자들을 대상으로 면접자들의 기억을 중심으로 심층 면접을 실시하였다. 면접대상자들은 탈북자 단체의 협조로 20대 2명, 30대 3명, 40대 3명,

그리고 50대 1명을 만났으며, 이중 50대의 피면접자는 여성이었다. 대상자들은 편리한 시간에 맞추어 연구자의 연구실이나 조용한 식당 등에서 40분~1시간 30분 가량 면담을 진행하였다. 실시 전에 면담 내용에 대한 철저한 비밀 보장이 강조되었고, 녹음에 대한 사전 허락을 받아 처음부터 끝까지 면담 내용이 녹음되었다. 면담은 2001년 10~11월에 수행되었다. 심층면접으로부터 얻어진 자료는 특정 주제를 중심으로 조직되어 서술 형식으로 제시되었고, 피면접자들의 말은 최대한 그대로 인용되었다.

3. 북한주민의 여가생활과 체육활동

1) 북한주민의 여가생활과 체육활동의 이해

북한 헌법 제 71조는 '공민은 휴식에 대한 권리를 가진다. 이 권리는 로동시간제, 공휴일제, 유급휴가제, 국가비용에 의한 정휴양제, 계속 늘어나는 여러 가지 문화시설들에 의하여 보장된다'라고 규정하고 있다. 구체적으로 사회주의 노동법 제 65조에 '로동자, 사무원, 협동농장원들은 해마다 14일간의 정기휴가와 직종에 따라서 7일 내지 21일간의 보충휴가를 받을 수 있다'고 명시해 놓았다. 정기휴가 이외에 생산실적이 높은 근로자에게 포상제도로 활용하는 휴양권과 정양권 명목으로 휴가를 제공하는 경우도 있다. 그러나 법률상 명시해 놓은 규정이 반드시 실현되는 것은 아니며 직장 내 정치조직이 생산량 초과달성 등의 목표를 정하고 선전선동 활동을 벌이면 근로자들이 휴가를 자진하여 반납하는 경우도 많다.[6]

휴가 외에도 각 직장마다 일주일에 한 번 휴일이 정해져 있으나, 북한은 직종 또는 지역을 구분하여 휴일을 달리하고 있다. 생산직 노동자의 경우는 지역에 따라 휴일을 달리 하고 있는데, 예를 들면 평양은 일요일, 함경북도는 수요일, 함경남도는 목요일, 평안북도는 화요일, 강원도는 금요일을 휴일로 지정하고 있다. 협동농장의 경우는 매월 1일, 11일, 21일 등 10일에 하루씩 쉬게 되어 있는데 휴가신청도 가능하다. 그러나 실제로 북한의 휴가제도는 규정과는 다르게 운영되고 있는 것으로 나타났다.

> 한달에 많이 쉬면 2~3일정도 일 것입니다. 공동작업이네 뭐네 해서 쉴 틈이 없어요.(20대 탈북자 1)
> 일요일이 있다는 것을 남한에 와서 처음 알았습니다. 남한처럼 북한의 일요일이 빨간색이 아닙니다. 아마 전기공급 때문에 각 지방마다 휴일이 다른 것 같습니다.(30대 탈북자 1)

탈북자들의 증언에 의하면 북한주민들의 여가행태는 기본적으로 매우 단순한 것으로 사료된다. 일반적으로 여가생활에 필요한 두 가지 전제 즉 시간적 여유와 경제적 여유라는 측면에서 여가를 즐길 환경이 매우 취약하기 때문이다. 특히 북한 사회주의 체제하에서 평양 등 4개 도시를 제외하고는 여가시설 자체가 극히 빈곤한 실정에 있다. 한 탈북자는 다음과 같이 증언하고 있다.

> 따로 여가란게 있나요. 노동마치고 친구들과 어울리거나 텃밭 가꾸는 정도입니다. 생활고에 찌들려 있는데 잘 노는 것에 신경을 쓸 수 없어요. 평양사람들은 잘 모르겠지만 … 더러 술마시고 겨울에는 사냥다니는 정도입니다.(30대 탈북자 2)

이러한 여가현실은 다른 탈북자들의 증언을 통해서도 충분히 확인되었다.

여가시설이란게 따로 없어요. 주패놀이나[7] 공차기, 술먹는 정도입니다. 저는 낚시를 자주 다녔습니다.(40대 탈북자 1)
노동법에는 한달에 4번 쉬게 되어 있는데 개인적인 시간이 적습니다. 동네주민들은 살기도 힘든데 학교운동장에 나와서 체육을 하는 그런건 없어요.(40대 탈북자 2)

그러나 청소년들은 방과후 마을에서 다양한 놀이 중심의 여가활동을 하고 있는 것으로 보아진다.

어릴때는 자치기, 제기차기, 겨울에 팽이, 썰매를 했습니다. 커서는 주말에 서로 놀 때는 빵사내기, 아이스크림내기 등으로 축구를 했습니다.(20대 탈북자 2)

평양 등 대도시에 거주하는 주민들의 경우 대구모의 위락시설이 있어 주말이나 쉬는 날에 가족단위의 여가생활을 지방주민들과는 비교할 수 없을 정도로 향유하고 있다. 일요일이나 공휴일에 주민들이 지하철을 타고 평양의 대성산에 있는 유희장에 나들이를 가는데, 날씨가 좋은 날은 약 5만의 인파가 모이며 그곳에서 전동 열차를 타기도 한다.

청룡열차 등 현대식 어린이 놀이시설이 갖춰진 평양 대성산 유원지에서 8월 20일부터 세 차례 가족나들이 그룹과 공장 노동자들과의 합동 야유회가 있었다. 참가한 수많은 사람들은 하나같이 춤도 잘 추고 노래도 잘 했다. 기타나 아코디언을 가져온 사람들은 재치 있게 웃기는 동료 사회자를 앞세워 노래 자랑과 춤판을 벌였으며 다른 한쪽에선 장기나 윷놀이, 주패놀이에 열중했다.[8]

또 평양을 비롯한 지방도시에는 전자오락식 뿐만 아니라 노래방이 잇달아 개설되고 있다. 특히 대동강 기슭 청년문화회관 옆에 위치한 종합레저스포츠시설인 낙원관은 볼링경기장, 실내물놀이장, 수영장, 전자오락실, 사격장 등의 레저시설이 있고, 지층에는 백화점, 식당, 주차장들로 구비되어 있다. 특히 북한에서 40레인의 현대식 설비를 갖춘 볼링장의 경우 1994년 개관한 이래 5년간 연인원 130만명이 이용했다고 북한당국이 발표하였다.[9] 이는 한 달에 2만명이 볼링장을 찾은 수치로서 하루에 600명 이상이 볼링장을 이용했다는 결과가 된다.

그러나 앞서 진술했듯이 평양주민들의 여가실상은 지방주민들과 현격한 차이를 나타낸다.

> 평양과 지방은 하늘과 땅 차이입니다. 한세기 그러니까 백년 떨어졌다고 보면 됩니다. 평양은 국제도시이고, 없는 것이 없다고 봐야 할 것입니다. 북한의 리단위를 가야 진짜 북한을 볼 수 있어요.(40대 탈북자 3)

한편 북한 체육은 국가차원의 분명한 철학과 정책을 가지고 운영되고 있다. 북한에서 체육은 '신체를 다방면적으로 발전시키며 집단주의 정신과 혁명적 동지애, 굳센 의지, 규율 준수에 대한 자각성과 책임성 등 고상한 사상과 도덕적 품성을 배양함으로써 국방력을 강화하고 사회주의 공산주의 건설을 성과적으로 수행하는데 이바지하기 위한 것'[10]이라고 규정하고 있다. 즉 체육을 통해 인민 대중을 혁명과 건설, 그리고 국방에 이바지할 수 있는 공산주의적 인간으로 육성하고자 하는데 목적을 두고 있다.

그리고 1998년 9월 개정된 헌법 제 55조에서 '국가는 체육을 대중화, 생활화하여 전체 인민을 로동과 국방에 튼튼히 준비시키며 우리나라 실정과 현대 체육 기술 발전추세에 맞게 체육 기술을 발전시킨다'[11]라고 명시하여 국가의 책무를 강조하고 있다. 이러한 북한 체육정책의 특징은 국방체육의 대중화, 생산노동과 체육활동의 결합, 체육에 대한 당의 통제와 획일화, 스포츠 외교활동의 적극화라고 볼 수 있다.[12]

북한의 체육행정조직은 중앙에 국가체육위원회, 시·도 단위에 체육지도위원회, 시·군 단위에 체육구락부가 조직되어 있다. 1948년 9월 정권 수립과 함께 중앙체육지도 위원회란 이름으로 발족하여 1954년 11월 내각 직속의 조선체육지도 위원회로 독립한 이 기구는 1969년 11월 내각에서 분리되어 제도상 독자적인 기구로 되었다가, 1986년 6월에는 조선국가 체육위원회로 개칭되었다.

국가체육위원회는 당의 지도하에 체육관련 조직 및 각종 스포츠행사를 조정하며, 인민체력검정을 실시하고 우수선수 발굴 등의 역할을 한다. 국가체육위원회 산하에 40개 종목별 협회가 있으며, 시군 체육구락부는 구락부 구성원들에게 체육정책을 해설 선전하여 그들을 체육활동에 참여케 하고 당해지역 경기대회를 주관한다. 일반체육구락부 외에도 국방체육을 위해 1964년에 설립된 국방체육구락부, 해양체육구락부가 설치되어 있다.

한편 지방체육행정 조직으로는 도(직할시) 체육위원회와 시·군(구역) 체육구락부가 있다. 각급 체육위원회는 중앙의 국가체육위원회가 제시하는 각종 운동 종목, 실시방법과 요강을 직접 보급함으로써 실무자적 역할을 수행하고 있다. 또한 각급 체육위원회는 해당 인민위원회 앞에 부과되는 체육 부문별 과업을 수행하는 부서로서, 당의 체육 정책을 수행하며 관할 지역의 체육을 대중화하고 체육기술 수준을 높이기 위한 사업을 조직, 지도하고 있다. 동시에 관할지역의 체육강습소와 체육 시설 및 체육구락부 사업을 지도하고 있다. 또 시·군(구역) 체육구락부의 임무는 해당 지역 내에서 체육행사를 진행한다. 군 종합경기대회, 종목별 경기대회에 대한 계획을 작성하여 해당 시(구역), 군 인민위원회의 비준을 받고 진행한다. 체육구락부는 체육기술 발전을 위한 기술 토론회, 경험교환회, 강습회 등을 조직 진행한다.[13)]

북한의 체육행정조직의 특징은 엘리트체육에[14)] 치중되어 있다고 볼 수 있다. 중앙단위의 국가체육위원회와 지방단위의 체육구락부는 우수 선수 양성 및 선발을 주요 사업으로 한다. 체육공로자에 대해 부여되는 '인민체육인' '공훈체육인' 등의 칭호나 국가대표선수 우대정책에서 도[15] 엘리트체육중심의 정책을 엿볼 수 있다. 반면 북한에서 대중체육이라 일컫는 생활체육의 여건은 전반적으로 매우 열악한 것으로 보아진다.

한 탈북자는 북한 대중체육에 대한 전반적인 소견을 다음과 같이 밝히고 있다.

> 학생들은 업간체조를 합니다. 노동자는 별로 하지 않는데 출근해서 일하기전에 생활체조를 합니다. 90년대 중반부터 업간체조와 생활체조가 태권도로 바뀌었습니다.(40대 탈북자 1)
> 축구공이 없어 땜때서 사용합니다. 축구공 파는 데가 없고 개인이 구비하기 힘듭니다. 직장이나 학교에 것을 사용합니다. 국가에서 신경 안 씁니다. 애들은 겨울에 스케이트 많이 탑니다. 직장에서 규칙적으로 운동하는 경우는 거의 없다고 봐야 합니다. 운동할 시간도 여건도 전혀 없습니다.(30대 탈북자 2)

이러한 사실로 미루어 북한은 체제선전효과와 주민통합을 목적으로 하는 전문체육을 집중적으로 육성하는 반면, 대중체육에 있어서는 시설, 용품 및 용구의 부족으로 매우 소홀한 것으로 볼 수 있다.

2) 북한 청소년의 여가생활과 체육활동

북한은 취학전 유치원 교육 1년을 포함한 소학교(인민학교) 4년과 중학교(고등중학교) 6년에 이르는 11년의 의무교육제를 실시하고 있기 때문에 이 연령층에 해당하는 청소년(만 6세에서 15세)은[16] 학생으로서 거의 모두가 학교에 다니고 있다. 북한은 모든 학생들이 개인주의, 이기주의를 없애고 '하나는 전체를 위하여 전체는 위하여'라는 집단주의 원칙에 따라 배우고 생활하도록 교육시키고 있다. 학생들은 아침 7시에 집 주변의 일정 장소에 모여 등교하고 오후 4~5시 사이에 집단으로 하교한다.[17) 하교이후 시간에는 개인적 시간을 가질 여유가 있지만 마땅한 놀이시설이나 도구가 없어 어린아이들은 주로 집단놀이를 하며 여가를 보낸다.

> 어릴적에 축구를 많이 했습니다. 골대나 운동장이 작았고 공은 차도 아프지 않은 비닐공을 썼습니다. 그리고 군사놀이 식으로 운동을 했는데 아군 적군을 갈라서 유격전술, 장애물넘기를 하는 전투 놀이를 많이 했습니다. 총 같은 장난감은 없었고 나무 같은 것으로 총같이 (집에서) 만들어서 놀았고 여자아이들은 간호원같이 총 맞은 곳을 치료해 주는 식으로 전투 놀이를 했습니다.(20대 탈북자 1)
> 땅따먹기, 제기차기, 자전거바퀴 굴리기 그런 정도입니다. 숙제 많아요. 여유시간이 나면 여름엔 개울가에서 놀고 겨울에는 얼음판에서 많이 놉니다. 제기차기도 많이 하는데 아연덩어리 오려 천에다 싸서 제기를 만듭니다. 자치기도[18) 많이 합니다. 여학생들은 고무줄놀이 많이 합니다.(20대 탈북자 2)

운동종목 중 북한아동들이 가장 선호하는 종목은 축구이다. 그 이유는 특별한 오락수단이 없는 데다 공과 공터만 있으면 공차기가 가능하기 때문이다.

> 아마 남자애들은 축구 최고 많이 합니다. 탁구나 다른 운동은 어른들에게 밀려 할 수도 없어요. 축구는 아무 맨땅에 공만 있으면 되니까요.(40대 탈북자 2)

수영은 인민학교에서 고등중학교에 이르기까지 여름시기에 적극적으로 실시하고 있는데, 학교체육에서 수영을 강조하게 된 계기는 김일성 주석이 1969년 전국체육인대회에서 수영의 중요성을 언급하면서부터였다.

> … 학생들의 체력을 단련하기 위하여 강과 바다에서 수영을 널리 하여야 합니다. 수영은 몸을 발달시키며 단련하는 좋은 운동입니다. 수영을 할 줄 알면 강과 바다가 무섭지 않습니다. … 우리는 모든 학생들이 어렸을 때부터 헤염을 잘 치도록 가르쳐 주어야 합니다 …

수영에 관한 탈북자들의 증언이다.

> 수영은 학생들이 아주 좋아합니다. 주로 강에서 하며, 강을 막아 간이 수영장을 만들어 수영하곤 합니다. 수영시에는 수영복을 따로 입지 않고 그냥 합니다.(30대 탈북자 2)

한편 남한의 중고등학생에 해당하는 북한 고등중학교 청소년들의 여가시간은 매우 부족하다. 남한 학생들의 경우에는 입시교육에 기인하지만, 북한에서는 각종의 과외활동에 동원되기 때문이다.

> 학교생활에 여유시간이 없어요. 수업 끝나면 학습이다, 사회노동이다해서 정신이 없어요. 한 달에 많이 쉬어야 2~3번 일 것입니다. 탁구를 많이 합니다. 몰래 담배질 하는 애들도 있고요.(20대 탈북자 2)

> 시간나면 탁구 칩니다. 마을마다 탁구장이 있습니다. 운동시설 중 가장 흔한 것이 탁구장입니다. 탁구장이 실내에 있는 것이 아니라 바깥에 있어요. 그런데 탁구라켓이 없어 판자를 깍아서 운동화 깔창을 붙여 대신 사용 많이 합니다. 겨울에는 강에서 스케이트 타고요.(20대 탈북자 1)

북한 중학생들의 체육활동은 주로 학교체육을 통해 이루어진다. 학교체육은 중등반은 주 2시간, 고등반은 주 1시간으로 배정되어 있다. 학교체육은 학생들의 체력을 증진시켜 그들을 노동과 국방에 튼튼히 준비시키는데 주안점을 두고 있다. 특히 10~16세에 해당되는 고등중학교 과정의 시기는 청소년들이 가장 발육이 왕성한 때이므로 학교체육활동의 중심으로 삼는데 주력하고 있다. 중등교육 과정에서 체육교육을 통하여 한 종목 이상 높은 운동 기능을 습득하고 2개 종목 이상의 경기심판 능력을 배양하는 것 외에 군중체육 발전을 위한 기초능력을 강화할 것을 목표로 삼고 있다.[19] 그러나 북한 고등중학생들의 학교 체육활동은 매우 단조로운 것으로 파악되었다.

교안이라는 것이 있는데 사용하지 않고 그날 기분에 따라서 교사들이 종목을 정하고 … 사열식(행진)을 많이 시킵니다. 사열식은 인민학교 때부터 실시한다. 대다수의 학생들이 하기 싫어합니다. 교사가 '사열식 줄맞춰서 빨리 끝나면 축구한번 시켜줄게' 하면 애들이 축구를 할 욕심에 열심히 줄서서 연습하고 그랬던 생각이 납니다. 여학생들은 피구 많이 합니다.(20대 탈북자 2)

또 체육활동을 하는데 가장 필수적인 학교체육시설은 매우 빈약하다.

체육시설이라게 없어요. 고등중학교에서 체육관이 있는 학교 하나도 없어요. 간혹 실내 탁구장 정도이지요. 그냥 말그대로 실내에서 탁구 칠 수 있게끔 만든 간이체육관입니다. 실외수영장은 고등중학교에 거의 있다고 봐야 합니다. 그런데 관리가 제대로 되지 않아서 사용이 힘듭니다. 여름에는 강에 나가서 수영 수업을 많이 합니다.(30대 탈북자 1)

북한의 학교체육활동 중 또 하나 큰 비중을 두고 실시하는 것은 어렸을 때부터 운동을 시켜 키를 크게 한다는 이른바 '키크기운동'으로서, 매년 년간계획을 세워 학생들이 키를 점검하는 등 일정 목표에 도달할 때까지 지속적으로 전개하고 있다.

운동장에서 철봉에 오래 매달려 있으면 키가 큰다고 하였습니다. 특별한 것은 없고 철봉 매달리기가 키크기 운동으로 보면 됩니다.(20대 탈북자 1)
80년대 후반부터 키크기 운동으로 농구를 많이 장려했는데 그리고 많이 하고 싶었는데 농구공이 없어 많이 하지 못했습니다.20대 탈북자 2)

한편 청소년의 체육활동에 필요한 운동복과 신발 공급이 극심히 부족한 현실이다. 체육복은 거의 공급이 되지 않을 뿐만 아니라 학교에서도 단체로 맞추지 않는다. 개인이 연줄이나 편법으로 구입하거나 가정에서 직접 만들어 개별적으로 마련해야 한다.

단복은 위에는 없고 바지만 있지요. 병원복 같은 흰색인데 체육복 안 가지고 오면 체육수업 안 시키고 벌세우는 교사들 많아요. 단복은 집에서 각자 만들어야 하는데 여유 없는 집에서는 어떻게 만들겠어요?50대 여성 탈북자)

북한 청소년들이 가장 어려움을 겪고 있는 것 중의 하나가 신발문제이다. 신발류 공급규정에 의하면 학생은 2개월에 운동화를 1켤레씩 공급받도록 되어 있다. 그러나 1980년대 이후에는 외화부족으로 원료수입이 어려워져 신발공장이 제품을 생산해 내지 못하게 되자 운동화를 1년에 1켤레씩 지급 받을 수 있을 만큼 신발사정이 악화되었다.

운동화 공급을 제대로 못합니다. 가끔 김일성 생일 때 가족단위로 공급제를 하였습니다. 이것도 부족해서 시장에 나가 야매로 삽니다. 간부들이 공급된 신발을 암시장에 많이 팝니다. 운동화가 여유분이 없어 빨수가 없어 시커멓게 되도록 신습니다. 운동할 때는 보통때 신는 신발로 운동합니다.(40대 탈북자 2)

일반 청소년들은 체육활동에 필요한 시설과 용구 및 용품의 부족으로 애로를 겪는 반면 체육구락부에 속한 청소년들은 부러움의 대상이 되고 있다.

> 군단위에서는 구락부가 있습니다. 지역에서 운동에 재질이 있는 애들을 키우는 곳이지요. 우리는 구락부 체육관에서 탁구 한번 쳐보는 것이 소원이었습니다. 구락부에는 좋은 탁구대가 있어 사람 없을 때 살짝 들어가서 탁구 한번 쳐보려고 여러번 기웃거렸지만 금방 쫓겨나서 못 칩니다. 구락부 체육관에서는 농구와 탁구 같은 것을 할 수 있습니다. 구락부생은 군사훈련도 면제받고 대회때에는 수업도 면제받습니다. 부러워합니다. 고등중 3부터 청년군의대, 농촌전투가 있는데 구락부생은 면제입니다. 구락부 시설은 일반인들은 사용 못합니다. 일반인들은 공장에서 축구나 배구를 하는 정도입니다.(30대 탈북자 3)

따라서 학생들 사이에 운동선수에 대한 선호가 큰 편이다.

> 운동을 하는 것에 대해서는 기쁨으로 생각하고 적극 추천하며, 자랑으로 생각합니다. 부모들도 자랑스럽게 생각합니다. 그렇게 되면 사는 게 편해지거나 출세할 수 있고 종목에서 특별히 잘하면 전문 체육선수가 아니더라도 최하로 학교교사로도 발령 받을 수 있어요. 체육교사는 학교 내에서 위치도 좋고 담임을 맡지 않으며 매우 부지런합니다.(30대 탈북자 2)

이상에서 살펴본 북한청소년들의 여가생활과 체육활동은 시간의 제약과 용구 및 용품의 제한으로 매우 단조로운 것으로 나타났다. 그러나 집단놀이 위주의 여가행태를 보이는 북한 아동들의 놀이문화는 전통놀이를 계승하고 있다는 점에서 눈여겨 볼 만 하다.

3) 성인의 여가생활과 체육활동

성인의 경우 직장생활과 아울러 농근맹이나 직업총동맹 등 근로단체

활동을 병행해야 하기 때문에 시간적인 여유를 갖기가 어렵다. 북한주민 대다수는 휴식일이나 짬시간에는 집안 일을 하거나 식량을 구하러 다니는 등 밀렸던 일을 처리하느라 바쁘다. 특히 북한주민들은 토요일, 일요일에도 정상적인 노동활동을 하고 있다.

　　토요일이나 일요일도 평일과 같습니다. 교차생산 때문에 휴일이 틀리고, 공장 기업소는 대체로 화요일이 휴일입니다. 평양은 일요일이 휴일일 것입니다. 달력에 일요일이 빨갛지 않습니다. 휴일에도 도로작업, 나무심기 같은 공공작업 나가고, 한 달에 두 번 쉬면 잘 쉬고 한번 정도는 쉬는 것으로 보면 됩니다.(40대 탈북자 1)

　　따라서 여가시간동안 개인적으로 취미생활을 즐기는 것은 쉽지 않고 공장이나 기업소, 협동농장 등 직장단위로 매주 수요일이나 토요일을 '문화의 날'로 지정하여 단체로 영화를 감상한다. 일반적으로 공장, 기업소 및 협동농장에서는 월 1～2회 의무적으로 영화를 관람시킨다.[20]
　　평양과 지방에 거주하는 주민들간의 여가형태는 매우 차이가 난다. 평양주민들만 볼 수 있는 만수대 TV 채널의 경우 자본주의 나라를 비롯한 외국의 영화들을 주로 방영하며 프로그램도 다양하고 재미있다. 이러한 것은 지방주민들에게는 꿈같은 얘기다. 지방주민들의 경우 각 동네의 영화관을 통해 주기적인 관람 기회를 가진다.

　　영화관은 각리에 가끔씩 있고 읍에서 매일 상영합니다. 영사기를 사용합니다. 재미있는 영화는 사람이 많이 갑니다. 혁명적 연애를 다룬 영화 같은 것 말입니다.(30대 탈북자 3)

　　성인 남자들 사이에 주패는 가상 성행하는 놀이문화이다.

아마 주패놀이를 가장 많이 할겁니다. 어른 남자들은 주패놀이를 굉장히 많이 합니다. 남한에서 화투놀이 많이 하지 않습니까? 남한사람들처럼 돈걸고 하지는 않아요. 그냥 재미로 하지요. 돈내기 도박하다 걸리면 사회안전부에서 잡아갑니다. 가끔 술내기를 하기도 합니다. 나는 친구들과 돈내기하며 이틀동안 밤새워 한 적도 있습니다. 일도 안 나가고요.(40대 탈북자 2)

초기에는 국가에서 장려했으나 내기를 많이 합니다. 주로 담배내기 많이 하고, 공장기숙사에는 식권 및 담배내기 많이 합니다. 퇴근후에는 친구들과 술내기 할 때도 많습니다. 돈내기는 거의 안 합니다.(30대 탈북자 1)

성인남자들이 즐기는 술은 쉽게 구하기가 싶지 않다. 술생산량이 적은데다 그나마 대부분은 수출되고 있기 때문이다. 그래서 밀주 마시기가 전국적으로 성행하고 있다.

몰래 동네에서 구할 수 있어요. 가게에서는 술을 팔지 않고, 또 남한처럼 술집이라는 것이 없어요. 식당에서 한 두잔 주는 것 말고는. 동네마다 몰래 밀주를 만드는 집이 있어 술을 구합니다. 또 몰래 빼낸 술도 구하고요. 돈만 있으면 언제나 구할 수 있어요. 평양같은데서는 선술집 말 그대로 서서 몇 잔 걸치는 정도의 술집이 있고, 맥주집도 있어요.(40대 탈북자 2)

여유시간에 낚시를 즐기는 경우도 흔히 있다.

낚시대는 시장에서 대나무로 깍아 손으로 직접 만든 것을 사거나, 개인이 만들어 사용합니다. 미끼는 100% 지렁이 사용하고 가끔 부침개로 떡밥을 만들기도 합니다. 붕어, 잉어, 메기 잘 잡히고, 물은 매우 깨끗하고 오염된 강이 없습니다. 돈이 없어 농약을 안치니 논바닥에도 미꾸라지가 바글바글 거립니다. 여름에 해 긴 날에는 평일에도 하고, 밤에도 합니다. 야광찌가 없으니까 간드레(카바이트 사용하는 야광등)사용하여 밤낚시도 하고, 밤낚시는 아무나 할 수 있습니다. 나는 낚시 광이어서 날 밝기 전부터 일가기 전까지 하기도 했습니다.(40대 탈북자 1)

　여자들은 건축, 토목, 농사 등 남자들과 똑같은 중노동에 종사하며 노동 후 가정에 돌아와 가사를 돌보아야 하는 이중고에 시달리고 있다. 북한 일반 주부의 일과는 보통 새벽 4시 30분에 기성, 남편과 자녀의 도시락 준비 등 아침식사를 준비하고 출근하면 오후 6시에 퇴근한다. 저녁식사를 비롯하여 세탁, 청소, 가사 정리를 하고 나면 보통 11시에 잠자리에 들게 되어 있다. 다른 가족들은 부엌일은 주부 노동이라 하여 도와주지 않는다.

> 　여자들은 눈코뜰새 없지요. 저녁먹고 나면 치우고 부식 장만하고, 아침에 일어나서는 식구들 준비시켜야 합니다. 여유시간에 여자들은 주로 뜨개질을 많이 합니다. TV라는게 재미가 없고 다양하지 못해서 그리 많이 보는 편은 아닙니다.(50대 여성 탈북자)

가족간의 외식이나 여행은 전혀 없는 것으로 밝혀졌다.

> 　가족단위로 여행 다니는 것은 생각할 수 없습니다. 평양은 많이 다르지요. 평양과 지방은 한세기 떨어졌다고 보면 됩니다. 북한의 리단위를 가야 진짜 북한을 볼 수 있어요. 외식 단어 자체가 없어요. 식구들과 밖에서 식사하는 것은 힘들어요.(30대 탈북자 2)

또한 노인들의21) 경우에도 생각과는 달리 개인적인 시간여유를 많이 갖지 못하는 것으로 나타났다.

> 　각종 동원에 여유롭지 못합니다. 퇴비사업 많이 하고, 장기 많이 둡니다.(40대 탈북자 2)

　북한 주민들에게 가장 많이 보급된 생활체육 종목으로는 건강태권도와 대중율동체조(에어로빅)가 우선 꼽힌다. 이러한 종목은 별다른 체육시설과 용기구 없이도 적은 공간만 있으면 즐길 수 있기 때문에 우선적으로 보급된 것으로 보인다.

건강태권도는 북한의 '조선태권도위원회'에서 누구나 다 할 수 있게 체력적 부담이 적은 쉬운 동작과, 비교적 어렵고 복잡한 동작을 배합해서 50개 동작으로 구성한 것으로 가요 '우리를 보라'의 음악에 맞춰 3분간 진행하도록 되어 있다. 북한은 1993년 11월에 50개의 기본동작으로 구성된 건강태권도를 보급했다. 공장, 기업소, 협동농장, 학교 등 모든 단위들에서 태권도를 대중체육으로 하고 있다. 대체적으로 남한의 국민체조와 유사한 성격으로 추정된다.

남한의 에어로빅 같은 대중율동체조는 북한의 국가체육지도위원회 체육과학연구소에서 만들어 내놓은 것으로 누구나 쉽게 배울 수 있는 15개 율동적인 체조동작으로 구성되어 있으며, 가요 '우린 사랑한다'는 제목의 음악에 맞춰 5분간 진행된다. 대중율동체조는 체조동작에 춤 율동을 합리적으로 배합하고 있어 피로회복 뿐만 아니라 건강과 몸매 가꾸기에도 효과적인 운동으로 알려져 여성들에게 많은 인기를 얻고 있다.

북한주민들에게 가장 인기가 있는 스포츠는 축구와 탁구이고, 다음으로 배구, 농구 등이다.

> 축구는 오로지 학교운동장에서 합니다. 학교운동장이 굉장히 넓고, 농구, 배구, 축구장이 있습니다. 네트는 없고 공이 없어 학교에서 빌립니다. 그것도 안면이 없으면 못빌립니다. 개인이 공을 소지하는 경우는 드물고. 애들은 공무공이나 작은 공을 사용합니다. 직장인들이 하는 경우는 드물고 동네 친구들하고 합니다. 성인들은 내기하는 경우가 가끔 있고 지는 쪽에서 술을 구해 옵니다. 집에서 가지고 오든지, 얻어 오든지 사오든지 합니다.(20대 탈북자 1)

특히 탁구는 매우 대중화되어 있다. 탁구는 지방의 읍, 리, 동에 조직되어 있는 700-800개의 탁구 구락부를 중심으로 널리 보급되어 있다.

이 구락부에서는 해당 읍, 리, 동 소재지 주민으로서 탁구 동호인이면 누구나 들어 갈 수 있으며, 1개 구락부당 평균 1백여명의 회원이 가입되어 있다. 해마다 시, 군, 또는 시, 도 대항 대회가 열리며 여기에서의 우승자가 중앙 대회에 출전하고 중앙대회 우승자가 북한대표로 선발된다.

일반 종목으로는 복싱과 마라톤이 인기가 높다. 자본주의 냄새를 풍기는 스포츠로 여겨지던 농구붐이 일고 있는 것도 변화의 하나다. 김정일 국방위원장이 '청소년들의 성장 발육에 아주 좋은 운동'이라며 농구를 권장하면서 생긴 일이다. 『천리마』 1999년 8월과 9월호는 이명훈, 박천종 선수를 히어로로 부각시켰다.[22] 직장, 학교 어디에서나 농구경기 모습을 볼 수 있다.

이밖에 최근 붐이 조성되고 있는 여자 축구팀도 평양에만 6개팀이 있다. 여자라는 것에 대해 체육활동에 대한 편견은 없다.

> 남자 여자라고 특별히 구별하는 것은 없습니다. 여자축구는 활성화되어 있고 직장 내에서도 여자를 위한 농구, 배구 종목이 있습니다.(40대 탈북자 3)

이상에서 파악한 북한성인의 여가생활 및 체육활동은 전반적으로 매우 단조로운 것으로 판단된다. 그러나 엄격한 통제사회에서도 그들 나름의 독특한 여가체계를 영위하고 있는 것은 주목할 만 하다.

4. 요약 및 결론

본 연구는 북한주민의 여가생활 및 체육활동을 파악하기 위하여 관계문헌조사와 탈북자 면접을 실시하였다. 여가나 체육행위가 특정 사회의 가치나 구조를 반영한다는 전제하에, 북한주민들의 일상적인 여가생활과 체육활동을 살펴보는 것은 북한주민들에 대한 이해뿐만 아니라 사회구조를 이해하는데 기여할 수 있다. 특히 국가의 공식적 통제나 관리로부터 어느 분야보다도 자유로울 수밖에 없는 북한주민 개인의 일상 여가나 놀이행위가 어떻게 행해지고 있는가는 대단한 관심거리가 아닐 수 없다. 본 연구를 위해 활용된 제한된 자료와 면접으로 인해 본 연구 내용과 결과를 북한 전체주민의 여가와 체육활동으로 일반화하는 것은 위험이 따르겠지만, 거의 알려지지 않았던 북한주민들의 놀이형태와 유형을 밝혀 낼 수 있었다.

본 연구에서는 기존의 북한 관련 자료나 연구범위가 평양 위주이었음에 비추어 지방에 거주하는 주민들의 일상생활을 파악하는데 치중하였으며, 이를 통해 일반적인 북한주민의 일상사에 대한 이해를 도모하고자 하였다. 본 연구의 결과 북한주민의 여가생활과 체육활동은 대체적으로 매우 열악한 상태라고 볼 수 있을 것이다. 그러나 북한 아동들의 집단놀이 중심의 여가활동의 경우 사라져 가는 남한 아동들의 놀이문화에 비하면 관심을 기울이고 평가할 만 하다. 기존에 남한사회에 알려진 것처럼 전쟁놀이 위주의 놀이만 하는 것이 아니라 놀이 고유의 허구성, 비생산성, 자유성, 쾌락성을 추구하고 있다는 점에서 더욱 그렇다. 특히 북한에 대한 연구의 목적이 남북한 주민간의 상호 이해의 폭을 넓히고 북한사회를 포용적인 자세로 바라보기 위한 것이라 할 때 북한아동들의 놀이행위는 각별한 관심과 애정을 가질 필요가 있다고 본다.

그러나 성인의 여가생활과 체육활동은 시간적 한계, 시설 및 용품의 부족으로 상당히 단조롭고 제한된 활동을 하고 있는 것으로 밝혀졌다. 풍요로운 여가를 즐기기 위해서 시간적 여유와 함께 경제적 여유가 수반되야 하지만, 북한주민들의 현실에서 두 가지 모두 구비되지 못함으로써 열악한 여가환경에 처해 있는 것이다. 그럼에도 음주문화, 주패놀이, 축구, 탁구 등의 여가행위는 아무리 주체사상의 사고에 젖은 있는 북한주민들도 '놀이하는 인간'이라는 고유한 인간본성을 추구하고 있는 것으로 볼 수 있다.

마지막으로 본 연구결과를 바탕으로 향후 남북체육교류 활성화를 위해 고려해야 할 사항을 다음과 같이 제안하고자 한다.

첫째, 북한주민들에게 절대적으로 부족한 체육용품 및 기구의 지원이다. 기존의 남북체육교류라 함은 경기력 위주, 특히 통일축구대회나 단일팀 구성과 같은 엘리트경기 위주의 관심에 치중하였다면 북한주민들이 남한의 동포애를 실제로 느낄 수 있는 탁구라켓 및 볼, 축구공, 농구공 등의 용품 지원은 남북한 주민간의 간접 접촉을 통한 민족화해에 도움을 줄 수 있을 것이다.

둘째, 이질화된 남북한 체육용어에 관한 문제이다. 북한은 주체적 사고로 체육용어에서도 외래어를 배제하고 한글을 전용하고 있지만, 남한의 경우 대부분의 체육용어는 영어를 사용하고 있다. 남북한에서 가장 인기 종목인 축구의 경우 남한에서의 헤딩, 드로잉, 코너킥, 페널티킥, 핸들링을 북한에서는 머리박기, 바깥던지기, 구석차기, 11메다 볼차기, 손다치기 반칙으로 각각 쓰고 있다. 이것은 남북한이 체육부분에서도 이질화되었다는 것을 의미하는데, 남북한 체육용어를 비교하면서 공통으로 사용가능한 용어를 정착시키는 것은 체육을 통한 남북한 통합효과를 가져다 줄 것이다.

셋째, 남북한 태권도 통합의 추진이다. 본 연구에서도 밝혀졌듯이 북한은 현재 건강태권도를 학교와 직장단위에서 전국적으로 보급한 결과 정착단계에 이르고 있다. 태권도는 고구려시대의 수박에 기원을 두고 있지만 현재 남한은 세계태권도연맹(WTF), 북한은 국제태권도연맹(ITF)의 규칙을 각각 지키고 있어 양측 태권도는 기술과 규칙면에서 상당히 다른 모습을 띠고 있다. 남한에서 머리, 가슴, 낭심 보호대를 착용하고 경기를 하는 것과는 달리 북한에서는 머리와 가슴 보호대없이 경기용 장갑을 끼고 신발을 신은 후 겨루기를 한다. 경기용 장갑을 끼는 것은 주먹으로 얼굴을 강타하는 것이 가능하기 때문이며 몸통 가격만 허용되는 남한 겨루기 방식과 큰 차이점이다. 겨루기 방식을 포함한 품새, 경기방식, 도복 등의 상이한 남북한 태권도를 조속히 통합하는 것은 민족적 이질감을 통합하는 상징일 뿐만 아니라 태권도의 통합은 한민족의 화합을 만방에 과시하는 계기가 될 수 있다. 또 태권도의 통합과정에서 남북 태권도인들의 교류가 자연스럽게 이루어 질 것이며, 통합이 실현되면 태권도 교류 또한 활성화 될 것으로 전망한다.

※ 이 글은 "북한주민의 여가생활과 체육활동에 관한 연구," 한국체육학회, 『한국체육학회지』 41권 2호(2002)에 수록되었다.

주註

1) 김오중, "후기산업사회에서 여가 및 레크리에이션의 역할과 과제,"『이화여대 보건체육연구소 주최 학술발표회 자료집』(1995) 4쪽.

2) 김문겸,『현대사회와 여가』(부산: 부산대학교출판부, 1996), 304쪽.

3) 북한주민들은 여가 대신에 여유라는 표현을 사용한다. 따라서 여가시간이 아니라 여유시간이라고 말한다.

4)『북한경제자료집』(서울: 도서출판 민족통일, 1989), 225쪽.

5) 북한은 스포츠라는 용어를 사용하지 않는다. 탈북자들의 면접을 통해서도 북한에 거주하는 동안 스포츠라는 용어를 들어 본 적이 없다는 사실을 확인하였다. 개념적으로 스포츠와 체육은 차이가 있지만, 북한은 체육이라는 단일용어를 사용하고 있다. 이것은 외래어를 배격하는 북한사회의 특성에도 기인하겠지만, '신체활동을 통해 행복과 기쁨을 추구하는 여가행위'인 스포츠보다는 '신체활동을 통한 교육'의 의미를 갖는 체육의 의미 때문일 것으로 사료된다.

6) 통일부,『북한개요』(2000), 438쪽.

7) 주패놀이는 중국식 56장짜리 트럼프를 사용하는 놀이로 시간 때우기로 많이 한다. 그러나 가끔 현금, 담배, 버스표, 식권 등을 걸고 내기를 하기도 한다. 주패의 모양은 카드와 동일하지만 게임방법은 카드와 많이 틀리다. 가장 흔한 사기주 외에 명령주, 오십K 등을 한다. 3명에서 6명까지 하며 5명이 가장 많다. 성인남자들은 거의 다 알고 있다고 한다. 70년대부터 성행했으며, 스페이드를 공병, 다이아몬드는 아이아몬든 또는 깍꾸, 크로바는 쭈바리, 하트는 하트 또는 처녀궁댕이라고 한다. 또 빨간 조카는 따왕/대왕(아버지), 까만 조카는 서왕(어머니). 스페이드 에이스를 참모장이라 한다(탈북자 증언 인용).

8) ≪중앙일보≫ 1990년 10월 11일자.

9) 정동길,『북한체육, 스포츠 영웅』(서울: 다인미디어, 2001), 125쪽.

10)『정치용어사전』(평양: 사회과학출판사, 1970), 604쪽.

11) 통일부,『북한 제10차 최고인민회의결과 자료집』(1998).

12) 안민석, 이학래, 송형석,『남북체육교류 활성화 방안 연구』(서울: 체육과학연구원. 1998).

13) 김순배,『북한의 체육』(서울: 국토통일원, 1986).

14) 북한에서는 전문체육이라고 한다. 남한의 경우 엘리트체육과 생활체육을 담당하는 단체가 별개로 존재한다.

15) 북한에서 국가대표선수가 되면 체육명수 칭호와 함께 월급 200원, 그리고 백미 800g과 잡곡 150g을 받게 되 상류생활이 보장된다. 이러한 엘리트선수에 대한 특혜는 남한도 유사하다. 남한에서 올림픽 금메달 선수에게 월 100만원의 연금

이 평생 지급되고, 남자선수의 경우에는 군면제 혜택이 주어진다.

16) 청소년의 기준은 다양하지만, 일반적으로 북한에서는 인민학교학생과 고등중학교 학생을 청소년으로 간주한다. 박성희,『북한청소년현황』(서울: 공보처, 1995), 13쪽.

17) 통일부,『북한 어린이의 교육과 생활』(서울: 금강문화사. 1998b).

18) 남한의 자치기는 나무막대기를 사용하는 반면 북한은 발등으로 차서 멀리 보낸다(탈북자 증언).

19) 이학래, 김동선,『북한의 체육』(서울: 사람과 사람, 1995).

20) 김용기,『북한실상 자료집』(서울: 내외통신사, 1995).

21) 평균수명은 남한의 경우 남자 71.8세, 여자 79.1세인 반면 북한은 남자 62.5세, 여자 68.0세이다(≪동아일보≫ 2001년 11월 8일자, A30면).

22) 정동길, 앞의 책, 172쪽.

<참고문헌>

1. 북한문헌

『정치용어사전』 (평양: 사회과학출판사, 1970).

2. 남한문헌

『북한경제자료집』 (서울: 도서출판 민족통일, 1989).
김문겸, 『현대사회와 여가』 (부산: 부산대학교출판부, 1996).
김순배, 『북한의 체육』 (서울: 국토통일원, 1986).
김오중, "후기산업사회에서 여가 및 레크리에이션의 역할과 과제," 이화여대 보건
    체육연구소 주최 학술발표회 자료집, 1995.
김용기, 『북한실상 자료집』 (서울: 내외통신사, 1995).
박성희, 『북한청소년현황』 (서울: 공보처, 1995).
정동길, 『북한체육, 스포츠 영웅』 (서울: 다인미디어, 2001).
안민석, 이학래, 송형석, 『남북체육교류 활성화 방안 연구』 (서울: 체육과학연구원,
    1998).
이학래, 김동선, 『북한의 체육』 (서울: 사람과 사람, 1995).
통일부, 『북한 제10차 최고인민회의결과 자료집』 (1998).
_____, 『북한어린이의 교육과 생활』 (서울: 금강문화사, 1998b)
_____, 『북한개요』 (2000).
호이징하, 권영빈 역, 『호모 루덴스』 (서울: 기린원, 1991).
≪동아일보≫ 2001년 11월 8일자, A30면. "2050년 남북한 인구 8000만명 육박"
≪중앙일보≫ 1990년 10월 11일자. "이찬삼 기자의 북한 기행문"

북한 대도시의 도시화 과정:
청진, 신의주, 혜산의 공간 구조 변화를 중심으로

장 세 훈

1. 북한의 도시화, 어떻게 볼 것인가?

흔히 우리는 북한 사회를 정체된 사회로 인식하고 있다. 이는 한편으로 1990년대 현실 사회주의의 몰락으로 사회주의적 발전 모델에 대한 불신이 커졌기 때문이기도 하고, 실제로 북한 사회가 1990년대 이후 극심한 경제난과 식량난으로 사회·경제적으로 쇠락하는 모습을 보였기 때문이기도 하다. 특히 1960년대 이후 고도성장을 거듭 해 온 남한 사회와 비교할 때, 북한 사회의 상대적 지체 현상은 더욱 두드러져 보인다. 그러나 전후 50년 동안 북한 사회도 상당히 역동적인 변화를 경험해 왔다. 도시화와 관련해 보더라도 1967년 28.9%였던 도시 인구의 비중이 1993년에는 60.9%로 증가했고[1], 내륙의 공업도시 육성 과정에서 수

많은 신흥도시들이 탄생했는가 하면, 기존 도시들도 전후 사회주의적 도시화의 길을 밟으면서 공간 구조 및 인구 구성이 크게 바뀌었다. 따라서 그 변화 과정을 다각도로 면밀히 검토해 볼 필요가 있다. 이러한 점에 착안해서 이 글에서는 전후 북한의 도시화 과정을 역사적으로 살펴보고자 한다.

그런데 남북한 교류·협력이 증진되고 북한 사회 내부적으로 개방의 물결이 일렁이고 있지만, 북한은 외부 세계에 여전히 '어둠상자'로 남겨져 있다. 이러한 점에서는 북한의 도시 연구도 크게 다를 바 없다. 일부 선행 연구가 없지 않지만, 자료의 제약으로 인해 북한의 도시화 전반을 포괄적으로 다룰 뿐, 구체적인 도시 공간 구조나 주민들의 생활실태를 밝히는 데까지 나아가지는 못했다.[2] 특히 대다수 연구가 자료 접근이 상대적으로 용이하지만 '대외 전시용 도시'로 개발된 평양만을 연구대상으로 삼고 있어,[3] '소경 코끼리 더듬기' 식의 북한 연구 일반이 안고 있는 문제점에서 벗어나지 못하고 있다. 이러한 한계를 벗어나기 위해 이 글에서는 평양이 아닌 지방 대도시들을 분석 대상으로 삼아, 도시화의 흐름을 검토하고자 한다.

그러나 도시화 과정은 대단히 포괄적인 내용을 담고 있다. 따라서 공간적 차원, 인구학적 차원, 정치사회학적 차원, 문화·심리적 차원 등을 복합적으로 고려해서 다차원적인 도시화 과정을 종합적으로 복원해낼 필요가 있다.[4] 그렇지만 자료 구득의 문제 및 연구의 객관성 문제를 감안한다면, 공간적 차원에 초점을 맞춰 도시의 역사적 변천 과정을 추적하는 작업에 초점을 맞출 필요가 있다. 이는 특히 여타 접근들이 갖는 한계 때문에, 더욱 그러하다.

우선 인구학적 접근은 도시 인구의 규모 및 구성을 중심으로 도시 변화 추이를 역사적으로 분석하는 데 필수적인 기초 연구이지만, 개별 도시별로 객관성과 엄정성을 갖춘 시계열적 인구 자료를 획득하기 어렵다는 점에서,5) 본격적인 분석이 사실상 불가능하다. 둘째로 정치사회학적 접근은 사회세력간의 역학관계를 중심으로 도시화의 구조와 추이를 분석하는 방식으로, 사회학적 관점에서 도시화의 흐름을 역동적으로 살펴보는 데 탁월하다.6) 그러나 강력한 권위주의적 통제가 장기간 지속된 북한 사회에서 시민사회가 억압받고 미성숙해서 그 다양성과 내부 역동성을 보여주지 못한다는 점에서, 이 접근 방식은 설명력을 발휘하기 힘들다. 셋째로 도시 주민의 심성과 문화를 파악해서 근대적 심성과 도시 주민으로서의 정체성, 근린의식 등을 살펴보는 문화·심리적 접근이 있을 수 있다.7) 그러나 이 역시 폐쇄된 북한 사회의 주민을 심층면접할 수도 없고, 유일한 심층면접 대상자인 탈북자들이 북한 도시 주민 가운데 편향된 사례 집단이라는 점에서, 이들만을 대상으로 북한 사회의 도시성(Urbanism)을 온전히 밝혀내기란 쉽지 않다.

그렇다면 남은 방법은 공간적 차원의 접근뿐이다. 물론 이 역시 정보 부족이라는 동일한 한계 상황에 봉착해 있지만, 다른 접근에 비해 각종 문헌 자료와 탈북자들의 증언을 토대로 객관적으로 북한의 도시를 재구성할 수 있는 여지가 많다. 특히 이 글은 공간 배치 자체보다는 그것이 이루어지는 사회적 맥락과 물리적 공간 구조로 형상화된 사회적 관계를 밝히는 데 초점을 맞추고 있다. 따라서 한편으로 해당 지역 주민들의 생생한 경험담이 분석 자료로써 유용하게 활용될 수 있다. 다른 한편으로 사회 구조적 변동이 공간 구성에 각인되는 과정에 주목하기 때문에, 인구학적 변수, 사회적 관계, 문화·심리적 요인 등에 관한 단편적인 자료들도 요긴하게 활용할 수 있다. 이러한 사실에 비추어 볼 때, 공간적 차원의 접근이 현 단계 북한의 도시화 과정을 살피는 데 효과적이라고 할 수 있다.

이처럼 공간적 차원에서 도시화 과정을 분석한다고 하더라도, 구체적으로 어디에 무게중심을 두고 접근할 것인가 하는 문제는 여전히 남는다. 이와 관련해서 이 글에서는 다음과 같은 쟁점들을 중심으로 접근하고자 한다.

먼저 앞서 언급했듯이, 북한에서는 '사회주의 체제의 우월성'을 과시하기 위해 평양을 전시용 도시로 적극 육성해 왔다. 따라서 평양의 겉모습은 오히려 북한 도시의 실상을 은폐하는 데 기여했다고도 할 수 있다. 따라서 청진, 신의주, 혜산의 도시화 과정을 구체적으로 살펴본다면, 북한 도시화 과정을 좀더 현실에 가깝게 복원할 수 있을 것이다. 이러한 점에서 이 글에서는 지방 대도시에 관한 논의를 통해 북한 도시화의 특성을 유추해 보고자 한다.

둘째로, 지방 대도시 내부의 차별성, 즉 개별 도시들의 특수성에도 주목하고자 한다. 지금까지의 북한 연구는 '하나를 보면 열을 안다'는 일종의 선입견을 전제로 북한 사회를 김일성 주체사상에 입각해서 일사분란하게 작동하는 '획일적인 사회'로 간주해 왔다. 그러나 지역별로 적지 않은 차이가 있을 것으로 가정해 볼 수 있다. 이러한 점에 주목해서, 분석 대상이 되는 청진, 신의주, 혜산의 도시화 과정이 서로 어떻게 같고 다른지에 유념하고자 한다.

셋째로 사회주의적 도시화의 관점에서 북한의 도시화를 어떻게 볼 것인가 하는 문제가 있다. 북한은 사회주의적 도시화의 경로를 방기하지는 않았지만, 전쟁과 전후 복구, 이후 남한과의 체제 경쟁 과정 등을 거치면서, 다른 사회주의 국가들과 마찬가지로 도시화 과정에서 '이상과 현실의 괴리' 상황에 봉착했다. 특히 북한에서는 주체사상의 등장이 도시화의 경로에 적지 않은 영향을 끼쳤을 것으로 추측된다. 따라서 북한의 도시 공간에서 사회주의적 보편성과 주체적 특수성이 어떻게 접맥되어 있는지, 이들이 실제 도시 공간에서 어떻게 구현되었는지를 살펴볼 필요가 있다.

이하에서는 이상의 문제의식을 바탕으로 지방 대도시들의 도시화를 살펴보기 위해 먼저 2절에서 분석 대상 및 방법을 확정한 뒤에, 3절에서 사회주의 도시화의 일반적인 특성을 살펴보고, 식민지 해방과 전쟁을 겪으면서 북한 체제가 도시 공간을 어떻게 사회주의적인 방식으로 조성해 가는가를 4절에서 검토한다. 5절에서는 주체사상이 체계화된 이후에 도시 공간이 어떻게 재편되는가를 파악하고, 6절에서는 1980년 전후의 대도시 외곽 신시가지 건설이 어떻게 전개되었고, 또 이것이 이들 도시의 도시화 과정에 어떠한 의미를 지니는지를 점검한다. 마지막으로 사회주의적 도시화의 맥락에서 지방 대도시의 도시화가 갖는 보편성과 특수성을 검토하는 것으로 끝을 맺고자 한다.

2. 분석 대상 및 분석 방법

1) 분석 대상: 북한의 지방 대도시, 청진 · 신의주 · 혜산

이 글에서는 북한의 지방 대도시에 속하는 청진, 신의주, 혜산을 그 분석 대상으로 삼고 있다. 이들 도시는 모두 북한의 북부 지방에 위치해 있고, 도 소재지이다. 또 중국과 국경을 맞대고 있거나 항구를 끼고 있는 변경도시라는 특징도 공유하고 있다.

<표 1> 북한 도시의 인구변동　(단위: 천명)

연도	평양	청진	신의주	혜산
1940	286	198	61	16
1967	1,555	226	170	85
1972	1,847	407	217	136
1982	2,525	722	271	150
1986	2,955	573	271	151
1991	3,334	673	320	224

* 자료: 김원, 『사회주의 도시연구』(서울: 보성각, 1998), 236쪽.

또한 <표 1>에서 보듯이, 각 도시의 인구가 20만명을 넘어서는 북한 사회의 대도시로 자리매김되고 있다.[8]

이들 도시는 이 같은 공통점과 함께 적지 않은 차별성도 보여주고 있다. 먼저 산업구조적 차원에서 청진은 철강산업을 중심으로 한 중화학공업도시이고, 신의주는 신발, 의류, 화장품 등의 생산이 활발했던 경공업 도시이며, 혜산은 임산 가공업과 광업을 주축으로 한 산업구조적 특성을 보여주고 있다. 또한 도시의 기능상으로도 청진은 1950년대 말부터 시작된 재일 북송교포의 기항지였을 정도로 대일 무역의 핵심 창구였다. 또 신의주는 1950년대 말과 1960년대 초·중반에 중국에서 정치적 박해나 기근 등을 피해 조선족과 한족漢族이 다수 이주해서 정착한 바 있으며, 이후로도 중국 단둥丹東을 통해 조·중 무역이 활발하게 이루어져 왔다. 이와 달리 혜산은 중국 장백시와 마주하고 있으면서도 교역이 그리 활발하지 못한 채, 최우선적인 국책사업의 하나로 추진하는 백두산 혁명전적지 건설 사업의 구심점 역할을 담당해 왔다.[9] 또 인구 규모에 있어서도 청진이 신의주의 두 배, 혜산의 세 배 규모로 상당한 차이를 보여주고 있다.

청진, 신의주, 혜산이 이처럼 지리적, 입지적으로 상당히 유사하면서도, 도시의 산업구조나 규모, 기능 등에서 적지 않은 차별성을 보인다는 점에서, 이들 도시의 연구를 통해 제한적으로나마 북한의 도시화 과정을 유추해 볼 수 있을 것이다.

2) 분석 방법

도시의 공간 구조를 파악하기 위해서는 현지조사가 일차적 과제이지만, 북한의 경우에는 현지조사가 원천봉쇄되어 있기 때문에, 기존의 북한 도시 연구는 철저히 문헌조사에 의존해 왔다. 그러나 북한측 문헌의 상당 수가 대외 홍보 및 선전용으로 만들어지기 때문에, 이것에만 의존해서는 북한 도시의 실상을 파악하기 어려운 문제점에 봉착하게 된다. 따라서 이 글에서는 청진, 신의주, 혜산 출신의 탈북자들에 대한 심층면접을 통해 문헌 연구의 이 같은 단점을 보완하고자 했다.10)

북한의 문헌자료는 ≪로동신문≫,『김일성 저작집』,『조선건축』,『건설자』 등의 공간된 자료를 중심으로 하되, 탈북자의 수기나 증언 등도 적절히 활용하고자 했다. 그리고 탈북자 면접조사는 이 같은 공식적인 문건이나 자료에 나와 있는 사실을 검증하는 한편으로, 공식 자료로 확인하기 어려운 도시의 실상을 파악하는 데 역점을 두었다.

북한 도시화 과정의 특성을 보다 분명히 하기 위해서는 도시화의 보편적 경로를 상정하고 이를 척도로 삼아 개별 도시, 지방 대도시, 그리고 북한 도시 일반의 도시화 양상을 비교하는 접근 방법을 취할 필요가 있다. 이러한 문제의식에서 이 글에서는 사회주의 도시화의 공간 구조적 특성을 소개하고, 이것을 기준으로 북한의 도시화 양상을 검토하는 방식을 택하고 있다.

3. 사회주의적 도시화의 특성

마르크스와 엥겔스 이래로 마르크스주의자들은 근대 사회의 초두부터 사회주의 사회 건설을 부르짖으면서, 자본주의 도시의 문제점을 신랄하게 비판해 왔다. 그러나 사회주의 도시 건설의 기본 원칙만 밝힐 뿐, 그 구체적인 실천 방안을 제시하지는 못했다.11) 사회주의 도시화 방안은 러시아 혁명이 성공하고 사회주의 건설이 당면 과제로 대두되면서, 본격적으로 마련될 수 있었다.12)

이렇게 만들어진 사회주의 도시 건설 방안은 시기에 따라 또 나라에 따라 그 구체적인 내용과 형태가 바뀌어 왔기 때문에, 그 보편적 특성을 파악하기가 쉽지 않다. 여기서는 북한의 도시화 과정을 판별하는 기본 척도로 삼기 위해 도시화의 목표와 방식 그리고 도시계획 전략이라는 세 차원으로 나눠 그 특징을 살펴보기로 하자.

근로 대중을 위한 사회를 만든다는 사회주의의 이상에 근거해서 사회주의적 도시화는 노동자계급을 위한 도시 건설을 그 일차적 목표로 삼고 있다. 따라서 공장, 사무실 등과 같은 일터와 주택 등의 쉼터를 근접시키는 '직·주 근섭의 원칙'에 입각해서 도시 공간을 배치한다. 이는 수익성과 효율성을 앞세워 계급지배를 강화할 목적으로 이루어지는 자본주의 도시의 기능적 공간 배치로 근로 대중의 인간다운 삶이 짓밟히는 현실을 타개하려는 의도에서 비롯된 것이다. 또한 지역별, 계급·계층별 주거의 차등을 없애서 모든 주민이 공평하게 적정한 주거 생활을 영위하도록 한다. 그리고 도시와 농촌간, 대도시와 중소도시간의 불균형 성장을 해소하기 위해 적정 규모의 중소도시를 개발하고 육성하는 데 주력한다.

다음으로 사회주의 체제는 시장이 아니라 국가의 계획에 의해 운영되기 때문에, 도시화 역시 국가 주도의 계획적인 개발 및 이용이라는 방식으로 추진할 필요가 있다. 이를 위해 우선 도시의 기반을 이루는 토지, 주택, 여타 기반시설을 사회적 공유 자원으로 여겨 모두 국유화한다. 다음으로 국유화된 도시기반시설을 바탕으로 토지 용도에 따른 지역지구제(Zoning)를 엄격하게 시행해서, 토지의 혼합 이용 가능성을 사전에 차단함으로써, 근로 대중에게 쾌적한 주거환경을 보장하고, 토지 이용의 효율성을 제고시킨다.

이상의 목표와 방식에 입각해서 구체적인 도시공간 배치 전략이 짜여지게 되는데, 도시계획 차원에서 도시화의 방향과 내용을 최초로 구체화한 것이 밀류친(N. Miliutin)의 '선형 도시계획(Linear Pattern Planning)'

모형이다.13) 이는 철도 노선을 주축으로 삼아 공장 등의 생산시설을 철도에 인접하게 배치하고, 그 밖으로 녹지대를 설치하고, 녹지대 외곽에 주택지를 조성하며, 주택지 외곽으로는 농업지대가 펼쳐지도록 해서, 도시의 각종 시설을 선형으로 배치하는 방안이다. 이로써 생산시설은 자원의 신속하고도 효율적인 유통을 위해 핵심 교통시설에 근접하게 되고, 공장지대와 주거지대 사이에 차단 녹지대가 설치되어 소음이나 매연으로부터 주택지를 보호하면서 쾌적한 주거환경을 영위하도록 했다. 아울러 철도를 끼고 공장지대와 주거지대가 나란히 펼쳐지도록 해서 종적으로는 선형을 이뤄 도시 형태가 길게 늘어지지만, 직장과 주거지간의 횡적 거리는 일정하게 유지되도록 함으로써, 도보로 통근할 수 있는 '직·주 근접'의 원칙이 충실히 지켜지도록 했다. 그 결과 도시 전체적으로 통근으로 인한 사회적 낭비를 줄이고, 근로자 개인적으로는 생활의 여유를 되찾을 수 있도록 하고 있다.

이 같은 도시 공간의 전반적인 배치에 입각해서 주거지의 배치가 이루어지게 된다. 밀류친은 그 내부에서 일상생활에 필요한 제반 활동이 완결될 수 있는 자족적인 근린주구(Neighborhood Unit) 형태로 주택지를 조성하고자 했다.14) 이 때 주거지의 최소 단위는 소생활권(Micro District)이다. 이는 약 1만명에서 1만2천명 규모의 주민이 생활할 수 있는 30~50ha의 생활공간으로, 그 내부에 주택, 식당, 위락시설, 탁아소, 유치원, 학교, 의료시설, 판매 및 기타 서비스 시설을 설치해서 근로자의 일상생활이 큰 불편 없이 이루어질 수 있도록 했다. 그리고 이러한 소생활권이 몇 개 모여서 인구 3~5만명 규모의 중생활권(Residential District)을 구성하고, 다시 이러한 몇몇 중생활권이 모여 인구 10~30만명 규모의 대생활권(Urban District)을 이루는 도시 내 주거지의 계층구조를 형성하도록 했다.

그러나 밀류친의 사회주의적 도시화 전략은 철도 교통을 중심으로 삼는 근대 산업도시를 그 전범으로 삼았기 때문에, 현대 사회의 도시화 전략으로써 그 효용성이 떨어졌다. 이에 라도브스키(Ladovsky)가 밀류친의 모델을 다소 변형시킨 '삼지창형 평행벨트 모형(Tridentlike Parallel Belt Pattern)'을 제기했다.[15] 이는 도시의 중추를 철도 노선이 아닌 도시서비스 시설로 삼고 있다. 따라서 도시의 중앙에 행정기관, 공원 등의 도시 서비스시설을 입지시키고, 그 주변에 주거지를 배치하고, 그 외곽에 공업시설이 입지하도록 하고 있다. 주요 도시 기능들의 위치가 다소 변경되기는 했지만, 이들을 병행해서 나란히 배치시켰다는 점에서, 선형 도시계획 모형의 기본틀을 유지한다고 할 수 있다.

이러한 점들을 감안할 때, 사회주의 도시는 자본주의 도시와 다음과 같은 차별성을 지니고 있다. 먼저 후자가 공간의 효율성을 극대화하는 과정에서 동심원적인 공간 배치가 이루어지는 반면에, 전자는 근로 대중의 생활 편익을 극대화하기 위해 각종 시설 및 기능을 선형으로 배치하고 있다. 둘째로 자유경쟁의 시장 원리에 따라 '보이지 않는 손'에 의해 도시의 공간 배치가 이루어지는 자본주의 도시와 달리, 사회주의 도시에서는 '보이는 손'으로서의 국가가 도시 공간의 소유·개발·이용을 철저히 제어하는 도시계획 방식을 견지한다. 따라서 도시 공간의 무차별적인 팽창에 따른 대도시화 현상이나 직장과 주거지가 지나치게 이격되는 현상을 제어하기 위한 제도적 장치들이 다각도로 모색된다. 적정 규모의 중소 도시 육성 방침이나 직·주 근접의 원칙 등이 그 대표적인 사례이다.

그러나 이 같은 사회주의적 도시화의 원칙과 방법은 실천 과정에서 여러 가지 굴절을 경험하게 된다. 이는 북한 사회에서도 마찬가지인데, 이러한 점을 염두에 두면서, 이하에서 북한의 지방 대도시들의 도시화 과정을 구체적으로 살펴보고자 한다.

4. 도시 공간의 사회주의적 건설: 식민 잔재의 청산과 전후 복구

1945년 이후 북한의 도시화 과정을 보면, 주체사상이 전사회적으로 확산된 시점, 즉 1960년대 후반과 1970년대 초반이 일종의 분기점 역할을 한다. 따라서 여기서는 해방 이후부터 1960년대 후반까지의 시기를 중심으로 북한 도시가 당면했던 다음의 세 가지 과제를 중심으로 북한의 도시화 과정을 살펴보고자 한다. 그 하나는 일제의 퇴각 이후 그들이 남긴 식민지 잔재를 어떻게 청산하는가 하는 문제이다. 또 하나의 과제는 국토 분단과 전쟁을 겪으면서 어떻게 전후 복구를 추진할 것인가 하는 문제이다. 마지막으로 사회주의적 도시화의 길을 어떻게 걸어갈 것인가 하는 과제가 있다. 이들 과제는 서로 긴밀히 중첩되어 있으면서도 또 시기별 당면 과제라는 속성도 보여준다. 따라서 각각의 과제를 중심으로 주체사상이 자리잡기 이전까지 북한의 지방 대도시들의 공간이 어떻게 틀지워져 왔는가를 단계적으로 검토해 보기로 하자.

1) 해방 후 식민 잔재의 청산과 도시의 정비

식민지 지배권력이 무너진 뒤 새롭게 등장한 정치권력은 식민지 유제의 청산과 관련해서 딜레마적 상황에 봉착하게 마련이다. 즉 식민 잔재의 철저한 청산을 통해 정치적 정당성과 국가적 정통성을 다시 수립해야 하는 한편으로, 제국주의 식민 체제가 해체되면서 파괴되었거나 유휴화된 각종 도시기반시설을 복원하는 과정에서 기존의 식민 잔재를 재활용해야 하는 상황에 봉착하게 된다.

청진, 신의주, 혜산과 같이 식민지 지배를 목적으로 도시가 개발되고 육성된 경우에는 더욱 그러하다. 청진의 경우에는 미곡 수출 및 일본의 공산품 수입을 목적으로 1910년 지방행정조직 개편 과정에서 12개 부府의 하나로 지정되면서, 지방 대도시로 성장하기 시작하다가, 북부 지방의 산업도시를 중점 육성하는 1930년대 '식민지 공업화' 과정에서 급성장한 중공업 지역이었다. 또 신의주는 경의선 철도 부설 과정에서 기존의 의주를 제치고 대륙과의 연결을 위해 새롭게 개발된 지역으로, 만주 진출을 목적으로 1920년대 초반 동양척식회사가 직접 건설에 나서면서 대륙을 향한 관문도시이자 지방 거점 도시로 발전했다. 한적한 산골이었던 혜산 역시 천고의 밀림지역을 노린 일제가 북부 지역 개척을 빌미로 길주와 혜산을 잇는 철도를 놓고 동해를 통해 일본으로 통나무를 약탈해 가기 위해 영림서를 설치하면서, 도시의 모습을 갖춰 나갔다.[16)

특히 북한의 대표적인 중공업도시와 경공업도시로 자리잡아가던 청진과 신의주의 경우에는 신의주의 조선왕자제지공장, 민포동 일대 제약공장, 청진의 청진제철소, 청진제강소, 청진화학섬유공장 등과 같은 주요 공업시설들이 모두 일제에 의해 건설된 것이었다. 또한 「조선시가지계획령」에 근거해서 도시계획을 수립하고 도로, 상하수도 등의 도시기반시설을 설치해서 근대 도시의 골격을 갖춰준 것도 역시 일제였다.[17)

식민지 도시화가 곧 이들 도시의 형성사에 다름 아니었다는 이상의 사실에 비추어 볼 때, 식민 잔재의 전면적인 청산은 곧 이들 도시의 해체를 의미한다는 점에서, 현실적으로 불가능하다. 이에 더해 일제가 패망 후 쫓겨가고 새로운 사회주의 체제가 들어서는 과도기 상황에서 각종 도시기반시설이 파괴되거나 유휴화되어 가동을 멈추거나 제 구실을 하지 못하는 경우가 비일비재했다. 또한 도시 개발 및 주택 건설과 관련해서 전문기술을 보유했던 일본인들이 떠나면서, 도로, 상하수도, 공공건물 등의 신설·보수나 주택의 공급이 원활히 이루어지지 못해 사회적 혼란이 더욱 극심한 실정이었다.[18) 이처럼 도시기반시설이 절대적으로

부족한 상황에서, 일제가 건설하고 운용하던 시설을 복구해서 재활용하는 것이 사회·경제적으로 급선무였다.

이러한 까닭에 북한 정권이 일제에 대항한 독립운동을 앞세워 민족주의적 정서에 크게 호소하면서 식민 잔재의 청산을 소리 높여 부르짖고 일제 부역자에 대한 인적 청산을 비교적 체계적이고 엄격하게 시행했지만, 도시 공간상에 각인되어 있는 일제의 잔재를 청산하는 데에는 그리 적극적이지 못했다. 따라서 식민지 도시화에 대한 현실적 대응은 식민 잔재의 철저한 척결보다는 '상징적 차원에서의 청산'이라는 형태를 띨 수밖에 없었다. 일제 때 지어진 신궁神宮, 신사神社 등과 같은 상징물들을 헐어내거나 불태우고 그 자리에 공원 지대를 조성하는 반인민적 건축물 철폐 사업이 대표적이었다.[19] 신의주의 경우에도 이러한 과정을 거쳐 약 6만㎡ 규모의 해방 공원을 조성하려는 시도가 이루어진 바 있다. 이 같은 신궁 및 신사의 해체와 도시 공원 조성은 '식민지적 기형성과 낙후성을 퇴치하고 인민적 도시를 건설한다'는 북한 정권의 구호에도 적합한 조치였다.

그러나 그 외에는 도시 공간 차원에서 식민 잔재를 청산하려는 체계적인 시도가 더 이상 이루어지지 못했다.[20] 오히려 도시 정책은 일제 때의 계획과 시설을 바탕으로 도시를 재정비하는 데 관심을 쏟았다. 예컨대 신의주에서는 조선왕자제지회사를 신의주화학섬유공장으로 확장시키고, 신의주 민포동 일대의 제약공장을 기반으로 북한 유일의 마이신공장을 짓는 등, 일제의 공장 설비를 재가동하는 데 주력했다(S6a). 또 청진의 경우에는 일제가 우차로−보도−화단−차도 형태로 건설한 도로를 간선도로로 삼아 보도-차도 형태로 바꾸면서 8-10차선 규모의 광폭도로로 만드는 등, 일제의 도시계획의 성과를 사회주의 도시 건설의 밑거름으로 삼기도 했다(C6).

해방 직후에 대다수 지방 도시에서는 도시기반시설이 사실상 마비된 상태였기 때문에, 식민지 도시화의 성과를 활용하는 것만으로 도시 기능을 정상화할 수는 없었다. 그러나 자원의 부족으로 도시기반시설의 체계적인 정비를 기대하기도 어려운 실정이었다. 따라서 도시 정비 사업은 경중을 가려서 시급한 과제만 우선적으로 처리하는 방식으로 전개되어야만 했다.[21] 그 결과 당시 도시 인근 하천의 주기적인 범람으로 인한 수해 피해가 심각했기 때문에, 하천 정비 및 제방공사에 도시 정책의 무게중심이 두어졌다. 특히 압록강의 범람 문제가 심각했던 신의주의 경우에는 1946년 제방 축조 공사를 통해 홍수 피해를 줄이고 대규모 주택지를 확보할 수 있었다.[22]

결국 해방 5년간의 도시화는 과도기적 혼란 상태에서 도시 발전이나 도시 미관에 대한 사회적 관심마저 미흡했기 때문에, 도시계획의 기본 원칙이나 구체적인 시행 지침이 제대로 갖춰지지 못한 데다가 인적, 물적 자원의 결핍으로 관련 법규가 제정되어 있더라도 제대로 지켜지기가 어려웠다.[23] 따라서 일제 식민 잔재의 청산이라는 도시 정비의 목표가 정치적 구호 수준을 크게 넘어서지 못했다고 판단된다.[24]

2) 한국전쟁과 전후 복구: 사회주의적 도시화의 출발점

앞서 보았다시피 해방 직후의 혼란상이라는 현실적인 여건 탓에 도시 공간상에서 일제 잔재의 청산이 미진했는데, 한국전쟁은 북한의 도시가 식민성을 털어내고 사회주의적 도시화의 길로 매진할 수 있는 절호의 기회였다.

우선 전재戰災는 식민지적 잔재를 씻어주는 계기가 될 수 있었다. 실제로 한국전쟁 과정에서 미군의 폭격과 쌍방간의 전투로 인해 북한 전역에서는 총 8,700여 곳의 공장, 주택 60만여 호, 학교 5천여 곳, 병원 1천여 곳, 수천 개의 문화·후생시설이 파괴된 것으로 알려져 있다.[25]

청진의 경우에는 7월 중순부터 폭격이 시작되었는데, 연이은 폭격과 8월 이후부터의 함포 사격으로 청진시의 대부분 시설이 파괴되고, 도시 전체가 쑥대밭이 되었다(C7-1a, C6). 특히 청진제철소(현재의 김책제철소)는 전쟁 기간동안 150여 차례에 걸쳐 8천발의 폭탄이 투하되고 수백 차례의 함포사격이 가해져 용광로는 물론이고 제철소 전체가 완전히 폐허가 되었다(≪로동신문≫ 1957년 7월 27일). 또 신의주의 경우에도 연합군이 점령하지만 못했을 뿐, 전쟁 기간 동안 끊임없는 폭격으로 도시 전역이 초토화되고, 당시 주민의 2/3 가량이 사망한 것으로 알려져 있다(S6a, S1). 심지어 당시 면 소재지에 불과하던 혜산도 고층건물은 대부분 폭격을 당해 성한 건물이 거의 없었다(H5). 이 같은 도시 공간의 대대적인 파괴는 일제가 조성한 도시 공간을 해체하는 데 결정적인 역할을 담당했던 것이다.

또한 한국전쟁은 북한 주민의 대규모 월남 사태를 촉발해서 성분이 불량한 주민들과 도시로 이주할 가능성이 높은 이농 대상자들을 미리 솎아내는 기제로 작용했다(C7-1b). 실상 전쟁 전후에는 공민증도 없고 직장만 있으면 배급을 받을 수 있는 상태였기 때문에, 그 이후와는 달리 누구에게나 이주의 자유가 주어진 상태였다.26) 그러나 남한에서와 달리 북한의 도시에서는 대규모 월남 사태가 선행된 탓에 이농으로 인한 과잉 도시화의 문제가 발생하지 않았다. 이처럼 한국전쟁은 사회주의 도시화 과정에서 예상되는 사회적 저항을 사전에 예방하고 도시 과밀의 부담도 크게 덜어주는 순기능을 담당했던 것이다.

이에 더해 전후 복구 과정에서 소련을 위시한 사회주의 국가들의 원조는 사회주의 도시화를 촉진하는 촉매제 역할을 담당했다. 특히 동구권 각국이 북한의 주요 도시의 재건을 각각 맡아서 책임지도록 함으로써 사회주의적 도시화 양식이 지방 대도시에 본격적으로 도입될 수 있는 계기가 되었다.27) 청진의 경우에는 폴란드 도시계획 전문가들이 직접 파견되어 청진시와 라남을 연결시켜 하나의 도시를 형성하는 도시안을 관철시키는 등 청진시 종합도시계획을 수립하는 데 크게 기여한 바 있고, 루마니아와 체코에서는 각각 라남제약공장과 청진중앙병원을 지어주는 등 도시기반시설을 갖추는 데 도움을 주었다(C6; ≪로동신문≫ 1954년 11월 8일, 1956년 3월 13일). 또 신의주에서도 중국군이 1958년까지 주둔하면서 신의주 시내에 약 10만호의 주택을 건설해 주었고, 불가리아에서는 신의주 도립병원을 건립해 주었다(S1). 다만 량강도의 도 소재지로 지정되면서 1954년에야 시로 승격한 혜산만큼은 이들과 달리 중소도시로 분류되었기 때문에, 동구권의 지원을 받지 못한 채 자력갱생 형태로 전후 복구를 수행해야만 했다. 따라서 적어도 청진, 함흥, 원산 등과 같은 지방 대도시들에서는 동구권 국가들의 도시계획 양식이 적용되면서, 자연스럽게 사회주의적 도시화의 길로 접어들 가능성이 높았다고 할 수 있다.

한국전쟁이 도시화 경로에 이처럼 커다란 영향을 미친 것은 사실이다. 그러나 실제 도시공간 구조의 변화 양상을 면밀히 살펴보면, 한국전쟁과 전후 복구가 북한 도시가 식민지 도시의 헌 옷을 벗고 사회주의 도시의 새 옷으로 갈아입는 결정적 계기로 작용했다고 보기는 어렵다.

우선 미군의 폭격과 함포 사격은 도시 전역에 가해지기는 했지만, 선별적으로 이루어진 것이었다. 청진, 신의주, 혜산 세 지역 모두에서 도심의 행정기관들은 거의 온전하게 보존되었다.[28] 따라서 행정관청 인근에 위치한 일본풍 건물들이 상당 부분 잔존할 수 있었다.[29] 또한 풍광이 좋은 시 외곽 지역에 위치한 일본인 소유 주택들도 폭격 대상에서 다소 비껴갈 수 있었다. 청진의 경우, 라남구역이나 신암구역 등에 위치한 일본풍 주택들은 현재까지도 일부 남아 있다(C7-1a). 그 결과 전쟁을 겪으면서도 북한의 도시에서 일제 시대의 물리적 경관이 완전히 사라지지 않았던 것이다.

또한 월남 인구로 인해 도시의 인구 압력이 상대적으로 낮아진 것은 사실이지만, 그렇다고 해서 사회주의 도시화의 여건이 조성된 것은 아니었다. 실제로 전쟁 직후에 먹고 살 길이 없어 도시와 농촌을 떠도는 유랑민이 적지 않았고, 이 때문에 국가적 차원에서 유랑민 관리 방안을 모색하기도 했다(C5-1a). 이는 도시의 흡인 요인이 약해서 도시로의 유입인구가 적었다는 추정을 가능케 하는 현상으로, 사회주의 도시로의 발전 동력이 대단히 취약했다는 사실을 간접적으로 뒷받침해 주고 있다.

이에 더해 전후 복구 과정에서 북한 당국과의 알력이 적지 않아 동구권 국가들의 북한 도시 재건 사업이 기대했던 만큼의 성과를 거두지 못했다. 동독의 함흥 재건 사례를 제외하면, 동구권 국가가 북한의 도시계획 및 건설 과정에 직접 전면적으로 참여한 경우를 찾아보기 어렵다.[30] 청진 도시계획에 참여한 폴란드의 경우에도 도시계획을 수립하기는 했지만, 도시 건설 단계에서 북한 당국과의 의견 충돌을 빚어 이를 실행에 옮기는 데 실패했다.[31] 따라서 동구권 국가들의 지원은 사회주의 도시계획을 학습하고 실천하는 기회로 활용되기보다는, 현실의 요구에 떠밀려 묻혀버리는 운명을 겪어야만 했다.

그리고 준전시의 휴전 상태에서 도시를 복구해야만 했던 탓에, 사회주의 도시 건설을 향해 본격적으로 나아가기가 더욱 쉽지 않았다. 실제로 전쟁 초기부터 제공권을 장악당해 미군 폭격에 무방비 상태에 놓여 있었던 북한으로서는 토굴을 파서 도시의 주요 시설들을 지하에 설치하는 지하 벙커화가 도시 재건의 관건이 아닐 수 없었다. 그래서 행정기관뿐만 아니라 공장, 기업소, 다중이용시설 등과 일반 주택까지도 지하 또는 반지하 구조물로 만들거나 항공기 폭격으로부터 은폐, 엄폐할 수 있는 곳에 건설되었던 것이다(H2).[32] 따라서 전쟁 직후 북한 사회에서 사회주의 도시 건설의 원칙이나 이상이 현실과 원만하게 접맥되기를 기대할 수 없었다.

결국 한국전쟁은 도시에서의 식민지 잔재 청산과 사회주의 도시 건설의 호기를 제공하는 한편으로, 첨예한 군사적 대치 상황을 통해 사회주의 도시화의 여력을 고갈시키는 '양날의 칼'로 기능했던 것이다. 따라서 비록 체계적이고 일관성 있게 전개되지는 못했지만, 전후 복구 과정을 거치면서 사회주의적 도시화의 실험이 다각도로 이루어질 수 있었다.

3) 사회주의적 도시화의 실험

사회주의적 도시화는 도시 공간의 구성 및 배치에 관한 국가의 철저한 계획과 관리에서 출발한다. 그러한 점에서 국가 주도의 도시계획이 그 관건이라고 할 수 있다. 북한에서는 전후 복구를 추진하면서, 도시계획의 기틀을 갖춰가기 시작했다.

북한 당국은 1951년 12월 내각에 도시 건설성을 설치해서 전후 복구 건설을 지도한 바 있고, 그것만으로 부족하자 1953년 6월 국가건설위원회를 신설해서, 1954년부터 '전후 복구 3개년 계획'을 본격적으로 추진했다. 이에 입각해서 1954년 「청진·함흥·원산·사리원·강계·남포시 재건을 위한 총 기본계획 승인에 관한 내각 결정」 제42호와 「신의주·송림·김책의 도시 재건을 위한 총 기본계획 승인에 관한 내각 결정」 제85호를, 그리고 뒤이어 전국 150개 읍 및 노동자지구 전망 계획도를 발표했다.[33]

'도시 총 기본계획'은 개별 도시별로 다소의 편차가 있지만, 크게 보아 한편으로 용도별 지역 구분을 명확히 하고, 주거지와 산업용지 사이에 보호녹지를 설치하며, 교육·문화·보건·편의시설 등 도시 서비스 시설을 균형 있게 배치하는가 하면 1인 당 주거면적을 6㎡, 9㎡로 점차 늘려가고, 1인 당 녹지면적을 7-12㎡로 설정하는 등 근로 대중의 생활 편의에 무게중심을 두고자 했다. 다른 한편으로 도시 중심부에 행정기관을 비롯한 광장, 공원, 경기장 등을 설치해서 근로 대중이 함께 모일 수 있는 장소를 마련하는 등 도시를 단위로 한 사회주의적 공동체 건설에 대한 정책적 의지를 명확히 했다.34)

이 같은 계획에 기반해서 전후 지방 대도시의 면모가 바뀌어 갔다. 먼저 청진 포항구역의 역전 광장(민주동 광장), 신의주 본부동 인근의 백사광장 등에서 보듯이, 도심지에 광장을 조성했다.35) 이들 광장은 각종 문화·경축 행사와 야회夜會 및 군중대회가 벌어지는 장소로서, 그 주변에 집중적으로 건설된 행정기관을 비롯한 도시서비스시설 및 집합주택들과 함께 도시의 구심점 역할을 수행했다(≪로동신문≫ 1953년 8월 2일).36)

다음으로 도심 광장을 기점으로 간선도로망을 따라 주요 건물을 배치하는 선형 개발 방식이 도시 공간 구성의 기조를 이루었다. 즉 전후에 도시를 복구하면서 신속하게 거리 형태를 갖추기 위해 건물들을 도로변에 길게 배치하는 '주변식 방법'이 채택되었던 것이다.37). 청진에서는 철도와 나란히 간선도로가 놓여져 있었는데, 도심 광장 주변을 꾸리기 위해 일단의 아파트 단지를 건립한 뒤에 곧바로 포항구역에서 송평구역으로 가는 간선도로변으로 중·저층 아파트를 지어 나갔다(C1, C6, C24; ≪로동신문≫ 1960년 4월 30일). 또 신의주에서도 신의주 역광장을 중심으로 시내 민포동과 외곽 남신의주를 잇는 버스와 무궤도차 노선이 설정되었는데, 1960년대 초에는 역 광장을 중심으로 역과 시내를 잇는 도로변으로, 그리고 1970년대 초반에는 남신의주로 빠지는 도로변으로 중·저층 아파트들이 줄지어 건설되었다(S6a, S5-1). 혜산의 경우에도 구역을 단위로 하기보다는 혜화동에서 위연으로 가는 길과 혜산동에서 연봉동으로 가는 길 주변으로 도로 연변에 중소형 아파트를 대거 건설하는 T자형 개발이 이루어진 뒤에야 그 안쪽으로 단층 주택을 지어 나갔다(H5).38)

또한 도시 주민의 주거공간과 관련해서는 소련의 '소생활권'과 유사한 '살림집 소구역 제도'가 도입되었다. 특히 주택 소구역을 좀더 세분해서 인구 2~3천명 규모의 초급 봉사단위, 주민 6~9천명 규모의 소구역 봉사단위, 그 상위의 구역 봉사단위로 구분하고, 각 구성단위의 규모에 맞춰 도시 서비스시설을 나누어 공급함으로써, 주민의 생활 편의를 도모하고자 했다.39) 또 모든 도시에서 거리에 면한 아파트 1층에는 편의봉사시설들을 설치하도록 해서 거리 꾸미기와 주민 생활 편의라는 '두 마리 토끼'를 함께 잡을 수 있도록 했다. 그리고 1967년부터는 주민의 생활환경을 해치지 않는 경공업공장을 살림집 소구역 내의 독립 건물이나 아파트 1층에 짓도록 해서 직장과 주거지를 근접시킴으로써, 가정주부 등의 가두 노동력이 생산활동에 참여할 수 있도록 독려했다. 이에 청진, 신의주, 함흥 등지에서는 다층 살림집(아파트) 아래층에 가두 노동력을 이용한 분공장들이 편의봉사시설들과 나란히 건설되기 시작했다.40)

도시 공간 배치와 함께 사회주의 도시화에서 빼놓을 수 없는 것이 근로 대중을 위한 주택 공급이다. 특히 전쟁으로 주택 부족 문제가 심각했기 때문에, 도시 주민의 주거 문제는 시급한 현안이었다. 따라서 그 대안으로 1953년 당 중앙위원회 제6차 전원회의에서 설계의 표준화, 건재 생산의 공업화(자재의 규격화), 시공의 기계화 방안이 제시되었고, 이는 조립식 집합주택의 건설로 이어졌다.

이에 입각해서 전쟁 직후인 1954~1955년에는 주택 공급을 획기적으로 늘리고 공동체 생활을 부추길 목적으로 화장실과 부엌을 공동으로 사용하면서 방별로 세대가 거주하는 '방별 거주형 살림집'이 평양 등지에서 일부 건설되었는데, 우리의 생활방식에 맞지 않아 곧 중단되었다. 뒤이어 1956년부터 두 칸 방에 부엌과 창고를 갖춘 표준살림집 모델이 나오고, 건축 자재 공장이 가동되면서, 평양에서부터 대형 콘크리트 블록을 이용한 조립식 주택이 본격적으로 건설되었다. 특히 1958년 반쯤 조립된 상태로 공급되는 '통방 블록'이 등장하고 주택 설계를 보다 단순화하고 규모를 축소시키면서 14분만에 주택 1채를 짓는 이른바 '평양 속도전'이 전개되었다. 이를 계기로 전국적으로 속도전 경쟁이 불어, 1959년부터 지방 대도시마다 조립식 주택 건립 붐이 거세게 일어났다.[41] 이 바람에 청진에서는 광장 주변으로 주거단지를 조성해서 5천가구분의 아파트를 건립했고, 신의주에서는 신의주역에서 본부동으로 가는 간선도로변인 역전구역과 5.1거리에 다층주택을 대대적으로 건설했다(C24; ≪로동신문≫ 1960년 4월 10일, 1960년 8월 10일, 1961년 4월 14일, 1962년 4월 16일). 혜산에서도 혜명동과 역전 공지 등 중심 시가지를 중심으로 다층 주택과 단층 주택 건설 사업이 대대적으로 일어났다(≪로동신문≫ 1958년 4월 16일, 1960년 2월 2일).

1950~1960년대 북한의 도시화는 이처럼 외형상으로는 사회주의 도시 건설의 주요 요소들을 갖추고 있었다. 그러나 북한의 도시 현실이 걸림돌로 작용했기 때문에, 사회주의 도시화의 길로 제대로 진입하기는 어려웠다.

먼저 사회주의 도시계획을 추진하기 위한 법제적 토대가 미비했다. 행정조직상으로는 국가건설위원회가 국토건설을 책임지고 있지만, 실제로는 중앙정부 차원에서도 경공업성, 교통성, 건설성 등이 제각기 관여하고, 지방에서도 주택건설사업소, 시·도 설계사업소, 각 기업소 등이 도시 설계 및 건설에 참여했다. 이러한 난맥상을 시정하기 위해 1965년 국가건설위원회에서는 '계획의 일원화와 세분화' 원칙을 발표해서, 국토계획 및 도시계획을 법제적으로나 행정적으로 통합하려 시도했지만, 그것마저도 여의치 않았다.[42]

둘째로, 청진 사례에서 보았듯이, <천리마 운동>, <속도전>이 난무하는 현실 속에서 각 도시에서는 사회주의적 도시화의 원칙보다는 현실 논리에 더 충실하고자 했다. 즉 전쟁의 폐허 속에서 새롭게 도시를 사회주의적으로 '재건'하기보다는 일제가 수립한 도시계획의 골격을 근간으로 기존 도시를 '복구'하는 자세를 취했던 것이다. 따라서 청진이나 신의주의 경우를 보면, 일제 때의 시가지 형태와 도로망이 거의 그대로 복원되었고, 전쟁 통에 파괴되지 않은 행정기관 등의 일제 시대 건물을 보수해서 재사용하기도 했다.[43]

셋째로, 선형 개발, 직·주 근접, 주택 건설의 표준화·공업화·기계화 등도 겉모습과 달리 사회주의 도시화의 내용을 담보하지 못했다. 우선 소련의 '선형 도시계획'이 도시 공간의 효율적 활용과 '직·주 근접'의 원칙에 입각한 것인 반면에, 북한의 '선형 도시 개발'은 '거리 꾸미기' 차원에서 출발한 것이다. 즉 제한된 자원으로 신속하게 도시의 가로를 복원하겠다는 의지의 소산인 탓에, 생활공간과 생산공간의 배치에 관해 신중한 고려가 없었다. 또 초기에는 각 기업소별로 공장 주변에 사택을 짓는 등, 직·주 근접의 원칙을 지키고자 했는데, 장기적인 계획 없이 도시 토지 이용이 이루어진 탓에 택지 부족 사태에 봉착했고, 이는 곧바로 직·주 분리를 촉발하는 사태로 이어졌다.[44] 또한 대대적인 조립식 주택 건설 붐으로 주택 건설의 표준화·규격화가 상당 정도 진전되기는 했지만, 이는 1960년대 초반 잠시 반짝 한 것이고, 대다수의 도시 주택은 여전히 흙벽돌, 토피로 지어진 땅집, 하모니카집이었다.[45] 따라서 전시용 도시로 건설한 평양을 제외하면 청진, 신의주, 혜산 등 지방 도시 어디에서도 중심 시가지와 대로변에서만 근대적 집합주택을 볼 수 있을 뿐이었다(S6a, S5-1). 이에 더해 차단녹지대 설치를 통한 쾌적한 주거환경 조성이 도시계획에서 중시되었지만, 실제로는 청진화학섬유공장 인근에 위치해서 매연으로 일상생활에 곤란을 겪는 청진 수성천변 주거지역이나 공장과 주택이 마구 뒤섞여 주민들이 소음 및 대기오염에 시달려야만 했던 청진 라남구역 등과 같은 사례가 적지 않았다(C7-1b, C18).

결과적으로 전후 복구로부터 시작되어 1960년대까지 이어진 북한에서의 사회주의 도시화 시도는 실험 수준을 크게 넘어서지 못했다고 할 수 있다.

5. 주체사상과 도시 공간의 재편: '주체형 도시화' 과정

1) 주체형 도시화 노선의 등장

사회주의 도시화를 어떻게 이해할 것인가 하는 문제는 전후 복구 단계부터 도시화 노선을 둘러싼 논란의 핵심이었다. 여기서 관건은 동구 사회주의 선진국들의 도시화 경로를 추종할 것인가 아니면 우리 현실을 바탕으로 새로운 대안을 모색할 것인가 하는 문제였다.

전자의 입장은 1950년대 초반 전시 상황에서 동구권 국가로 유학을 다녀온 건축가들이 주축이 되어 주장했다. 이들은 동구 및 소련의 건축 양식을 본떠 사회주의적 사실주의에 입각해서 도시계획을 수립하고 집합주택 및 대형 건축물을 건립하고자 했다. 소련 풍의 벽돌식 아파트로 조성한 평양의 류환선 거리(일명 '스탈린 거리')와 통방주택 건축 방식이 대표적이다. 그러나 이들은 1950년대 후반 수정주의 논쟁 과정에서 "평양의 중요 거리에 외국의 촌 풍경을 그대로 옮겨 놓으며 외국의 건축 양식, 심지어 생활양식까지 통째로 받아들이려" 한 사대주의자, 교조주의자로 비판받았다(C7-1b).[46] 그 결과 이들 대부분이 숙청당했고, 통방주택 방식도 더 이상 확산되지 못했으며, 이들이 조성한 류환선 거리는 전후 종파분자의 해악을 일소한다는 의미에서 완전히 들어내고 1980년과 1985년에 두 단계에 걸쳐 완전히 새롭게 재건되어 거리 명칭까지

'창광거리'로 바뀌었다(C24; ≪로동신문≫ 1980년 11월 14일).

후자의 견해는 1956년 '소련을 향하여 배우자'라는 구호 아래 설계의 표준화와 규격화, 건설의 기계화 등을 추진하려는 김일성의 주장을 비판하는 김승화(전 건설상), 박창옥(국가계획위원회 위원장), 박의완(부수상) 등의 기술관료층이 제기한 것이다. 이들은 설계기술이 낙후되고 전문인력 및 건설기계가 부족한 상황에서 표준 설계를 통한 조립식 주택 건설 방안은 시기상조이며, 주택 건설 부진은 관련 기관들의 난립에서 비롯된 바가 크다면서, 무작정 소련·동구의 선진석인 경험을 도입하기보다는 북한의 현실을 감안해서 국토계획 및 건축 방식을 신중하게 검토할 것을 주장했다.47) 그러나 이들 역시 건설노동자의 창발성과 열성을 마비시키고 낡고 썩어빠진 생활습관을 조장하는 반당·반혁명 종파분자로, 또는 소극적 보수주의자로 낙인찍힌 채 숙청되고 말았다. 북한당국은 이들의 숙청 이후 '평양 속도전'을 시발점으로 전국 대도시에 조립식 주택 건설 붐을 확산시킨 바 있다.

이 같은 정치적 노선 투쟁을 통해 북한 당국이 최종적으로 확정한 사회주의 도시화의 방향은 '민족적 형식에 사회주의적 내용을 구현'하겠다는 김일성의 교시로 정리될 수 있다48). 이는 소련·동구의 노선을 무작정 추종하거나 북한의 특수성만을 부각시키는 극단적 견해들을 모두 배격하고, 북한 사회의 현실을 감안하면서 사회주의적 원칙을 수용한다는 입장이다.

1950년대 후반 확립된 사회주의적 건축 및 도시 건설에 관한 북한 당국의 이 같은 입장은 상당히 절충적인 것이기는 했지만, 이미 주체형 도시화의 싹을 지니고 있었다. 그러다가 1960년대 후반 주체사상이 북한 사회의 제도적, 이데올로기적 기반으로 확고히 자리 잡게 되면서, 그 이전과 구분되는 도시화의 새로운 흐름이 나타났던 것이다. 물론 주체형 도시화 노선이 1960년대까지의 도시화 흐름과 완전히 절연된 것이 아니라 그 연장선상에 놓여 있기 때문에, 질적인 차별성이 있는 것은 아니다. 그러나 그 이전과 비교해 볼 때, 자조적인 도시 개발, 현지 교시에 의한 도시화, 그리고 '상징으로서의 도시 공간' 조성이라는 나름의 특징을 보여주고 있다.

2) '주체형 도시화'의 전개과정

(1) 자조적인 도시 개발

1960년대까지 내용과 형식으로 나눠 사회주의 도시화 노선과 북한 현실간의 조화를 꾀하려 했다면, 1970년대 이후에는 '우리 식'으로 도시 공간을 건설하겠다는 정책적 의도가 부각되었다. 이는 (사회주의적 도시화의) 기존 관례나 낡은 틀에 머물기보다는 고유한 건축양식을 본보기로 삼아 '대담하고 통이 큰' 창작 방식으로 도시 공간을 조성해야 한다는 입장에 다름 아니었다.[49] 이 같은 우리 식 도시 건설 방침은 대내외적으로 자력갱생의 전략으로 이어졌다. 즉 대외적으로 소련·중국 등 다른 사회주의 노선에 휘둘리지 않고 독자적인 노선을 걸으면서, 대내적으로 지역별, 단위별 주체들이 각자의 역량에 기초해서 자조적 발전의 길을 모색해야 한다는 의지를 천명한 것이다.

이러한 맥락에서 1950년대 초반에 시작되었던 동구권 국가로의 기술 전문직의 유학 통로가 1960년대 초반에 이르러 전면 봉쇄되었다. 또한 이미 유학을 다녀온 대다수의 기술관료들은 반당·반혁명분자로 분류되어 숙청되었다.[50] 그리고 사회주의 도시화의 실험 역시 1950년대 후반 평양에서 부분적으로 시도되는 데 그치고 말았다.

그 결과 선진 공법이나 기술의 도입 및 적용이 사실상 차단되자, 1960년대 이후에는 건설의 기계화 및 공업화, 설계의 표준화 및 규격화 등과 같은 구호가 점차 약해지고, 도시 공간의 개발 및 조성에서 근로 대중의 창발성과 노동력을 부각시키기 시작했다. 따라서 '평양 속도전'과 같은 '군중적 운동' 방식으로 자원과 기술의 결핍 문제를 해소했던 전후 복구 과정에서와 마찬가지로, 지방 자재를 최대한 활용하면서 대중 동원 방식에 다시금 주력하게 되었다. 그 대표적인 사례가 송림식 주택 건설 방식이다. 이는 김일성이 송림시 현지지도 과정에서 지방 자재를 이용해서 벽돌 등 건축 자재를 조달하고 기업소 단위로 근로자들이 직접 주택 건설에 참여하도록 해서 근로 대중의 생활양식에 적합한 형대로 주택을 건설하도록 한 방식이다.51) 이는 군중적 건설 참여가 용이하도록 주택의 구조 도식을 단순화하고 지방의 소형 부재를 사용하도록 권장했기 때문에, 주체형 주택 건설 방식으로 1960년대 후반부터 폭넓게 확산되었다.52) 이에 신의주의 경우에도 도시 개발 및 주택 건설이 활발했던 1970년대 초반 벽돌식 아파트 건물로 지은 송림식 주택이 근로 대중들을 대상으로 공급되었다(S6a).

(2) 현지교시에 의한 도시화

'자조적 도시 개발 방식'이 주체형 도시화를 견인하는 한 축이라면, 다른 한 축은 '현지교시에 의한 도시화 방식'이다. 북한 당국은 국가건설위원회의 주관으로 전국 국토건설총계획과 주요 지구 국토건설총계획을 수립하고 그에 입각해서 개별 도시의 도시계획을 설정했다.53) 그러나 구체적인 도시 개발의 방향을 최종적으로 설정하고 필요한 재원을 조달해서 도면상의 도시계획을 현실의 도시공간에 구현하는 것은 바로 당과 수령의 교시에 달려 있었다.

그 대표적인 경우가 신의주 개발 사업이었다. 1971년 김정일의 신의주 현지교시와 1972년 김일성의 신의주방적공장 현지교시를 통해 신의주를 국경 관문 도시, 문화도시로 발전시켜야 한다는 언급이 잇따랐다. 그러자 곧바로 개발 방향이 수립되어, 연간 5천 세대의 주택 건설, 남신의주와 신의주를 연결하는 지하철 건설, 평양 금수산 여관에 버금가는 대규모 여관 신설, 신의주 공항의 민간공항으로의 전환을 통한 외국인 입국 초대소 설치 등을 포함한 구체적인 도시계획안이 마련되었다(S6a). 이에 따라 중앙정부 차원의 지원이 이어지면서, 도시 개발 열기가 크게 고조되었다. 그러나 개발 과정에서 신의주를 외빈 접대용의 전시성 도시로 육성하기 어렵다는 판단이 내려져, 개발 사업은 주택 공급만 일부 이루어진 채 중단되었다. 그러다가 1980년대 초 또다시 신의주에 도시 개발을 촉구하는 당의 교시가 내려와서 건설대가 조직되는 등 개발 바람이 다시 불었지만, 중앙의 실질적인 지원이 끊긴 상태에서 추진되었기 때문에, 계획만 세운 채 중단되고 말았다(S6a).

청진에서는 직할시 승격과 일반 시로의 격하 현상이 두 차례나 벌어졌는데,54) 이 역시 장기적인 전망과 구체적인 지역 현실에 대한 인식 없이 이루어진 교시가 그 원인의 일단을 이루고 있다. 김일성은 김책제철소의 중요성을 인식하고 그 생산성을 높이는 방안의 하나로 이에 대한 후방 지원을 강화해야 한다고 누차 주장한 끝에, 제철소 후방 공급 기지로서의 역할을 강화시킬 목적으로 청진시를 직할시로 승격시켰다.55) 그러나 직할시로 승격되더라도 중앙의 체계적인 지원 없이는 후방 지원 업무가 원활히 될 수 없는 현실 탓에 그 원래 취지가 퇴색될 수밖에 없었고, 그 와중에 청진시와 함경북도간의 갈등까지 불거지자,56) 일반 시로 격하시키는 사태가 되풀이되었던 것이다.

(3) 상징으로서의 도시 공간 조성

자조적 도시 개발 및 현지교시 방식의 도시화가 주체형 도시화를 추진하는 두 축이라고 한다면, 주체사상과 체제의 우월성을 공간적으로 표현하기 위한 '상징으로서의 도시 공간 조성'은 주체형 도시화의 내용을 구성한다고 할 수 있다. 바로크 양식으로 꾸며진 절대왕정 시절의 서구 도시에서 보듯이, 이 같은 도시화 전략은 그리 새로운 것이 아니다. 그러나 대내적으로 김일성 동상과 혁명 기념탑, 기념비, 사적비 등의 상징물들을 통해 체제 통합을 꾀하고 대외적으로 위압적인 고층 건물을 대거 건설해서 북한 체제의 우월성을 드러내는 데 주력함으로써 사회주의적 도시화의 원칙에서 더욱 멀어지면서, 그 이전 시기와 차별성을 보인다는 점에서, 주목할 필요가 있다.

우선 도시의 공간 구성에서 그 동안에는 광장, 행정기관 등의 기반시설들이 도심을 대표하는 건축물이었는데, 이제는 만수무강탑, 김일성 동상 등의 상징물이 이들을 대신하는 새로운 구심점으로 자리잡았다.57) 신의주에서는 역전 거리에서 은덕원 사이에 동물원, 보트장(뱃놀이장) 등의 대중위락시설이 있었는데, 1970년대 초반 역전 사적관 앞에 김일성 동상을 세우면서 보트장의 2/3를 매몰하고 동물원을 남신의주 방면으로 이전시킨 뒤 광장을 조성해서 도시의 새로운 구심점으로 삼았다(S6a).58) 신의주보다 규모가 컸고 정치·행정적 비중도 높았던 청진에서는 그보다 앞선 1960년대 후반 청진역전과 라남역전 광장에 김일성 동상이 건립되었다. 다른 지방 도시에서도 1970년대 초·중반에 김일성 동상 설립과 함께 주변 조경을 위한 광장 조성 및 고층 아파트 건립을 통해 도심을 새롭게 단장하는 사업이 경쟁적으로 일어났다.59) 특히 노동자 100-200명 규모의 4급 기업소에까지 사적비, 사적관, 연구실 등을 짓도록 했으며, 공공 건축물의 15-30%를 김일성 학습 관련 시설을 건설하도록 의무화했다. 그 결과 청진 시내에만도 사적관이 15개 소 가량에 달했다. 특히 1970년대 말 남북대결에서의 패배를 의식하고 북한 사회를 안팎으로 봉쇄하면서 주민의 충성을 유도하기 위한 대형 건축물들을 더 많이 지어 나갔다. 따라서 도시뿐만 아니라 전국이 주체사상의 학습장으로 변모해 갔다(C24).60)

이처럼 대내적 통합을 위한 상징물이자 정신적 지주로써 각종 동상과 기념물을 도심에 위치시키는 한편으로, 대외적 과시의 수단으로 도시 공간을 활용하는 양상들이 나타났다. 그 하나는 북한 체제의 우월성을 선전하기 위해 해안 도시에 탑식으로 고층 아파트군을 건립하는 것이었다. 청진의 경우에는 라남지역 화물항에 입항하는 외국 선박들에서 잘 보이도록 남청진 지역에 중·고층 아파트단지를 조성하는가 하면, 대남연락부 및 7부 가족, 당간부 등이 모여 사는 신암구역 해안가로 고층 아파트를 건립했다(C24, C6). 이는 남포, 함흥, 원산 등의 다른 해안 도시에서도 마찬가지여서, 해안에서 잘 보이는 산기슭에 전시용 고층 아파트가 대규모로 건설되었다(C9).[61] 또한 가로 조성 과정에서도 "건축도 하나의 예술입니다. 그러므로 건축 창작도 반드시 비반복적이어야 합니다"라는 김정일의 지도를 받아 가로면을 따라 같은 층수의 아파트들을 일렬로 배치하고 아파트 1층에는 편의봉사시설을 설치하던 '주변식' 배치에서 점차 벗어나기 시작했다. 즉 신의주의 남상동 – 역전간에 신축한 도로변 아파트에서처럼 서로 다른 층수의 아파트를 번갈아 가며 배치하거나(S6a), 청진시 광장 인근 아파트에서처럼 고층 아파트들을 건설하고 아파트와 도로 사이에 편의봉사시설들로 구성된 상가를 건설하는 방식들이 나타났다. 이 역시 단조롭고 획일적인 가로면에 변화를 주어 대외적 이미지를 개선하려는 시도에 다름 아니었다.[62]

3) '주체형 도시화'의 공과

1970년대 이후 주체사상의 영향으로 도시의 공간 구조 및 그 정책에 이처럼 적지 않은 변화가 일어났다. 그러나 이는 그 동안 실험적 형태로나마 견지되던 사회주의적 도시화 노선이 굴절되고 변질되는 일련의 과정이었다. 따라서 기존의 도시화 노선이 가진 문제점을 확대재생산할 뿐 아니라 새로운 문제를 가중시키는 결과를 빚었다.

우선 자조적 개발 방식은 사상성만을 앞세운 채 전문성을 무시한 까닭에, 도시계획 및 건설을 담당할 전문가 양성에 실패했다. 뒤늦게 1980년대 이후에 전문가 육성을 위해 해외유학이 재개되었지만, 이들 역시 '우리 식'에 대한 맹신이 뿌리박은 사회적 분위기로 인해 기술관료로서의 제 구실을 다하기 어려웠다(C24). 따라서 도시계획 및 건축 관련 기술은 답보 상태에서 벗어나지 못했고, 이는 다시 인민의 창발성과 노동력에 기대야 하는 악순환을 낳았던 것이다.

둘째로 현지교시 방식의 도시 개발은 제한된 자원을 효과적으로 활용하기 위한 '선택과 집중'의 전략으로써 나름의 존립 근거를 가지고 있다. 특히 수령을 중심으로 한 사회 유기체를 상정하는 주체사상의 사회관에 입각하자면, 합리적인 방안일 수 있다. 실제로 현지교시는 건설대, 돌격대 등을 조직해서 전국 각지의 인적, 물적 자원을 총동원해서 시급한 도시 건설 사업을 적시에 해결할 수 있는 제도적 기반이 되었다(C8-1).[63] 그러나 이는 평양을 제외하고는 대다수 지방 대도시마저 도시 개발 과정에서 소외시키는 '선택과 배제'의 메카니즘으로 작용했다.[64] 특히 중앙의 체계적인 지원이 부족해서 도시 건설 자원을 자체적으로 조달하도록 한 자조적 개발 방식과 전시용, 또는 홍보용 도시 건설에 주력하는 도시 상징 공간의 조성 사업으로 인해 지역간 불균형이 더욱 부추겨졌다. 그 결과 '주체형 도시화' 과정에서 평양과 지방 대도시간의 격차는 더욱 벌어졌다.

셋째로 '계획이 곧 생명'인 사회주의 체제에서 장기적이고 종합적인 계획에 기초하지 않은 채 다소 즉흥적으로 현지교시에 의해 도시 건설의 방향과 내용을 결정한 까닭에, 정책적 일관성이 부족해서 중간에 흐지부지되어 사업의 실효성을 잃는 경우가 다반사였다. 두 차례나 시도되었지만 모두 실패하고만 앞서의 신의주 개발 사업이 그 전형적인 예이다. 또한 원칙 없는 '초법적' 개발은 자원의 불균등 배분으로 부족한

자원을 낭비하고 생산적 활동을 위축시키는 등, 적지 않은 시행착오를 불러 일으켰다.65)

넷째로 대내적인 홍보용 도시 조형물의 건립과 대외적인 전시용 도시 건축물의 건설은 도시 주민의 일상생활에 필요한 도시기반시설 및 서비스시설의 공급을 가로막는 걸림돌이 되었다.66) 예컨대 평양 중심지를 제외하고는 하수도 체계가 제대로 갖춰진 도시를 찾아볼 수 없고, 청진의 경우에는 상수도 시설도 일제 때 것을 거의 그대로 활용하고 있다(C24). 그나마도 수돗물 공급이 원활하지 못해 청진, 신의주 등지에서도 대부분 평지의 공동수도를 이용해야 하기 때문에, 주민들이 신설된 아파트보다도 낡은 땅집이나 하모니카 주택을 선호하고 있다. 또 시내 간선도로만 포장되어 있을 뿐, 시 외곽 도로나 시내 지선도로는 전혀 포장되어 있지 않아 주민들이 각 세포별로 구역을 나눠 맡아 비 온 뒤 패인 길을 복구하는 것이 인민반 활동의 주된 업무 가운데 하나이다(C6).67) 더 나아가 '직·주 근접'의 원칙이 무너지는 상황에서 시내 대중교통수단이라도 잘 갖춰져야 하는데, 청진, 신의주, 혜산 그 어디나 무궤도 전차, 버스 모두 간선도로를 달리는 단일 노선만 존재하고, 운행 차량도 적어 이들이 통근수단으로 제 구실을 못하고 있다. 따라서 혜산 주민들의 경우를 보면 평균 20분, 길게는 30∼40분 정도를 걸어서 통근하는 것이 상례라고 한다(H3-1). 이에 더해 대단위 주택 공급이 청진에서는 1960년대 초반에 이미 끝이 났고, 신의주에서는 1970년대 초반 개발 사업으로 잠깐 이루어졌을 뿐 그 이후로는 간헐적으로 아파트 몇 동 짓는 것 이외에는 공공 차원의 주택 공급이 사실상 중단되어, 특히 신의주의 경우에는 3세대가 한 집에 사는 사례도 적지 않을 정도로 주택 부족 문제가 심각했다(S6a). 이처럼 도시기반시설 및 서비스시설의 정비가 시급한 데도 주민 생활과 무관한 홍보성, 전시성 건축물에만 막대한 자원이 쏟아 부어졌던 것이다.

마지막으로 '주체형 도시화' 과정에서 당 간부와 일반 주민간의 사회적 차별과 공간적 격리의 문제가 불거지기 시작했다. 주체사상은 '체제 건설'에서 '체제 보전'으로 국가 운영의 기조가 전환되는 시점에서 등장한 정치 이데올로기였다. 따라서 1970년대 초반부터 당 간부들을 우대함으로써 이들을 통해 지배 체제를 보다 공고히 하려는 행태들이 나타나기 시작했다.[68] 이 같은 사회적 차별은 도시 공간에서는 주거지 분화의 형태를 띠고 나타났다. 예컨대 청진에서는 비교적 경관이 좋고 쾌적한 주거지로 인식된 신암구역 해안가에 도당 사택과 7부 가족들을 위한 고층 아파트단지가 위치하는 등, 간부들이 몰려 살아 '간부동'으로 불리기도 했다(C6, C7-1b). 또 신의주에서는 간헐적으로 공급되는 신규 아파트들을 당 간부들에게 주로 배정했고, 1970년대 초반 신의주 개발에서도 남상동에는 조립식 아파트를 지어 간부들에게 공급하고, 동하동, 방직동, 민포동 등지의 공장지대에는 노동자를 대상으로 한 벽돌식 아파트('송림식 주택')를 건설했다(S6a). 그 과정에서 도당 일꾼들은 주로 행정관청이 몰려 있는 본부동과 도당아파트 주변에 몰리게 되어, 이들과 일반 주민간에 주거공간이 조금씩 구분되기 시작했다. 이에 더해 당 간부들은 신축 주택을 분양받지 못하더라도 권력과 연줄망을 이용해서 각종 자재를 자체 조달해서 비법적으로 개인집을 짓는 경우가 적지 않았다(C7-1b).

결국 '주체형 도시화'로 북한의 도시 건설이 사회주의적 도시화의 이상에서 더욱 멀어지면서, 주민의 일상생활이 더욱 압박받는 결과가 초래되었다고 할 수 있다.

6. 대도시의 공간적 확장과 변형: 신시가지의 건설과 조로화早老化

1) 사회주의 도시화와 신도시 건설

신도시 및 신시가지 건설은 사회주의 도시화의 백미라고 할 수 있다. 그 이유는 다음과 같다. 우선 신도시 및 신시가지 건설이 사회주의 도시화의 실험 대상으로 적합하기 때문이다. 사회주의 도시화는 기존의 도시화 경로로부터 이탈해서 새로운 도시화 경로를 개척하는 것을 뜻한다. 따라서 기존 도시에 적용하려 할 경우, 전통과의 단절, 사회적 갈등 유발 등의 문제에 봉착하게 되고, 그 결과 기존의 도시 경관을 해체해서 새롭게 재구성하기가 쉽지 않다. 이와 달리 신도시 및 신시가지 개발은 백지와도 같은 상태에서 새롭게 도시 경관을 만들 수 있다는 점에서 유리하다.

다음으로 신도시 건설은 대도시 해체의 입장에 서 있기 때문이다. 사회주의적 도시화에 관한 논의에서 대도시는 자본주의 도시화의 문제점을 적나라하게 드러내는 치부로 간주되었다. 따라서 마르크스, 엥겔스 이래로 위성도시, 신도시를 건설해서 대도시를 적정한 규모의 중소도시로 쪼개는 反대도시론이 일관된 흐름을 이루어 왔다.[69] 이러한 점에서 신도시 개발은 기존의 자본주의적 대도시를 사회주의적 도시로 혁파시키는 도구로써 그 의미가 적지 않았다.

그리고 세 번째로 신도시는 지역 균형 발전의 견인차 역할을 해주기 때문이다. 도시와 농촌간, 낙후 지역과 선진 지역간, 대도시와 중소도시 간의 불균형 문제는 사회주의적 도시화 과정에서 해소해야 할 핵심 과제로 여겨져 왔다. 이 때 신도시는 입지적으로나 도시의 기능상으로 반농半農・반도半都의 성격을 지니고 있을 뿐 아니라, 대도시의 해체를 통해 중소도시의 육성을 부추기는 역할을 담당함으로써, 지역간 불균형을 해소하는 데 크게 기여할 수 있다.

이러한 맥락에서 김일성도 1964년에 이미 "우리는 도시의 규모를 절대로 크게 하지 말고 소도시 형태로 여러 곳에 건설하여야 합니다. 그래야 도시를 운영하는 데도 편리하고 도시와 농촌을 골고루 발전시켜 나가는 데도 좋습니다"라고 교시한 바 있다.[70] 그리고 이에 입각해서 그동안 개발이 지체되었던 내륙 지역인 단천, 평성, 희천, 안주, 온성, 맹산 등지에 중・소 규모의 신도시가 대대적으로 건설되었다.[71] 이들 신도시 지역은 대부분 허허벌판이나 다름없는 지역이었기 때문에, 통상적으로 제대군인들을 무리 배치해서 이들이 주택과 도시기반시설을 건설하도록 하는 방식으로 개발되었다(C5-1a). 그러나 기존의 공간 배치에 얽매일 필요가 없다는 장점 때문에, 도시 한 가운데 공원을 조성해서 도심으로 삼고, 간선도로를 따라 주변식, 또는 혼합식으로 아파트와 편의봉사 건물들을 건립하고, 살림집 소구역을 두어 각종 공공시설과 생활편의시설을 적절히 배치하는 등, 사회주의적 도시화의 원칙에 비교적 충실하게 도시를 개발할 수 있었다.[72]

그러나 대도시 인근에 도시 기능의 분산 배치 및 인구 소산 등을 염두에 두고 위성도시 형태로 건설되는 신도시 및 신시가지는 농촌 지역에 외따로이 건설되는 이들 신도시와 같을 수는 없다. 따라서 이하에서는 이러한 점에 유념하면서, 1980년 전후로 청진과 신의주에서 추진된 신시가지 개발 사례인 남청진과 남신의주 개발 사업을 살펴보고자 한다.[73]

2) 대도시 주변 신시가지 건설: 남청진과 남신의주 개발

청진, 신의주 등과 같은 지방 대도시 외곽에 신시가지를 건설하게 된 배경은 제각각이지만, 크게 보아 도시의 규모와 관련된 것으로 보인다. 평양의 경우에는 1960년대까지 대동강 이북의 중구역을 중심으로 집중 개발이 이루어지다가, 1970년대에 접어들면서 강남 개발이 시작되었다. 청진에서는 1976년부터, 그리고 신의주에서는 1985년에 신시가지 개발이 이루어졌고, 혜산에서는 아직까지 그러한 움직임이 없다. 이를 <표 1>의 도시별 인구 규모와 비교해 보면, 이들 도시의 신시가지 개발 순서는 도시의 인구 규모 순위와 일치한다. 이러한 사실에 비추어 볼 때, 대도시일수록 주택난, 각종 도시기반시설의 부족 등과 같은 인구 압력이 높기 때문에, 도시 규모가 일정 수준을 넘어서게 되면 이러한 도시 서비스 수요가 시 외곽 신시가지 개발로 이어지는 것으로 추정해 볼 수 있다.[74]

이 때 인구 압력에 대한 대책으로는 신도시/신시가지 조성과 같은 도시의 공간적 확장만이 아니라 도시 내부의 공간 정비, 즉 도시 재개발 방식도 있다. 그러나 북한의 경우에는 투자 재원이 절대적으로 부족한 상황에서 기존 주택 재고를 철거하고 재개발하는 내부 정비 방안보다는 기존 시가지의 주택 재고를 적절히 활용하면서 새로이 주택 공급을 늘릴 수 있는 주택단지형 신시가지 조성 방안이 선호되었다. 그 결과 1970년대부터 시차를 두면서 대도시들이 주변 지역에 신시가지를 건설해 나갔던 것이다.

(1) 남청진 개발

남청진 지역은 청진시 라남구역에 속하는 락원동과 농포동 일대를 가리킨다. 본래 청진은 '공기 좋고 물 맑은 나루'였는데, 제철소, 제강소, 화학섬유공장 등이 들어서면서 매연과 분진으로 인해 주거환경이 크게 악화되었다. 송평구역에 위치한 제철소 노동자 주거지가 특히 타격을 많이 받았다. 이에 1970년대 초반부터 김일성은 청진의 현지교시를 통해 공장지대에서 이격되어 있는 남청진 지역에 노동자 주거지를 신설할 것을 수 차례 지적한 바 있다. 이에 근거해서 1976년 '남청진 개발 계획'이 수립되고,[75] 곧바로 전국 각지에서 건설돌격대가 파견되고 평양으로부터 건축자재가 공급되는 등, 거국적인 차원에서 대대적인 신시가지 개발 사업이 추진되었다.[76] 그 결과 시공 1년도 되기 전에 1,500여 가구분의 아파트가 완공되고, 소공원과 녹지, 편의봉사시설 등이 갖춰졌다.[77]

그러나 중앙으로부터의 지원이 지속되지 못한 탓에, 개발 사업은 미완으로 끝났고, 제철소 노동자들의 주택 수요에 비해 공급된 살림집 물량도 '코끼리 비스켓' 수준이었다. 이에 주택 수급의 불균형을 조금이라도 시정하고 미진한 신시가지 개발을 마무리할 목적으로 신시가지 개발이 재추진되었다. 제1차 개발 사업이 김일성 교시에 의거해서 거국적으로 추진되었다면, 제2차 개발 사업은 청진시가 주도하는 형태를 취했다. 청진시는 1983년 현대적인 중공업 도시 건설을 기치로 내걸고 남청진 지구에 5천 세대의 살림집을 건설하는 계획을 주도했다.[78] 시당 차원에서 대규모의 개발 사업을 단독으로 추진하는 데 한계가 있기 때문에, 청진시 인민위원회 건설건재총국이 총괄적으로 지휘하되 시내 기업소를 참여시켜 부족한 재원과 인력을 조달하도록 하는 한편으로, 주택 유형도 비교적 건립이 용이한 중·저층 아파트와 단층주택으로 한 등급 낮추었다. 특히 1984년 청진·함북 현지지도 과정에서 청진시와 무산 지구에 문화적인 살림집을 많이 건설할 것을 촉구하는 김일성의 교시가 내려지면서, 제2차 개발 사업은 더욱 가속되었다. 이에 청진화력발전소의 잔열로 아파트의 난방 문제를 해결하도록 하고, 70년대 중반의 계획에 따라 대규모 유원지 건설을 서두르기도 했다. 그러나 지방 자재와 인력을 바탕으로 기업소 단위의 군중적 운동 형태로 주택 건설이 이루어진 탓에, 사업은 별 진척 없이 지지부진했고, 결국 1980년대 후반 들어 개발이 사실상 중단되고 말았다(C1).

문제는 여기에 그치지 않고 1990년대 이후에는 이미 개발되어 입주가 끝난 아파트마저 주민들이 집을 나오는 사태가 발생하면서, 신시가지가 '죽음의 도시(Necropolis)', '유령의 도시(Ghost Town)'로 변모해 가고 있다는 사실이다. 이는 중앙난방식으로 건설된 아파트에 화력발전소의 가동 부진과 연료(갈탄) 공급 중단 등으로 동절기 난방 문제가 심각해지고,[79] 고층아파트에 엘리베이터가 설치되지 않아 걸어서 오르내려야 하는 등 생활기반시설이 제대로 갖춰지지 않은 데다가 극심한 식량난과 경제 위기까지 겹친 결과였다.

(2) 남신의주 개발

남신의주 개발은 두 차례의 신의주 개발이 실패로 돌아간 뒤에 그 대안으로 등장한 계획이다. 본래 신의주는 압록강 하구의 저지대여서 홍수 피해가 적지 않은데, 제방만으로 수해 문제를 근본적으로 해결할 수 없다고 보고, 지대가 높은 남신의주로 이전시켜야 한다는 주장이 잇따랐다. 그런데 1980년대 초반 중국 수출을 겨냥하고 신의주에서 생산한 벽돌의 수출 길이 막히자, 이를 내수용으로 전환해서 먼저 남신의주 개발에 활용하자는 의견이 제기되었다.[80] 이에 남신의주 개발이 급물살을 타기 시작했다.

남신의주는 신의주에서 5km 가량 떨어진 남신의주역 주변의 송한동과 백토리 일대를 가리키는데, 개발 전에도 락원기계공장을 비롯해서 크고 작은 공장들이 몰려 있었다. 1985년에 확정된 제1차 개발계획은 신의주시 차원에서 신의주 경제특구 건설을 염두에 두고 수립된 것이었다. 그 계획은 운하를 파서 신의주와 남신의주를 분리시킨 뒤, 남신의주는 공장지대 및 주거지로 개발하고, 신의주시는 외화벌이 사업소를 중심으로 하되 화훼단지를 조성해서 농업단지로 개발한다는 내용으로 이루어져 있다. 그러나 시급 차원에서 조달할 수 있는 인적, 물적 자원이 제한되어 개발 사업은 부진을 면치 못했다. 그러다가 1988년 김정일의 지시로 신의주 개발을 전담할 목적으로 '624건설사업소'를 설립하는 한 편으로,[81] 함경북도 차원에서 도내 각 군에서 건설중대를 조직해서 의무적으로 건물 한 동씩 짓도록 떠맡기는 등, 사업에 박차를 가했다(S2). 그 결과 남신의주 일대에 5~6층 규모의 아파트들이 곳곳에 건립될 수 있었다.

남신의주 개발은 본래 신의주의 도시 기능을 이전한다는 발상에서 출발했지만, 실제 건설 사업은 주택 공급을 늘리는 데 그쳤다. 특히 기존 공장들이 들어서 있는 상태에서 신시가지가 건설된 데다가, 군별로 제각기 아파트를 짓는 통에 단지형의 계획적인 주거지 조성이 이루어질 수 없었고, 상하수도, 도로, 전기 등의 도시기반시설 공사도 무계획적으로 이루어졌다. 이에 더해 중국과의 교역의 중심지인 신의주와 달리 남신의주에는 상업 기능이 전무하다시피 해서 장사를 통해 부수입을 얻는 것이 현실적으로 불가능했다. 따라서 신의주에 주택을 보유한 가구의 경우에는 남신의주 이주를 꺼려 했고, 그리 멀지 않은 거리인데도 남신의주의 주택 암거래 가격은 신의주 시내의 1/10 수준에 지나지 않았다(S6a).

3) 대도시와 신시가지의 위상

앞서 보았다시피, 남청진과 남신의주 개발은 경제적 어려움 탓에 사업 자체도 지지부진했을 뿐 아니라, 개발 이후에도 주민들이 거주를 기피하는 곳으로 인식되어, 신시가지 개발이 사실상 실패했다고 해도 과언이 아니다. 이 때 그 원인을 침체된 경제 상황에서 찾기 십상이다. 그러나 보다 근본적인 원인은 사회주의적 도시화의 기본 원칙을 지키지 못한 데에서 찾아야 할 것이다.

이들 신시가지 개발에 관한 애초 계획에서는 청진과 신의주의 도시 기능을 이전받아 독자적이고 자족적인 신도시로 개발한다는 방침을 밝히고 있다. 그러나 그 실천 과정에서 자족적인 신도시의 꿈은 사라지고, 현실에서는 모도시의 배후도시, 그나마도 주거 기능만 담당하는 주택단지로 변질되고 말았다. 따라서 주민 생활이 그 내부에서 완결되지 못한 채 모도시에 의존해야만 했다. 그 결과 신도시는 모도시의 공간적 확장에 불과한 신시가지로 귀결되었고, 신도시 개발은 대도시의 폐해를 막기 위해 대도시를 쪼갠다는 애초의 취지를 상실한 채, 대도시가 주변 지역으로 확산되는 첨병으로 자리매김 되었다.

그 여파로, 신시가지는 내적 완결성을 갖지 못한 소비도시, 기생도시로 전락하고 말았다. 전반적인 생산 활동이 위축되는 상황에서, 소비 활동이 중심이 되는 주거단지로 조성된 신시가지에서는 경제 위기로 인한 생존의 위기에 가장 먼저 노출될 수밖에 없었다. 따라서 1990년대 들어서면서 신시가지 지역에서 가족의 해체, 주민 이주 등의 현상이 잇따르고, 멀쩡한 아파트가 '빈 집'으로 방치되는 기현상이 초래되었던 것이다.

여기에 경제적 어려움으로 인한 부실한 졸속 개발이 가세됨에 따라 '신도시의 조로早老' 현상이 더욱 가속되었다. 20~30년 전에 쓰던 '군중적 운동' 방식의 대중 동원에 의존해서 도시 개발이 이루어지고, 자원의 부족으로 개별 도시의 신시가지 조성에조차 거국적 차원의 지원이 필요한 상황에서 생활환경이 완비된 도시 건설을 기대하기는 어렵다. 특히 모도시와의 유기적 연계가 중요한 신시가지에서는 연계교통망이 필수적인데, 코앞의 주택 건설에도 허덕이는 상황에서 도로 신설 및 대중교통수단의 원활한 공급이 이루어질 수 없었다. 따라서 남청진 및 남신의주의 대다수 주민은 도보로 모도시와 직장을 오가야만 했다.[82] 이 역시 주민을 신시가지에서 밀어내는 압출 요인으로 작용했다.

결과적으로 대도시 주변에 신도시를 건설해서 대도시 문제를 완화시키겠다는 애초의 취지와는 정반대로 남청진, 남신의주 건설로 대도시의 문제가 주변 지역으로 확산되었을 뿐 아니라 또 다른 문제가 가중되어 오히려 도시 문제가 더욱 심화되는 양상마저 보인 것이다.

7. 맺음말: 지방 대도시를 통해 본 북한의 도시화

이상에서 청진, 신의주, 혜산을 중심으로 북한 사회의 도시화가 해방 이후 1980년대까지 어떠한 경로를 밟아 왔는지를 살펴보았다. 그 내용을 간략히 요약하면, 다음과 같다.

해방 직후에는 식민지 잔재를 청산하는 것이 도시화의 최대 과제였지만, 사회적 혼란과 경제적 어려움으로 인해 신사나 신궁을 해체하는 상징적 차원의 청산에 만족해야 했다. 한국전쟁은 일제가 조성한 물리적 경관을 '자연스럽게' 해체하는 효과를 낳았을 뿐 아니라, 거의 백지 상태에서 도시를 새롭게 조성할 수 있는 여건을 조성해 주었다. 특히 소련을 위시한 동구권 국가들의 전후 복구 지원 사업은 사회주의적 도시화를 학습할 수 있는 좋은 기회이기도 했다. 따라서 한국전쟁은 북한으로 하여금 사회주의적 도시화를 다각도로 실험할 수 있는 여건을 조성해 주었다고 할 수 있다.

이에 따라 1950~1960년대에는 선형 도시계획의 외형이 갖춰지고, 광장과 행정기관을 중심으로 도심 경관이 꾸려지는가 하면, 주택지는 '살림집 소구역 제도'가 시행되고 조립식 아파트 건립이 이루어져 공동 생활의 공간적 토대가 갖춰져 갔다. 그러나 남북한간의 첨예한 군사적 대치 상황에서 시급히 전후 복구 사업을 완료해야 한다는 현실적 요구가 사회주의적 도시화의 이상을 구현하는 데 걸림돌로 작용한 탓에, 사회주의적 도시 건설이 본격적으로 시도되었다고 보기는 어렵다.

특히 그간의 정치적 투쟁과 이데올로기적 논란을 거쳐 1970년대 이후 주체사상이 확고히 자리잡으면서, 도시화의 노선도 사회주의적 색채가 옅어지고 이를 새롭게 재해석한 '주체형 도시화' 노선으로의 전환이 이루어졌다. 주체형 도시화 노선은 대내외적으로 자체의 역량을 바탕으로 도시를 개발한다는 자조적 개발 원칙과 제한된 자원을 효과적으로 활용하기 위한 '선택과 집중'의 전략으로서 당과 수령의 교시에 기초한 도시화 원칙을 바탕으로 주체사상과 체제의 우월성을 공간적으로 표현하기 위한 '상징으로서의 도시 공간'을 조성하는 내용으로 추진되었다. 그러나 주체형 도시화는 도시계획의 계획성을 배제한 채 다소 즉흥적인 교시에 입각해서 도시화를 추진하는가 하면, 전시성, 홍보성 건축에 집착해서 근로 대중의 일상생활에 필요한 도시기반시설의 공급을 소홀히 하는 등, 사회주의적 도시화 노선으로부터 점점 더 일탈하는 모습들을 보여주었다.

이러한 과정에서 지방 대도시의 규모가 커지면서, 1980년 전후로 그 주변에 신도시/신시가지를 조성하려는 움직임이 활발해졌다. 남청진과 남신의주 개발 사업이 그 대표적인 예이다. 이들 개발 사업은 대도시의 집중을 완화하고 주택난 등 도시문제를 해소하려는 목적에서 출발했지만, 자족성을 상실한 채 모도시에 의존하는 소비도시, 기생도시를 낳았을 뿐 아니라, 생활 여건이 제대로 갖춰지지 못해 주민들이 신시가지를 떠나는 양상이 빚어졌다. 이는 신도시 개발이 사회주의적 도시화의 원칙을 도외시한 데 따른 당연한 실패라고 할 수 있다.

이상의 논의에 비추어 볼 때, 우리는 북한의 도시화와 관련해서 다음과 같은 시사점을 얻을 수 있다.

먼저 북한의 도시화는 사회주의적 도시화를 그 모토로 삼고 추진되어 왔지만, 실제 그 경로를 역사적으로 추적해보면, 오히려 사회주의적 도시화의 경로에서 점차 일탈해 왔음을 확인할 수 있다. 특히 그 일탈의 결정적인 계기를 주체사상의 등장에서 찾을 수 있다. 그 과정에서 근로 대중의 삶의 질 향상이라는 사회주의적 도시화의 애초 목적은 방기된 채 도시 공간은 대내외적으로 과시와 홍보를 위한 '상징의 공간'으로 자리매김되고 말았다.

다음으로 지방 대도시의 도시화 과정은 평양의 그것과 상당히 다르다는 점을 확인할 수 있다. 기존의 연구 결과를 감안할 때, 평양은 '선택과 집중'의 원칙에 입각한 체제 동원 방식을 통해 쾌적한 공원 도시, 문화 도시로서의 면모를 갖추는 등 적어도 외견상으로는 사회주의적 도시의 모습을 보여준다. 그러나 그로부터 상대적으로 소외되어 있는 지방 대도시에서는 도시 공간상에서 사회주의적 도시화의 원칙을 구현하기 어려웠다. 그 결과 도시 경관이나 도시화 속도에서 상당한 차이를 보여주었다. 조립식 아파트 건설을 통해 도시적 경관을 갖추는 데 있어서 평양은 1950년대 중·후반에 시작해서 지속적으로 추진되어 1970년대에 이르면 도시 경관이 어느 정도 틀을 갖추었다. 그러나 청진·신의주·혜산은 1950년대 후반 및 1960년대 초반에 시작된 뒤에 사실상 대규모의 주택지 조성 및 도시 공간 개발이 중단되거나(혜산) 간헐적으로 이루어질 뿐이었다(청진, 신의주). 또한 간선도로변으로 아파트 등 주요 건물을 잇따라 건설하는 '주변식' 경관 조성도 평양은 그 단조로움과 획일성을 문제삼아 이미 1950년대 후반부터 '병렬식', '혼합식' 방식이 등장했고, 그 때문에 일찍부터 도시 경관이 웅장한 모습을 연출해 왔다. 그러나 지방 대도시들에서는 1970년대에야 '병렬식'이 실험되기 시작했고, 그나마도 도시설계 차원에서의 약간의 변형일 뿐, 도시 경관을 근본적으로 바꾸는 데까지 나아가지 못했다. 더 나아가 대도시의 공간적 확장을 막기 위한 신시가지 조성 역시 평양은 1970년대 초반에 이루어졌는데, 청진·신의주에서는 1970년대 중반 이후에야 이루어졌다. 이처럼 평양과 달리 지방 대도시는 시기적으로나 그 공간 구성에 있어서 한 단계 늦추거나 낮춰서 이루어졌던 것이다. 이러한 일련의 사실은 평양이 북한 도시화의 보편적인 사례라고 보기 어려우며, 평양이 전시성 도시로 개발되었다는 주장을 뒷받침해 준다.

그리고 청진, 신의주, 혜산 3개 도시를 비교해 보면, 도시화의 경로나 도시 공간의 구성 및 배치 등에서 커다란 차이를 발견하기 어렵다. 앞서 <표 1>에서 보았듯이, 이들 3개 도시는 인구 규모에서 상당한 차이가 난다. 또 항구도시로서 중화학공업이 발달한 청진, 중국과의 접경에 위치해서 교역 기능과 경공업이 발달한 신의주, 내륙의 임업·광업 도시이면서 혁명 전적지로 유명한 혜산은 도시의 주요 기능에서도 뚜렷한 차별성을 보여준다. 그럼에도 불구하고 적어도 도시 공간적 차원에서는 그 차이를 찾아보기 어렵다는 사실은 당과 수령을 중심으로 유기적 통합을 이룬 권위주의적인 사회질서 속에서 지방적 특색이 자리잡기 힘들다는 주장에 힘을 실어준다.

그렇다고 해서 이들 도시의 공간 구성이나 도시화 과정이 똑같은 것은 아니다. 우선 도시 규모의 차이로 인해 도시의 발전 속도나 도시 공간의 배치에서 다소의 차이를 보여준다. 예컨대 두 차례나 직할시로 승격되기도 했고 시급 지역인 라남구역을 편입시킨 바 있는 청진과 같은 경우에는 김일성 동상이 설립된 광장이 청진역 부근과 라남역 부근 두 군데에 있고, 이미 1970년대 중반에 김책제철소 노동자를 위한 주택 공급을 위해 별도의 신시가지를 조성하기도 했다. 신의주의 경우에는 뒤늦게 1980년대 중반 경에 남신의주 건설에 들어갔다. 1950년대 초반 양강도 신설과 함께 도 소재지로 개발하기 위해 당시 신도시로 개발했던 혜산의 경우에는 아직도 인구가 20만명 수준에 불과하고, 전후 복구 단계에서도 중소도시로 분류되어 동구의 지원 대상에 포함되지도 못했으며, 1970년대 이후 대도시 주변의 신시가지 개발 대열에 참여하지도 못했다. 또 청진, 신의주가 주변 지역, 또는 외국과의 교역 중심지로서 기능하는 반면에, 혜산은 도 소재지이고 압록강을 사이에 두고 중국 장백시와 마주 하면서도, 중국과의 교역이 그리 활발하지 못하고 시내의 상업 활동도 미미하다. 특히 지방 대도시 지역에 대한 현지지도로 청진, 신의주에서는 도시 개발이 간헐적이나마 몇 차례 시도된 반면에, 혜산은 현지지도의 사각지대여서 도시화의 변방 지대로 남겨져 있다. 이 같은 현상은 도시의 물적, 인적 규모와 함께 그 정치·경제적 위상이 도시화의 속도나 방향에 적지 않은 영향을 미쳤음을 시사해 준다. 결국 청진, 신의주, 혜산 3개 도시는 질적으로 뚜렷한 차별성을 발견할 수 없지만, 양적으로는 다소의 차이를 보인다고 할 수 있다.

이러한 분석적 시사점은 평양과의 체계적인 비교나 다른 지방 중소도시에 대한 본격적인 탐구가 이루어지지 않은 상태에서 내려진 잠정적인 결론이라는 점에서, 북한 사회의 도시화 과정 일반으로 확대 해석해서는 안될 것이다. 이는 차후의 추가적인 연구를 통해 보완되어야 할 것으로 판단된다.

※ 이 글은 "북한 대도시의 도시화과정: 청진, 신의주, 혜산의 공간구조 변화를 중심으로," 한국사회사학회, 『사회와역사』 65집(2004)에 수록되었다.

주註

1) 북한연구소(각년도),『북한총람』(서울: 북한연구소). 그러나 1985년(59.0%) 이후 거의 정체 상태였고, 특히 1990년대 중반 '고난의 행군' 시절을 겪으면서, 식량 난 등으로 도시 인구 비중이 감소 추세로 돌아섰을 것으로 추정되고 있다.

2) 김두섭, "인구와 도시화," 김명수 · 이연택 외,『북한 사회의 이해』(서울: 한양 대학교 출판원, 1997) ; 김문조 · 조대엽, "북한의 도시화와 도시문제',『고려대 아세아연구』87 (1992) ; 김현수, "북한의 도시계획에 관한 연구," 서울대학교 도시공학과 박사학위논문 (1994) ; 이왕기,『북한 건축: 또 하나의 우리 모습』 (서울: 주)서울포럼, 2000) ; 조진철, , "사회주의 개발도상국으로서의 북한의 도시계획,"『통일과 국토』제1권 2호 (2001).

3) 장세훈, "교류 · 협력의 시대에 되돌아본 남북한의 도시화,"『창작과 비평』109 (2000) ; 조성훈, "북한의 도시 발달: 평양시를 중심으로," 국사편찬위원회(편), 『국사관논총』70 (1996) ; 山本展男, "樂園都市 '平壤' 大建設,"『都市問題』 (1993년 8월)

4) Gottdiener, Mark, *The Social Production of Urban Space* (Austin: Univ. of Texas Press, 1985) ; Gregory, Derek & John Urry, *Social Relations and Spatial Structure* (London: Macmillan, 1985) ; Saunders, Peter, *Social Theory and the Urban Question* (London: Hutchinson, 1981). 김찬호 · 이경춘 · 이소영 옮김,『도시와 사회이론』 (서울: 한울, 1998).

5) 김두섭, "북한의 도시화와 인구 분포: 남한과의 비교,"『한국인구학회지』제18 권 2호 (1995), 70~97쪽.

6) 강명구, "지방자치와 도시정치: 행위자 중심적 해석을 위한 시론적 연구,"『한 국정치학회보』제31권 3호 (1997), 109~128쪽.

7) Oh, Kap-Hwan & Lee, Hae-Young, "Urbanism in Korea: A New Way of Life?," Chang, Yun-Sik (ed.), *Korea: A Decade of Development* (Seoul: Population & Development Studies Center in Seoul National University, 1980); Wirth, Louis, "Urbanism as a Way of Life," *American Journal of Sociology* Vol.44 No.1 (1938).

8) 따라서 이들 도시만을 살피는 이 연구는 내륙의 대도시나 중소도시들을 다루지 못하는 분석 대상의 편향성을 드러낼 수밖에 없다. 그러나 이러한 문제는 현지 조사가 불가능한 북한 연구의 근본적인 한계 상황에서 비롯된 바가 크다. 즉 탈북자들을 통해 간접적으로나마 현지 사정을 파악하기 위해서는 탈북자가 많 은 변경 지역의 대도시를 분석 대상으로 삼을 수밖에 없었다.

9) 혜산에서는 중국과의 밀무역(밀수)이 1980년대 후반부터 시작되어 식량난이 심각했던 1990년대 중반에는 대단히 활발하게 이루어졌다. 그러나 이 글에서

다루는 1980년대까지는 신의주와 달리 중국과의 접촉이 그리 활발하지 못했고, 접촉이 이루어지더라도 대부분이 공식적인 교역이 아닌 밀무역 형태를 취했다.

10) 이하의 탈북자 면접 자료는 경남대학교 극동문제연구소가 주관한 '북한의 지방 도시 연구'과제를 통해 확보된 것이다. 여기서 청진 출신 탈북자의 면접 자료는 C1, C2 등으로, 신의주 출신 탈북자의 그것은 S1, S2 등으로, 혜산 출신 탈북자의 그것은 H1, H2 등으로 구분해서 표기했다.

11) 사회주의적 도시의 구체적인 전략과 계획은 오히려 마르크스가 강하게 비판했던 생시몽(Saint Simon), 푸리에(C. Fourier), 오웬(R. Owen) 등의 '공상적 사회주의자들'에 의해 제기되었다. 이들은 대안적 도시공동체를 제안하는 데 그치지 않고 이를 자본주의 현실에서 실험하기도 했다. 이러한 전통은 이후 크로포트킨(Kropotkin) 등의 무정부주의를 거쳐 점진적 사회주의(Fabian Socialism)로 이어져서, 하워드(E. Howard)의 '전원도시(Garden City)'론으로 집약되었다. 그리고 이것이 1920-30년대 러시아에서의 사회주의 도시계획의 모범이 되었다는 사실은 다소 역설적이지만 주목할 만한 점이다. Benevolo, Leonard, *Le Origini dell'urbanistica moderna/The Origins of Modern Town Planning*, translated by Judith Landry (Cambridge: MIT Press, 1963/1967), 장성수·윤혜정 옮김,『근대 도시 계획의 기원과 유토피아』(서울: 태림문화사, 1996).

12) French, R., *Plans, Pragmatism and People: The Legacy of Soviet Planning for Today's Cities* (London: University College London, 1995), pp. 29-49.

13) Miliutin, N., *The Problem of Building Socialist Cities SOTSGOROD* (Cambridge: MIT Press, 1975) ; The Open University (ed.), *The City in the Socialist World* (Milton Keynes: The Open Univ. Press, 1973).

14) 김원,『사회주의 도시연구』(서울: 보성각, 1998), 35～41쪽.

15) French, R. & F. Hamilton, *The Socialist City: Spatial Structure and Urban Policy* (New York: John Wiley & Sons, 1981).

16) 國井天波,『大淸津港』(京城: 京城印刷所, 1916) ; 飯野正太郎,『昭和15年度版 新義州案內』(新義州: 新義州商工會議所, 1940) ; 室直二(編),『淸津』(淸津: 淸津商工會議所, 1932) ; 田上征夫(編),『咸南都市大觀』(咸興: 咸南都市大觀編纂部, 1989).

17) 朝鮮總督府 內務局(編),『都市計劃槪要』(京城: 朝鮮總督府, 1938)

18) 리화선,『조선 건축사 2』(평양: 과학백과사전종합출판사, 1989), 19쪽

19) 1942년 8월 말 현재 도시 지역 한반도 전역에 817개의 '신사'가 조성되어 있었다.

20) 그러나 지역에 따라서는 일본인 소유 주택 및 시설의 파괴가 일어나기도 했다.

예컨대 일본군 장교의 숙소로 이용되던 청진 송평구역의 일본인 주택들이 주민들에 의해 철거된 사례가 있었다(C7-1a).

21) 도시의 주택 문제도 심각한 지경이었지만, 주민들이 개인적 차원에서 해소하도록 방임할 뿐, '인민적 도시 건설'의 기치를 내걸면서도 정부 차원의 직접적인 개입에 나서지 못했다. 평양의 경우에만 '단층 다세대 살림집'이 일부 지어졌는데, 그나마도 건재공장 등이 제대로 가동되지 못해 흙벽돌, 토피(土皮) 등을 이용해서 '군중적 운동' 형태로 짓는 데 그쳤다(리화선, 앞의 책, 49쪽).

22) 과거 신의주에는 일본인 시가지를 보호하기 위한 제방만 있었을 뿐, 조선인 거주지와 농경지 보호를 위한 제방이 제대로 갖춰지지 못했다. 따라서 홍수로 인한 도시 주민의 재산 피해와 농경지 침수가 잇따랐다. 이에 1946년 6월부터 11월까지 압록강 제3제방 공사가 시행되었던 것이다(≪로동신문≫ 1946년 11월 28일).

23) 일례로 북한 당국은 북조선인민위원회 제54차 회의를 통해 「건축법」에 해당하는 '도시 건축물에 관한 규정'을 발표한 바 있다(리화선, 앞의 책, 33쪽). 그러나 이러한 법규가 국토계획이나 도시계획의 체계 속에서 제정된 것도 아니었고, 또 혼란스러운 사회 현실에서 제대로 적용되지도 못했다는 점에서, '구두선口頭禪' 수준을 넘어서기 어려웠다.

24) 해방 후 정치·사회적 혼란이 극심했던 남한의 도시들도 이 점에서는 크게 다를 바 없었다. 장세훈, "한국전쟁과 도시경관의 변화: 전쟁 전후 서울의 도시화를 중심으로," 김필동 외,『한국사회사 연구』(서울: 나남출판사, 2003), 362~365쪽).

25) 사회과학원 력사연구소,『조선전사 27』(평양: 과학백과사전종합출판사, 1991), 175쪽.

26) 1950년대 후반부터는 협동농장제도를 통해 농민의 주거 이동을 통제함으로써, 과잉도시화를 예방하고자 했다. 그리고 1958년 '평양시가 전국의 모범이 되자'라는 구호 아래 평양에 대한 특별대우가 본격화되면서 평양으로의 인구 집중이 예상되자, 본격적인 거주단속이 이루어졌고, 1970년대 초반에는 주민등록사업을 바탕으로 '려행증법'이 입안되어 자유로운 이동을 철저히 제약했다(C8-1).

27) 함흥 지역을 담당했던 동독이 체계적이고 대대적인 복구 지원 사업을 펼친 까닭에, 함흥시는 동독이 복구한 시내 중심 거리를 당시 동독의 월헬름 피크 대통령의 이름을 따서 '피크 거리'로 명명하기도 했다(C6).

28) 이 같은 미군의 조치에 대해서는 설이 구구하다. 흔히 점령 후의 행정업무를 수행하기 위한 의도의 산물이라고 해석하는데(C6, S6a, H5), 다른 한편으로 대다수의 행정기관이 고층 건물이기 때문에 폭격의 기점으로 삼기 위해 남겨놓

았다는 해석도 가능하다.

29) 신의주의 경우, 흔히 '일본인 거리'로 불리던 본부동 거리는 거의 폭격을 받지 않았다. 따라서 옛 건물들이 많이 남아 있어 일제시대를 배경으로 하는 영화의 촬영 장소로 아직까지도 이용되고 있다(S6a).

30) 동구 국가들은 도시 지역의 복구 사업에 직접 나서기보다는 차관과 기술원조를 통해 공장 복구 등 산업시설 복구 지원 사업에 보다 주력했다(조성훈, 1996).

31) 청진시 도시계획에서 폴란드 도시계획 전문가들은 청진시의 지대가 낮아 통상적인 강우로도 침수 위험이 있기 때문에, 무방비 상태로 단층 주택을 무분별하게 건립하기보다는 해면보다 지반을 높이고 4-5층 규모의 집합주택을 건설해야 한다고 건의했다. 그러나 재원과 자재가 부족하고 주택 부족 문제는 갈수록 심각해지는 상황에서 북한 당국에게는 이러한 건의가 '현실을 망각한 이상'으로 해석될 수밖에 없었다. 따라서 몇 년간의 논란 끝에 북한 당국은 이들의 제안을 기각하고 주택의 대량 공급에만 매달렸다. 그 결과 최근에도 비만 오면 포항, 신암구역 일대 시내 지역에서는 하수도가 역류하는 등 침수 사태가 빚어지고 있다(C24).

32) 리화선, 앞의 책, 78~81쪽.

33) 평양의 경우에는 1952년 5월에 이미 '평양시 복구 건설 총계획도'가 작성되었고, 이것이 이후 지방 대도시들의 '도시 총 기본계획'을 수립하는 전범이 되었다.

34) 리화선, 앞의 책, 87·105쪽; ≪로동신문≫ 1954년 3월 14일, 1954년 3월 19일, 1954년 6월 26일

35) 혜산의 경우에는 도시 규모가 작고 광장을 조성할 평지를 찾지 못해, 궤궁정 옆의 경기장이 광장 역할을 대신 했다.

36) 이는 도심에 경제활동의 중추기구가 집결되어 있는 중심업무지구(CBD)가 형성되고 이를 중심으로 지대 지불 능력에 따라 동심원을 그리며 도시 기능이 배치되는 자본주의 도시 공간 구조와 대조적이다. Burgess, Ernest(1925/1967), "The Growth of the City: An Introduction to a Research Project," Park, Robert, Ernest Burgess & Roderick McKenzie, *The City*, (Chicago: The Univ. of Chicago), pp. 47-62).

37) 김현수, 앞의 책, 68쪽.

38) 이 같은 '주변식 거리 조성 방식'이 단기간 내에 적은 수의 건물만으로 거리를 형성할 수 있고 도시설계가 용이하다는 점에서, 초기에 널리 확산되었지만, 건축 구성 및 경관의 단조로움에 대한 지적이 잇따랐다.

39) 김현수, 앞의 책, 92~107쪽.

40) 리화선, 앞의 책, 115쪽.

41) ≪로동신문≫ 1960년 7월 9일

42) 김원, 앞의 책; 조성훈, 앞의 책,

43) 다만 혜산은 량강도 신설과 함께 도 소재지로 그 위상이 격상되면서, 중심 시가지가 혜산동에서 혜명동으로 옮겨오고 시가지도 일자형에서 T자형으로 바뀌는 등, 다른 도시들과 달리 그 공간 구성에서 상당한 변화가 있었다.

44) 예컨대 신의주 펄프공장도 주변 지역에 택지가 부족한 탓에 다소 떨어진 민포동, 수문동에서 더 나아가 남신의주 인근의 미륵동에 사택을 지었다. 이 때문에 대중교통수단이 부실한 상태에서 공장 노동자의 통근 문제가 심각했다(S1).

45) 자재가 부족했던 1960년대에는 국가가 공급하는 주택도 상당 수가 토피집이었고, 1970년대 중반까지도 주택 부족 문제가 해소되지 않자, 토피집 형태의 노후화된 땅집, 하모니카 주택을 해체하기보다는 그 외벽에 시멘트를 바르는 미장공사를 통해 이들 주택을 재활용하기도 했다(S5-1).

46) 리화선, 앞의 책, 96~99쪽. 그 대표적인 논쟁이 아파트의 난방 방식을 둘러싼 논란이었다. 북한 당국에서 다층 살림집(아파트)에 민족적 특성을 살려 온돌 난방 방식을 도입할 것을 주장하자, 이들은 아파트의 주거문화를 이해하지 못하는 '근시안적 견해'라며, 소련의 뻬치카(벽난로) 방식을 도입할 것을 주장했고, 실제로 류환선 거리의 벽돌식 아파트에는 뻬치카가 설치되기도 했다. 그러나 이 역시 고유한 조선식 난방 방식을 외면한 채 남의 나라 흉내만 내려는 교조주의적 책동이라고 비판받았다(리화선, 같은 책, 126쪽).

47) 조성훈, 앞의 책; 리화선, 앞의 책, 100~102쪽.

48) 김일성, 『김일성 저작집 10(1956)』(평양: 조선로동당출판사, 1980), 39~40쪽; 김일성, 『김일성 저작집 12(1958)』(평양: 조선로동당출판사, 1980), 17쪽.

49) 리화선, 앞의 책, 267쪽.

50) 수정주의 논쟁에 따른 종파투쟁을 거치면서 1950년대 후반에 이미 평양시 도시설계사업소의 경우, 간부의 30%가 떨어져 나갔고, 동독 유학생 500여 명 가운데 40~50명가량 되는 건설 분야 전문가가 유일사상 체계의 등장을 전후해서 모두 '내려 먹었다'(C24, C7-1b).

51) 예컨대 야간 근무를 마치고 돌아온 근로자들이 좁은 주택에서 복닥거리는 아이들 때문에 낮시간에 제대로 휴식을 취하지 못하는 문제점을 개선하기 위해, 주택에 아래/윗칸을 두어 아이들이 떠들어도 휴식을 취할 수 있도록 설계했다(S6a).

52) 리화선, 앞의 책, 215쪽.

53) 김원, 앞의 책, 239~243쪽.

54) 청진시는 1960년에 도급 직할시로 승격했다가 1967년 일반 시로 환원되었는데, 1977년 다시 직할시로 승격된 뒤에 1985년 다시 일반 시로 환원되었다.

55) 일반 시가 직할시로 승격하게 되면, 주민에 대한 대우가 달라진다. 즉 도시

노동자의 경우 식량 배급 정량(600-700g)은 동일하지만, 식량 구성이 일반 시·군에서는 입쌀(30%), 강냉이(70%)인데, 직할시에서는 입쌀(70%), 강냉이 (30%)로 이루어져 있다. 또한 소채의 무조건 공급이 이루어지도록 하고 있다 (C6).

56) 일반적으로 도당이 시당보다 반 등급 정도 높은데, 직할시의 경우에는 직접 중앙당에서 관할하고 직할시당이 도당보다 반 등급 높게 대우받았다. 따라서 직할시 승격 이후 당·정 차원에서 직할시와 함경북도간에 갈등과 알력이 심 화되었던 것이다(C6).

57) 이러한 맥락에서 1970년대에는 도시 건설의 목표를 '도시 형성 상 가장 중심적 인 위치에 김일성 동상을 정중히 모시는 사업, 불멸의 기념비와 혁명사적관을 건설하는 사업, 도시 중심 광장을 가일층 완성하며 그 주변에 인민들이 널리 이용하는 공공건물을 배치하는 사업, 녹화를 하고 공원을 꾸리는 등 도시를 보다 새롭게 꾸리고 건설하는 사업' 등으로 삼았다(리화선, 앞의 책, 297쪽).

58) 신의주에는 행정관청이 집결된 본부동 부근 극장과 회관 사이에 백사광장이 이미 조성되어 있었는데, 김일성 동상을 건립하면서 '교양마당'으로서 또 하나 의 광장을 조성했던 것이다.

59) 이는 시·도간 충성 경쟁의 산물이기도 하지만, 김일성 동상 건립을 통한 도심 가꾸기 사업에 대해 중앙에서 동상 주변에 건물 몇 동 지을 정도의 자재를 제 공했기 때문에(C24), 재원과 자재 부족으로 도시 가꾸기를 미뤄왔던 지방 도시 들이 이러한 지원을 받아 침체된 도시 분위기를 일신할 목적으로도 이에 적극 적으로 참여한 결과였다.

60) 김영성,『오 수령님, 해도 너무 합니다: 북한 탈출 김영성의 고백』(서울: 조선일 보 출판부, 1995), 71쪽 ; 그 결과 1991년 현재 전국적으로 약 35,000여 개의 김일성 동상이 건립된 것으로 밝혀졌다(같은 책, 62쪽).

61) 리화선, 앞의 책, 304쪽.

62) 외빈 접대가 빈번한 평양에서는 획일적인 거리 구성에 대한 비판이 일찍부터 제기되었고 그 대안도 다각도로 모색되었다. 1950년대 후반에 이미 여러 형태 의 건물을 다양하게 배치해서 주요 거리를 화려하고 굴곡 있게 조성할 것을 김일성이 교시함에 따라, 1960년대 이후에는 가로에 건물이 직각되게 배치하 는 '병렬식 거리 조성 방식', 주변식과 병렬식을 조합시킨 '혼합식 거리 조성 방식' 등이 나타났다. 김현수, 앞의책, 68쪽; 리화선, 앞의 책, 109·196쪽. 그리 고 1970년대에는 김정일의 교시가 더해져서 건물을 들쭉날쭉하게 배치하거나 가로면을 개방하는 형태로 건물을 배치하는 등 '통이 크고' '예술적인' 거리 조성 방식이 도입되었다. 리화선, 앞의 책, 311쪽. 그러나 평양과 달리 지방 대도시에서는 1970년대 초반에 이르러서야 획일적인 '주변식' 배치에 약간의

변화가 일어났던 것이다. 이러한 점에서도 평양과 지방 도시간의 현격한 격차를 새삼 확인할 수 있다.

63) 최봉대, "북한의 속도전 청년돌격대와 체제 유지 기제," 『경제와 사회』2001년 제49호, 8~40쪽; 황재준, "북한의 '현지지도'," 『경제와 사회』2001년 제49호, pp. 41~71. 예컨대 김일성의 현지교시로 남청진 개발 열기가 치솟았던 1970년대 중·후반 무렵에 이를 위해 청진에는 평양에서 생산된 블록이 열차 편으로 대량 공급되었고, 평양, 개성, 량강도 등지에서 파견된 건설돌격대들이 남청진 아파트 건설 사업에 대거 투입되었다(C24; ≪로동신문≫ 1976년 8월 26일).

64) 실제로 북한의 도시 개발은 외국 수반이나 김일성이 자주 다니는 곳을 중심으로 이루어졌다. 이는 전시용 도시 건설 탓이기도 하지만, 김일성의 현지교시가 해당 지역의 개발 여부를 결정하기 때문이기도 했다(S6a). 그 만큼 김일성, 김정일의 현지지도와 교시가 도시 건설의 관건인 셈이다.

65) 사업의 경제성 등을 합리적으로 판단하지 않은 채 과시성 사업으로 성급히 추진된 서해갑문, 북부철길, 청진화력발전소, 량강도 중소형 수력발전소 등과 같은 각종 사회간접자본 투자 사업이 대표적이다(S2, H5; 김영성, 앞의책, 233~235쪽).

66) 이처럼 비생산적인 기념물 건축에 대한 과도한 투자로 경제에 부담이 가중되자, 당시 소련과 중국이 "경제적으로 무의미한 기념비적 대건축물에 자원, 자금 및 노동력을 투입하는 것을 중지할 것"을 수 차례 권고했지만, 북한 당국은 이를 무시하고 강행했다. 山本展男, 1993, 19~21쪽; 황의각, 1992, 63쪽.

67) 김영성, 앞의 책, 190쪽.

68) 1960년대까지는 노동자와 간부 구분 없이 모두 동등한 대우를 받았고, 어떤 점에서는 오히려 당 간부들의 처우가 상대적으로 못한 측면도 없지 않았다. 예컨대 담배의 경우 1960년대에 10원 하던 '황금벌' 담배는 '간부초'로 불렸는데, 이는 당 간부들의 낮은 임금을 보상한다는 의미에서 값싼 저급 담배인 '황금벌'을 직장장 이상의 간부에게만 공급했기 때문이었다. 그런데 1970년대 들어 병원에 당 간부만을 위한 진료과가 별도로 설치되었고, 간부용 물품을 공급하는 '간부 공급소'가 따로이 운영되었으며, 식당에서도 간부들을 위한 '뒷방 차리기'가 이루어지는 등 간부들의 처우가 개선되었고, 생활수준에서도 일반 주민과 격차가 벌어졌다(S2).

69) 김원, 앞의 책, 22~35쪽.

70) 김일성, 『김일성 저작집 18(1964)』 (평양: 조선로동당출판사, 1980), 173쪽.

71) 리화선, 앞의 책, 116·301쪽.

72) 리화선, 위의 책, 321~322쪽.

73) 혜산은 1950년대 초·중반 도 소재지로 지정되면서 혁명 전적지로서 크게 개

발되었다는 점에서, 넓은 의미에서는 그 자체를 내륙 신도시 개발 사업의 산물이라고 해석할 수 있다. 그러나 그 후 주변에 신시가지를 필요로 할 만큼 성장하지도 못했고, 1960년대 초반 이후 혜산시 인근에서 대규모 개발이 추진된 적도 없었다.

74) 김일성이 동독을 방문해서 야트막한 구릉 지대에 소규모 주택단지가 산재해 있는 모습을 보고 감명을 받아 대도시 인근에 신시가지 개발을 촉구했다는 풍문도 있다(S1).

75) 당시 개발 계획에 따르면, ① 강덕 구릉지대와 그 이남의 농포산 남쪽 해변에서 부윤골에 이르는 지역에 청진 시가지의 1.5배 규모에 달하는 신시가지를 조성하되, ② 7∼15층의 고층 아파트를 건설할 뿐만 아니라, ③ 해수욕장 및 유원지 개발, 8만명 규모의 경기장, 14층 규모의 학생소년궁전, 2천석 규모의 대극장을 신축하고, ④ 신시가지용 간선도로도 신설하도록 하고 있다.

76) ≪로동신문≫ 1976년 8월 26일.

77) ≪로동신문≫ 1976년 11월 23일.

78) ≪로동신문≫ 1983년 4월 16일.

79) 구형 아파트나 땅집의 경우, 소량의 땔감을 얻어 개별적으로 난방할 수 있지만, 중앙난방식에서는 그럴 수 없기 때문에, 사정만 허락하면 다른 집을 구해 나갔고, 그렇지 못한 경우에는 겨울만 되면 솜이불을 뒤집어쓰고 사는 생활을 되풀이해야 했다.

80) 1980년대 초반 폴란드의 벽돌공장을 인수한 북한 당국은 당초 수풍댐의 전기, 주변 백마강·섬진강의 모래 등을 적절히 활용해서 고압벽돌을 생산한 뒤 중국에 수출할 요량이었으나, 벽돌의 방습 효과에 심각한 문제가 있어 수출 길이 막히는 문제상황에 봉착했다(S1).

81) 624건설사업소는 1988년 6월 24일 김정일의 교시로 남신의주 건설을 위해 설립된 기관으로, 중앙에 소속되어 있어 여러 모로 운신의 폭이 넓었다. 이후 신의주 도시건설사업소와 합쳐져서 '624연합기업소'로 바뀌었다.

82) 예컨대 청진의 경우, 1986년이 되어서야 라남-청진간 무궤도 전차 노선이 완비되었고, 그래도 여전히 남청진 주민들의 교통 불편이 문제가 되자, 김정일의 현지지도로 뒤늦게 1997년에야 라북천변으로 유궤도 전차 노선이 신설되었다. ≪로동신문≫ 1986년 4월 16일; C6.

〈참고문헌〉

1. 북한문헌

김일성,『김일성 저작집: 10권(1956)』(평양: 조선로동당출판사, 1980).
______,『김일성 저작집: 12권(1958)』(평양: 조선로동당출판사, 1980).
______,『김일성 저작집: 18권(1964)』(평양: 조선로동당출판사, 1980).
리화선,『조선 건축사 2』(평양: 과학백과사전종합출판사, 1989).
사회과학원 력사연구소,『조선전사 27』(평양: 과학백과사전종합출판사, 1991).
≪로동신문≫.

2. 남한문헌

강명구, "지방자치와 도시정치: 행위자 중심적 해석을 위한 시론적 연구,"『한국정
　　　치학회보』제31권 3호 (1997).
김두섭, "인구와 도시화," 김명수・이연택 외,『북한 사회의 이해』(서울: 한양대학
　　　교 출판원, 1997).
______, "북한의 도시화와 인구 분포: 남한과의 비교,"『한국인구학회지』제18권
　　　2호 (1995).
김문조・조대엽, "북한의 도시화와 도시문제,"『고려대 아세아연구』제87호 (1992).
김영성,『오 수령님, 해도 너무 합니다: 북한 탈출 김영성의 고백』(서울: 조선일보
　　　출판부, 1995).
김 원,『사회주의 도시연구』(서울: 보성각, 1998).
김현수, "북한의 도시계획에 관한 연구," (서울대학교 도시공학과 박사학위논문 1994).
북한연구소,『북한총람 (각년도)』(서울: 북한연구소).
이왕기,『북한 건축: 또 하나의 우리 모습』(서울: 주) 서울포럼, 2000).
장세훈, "교류・협력의 시대에 되돌아본 남북한의 도시화,"『창작과 비평』109
　　　(2000).
______, "한국전쟁과 도시경관의 변화: 전쟁 전후 서울의 도시화를 중심으로," 김필
　　　동 외,『한국사회사 연구』(서울: 나남출판사, 2003).
조성훈, "북한의 도시 발달: 평양시를 중심으로," 국사편찬위원회(편),『국사관논
　　　총』70 (1996).
조진철, "사회주의 개발도상국으로서의 북한의 도시계획,"『통일과 국토』제1권
　　　2호 (2001).
최봉대, "북한의 속도전 청년돌격대와 체제 유지 기제,"『경제와 사회』49 (2001).

황의각, 『북한경제론: 남북한 경제의 현황과 비교』(서울: 도서출판 나남, 1992).
황재준, "북한의 '현지지도'," 『경제와 사회』 49 (2001).

3. 외국문헌

國井天波, 『大淸津港』(京城: 京城印刷所, 1916).
飯野正太郎, 『昭和15年度版 新義州案內』(新義州: 新義州商工會議所, 1940).
山本展男, "樂園都市 '平壤' 大建設," 『都市問題』(1993년 8월).
室直二(編), 『淸津』(淸津: 淸津商工會議所, 1932).
田上征夫(編), 『咸南都市大觀』(咸興: 咸南都市大觀編纂部, 1989).
朝鮮總督府 內務局(編), 『都市計劃槪要』(京城: 朝鮮總督府, 1938)

Benevolo, Leonard, *Le Origini dell'urbanistica moderna/The Origins of Modern Town Planning*, translated by Judith Landry (Cambridge: MIT Press, 1963/1967)), 장성수·윤혜정 옮김, 『근대 도시계획의 기원과 유토피아』(서울: 태림문화사, 1996).

Burgess, Ernest, "The Growth of the City: An Introduction to a Research Project," Park, Robert, *Ernest Burgess & Roderick McKenzie, The City*, (Chicago: The Univ. of Chicago, 1925/1967).

French, R., Plans, *Pragmatism and People: The Legacy of Soviet Planning for Today's Cities* (London: University College London, 1995).

French, R. & F. Hamilton, *The Socialist City: Spatial Structure and Urban Policy* (New York: John Wiley & Sons, 1981).

Gregory, Derek & John Urry, *Social Relations and Spatial Structure* (London: Macmillan, 1985)

Gottdiener, Mark, *The Social Production of Urban Space* (Austin: Univ. of Texas Press, 1985).

Hall, Peter, *Cities of Tomorrow: An Intellectual History of Urban Planning and Design in the Twentieth Century* (London: Blackewell, 1988), 임창호 옮김, 『내일의 도시: 20세기 도시계획 지성사』(서울: 한울, 2000).

Miliutin, N., *The Problem of Building Socialist Cities SOTSGOROD* (Cambridge: MIT Press, 1975).

Oh, Kap-Hwan & Lee, Hae-Young, "Urbanism in Korea: A New Way of Life?," Chang, Yun-Sik (ed.), *Korea : A Decade of Development* (Seoul: Population & Development Studies Center in Seoul National University, 1980).

The Open University (ed.), *The City in the Socialist World* (Milton Keynes: The Open Univ. Press, 1973).

Saunders, Peter, *Social Theory and the Urban Question* (London: Hutchinson, 1981). 김찬호·이경춘·이소영 옮김, 『도시와 사회이론』(서울: 한울, 1998).

Wirth, Louis, "Urbanism as a Way of Life," *American Journal of Sociology* Vol.44, No.1. (1938).

북한의 환경관과 환경정책

손 기 웅

1. 서 론

환경문제는 현재 각국이 당면한 가장 시급히 해결하여야 할 문제중의 하나이다. 환경파괴와 오염, 그리고 그것과 결부된 사회적 혼란은 인류 역사상 전례없이 심각한 상태이다. 그것은 바로 인간 스스로에 의해 초래되었다. 지구 생태계는 각 국가가 그들의 경제발전과 물질적 욕구를 해소하기 위하여 필요한 자원을 차용할 수 있는 유일한 은행이다. 각국은 이 은행의 주주로서 그들의 자산은 공기, 물, 토양, 동·식물, 광물질 등 환경자원이다. 특히 자본주의혁명에서 추동된 산업혁명이 진행되었던 지난 수백년간 각국은 이 인류공동의 은행으로부터 엄청난 자원을 차용하여 그들의 필요에 충당하여 왔다. 이러한 사실은 오늘에도 변함이 없다.

그러나 이 모든 행위가 차용한 것을 갚는다는 고려는 추호도 없이 진행되어 왔다. 각 국가가 지구은행에 되돌려준 것이라고는 유독성 가스, 산업폐기물, 독극물 등의 쓰레기뿐이었다. 이에 따라 대기, 토양, 하천, 해양, 산림 등이 오염, 파괴, 황폐화 되었으며, 지구상의 어느 국가, 국민도 이로부터 벗어나 있지 않다. 인류의 생존조건과 그 수준을 개선하기 위하여 탐구, 개발, 발전되어온 과학기술과 그것을 기반으로 한 문명이 이제 인류의 생존자체를 위협하고 있다는 사실은 인류의 발전사 가운데 아마도 가장 큰 아이러니라 할 것이다. 만물의 영장임을 자처하며 자연을 침해하여 개조해 온 인류가 지구상에 건설한 것이 인류의 낙원이 아니라 스스로의 묘혈이 될 수 있는 것이다.

환경문제는 오늘날 지구적인 문제이다. 어느 국가도 환경의 오염과 파괴에 의해 비롯된 위험으로부터 벗어나 있지 않다. 환경은 지구상에 인간이 편의로 구분해 놓은 국가간의 경계를 의식하지 않는다. 또한 자신의 의사를 가지고 어느 특정 국가나 지역에 좀더 좋거나 나쁜 영향을 주지 않는다. 인간 삶의 터전인 우리의 자연환경은 하나이며, 환경문제는 우리 모두가 해결해야 할 공통의 문제이다. 인류의 생존과 문명의 존속이 그것의 해결 여부에 달려있다고 해도 과언이 아니다. 모든 국가, 모든 국민이 모든 차원에서 이 문제의 해결을 위하여 노력을 기울여야 할 당위성과 필요성이 각국의 정치, 사회, 학계에 성숙되어가고 있으며, 국가간에도 이러한 방향으로 힘이 모아져가고 있다.

북한도 이로부터 예외가 아니다. 환경손상과 공해를 모르는 인민의 지상낙원을 이룩하였다는 북한당국의 선전과는 달리 북한에도 환경이 오염되고 파괴되어 사회전반적으로 심각한 문제가 되고 있다는 사실이 객관적으로 확인되고 있다. 인민대중을 위하여, 인민대중의 문화위생적인 자연조건과 생활조건을 지어주기 위하여 복무한다는 북한당국도 대내적인 차원에서는 물론, 국제적인 협력을 통하여 자신의 환경문제를 풀어나가야 하고, 나아가 지구적 차원의 환경문제 해결에도 동참하는 것이 그들의 국가이익에 부합하는 일일 것이다.

이러한 관점에서 이 글은 한민족 공통의 삶의 터전인 한반도의 자연환경을 인간다운 삶을 영위하게 할 수 있는 환경으로 보존하고 유지함은 물론, 질적으로 개선하기 하기 위한 노력의 사전작업으로 북한의 환경에 대하여 전반적으로 분석해보고자 한다. 즉 북한은 환경문제에 대하여 어떠한 인식을 기본적으로 가지고 있는가?, 그러한 인식에 바탕한 북한의 환경정책은 대내외적으로 어떻게 전개되었으며, 어떠한 특징을 지니는가?, 환경과 관련하여 북한은 어떠한 법규정을 마련하였는가? 등에 논의를 집중하고자 한다.

북한을 연구하는데 있어서 공통적인 어려움은 자료수집이다. 현지조사와 참여관찰이 불가능하고 거의 모든 관련 정보가 제한된 것이 현실이다. 이러한 여건에도 불구하고 이 글은 위의 의문에 대한 대답을 가능한 한 객관적으로 도출해 보고자 한다.

북한에서는 김일성과 김정일의 연설이나 담화가 교시로 받아들여져 국가정책전반의 방향을 설정하고 정책을 수립하는데 지도적인 지침으로 기능한다. 따라서 이 글에서는 김일성과 김정일이 여러 형식으로 발표한 환경과 직·간접적으로 관련된 문건들을 환경문제에 대한 기본인식을 포함하는 북한환경정책의 특징과 내용분석을 위한 기초자료로 활용한다. 여기에 더하여 북한의 환경관련 법규정과 논문, 방송 및 언론매체를 통한 발표문들을 참고한다.

김일성과 김정일의 공표물을 참고함에 있어서는 그들의 말이 그대로 정책화된다거나, 더구나 실천으로 전개되어지지는 않는, 형식적·선언적인 성격을 띨 수 있다는 사실이 간과되어서는 않될 것이다. 그러나 환경정책에 관한 구체적이고 세부적인 정책, 규정, 지침이 알려지지 않고 있는 현실에서 환경정책의 전반적인 윤곽과 방향을 가늠해 보기 위한 이와 같은 접근은 어느 정도 객관적인 설득력을 가질 수 있다고 본다.

이러한 노력의 목적이 남북한주민이, 그리고 그 후세들이 살아가야 할 유일한 삶의 터전인 한반도를 인간답게 살기 위한 환경으로 조성하려는데 기여하고자 함에 있음은 두말할 나위가 없다. 인간의 생존환경인 자연적 환경과 사회적 환경은 하나로서 전체를 이루는 환경이란 동전의 양면이며, 서로 불가분의 밀접한 관계를 맺고 있다. 건전한 자연적 환경속에서 바람직한 사회적 관계가 형성될 수 있으며, 건전한 사회적 환경이 바람직한 자연적 환경을 형성할 수 있다.[1]

북한의 환경전반에 관한 이 글의 논의는 따라서 남북한 주민이 통일과정에서, 그리고 통일이후 한반도에서 형성하여야 할 바람직한, 지속가능한 발전을 가능하게 하는 총체적인 환경을 건설하기 위한 하나의 부분작업이다. 또한 한반도에서 지속가능한 발전을 위해 앞으로 추진되어져야 할 경제 및 환경분야에 있어서의 남북한간 교류와 협력을 준비하는 사전작업이다.

한편 이 글에서 '환경'(Environment)이라 함은 "인간의 생존과 어떠한 유의미有意味적인 관계를 맺고 있는 요소와 조건들의 일체"를 의미한다. 이렇게 볼 때 환경은 인간의 사회적 환경과 자연적 환경을 포괄하는 개념이다. 그러나 일반적으로 환경이라 함은 인간의 자연적 환경만을 의미하고 있는 개념의 사회적 일반성에 비추어 이하 환경이란 단어는 인간의 자연적 환경을 의미하는 것으로 사용한다.

또한 북한에서는 '환경', '환경오염', '환경보호'를 다음과 같이 정의하고 있다. 우선 환경은 사전적으로 "사람이나 동물에게 직접적으로나 간접적으로 영향을 주는 주위의 자연적 및 사회적 조건이나 정황"으로 규정하여 자연적 환경과 사회적 환경을 포괄하는 개념으로 정의되고 있다.[2] 그러나 일상적으로 환경이라 함은 자연적 환경만을 의미하는 것으로 사용하고 있음은 우리와 같다. 또한 환경오염은 '환경물질의 농도가 사람들과 동·식물에 부정적인 영향을 줄 수 있는 정도로 높아지는 현

상’으로 정의하고 있다.[3]

그리고 ‘환경보호’란 인간이 자기의 운명과 생활을 개척해 나가기 위하여 반드시 해결해야 할 매우 중요한 문제중의 하나로서 인간생활의 물질적 원천인 자연과 인간이 살며 활동하는 생활환경을 보호하고 관리하는 한편, 불리한 자연환경을 유리한 자연환경으로 개조하는 사업으로 이해한다. 환경보호의 목적은 병없이 오래 살려는 인간의 염원을 실현시켜주기 위해 문화위생적인 생활환경을 마련해주려는 것일 뿐만 아니라, 인민들에게 자주적이며 창조적인 생활을 누릴 수 있는 보다 훌륭한 자연환경을 보장하여 주며 후대들에게 더욱 아름다운 조국강산을 물려주려는데 있다고 한다.[4] 환경보호에 있어서 가장 중요한 것은 공기와 물, 토양의 정결도를 높은 수준에 이르게 하는 것으로서, 그 이유는 공기와 물, 토양은 유기체존재의 필수적인 3대구성요소로서 그것들의 오염은 인간의 건강과 발육, 생존에 직접 또는 간접적으로 커다란 영향을 미치기 때문이라고 한다.[5]

2. 북한의 환경문제에 대한 기본인식

북한의 환경문제에 대한 기본적인 시각은 지난 시기 사회주의사회 일반이 주장하였던 내용과 동일선상에 놓여 있다. 즉 환경의 오염과 파괴가 자연적인 재난이 아니라, 사회제도의 성격에 의존하는 사회정치적인 문제라고 보는 것이다. 산업화와 공업의 발전에 따라 자연환경과 생활환경이 오염되고 파괴되며 인간의 생존과 건강에 해를 주는 여러가지 공업배설물과 유해가스, 배기가스와 방사성물질, 각종 소음과 진동 등과 같은 현상들이 발생할 수 있으며, 이러한 오염과 파괴의 위험은 공업의 규모가 커질수록 더욱 커질 수 있다고 전제한다. 그러나 이러한 현상은 공업이 발전한다고 하여 반드시 있게 되는 동반현상이 아니라, 국가주권과 생산수단이 극소수 착취계급들의 손에 주어져 있는 자본주의사회에서 있게 되는 필연적인 현상이라고 보는 것이 사회주의사회의 입장이다.

북한은 이러한 시각의 연장선상에서 다음과 같이 주장하고 있다. 자본주의사회에서는 자본가들이 최대이윤과 생산이익이란 관점에서만 환경을 보고 "이윤만 얻을 수 있다면 자연환경을 파괴하고 손상시키는 일을 꺼리낌없이 하며 공해산업도 마구건설"하는 반면에 "비생산적 지출이라고 말할 수 있는 공해방지를 비롯한 환경보호사업에 자본가들은 자기의 돈주머니를 털어 막대한 자금과 설비를 투자하려 하지 않는다"는 것이다. 따라서 자본주의사회에서 환경의 오염과 파괴는 자연적인 재해가 아니라, 자본가들의 이윤획득을 위한 경쟁과 생산의 무정부성이 가져온 결과에서 빚어진 사회적 재난이라는 것이다.6) 환경의 오염과 파괴가 "생산수단이 소수자본가들의 손아귀에 들어 있고 돈이 모든 것을 결정하는 자본주의제도 자체가 낳은 산물"임에도 불구하고 "자본주의 반동통치배들과 그 어용나팔수들은 자본주의제도의 반인민적 본질을 가리우기 위하여 공해로 인한 인간환경의 파괴는 현대산업건설에 반드시 뒤따르는 불가피한 현상이라고 떠벌이고 있다"는 것이 북한의 주장이다.7)

또한 자본주의사회에서 이루어지는 환경보호사업은 한갓 선언과 기만에 불과하다고 본다. 생산수단이 사적 소유로 되어 있고 모든 경영활동이 개인의 주관적 욕망에 따라 진행되기 때문에 환경보호사업은 철두철미 자본가들의 영리목적을 추구하기 위한 것으로서, 그것은 목적의식적으로, 계획적으로 진행될 수 없는 것으로서 자본주의사회에서 추진되는 환경보호사업과 관련 법규정의 마련은 사회적 여론과 압력에 못이겨 채택하는 실현담보가 없는 선전에 불과하다는 것이다.

그리고 그 결과 오늘날 세계 여러 자본주의국가들에서는 환경의 혹심한 파괴와 오염현상이 날로 증대되고 있으며 그로부터 사람들의 생존과 활동에서는 '엄중한 후과'가 빚어지고 있다고 주장한다. 미국과 일본을 비롯한 자본주의세계에서는 절대 다수의 근로자들이 "공업생산과 류통과정에서 생기는 산업공해와 도시경영의 불합리, 도시주민의 지나친 밀집에 의한 도시공해의 공포속에서 하루하루 살아가고" 있고 "근로자들의 건강과 생명, 생활환경은 시시각각으로 위협을 받고 있으며 인류의 재부는 수없이 탕진되고" 있어 "자본주의 나라들에서 공해는 이미 '핵무기에 비길만한 인류의 적'으로까지 등장하고 있다"는 것이다.[8] 이러한 시각에서 북한은 남한에서는 환경이 황폐화되고 사람들이 공해병에 걸려 불행을 겪는 참혹한 현실이 빚어지고 있다고 선전하고 있다.[9]

따라서 북한은 진정한 환경보호와 공해방지는 "생산수단이 한줌도 못되는 자본가들에게 독점되어 있고 모든 것이 리윤추구에 복종하고 있는 자본주의사회"에서는 생각할 수 조차 없으며, 그것은 오직 자본주의제도 자체를 뒤집어 엎고 "근로인민대중이 국가주권과 생산수단의 주인으로 되고 있으며 모든 것이 근로인민대중의 리익을 위하여 복무하는 사회주의사회에서만 원만히 해결될 수" 있다고 주장한다.[10] 사회주의사회에서는 국가와 사회, 그리고 개인의 이익이 일치함으로 국가는 환경보호사업을 전적으로 책임지고 조직하고 진행하며 인민대중은 이 사업에 사활적인 이해관계를 가지고 적극 참가하게 된다는 것이다. 그리고 근로인민대중이 자주적이며 창조적인 생활을 마음껏 누릴 수 있는 자연환경을 마련하여야 하는 것이 공산주의자들의 숭고한 의무라고 강조한다.[11]

특히 북한은 사회주의제도의 우월성에 더하여 사회주의에서도 모든 것을 사람을 중심으로 생각하고 사람을 위하여 복무하게 한다는 창조적인 주체사상을 구현하였다는 '북한식 사회주의제도'가 인민대중을 위한 환경보호사업을 철저히 실행하는 가장 우월한 체제라고 주장한다. 또한 북한식 사회주의제도하에서는 "사람과 근로인민대중의 리익을 중심으로 자연환경을 대하는 것을 근본관점"으로 하고 있으며 "자연과 생활환경을 보호하고 관리하는 모든 사업은 인민대중에게 자주적이며 창조적인 생활조건을 보장해주는데 철저히 복종되여 진행되고 있다"고 한다.[12)

그리고 이 체제를 비범한 예지와 탁월한 영도력, 고매한 덕성으로 이끈다는 김일성과 김정일의 '예지있는 환경보호정책'에 의해 오늘날 북한은 공해없고 녹음 우거진 살기 좋은 인민의 낙원으로 전변되었다고 한다. "당과 수령의 현명한 령도밑에서 새 사회건설의 첫시기부터 공해가 생기지 않도록 하는데 첫째가는 국가적 관심이 돌려지고 예견성 있는 모든 대책이 취해짐으로써 공해없는 공업화를 실현하고 오늘과 같은 현대적인 경제를 건설"하였다는 것이다. 또한 그 동한 수많은 환경보호정책을 실시한 결과 "환경보호의 기본지표들인 공기, 물, 토양의 위생기준이 세계적인 선진수준"에 이르러 북한 전역이 "로동당시대에 와서 옛 선조들이 한갖 꿈으로만 생각하던 '장생불로의 락원'이 산 현실로 펼쳐지고 세상사람들이 그처럼 부러워 말하는 '공해없는 나라', '공원속의 도시', '인민의 지상락원'"으로 바뀌었다는 것이다.[13) 그리고 '인민들은 공해라는 말조차 모르고 문화위생적인 환경속에서 60청춘, 90환갑을 노래하며 행복하게 살고 있습니다'라고 북한은 주장한다.[14) 김정일의 환경문제에 대한 기본인식도 이러한 북한의 주장과 일치하고 있으며, 다음의 글에서 이를 확인할 수 있다.

> 공해는 오늘 세계적으로 심각한 문제의 하나로 제기되고 있습니다. 자본주의나라 도시들에서는 물과 공기 오염, 여러가지 소음으로 하여 생활환경이 파괴되고 사람들의 건강이 심히 침해당하고 있습니다. 이 것은 사람보다 돈을 귀중히 여기는 자본주의사회제도의 필연적 산물입니다. 우리 나라에서는 공해현상을 미리 막는것을 중요한 문제로 내세우고 여기에 커다란 힘을 넣어왔습니다. 오늘 우리 인민들은 사실상 공해가 어떤 것인지 잘 모르고 있습니다. 이 하나의 사실을 놓고도 우리 인민이 얼마나 행복한 생활을 누리고 있는가 하는 것을 알 수 있습

니다. 우리 나라는 사람을 가장 귀중히 여기며 모든 것을 사람을 위하여 복무하게 하는 참다운 인민의 나라입니다.[15]

3. 북한의 대내·외 환경정책의 전개

1) 제1기: 1945～1970년대

북한의 환경정책은 환경문제에 대한 인식의 폭과 깊이, 그리고 그것에 대한 대응방안에 따라 크게 두시기로 구분되어질 수 있다. 북한 환경정책의 제1기는 해방이후부터 70년대의 「토지법」(1977)제정에 이르기까지의 기간이다. 이 시기 북한의 환경정책은 환경문제에 눈을 뜨면서 자연환경에 대한 이제까지의 행태에 대한 변화에 중점을 두고 있다. 그러나 환경문제의 인식분야는 주로 농업, 임업, 수산업과 같은 1차 산업과 관련한 것으로 아직 산업화와 공업발전과 관련하여 환경문제를 인식하고 그 대책수립을 본격화하지는 않은 시기이다. 1기는 해방직후부터 전쟁중의 시기, 전후 사회주의건설 도입의 60년대, 토지법채택의 70년대로 나누어 볼 수 있다.

해방직후에 북한은 우선 일제 식민지통치결과 황폐화된 산림의 조성에 의한 홍수피해 방지와 그나마 남은 산림에 대한 남벌을 방지하는데 중점을 두었다. 1946년에 착공된 보통강개수공사, 1947년의 산림조성사업의 전 군중적 운동화와 금강산의 풍치와 자연을 보존하기 위한 운동 등이 그것이다. 재미있는 것은 김일성이 금강산에 있는 한그루의 나무, 한포기의 풀도 마음대로 다치지 못하게 하며 바위 같은데 자기 이름을 새기는 일이 없도록 철저히 단속하여야 한다고 하면서도, 그러나 '바위에 후대들에게 물려줄 좋은 구호를 새기는 것은 나쁘지 않습니다'라면서 환경보호의 정치성을 감추지 않은 점이다. 전쟁기간중의 시기에는 파괴된 도시를 복구건설할 때 공장 및 기업소를 주택구역과 분리하고 강하류지역에 배치하여 주민들을 공기오염과 수질오염으로부터 보호하도록 하였다. 특히 이점은 평양의 도시복구 건설시에 중점적으로 강조되었다.

60년대 사회주의건설 도입의 시기에 북한은 그들의 건설목표와 관련하여 환경정책을 추진하였고, 그것은 다음과 같이 세가지로 요약될 수 있다. 첫째, 입는 문제를 해결하기 위하여 인조섬유의 원료가 되는 목재의 생산을 확보하기 위해 산림자원의 조성과 보호를 지속적으로 추진하였다. 둘째, 해방직후부터 근 20년간 추진하였던 산림조성과 보호정책에도 불구하고 산림을 남벌하는 현상이 끊이지 않자 이것의 시정을 강력히 촉구하였다. 셋째, 이른바 사회주의건설 과정에서 환경오염과 파괴가 늘어가자 국토관리사업과 국토건설계획을 종합적이고 통일적으로 진행할 것을 촉구하였다.

70년대에 접어들면서 북한에서는 공업화와 중공업 중심의 산업화 결과 토지, 강·하천, 항만, 호소 등의 오염이 서서히 나타나기 시작하였다. 이에 따라 1972년 김일성은 공해현상과 유독성물질의 강·하천 투기에 대한 대책마련을 지시하였고, 더불어 이러한 현상은 주민들내에 유일사상체계가 확립되지 않은 결과라면서 사상사업의 강화를 촉구하였다. 또한 북한은 그때까지 국토개발상에 빚었던 잘못과 그로 인한 환경파괴를 시정하면서 절대경지면적의 확장과 강·하천 유역의 개발, 토지의 효율적인 이용, 그리고 절대경지면적의 무절제한 이용·낭비의 방지를 추진하기 위해 1976년에 「자연개조 5대방침」(관개사업, 토지정리개량사업, 다락밭건설사업, 홍수피해방지를 위한 치산치수사업, 간석지개발사업)을 채택하였으며, 그것을 이듬해 「토지법」의 채택을 통해 법제화하였다.

토지법에는 국토건설총계획에 따라 국토건설을 계획적으로 추진할 것을 원칙으로 강조하면서, 구체적으로는 토지의 정리·개량·보호·개간이용을 위한 방향과 대책, 산림조성의 방향과 산림의 보호·이용대책, 동·식물의 보호대책, 천연기념물보호대책, 수산자원보호대책, 공해현상방지대책 등을 규정하였다.

한편 해양자원을 보전·관리하고 개발·이용하며 해양오염을 금지한 「경제수역에 관한 정령」(1977)과 「경제수역에 있어서 외국인, 외국선박 및 외국항공기의 경제활동에 관한 규정」(1978) 등은 북한이 70년대말에 이르러 해양환경오염에 대해서도 관심을 가지기 시작하였다는 것을 보여준다. 이와 같이 환경정책을 사회와 자연 전반과 관련하여 총체적으로, 체계적으로 추진할 것이 요구된 70년대는 북한의 환경문제인식과 그 대책이 본격화되는 2기로 넘어가는 과도기로 볼 수 있다.

2) 제2기: 1980~1990년대

북한 환경정책의 제2기는 「환경보호법」(1986년)이 채택된 80년대 이후 현재까지의 기간으로서 북한이 환경문제를 사회전반적인 문제로 인식하여 환경문제에 대한 기술적인 해결책을 모색하고 환경보호에서의 과학화와 현대화를 요구한 시기이다. 또한 국토관리의 감독과 통제의 수단으로 법규정의 필요성이 제기된 점과 국토관리와 환경정책의 전반에 김정일이 전면에 등장하였다는 것이 이 시기 환경정책의 특징이라 할 수 있다.

우선 김정일의 글과 환경보호법 속에서 엿볼 수 있는 80년대 북한 환경정책의 윤곽은 다음과 같다. 1984년 '국토관리사업을 개선 강화할 데 대하여'란 편지에서 김정일위원장은 첫째, 1980년대의 사회주의경제건설 10대전망 목표16)를 성공적으로 달성하기 위하여 빠른 속도로 발전하는 현실의 요구에 미치지 못하는 국토관리사업을 결정적으로 개선·

강화하여야 하고, 둘째, 과학기술을 발전시키지 않고는 인민경제의 주체화, 현대화, 과학화의 요구에 따른 국토관리사업을 끊임없이 개선할 수 없다면서 과학기술의 발전이 수행하는 의의를 바르게 인식하고 거기에 온 힘을 쏟아야 할 것을 강조하였다.

구체적으로 국토관리사업의 개선을 위해 공장과 주택지건설시에 공해를 미연에 방지하고 환경보전시설을 우선적으로 건설한다는 원칙, 토지관리를 잘하여 토지보호를 철저히 해야 한다는 원칙, 산림의 조성과 보호관리에 더욱 힘을 기울여야 한다는 원칙, 하천관리를 잘하여 홍수의 피해를 미연에 방지해야 한다는 원칙, 연안과 영해의 관리를 잘하여 폐수나 해일에 의한 피해를 막고 수산자원과 해저자원을 잘 보호·관리하여야 한다는 원칙 등을 제시하였다. 또한 과학화를 위해서는 전자계산기나 항공 및 우주사진기술 등 최신과학기술의 성과를 이용한 산림과학연구활동, 중요도시나 산업지구에서 공기나 물을 오염시키는 물질을 없애고 분진이나 오염된 물을 처리하는 과학기술 등을 지적하면서 이를 위한 기술연수회, 기술혁신토론회, 경험발표회 등의 시행을 촉구하였으며, 국토관리설계에서도 과학성과 현실성을 바탕으로 한 전문성을 요구하였다.

환경정책에 있어서 과학화의 요구는 이제껏 국토관리사업의 일부로서 북한이 추진하였던 대중운동적, 양量적 차원의 환경정책이 한계에 이르렀고, 환경문제가 심각해져 그 이상의 처방, 즉 질質적 차원의 처방이 요구되었다는 것을 의미한다.

한편 국토관리의 개선강화를 위해 김정일은 국토관리에 대한 감독과 통제의 강화를 요구하면서, 이를 위한 기본적인 수단으로 법규범과 규정을 현실발전의 요구에 맞추어 개선하여 국토관리에 엄격한 규율과 질서를 세울 것을 강조하였다. 이를 위해 각 '검사취체기관의 역할을 강화하고 국토관리에 대한 법규범이나 규정의 준수 실행사항을 일상적으로 검사하고, 허가등록 결재제도를 강화하여 위법행위를 미연에 방지해야' 하며, '국토관리에 대한 규정에 반대되는 행위에 대해서는 엄격히 대처해야 할 것'을 주장하였다. 이와 병행하여 무엇보다 당원과 근로자에 대한 사회주의 애국주의교양 등 사상교육활동의 강화가 재삼 주장되었다. 이와 같은 제 요구는 결국 이미 이 시기에 북한에서 환경오염과 파괴가 전사회적인 문제로 등장하였음을 반증하고 있다.

김정일의 환경정책의 평가, 요구, 제안 등이 법제화되어 정식화된 것이 1986년 4월 9일 채택된 「환경보호법」이다. 환경보호법은 환경보호의 기본원칙, 자연환경의 보존과 조성, 환경오염방지, 환경보호에 대한 지도관리, 그리고 환경피해에 대한 손해보상 및 제재 등 전 5장 52조로 구성되어 있다. 우선 인민대중에게 자주적이며 창조적인 생활을 보장하는 것을 환경보호사업의 근본목적으로 규정하고 있다(제1조). 환경보호를 위한 기본원칙으로 환경보호관리사업을 계획적으로 전망성있게 진행하고(제3조), 그것을 위해 물질기술적 수단들을 끊임없이 현대화하며(제4조), 국가는 과학연구사업을 발전시키는 동시에 그에 대한 지도를 강화하며(제6조), 무엇보다 인민들 속에서 사회주의 애국주의교양을 강화하여 환경보호사업에 자각적으로 참가하도록 할 것을 제시하였다(제5조). 아울러 한반도와 그 주변에서 핵무기, 화학무기의 개발과 실험, 사용으로 환경이 파괴, 오염되는 현상을 반대하여 투쟁할 것(제7조)과 북한에 우호적인 모든 나라와 환경보호분야에서 과학기술 교류와 협조를 발전시킬 것임을 규정하고 있다(제8조).

제2장과 3장에서는 대기와 물, 토양, 생물을 비롯한 환경을 손상, 파괴 및 오염으로부터 보호하기 위한 원칙과 질서를 규정하고 있다. 제4장 환경보호에 대한 지도관리규정에서는 환경보호사업에 대한 국가의 통일적 지도는 정무원이 되나, 그 집체적 지도를 보장하고 필요한 대책을 제때에 세우기 위하여 정무원에 비상설 환경보호위원회를 두고(제39

조), 환경보호에 대한 감독사업은 위생방역기관, 방사선감독기관 및 해당권한이 있는 기관이 하는 것으로 규정하고 있다. 마지막으로 제5장 환경피해에 대한 손해보상 및 제재의 규정에는 환경을 손상, 파괴, 오염시킨 기관, 기업소, 단체 및 공민은 그 손해를 보상하여야 함은 물론(제47조), 북한의 영토와 경제수역에서 대기와 물을 오염시켜 해를 끼친 사람 또는 선박도 억류하여 손해를 보상시키거나 벌금을 물릴 것을 규정하고 있다(제50조).

1990년대 북한 환경정책의 특색은 80년대 중반부터 외국의 자본과 기술의 유치를 위해 추진한 합영법의 연장선상에서 외국기업의 투자와 기업활동에 의한 환경오염을 방지하기 위해 법규정을 마련하였다는데 있다. 1992년의 「외국인투자법」과 「합영법시행세칙」, 1993년의 「자유경제무역지대법」과 「토지임대법」, 그리고 1994년의 「외국인기업법시행규정」과 「자유무역항규정」 등에 나타나는 환경오염관련 규정이 그것이다. 또한 환경문제의 기술적 해결책을 모색하면서 과학화와 현대화를 제한적이나마 추진하고 있음을 이와 관련한 북한의 논문들에서 찾아볼 수 있다.

한편 북한은 환경보호법 제39조에 의거하여 1993년 2월 국가환경보호위원회를 설립하였으며, 환경보호법을 구체적으로 집행하기 위한 「환경보호법시행규정」을 1995년에 채택하였다. 총 5장 55조로 구성된 시행규정은 환경보호사업의 일반적 원칙, 자연환경의 보존과 조성, 환경오염 방지문제, 환경보호에 대한 지도관리, 환경피해에 대한 손해보상 및 제재 등을 규정하고 있다. 또한 공해대책 수립과 주민들에 대한 사회주의 애국주의교양을 강화하는 것을 환경보호사업의 중요한 원칙으로 삼고 있으며, 북한과 그 주변에서의 핵무기, 화학무기, 세균무기의 개발과 실험, 사용으로 인한 환경파괴를 반대해 투쟁하는 것도 규정하고 있다.

북한은 환경문제를 담당할 국가기구로서 정무원 산하 비상설기구로 설치했던 국가환경보호위원회를 1995년에 국토환경보호부로 개칭해 상설화 하였다. 이어 기존의 정무원 조직을 내각제로 개편한 1998년 9월 5일에 열린 최고인민회의 10차 1기회의에서 국토환경보호부를 도시경영부와 통합하여 도시경영 및 국토환경보호성(상 최종건)으로 개편하였다. 그러나 통합 4개월만인 1999년 3월 3일 도시경영 및 국토환경보호성을 도시경영성과 국토환경보호성으로 다시 분리했다. 최고인민회의 상임위원회(위원장 김영남)는 이날 정령을 통해 도시경영 및 국토환경보호성의 분리가 '혁명투쟁과 건설사업이 발전하고 심화되는데 따라 기구도 끊임없이 개선되고 완성되어야 한다'는 김정일의 지시에 따른 것임을 강조했다. 그리고 1999년 4월 6일 김영남 최고인민회의 상임위원장은 국토환경보호상에 장일선, 도시경영상에 최종건을 각각 임명했다.

한편 김정일은 1984년 국토관리일꾼들에게 보낸 문건 이후 국토관리 분야에서 나타났던 제반 현상을 평가함과 동시에 환경보호를 포함하는 전반적인 국토관리의 방향을 1996년 '국토관리사업에서 새로운 전환을 일으킬데 대하여'에서 다시 한번 제시하였다.

> 국토관리사업을 개선강화하여야 하겠습니다. 국토관리사업은 토지와 산림, 도로, 강하천, 연안, 령해를 비롯한 나라의 전 영토를 관리하고 보호하는 사업입니다 … 국토관리사업은 나라의 전 령토에 대한 보호관리사업인 것만큼 국토관리부문 일군들에게만 맡겨서는 잘될 수 없습니다. 공화국의 령토안에 있는 모든 기관, 기업소와 협동농장들, 모든 일군들과 당원들과 근로자들이 총 동원되여야 국토관리사업을 잘해 나갈 수 있습니다. 특히 모든 부문, 모든 단위에서 책임일군들이 주인다운 자각과 높은 책임감을 가지고 적극 떨쳐 나가야 국토관리사업에서 전환이 일어날 수 있습니다. 도, 시, 군당책임비서들을 비롯한 당책임일군들이 나무심기와 강하천정리, 도로관리 같은 모든 국토관리사업을 직접 틀어 쥐고 당적 사업으로 힘 있게 내밀어야 합니다.[17]

연이은 홍수피해 직후 발표한 1996년의 문건 이후 북한은 이를 근거로 동년 9월 '국토환경보호부문 및 연관부문 일군회의'를 처음 개최하였으며, 1998년 2월에 2차 회의 그리고 2000년에 3차 회의를 개최한 이후 매년 초 각 지역단위로 파견될 국토관리부문 일꾼들을 대상으로 동 회의를 열고 있다. 또한 1996년부터 '국토관리총동원기간'을 새롭게 설정(매년 3～4월을 '봄철 국토관리총동원월간', 10～11월을 '가을철 국토관리총동원월간')하여 나무심기와 도로 및 강·하천정리사업을 대대적으로 벌이고 있다. 북한이 추진중인 국토관리사업의 내용은 자연재해로 인해 황폐화된 국토의 복구 및 재건, 환경보호, 관광사업을 겨냥한 국토관리 등 세가지이며, 그 중에서도 국토의 복구 및 재건에 역점을 두고 있다. 1999년 3월 12일 《조선중앙통신》에 따르면 북한은 해마다 자연보호와 관련하여 '나무심기월간'(3월), '강·하천정리월간'(3월), '약초재배월간'(4월), '이로운 새보호월간', '이로운 산짐승보호기간', '수산자원보호월간', '해양월간'(7～8월) 등을 설정해놓고 자연보호사업을 강화·발전시키고 있다고 한다.

이와 같이 1995～1996년의 홍수, 한발 등 자연재해는 김정일이 환경보호를 포함하는 국토관리에 더욱 관심을 가지게 하는 계기가 되었다. 1996년 11월 27일에는 중앙인민위원회의 정령을 통해 김일성이 국토관리사업을 총괄적으로 담당하는 내무성을 설치하고 국토관리의 방향 등을 제시했다는 1962년 10월 23일을 기린다는 차원에서 매년 10월 23일을 '국토환경보호절'로 제정한다고 밝혔다. 이후 북한은 매년 국토환경보호절을 맞아 각지 일군과 근로자들을 대상으로 도로보수·정비 등 국토환경보호사업을 더욱 강화할 것을 촉구하고 있다.

이와 함께 북한은 1999년 이후 지속적인 플러스 경제성장으로 도시정비를 위한 여력이 어느 정도 생김에 따라 국토관리사업 기간을 이용해 주민들의 주택과 공공건물 및 시설물들을 보호·관리하는 도시경영사업에도 관심을 기울이고 있다. 이 사업을 통해 평양 등 주요 도시의 생활여건을 개선, 주민들의 기대에 부응하는 한편 투자·관광 등의 목적으로 방문하는 외국인들에 좋은 인상을 심어주는 이미지 개선을 시도하고 있다. 특히 매년 9월 5일을 '도시경영절'로 지정해 각종 활동을 전개하고 있다.

또한 북한은 1999년 3월 2일 우리의 식목일에 해당하는 '식수절'을 4월 6일에서 3월 2일로 변경하였다. 김일성이 1947년 4월 6일 문수봉에 올라 나무를 심은 일을 기념하기 위해 북한은 4월 6일을 식수절로 제정하여 기념행사를 펼쳐왔다. 최종건 당시 도시경영 및 국토환경보호상이 1999년 3월 2일 ≪조선중앙방송≫을 통해 밝힌 식수절의 변경사유는 1946년 3월 2일 김일성, 김정일, 김정숙이 모란봉에 올라 일제에 의해 파괴된 모란봉을 바라보며 나무를 많이 심으라고 교시하였기 때문이라고 한다. 이러한 조치는 김정일 시대를 의식, 식수절을 김정일과 연관시킨 것으로 볼 수 있으며, 다른 한편으로는 국토관리총동원기간의 분위기 고취를 위한 것으로도 분석될 수 있다. 봄철 국토관리총동원월간이 시작하는 3월부터 대대적으로 나무를 심어야 할 판에 식수절이 뒤늦게 4월 6일인 것은 분위기 조성에 맞지 않기 때문이다. 북한은 변경전 식수절이 포함된 4월과 10월을 식수월간으로 실시하였으나, 국토관리총동원기간이 생기면서 사실상 유명무실해졌다.

전력생산에서 혁신을 강조하고 있는 북한은 자체적으로 풍력발전 설비생산에 노력하고 있는 것으로 알려졌다. 1998년 1월 28일 ≪평양방송≫은 「10월 5일 자동화종합공장」에서 근로자들이 새해에 들어와 20일 남짓한 기간에 풍력발전기 2백여기 분의 부속품들을 성과적으로 생산했다고 보도했다. 또한 1999년 6월 17일 ≪조선중앙방송≫은 김정일 위원장이 대체에너지 개발의 일환으로 최근 조력발전소를 건설해 전력문제 해결에 기여한 황남 옹진·강령·벽성군과 관계자들을 치하했다고 보도하였으나, 조력발전소의 규모나 건설지점은 밝히지 않았다.

한편 법적 측면에서 북한은 1992년 산림자원의 보호관리와 지도 통제를 전반적으로 규정한 「산림법」을 제정하였으며, 이후 「산림법시행세칙」(1993)을 채택하였다. 최고인민회의 제9기 4차회의에서 채택된 산림법은 전문 5장 47조로 구성되어 있으며 산림조성과 보호, 산림자원의 이용 및 산림경영의 지도·통제강화를 법으로 규정한 것이다. 그동안 북한이 단편적인 규칙이나 정령 등을 통해 산림조성과 보호관리사업을 추진해 왔던 데 비춰볼 때 산림법의 제정은 북한이 산림자원의 중요성을 보다 비중있게 인식하게 됐음을 보여주는 것이다.

1999년 초 북한은 1995년 이후부터 채택된 기존의 시행사항을 종합정리, 성문화하는 형식으로 경제관련법 14건과 시행규정 3건을 만든 것으로 알려졌다. 「인민경제계획법」, 「양어법」, 「농업법」, 「발명법」, 「공중위생법」, 「에네르기관리법」, 「무역법」, 「의료법」, 「도로법」, 「물자원법」, 「가격법」, 「전력법」, 「재정법」, 「수산법」 등의 경제관련법과 「전력법시행규정」, 「재정법시행규정」, 「환경보호법시행규정」(1995) 등이 그것이다. 그외 「바다오염방지법」(1997), 「국토환경보호단속법」(1998), 「유용동물보호법」(1999) 등을 채택했다. 1999년 1월 26일 「조선중앙통신」을 통해 보도된 「유용동물보호법」은 1959년 2월에 발표한 「유용동식물을 보호할데 대하여」를 보완·개정한 것으로 보인다. 「유용동물보호법」에는 유용동물의 특성, 보호절차와 방법들이 규정되었으며, 특히 보호절차에서 중요한 것으로 유용동물들을 관찰, 등록하고 서식지를 만들어 줄 것을 규정하고 있다고 한다. 『조선말대사전』에 따르면 유용동물이란 '사슴, 노루, 산토끼, 산양, 꿩 등 인민경제와 인민생활에 이롭게 쓰이는 동물'을 가리킨다.

또한 북한은 1999년 3월 4일 최고인민회의 정령 488호를 통해 1986년 4월 9일 채택되었던 「환경보호법」을 개정하였다. 1986년의 환경보호법이 총 5장 52조로 구성되었던 반면, 개정된 환경보호법은 제5장 '환경피해에 대한 손해보상 및 제재'를 삭제한 총 4장 50조로 구성되었다. 개정된 환경보호법의 주요 특징은 다음과 같다.

첫째, 1998년의 헌법개정과 1999년 3월의 국토환경보호성 설립에 맞추어 전반적인 지도기관을 정무원에서 내각으로 바꾸었으며, 국토관리 및 환경보호 관련 모든 업무 및 감독·통제를 국토환경보호성과 국토환경보호기관이 담당함을 밝혔다.

둘째, 제8조에서 과거의 제8조("우리나라를 우호적으로 대하는 모든 나라들과 환경보호분야에서 과학기술 교류와 협조를 발전시킨다")를 수정하여 외국 및 국제기구들과 환경보호분야에서 교류와 협조를 발전시킨다로 함으로써 교류협력의 대상 범위를 확대하였을 뿐만 아니라, 교류협력분야의 범위도 제한하지 않음으로써 북한이 자국의 경제난·환경난을 반영하여 외국과 국제기구들로부터 환경보호관련 과학기술, 재정 등 폭 넓은 지원을 기대하고 있음을 보여주었다.

셋째, 제18조에서 국토환경보호월간, 국토관리총동원월간, 식수 및 도시미화월간을 고정화하여 전 인민대중이 환경보호사업에 참여하도록 하며, 내각이 여기에 대한 책임을 진다고 규정하여 국토환경보호사업의 체계적 실시와 인민적 동원을 더욱 강조하였다.

넷째, 제42조에서 국토환경보호기관이 정하는 환경영향평가에 부합하는 기술적 과업과 계획을 작성해야 한다고 하여 환경영향평가의 중요성을 새로이 첨가하였다.

다섯째, 제44조에서 환경을 개선하기 위한 과학적 연구를 꾸준히 촉진하여야 한다고 새로이 규정하여 환경보호에 있어서 과학기술의 중요성을 강조하였다.

북한은 1998년 9월 5일 이른바 「김일성헌법」을 채택하였다. 그러나 개정된 헌법에서도 환경과 관련된 제57조를 수정하지 않음으로써 국민이 국가에 대하여 그 작용을 적극적으로 강구할 수 있는 권리, 즉 기본권으로서의 「환경권」을 인정하지 않고 있다.

　북한 사회주의사회에서는 개인, 사회, 그리고 국가간에 대립이 존재하지 않으며, 이 3자는 서로 역사법칙에 따라 같은 방향으로 가고 있기 때문에 국가에 항거하는 개인의 방위수단으로서 인권이란 그 개념조차 존재할 필요가 없다는 논리로 다른 기본권과 마찬가지로 환경권을 인정하지 않는 것이다. 다만 헌법 제57조는 "국가는 생산에 앞서 환경보호 대책을 세우며 자연환경을 보존, 조성하고 환경오염을 방지하며 인민들에게 문화위생적인 생활환경과 노동조건을 마련하여 준다"고 규정하여 그럼에도 불구하고 국가가 인민을 위해 시혜적 차원에서 건전한 자연환경과 생활환경을 보장하여 줌을 밝히고 있다. 즉 북한에서는 기본권으로서 환경권이 법적으로 명문화되어 보장되고 있는 것이 아니라, 국가가 시혜적 차원에서 인민에게 문화위생적인 자연환경과 생활환경을 마련해 준다는 것이다. 따라서 인민이 건전한 환경조성을 국가에 대하여 적극적으로 강구할 수 있는 권리를 가지는 것이 아니라, 국가가 그것을 위해 노력해 준다면 반사적인 혜택을 입을 따름이다.

　북한은 1990년대에 들어서면서 환경관련 국제회의에도 관심을 표명하고 있다. 유엔개발계획(UNDP)이 동아시아환경사업의 일환으로 대기오염방지 및 재생에너지 기술개발을 위해 1991년 7월 몽고의 울란바토르에서 개최하였던 UNDP동북아환경회의에 참가하였으며, 유엔환경계획(UNEP)이 지역해양보존사업의 일환으로 동북아해양환경보전을 위해 추진한 북서태평양해양보전계획(NOWPAP)의 북경회의(1992.10)에도 참가하였다.

　국제환경회의에 대한 북한의 본격적인 관심은 1992년 6월 브라질의 리오데자네이로에서 개최되었던 환경과 개발에 관한 유엔회의(UNCED)에 나타났다. 이 회의에서 북한은 환경에 대한 인공적인 파괴적 영향을 막으면서 경제의 발전과 개발을 위한 제반 원칙을 규정한 「리우선언」,

2000년까지 지구환경계획을 수록한 「의정 21」, 기후체계에 위험한 영향을 주지 않는 수준에서 대기중 온실효과가스의 농도를 안정화하기 위한 「기후협약」(1994), 그리고 생물의 다양성을 보존하며 그 지속적 이용과 공정한 분배를 목적으로 한 「생물다양성보존협약」(1994)에 가담하였다.

그 외 북한은 1995년 1월 오존층 보호를 위한 2개의 국제협약(「비엔나협약」과 「몬트리올 의정서」)을 비준했으며, 96년에는 오존층을 파괴하는 일부 생산공정들을 폐기했다고 한다.[18] 이후 북한은 1995년 제49차 유엔총회에서 몬트리올의정서의 채택일인 1987년 9월 16일을 기념하기 위해 지정한 '국제 오존층 보호의 날'을 기념한 행사도 거행하고 있다. 또한 북한은 '지구의 날'인 4월 22일을 기념하여 자연환경과 자원을 보호하기 위한 사업을 전국가적으로 진행하고 있다고 한다.[19] 한편 1998년에는 「세계문화와 자연유산보전에 관한 UNESCO협약」에 가담하였다.

또한 북한은 아시아태평양경제사회위원회(ESCAP)가 주관하는 정부간 외교교섭회의인 동북아 환경협력을 위한 고위급회의(Meeting of Senior Officials on Environmental Cooperation in Northeast Asia)의 제1차 전문가회의(북경, 1994.11.24~26)에 참여하였고, UNDP의 후원하에 남북한, 중국, 러시아, 몽골 5개국이 두만강지역개발계획(TRADP)과 관련하여 두만강경제개발지역(TREDA) 및 동북아시아의 환경적으로 건전하고 지속가능한 개발을 위한 「환경원칙에 관한 양해각서」(Memorandum of Understanding on Environmental Principles)에도 서명하여 정기적으로 참여하고 있다. 그외 UNESCO의 '인간과 생물권 계획'(Man and the Biosphere Program: MAB)과 그 일환으로 추진되고 있는 '동북아 생물권 보존지역 네트워크'(East Asian Biosphere Reserve Network) 등에도 참여하고 있다.

한편 이 시기에 북한은 동북아 역내국가들과의 환경협력에도 관심을 보였다. 1991년 12월 13일 남북이 합의한 「남북사이의 화해와 불가침 및 교류협력에 관한 합의서」에서 북한은 "남과 북은 … 환경 … 등 여러 분야에서 교류와 협력을 실시한다"(16조)라고 합의하여 비록 선언적 의미이지만 환경협력에 대한 관심을 표명하였다. 또한 1978년 중국과 「두만강유역 오염방지협정」을 체결하였으나 실효를 거두지 못하였던 북한은 1992년 양국 환경당국간의 환경보호협력협정인 「조선민주주의 인민공화국 환경보호 및 국토관리총국과 중화인민공화국 국가환경보호국 간의 협력협정」을 체결하였다. 이는 남한이 중국정부와 체결한 「대한민국 정부와 중화인민공화국 정부간의 환경협력에 관한 협정」과 같이 당사국간 환경피해방지 및 환경보호를 위해 환경관련 통계, 정보, 기술 제공과 환경전문가의 교환 등 환경관련 협력활동 강화를 목적으로 하는 조약이다(<표 1> 참조).

3) 최근 동향

2000년대의 환경정책도 90년대의 연장선상에서 진행되고 있다. 2000년에 들어서도 북한은 매년 초 평양 인민문화궁전에서 국토환경보호부문 및 연관부문 일꾼회의를 열고 있다. 통상적으로 이 회의에는 홍성남 내각 총리와 노동당 중앙위원회 비서를 비롯해 내각의 각 위원장과 상(장관), 중앙기관·근로단체 책임간부, 각도와 시·군·구역의 당·정권기관 책임간부, 국토환경보호부문 및 연관부문 간부들이 참석하여 지난해 국토관리 총동원사업에서 이룩한 성과와 경험을 평가하고 이에 기초하여 당해연도에 추진해야 할 구체적인 과업과 방도를 토의하고 있다.

2000년에는 1월 29일 회의를 열었으며, 2001년에는 1월 31일 회의를 개최한 뒤 김정일에게 전하는 맹세문을 채택하였다. 2002년에도 1월 31일 회의를 열어 지난해 국토관리 추진실태를 결산한 뒤 김일성의 90회 생일(4.15)과 김정일의 60회 생일(2.16)을 맞는 해에 '국토건설과 관리사업에 전환을 일으키기 위한 방안'을 논의하였다. 특히 신년공동사설에서 제시된 국토환경보호사업의 '도시와 농촌의 수림화, 원림화'의 목표를 관철하기 위해 산림조성에 힘을 쏟았다.[20] 2003년에는 1월 28일 회의를 개최하여 지난해 국토관리총동원사업에 대해 결산하고 기관별 평가순위를 발표했다.

2000년대에 접어들면서 북한은 산림조성에 특히 힘을 쏟고 있다. 북한 내각은 2000년에 2001년부터 2010년까지를 '산림조성 10년 계획기간'으로 설정하는 등 산림면적을 확대하기 위한 장기계획을 수립·추진하고 있다. 특히 아카시아나무가 발열량이 높아 땔나무로 적합하고, 목재생산성이 높으며, 꿀 등 부수적인 소득도 많기 때문에 인민경제 발전과 인민생활 향상에 크게 기여할 것이라면서, 산림자원 확충을 위해 아카시아나무 심기 운동을 적극 권장하고 있다. 2001년 10월에는 이를 위해 산림과학원 산하의 경제림연구소에 아카시아나무 연구실을 신설했다. 특히 산림과학원에서는 2002년 여러 차례에 걸친 '산림부문일군협의회'를 진행하고 '온나라의 수림화·원림화 조성'을 위한 중심과제들을 선정·발표했다.

산림조성을 체계적으로 추진하기 위하여 북한은 2000년 「산림법 시행규정」을 마련하였다. 시행규정은 1993년의 산림법 시행세칙이 다루지 않았던 산림경영의 현대화, 과학화 등을 위한 투자 확대와 세계 여러 나라와의 과학기술 교류 및 협력 증진을 명문화 한 것이 특징이다. 이를 토대로 북한은 가뭄과 홍수 등으로 황폐화된 산림자원 복구에 필요한 자금 및 기술 확보에 적극 나서고 있다. 한편 북한은 2001년 8월 싱가포르의 맥스그로 호울딩사(Maxgro Holdings Ltd.)와 평양 인근에서 조림사

업을 벌이기 위한 합작투자 협정을 체결하기도 했다.[21]

환경관련 법규정 제정과 관련하여 가장 관심을 끄는 것은 북한이 2000년 7월 24일 대내외 정세 및 정부조직 개편과 관련하여 최고인민회의 상임위원회 정령 제1676호를 통해 다시 한번「환경보호법」을 개정하였다는 점이다. 1999년 1차 개정된「환경보호법」을 이번의 2차 개정법과 비교해보면 다음과 같다.

첫째, 1차 개정 환경법의 2조("환경을 보호하는 사업은 사회주의, 공산주의건설에서 항구적으로 틀어쥐고나가야 할 중요한 사업이다")를 2차 개정법에서는 공산주의를 삭제하여 "환경을 보호하는 사업은 사회주의건설에서 항구적으로 틀어쥐고나가야 할 중요한 사업이다"라고 수정함으로써 현 상황에서 북한당국의 목표가 사회주의건설에 있음을 강조하였다.[22] 이는 현재 공산주의 건설을 추구하고 있는 국가가 어디에도 없음을 고려하여 북한의 대외이미지를 제고하는 동시에 다른 국가 및 국제기구들과의 교류협력을 제고하려는 의도를 보여주는 것이다. 그러나「조선로동당규약」(1980.10.13)에서 조선로동당의 최종목적을 "온 사회의 주체사상화와 공산주의사회를 건설하는데 있다"고 규정한 것에는 변함이 없다.

둘째, 2000년 4월 최고인민회의 제10기 3차 회의에서 북한지역의 치안유지 등을 담당해온 '사회안전성'을 '인민보안성'으로 개칭한 것과 관련, 운전기재에 대한 기술검사와 운행단속(21조) 및 방사성물질의 생산·공급·운반·보관·사용·폐기에 대한 허가(33조) 기관을 '사회안전기관'에서 '인민보안기관'으로 변경시켰다.[23]

환경법·규정과 관련하여 또 하나 흥미로운 것은 북한이 2002년 3월 27일 최고인민회의 제10기 제5차 회의에서「국토계획법」을 제정하여 국토계획의 작성과 비준, 실행에서 제도와 질서를 엄격히 했다는 점이다. 국토계획법은 기존의 토지법 등 관련 법이 규정하지 않은 국토관리에 있어서 평양과 지방기관의 역할 확대, 유관 기관들간의 협력 강화, 장기적인 국토건설계획 수립 및 시행, 조속한 국토관리 추진 등을 규정하고 있다. 특히 국토관리 상의 주무부서를 국토환경보호기관으로 명시함으로써 국토환경보호성의 위상을 강화하고 국토관리와 환경보호간의 연계성을 강조했다. 이는 앞서 살펴본 바와 같이 1999년 개정 「환경보호법」이 국토환경보호성과 국토환경보호기관을 국토관리와 환경보호를 위한 주무 부서로 명시한 것과 맥을 같이 한다. 다른 한편으로 법제정의 목적에서 국토관리를 계획적으로 이바지하는데 있다고 밝힘으로써 그간의 국토관리에 있어서 문제점이 있었음을 보여주었다.

또한 국토환경보호성의 역할을 강조함으로써 경제발전을 위해서는 환경보호도 동시에 이루어야 한다는 인식이 좀더 높아졌다고 평가할 수 있다. 이 점은 ≪로동신문≫(2001.10.28)이 '환경보호와 생산장성'이란 제하에 환경오염으로 인해 세계 여러 나라가 입는 경제적 손실이 국내총생산(GDP)의 3∼5%에 달한다고 언급하면서, 환경보호는 나라의 경제를 지속적으로 발전시키기 위한 중요한 사업의 하나로서 환경보호사업에 대한 '옳은 관점과 입장'을 가지며 환경오염을 철저히 방지할 것 등을 촉구한 점과 궤를 같이한다. 북한은 로동신문을 통해 환경오염을 방지하기 위해서는 첫째, 공업지구와 주민지구들을 합리적으로 배치하며, 둘째, 공장·기업소들에서 유해물질 정화시설들을 철저히 갖추도록 하고, 셋째, 모든 공장·기업소에서 기술공정을 현대화해 원료, 연료, 자재를 합리적으로 이용함으로써 폐설물의 발생량을 최소화 할 것을 요구했다. 이와 함께 토지의 지력을 향상시키고 산성화와 침식을 방지하는데도 신경을 쓸 것과 산림의 파괴와 산불, 병충해에 의한 피해를 미리 막고 산림조성사업을 지속적으로 추진해 나가야 한다는 점을 강조했다.[24)]

또한 북한은 홍수 피해 등을 최소화하고 국토관리사업을 효율적으로 추진하기 위해 2003년 5장 39조로 된 「하천법」을 제정하였다. 내각 기관지 ≪민주조선≫(2003.1.26)에 의하면 '하천법의 채택은 선군시대의 요구에 맞게 국토관리사업을 더욱 개선 강화하며 나라의 경제를 발전시키고 인민생활을 높이는 데서 중요한 의의를 가진다'면서, '나라의 귀중한 재부인 하천을 잘 정리하고 보호하며 효과적으로 이용하기 위한데서 나서는 원칙적 문제들이 전면적으로 규제'하고 있다고 한다.

그 외 북한은 1993년 「라진·선봉경제무역지대법」을 채택하면서 '나라의 안전과 주민들의 건강, 동식물의 생장에 해를 줄수 있는 대상, 국가가 정한 환경보호한계기준을 초과하는 대상, 경제기술적으로 뒤떨어진 대상, 경제효과성이 없는 대상의 투자는 금지 또는 제한할 수 있다'(13조)고 규정한데 이어서, 최근 「개성공업지구법」(2002.11.20), 「신의주특별행정구기본법」, 「금강산관광지구법」(2002.11.13) 등 특구관련 법규를 제정하면서 환경보호관련 규정을 마련하였다. 그러나 이들 관련 규정들은 원칙적이고 선언적인 의미를 지니고 있어 특구내 경제활동 관련 환경보호는 세부규정 혹은 지침이 마련될 경우 보다 명확히 파악될 것이다.

한편 수산물보호와 관련하여 국토환경보호성은 생산 부문별로 '연해어장 담당 수역'을 지정해 주고 양식 시설물 만들기, 치어 방류, 해조류 종자 파종 등에 주력할 것을 권장하였다. 특히 허가없이 물고기를 잡거나 바다풀(해조류)을 건저내는 일이 없어야 한다면서 모든 일꾼들과 근로자들에게 수산자원 보호사업에 관심을 기울여 줄 것을 강조하였다.25)

북한은 국토환경보호성을 중심으로 환경보호사업의 과학화, 정보화와 관련하여 전산기지를 조성한다는 계획을 추진하고 있다. 환경보호부문의 정보기술발전에서 핵심적인 역할을 수행할 현대적인 기지를 조성하고, 이 기지를 통해 환경보호 관련 기관들 간의 홈페이지 및 전자메일 서비스, 원격회의 등 각종 정보기술 서비스를 담당하게 하며, 특히 환경보호 관련 국제기구들과의 교류·협력도 추진하게 한다는 계획을 세웠다. 또한 국토환경보호성은 환경보호위원회를 비롯해 관련 기관들에서 이미 사용되고 있는 정보서비스 체계를 더욱 확대하고 데이터를 구축하는 사업도 병행 추진할 계획을 세웠다.26) 그 결과 국토환경보호성과 그 산하 기관간에 컴퓨터망이 연결되어 일꾼들의 정보기술수준이 높아졌다고 한다. 국토환경보호성과 기상수문국간에 컴퓨터망이 형성되어 위성사진정보를 받아 산불과 홍수피해를 미리막기 위한 감시체계가 세워졌으며, 국토자원조사사업에도 정보기술을 적극 도입하여 산림조성계획작성에 산림정보봉사체계를 활용함으로써 수종이 좋은 나무들로 수림화사업이 추진되고 있다고 한다.27)

한편 북한은 2006년 환경파괴를 방지하고 청정환경을 보존하기 위하여 「환경영향평가법」을 제정하였다. 특히 제1조에는 국가적 환경영향평가와 관련하여 타 국가 및 국제기구와 교류협력을 촉진할 것임을 적시하였다. 제4조에서는 환경에 부정적인 영향을 주는 개발과 건설의 중단을 엄격히 실행할 것을 규정하였다. 동 법은 북한의 국제적 이미지를 제고하고, 향후 개혁과 개방이 초래할 환경문제의 해결에 필요한 자원을 해외로부터 마련하기 위해 입안된 것으로 보인다.

최근 북한이 가입한 환경분야 국제협약은 「생물안전성에 관한 카르헤나의정서」(2001), 「잔류성유기물질관리를 위한 스톡홀름협약」, 「농약 및 특정유해물질 처리 및 교역시 사전통보 등 승인절차에 관한 로테르담협약」, 「남극조약」 등이다. 북한은 2002년 3월 세계자연보존연맹 제4차 동아시아 지역회의에 참가하여 북한의 자연환경보전관련 정책 등 현황을 소개하는 "생물다양성협약 수행진도(Implementation Progress of the Convention on Biological Diversity in DPRK)"라는 제목의 국가보고서를 발표하기도 하였다. 향후 람사협약과 CITES를 비준하는 문제도 검토 중에 있다고 한다. <그림 1>은 북한이 다자간 차원에서 맺은 국제환경협약의 가입현황을 보여준다.

한편 양자적 차원에서 북한은 2000년 남북한 정상이 만나 공동으로 발표한 「6·15 남북공동선언문」의 4항에서 "남과 북은 … 환경 등 제반 분야의 협력과 교류를 활성화하여 서로의 신뢰를 다져 나가기로 하였다"라고 합의하여 비록 선언적 의미이긴 하지만, 1991년의 「남북기본합의서」에 이어 환경분야 남북 교류협력에 대한 관심을 재표명하였다. 또한 1986년 러시아와 「기상수문 및 자연환경분야 협조협정」을 체결하였던 북한은 2000년 7월에 발표된 「조러공동선언문」의 11항에 "조선민주주의인민공화국과 러시아는 … 사회보장, 법률, 환경보호, … 기타분야들에서 협조를 실현한다"고 하여 선언적 의미로 양국간 환경보호협력을 강조하였다. <표 1>은 북한이 동북아 역내국가와 양자적 차원에서 맺은 환경협약 체결 현황이다.[28]

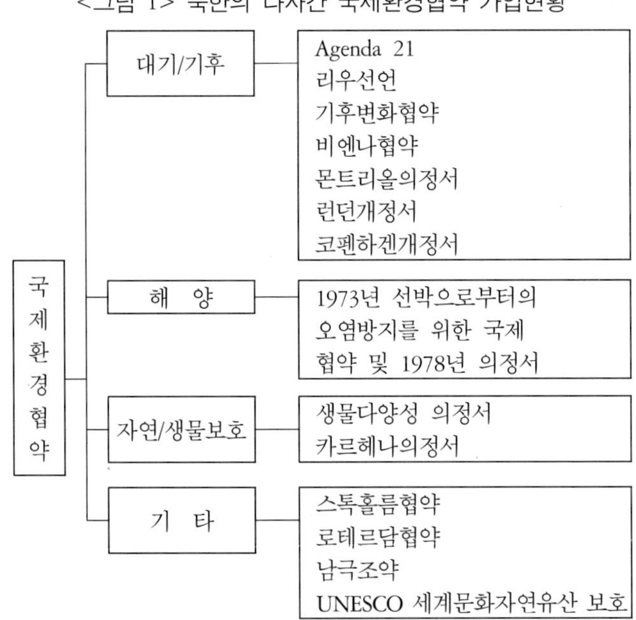

<그림 1> 북한의 다자간 국제환경협약 가입현황

<표 1> 북한의 양자간 환경협약 체결현황

구분	조약 대상국	조 약 명	체결 년도	주 요 내 용
북한	중국	두만강 오염방지협정	1978. 3.	두만강 주변 공장폐수로인한 수질오염방지
		중화인민공화국 국가환경보호국과 조선민주주의인민공화국 환경보호 및 국토관리총국간의 협력협정	1992.12.	양국의 환경보호 담당부서간의 환경보호 협력협정
	러시아	기상수문 및 자연환경분야 협조협정	1986.10.	-
		조로공동선언문	2000. 7.	선언적 의미
남한	중국	대한민국 정부와 중화인민공화국 정부간의 환경협력에 관한 협정	1993.10.	양국 정부간 환경보호협력의 강화
	러시아	대한민국 정부와 러시아연방 정부간의 환경분야에서의 협력에 관한 협정	1994. 6.	
	일본	대한민국 정부와 일본국 정부간의 환경보호분야에서의 협력에 관한 협정	1993. 6.	
남북간		남북사이의 화해와 불가침 및 교류협력에 관한 합의서	1991.12.	선언적 의미
		남북공동선언문	2000. 6.	

4) 환경정책의 특징

(1) 경제성

북한 환경정책의 특징은 환경정책이 본연적으로 지녀야할 환경보호라는 생태성 외에 경제성과 정치성으로 아울러 함축하고 있다는데 있다. 환경정책의 경제성이란 북한이 환경을 보는 기본입장이 환경자원을 보호·증식하여 인간의 욕구충족을 위해 활용하려는 경제적 측면에서 출발하고 있다는 것을 말한다. 환경 혹은 환경자원의 생명성을 인식하여 보호하며 인간의 생존에 필수적인 부분만을 이용한다는 환경자원에 대한 관리적 자세管理的 姿勢가 아니라, 환경자원을 가능한 한 많이 보호·증식하여 그것을 경제적으로 이용한다는 지배적 자세支配的 姿勢에서 출발하고 있는 것이다.29) 따라서 김정일이 교시하는 환경정책의 핵심도 환경의 경제성에 주목하고 이를 활용하는데 있다.

환경을 이해하는 기본입장으로서 경제성의 강조는 인간중심적인 환경관에 뿌리를 두고 있다. 환경을 대하는 기본관점이 인간은 환경의 일부임과 동시에 인간과 환경이 상호의존적인 공생공영의 상호작용의 관계를 맺으면서 전체로서 하나의 환경을 이루어 간다는 조화관에 기초하여 환경을 '동반세계'(Mitwelt)로 보는 것이 아니다. 북한은 환경에 대한 인간의 우월성에 기초하여 환경을 인간의 욕구를 충족시키기 위한 정복과 투쟁의 대상으로, 그리고 인간의 욕구충족에 맞도록 하기 위한 변형과 개조의 대상으로 파악하는 인간중심적인 환경관을 가지고 있다.

인간중심적 환경관의 사상적, 철학적 기초는 주체사상이다. "모든 것을 사람을 중심으로 생각하고 사람을 위하여 복무하게 하는 것이 바로 주체사상의 요구입니다"30) "사람은 세계의 주인인 것만큼 마땅히 사람의 리익의 견지에서 세계를 대하여야 합니다. 사람이 세계를 인식하고 개조하는 것은 세계의 모든 것을 사람을 위하여 복무하도록 하기 위한 것입니다"에서 보여주듯이 주체사상은 철저한 인간중심적 사고관이다.31)

이러한 세계관과 환경관은 자연환경이 인간을 위해 복무해야 할 지배와 정복의 대상이라는 김정일의 말과 글에서 그대로 나타난다. "사람은 세계의 주인인 것만큼 마땅히 사람의 리익의 견지에서 세계를 대하여야 합니다. 사람이 세계를 인식하고 개조하는 것은 세계의 모든 것을 사람을 위하여 복무하도록 하기 위한 것입니다. 세계에서 가장 귀중한 것은 사람이며 세계에는 사람의 리익보다 더 귀중한 것은 없습니다. 세계의 모든 사물은 오직 사람을 위하여 복무하는 한에서만 가치를 가지게 되는 것입니다. 그러므로 사람을 위하여 더 잘 복무하게 하는 견지에서 세계를 대하는 것은 세계에 대한 가장 옳바른 관점과 립장입니다".32)

또한 "자연을 정복하고 개조하여 그것이 인민들의 복리를 위하여 효과적으로 복무하게 만드는 것이 공산주의자들의 본분이며 일본새입니다"33)라면서 자연과의 투쟁을 공산주의자들의 숭고한 혁명임무의 하나로, 주체혁명위업의 중요구성부분의 하나로 제시하고 세상에서 가장 귀중한 것은 사람이며 가장 힘있는 존재도 사람인 것만큼 노동계급의 당은 자연을 정복하고 사회를 개조하는 보람찬 투쟁을 전개하여야 한다는 김정일의 글에서도 이를 잘 확인할 수 있다.

이상에 알 수 있듯이 북한 환경정책의 특징인 경제성은 주체사상에 바탕을 둔 인간중심적 환경관의 필연적인 결과이다. 현재 북한에서 정책전반의 방향과 골격을 형성하는 지도적 지침이라 할 수 있는 김정일의 교시속에 나타나는 환경관련 언급중 거의 대부분이 경제 관련 담화 가운데 나타나고 있다는 사실이 이를 뒷받침하고 있다.

(2) 정치성

북한 환경정책의 두번째 큰 특징은 그것의 정치적 성격이다. 북한체제를 유지, 지속, 통합하는 기본적인 토대는 주체사상이다. 공산주의사회의 건설이라는 궁극적 목표를 위한 실천이데올로기로서 출발한 주체사상은 1955년 12월 28일 김일성이 당선전선동원대회에서 사상에서의 주체를 강조한 이후 이론적으로 체계화되기 시작했다. 그후 김정일에 의한 김일성주의화를 거쳐 1992년 신헌법의 채택을 통해 맑스-레닌주의의 틀을 벗어나 오늘날 주체사상은 순수이데올로기로 격상되었다. 그동안 주체사상은 김일성 및 김정일체제의 유지, 체제의 정당성구축과 정통성확보, 혁명과 건설을 위한 대중동원, 대남혁명과 통일노선의 합리화, 대외정책의 외교적 기조로서의 역할은 물론, 권력계승의 정통화를 위해 시의적절하게 보완, 변모, 체계화되어 오늘날 북한체제의 유일사상으로 정식화되었다.

북한은 주체사상에 바탕을 두고 사회주의건설 혁명투쟁의 기반을 자주성, 창조성, 의식성으로 무장된 인민대중의 집단적 대중운동에 두었다. 세부적으로 보면 사상적 측면에서는 유일사상에 의해 획일화된 인민대중을, 사회관계적 측면에서는 조직화된 대중집단화를, 그리고 사회운동적 측면에서는 대중적 혁명운동으로서 군중노선을 추구하여 왔다. 이를 통해 북한은 정치적 측면에서는 체제에 대한 충성과 지지를 유도하였으며, 경제적 측면에서는 자력갱생에 기반한 생산증대와 건설을, 사회적 측면에서는 사회통제와 집단화를, 그리고 군사적 측면에서는 대남적화혁명을 위한 군사력건설을 추진하여 왔다.

북한 환경정책의 정치성이란 김일성과 김정일의 환경관련 말과 글이 이와 같은 주체사상과 그 세부정책에 수렴되어 기능하고 있음을 말한다. 환경보호를 사회주의건설에 필요한 노력동원의 명분으로 활용하여 건설사업과 대중운동에 인민대중이 적극적으로 참여하게 하는 자발성을 촉발시키는 수단으로서 기능하게 하는 것이다. 산림조성과 보호운동, 제방공사, 도시복구건설, 국토관리사업 등이 인민대중의 자주성과 창조적인 생활을 보장하기 위한 환경보호사업으로 선전되고 있다. 또한 환경오염과 파괴에 대한 대응책의 필요성이 제기될 때마다 사상교육의 강화와 통제의 필요성을 주장하고 이를 이유로 당의 유일사상체계와 북한식 사회주의제도의 우월성을 깊이 각인시키는 사상교육의 강화를 추진하고 있다. 이를 통해 체제에 대한 충성과 지지가 유도되고, 인민대중에 대한 집단화와 통제가 진행되어 북한체제가 유지되고 있는 것이다. "일군들이 국토관리사업에 무관심한 것은 간단히 볼 문제가 아닙니다. 이것은 일군들에게 인민을 위하여 복무하는 정신, 애국주의사상이 없는 표현입니다. 모든 일군들은 국토관리사업이 가지는 중요성과 국토관리사업에 대한 무관심성이 가져 온 엄중한 후과에 대하여 똑똑히 알고 국토관리사업을 개선강화하는데 한결같이 달라붙어야 하겠습니다"[34]란 글에서 이를 확인할 수 있다.

북한 환경정책의 정치성은 바위새김글에 대한 김정일의 입장에서 분

명히 나타난다. 나무 한 그루, 풀 한 포기도 함부로 다쳐서는 안된다고
강조했던 김정일은 그러나 정치적 구호를 위한 바위새김글은 장려하고
있다: "선전선동부에서 자연바위에 글을 새기는 사업을 바로 지도하지
못하다보니 자연바위에 글을 새기고 년월일을 밝히지 않은 것이 적지
않습니다. 자연바위에 글을 새기고 년월일을 밝히지 않으면 몇백년이
지난 다음 그 글을 언제 새겼는지 알 수 없습니다… 자연바위에 글을
새긴 다음에는 반드시 년월일을 밝혀 언제 새긴 글이라는 것이 영원히
전해지도록 하여야 하겠습니다."[35]

4. 결 론

북한의 환경관은 주체사상에 뿌리를 두고 있다. 모든 것을 사람을 중심
으로 생각하고 사람을 위해 복무하게 한다는 주체사상은 필연적으로 환경
을 인간의 욕구충족을 위한 정복과 투쟁의 대상으로, 인간의 욕구에 맞도록
하기 위한 변형과 개조의 대상으로 파악하게 하는 철저한 인간중심적, 자연
지배적 환경관을 낳았다. 그 결과 환경 혹은 환경자원은 가능한 한 많이
보호·증식되어 경제적으로 이용되어질 대상과 도구로 인식되고 있다.

한반도에서 인간다운 삶, 질적으로 개선된 삶의 영위를 위해 형성되
어져야 할 바람직한 환경문화는 환경에 생명성을 부여하여 존중하는 바
탕위에 환경을 인간과 더불어 공생공영하는 동반세계로 인식하면서 인
간생존에 필수적인 부분만을 사용한다는 환경조화적이고 환경관리적인
환경관이다. 그리고 이러한 가치관에 근거하여 한반도의 모든 주민이
환경친화적인 행태를 일상화하는 것이다.

한반도가 남북한주민이, 그리고 그 후세들이 살아가야 할 공통의, 유
일한 삶의 터전임을 직시한다면 인간다운 삶의 영위를 위한 바람직한

환경문화의 형성을 위한 노력은 남북한 모두가 긴급히 대처해야 할 공통의 과제이다. 이를 위해서는 무엇보다 환경문제에 대한 인식의 공감대를 형성하면서 환경에 대한 가치관을 접근시키려는 노력이 기울여져야 한다. 환경조화적인 환경관의 정립이 남북한주민들이 환경친화적으로 행태하게 하는 토대가 되기 때문이다.

따라서 한반도내 바람직한 환경문화의 형성을 위해 현 시점에서 힘을 쏟아야 할 방향은 남한 내에서 주민들이 환경조화적인 가치관을 정립하고 환경친화적인 행태를 일상화하도록 노력하는 다른 한편으로 환경분야에서 남북한간의 교류와 협력을 추진함으로써 북한의 변화를 장기적으로 모색해보는 작업이라 할 것이다.

환경문제의 해결에 모든 국가가 힘을 모아가고 있는 현실에서 남북한이 예외가 되어서는 안된다. 한반도를 둘러싼 대기, 강·하천 및 해양오염이 남한에만 피해를 주고 북한을 피해갈 수는 없다. 중국에 의한 대기오염과 해양오염이, 동해에 폐기된 소련/러시아의 방사성물질이 남한에만 해를 미치고 북한에는 그렇지 않을 수가 없다. 한반도를 둘러싼 환경문제는 다소 정도의 차이는 있다고 하더라도 결국 남북한 모두가 직면하고 있는, 이념을 초월한 공통의 문제인 것이다.

환경문제에 대한 공동협력은 'Zero-Sum'이 아닌 'Non Zero-Sum'분야이다. 환경문제에 대한 상호협력이 'Win-Lose'관계가 아닌 'Win-Win'관계임을 깨닫고 남북한이 서로 협력할 때 이념에 의한 대립이 종식된 탈냉전의 시기에 아직도 냉전이 존재하고 있는 한반도에 최소한의 변화가 오게 될 것이다. 그리고 그것이 한반도에서 인간다운 삶을 영위할 수 있게 하는 바람직한 환경문화 형성을 위한 첫걸음이 될 것이다.

※ 이 글은 "북한의 환경문제," 『진보평론』 12호(2002)에 수록되었다.

주註

1) 이러한 시각은 분석의 대상을 '단위체', '환경요소', 단위체와 환경요소간의 '의존적 상관관계'란 세가지 중심변수의 관계성 속에서 파악하려는 생태학적 접근방법(Ökologische Betrachtungsweise)에 근거하고 있다. Gi-Woong Son, *Umweltmilitarismus. Sozio-Militarismus und Öko-Militarismus* (Hamburg, 1992), pp. 12-20 참조.

2) 사회과학원언어학연구소, 『현대조선말사전』 (서울: 도서출판 백의, 1988), 2447쪽.

3) 과학·백과사전출판사, 『백과전서 5』 (평양: 과학·백과사전출판사, 1984), 858쪽.

4) 김일성, 『자연보호사업을 강화할데 대하여』 (평양: 조선로동당출판사, 1993), 392~393쪽; 안천훈, "환경보호법은 사회주의제도의 우월성을 구현한 혁명적 법전," 『근로자』 1986년 12호, 25쪽.

5) 안천훈, 위의 글, 28쪽.

6) 안천훈, 위의 글, 25~29쪽 참조.

7) 전대영, "경애하는 수령 김일성동지의 생산력배치에 관한 사상과 그 빛나는 구현," 『근로자』 1973년 12호, 54쪽.

8) 전대영, 위의 글, 55쪽.

9) 1986년 4월 7일 북한 부주석 리종옥이 행한 「환경보호법을 채택함에 대하여」에 담긴 다음과 같은 내용이 이를 잘 보여준다.

"공해기업체들에서 마구 내뿜는 독한 연기와 유독성폐수로 인하여 서울 뿐아니라 남조선의 모든 산과 들, 강과 바다가 심히 오염되고 산림과 물고기를 비롯한 동식물자원이 고갈되여가고 있습니다. 공해 때문에 멸종의 위기에 직면한 동식물이 257종이나 되며 예로부터 경치아름답고 수산자원이 풍부하기로 이름났던 남해바다가 생물이 살 수 없는 '죽음의 바다'로 되였다는 한가지 사실만으로써도 남조선에서 미제와 그 주구들의 반동적인 책동으로 공해현상이 얼마나 참혹한 지경에 일렀는가를 잘 알수 있습니다. 오늘 남조선은 인민들의 정치적 권리와 자유가 완전히 말살된 '민주주의의 페허지대'일 뿐 아니라 생명체들이 제대로 존재할 가능성마저 말살되여가고 있는 가장 혹심한 공해지대입니다. 공해가 심한 자본주의나라들의 가혹한 현실과는 대조적으로 온 나라가 말 그대로 하나의 아름다운 큰 공원속에 있는 우리 조국의 찬란한 모습은 공화국정부의 환경보호시책이 얼마나 정당하며 우리 인민이 이룩해 놓은 모든 성과들이 얼마나 고귀하고 자랑높은 것인가를 뚜렷이 보여줍니다." ≪로동신문≫ 1986년 4월 8일자.

10) 전대영, 앞의 글, 49~55쪽 참조.

11) 김일성,『자연보호사업을 강화할데 대하여』, 393쪽.

12) 안천훈, 앞의 글, 27쪽.

13) ≪로동신문≫ 1986년 4월 8일자.

14) 김일성, 앞의 책, 395쪽.

15) 김정일, "평양시를 현대적이며 문화적인 도시로 꾸리는데서 나서는 몇가지 문제에 대하여(조선로동당 중앙위원회 책임일군들과 한 담화 1986년 3월 30일)," 『김정일선집 8』(평양: 조선로동당출판사, 1998), 361~362쪽.

16) 1980년 10월 10일 개최되었던 노동당 제6차 대회에서 제기된 이 목표는 1987년 4월 23일 최고인민회의 제8기 제2차 대회에서 채택된 경제발전 제3차 7개년 계획(1987년~1993년) 기간 내에 실행되도록 내·외적 여건에 맞추어 새롭게 제시되었다. 그 내용은 연간 1000억kw의 전력, 1억2000만t의 석탄, 1000만t의 강철, 170만t의 비철금속, 2200만t의 시멘트, 720만t의 화학비료, 15억m의 직물, 1100만t의 수산물, 1500만t의 곡물, 그리고 30만ha의 간석지개간이다.

17) 김정일, "국토관리사업에서 새로운 전환을 일으킬데 대하여,"『김정일선집 14』(평양: 조선로동당출판사, 2000), 203~206쪽.

18) ≪민주조선≫ 2002년 9월 17일.

19) ≪평양방송≫ 2002년 4월 22일.

20) ≪민주조선≫ 2002년 1월 20일.

21) ≪연합뉴스≫ 2002년 3월 20일.

22) 1998년 개정된「사회주의헌법」도 북한이 "인민의 이익을 대표하는 자주적인 사회주의국가"로, 2004년 4월 29일 개정된「형법」도 "국가주권과 사회주의제도를 보위"한다고 규정하고 있다.

23) 사회안정성은 1948년 9월 북한정권 수립 당시 내무성 산하의 일개 국局으로 출발하였고, 사회안전성 → 사회안전부 → 사회안전성 → 인민보안성으로 수차례 명칭이나 소속이 바뀌었다.

24) 로동신문은 세계적으로 급속한 경제발전은 기후, 광물, 토양, 산림, 물과 같은 자연환경을 오염시키고 환경파괴를 가속화시키고 있다면서, 이로 인해 발병률이 높아지고 결과적으로 노동력을 저하시키는 결과를 낳고 있다고 지적했다. 환경보호사업에 대한 입장과 관련해서는 '생산일면에만 치우치면서 환경보호사업을 대수롭지 않게 생각한다면 그만큼 생산에 나쁜 영향을 미칠 수 있다는 것'을 똑바로 인식해야 한다고 강조했다.

25) ≪로동신문≫ 2000년 10월 21일.

26) ≪로동신문≫ 2001년 10월 24일.

27)『조선』(평양: 외국문출판사, 2002.2), 37쪽; ≪로동신문≫ 2001년 10월 24일.

28) 김정인, "북한의 물 관리와 환경협력 전망: 두만강 유역 진단 분석(TDA)을 중
심으로," 강광규·김미숙 편,『남북환경포럼: 자료집』(서울: 한국환경정책·
평가연구원, 2002), 149~151쪽 참조.

29) 환경에 대한 관리적 자세와 지배적 자세에 관하여는 Gi-Woong Son, 앞의 글,
275~280쪽; Klaus M. Meyer-Abich, "Bedingungen des Friedens mit der Natur,"
in: Jörg Calließ/Reinhold E. Lob (eds.), *Praxis der Umwelt- und Friedenserziehung*,
Bd. 1 (Düsseldorf, 1987), pp. 710-717 참조.

30) 『우리 당의 주체사상과 공화국정부의 대내외정책의 몇가지 문제에 대하여』,
12쪽; 전대영, 앞의 글, 49쪽에서 재인용

31) 김정일, "주체사상에 대하여(위대한 수령 김일성동지 탄생 70돐기념 전국주체
사상토론회에 보낸 론문 1982년 3월 31일)," 『김정일선집 7』(평양: 조선로동
당출판사, 1996), 153쪽.

32) 김정일, 위의 글, 153쪽.

33) 김정일, "군의 역할을 높여 인민생활에서 전환을 일으키자(조선로동당 중앙위
원회 책임일군들과 한 담화 1994년 10월 20일)," 『김정일선집 13』(평양: 조선
로동당출판사, 1998), 448쪽.

34) 김정일, 『김정일 선집 14』, 204~205쪽.

35) 김정일, "선전선동부사업을 개선강화하는데서 나서는 몇가지 문제에 대하여
(조선로동당 중앙위원회 선전선동부 책임일군들과 한 담화 1973년 9월 25일),"
『김정일선집 3』(평양: 조선로동당출판사, 1994), 445쪽.

⟨참고문헌⟩

1. 북한문헌

『조선』(평양: 외국문출판사, 2002.2).

과학·백과사전출판사, 『백과전서 5』(평양: 과학·백과사전출판사, 1984).

김일성, 『자연보호사업을 강화할데 대하여』(평양: 조선로동당출판사, 1993).

______, "우리 당의 주체사상과 공화국정부의 대내외정책의 몇가지 문제에 대하여(일본 ≪마이니찌신문≫기자들이 제기한 질문에 대한 대답, 1972.9.17)," 『김일성저작집 27』(평양: 조선로동당출판사, 1984).

김정일, "선전선동부사업을 개선강화하는데서 나서는 몇가지 문제에 대하여(조선로동당 중앙위원회 선전선동부 책임일군들과 한 담화, 1973. 9. 25)," 『김정일선집 3』(평양: 조선로동당출판사, 1994).

______, "주체사상에 대하여(위대한 수령 김일성동지 탄생 70돐기념 전국주체사상토론회에 보낸 론문, 1982. 3. 31)," 『김정일선집 7』(평양: 조선로동당출판사, 1996).

______, "군의 역할을 높여 인민생활에서 전환을 일으키자(조선로동당 중앙위원회 책임일군들과 한 담화, 1994. 10. 20)," 『김정일선집 13』(평양: 조선로동당출판사, 1998).

______, "평양시를 현대적이며 문화적인 도시로 꾸리는데서 나서는 몇가지 문제에 대하여(조선로동당 중앙위원회 책임일군들과 한 담화, 1986. 3. 30)," 『김정일선집 8』(평양: 조선로동당출판사, 1998).

______, "국토관리사업에서 새로운 전환을 일으킬데 대하여" 『김정일선집 14』(평양: 조선로동당출판사, 2000).

안천훈, "환경보호법은 사회주의제도의 우월성을 구현한 혁명적 법전," 『근로자』 1986년 7호.

전대영, "경애하는 수령 김일성동지의 생산력배치에 관한 사상과 그 빛나는 구현," 『근로자』 1973년 제12호.

≪로동신문≫ 1986년 4월 8일, 2000년 10월 21일, 2001년 10월 24일, 2001년 10월 24일.

≪민주조선≫ 2002년 9월 17일.

≪민주조선≫ 2002년 1월 20일.

≪평양방송≫ 2002년 4월 22일.

2. 남한문헌

김정인, "북한의 물 관리와 환경협력 전망: 두만강 유역 진단 분석(TDA)을 중심으
    로," 강광규·김미숙 편, 『남북환경포럼: 자료집』(서울: 한국환경정책평가
    연구원, 2002).
사회과학원언어학연구소, 『현대조선말사전』(서울: 도서출판 백의, 1988재간행).
≪연합뉴스≫ 2002년 3월 20일.

3. 외국문헌

Gi-Woong Son, *Umweltmilitarismus. Sozio-Militarismus und Öko-Militarismus* (Hamburg,
    1992)
Klaus M. Meyer-Abich, "Bedingungen des Friedens mit der Natur," in Jörg Calließ,
    Reinhold E. Lob (eds.), *Praxis der Umwelt- und Friedenserziehung*, Bd. 1
    (Düsseldorf, 1987)

북한 인권문제: 북한의 인식과 대응

김 수 암

1. 머리말

인권은 인간이 누려야 할 보편적 가치라는 점에 대해서는 이론의 여지가 없다. 그렇지만 인종 청소 등 세계 곳곳에서 인권이 유린되는 현상이 발생하고 있고 어느 국가도 인권문제에서 자유로울 수 없다는 점 또한 부인할 수 없는 현실이다. 특히 현실 국제관계에서 인권이 논의되는 경우 인권 문제는 국가 주권, 정치적 역학관계, 국가이익, 문화적 정체성 등의 변수가 상호 작동하면서 국가 간 갈등을 유발하고 역내 안보를 위협하는 요인으로 작용하기도 한다.

탈냉전 이후 국제정치 현실이 변화하면서 인도적 개입에서 보듯이 특정국가의 심각한 인권유린 현상에 대해 주권을 초월하여 개입이 허용되어야 한다는 논의가 전개되고 있다. 그렇지만 현실적으로 여전히 국가중심 사고로 인해 주권의 원칙과 갈등을 빚는 현상이 지속되고 있다.

국가중심 사고는 인권의 보편성에 대한 해석을 둘러싼 논쟁의 전개 과정에서도 핵심요소로 작용하고 있다. 보편적 개념은 무엇이며 누가 그러한 보편성을 규정하는가? 이러한 물음과 관련하여 각자의 전통과 문화에 따라 인권에 다른 방식으로 접근할 수밖에 없다는 문화상대주의적 주장들이 제기되고 있다.

2000년대 들어 국제사회의 관심사로 부상하고 있는 북한 인권문제도 이러한 세계적인 인권 논의의 연장선상에서 이해할 필요가 있다. 그러면 북한은 인권문제를 어떻게 인식하고 있고 국제사회의 인권개선 요구에 대해 북한은 어떻게 대응하고 있는가? 본 논문에서는 북한당국이 국제사회의 인권개선 압력에 직면하여 어떠한 대응논리를 내세우고 있는지 분석하고자 한다. 또한 대응논리를 바탕으로 북한당국이 실제로 국제사회의 인권압력에 대해 북한당국이 구체적으로 어떤 대응전략을 구사하고 있는 지 살펴보고자 한다. 특히 대응전략에 대해서는 국제사회의 압력에 대한 대응 차원, 북한 내부 차원의 대응으로 대별하여 분석하고자 한다.

2. 북한의 대응논리:
문화상대주의, 주권의 원칙

1) 문화상대주의와 북한의 우리 식 인권론

문화상대주의는 현대인권이론이 내포하고 있는 서구중심주의를 비판하고 문화와 가치의 다양성에 기반을 둔 인권의 다원주의를 강조하는 논리이다. 즉, 사회형태나 발전단계의 다양성에 따라 인권의 다양성 또한 인정되어야 한다는 주장이다. 문화상대주의에 따르면 서로 다른 문화권에 속한 민족들과 개인들은 인간의 기본적 권리에 대해서도 다르게 이해하고 있다는 것이다.[1] 문화상대주의에서 인권문제에 접근하는 인식태도는 아시아 가치 논쟁에서 보듯이 동아시아지역에서 강하게 나타나고 있다. 특히 동아시아 국가 중 중국, 북한, 싱가포르 등이 문화상대주의 시각에서 서구의 인권제기에 비판적으로 대응하고 있다.[2]

북한은 기본적으로 문화상대주의의 연장선상에서 인권문제를 인식하고 있다. 북한은 집단주의를 바탕으로 다원주의와의 대비를 통해 자유민주주의, 시민적·정치적 권리에 대한 인식을 정립하고 있다. 우리식 사회주의는 집단주의에 기초한 사회로서 인민대중의 통일을 생명으로 하는 사회주의사회는 사상에서의 '자유화', 정치에서의 '다당제', 소유에서의 '다양화'라는 다원주의와 양립할 수 없다는 것이 북한의 기본인식이다.[3] 이러한 신념체계는 '서방식'과 대비되는 '우리식' 인권개념이라는 특수한 논리로 표출되고 있다.

> 지구상의 모든 나라들은 각이한 전통과 민족성, 서로 다른 문화와 사회발전력사를 가지고 있으며 매개 나라의 인권기준과 보장형태도 해당 나라의 구체적실정에 따라 서로 다르다.[4]

북한은 문화상대주의 시각에서 개별 국가별로 '인권기준'과 '보장형태'가 다를 수밖에 없다고 주장하고 있다. 우리식 인권론은 주체사상 및 우리식 사회주의를 토대로 정립되고 있다. 북한의 실정에 맞는 우리식 인권기준에 따라 인권이 잘 보장되고 있기 때문에 다른 나라의 기준을 수용할 필요가 없다는 것이 북한의 기본입장이다. 우리식 사회주의에 맞는 '우리식 인권기준'에 따라 정정당당하게 북한식대로 인권을 보장해나가면서 궤변으로 가득 찬 '서방식 인권론'을 철저히 배격해야 한다고 주장하고 있다.[5]

이상에서 보듯이 북한은 인권기준 자체도 차이가 있다고 주장함으로써 강한 상대주의적 시각을 표출하고 있다. 개념적 유연성이 사라짐으로써 국제사회, 특히 미국과의 대화와 타협의 여지는 상대적으로 줄어들 수밖에 없다. 중국도 문화상대주의적 시각에서 미국의 인권개입정책에 대응하고 있다. 그렇지만 중국은 이분법적 사고를 벗어나 인권대화를 수용하고 있다. 그렇지만 북한의 우리식 인권론은 평등과 상호존중의 관계를 바탕으로 양자간 대화를 통해 인권문제에 접근하려는 중국의 입장보다 더욱 경색된 수준의 상대주의 논리라고 평가할 수 있을 것이다.

사회주의권 붕괴로 조성된 체제안보에 부정적인 국제환경에 대응하여 정립된 '우리식 인권'은 체제유지를 위한 대내결속논리로 연결되고 있다. 인민들이 스스로 선택한 우리식 사회주의제도를 절대적으로 지지하고 옹호해야 한다고 대내통합논리로 활용하고 있다.[6] 인권을 명분으로 북한의 사회주의제도를 흔들어도 수령, 당, 대중이 혼연일체가 된 인민대중중심의 우리식 사회주의를 결사적으로 옹호해야 한다고 아래로의 인권인식 확산을 차단하려는 논리라고 할 수 있다.

2) 국가주권, 정치적 활용 논쟁과 북한인권

전통 현실주의 국제정치이론에서 유일한 행위자는 근대국가이다. 모르겐소는 이러한 행위자를 당구공모델로 묘사하고 있는데, 외부 영향력이 내부에 침투될 수 없는 국가 모델이라고 할 수 있다. 이러한 모델의 국가를 상정할 경우 국내문제와 국제문제는 엄격하게 구별될 수밖에 없다. 이로 인해 국가내부의 인권사항은 그 국가의 주권사항에 속한다고 할 수 있다. 결국 인권문제에 대하여 국가가 권위적으로 대응할 수 있는 버팀목은 경직된 주권 개념이라고 할 수 있다. 국제현실의 변화에도 불구하고 권위주의 정권이 경직된 주권개념을 전면에 내세움으로써 인권문제를 둘러싸고 갈등이 발생하게 되는 것이다.[7]

북한도 이러한 주권의 원칙에 입각하여 인권문제에 대한 대응논리를 정립하고 있다. 북한의 논리는 핵심 우방인 중국의 대응태도를 통하여 보다 분명하게 살펴볼 수 있다. 중국도 인권은 본질적으로 국내 관할에 속하는 사안이며, 국제법의 가장 중요한 원칙인 국가주권에 우선할 수 없다고 인식하고 있다. 이러한 인식에 따라 '인권에 국경이 없다'는 주장을 반박하면서 주권은 인권의 전제이며 인권은 주권에 의지하여 그 실현이 보장된다고 주장하고 있다. 국권이 없다면 국제사회의 평등한 일원이 될 수 없으므로 근본적으로 인권을 향유할 수 없게 된다는 것이다.8)

이와 같이 주권의 원칙에 입각하여 인권을 내정의 소관으로 규정하는 인식은 미국이 인권을 정치적으로 활용한다는 인식으로 연결되고 있다. 중국에서는 서방국가, 특히 미국이 화평연변和平演變의 전략목표를 실현하는 중요한 수단으로 인권문제를 정치화하여 왔다고 주장하고 있다. 미국이 인권은 국경이 없다는 논리, 주권에 대한 인권우선론 등을 제기하면서 자국의 인권관과 의식구조를 다른 나라에 강요하고 있다는 것이다. 특히 세계 패권 경쟁을 위한 새로운 전략으로 다른 나라의 내정에 간섭하는 주요 구실로 인권을 활용하고 있다고 주장하고 있다. 미국이 자신의 국가이익을 추구하기 위해 인권문제를 국제관계의 영역으로 끌어들여 세계적으로 미국의 인권관념과 인권기준으로 양자관계와 국제문제를 처리하려는 세계화를 수단에 불과하다는 것이다.9)

북한당국의 인식과 대응도 중국과 마찬가지로 주권의 원칙과 정치적 활용론을 바탕으로 정립되고 있다. 북한은 신식민주의 시각을 통해 인권의 정치적 활용을 보다 구체적인 논리로 제시하고 있다. 탈냉전 이후 제국주의국가들이 정치·경제적 지배권을 행사할 수 있는 신식민주의적 국제질서를 관리하기 위해 '사상적 마취제로서 인권과 자유를 활용하고 있다고 비판하고 있다. 서방제국이 서방식 민주주의, 서방식 정치

모델의 확산을 통해 북한의 제도를 서방화시키기 위해 인권을 제기하고 있다는 것이다. 제국주의자들이 '서방식민주주의', '서방식정치모델'을 거론하며 자신들의 반동적 정치체제가 '우월'하다고 다른 나라들로 하여금 받아들일 것을 강요하고 있다는 것이다. 인권개입정책에 대해 숭고한 보편적 가치인 인권을 개선하려는 순수한 동기가 아니라 압력과 제재를 가하고 타국의 제도를 전복하려는 불순한 정치적 책동으로 규정하고 있다.10)

북한은 안보 위협, 즉 체제안보의 관점에서 인권문제가 북한제도를 전복하려는 '반공화국 적대행위의 공간'으로 악용되고 있다고 기본적으로 인식하고 있다. 이와 같이 북한의 경우 인권의 정치적 활용론은 중국과 비교할 때 '체제전복' 기도로 강화되는 특징을 보이고 있다. 체제유지를 목표로 인권에 접근하고 있는 북한은 어느 국가보다 강력하게 주권의 원칙을 원용하고 있다. 북한당국은 국가가 관할권 내에 있는 인민들이 권리를 향유할 수 있는 법적·제도적·물질적 조건을 구비해줄 때 인권이 보장된다고 주장하고 있다. 인권이 국가의 관할사안이라는 강력한 논리 아래 북한은 '인권은 국경을 넘어선 보편적 가치', '인권에 대한 간섭은 내정간섭이 아니다'라는 주장을 '강도적인 논리', '흑백이 전도된 논리'라고 반박하고 있다. 인권유린에 대해 국경을 넘어선 개입이 허용되어야 한다는 주장은 '인권보호'라는 미명 하에 약소 독립 국가를 예속시키려는 불순한 정치적 목적으로 규정하고 있다.11) 인권을 보장하기 위해 국경을 넘어선 개입을 허용해야 한다는 서방국가들의 주권재정의 주장은 정치적 목적을 갖고 있기 때문에 오히려 주권의 원칙을 보다 강화해야 한다고 주장하고 있다. 이러한 주권의 강화 주장은 인권은 곧 국권이라는 논리로 정립되고 있다. 주권은 모든 국가와 민족의 생명선으로 자주권을 상실한 인민은 그 어떤 인권도 향유할 수 없기 때문에 '인권은 국권'이라는 주장이다.12)

체제안보와 주권원칙에 따른 국권 수호의 논리로 인권개선 압력에 대응하고 있기 때문에 인도적 개입(humanitarian intervention)에 대해서도 부정적인 태도를 보이고 있다. 주권의 원칙과 국제법을 위반하는 '인도적 개입'은 시민의 인권을 보호·증진하기보다는 오히려 무고한 시민을 살해하는 등 인권을 유린하는 결과를 초래하게 된다는 것이다.[13] 이상에서 보듯이 약소국으로 체제유지를 핵심목표로 설정하고 인권문제를 인식하고 있기 때문에 강대국인 중국과 같이 대화를 통해 갈등을 해소하고 이해의 공간을 확대하는 유연한 정책을 추진할 수 있는 여지는 축소될 수밖에 없다. 이는 중국이 내세우는 국권논리보다 경직된 형태라고 할 수 있다.

3. 국제사회의 북한인권 공론화와 북한의 대응

1) 유엔인권레짐에 대한 선별적 순응

북한당국은 체제안보와 경제난에 따른 고립탈피라는 2가지 요소를 복합적으로 고려하여 대응전략을 구사하고 있다. 전자는 유엔인권위원회 결의안에 대한 강력한 비판, 후자는 원칙론적 권리차원에서의 국제인권규범에 대한 순응이라는 형태로 나타나고 있다.

(1) 원칙론적 권리차원에서의 순응

미국과의 관계개선이 불투명한 상황에서 북한당국은 국제사회로부터 지원을 받기 위해 유엔으로부터의 개선요구에 대해 일정 정도 국제인권규범을 수용하는 순응 전략을 구사하고 있다. 국제적 고립을 탈피하기 위해 국제인권규범을 선별적으로 수용하고 있다는 점에서 국제인권규범이 북한당국의 행위에 영향을 미치는 초보적인 수준의 사회화가 북한의 대응전략에 투영되기 시작하고 있다. 다시 말해 체제유지를 위한 고립탈피라는 광의의 체제안보 관점에서 순응전략을 구사하고 있지만 결과적으로 일정부분 사회화의 효과도 나타나고 있는 것이다.

첫째, 체제유지를 위한 고립탈피라는 인센티브 유도를 전제로 국제인권규범에 순응하는 전략은 국제인권규약 가입을 통해 표출되고 있다.14) 북한은 대남인권공세가 주된 목적이긴 하였지만 남한보다 10년 앞선 1981년 시민적·정치적 권리에 관한 국제규약(이하 B규약), 경제적·사회적·문화적 권리에 관한 국제규약에 가입하였다. 그리고 1983년 10월 24일 B규약 최초보고서를 제출하면서 유엔에서 준비 중인 아동의 권리에 관한 국제협약에 협조할 의향이 있다는 사실을 피력하고 있다.15) 이러한 긍정적 입장에 따라 1990년 아동권리협약에 가입하였다. 이후 2000년 여성차별철폐협약에 가입하는 등 4개 규약의 당사자로 되어 있다. 그렇지만 고문방지협약, 인종차별철폐협약 등 나머지 3개 주요 협약에 가입하지 않는 등 선별적 순응전략을 구사하고 있다.

둘째, 도표에서 보는 바와 같이 국제인권규약의 규정에 따라 이행보고서를 제출하고 있다. 인권이사회 등 유엔인권규약에 따라 규약의 이행을 관장하는 전문인권기구(Treaty Based Bodies)에 대해서는 정치적인 색채가 없다는 판단에 따라 능동적으로 대응하고 있다.

구 분	가입일자	국가보고서	위원회 심의	최종검토의견서 (concluding observations)
시민적·정치적 권리에 관한 국제규약	1981.9.14(비준)	최초보고서: 1984.4.2 2차 보고서: 2000.3.20	21차 회의: 1984.4.9, 12 72차 회의: 2001.7.19, 20, 26	A/39/40 CCPR/CO/72/PRK

경제적·사회적·문화적 권리에 관한 국제규약	1981.9.14(비준)	최초보고서: 1984.12.18, 1989.1.14 2차 보고서: 2002.4.12	1차회의: 1987.3.9 6차 회의 1991.11.25 31차 회의: 2003.11.19, 20	E/C.12/1987/5 E/C.12/1991/4 E/C.12/1/Add.95
아동권리협약	1990.8.23(서명) 1990.9.21(비준)	최초보고서: 1996.2.13 2차 보고서: 2002.5.16	18차 회의: 1998.5.19, 5.6 36차 회의: 2004.5.1	CRC/C/15/Add.88 CRC/C/15/Add.239
여성차별철폐협약	2001.2.27(비준)	최초보고서: 2002.9.11	33차 회의 2005.7.18	CEDAW/C/PRK/CO/1

이상의 2가지 유엔 차원의 대응은 체제에 위협을 주지 않으면서도 국제사회에 순응의 긍정적인 이미지를 심어줄 수 있다는 판단에 따라 적극적으로 임하고 있다.

셋째, 유엔인권기구와 협조체제를 구축하고 있다. 먼저 유엔인권기구의 관련자를 선별적으로 북한으로 초청하고 있다. 2004년의 경우 아동권리위원회 위원 2명과 여성폭력특별보고관을 북한으로 초청하였다. 다만, 북한인권특별보고관에 대해서는 후술하듯이 결의안 자체를 거부하면서 특별보고관의 존재를 인정하지 않기 때문에 북한으로 초청하지 않고 있다. 즉, 2005년 제61차 유엔인권위원회에서 최명남 북한대표는 당사국 자격으로 행한 발언을 통해 문타본 보고관의 보고서와 연설은 적대세력의 선전음모를 반영하는 것으로 단호히 거부한다고 비판하였다.16) 이외에도 세계식량계획(WFP) 등 다양한 유엔기관의 인력들이 북한에 상주하면서 북한당국과 협조체제를 구축하고 있다.

(2) 유엔인권위원회의 정치화, 선택성 비판

국제인권규범에 대해 일정 정도 순응의 태도를 보이면서도 북한은 결의안이라는 압박방식에 대해서는 체제안보 논리로 위반의 비용을 감수하는 전략을 구사하고 있다. 규약에 기반한 유엔인권기구와는 달리 북한당국은 헌장에 기반한 기구(Charter Based Bodies)인 유엔인권소위 원회와 유엔인권위원회는 정치적인 성격을 띠고 있다는 인식에 입각하 여 비판적으로 대응하고 있다.

먼저, 1997년과 1998년 2년에 걸쳐 유엔인권소위원회에서 채택된 북 한인권결의안에 대해 북한에 적대적인 세력이 B규약을 남용하여 북한 과 투쟁할 목적으로 날조한 정치적 계략의 산물이라고 규정하고 있다. 이러한 판단에 따라 B규약으로부터의 탈퇴선언이라는 위반의 비용을 감수하는 극단적 전략을 구사하고 있다.17) 그렇지만 유엔인권소위 차원 에서의 결의안에 대해 전적으로 부정적으로 대응하기보다는 순응도 복 합적으로 고려하는 양면전략을 구사하고 있다. 국제적 고립이 심화되어 지원이 단절될 경우 역설적으로 체제에 위협이 되는 상황을 우려하여 일정 정도 국제인권규범을 수용하는 전략을 병행하고 있다. 국제정치에 서 인권의 중요성을 인지하기 시작하면서 체제안보에 위협을 주지 않으 면서도 고립탈피라는 순응의 인센티브를 얻을 수 있다는 판단에 따라 아동권리협약 보고서, B규약 2차 보고서 등 인권규약에 따른 이행보고 서 제출에는 적극적으로 순응하는 전략으로 대응하고 있다.

둘째, 국가를 대표하는 유엔인권위원회의 결의안에 대해서는 체제안 보적 관점에서 결의안 자체를 거부하는 위반전략을 선택하고 있다. 2003년부터 금년까지 3차례에 걸쳐 유엔인권위원회에서 채택된 북한인 권결의안에 대해 북한은 '대조선 고립압살책동의 일환'이기 때문에 결 의안 자체를 인정할 수 없다는 입장을 견지하고 있다. 다시 말해 영국과 일본 등 서방국가들이 미국의 대북적대정책에 편승하여 북한의 '제도전 복'을 목적으로 결의안을 채택하였기 때문에 전면적으로 거부한다는 것 이다.18)

이와 같이 북한은 결의안을 배격하는 논거로 유엔인권위원회의 행태를 들고 있다. 냉전 종식 이후 인권을 정치적으로 활용하려는 기도가 심화되고 있는 가운데, 유엔인권위원회 마저 주권국가의 제도변경을 목표로 결의안을 채택하는 등 정치적으로 악용되는 기구로 전락하였다고 유엔인권위원회의 '정치화'를 비판하고 있다. 또한 유엔인권위원회가 서방국가들의 이해를 반영하여 '선택성'과 '이중잣대'를 갖고 활동함으로써 '객관성'과 '공정성'을 상실당하고 있다고 비판하고 있다. 서방을 맹목적으로 추종하는 나라들의 인권유린현상, 미국 국내의 인권유린, 불법적인 이라크 침략으로 인한 무고한 민간인 대량학살, 전쟁포로 학대 등 미국의 인권유린 현상에 대해서는 침묵하고 있다. 반면, 서방과 다른 사회정치제도를 가지고 있는 나라들에 대해서는 '결의'의 대상으로 삼고 있다. 이러한 이중잣대와 선택성으로 인해 유엔인권위원회의 신뢰성이 훼손되고 있다는 것이다. 불순한 정치적 목적을 추구하는 세력들에 의해 신뢰성을 상실한 유엔인권위원회가 채택한 결의안은 순수한 인권개선을 목적으로 하고 있지 않으므로 수용할 수 없다는 것이다.[19) 유엔인권위원회의 성격에 대한 규정이 적대세력에 의한 정치적 음모라는 체제안보적 관점과 연계되면서 위반전략으로 나타나고 있다.

이러한 북한의 태도는 새로 설립된 유엔인권이사회에서 보다 분명하게 나타나고 있다. 국제사회에서는 그동안 기존의 유엔인권위원회 체제가 인권보호에 미흡하다는 문제가 제기되어 왔다. 이에 따라 2005년 제60차 유엔총회에서 인권위원회를 개편하는 결의안(A/RES.60/251)을 채택하였다. 동 결의안에 따라 2006년 6월 19일 유엔인권위원회(Commission on Human Rights: 경제사회이사회 산하)를 대체하는 유엔인권이사회(Human Rights Council: 총회 산하)가 공식 출범하였다. 인권이사회는 인권침해로 논란을 빚은 국가들의 이사회 진출을 어렵게 하기 위해 심각한 인권침해가 드러난 이사국에 대해 이사국 3분의 2의 찬성으로 자격을 박탈할 수 있도록 규정하고 있다. 또한 유엔인권위원회는

1년에 한 번 소집돼 6주일간 회의를 열었으나 인권이사회는 1년에 최소 3번은 소집돼 10주일 이상 가동하는 한편, 필요할 경우 특별회의도 소집할 수 있도록 되어 있다.

6월 19일부터 30일까지 개최된 제1차 유엔인권이사회 회의에서 최명남 주제네바 북한 대표부 참사관은 개별국가를 대상으로 하는 인권결의나 특별보고관 제도는 정치적 동기에 의한 주권 유린이며 적대행위의 산물이라고 주장하였다. 그러면서 유엔인권이사회가 개별국가를 대상으로 하는 인권결의 제도와 특별보고관 제도를 폐지하는 것을 적극적으로 검토해야 한다고 촉구하고 있다.

(3) 기술협력(technical cooperation)에 대한 선별적 수용

인권분야에서 기술협력은 유엔인권기구와의 포괄적 인권대화, 북한 내부로의 접근 허용, 전문훈련프로그램의 참여라는 3가지 차원에서 살펴볼 수 있을 것이다. 이러한 3가지 차원의 기술협력은 국제인권규범의 사회화 심화라는 긍정적 결과를 도출해낼 수 있다는 점에서 북한당국의 행위에 대한 평가에서 중요한 의미를 갖는다.

먼저 북한인권결의안에서는 인권분야에서 유엔인권기구 및 유엔인권고등판무관과의 협력을 강화하도록 권고하고 있다. 이에 대해 북한당국은 결의안 자체를 반대하고 있기 때문에 결의안의 실행을 강요하기 위한 압력의 수단으로 기술협력이 남용되는 상황에서 기술협력에 참여할 수 없다고 주장하고 있다. 결의안을 정치적으로 활용하려는 근본적인 장애가 제거되어야 기술협력에 참여할 수 있다는 것이다.[20] 유엔인권위원회 결의안에 따라 북한당국과 인권분야에서 기술협력을 실행에 옮기기 위해 유엔인권고등판무관실은 제네바주재 북한대표부에 서신을 발송하고 양자간 실무접촉을 하는 등의 조치를 취하였다. 이에 대해 북한 대표부는 유엔인권고등판무관실의 기술협력 요구사항을 본국정부에 전달하는 등의 조치를 취하였으나 북한당국이 기술협력에 응하지 않고 있다.21) 이와 같이 북한당국은 결의안 자체에 대한 수용불가입장에 따라 유엔기구와의 기술협력에도 위반전략으로 대응하고 있다.

후술하듯이 유럽연합과의 기술협력에는 상대적으로 협조적인 반면, 결의안의 정치적 성격을 문제 삼아 유엔인권기구와의 기술협력에는 소극적인 자세를 견지하는 선별적 대응전략을 구사하고 있다.

2) 개별국가에 대한 대응전략

세계적인 패권국가인 미국 등 개별국가 차원에서 제기되는 인권개선 압력에 대해 북한은 기본적으로 체제안보적 관점에서 대응하고 있다. 그렇지만 유럽연합에 대해서는 인권대화를 갖는 등 상대적으로 순응전략을 구사함으로써 미국의 정치적 압박효과를 희석시키려는 전략을 구사하고 있다.

(1) 미국에 대한 대응전략

현실주의 시각에서 볼 때 헤게모니 국가, 강압적 제재, 대상국가의 취약성의 세가지가 국가의 행위에 영향을 미치는 핵심변수라고 할 수 있다. 이러한 현실주의 시각을 북한에 적용할 경우 패권국가인 미국은 경제적으로 취약한 북한에 대해 북한인권법 등을 통하여 강압적 방식에 의해 북한의 인권을 개선하려는 전략을 추진하고 있다. 특히 미국은 정보의 유입 등 아래로부터의 사회화 확산전략, 여론조성 확대를 통한 강력한 압박, 투명성과 접근을 통한 배제법칙 약화 등을 통하여 북한당국의 행태에 영향을 주는 세부전략을 추진하고 있다.22) 이에 대해 북한은 체제안보를 핵심축으로 규범위반 친화 기제(pro-violation constituencies) 강화, 배제의 법칙(rules of exeption)을 활용하여 영향력을 차단하는 위반전략으로 대응하고 있다. 다시 말해 우리식 인권론과 사회주의 결사 옹호 등 신념체계의 강화를 통하여 아래로의 사회화 확산을 차단하는 데 중점을 두고 대응전략을 구사하고 있다.

북한의 대응전략은 본질적으로 북한의 제도를 '고립 압살'하려는 정치적 의도라는 미국의 인권개선 압박에 대한 규정에서 출발하고 있다. 자신과 제도를 달리한다고 '억압정권'으로 규정[23]하고 안보에 위협적인 존재라는 미명 하에 북한의 제도를 변경하려는 구체적인 전략의 하나로 인권문제를 활용하고 있다고 북한은 인식하고 있다. 특히 미국은 북한 인권법을 제정하여 막대한 재정을 투입하고 지원세력과 비정부기구를 포섭하여 압박전략을 구사하고 있다는 것이다.[24]

> 핵문제와 함께 인권문제를 우리에 대한 고립압살정책의 2대기둥으로 삼고 있는 미국은 인권을 구실삼아 우리의 제도변경을 한사코 실현해보려 하고 있다.[25]

북한은 미국이 북한인권문제를 정치화, 국제화하면서 동유럽에 활용하였던 방송을 통한 정보유입과 대량탈출을 통해 제도변경을 실행에 옮기려 한다고 판단하고 있다. 그리고 미국이 인민대중중심의 우리식 사회주의체제를 붕괴시키기 위해 인권을 고리로 김정일 정권과 주민을 분리하는 전략을 추진하는 것으로 인식하고 있다.[26] 특히 2005년 3월 상하 양원에 '민주주의증진법'에 상정되자 북한 내 반대세력의 지원과 육성을 통한 민주주의 확산전략을 경계하고 있다.[27]

북한은 미국이 인권을 고리로 대북적대시정책을 실행에 옮기기 위해 국제적으로 고립시키려는 전략을 구사하고 있다고 인식하고 있다.[28] 첫째, '인권'과 '민주주의'를 내세워 미국을 추종하는 국가들을 사주하여 '반공화국' 포위망을 형성하려 한다는 것이다. 둘째, 인권을 명분으로 북한과 우호관계에 있는 국가들과의 관계를 차단시키며 국제적 포위망을 형성하려 한다는 것이다. 셋째, '투명성'을 명분으로 경제적 난관을 겪고 있는 북한에게 경제적 압박을 가하고 있다는 것이다.[29] 넷째, 북한은 유엔인권위원회의 북한인권결의안 채택에 대해서도 "공화국을 고립압살하려는 미국 주도하의 정치적 모략의 산물"로 규정하고 있다.[30]

미국의 인권개선 압박의 의도에 대한 북한의 전략적 판단은 핵문제 해결을 위한 대응전략에 영향을 미치는 변수로 작용하게 될 것이다. 북한은 기본적으로 핵문제가 해결되어도 인권문제로 인한 체제 불안이 계속될 것을 우려하고 있다.

> 지금 일부에서는 핵문제가 해결되면 마치도 모든 문제가 다 풀릴 것처럼 환각에 빠져 있지만 미국의 세계지배전략이 변하지 않는 한 이것은 한갓 몽상에 지나지 않는다.[31]

이와 같이 핵문제 해결의 최대핵심조건으로 '체제보장'을 내세우고 있는 북한으로서는 핵문제가 해결된다고 하더라도 인권문제가 존재하는 한 과연 체제가 보장될 것인지에 대해 의구심을 갖고 있다. 북한이 체제붕괴, 리더쉽 교체로 판단할 경우 인권문제는 북한핵문제 해결에 장애요인으로 작용하게 될 것이다. 이와 관련하여 북한당국은 자주권, 국권을 보존하여 인권을 보장받기 위해 억제력의 강화가 불가피하다고 주장하고 있다.[32] 또한 북한은 '제도전복'을 노린 적대시정책의 포기, '폭정의 종식' 발언에 대한 사죄와 발언취소를 요구하고 있다.[33]

그리고 북한은 대외적으로 미국이 최대의 인권유린국이라는 논리로 미국의 인권문제 제기를 역공하는 대응전략을 견지하고 있다. 인권유린국인 미국이 적반하장격으로 오히려 타국의 인권을 문제 삼으면서 '인권재판관' 행세를 하는 것은 언어도단이라고 대외적으로 선전하여 미국에 동조하는 세력이 확산되는 것을 방지하려는 전략이라고 할 수 있다.[34]

(2) 유럽연합에 대한 대응

위에서 살펴보았듯이 미국의 인권압박에 대한 북한의 대응은 인권적 관점이 아니라 본질적으로 정치적인 관점에서 접근하는 양상을 보이고 있다. 유럽연합의 문제제기에 대한 대응은 기본적으로 미국과의 연계 속에서 접근하는 특징을 보이고 있다. 북한은 미국의 압박을 희석시키는 방안의 하나로 유럽연합과의 관계개선을 적극적으로 추진하였다. 이러한 점에서 북한의 유럽연합에 대한 대응은 미국으로부터의 체제에 대한 위협 감소라는 정치적 관점의 연장선상에 비롯되고 있다. 그렇지만 유럽연합에 대한 대응전략의 경우 인권관점도 일부 투영되는 특징이 나타나고 있다. 다시 말해 유럽연합에 대한 대응의 경우 원칙론적인 권리개선차원에서 순응 혹은 일정부분 사회화의 양상이 나타나고 있다.

북한당국은 유럽연합 및 회원국가들과 2000년대 들어 외교관계를 수립하면서 유럽연합과의 정례적인 정치대화를 수용하였다. 정치대화는 핵문제 등 한반도 안보, 남북관계, 미·북관계, 인권문제, 인도적 지원 및 경제지원을 주요 의제로 하고 있는 바, 정치대화에서 인권문제를 지속적으로 협의하고 있다.[35]

그리고 유엔인권위원회 결의안 채택으로 중단된 상태이지만 북한은 유럽연합과 인권대화를 갖기도 하였다. 2001년에 북한을 방문한 유럽연합 의장국인 스웨덴 대표와 인권대화를 갖기로 합의한 바 있다. 이에 따라 2001년 6월 13일 유럽연합 의장국인 스웨덴, 차기 의장국 벨기에, 집행위원회 등 이른바 유럽연합 '트로이카'의 인권담당자들은 유럽연합 이사회 본부에서 태용호 외무성 구주국장 대리를 단장으로 한 북한 대표단과 첫 인권대화를 가진 바 있다. 그리고 6월 11일부터 12일까지 이틀동안 스웨덴 룬드 소재 라울 발렌보리연구소에서 같은 북한 대표단과 인권 세미나를 개최하였다.[36] 또한 2202년 인권교육 프로그램(스웨덴, 2~3월), 인권규약 이행과 보고 방법 세미나(영국, 3월) 등 유럽연합과

의 기술협력에 참여하고 있다.[37]

이와 같이 북한은 유럽연합과의 외교관계 수립 초기 인권분야에서 상대적으로 적극 협력함으로써 미국의 대북인권제기의 영향력을 희석시키려는 전략을 구사하였던 것으로 판단된다. 그런데 북한은 2003년 제59차 유엔인권위원회에서 유럽연합 주도로 결의안이 상정되자 미국의 적대시정책에 대한 편승으로 규정하고 결의안이 채택된다면 인권분야에서의 유럽연합과의 협력을 중단할 수 있다고 강력하게 반발하였다. 이와 같이 결의안 주도를 계기로 인권분야에서의 협력에 부정적인 자세로 돌아서면서 유럽연합과의 인권대화가 중단된 상태에 있다. 또한 일부 진전을 보이던 인권분야에서의 기술협력에도 소극적으로 돌아서고 있다. 인권분야에서의 협력 중단 등 반발에도 불구하고 세계 일극화를 도모하는 미국과 다극화를 지향하는 유럽연합간의 갈등으로 세계질서를 규정하고 있는 북한은 정치적 협력관계에 대해서는 미국을 겨냥하여 여전히 우호적인 태도를 견지하는 이중전략을 구사하고 있다. [38]

(3) 일본에 대한 대응전략

일본은 납치자 문제를 중심으로 북한인권에 대해 적극적인 관심을 표명하고 있다. 이러한 일본 내 움직임에 대해 북한은 1차적으로 순응에 따른 인센티브 유도의 관점에서 대응하는 전략을 구사하였다. 7·1경제관리개선 조치 등 경제회생을 위해 자본이 필요로 한 상황에서 2002년 9월 평양에서 개최된 북일정상회담에서 김정일 위원장은 납치자 문제를 공식적으로 시인하였다. 그리고 2004년 5월 2차 북일정상회담에서 생존 납치자의 귀국 뿐만 아니라 결혼으로 형성된 가족의 귀환에 대해서도 전향적 자세를 보였다.

이 과정에서 2004년 11월 요코다 메구미의 유골을 일본측에 송환하였다. 그런데 납북일본인에 대한 DNA 검사 결과 가짜로 판명되면서 일본 내에 대북강경여론이 확대되고 대북제재 논의가 구체화되는 등 북한의 인센티브 유도전략과는 정반대의 상황이 전개되었다. 이에 대해 북한당국은 요코다 메구미의 유골을 제3자 개입 없이 일본정부 대표에게 직접 건넸기 때문에 다른 사람의 유골을 넘겨준다는 것은 상상조차 할 수 없으며 일본이 유골 감정 결과 가짜라고 발표한 직후 제재 논의를 구체화하고 있는 데서 보듯이 특정한 목적을 위해 사전에 면밀하게 기획된 정치적 각본이라고 비난하였다.39) 일본이 납치자 문제를 정치적으로 활용한다는 북한의 태도에 대해 일본 내 여론이 악화됨으로써 납치자 문제를 둘러싸고 북일 양국관계가 더욱 경색되고 있다.

납치자 문제로 양국관계가 경색되는 가운데, 일본에서도 여야 합의로 북한인권법이 제정되었다. 일본인 납치문제 해결의 일환으로 제정된 이 법안은 여당인 자민당 안을 기본으로 하고 민주당 안을 일부 수용하여 작성되었다. 그리고 중의원 납치문제특별위원회에서 자민·민주·공명 3당의 지지로 통과(6.12)된 '납치문제 기타 북조선에 의한 인권침해문제 대처에 관한법률'은 중의원 본회의(6.13) 통과를 거쳐 참의원 본 회의(6.16)에서 가결되었다. 이 법안은 일본인 납치문제와 탈북자 문제라는 2개의 축으로 북한을 압박할 수 있는 근거 조항을 두고 있다. 납치문제 해결을 '국가의 책무'로 규정하고 일본 정부가 이 문제를 철저히 조사하여 일본인 납치피해자의 귀국이 실현될 수 있도록 최대한 노력할 것을 명기하고 있다. 또한 납치문제가 개선되지 않을 것으로 판단될 경우에는 경제제재 발동, 탈북자 지원, 탈북자 지원 비정부기구(NGO) 등에 대한 재정적 배려, 매년 12월10일부터 '북한 인권침해 계몽주간' 설치, 납치문제 대처에 관한 일본 정부 연차보고서 발표 등을 규정하고 있다.

이에 대해 북한은 조총련 중앙위원회 담화를 통해 일본 의회에서 '납치문제 기타 북조선에 의한 인권침해문제 대처에 관한법률'이 채택된 것에 납치문제와 인권을 구실로 북한에 대한 '압력과 제재'를 법제화한 것이라고 비난하고 있다. 또한 미국의 대북 적대시정책에 추종해 북한의 붕괴를 노린 국제적 포위망을 형성하려는 적대적인 행위라고 주장하고 있다.

이상에서 보듯이 납치자 문제를 중심으로 순응에 따른 인센티브 유도 전략을 구사하였지만 대북제제 시행 요구, 북한인권법 제정 등 일본 내에서 반북여론이 확대되자 강경대응으로 전략을 전환하고 있다. 첫째, 미국의 대북적대시정책에 추종하여 납치자 문제, 북한인권법 등을 명분으로 북한의 체제를 전복하려는 정치적 음모를 획책하고 있다고 비난하고 있다. 둘째, 미국의 대북적대시정책에 편승한 일본의 대북제재 및 인권제기 움직임에 대해 선전포고로 간주하고 자위조치로 대응하겠다고 압박하고 있다. 이와 관련하여 유엔인권위원회 결의안에 납치자 문제를 넣는 등 '반공화국' 정책에 '단단히 계산'해야 한다고 경고하고 있다.[40] 셋째, 납치자 문제에 대해 종군위안부 등 인권유린국이라는 관점에서 지속적으로 대응하여 오고 있다.[41]

3) NGO의 대북인권운동에 대한 북한의 대응전략

NGO의 대북인권운동에 대해서는 NGO의 성격에 대한 북한의 인식과 연결지어 살펴볼 수 있다. 국가가 주도하는 조직 이외에 북한 내부에 실질적인 비정부기구가 없는 상황이므로 북한의 조직구성 관점에서 접근하는 특성을 보이고 있다. 다시 말해 북한인권문제를 제기하는 NGO도 국가의 강력한 영향력을 받는 조직으로 규정하고 대응하고 있다. 이러한 인식에 따라 국제NGO가 북한의 인권문제를 제기할 경우 그 NGO가 소재하고 있는 해당 정부의 사주를 받고 행동하는 것으로 규정하고 비난하는 모습을 보이고 있다.

북한인권시민연합, 대학총학생회협의회 등 남한내 NGO, 일본내 지식인 등의 북한인권문제 제기에 대해 북한은 배후에 남한과 일본정부가 개입되어 있다는 논리로 부정적인 반응을 보이고 있다. 이러한 NGO에 대한 부정적인 대응전략은 특히 미국에 소재하고 있는 미북한인권위원회, 프리덤하우스 등에 대해 더욱 강하게 표출되고 있다.

반면, 유럽연합 내에 소재하고 있는 세계적 규모의 NGO에 대해서는 남한, 일본, 미국 내에 소재하고 있는 NGO와는 달리 순응의 대응전략을 구사하고 있다. 이러한 순응전략은 특히 국제사면위원회(Amnesty International, 이하 AI)에 집중하여 표출되고 있다. AI의 문제제기에 대해서는 북한으로의 초청, 서신을 통한 답변 등 적극적으로 요구를 수용하는 모습을 보이고 있다.[42] 먼저, AI는 1991년과 1995년 북한을 방문하여 북한의 관련 인사들과 노동교화소의 현황 등에 대하여 의견을 교환한 바 있다. 그리고 AI는 서면을 통하여 질의와 함께 개정된 형사소송법 등 각종 자료를 요구하고 있고 북한은 나름대로 적극적으로 답변하였다. 또한 북한당국과 국제사면위원회는 제네바에서 여러 차례 면담을 통하여 인권과 관련한 대화를 한 바 있다.

이와 같이 북한은 개별국가 내부의 시민운동에 대해 한국과 일본, 미국이 문제를 제기하는 경우 강력하게 반발을 보이는 반면, 유럽연합, 국제사면위원회 등 유럽에 기반을 둔 국제NGO에 대해서는 순응의 자세를 보이는 등 이중전략을 구사하고 있다. 그런데 AI를 선별적·제한적으로 초청한 이후 북한은 AI를 비롯한 다른 NGO의 초청을 중단하였다. 이에 대해 국제사회에서는 북한 내 인권실태를 파악하기 위해 NGO 등이 북한에 자유롭게 접근할 수 있도록 보장하라고 지속적으로 요구하여 왔다. 이와 관련하여 유엔 인권이사회는 2001년 B규약 2차 정기보고서 심사시 구치소와 교화소에 대한 NGO의 자유로운 접근을 보장할 것을 요구한 바 있다. 이에 대해 북한은 AI 등이 북한을 방문하여 교화소를 직접 보고 학자들과 토론하였음에도 불구하고 돌아가서 북한의 현실을 왜곡하는 보고서를 발표하였기 때문에 해당기관에서 접근을 허용하는 것을 좋아하지 않는다고 부정적으로 답변하고 있다. 현 단계에서 북한당국은 NGO의 북한 내 접근요구에 대해 체제안보 관점에서 접근하는 전략을 고수하고 있다.

4) 국제인권규범의 제한적 국내 입법

앞에서 살펴보았듯이 북한은 '아래'로의 사회화로 확산되지 않으면서도 순응전략에 따른 국제적 고립탈피라는 인센티브 유도를 위해 선별적 국제인권규약 가입, 국가보고서 제출 등의 정책을 추진하고 있다. 이러한 국제사회와의 순응전략과 함께 국제인권규범을 국내법으로 수용하는 순응전략도 병행하여 추진하고 있다. 이러한 국내차원에서의 순응전략은 경제난에 따른 북한사회 내부의 변화상을 복합적으로 반영하는 형태로 나타나고 있다.

유엔인권위원회의 결의안에 대해 강력하게 비난하면서도 국제적 고립탈피를 위해 결의안 중 일부 내용을 국내법으로 수용하는 사회화 조치를 취하고 있다. 먼저 1997년 유엔인권소위원회에서 채택된 결의안에서는 이동의 자유를 보장하도록 강하게 요구하고 있는 바, 1998년 사회주의헌법을 개정하면서 거주와 여행의 자유 조항(제75조)을 신설하였다. 그리고 형법과 형사소송법을 지속적으로 개정하여 국제인권규범을 국내법으로 수용하여 사회화가 진전되는 모습을 보이고 있다. 그동안 북한은 국제사회로부터 정치적 성격의 사형에 대하여 집중적으로 비판을 받아 왔다. 북한당국은 1999년 8월 형법을 개정하여 사형을 부과할 수 있는 범죄행위를 33개항에서 5개항으로 대폭 축소하여 법적으로 진전된 면을 보였다. 2004년 4월 개정한 형법에서도 여전히 정치적 성격의 범죄에 사형을 부과하는 조항이 존속하고 있지만 사형조문상의 개별

구성요건을 보다 명확히 하는 방향으로 개정하려고 노력하였다. 여전히 정치적 성격에서 완전히 탈피하고 있지는 못하지만 지속적인 형법 개정을 통하여 체제방위를 위한 형법에서 범죄통제형법으로 순화시키는 변화를 보이고 있는 것은 사실이다.[43]

또한 유엔을 중심으로 국제사회로부터 죄형법정주의를 무시한 형법상의 유추조항에 대해 집중적으로 비판하여 왔다. 즉 "범죄행위를 한 경우 형사법에 의해 그와 동일한 행위를 규정한 조항이 없을 때에는 그 법 가운데서 그 종류와 위험성으로 보아 가장 비슷한 행위를 규정한 조항에 따라 형사책임을 지운다"(1999년 형법 제10조)고 유추해석을 허용함으로써 필요에 따라 주민들을 언제든지 범죄인으로 규정·처벌할 수 있었다. 이와 관련하여 유엔인권이사회는 최종검토의견서(Concluding Observations)에서 죄형법정주의 정신을 구현한 B규약 15조와 양립할 수 없는 형법 제10조를 폐지할 것을 권고하고 있다. 북한은 2004년 개정형법에서 "국가는 형법에서 범죄로 규정한 행위에 대해서만 형사책임을 지우도록 한다"(제6조, 기존 형법의 제10조는 삭제)고 유추해석 조항을 삭제하고 죄형법정주의를 수용하는 조치를 취하고 있다.

1999년과 비교하여 2004년 형법의 경우 범죄조항도 118개 조항에서 총 245개조항으로 대폭 확대함으로써 범죄에 대한 규정요건을 보다 세분화하는 조치를 취하고 있다. 그리고 형벌 규정도 세분화하는 긍정적 조치를 취하고 있다. 북한형법에 규정된 형벌은 기본형벌과 부가형벌로 구분되고 있다. 기본형벌은 사형, 무기노동교화형, 유기노동교화형, 노동단련형으로 세분화되고 있다(제28조). 특히 2004년 형법을 개정하면서 무기노동교화형과 노동단련형을 추가하였다. 그동안 북한이탈주민들의 증언에 의하면 형법에 규정되지 않은 '노동단련대' 구금과 강제노동이 실질적으로 시행되고 있었다. 그런데 형법 이외에 판결판정집행법에는 '노동단련'이 '처벌'의 하나로 명시적으로 규정되어 있다. 형법에 규정되어 있지 않은 강제노동에 대해 국제사회의 비판이 제기되자 2004년 형법을 개정하면서 북한은 '로동단련형'을 형벌의 하나로 신설하였다.

또한 북한은 피의자의 인권보호에 대한 문제제기와 관련하여 형사소송법을 지속적으로 개정하는 순응전략으로 대응하고 있다. 1998년 9월에 개정된 북한 헌법에는 "법에 근거하지 않고는 공민을 구속하거나 체포할 수 없으며 살림집을 수색할 수 없다"고 규정하여 신체의 자유를 보장한다고 규정하고 있다(헌법 제79조). 또 북한은 1992년 형사소송법을 개정하여 형사소송절차에 있어 인권을 보장하는 조항을 규정하였는데, 2004년 형사소송법까지 유지되고 있다(제5조). 그리고 수사과정과 예심과정에서 범죄혐의자의 인신 구속과 그 기간을 엄밀하게 하는 조치를 보완하였다. 특히 2004년 형사소송법에서는 체포와 구속절차를 법률규정으로 명문화하고 있다. 또한 북한은 1999년 형사소송법을 개정하면서 수색과 압수에 대해서도 규정을 보다 세분화하고 있다. 이와 같이 적법절차에 의한 구금과 수사를 실시하도록 형사소송법을 개정하고 여러 조항에 걸쳐 고문과 다른 비인도적 행위를 금지하도록 규정하고 있다. 특히 이러한 피의자의 권리를 침해하는 행위를 저지른 법일꾼에 대해 처벌하는 조항을 강화하는 조치를 취하고 있다.

이러한 북한의 조치는 2005년 7월 26일 형법 개정을 통하여 지속되고 있다. 동 개정을 통하여 북한당국은 무기노동교화형과 유기노동교화형 집행기간에 '공민의 기본권리가 정지된다'를 '기본권리의 일부가 정지된다'로 권리 제한범위를 다소 완화하는 조치를 취하고 있다.

이상에서 보듯이 북한은 국제인권규범을 국내법으로 수용하라는 국제사회의 요구에 대해 지속적인 법률 개정을 통하여 원칙론적 권리 차원에서 상당히 순응하는 전략으로 대응하고 있다. 그런데 이러한 원칙론적 차원에서의 권리가 실제적 차원에서의 권리보장으로 연결될 것인지는 지속적인 실태조사를 통해 평가되어야 할 과제라고 할 수 있을 것이다.

4. 맺는말

대다수 국가가 국제인권규약에 서명함으로써 국제인권규약을 '국제적으로 공인된 보편적 기준'으로 수용하고 있지만 누가 인권개념을 정의하고 어떤 인권범주를 우선적으로 보장할 것인지에 대한 논쟁은 지속적으로 전개되고 있다. 이와 같이 인권의 보편성에도 불구하고 주요 문화전통 간에 인권문제를 둘러싸고 분명한 갈등의 영역이 존재하고 있다. 특히 이러한 갈등은 인권의 보편성 대 문화상대주의 간의 논쟁의 형태로 전개되고 있다. 문화상대주의 시각은 동아시아 국가, 특히 중국과 북한에서 강하게 제기되고 있다. 또한 중국을 비롯한 개발도상국가들은 국제사회의 인권개입전략에 대해 주권의 원칙과 정치적 활용론으로 강하게 반발하고 있다.

북한도 기본적으로 문화상대주의, 주권의 원칙과 정치적 활용론이라는 세계정치차원에서 전개되고 있는 인권논쟁의 연장선상에서 인권문제에 접근하고 있다. 북한은 현실주의 시각에서 본질적으로 안보위협, 즉 체제안보의 관점에서 국제사회의 인권개선 압력에 대응하는 태도를 보이고 있다. 강대국인 중국이 대화를 통해 이해를 조율하고 자신의 인식을 적극적으로 개진하는 유연한 대응전략을 구사하고 있는 반면, 체제유지가 최대 목표인 약소국 북한은 강한 상대주의 시각에서 상대적으로 경직된 인식과 태도를 표출하고 있다. 서방식과 우리식 인권이라는 이분법적 사고를 바탕으로 대화를 통한 이해의 조정보다는 배제전략을 채택하고 있다. 특히 체제유지를 위한 인권인식은 국권은 곧 인권이라는 보다 경직된 논리로 비약되고 있다. 뿐만 아니라 전체 사회를 하나의 가족으로 설정하여 질서와 안정을 우선시하는 논리로 연결되고 있다. 나아가 우리 식 인권론에서 수령, 당, 대중을 중심으로 하는 우리식 사회주의에는 인권문제 자체가 없다는 논리로 비약하는 특징을 보이고 있다.

현실 정치 차원에서 북한도 형법과 형사소송법을 개정하는 등 국제적 기준의 보편성을 일정부분 수용하는 유연성을 보이고 있는 것 또한 사실이다. 그렇지만 선별적 국제인권규약 가입, 국가이행보고서 제출, 유럽연합과의 인권대화 및 부분적 기술협력, 국제인권규범의 선별적 국내법 수용 등 순응전략도 기본적으로 체제안보의 틀 내에서 전개되고 있다. 국제사회의 지원을 통해 경제난을 극복하고 체제를 유지하기 위해서는 일정부분 인권분야에서 국제사회의 요구에 순응할 필요가 있다는 판단이 작용하고 있는 것이다. 인권전문가 양성, 국제인권레짐에 대한 학습 등을 통해 초보적인 수준이기는 하지만 상층부 차원에서 국제인권규범에 대한 사회화의 가능성을 보여주고 있다.

그렇지만 북한이 체제유지에 대한 자신감을 회복할 때까지 주권원칙을 근거로 정권안보 차원에서 인권문제에 접근하는 태도는 본질적으로 변화하지 않을 것이다. 따라서 상층부 차원의 초보적인 사회화와 국제사회와의 선별적 인권협력, 원칙론적 권리차원에서의 국내적 순응전략이 실제적 차원에서 북한주민들의 권리개선으로 연결되기 위해서는 '체제안보'라는 정치적 접근의 근본적 전환, 아래로의 사회화 여건이 점진적으로 확대되어야 할 것이다.

　　※ 이 글은 김수암, "국제사회의 북한인권 공론화와 북한의 대응전략," 통일연구원, 『통일정책연구』 12권 1호(2005)에 수록된 글을 수정한 것이다.

주註

1) 이원웅, "동아시아의 민주화와 인권," 이상우 편저,『21세기 동아시아와 한국1: 부상하는 새 지역질서』(서울: 오름, 1998), 185쪽.

2) 인권과 아시아적 가치와의 관계에 대해서는 De Bary, Wm. Theodore, ed., *Asian Values and Human Rights: A Confucian Communitarian Perspective* (Cambridge: Harvard University Press, 1998) ; Bauer, Joanne R. Bell, Daniel A., ed., *The East Asian Challenge for Human Rights* (Cambridge: Cambridge University Press, 1999); De Bary, Wm. Theodore, ed., *Confucianism and Human Rights* (ew York: Columbia University Press, 1998) ; 이승환 외,『아시아적 가치』(서울: 전통과 현대, 1999) 등을 참조.

3) 김정일, "사회주의건설의 력사적교훈과 우리 당의 총로선,"『김정일선집 12』 (평양: 조선로동당출판사, 1997), 283쪽.

4) ≪로동신문≫ 2001년 3월 2일.

5) ≪로동신문≫ 1995년 6월 24일.

6) ≪조선중앙통신≫ 2004년 5월 11일.

7) Jan Nederveen Pieterse, "Sociology of Humanitarian Intervention: Bosnia, Rwanda and Somalia Compared," *International Political Science Review*, Vol. 18, No.1, January 1997, pp. 74-84. 전통 현실주의 국제정치이론의 당구공 모델에 대해서는 Hans J. Morgenthau, *Politics Among Nations* (New York: Knopf, 1948) 을 참조할 것.

8) 박종귀,『중미인권분쟁』(서울: 새로운사람들, 2001), 275～276·291쪽.

9) 박종귀, 위의책, 278～281쪽.

10) ≪로동신문≫ 1995년 6월 24일, 2000년 1월 8일, 12일. 북한당국의 이러한 인식과 관련하여 미 국무부가 매년 발간하는 ≪연례각국인권보고서≫에서는 다음과 같이 기술하고 있다. 북한지도부는 대부분의 인권 규범, 특히 개인의 권리를 정당하지 못하고 외래적이며 국가와 당의 목적을 전복하려는 것으로 인식하고 있다는 것이다. U.S. Department of State, Country Reports on Human Rights 2003.

11) ≪로동신문≫ 1995년 6월 24일, 2000년 1월 12일.

12) Statement by The Delegation of The Democratic People's Republic of Korea to the Fifty-Sixth Session of the Commission on Human Rights, 29 March, 2000; ≪로동신문≫ 1995년 6월 24일.

13) ≪조선중앙통신≫ 2000년 9월 18일.

14) 유엔인권레짐과 북한인권과의 시기별 관계에 대해서는 최의철,『북한인권과

유엔인권레짐: 시민적·정치적 권리를 중심으로』, 통일연구원 연구총서 2002-06 (서울: 통일연구원, 2002) 참조.

15) 법무부,『국제인권규약보고서: B규약 제40조에 의한 주요국가의 인권보고서 및 인권이사회의 총평』, 법무자료 제142집, 제8장 북한최초보고서, 1984.

16) ≪연합뉴스≫ 2005년 3월 30일.

17) ≪조선중앙통신≫ 1997년 8월 28일.

18) E/CN.4/2005/G/13, Letter from the Permanent Representative of the Democratic People's Republic of Korea, 2005.3.2; ≪평양방송≫ 2005년 4월 20일, 조선민주주의인민공화국 외무성 대변인 담화.

19) 위의 문서.

20) 위의 문서.

21) E/CN.4/2005/32, Situation of human rights in the Democratic People's Republic of Korea - Note by the Secretariat, 2004.12.22.

22) 북한인권법의 제정 등 미국의 대북인권정책에 대해서는 김수암,『미국의 대북인권정책연구』, 연구총서 2004-10 (서울: 통일연구원, 2004) 참조.

23) ≪로동신문≫ 2003년 2월 7일; ≪민주조선≫ 2003년 3월 4일.

24) ≪평양방송≫ 2005년 4월 20일.

25) ≪조선중앙통신≫ 2004년 7월 27일.

26) ≪조선중앙통신≫ 2003년 8월 4일.

27) ≪중앙방송≫ 2005년 3월 7일.

28) ≪조선중앙통신≫ 2004년 3월 1일.

29) ≪조선중앙통신≫ 2003년 9월 15일.

30) ≪조선중앙통신≫ 2004년 4월 19일.

31) ≪조선중앙통신≫ 2004년 7월 27일.

32) ≪조선중앙통신≫ 2004년 5월 11일.

33) ≪조선중앙통신≫ 2005년 3월 2일.

34) 북한의 '인권재판관' 논리에 대해서는 졸저,『미국의 대북인권정책연구』, 93∼95쪽. 2004년 7월 탈북자 대규모 입국사건이 발생하였을 때 미국의 사주를 받은 납치행위라고 강력하게 비난한 것도 남한이 미국의 인권압박에 동조하는 것을 차단하려는 전략의 일환으로 판단된다.

35) Maria Catillo Fernandez, 유럽연합 Korea Desk와의 면담, 2005년 4월 28일.

36) ≪연합뉴스≫ 2001년 6월 14일.

37) ≪연합뉴스≫ 2002년 6월 29일.

38) ≪연합뉴스≫ 2003년 5월 14일; ≪조선중앙통신≫ 2003년 7월 16일, 19일. 유럽연합은 2006년 3월 23일 유럽의회에서 최초로 탈북자 청문회를 개최하였

으며, 6월 15일 북한인권결의안을 채택하였다. 동 결의안에서 EU와 북한 당국
에 대해 인권대화 재개하기 위해 노력하도록 요청하고 있다.

39) ≪조선중앙통신≫ 2004년 12월 14일.

40) ≪조중앙통신≫ 2005년 2월 10일, 26일 ; ≪평양방송≫ 2005년 4월 20일.

41) ≪조선중앙통신≫ 2005년 2월 8일.

42) AI 홈페이지의 북한관련 문서를 참조하였다.

43) 한인섭, "2004년 북한형법 개정의 내용과 그 의미," 북한법연구회 제93회 월례
발표회, 2004년 12월 9일.

<참고문헌>

1. 북한문헌

김정일, "사회주의건설의 력사적교훈과 우리 당의 총로선,"『김정일선집 12』(평양: 조선로동당출판사, 1997)
≪로동신문≫.
≪연합뉴스≫.
≪조선중앙통신≫.
≪평양방송≫.

2. 남한문헌

김수암,『미국의 대북인권정책연구』, 연구총서 2004-10 (서울: 통일연구원, 2004).
박종귀,『중미인권분쟁』(서울: 새로운사람들, 2001).
법무부,『국제인권규약보고서: B규약 제40조에 의한 주요국가의 인권보고서 및 인권이사회의 총평』, 법무자료 제142집 (1984).
이승환 외,『아시아적 가치』(서울: 전통과 현대, 1999).
이원웅, "동아시아의 민주화와 인권," 이상우 편저,『21세기 동아시아와 한국1: 부상하는 새 지역질서』(서울: 오름, 1998).
최의철,『북한인권과 유엔인권레짐: 시민적·정치적 권리를 중심으로』, 통일연구원 연구총서 2002-06 (서울: 통일연구원, 2002).
잭 도널리 지음, 박정원 옮김,『인권과 국제정치』(서울: 오름, 2002).
한인섭, "2004년 북한형법 개정의 내용과 그 의미," 북한법연구회 제93회 월례발표회, 2004년 12월 9일

3. 외국문헌

Angle, Steven C., *Human Rights and Chinese Thought: A Cross-Cultural Inquiry* (Cambridge: Cambridge University Press, 2002).

An-Naim, Abdullahi Ahmed, ed., *Human Rights in Cross-Cultural Perspectives: A Quest for Consensus, Introduction* (Philadelphia: University of Pennsylvania Press, 1992).

Bauer, Joanne R. Bell, Daniel A., ed., *The East Asian Challenge for Human Rights* (Cambridge: Cambridge University Press, 1999).

De Bary, Wm. Theodore, ed., *Asian Values and Human Rights: A Confucian Communitarian Perspective* (Cambridge: Harvard University Press, 1998).

De Bary, Wm. Theodore, ed., *Confucianism and Human Rights* (ew York: Columbia University Press, 1998).

Hans J. Morgenthau, *Politics Among Nations* (New York: Knopf, 1948).

Jan Nederveen Pieterse, "Sociology of Humanitarian Intervention: Bosnia, Rwanda and Somalia Compared," *International Political Science Review*, Vol. 18, No.1, January (1997).

Brown, Chris, "Universal Human Rights: A Critique," Tim Dunne & Nicholas J. Wheeler, eds., *Human Rights in Global politics* (Cambridge: Cambridge University Press, 1999).

De Bary, Wm. Theodore, ed., *Asian Values and Human Rights: A Confucian Communitarian Perspective* (Cambridge: Harvard University Press, 1998).

De Bary, Wm. Theodore, ed., *Confucianism and Human Rights* (New York: Columbia University Press, 1998).

Howard, Roda, "Cultural Absolutism and the Nostalgia for Community," *Human Rights Quarterly*, 15 (May 1993).

Kant, Ann, *China, the United Nations, and Human Rights* (Philadelphia: University of Pennsylvania Press, 1999).

Kausikan, Bilahari, "Asia's Different Standard," *Foreign Policy* 92 (Fall 1993).

Kirkpatrick, Jeane J., "Dictartorship and Double Standards," Commentary 68 (November 1979).

Perry, Michael J., "Are Human Rights Universal? The Relativist Challenge and Related Matters," *Human Rights Quarterly*, 19-3 (August 1997).

Neier, Aryeh, "Asia's Unacceptable Standard," *Foreign Policy* 92 (Fall 1993).

Pollis, Adamantia "Development, Growth, and Human Rights," David Forsyth(ed.), *Human Rights and Development* (New York: St. Martin's Press, 1989).

U.S. Department of State, *Country Reports on Human Rights Practices 2003*

Statement by The Delegation of The Democratic People's Republic of Korea to the Fifty-Sixth Session of the Commission on Human Rights, (29 March, 2000)

E/CN.4/2005/G/13, *Letter from the Permanent Representative of the Democratic People's Republic of Korea*, 2005.3.2

E/CN.4/2005/32, *Situation of human rights in the Democratic People's Republic of Korea - Note by the Secretariat*, 2004.12.22

찾아보기

ㄱ

ㄴ

ㄷ

ㄹ

ㅁ

필자약력

▫ 윤덕희

명지대학교 북한학과 교수

파리1대학 정치학 박사

주요 저서 및 논문 :『통일한국의 바람직한 사회보장제도 연구』, "동유럽체
제전환과 여성의 사회적 지위의 변화", "통일을 대비한 여성의 역
량 강화 방안 연구"

▫ 노귀남

경남대 극동문제연구소 객원연구위원

경희대학교 문학 박사

주요 저서 및 논문 :『북한의 사회문화』(공저),『북한의 경제』(공저), "체제위
기 속의 북한문학의 대응과 변화"

▫ 서재진

통일연구원 선임연구위원

하와이대학(University of Hawaii) 사회학 박사

주요 저서 및 논문 :『7·1조치이후 북한의 체제변화: 이래로부터의 시장사회주
의화 개혁』,『북한의 맑스－레닌주의와 주체사상의 비교연구』,『식
량난에서 IT 산업으로: 변화하는 북한』, *The Impact of Personality
Cult in North Korea*

▫ 정영철

서울대 국제대학원 책임연구원

서울대 문학 박사(사회학)

주요 저서 및 논문 :『21세기 통일한국을 향한 모색: 분단과 통일의 변증법』
(공저),『김정일리더십 연구』,『북한의 개혁·개방: 이중전략과
실리사회주의』, "시장 사회주의의 북한식 실험", "북일관계의 정
치경제학"

▫ 권오윤

동국대학교 국제관계학과 교수

동국대학교 정치학 박사

주요 저서 및 논문 : 『북한학 입문』(공저), 『북한경제의 오늘과 내일』(공저),
『북한체제 변화론』, "북한체제의 개혁 개방을 위한 남한, 중국의
역할", "노동 동원수단의 변화를 통한 북한 김정일체제의 변화
분석"

▫ 이철수

한북대학교 사회복지학과 교수

고려대학교 정치학 박사

주요 저서 및 논문 : 『북한보건의료법제: 원문과 해설』, 『북한사회복지법제:
알파와 오메가』, 『북한사회복지의 변화와 전망: 탈사회주의의 전
주곡』, 『북한사회복지: 반복지의 북한』

▫ 차문석

성균관대학교 국가경영전략연구소 연구교수

성균관대학교 정치학 박사

주요 저서 및 논문 : 『대중독재의 영웅만들기』, 『동아시아의 도전』, 『반노동
의 유토피아』, 『노동의 세기: 실패한 프로젝트?』, "신의주공장 연
구", "신자유주의와 북한변화의 실상", "고난의 행군과 북한 경제
의 성격변화: 축적체제와 조정기제의 변화를 중심으로"

▫ 김병로

서울대학교 통일연구소 연구부교수

미국 럿거스대학교(Rutgers Univ.) 사회학 박사

주요 저서 및 논문 : 『북한이해의 길잡이』(공저), 『북한종교정책의 변화와
종교실태』, 『북한의 지역자립체제』, 『통일관련 국민적 합의를 위
한 종합적 시스템 구축방안: 제도혁신과 가치합의』, *Two Koreas
in Development*

▫ 주강현

한국민속연구소장, 한국역사민속학회장

경희대학교 문학 박사

주요 저서 및 논문 :『관해기』1·2·3,『돌살－신이내린 황금그물』,『두레－
농민의 역사』,『우리문화의 수수께끼』1·2,『북한의 우리식 문화』,
『북한의 민족생활풍습』,『북한민속학사』

▫ 황상익

서울대학교 의과대학 교수

서울대학교 의과 박사(의학과)

주요 저서 및 논문 :『북한의 의학교육』(공저),『인물로 보는 의학의 역사』,
『1950년대 사회주의 건설기의 북한 보건의료』

▫ 안민석

열린우리당 국회의원(교육위원회), 전 중앙대학교 체육학부 교수

북 콜로라도 대학교(University of Northern Colorado) 교육학 박사

주요 저서 및 논문 :『새로운 스포츠사회학』,『월드컵, 신화와 현실』,『월드
컵, 그 열정의 사회학』

▫ 장세훈

동아대 사회·사회복지학부 교수

서울대학교 문학 박사(사회학)

주요 저서 및 논문 :『북한 도시의 위기와 변화: 1990년대 청진, 신의주,
혜산』(공저),『생태도시를 향한 발걸음』(공저),『서울 인구사』(공
저), "한국전쟁과 남북한의 도시화: 서울과 평양의 전후 복구 과
정을 중심으로", "현단계 도시빈곤의 지속과 변모－'신빈곤' 현
상에 대한 탐색"

▫ 손기웅

통일연구원 선임연구위원

독일 베를린 자유대학교 정치학 박사

주요 저서 및 논문 :『청소년 통일관심 제고 방안』,『CSCE/OSCE 분석과

동북아다자안보협력 추진방안』, 『"남북환경공동체" 형성 방안』

▫ 김수암
  통일연구원 연구위원
  서울대학교 정치학 박사(외교학과)
  주요 저서 및 논문 : 『북한인권 백서 1999-2005』(공저), 『북한이탈주민 분야
      별 지원체계 개선방안』(공저), 『미국의 대북인권정책 연구』, 『북
      한의 형사법제상 형사처리 절차와 적용실태』, "국제사회의 북한
      인권 공론화와 북한의 대응전략", "탈북자 문제와 북한인권"

북한학총서 북한의 새인식

▫ 발간위원회
　발간위원장: 전현준(북한연구학회 회장)
　발 간 위 원: 고유환(북한연구학회 부회장, 동국대학교 교수)
　　　　　　　정규섭(북한연구학회 부회장, 관동대학교 교수)
　　　　　　　이기동(북한연구학회 총무이사, 국제문제조사연구소 연구위원)

▫ 편집위원회
　책임편집: 정영철(북한연구학회 연구이사, 서울대학교 국제대학원 책임연
　　　　　　구원)
　편집위원: 고재홍(북한연구학회 편집위원, 국제문제조사연구소 연구위원)
　　　　　　신효숙(북한연구학회 편집위원, 북한대학원 대학교 연구교수)
　　　　　　이무철(북한연구학회 연구위원회 간사, 북한대학원 대학교 연구
　　　　　　교수)
　　　　　　전영선(북한연구학회 문화분과위원장, 한양대학교 연구교수)

북한의 사회
정가 : 36,000원

2006년 11월 20일　초판 인쇄
2006년 11월 25일　초판 발행

　　　　　　편　　저 : 북한연구학회
　　　　　　발 행 인 : 한 정 희
　　　　　　발 행 처 : 경인문화사
　　　　　　　　　　　서울특별시 마포구 마포동 324-3
　　　　　　　　　　　전화 : 718-4831~2, 팩스 : 703-9711
　　　　　　　　　　　http://www.kyunginp.co.kr 한국학서적.kr
　　　　　　　　　　　E-mail : kyunginp@chol.com
　　　　　　등록번호 : 제10-18호(1973.11.8)

ISBN : 89-499-0440-3 93330
ⓒ2006, Kyung-in Publishing Co, Printed in Korea
＊ 파본 및 훼손된 책은 교환해드립니다.